NORA

BRENDA MADDOX

NORA

La vérité sur les rapports
de Nora et James Joyce

*Traduit de l'anglais
par Marianne Véron*

Albin Michel

Édition originale anglaise :

NORA : A BIOGRAPHY OF NORA JOYCE

© 1988 by Brenda Maddox

Traduction française :

© Éditions Albin Michel, S.A., 1990
22, rue Huyghens, 75014 Paris

ISBN 2-226-04904-5

A Bruno

« L'image de la jeune fille était entrée dans son âme à jamais. »

James Joyce
Portrait de l'artiste en jeune homme

Introduction

LES livres ont des racines bien mêlées. Ma première curiosité à l'égard de Nora Joyce me vint à Harvard, il y a des années, quand John Kelleher mentionna, dans son séminaire sur la littérature anglo-irlandaise, que les Joyce parlaient italien à la maison. Mes propres grands-parents étaient venus en Amérique d'Irlande et d'Italie, et je fus intriguée par cette famille irlandaise émigrée vers l'est et non l'ouest.

L'édition révisée de la monumentale biographie de Joyce par Richard Ellmann, publiée en 1982, raviva ma curiosité. Je terminai le livre en regrettant de ne pas en savoir plus sur Nora. Comment avait-elle vécu le passage de Galway à Trieste, à Zurich, à Paris ? Comment avait-elle survécu à Joyce, dont la monomanie détruisit tant d'amitiés et, pour autant qu'on puisse en juger, ses deux enfants ? Pourquoi était-elle toujours si drôle ?

Le mariage des Joyce posait également de nombreuses questions laissées sans réponse. Comment une jeune fille élevée au couvent trouvait-elle le courage, en 1904, de s'enfuir avec un homme qui refusait de l'épouser ? Pourquoi, après vingt-sept ans de concubinage, les Joyce avaient-ils pris la peine en 1931 de procéder à un mariage civil ? Qu'avait éprouvé Nora quand son fils s'était mis à vivre avec une juive américaine divorcée, de onze ans son aînée ? Et puisqu'elle se fichait du mot imprimé, que voyait-elle donc en Joyce ?

D'autres intérêts alimentaient le projet de livre. En tant que rédactrice des affaires intérieures pour *The Economist*, j'ai écrit pendant plusieurs années sur l'Irlande, du Nord et du Sud. J'étais fascinée par l'interminable débat irlandais sur la contraception, l'avortement, le divorce et l'illégitimité. Je voyageais fréquemment en Irlande : la visite du pape Jean-Paul II me stimula davantage encore. Quels que soient les problèmes qu'ont les femmes, les femmes d'Irlande les subissent bien davantage. Je commençai à trouver Nora Barnacle typique d'un certain genre de fille irlandaise — voulant à tout prix échapper à sa situation, et n'ayant rien d'autre à elle que sa force de caractère et son charme.

La saga des Joyce me touchait aussi en des points très personnels — la fuite de mes grands-parents maternels en 1908, l'effondrement soudain d'un membre de ma famille dans la schizophrénie — mais ce n'était point nécessaire pour me mettre au travail. Nora Barnacle est un vrai rêve de journaliste : un coin inexploré de l'histoire de Joyce. Je m'aperçus vite qu'elle avait une légion d'admirateurs, des gens comme moi qui souhaitaient en savoir davantage.

La première fois que je parlai à Richard Ellmann, le biographe de Joyce, d'une biographie de Nora, il se montra sceptique Il n'existait guère de lettres, me dit-il, Joyce et Nora n'ayant pratiquement jamais été séparés, et leurs amis étaient morts ; il n'y avait même pas de quoi faire un traité féministe.

Ellmann changea d'avis quelque temps avant sa mort, en 1987, et m'en informa généreusement. Il avait fini par reconnaître, me dit-il, qu'il y avait une étude de Nora à faire ; il m'offrit gentiment ses suggestions, des noms et des adresses, et répondit à mes questions. Quand il m'appela en décembre 1986 pour m'avertir qu'il était atteint d'une maladie des neurones, il me questionna malgré ses problèmes croissants d'élocution, pour savoir si j'avais pu retrouver la trace d'une fille survivante de Mrs. William Murray, la tante Joséphine de Joyce.

Ellmann est mort en mai 1987. Je n'ai donc pas pu discuter avec lui d'un certain nombre de points sur lesquels lui et moi étions en désaccord. Sauf un. Un jour que j'étais allée voir les Ellmann chez eux à Oxford, en 1985, je lui donnai un article que j'avais écrit, et qui devait paraître dans le *New York Times Book Review*. « Cela s'appelle " Nora savait-elle faire la cuisine ? " », annonçai-je en lui remettant l'article. « Non, elle ne savait pas », répondit-il en souriant, et sa femme Mary, auteur de *Thinking about Women* [En pensant aux femmes], s'exclama : « Nora savait faire la cuisine ! Elle faisait du *poulet*. Et elle était drôle. » Sur ce dernier point, Ellmann était d'accord. Il avait toujours apprécié le compte rendu qu'avait un jour fait Nora à Joyce, sur un appartement qu'elle venait de visiter · « On n'aurait pas pu y laver un rat ! »

Le présent ouvrage a bénéficié d'une quantité de sources de nouvelles informations, dont les principales furent la masse de lettres inédites de la Collection Joyce à l'université de Cornell, et les papiers de Harriet Shaw Weaver à la British Library. J'ai aussi trouvé des indications précieuses sur Nora dans les lettres de sa fille Lucia, ainsi que dans les lettres et Mémoires de sa belle-fille, Helen Kastor Joyce.

Les mémoires sur le Paris des années vingt et trente, souvent écrits après les recherches d'Ellmann pour sa biographie de Joyce, dans les années cinquante, constituèrent également une source précieuse. Nora y figurait souvent, parfois dans des rôles négligés par l'auteur et l'éditeur, concentrés (et pourquoi pas?) sur son mari. Joyce était extraordinaire. Nora était ordinaire. Certaines de ces coupures n'auraient néanmoins pas déparé un pamphlet féministe. Pour ne donner qu'un exemple : l'ami des Joyce, Arthur Power, critique d'art et écrivain, décrivait dans ses *Conversations avec James Joyce* les soirées des Joyce à Paris : « Après le théâtre, ils passent souvent au Café [Francis] avant de rentrer chez eux. » Le responsable du livre chez l'éditeur modifia la phrase ainsi : « Après le théâtre, Joyce passe souvent... » — altération qui présente l'artiste désinvolte sortant seul avant de rentrer chez lui affronter sa raseuse de femme acariâtre...

James Joyce ne faisait jamais un pas sans Nora. Sa dépendance fut soulignée par quelques-uns de leurs vieux amis, encore en vie quand j'entrepris ce livre : Arthur Power, Maria Jolas, et Moune (Mrs. Stuart) Gilbert. Je disposais aussi d'une génération plus jeune pour mes interviews, des septuagénaires qui avaient bien connu la famille Joyce, et qui partagèrent avec moi leurs souvenirs. Particulièrement riches sur Nora furent ceux d'Elizabeth Solterer, fille de Constantine Curran, qui était souvent allée chez les Joyce à Paris ; Evelyne Shapero Chardonnet, nièce de la meilleure amie de Nora, Kathleen Bailly ; et Iris Wise, belle-fille de James Stephens.

Et puis il y avait les lettres de Nora. Joyce avait ses raisons pour dire qu'elle n'en écrivait pas. Mais il savait fort bien que si. « J'ai treize lettres de toi », proclamait-il six semaines après leur première rencontre, pendant l'été 1904. Nora écrivait des lettres ; le problème, c'est que peu de gens à part Joyce les ont gardées. Heureusement, il en a assez survécu pour montrer son énorme influence sur le style d'écriture de Joyce. Elle écrivait comme elle parlait ; elle était spontanée, directe, pétillante d'humour et, quand elle le voulait, grossière. Elle n'avait pas peur d'appeler un pénis une bitte. Elle était aussi bon reporter.

En tant que journaliste, j'ai eu grand plaisir à voir la quantité d'informations nouvelles, et souvent inattendues, qui restait en attente dans les documents publics. Je tiens à exprimer ici ma gratitude envers les services d'archives de Trieste, de Zurich, de Paris, de Londres, de nombreuses régions des États-Unis, de Dublin et, surtout, de Galway, qui ont satisfait mes demandes de documents.

Il s'est donc agi essentiellement d'un travail d'excavation. Par conséquent, j'ai dû employer plus de notes que je n'aurais souhaité pour identifier les sources des données biographiques. L'abnégation, cependant, m'a pesé, en traitant d'un écrivain qui a dit un jour : « L'imagination est mémoire. » Peut-être plus qu'aucun autre auteur, Joyce a utilisé sa vie comme matière première de son art. Du jour où il a rencontré Nora, ses souvenirs à elle lui ont autant servi que les siens à lui. Là où le parallèle est frappant entre la vie et l'œuvre, je l'ai souligné. Là où Joyce lui-même a détaillé la relation, comme dans ses notes pour *Les Exilés,* j'ai utilisé l'information plus librement.

Je n'ai inventé aucune citation, pour Nora. Je n'ai écrit « Nora pensait » ou « elle se demandait » que quand j'en avais la preuve. Lorsque j'ai spéculé sur ses pensées ou ses sentiments, je me suis efforcée de marquer la différence.

J'aimais Nora en commençant ce livre. En l'achevant, je la respectais. La vie de Nora a été secouée par les grandes forces politiques et sociales de la première moitié du xxe siècle — deux guerres mondiales, les luttes du nationalisme irlandais et italien, l'émancipation des femmes, et même l'antisémitisme de la bonne société new-yorkaise. Grâce à sa force, à son esprit et à son calme, elle leur a survécu, de même qu'elle a survécu à trente-sept années de vie commune avec James Joyce.

Nora était ordinaire. Parmi les gens qui aiment Joyce, nul ne sous-estimera ce que cela implique. Elle était amusante, passionnée, courageuse, spontanée, et elle s'exprimait : elle parlait sans relâche. Joyce écoutait sans relâche, et il a prêté sa voix à tous ses grands personnages féminins.

J'espère que je lui ai rendu justice.

Brenda Maddox,
Londres 1988.

I
LILY

« Les hommes d'aujourd'hui, ça ne vous débite que
des sornettes, et ils profitent de tout ce qu'ils peuvent
tirer de vous. »

Les Morts

CHAPITRE 1

Départ de chez *Finn's*

Aujourd'hui encore, les départs d'Irlande par voie de mer restent des événements bruyants et agités. L'air résonne de pleurs d'enfants qu'on bouscule en même temps qu'on pousse peu à peu devant soi les valises et les ballots. Les parents, nerveux, fatigués, se demandent avec inquiétude s'ils trouveront des places assises et même s'ils pourront monter à bord (les ferries qui traversent la mer d'Irlande sont souvent bondés), mais l'avion est trop cher. Le vol ne dure qu'une heure pour gagner l'Angleterre, mais il coûte plus du double du trajet par bateau et train, qui demeure aussi lent à la fin du XXᵉ siècle qu'il l'était au début ; la traversée de nuit, par Holyhead, continue de déverser ses passagers aux yeux rouges à Euston Station, au petit matin.

Ce sont toujours des groupes familiaux encombrants (les groupes de sept ou huit personnes sont chose fréquente), au sein desquels les sexes restent séparés. Une fois parvenus à bord, les hommes filent de l'avant avec leurs fils adolescents en direction du bar, des jeux vidéo ou de la boutique hors taxe, tandis que les épouses, cramponnées au bébé de l'an dernier et à un diablotin de deux ans, cherchent des places en glapissant des rappels à l'adresse des plus grands qui s'égaillent. Bien avant qu'on lève l'ancre, toutes les places sont prises et les couloirs embouteillés de bagages, et il y a déjà des passagers endormis ou saouls.

Un coup d'œil suffit à trier les vacanciers des employés à l'aise d'un côté comme de l'autre de la mer d'Irlande, et les jeunes travailleurs qui partent chercher du travail en Angleterre, sur les chantiers de construction. Il y a toujours à bord des femmes en quête de choses impensables en Irlande, et des jeunes qui s'en vont pour toujours.

Pour tout jeune Irlandais, la question de l'émigration est inévitable, et cela depuis la Grande Famine de 1840. Et pourquoi pas ? Les jeunes ne partent pas seulement pour trouver du travail ou être mieux payés. Bien que certains y vivent heureux et au défi de toutes les conventions, l'Irlande reste un pays gouverné par les prêtres : pas de divorce, peu d'écoles laïques et guère d'échappatoire à la vigilance des voisins. En dehors de Dublin, la tolérance dont bénéficient les Anglais et autres résidents étrangers s'étend rarement aux dissidents de souche locale.

Naguère, tout départ s'accompagnait de larmes. Une « veillée américaine » avait lieu chez celui qui s'apprêtait à traverser l'Atlantique, et le lendemain, sur le quai, se déroulaient des scènes déchirantes au sein des familles qui se séparaient ; les mères contemplaient des visages qu'elles ne reverraient plus, des adieux s'échangeaient entre frères et sœurs, et ceux qui restaient avaient le cœur lourd d'être sacrifiés pour s'occuper des vieux parents, se reprochant de ne pas trouver le courage de partir aussi.

Dans la soirée du samedi 8 octobre 1904, un peu avant neuf heures, une jeune femme élancée et très droite franchit la passerelle qui menait à bord. Elle avait une épaisse chevelure brun-roux, les pommettes saillantes, et des yeux bleu sombre que faisaient ressortir d'épais sourcils et des cils noirs. Ses lourds cheveux formaient des bandeaux sur ses oreilles, et de longues épingles les retenaient sous son chapeau à larges bords. Un manteau d'emprunt la protégeait du froid[1].

Le bâtiment était amarré au North Wall, l'un des quais de la Liffey, à Dublin, et il y avait foule ; la lumière diffusée par les hublots éclairait les passagers, auxquels étaient mêlés les parents et amis venus faire leurs adieux. Ceux qui ne pleuraient pas plaisantaient, et profitaient de la boisson qui passait à la ronde.

Personne n'était venu pleurer le départ de Nora Barnacle, mais elle s'en moquait bien. Elle n'avait pas prévenu sa famille, à Galway, qu'elle quittait l'Irlande, non plus que ses patrons du *Finn's Hotel*, à Dublin. S'ils avaient eu la moindre idée de ses projets, ils auraient tenté de l'empêcher de s'enfuir avec Jim Joyce, et comme, à l'âge de vingt ans, elle était encore mineure, sans doute y seraient-ils parvenus[2].

Quant à elle, rien ne la chagrinait puisqu'elle ne partait pas pour l'Amérique, d'où bien peu revenaient, et seulement s'ils étaient devenus très riches ou très vieux, mais simplement pour Londres et

Paris, puis Zurich — et Dieu seul savait où cela se trouvait. La géographie n'avait jamais été son fort, à l'école de Galway. Elle avait raté l'examen trois années de suite[3].

Dans la foule elle voyait Jim, entouré de parents et d'amis venus lui dire adieu. Jim aimait à se voir solitaire et sans amis[4], mais Nora pouvait observer que ce n'était guère le cas. Il était là avec son père, John Joyce, en larmes ; sa tante Josephine, qui avait en partie élevé la nombreuse progéniture des Joyce après la mort de la mère ; sa sœur aînée, Poppie ; et son frère cadet, Stanislaus. Stanislaus, avait confié Jim à Nora, était le seul qui le comprît, de toute la famille[5].

Tous, à l'exception de John Joyce, savaient que Nora et Jim s'enfuyaient ensemble, mais personne ne parut la reconnaître. Jim et elle étaient convenus de ne se réunir que quand le bateau aurait appareillé. John Joyce devait croire que son fils voyageait seul. Jim avait passé quatre mois à Paris à la fin de 1902 et au début de 1903, avant d'être rappelé auprès de sa mère mourante. Maintenant — pour autant que son père le sût — il retournait tout simplement sur le Continent pour reprendre ses activités interrompues. Le cœur brisé de voir partir son fils aîné et préféré, John Joyce ne protestait cependant pas. Il reconnaissait avec Jim qu' « une personne qui se respecte ne veut pas rester en Irlande »[6].

Nora ne manquait ni de dignité ni de courage. C'était la seconde fugue en un an — et bien plus facile cette fois que l'autre. Lorsqu'elle avait quitté Galway, elle était absolument seule. Elle s'était éclipsée de chez l'oncle Tommy pour aller à Dublin, sans y connaître âme qui vive[7].

Et voilà qu'elle s'embarquait à présent pour la grande aventure de sa vie. Qu'allaient-ils dire, chez *Finn's*, quand ils s'apercevraient qu'elle était partie ? Ils seraient furieux de se retrouver à court de personnel pour le week-end, et ils télégraphieraient peut-être à sa famille à Galway[8]. La patronne avait si mauvais caractère qu'elle était peut-être même capable de prévenir la famille que Nora avait filé avec un écrivain sans travail, surtout connu pour sa propension à boire et son inaptitude à tenir la boisson.

Nora déplorait qu'il n'eût pas fait meilleure impression, à l'hôtel, quand il était venu la voir. Il venait toujours au bar coiffé d'un chapeau de paille avec, aux pieds, des chaussures de toile crasseuses. En le regardant, vêtu si pauvrement, elle se demandait s'il était sage de lui confier son existence[9]. Si elle avait eu le choix, elle aurait préféré faire sa vie avec un commerçant, un médecin, un maître d'école, pratiquement n'importe qui sauf un écrivain, mais elle l'aimait passionnément[10]. Elle était sûre qu'avec son expérience de la vie sur le Continent et sa connaissance des langues étrangères, il ne tarderait pas à trouver du travail pour eux deux.

Nora refusait de s'inquiéter pour l'avenir. Jim l'avait accusée de ne pas se rendre compte de la difficulté de ce qu'ils tentaient là, mais il avait compris son impatience. C'était elle qui l'avait poussé à prendre la décision de cette fugue ensemble. Elle n'avait rien à perdre. Elle ne pouvait plus retourner à Galway. Et il n'y avait rien pour elle à Dublin.

Elle était sans illusions : Jim ne l'épouserait pas. Il ne lui avait même jamais dit qu'il l'aimait, bien qu'elle lui eût souvent avoué son amour[11]. Ce qu'il lui avait dit, tel qu'elle l'interprétait, valait presque autant : il ne s'était jamais senti aussi proche de personne, et le fait qu'elle eût choisi de partager sa vie le remplissait d'une immense joie[12]. Il était convaincu qu'il deviendrait l'un des plus grands écrivains de son temps — ambition qui importait moins à Nora que la confiance avec laquelle il l'affirmait. Elle savait juger les hommes, et les paroles de celui-là sonnaient juste.

Jeune fille passionnée et curieuse des réalités de l'amour, elle avait hâte de se retrouver seule avec Jim. Il y avait dans son passé certaines choses dont Jim ignorait tout[13], mais passer une nuit au lit avec un homme, voilà une expérience qu'elle n'avait point tentée.

Quatre samedis plus tôt, au moment même où ils décidaient de s'enfuir ensemble, Jim avait eu une seconde nouvelle publiée dans un journal irlandais. Il l'avait écrite cette semaine-là, et il y était question d'une certaine Eveline, de Dublin, une fille de dix-neuf ans — presque exactement l'âge de Nora — qui se rendait par une nuit noire et brumeuse au North Wall, afin de s'enfuir avec un marin nommé Frank. Dans l'histoire, Frank lui prenait la main, et la sirène du départ retentissait. Eveline se figeait. Elle se rappelait la promesse faite à sa mère mourante, de veiller sur son père.

« Viens ! »
Toutes les mers du monde se bousculaient dans son cœur. Il l'y entraînait : il allait l'y noyer. Elle s'agrippait des deux mains à la barrière métallique[14].

Et Eveline restait, impuissante à briser les liens du passé. Mais Nora partit, sans un regard en arrière.

CHAPITRE 2

Bourreau des hommes

> « ... Elle est de Connacht, n'est-ce pas ?
> — Sa famille l'est, répondit Gabriel sèchement. »
>
> *Les Morts*

Au début des années 20 à Paris, par une chaude après-midi, Nora Joyce se promenait au jardin des Tuileries avec sa fille Lucia et une amie irlandaise de celle-ci, lorsque les jeunes filles aperçurent un marchand de glaces, et se précipitèrent en riant pour en acheter. Elles savaient bien qu'elles étaient trop grandes pour manger en public, au risque de tacher leur robe. Pour dissimuler son embarras, Phyllis Moss, l'amie de Lucia, s'écria : « Mon Dieu, que va penser de nous Mrs. Joyce ? »

De sa voix grave d'Irlandaise de Galway, Nora répondit : « Vous n'imaginez pas comme mes origines sont modestes [1]. »

Nora était née en mars 1884 dans l'ouest de l'Irlande, région dont les hommes de lettres anglo-irlandais de Dublin commençaient à vanter le romantisme, mais d'où les gens du cru ne pensaient qu'à fuir. Une succession de famines avaient ramené la population irlandaise de huit millions en 1840 à quatre millions et demi en 1920, et aucune province ne se vidait plus vite que le Gaeltacht — les comtés de langue irlandaise, à l'ouest et au nord-ouest. Connaught (ou Connacht, comme on l'écrit parfois), cette province occidentale qui comprend les comtés de Galway, Mayo, Sligo, Litrim ou Roscommon, en perdait davantage à l'émigration qu'au cimetière, et elle avait en outre le plus faible taux de natalité de toute l'Irlande.

La ville de Galway, contrairement à son arrière-pays, était fort animée. La population s'élevait à quinze mille âmes et là se concentraient le port, le marché et le centre administratif de toute la province de Connaught. Galway s'éclairait au gaz depuis 1837 ; des canalisations, courant sous les rues, desservaient les maisons et les cabinets communs construits dans les cours des taudis surpeuplés.

La ville ne rêvait que de regagner son rang de second port d'Irlande, comme au XVIIᵉ siècle, mais l'ensablement continuel de la baie de Galway, dont l'embrasement au soleil couchant faisait chanter et pleurer des générations d'Irlandais émigrés, empêchait ce rêve de se réaliser. En 1860, lorsque le navire *Indian Empire* voulut s'y engager, il heurta la Marguerite Rock à l'entrée du port[2]. On s'obstinait, néanmoins, à désensabler : comme Galway était le port britannique le plus proche de l'Amérique, on y chérissait l'espoir de lui voir affecter la responsabilité du « trafic postal », avec le va-et-vient des navires rapides à vapeur et de cinq trains par jour, pour assurer le transport rapide des lettres et colis entre Londres et le Canada.

Dans les rues de la ville, on rencontrait partout des soldats. La caserne de Renmore, à un kilomètre et demi du centre, abritait le régiment de Galway des Connaught Rangers. Avec leur uniforme rouge rehaussé de vert, les Rangers jouissaient d'une grande popularité, et de nombreuses familles de Galway agrémentaient les murs de leur maison d'une photo des Rangers.

Cette présence maritime et militaire attirait l'argent. Les rives de la Corrib étaient bordées de belles maisons et d'élégants magasins de mode qui n'avaient rien à envier à ceux de Londres ou Dublin. Ces mêmes éléments attiraient également quantité de prostituées, et la grand-rue de Galway, Shop Street, avait un trottoir chic et un trottoir de quatre sous. Galway était aussi une ville de mendiants, de veuves et d'orphelins. Ses taudis comptaient parmi les plus misérables d'Europe. Une série de disettes ayant succédé à la Grande Famine, les gens chassés des campagnes étaient accourus, affamés, dans la ville, où rien ne les attendait sinon l'asile ou les navires d'émigrants. De Dublin, Galway paraissait sauvage et inculte.

Mais Galway se voyait d'un autre œil, « de caractère général plus espagnol qu'irlandais », selon l'almanach *Galway Year Book* de 1902[3]. Une longue tradition de commerce avec l'Espagne se traduisait par une architecture d'inspiration mauresque. La ville se targuait également d'un Arc espagnol et d'une Promenade espagnole, où avaient naguère flâné des familles de marchands espagnols. Elle se parait aussi du nom de « cité des Tribus », en l'honneur des quatorze familles de Galway issues des clans qui avaient farouchement résisté à Oliver Cromwell et à ses troupes en 1651. Ces noms de clans, à l'exception de deux, n'évoquent pas directement un lignage irlandais : Athus, Blake, Bodkin, Browne, d'Arcy, Deane, Ffont, Ffrench, Kirwan, Morris et Skerrett. Les exceptions sont Joyce et Lynch.

La ville de Galway marque le seuil du pays des Joyce — une région sauvage et désolée de pâtures, de marécages et de montagnes, qui s'étend à l'ouest jusqu'à l'Atlantique déchaîné. James Joyce n'avait jamais mis les pieds dans cette région lorsqu'il rencontra Nora : sa propre lignée de Joyce venait de Cork, au sud-ouest. Le nom de Lynch avait une connotation plus urbaine. Lynch's Castle, fort belle demeure située dans Shop Street, avait appartenu à un maire de Galway, James Lynch-Fitzstephen, qui, l'année suivant la découverte de l'Amérique par Christophe Colomb, (les souvenirs ne s'effacent pas si aisément, en Irlande) avait exécuté son propre fils en le pendant à la fenêtre de la Vieille Prison. Ce maire aux principes stricts estimait n'avoir pas eu le choix, puisque son fils avait tué l'irascible Espagnol qui était son rival en amour. Le verbe « lyncher » a fini par prendre une signification particulière dans le sud des États-Unis, mais à Galway il a conservé le sens de trahison.

Nora Barnacle était donc née en mars 1884, le 21 ou le 22 (les registres de l'Église et de l'État sont en désaccord)[4]. Sa naissance avait eu lieu à l'hospice de Galway — non point que sa famille fût pauvre, ce n'était pas le cas, mais cette belle bâtisse en pierre de taille, qui avait accueilli plus de mille personnes pendant la Grande Famine de 1847-1848, avait ensuite été convertie en hôpital. Ses parents étaient Thomas Barnacle, boulanger, et Annie (abréviation de Honoraria) Healy, couturière. Grande et belle femme de vingt-six ans, Annie était elle-même la fille d'un commerçant, Patrick Healy, et de Catherine Mortimer Healy — les Mortimer avaient quelque prétention à la distinction.

En 1884, Tom et Annie Barnacle, mariés depuis trois ans, avaient déjà une fille, Mary. Après Nora, ils devaient avoir encore trois filles avant d'avoir enfin le fils tant désiré, Thomas, lui-même suivi d'une autre fille, Kathleen, en 1896. Un autre fils mourut en bas âge. Le fait qu'Annie Barnacle fût allée à l'hôpital pour donner naissance à son deuxième enfant donne à penser qu'il y avait des problèmes de santé, de même que la date du baptême de l'enfant — aussitôt après la naissance[5]. Elle fut inscrite sur les registres sous le nom de « Norah ». C'est ainsi que sa vie durant Mrs. Barnacle orthographia le nom de sa fille, et Nora aussi jusqu'à sa rencontre avec James Joyce.

Tom Barnacle, de treize ans l'aîné de sa femme, était issu d'une lignée de boulangers de Galway, et déjà fort réputé dans son métier lorsqu'il se maria. Malgré quelques années d'école, il était illettré : à son mariage, en 1881, il dut signer le registre d'une croix. Cela ne le distinguait toutefois pas d'un tiers de la population, et il gagnait suffisamment d'argent pour pouvoir verser au prêtre la substantielle gratification (une livre et dix shillings) que les familles de la classe moyenne avaient coutume de payer pour un mariage.

En 1904, lorsqu'il apprit le nom de la fille avec qui son fils était parti, John Joyce s'exclama — tout aussi incapable que le fils de résister à un calembour : « Barnacle ?[*] Elle ne le quittera jamais ! » A Galway, cependant, peu de gens durent se soucier de cette plaisanterie : dans l'ouest de l'Irlande, Barnacle était un patronyme assez répandu, provenant de « l'oie bernacle », ce gros oiseau de mer qui vit dans l'immensité de l'Arctique, et que la migration hivernale amène dans les estuaires anglais et irlandais. La prononciation de Galway, aujourd'hui encore, rappelle assez les origines du nom de cet oiseau : *bernekke* en moyen anglais, et *bernaca* en latin médiéval. Cette oie était un animal légendaire, longtemps considérée avec suspicion parce qu'on la croyait sortie d'une coquille qui poussait comme un fruit sur un arbre, avant de se laisser tomber à la mer pour s'alimenter.

Au XIIe siècle, le moine gallois Giraldus Cambrensis, en visite en Irlande, vit (ou le raconta) plus de mille oies bernacles dans leurs coquilles, pendues par le bec à des arbres. Il releva également que les Irlandais, forts de cette singularité, classaient l'oiseau comme poisson et non comme chair, ce qui leur permettait d'en consommer pendant le carême, alors que la viande leur était défendue. Dans *Topographia Hiberniae*, Giraldus cite cet exemple comme un symbole de fourberie — non de la part de l'oiseau, mais de celle des Irlandais[6].

Ce nom est cependant mieux connu dans la traduction anglaise de sa forme irlandaise originale : *cadhan* (ou *O cadhain*), devenue O Cadhain, puis Kane, O Kane et Coyne. Il y avait des Kane et des Coyne à profusion dans le Galway de Nora, tout autant qu'il y avait de Barnacle. Ce nom survit aujourd'hui dans l'ouest de l'Irlande sous la forme de Barnicle[7].

James Joyce se garda bien de commettre la même erreur que son

---

[*] Barnacle, jeu de mots intraduisible entre *bernacle* (oie sauvage ; c'est ainsi qu'on surnommait les émigrants irlandais), et *bernicle* (gastéropode à pied-ventouse) (N.d.T.).

père. Il avait étudié la langue irlandaise pendant un an, et sans grand enthousiasme — il s'opposait à son maître Patrick Pearse, nationaliste fanatique qui ne pensait pas qu'un écrivain irlandais dût écrire en anglais — mais le lien Barnacle-Cadhain-oiseau de mer ne lui eût sûrement pas échappé[8]. Parmi les nombreux hommages à Nora qui parsèment son œuvre, on découvre bien des allusions, souvent cachées, aux oies et aux oiseaux de mer, nichées dans le texte à la manière dont les moines du Moyen Âge entrelaçaient de fleurs et d'animaux les majuscules des manuscrits qu'ils enluminaient. Dans ses notes pour *Finnegans Wake*, il a griffonné « nom glorieux de l'oie irlandaise »[9].

Mais l'important, dans les origines de Nora, ce n'était pas tant de qui elle était fille, que de qui elle était nièce. Son oncle (le plus jeune des deux frères de sa mère), Michael Healy, était un notable de Galway. Après des études brillantes à l'école secondaire des Patrician Brothers, il avait obtenu un poste dans l'Administration de Sa Majesté en 1883. Peu de temps avant, l'Administration britannique avait commencé à distribuer les fonctions par le biais de concours, en lieu et place des recommandations, ce qui en ouvrait l'accès aux catholiques, juifs, méthodistes et autres.

Michael Healy gravit rapidement les échelons. Ayant commencé comme batelier de seconde classe au Bureau des Douanes de Galway, il avait ensuite été envoyé à Liverpool, pour cinq ans. Lorsque Nora arriva à l'adolescence, il était de retour, et occupait le poste d'encaisseur des droits de douane, ce qui lui valait un certain pouvoir, une sécurité absolue, et des revenus enviables[10]. Son nom figurait parmi ceux des notables de Galway dans les annuaires de la région, avec des Kelly et des MacDonald. Il ne s'est jamais marié.

L'autre oncle maternel de Nora était Thomas Healy : l'oncle Tommy, comme elle l'appelait[11]. Grand et costaud, il avait commencé par travailler chez un artisan avant de devenir boulanger comme le père de Nora. Tom Healy s'était marié tard, comme souvent les Irlandais (en 1898, à l'âge de trente-neuf ans), et, jusqu'à sa mort en 1926, il ne fit rien de particulier qui le distinguât — si ce n'est une intervention dramatique dans la vie de Nora, en 1904, qui changea le cours de la littérature moderne.

Les Healy comme les Barnacle, aussi loin qu'on peut remonter, avaient toujours passé leur vie entière à Galway, sans guère s'aventurer plus loin dans la campagne que Menlo Castle, dans les alentours immédiats, pour les jeux annuels des quatre dimanches de mai, ou que la plage de Salthill, située à trois kilomètres et que l'on gagnait en tramway.

Nora Barnacle était donc une demoiselle purement citadine — non pas une paysanne parcourant les landes nu-pieds comme la Pegeen Mike de J. M. Synge, en quête désespérée d'un visage nouveau à qui parler, mais une fille de la ville qui connaissait le monde, avec un ruban dans les cheveux et une langue bien pendue, et un oncle dans l'Administration. Tous les événements de sa jeunesse, ses domiciles, ses écoles, ses emplois, ses flirts et ses chagrins, s'étaient déroulés dans le cadre étroit du centre de Galway, avec les effluves entêtants du marché au poisson, des écuries, de la fumée de tourbe et du chou bouilli. Elle passait chaque jour devant les monuments de Galway — Lynch's Castle, la Vieille Prison, la cathédrale, la gare, les quais, le pont O'Brien et Nun's Island.

C'était un avant-goût de la vie qu'elle allait mener avec James Joyce, allant de ville en ville à travers l'Europe, séjournant dans les endroits les plus élégants — quitter l'animation urbaine était bien le dernier de leurs désirs.

La mère de Nora s'était mariée au-dessous de sa condition et, de même que le père de Joyce, jamais elle ne l'oublia. Mais quelles que fussent les différences sociales entre les Barnacle et les Healy, la propriété foncière n'en faisait guère partie. Dans l'Irlande du début du siècle, les catholiques s'occupaient encore peu de l'acquisition des biens fonciers. Les Barnacle pas plus que les Healy n'avaient une maison à eux.

Avant le départ de Nora en 1904, ses parents avaient déjà déménagé sept fois — autre trait qui allait marquer sa vie. A mesure que leur progéniture s'accroissait, Annie et Thomas Barnacle parcoururent tout un circuit de taudis et de maisonnettes dans les rues pauvres du centre de Galway : Abbeygate Street, Raleigh Row, Newtownsmyth. Ils restèrent un certain temps, après 1896, dans un logement d'artisan d'une ruelle coudée qui s'appelait Bowling Green, près de Lynch's Castle. Cette maisonnette enserrée dans un alignement compact se composait au rez-de-chaussée d'une salle avec une cheminée, un escalier menant à l'unique chambre à coucher. On peut voir aujourd'hui dans les Musées traditionnels de Belfast ou de Cardiff des maisons de ce genre, où vivaient des familles de huit, neuf, dix personnes ou même davantage. Dans le monde celtique du XIXᵉ siècle, on se couchait et on mangeait comme on pouvait, nul ne se formalisait de l'entassement ou de l'improvisation.

C'est cette humble petite maison du 8, Bowling Green (anciennement 4) que les touristes cultivés viennent contempler — « la maison de Nora Barnacle ». Mais c'était surtout celle de sa mère, qui y vécut de 1899 jusqu'à sa mort, en 1939, tandis que Nora avait passé ailleurs la plus grande partie de sa jeunesse.

Nora avait deux ans à la naissance de sa sœur Bridget (également nommée Delia ou Dilly), que des jumelles avaient suivie en 1889. A l'occasion de l'une ou l'autre de ces naissances (les récits varient, et il n'existe pas de trace écrite), Nora fut envoyée vivre chez sa grand-mère maternelle, Catherine Mortimer Healy. C'était le premier exil de Nora, et il marqua fortement sa personnalité.

En quittant le nid familial surpeuplé, Nora gagna de substantiels avantages matériels. Sans doute mangea-t-elle de meilleures choses qu'on n'en servait chez sa mère, où il y avait tant de bouches à nourrir. Chez sa grand-mère, elle se régalait de citronnade et de cake, il y avait un piano et des tableaux aux murs, ainsi que des décorations de gui et de houx pour Noël. Sa grand-mère était très gentille avec elle. Lorsque sa meilleure amie, Emily Lyons, partit pour l'Amérique et qu'elle sanglota interminablement, Mrs Healy lui offrit un joli tablier neuf et l'installa devant le feu avec du pain et du beurre. Michael Healy s'efforça de la consoler avec des bottines neuves. Et puis sa grand-mère lui enseignait (comme elle avait enseigné à sa mère) à se tenir à table et à s'exprimer convenablement. Mais Nora ne pardonna jamais à sa mère de l'avoir chassée [12].

La maison de Mrs Healy se trouvait à Whitehall, prolongement sans issue de St. Augustine Street, près des quais. C'était une maison sur rue, bruyante, et l'arrière donnait sur l'entrée de service des Castle Military Barracks, où était cantonnée la cavalerie. Nora n'était donc qu'à quelques minutes de chez sa mère, à Bowling Green, et elle la voyait souvent, débarquant à l'heure du thé — ce repas de pain beurré arrosé d'innombrables tasses de thé, dont elle conserva précieusement la coutume à travers toute l'Europe.

Le fait d'être confiée à sa grand-mère, si courante qu'en fût la pratique, rompit le lien entre Nora et sa mère. Elle était désormais indépendante, solitaire, avec un fond d'amertume, mais sans apitoiement sur soi, et consciente dès le plus jeune âge des qualités qui lui permettraient de faire son chemin dans la vie : l'affabilité et le stoïcisme. Curieusement, sans doute était-ce précisément cette facilité de caractère et cette bonne humeur (traits fort répandus chez les seconds enfants) qui l'avaient désignée pour aller vivre hors du foyer. Une grand-mère peut accepter de rendre service en prenant chez elle l'un de ses petits-enfants, mais choisir cependant celui ou celle qui sera le plus facile et le plus agréable à vivre.

Tout semble prouver qu'à l'âge de cinq ans, Nora était bien partie pour devenir une femme typique du Galway du XIXe siècle, telle que la décrit Eilis Dillon, écrivain originaire de cette ville : « Grande, musclée et ingénieuse [parce que] abandonnée par la maladie et l'émigration... avec un meilleur sens de l'humour que les hommes », mais aussi « un fond de caractère dépressif qui leur fait accepter une mauvaise situation »[13].

Le mythe de la femme de chambre qui s'enfuit avec l'artiste voudrait que Nora eût été ignorante et mal élevée. « Pensez donc ! » s'exclament parfois les visiteurs au musée Joyce de la tour Martello, à Sandycove. « Elle était illettrée ! » Cette croyance ajoute au *frisson* du génie et de l'idiote, mais elle est fausse. Nora fréquenta l'école jusqu'à douze ans — âge normal à l'époque. Elle bénéficia du maximum de scolarité gratuite accessible aux filles de son temps. Bien des enfants des deux sexes en eurent moins.

Galway, dit l'*Almanach* local avec une fermeté toute protestante, avait quatre « institutions religieuses... consacrées à l'instruction des filles des pauvres, à l'éducation des classes supérieures, et au secours des indigents ».

C'est dans l'une de ces institutions, le couvent de la Miséricorde, que Nora commença son instruction en 1889, à l'âge de cinq ans. Cette bâtisse en pierre grise se trouvait dans le quartier de Newtown-smyth, juste derrière le Bowling Green. La mère de Nora y était allée avant elle. En octobre 1892, Nora passa dans la section des aînées ou « école nationale », où, en plus de la lecture, de l'écriture et de l'arithmétique, elle étudia la grammaire, la géographie, la couture, la musique et le dessin. Ceux qui voient Nora dans la Molly Bloom d'*Ulysse* devraient cependant noter qu'elle avait de bonnes notes en orthographe et en écriture.

Sans doute n'était-ce pas les filles les plus brillantes. Toutes, y compris Nora, redoublèrent à un moment ou un autre (Nora redoubla la quatrième année), mais les causes en étaient aussi souvent d'ordre économique que scolaire ; de nombreux enfants restaient à l'école jusqu'à ce que leur famille eût besoin de les mettre au travail, ou qu'on leur eût trouvé un emploi. Mais si elles avaient été douées intellectuellement, on ne les eût point traitées différemment. L'école avait pour but de les préparer aux réalités qui les attendaient, et qui ne changeraient guère, qu'elles émigrent ou qu'elles restent en Irlande : leur vie ne pouvait être que ménagère. Il n'existait pas pour les filles d'éducation secondaire gratuite comparable à celle dont pouvaient bénéficier les garçons brillants comme l'oncle de Nora, Michael Healy. Nora n'avait jamais espéré ni même imaginé pareille chose.

Il arrivait que des jeunes filles de sa génération fréquentent l'université, mais elles étaient issues de familles aisées qui pouvaient les envoyer dans les écoles préparatoires religieuses. Même au sein de la société catholique pauvre où vivait Nora, il existait de subtiles nuances. Les commerçants et négociants s'estimaient supérieurs à ceux qui travaillaient de leurs mains ou vivaient de la charité. Ainsi, Nora Barnacle, avec son père boulanger et sa parentèle Healy, était-elle un cran au-dessus de ses camarades de l'école de la Miséricorde, telles que Cissy Casey, dont le père était portier, ou Bridget Fahy, qui était orpheline [14].

Nora quitta donc l'école en avril 1896, à l'âge de douze ans. Les sœurs de la Miséricorde lui trouvèrent un bon emploi : portière au couvent de la Présentation, plus proche encore de chez sa mère et sa grand-mère. L'ordre de la Présentation jouissait d'un prestige plus élevé que celui des sœurs de la Miséricorde, ce qui témoigne de l'amabilité et des bonnes manières de Nora, puisque c'est sa candidature que choisirent de présenter les sœurs de la Miséricorde pour ouvrir la porte de la Présentation. La responsabilité d'intermédiaire entre l'univers silencieux du cloître et le rude monde extérieur n'était certes pas un mauvais entraînement pour la vie qu'allait mener Nora par la suite.

C'est vers cette époque que Mrs. Barnacle, manifestant la vigueur de son clan, flanqua son mari dehors. Tom Barnacle avait une faiblesse fort répandue : il buvait. Cette habitude lui avait coûté sa boulangerie, mais il était fort apprécié comme ouvrier boulanger, de Galway jusqu'à Oughterard, à vingt kilomètres de là.

Par la suite, James Joyce allait souvent évoquer l'irresponsabilité de ce beau-père qu'il n'avait jamais vu. « Papa a bu tous les petits pains et les miches comme un homme », écrivit-il à son frère Stanislaus (comme si lui-même eût été du genre à rapporter une paie intacte chaque vendredi soir). Mais Barnacle le Boulanger, avec son mètre soixante-dix et sa silhouette massive, était très aimé à Galway pour sa bonne humeur, sa verve et sa générosité. Comme le résuma Canon Padraic O Laoi, biographe local de Nora : « Il est vrai qu'il ne crachait pas sur un verre, mais jamais il n'a fait honte à sa famille [15]. »

Quant à Nora, se plaignant bien des années plus tard à sa sœur cadette de la difficulté qu'il y avait à être la femme d'un écrivain, elle disait : « C'est un faible, Kathleen. Il faut toujours être après lui. J'aurais dû épouser un homme comme mon père [16]. »

Nora était manifestement plus attachée à son père que Joyce n'était disposé à l'admettre. Il ne pouvait tolérer l'idée d'un rival dans l'affection de Nora. Lorsqu'il s'alarmait de sa nostalgie pour les hommes de naguère, Joyce aurait bien dû placer Tom Barnacle en tête de la liste.

Barnacle aimait les enfants. Jim Byrne, le boulanger chez qui il logeait à Oughterard, lui confiait volontiers la garde de ses filles, et elles se rappellent encore comme il leur racontait des histoires de fantômes au coin du feu. Nora avait sans doute bénéficié des mêmes faveurs. L'Éveline de Joyce, dans *Gens de Dublin*, a un père qui boit, et pourtant :

« Quelquefois, il pouvait être très gentil. Il n'y avait pas longtemps, elle était restée couchée un jour, et il lui avait lu tout haut une histoire de revenants et lui avait grillé un toast devant le feu. »

Après le départ de son père, Nora vit son oncle Michael devenir le chef de la famille. Joyce confia à Stanislaus que « la famille de la mère est de bon ton [17] ». Les Healy se donnaient en effet des airs. Ils aimaient aller se faire tirer le portrait par R. W. Simmons, le photographe à la mode de Galway, qui justifiait ses tarifs élevés par ce slogan : « Une mauvaise photographie est chère à n'importe quel prix. » Simmons, qui avait une clientèle huppée, à commencer par le duc de Connaught, photographia Michael Healy à plusieurs reprises [18].

C'est également Simmons qui prit la photo la plus suggestive de l'air que devait avoir Nora à l'orée de l'adolescence. On y voit une grande fille — aussi grande que la femme à côté d'elle — avec d'épais sourcils noirs, la bouche ferme et généreuse, et les épaules tenues très droites. Un gros nœud retient ses cheveux ondulés, qui lui pendent encore dans le dos comme à une enfant, et elle porte un vilain manteau mal coupé, mais aussi de jolies bottines pointues et apparemment neuves [19]. Bien que cette photo, retrouvée à Trieste dans les papiers de Joyce, ne porte aucune indication, plusieurs éléments semblent identifier Nora : les grandes mains aux jointures solides comme celles d'un homme, le dessin de la bouche, la forme des sourcils, et surtout ce léger strabisme de l'œil gauche qui la faisait appeler par Joyce « Nora à l'œil somnolent ». Quant à la femme de même stature qui se tient à côté d'elle, à en juger par ses cheveux gris, son attitude protectrice et ses beaux vêtements complétés d'une montre accrochée au revers et d'un bracelet, ce pourrait être la grand-mère de Nora, Catherine Healy.

Le fait que les Healy aient accordé leur clientèle à Simmons est également révélateur de leurs opinions politiques. Simmons était un unioniste reconnu. Aucun vrai nationaliste irlandais ne serait allé chez lui, d'après Eilis Dillon[20]. La famille Healy, et en particulier Michael, avec sa situation dans l'Administration, soutenait avec ferveur la Couronne britannique. C'est une loyauté que Nora conserva toujours.

Nora était très jolie. Comme l'a écrit Norman Mailer au sujet de Marilyn Monroe, il y en a une demi-douzaine dans toutes les petites villes — de ces filles dont l'allure et les manières font tourner les têtes et jaser les commères. Son trait le plus frappant était sa chevelure. Elle avait le teint frais et coloré, et la forme de ses yeux, au coin extérieur un peu abaissé, lui donnait l'air moqueur, avec un soupçon de bouderie dans l'affaissement de sa paupière gauche. Et, de même que sa mère, elle avait un port magnifique. Nora marchait la tête haute en balançant les bras, d'un long pas élastique et assuré. « Nous sommes tous irlandais, tous fils de rois », dit Mr. Deasy dans *Ulysse*[21]. Nora avait une démarche royale (« comme une reine », devait dire Joyce par la suite), avec cette assurance qu'ont les Irlandais sans distinction de classe, regardant tout le monde dans les yeux.

Sa fierté recouvrait cependant un sentiment de rejet, et sans doute de culpabilité. Comme tant d'enfants exclus de chez eux, peut-être avait-elle l'impression de l'avoir mérité inconsciemment ; peut-être même se sentait-elle responsable du départ de son père. Mais comme elle était jolie, elle recherchait cette consolation éternelle : attirer un flot d'admirateurs dès sa prime jeunesse.

Elle y parvenait d'ailleurs sans difficultés, étant donné le charme qui émanait d'elle — et sa voix en particulier, qui frappait tous les gens qui la rencontraient : grave, sonore, et riche des intonations de l'Ouest irlandais[22].

Nora eut bien des admirateurs dans sa jeunesse, dont deux qui moururent. Sa première amourette un peu sérieuse, quand elle avait treize ans, fut pour un certain Michael Feeney[23]. Âgé de seize ans et demi, il était maître d'école. (Malgré tout ce qu'elle a pu dire, Nora aimait les hommes instruits.) Elle le connaissait depuis toujours car il habitait une rue voisine, William Street West. En février 1897, atteint de typhoïde puis de pneumonie, il fut transporté à l'hospice de Galway, où il mourut sept jours plus tard. On l'enterra au cimetière de Rahoon, à trois kilomètres de Galway[24].

Nora fut accablée de chagrin. Ce fut pour elle un hiver terrible. Sa grand-mère bien-aimée venait de mourir six semaines avant, le 1ᵉʳ janvier — d'une bronchite, à l'âge de soixante-sept ans, dans la maison qu'elles habitaient ensemble à Whitehall[25]. Le seul vrai foyer que Nora eût connu avait donc disparu et, comme Emily Lyons était partie pour l'Amérique, il ne lui restait plus personne de ceux qu'elle avait aimés.

Ce qu'il advint d'elle ensuite n'est pas bien clair. En 1901, lors du recensement auquel on procédait tous les dix ans, elle vivait chez sa mère au 8, Bowling Green. Sa profession déclarée (que l'on retrouvera dans l'œuvre de Joyce) était celle de « blanchisseuse[26] ». Et en 1904, on sait qu'elle habitait chez son oncle Tommy, mais on ignore l'adresse. En 1897, à la mort de Mrs. Healy, Tom Healy était toujours célibataire et occupait une chambre à New Docks Street, où il paraît peu probable qu'il ait pu accueillir une nièce. C'est Nora elle-même qui donna la seule indication dont on dispose sur ce point, en disant plus tard à une amie, alors qu'elle habitait à Paris, que dans sa jeunesse elle avait vécu quatre ans dans un couvent[27].

Si Nora alla directement de chez sa grand-mère défunte au couvent de la Présentation, cela signifie que les événements dont s'inspira Joyce pour la toile de fond de sa célèbre nouvelle, *Les Morts*, s'étaient déroulés peu avant le treizième anniversaire de Nora. Les détails de son existence cette année-là cadrent bien avec le récit.

Dans les dernières pages des *Morts*, souvent considérée comme la meilleure nouvelle de langue anglaise, Gretta Conroy, Irlandaise rousse de l'Ouest, fond en larmes au souvenir d'un garçon qu'elle a connu voilà bien longtemps. Son mari, le pompeux Gabriel, Dublinois bien connu des milieux intellectuels, en reste saisi. Il s'apprêtait à faire l'amour à sa femme. Avec condescendance, il l'interroge sur ce jeune homme :

« Quelqu'un que j'avais connu à Galway lorsque j'y vivais avec ma grand-mère. »

Froidement, Gabriel demande à Gretta si elle compte revoir cet ancien amoureux quand elle retournera à Galway.

« Il est mort, dit-elle enfin. Il est mort à dix-sept ans. N'est-ce pas affreux de mourir aussi jeune ? »

Gabriel veut savoir pourquoi ce garçon était mort si jeune. Était-ce la tuberculose ?

« " Je pense qu'il est mort pour moi ", répondit-elle. Une terreur vague s'empara de Gabriel à cette réponse comme si, à l'heure même où il avait espéré triompher, quelque être invisible et vindicatif se levait, rassemblant dans son monde non moins vague des forces contre lui. »

Gretta poursuit sans qu'il l'interroge. Le garçon s'appelait Michael Furey.

« C'était en hiver, dit-elle, à peu près au début de l'hiver où je devais quitter grand-mère pour rentrer ici, au couvent. Il était souffrant alors, dans une chambre meublée à Galway ; il ne lui était pas permis de sortir et sa famille à Oughterard en fut avisée. »

Gretta explique que Furey était un gentil garçon, avec qui elle se promenait. Il avait une fort belle voix, mais était de santé délicate. Tout en cherchant à dominer son émotion, elle décrit le bruit du gravier lancé sur sa vitre, et comme elle courut vite au jardin,

« et là, au fond du jardin, se tenait le pauvre garçon qui grelottait...
— Et vous ne lui avez pas dit de retourner chez lui ?
— Je l'ai supplié de rentrer sur-le-champ, qu'il prendrait la mort sous la pluie. Mais il disait qu'il ne voulait pas vivre. Je vois ses yeux si bien, si bien ! Il se tenait à l'extrémité du mur où il y avait un arbre.
— Et il est retourné chez lui ? demanda Gabriel.
— Oui, il est retourné chez lui. Et pas plus d'une semaine après que j'étais au couvent, il mourut et fut enterré à Oughterard, d'où était sa famille. Oh, le jour où j'ai appris qu'il était mort ! »

Le rapprochement de la mort de Michael Feeney, en février, et de celle de la grand-mère de Nora le jour de l'an, ainsi que son départ de la maison de sa grand-mère, font de Feeney un modèle plus proche, pour ce Michael Furey de Joyce, que l'amoureux suivant de Nora, Michael Bodkin, à qui l'on a pourtant bien souvent attribué cette ressemblance. Ainsi, l'âge de Feeney, par exemple — il mourut cinq mois avant d'avoir dix-sept ans — correspondant mieux au « N'est-ce pas affreux de mourir si jeune ? » de Gretta, que celui de Bodkin mort à vingt ans [28]. En outre, les deux noms se ressemblent, et ils ont la même sonorité. Le passage de « Feeney » à « Furey » est bien dans la ligne de ce qu'aimait Joyce — ce *Klanglink* des psychologues.

Par ailleurs, le couvent de la Présentation peut avoir fourni le cadre de la fameuse scène. La maison de la grand-mère de Nora n'avait pas de jardin, tandis que, à l'arrière du couvent, s'étend un grand jardin, traversé par la rivière Corrib, et bordé de murs faciles à escalader. Il y pénètre encore des gamins voleurs de pommes [29]. (Dans la nouvelle, Joyce situa la maison de la grand-mère à Nun's Island, quartier de Galway entouré par la rivière et le canal.)

La vie était cruelle aux gens de cette époque et à Nora. Il ne fait aucun doute qu'elle était fort éprise du beau Michael Bodkin, qui mourut également. Son père tenait une confiserie à Prospect Hill, et lui-même travailla pour la Compagnie du gaz lorsqu'il quitta l'université locale. Atteint de tuberculose, il succomba aux rigueurs de l'hiver le 11 février 1900 et, comme Michael Feeney, fut enterré à Rahoon. Nora avait alors presque seize ans.

Selon toute vraisemblance, Joyce regroupa les souvenirs des deux amis décédés de Nora. Peu importe en vérité d'où il tira la matière des *Morts*. Joyce réorganisa et reconstruisit les faits comme il l'entendait pour son récit. Pour comprendre Nora, toutefois, il est important de savoir qu'elle se retrouva dès l'âge de douze ans privée de protection maternelle intime, tout en commençant justement à se percevoir comme femme, dotée d'une dangereuse puissance sexuelle. En fait, il se pourrait même que Joyce ait regroupé les deux amoureux en un seul pour renforcer non seulement l'effet dramatique, mais aussi la crédibilité. Peu de lecteurs auraient accepté de croire qu'une fille pût avoir deux amoureux, qui fussent tous deux morts — dont l'un quand elle n'avait encore que douze ans.

Lorsqu'il commença à noter des indications pour *Les Exilés*, cette pièce tellement autobiographique, Joyce mentionna les deux amoureux défunts de Nora, mais en changeant leurs noms. Le personnage féminin central, Berthe, est conçu sur le modèle de Nora. Dans les notes de Joyce, on lit sous la désignation « N.(B.) » : « Bodkin mourut. Kearns mourut. Au couvent, on l'appelait le bourreau des hommes [30]... »

Cette plaisanterie de bourreau des hommes dut toucher un point sensible, car Nora avait au moins une autre conquête sur la conscience, dont le couvent ne savait rien. Lorsqu'elle avait seize ans, un jeune prêtre de belle figure l'avait prise en sympathie, et invitée à prendre le thé au presbytère. Au cours de cette visite, il l'avait attirée sur ses genoux pour promener sa main sous sa robe. Comme elle se dégageait, il lui déclara que c'était elle qui avait commis un péché. Elle s'en accusa donc en confession, mais le prêtre lui avait ordonné de dire que le coupable était « un homme », et non « un prêtre » [31].

Nora ne s'y trompait point. Elle n'avait guère coutume de s'accabler de reproches. Sa mère n'avait jamais pu l'amener à s'amender. Mrs. Barnacle appliquait la discipline d'une manière fantasque. Elle avait inculqué les bonnes manières à ses filles, et leur interdisait absolument de se maquiller. Mais elle avait ses faiblesses (elle prisait beaucoup) et, dans les souvenirs encore frais des anciens de Galway, elle n'était jamais parvenue à dresser Kathleen, qui se fit une réputation de femme au parler cru et de buveuse impénitente [32]. Annie Barnacle s'appuyait beaucoup sur ses frères, et en particulier sur Michael, qui entretint sa nombreuse progéniture lorsqu'elle eut chassé son mari.

Il échut donc à Tom Healy, peut-être à l'incitation de sa jeune épouse, Bedelia, de tenter de discipliner sa nièce aventureuse. Il prit le pli de parcourir Galway la nuit, un gourdin à la main, à la recherche de Nora. Il sifflait en marchant un vieil air irlandais, « My Mountain Maid, Rise ». Et quand elle l'entendait flotter dans l'air nocturne, Nora se figeait [33].

Nora ne pouvait pas rester enfermée. Avec Mary O'Holleran, sa meilleure amie, elle trouvait des moyens d'évasion. Elles s'habillaient en homme, les cheveux relevés sous une casquette, pour explorer les rues de Galway et Eyre Square. La stature de Nora, sa démarche assurée et ses épais sourcils lui permettaient, dans l'obscurité, de passer pour un garçon de bonne taille. Une fois, elles repérèrent même le redoutable oncle Tommy ; Mary lui lança un « Bonsoir » d'une voix si grave qu'il s'y laissa prendre.

S'habiller comme le sexe opposé n'était pas une mince affaire au début du siècle. A Paris, une loi rigoureusement appliquée interdisait aux femmes de se costumer en homme. En Irlande, pour dissuader la belle comtesse Markiewicz (née Constance Gore-Booth de Lissadell) de participer à un défilé, l'organisation nationaliste Fianna passa une résolution suivant laquelle c'était une offense de manifester en public autrement qu'en uniforme de Fianna. La farouche comtesse les battit à leur propre jeu en se faisant tailler un uniforme — sa hardiesse s'arrêtait cependant à la ceinture : sous la tunique militaire, elle arborait une jupe [34]. Pour Nora, le fait d'enfiler un pantalon et de se coiffer d'une casquette révélait donc une certaine audace, ainsi que l'acceptation des éléments masculins qui entraient dans sa personnalité.

La rapidité à laquelle les mariages tournaient à l'aigre, l'alcoolisme qu'elles pouvaient observer tout autour d'elles — rien au monde

n'aurait pu empêcher les jeunes filles de Galway de rêver au grand
amour. Elles jouaient à de nombreux jeux superstitieux qui avaient
pour seul but de révéler l'identité du futur heureux élu. Mary
O'Holleran les décrivit lors d'un entretien avec Richard Ellmann,
pour sa biographie de Joyce. Exemples classiques de rites anciens de
la divination des mariages, ces jeux prenaient plus d'importance dans
l'Ouest primitif qu'à Dublin — ce qui n'a rien d'étonnant, puisque la
matière première en était plus accessible.

Nora et ses amies se remplissaient la bouche de blé et parcouraient
le quartier en écoutant aux portes. Si elles entendaient mentionner le
nom d'un garçon, c'était celui qu'elles épouseraient[35]. Ou bien elles
achetaient pour un penny d'épingles, en piquaient neuf dans une
pomme et jetaient la dixième ; puis elles glissaient la pomme dans leur
bas gauche et le fermaient avec leur jarretière droite avant de se
coucher, en espérant rêver de leur futur époux.

Ces jeux atteignaient une véritable apothéose pour All Hallow's
Eve *. Nora et Mary allaient voler un chou dans un jardin,
l'emportaient dans un champ et, debout sur un tas de bouse, le
mangeaient tout en se regardant dans un miroir. Là encore,
elles espéraient apercevoir les traits de l'homme qu'elles épouseraient.

La plupart des jeunes filles se retrouvaient finalement dotées de ce
que Joyce appelait dédaigneusement « les rouquins de Galway »[36].
En se regardant dans la glace, sans doute Nora espérait-elle découvrir
une vision ressemblant à son bel amoureux défunt, Michael Bodkin,
plutôt que la longue silhouette osseuse et amusée de James Joyce.
Mais ces rituels la préparaient à voir surgir de grands changements
dans sa vie, un beau jour, sans avertissement. Aucun manuel sur le
mariage n'aurait pu être plus instructif. Et il est bien dans son
caractère que, tout en jouant à ces jeux de destin, elle ait toujours
aussi éclaté de rire, la tête rejetée en arrière.

Nora était une jeune fille pieuse, et elle allait régulièrement à la
messe. A l'école, elle avait appartenu à l'Alliance des Filles de la
Croix, et ensuite à celle du Sacré-Cœur. Elle assistait aux réunions, se
confessait au moins une fois par mois, et communiait à la cathédrale
le dimanche de l'Alliance[37]. Mais elle ne vivait pas dans la crainte du
confessionnal. Elle était un garçon manqué, aussi sauvage que
pouvait l'être une fille respectable. Elle jurait volontiers, émaillait sa
conversation de « Bon Dieu » et « maudit » et, avec ses amies,
s'amusait dans le noir à dire des gros mots[38]. Son corps ne

---

* All Hallow's Eve, ou Hallowe'en : veillée de la Toussaint (N.d.T.).

l'intimidait nullement ; gênée par la profusion de ses poils pubiens, elle les coupait [39].

Nora aimait les blagues, et l'idée de chaparder ne l'effarouchait guère. Il y avait à Prospect Hill une confiserie tenue par une certaine Mrs. Francis, qui était presque aveugle. Nora allait avec Mary lui acheter pour un demi-penny de bonbons et, pendant que la vieille dame s'affairait, elle plaçait un poids d'une livre sur la balance. Ou bien elles se contentaient de chiper les bonbons dans son dos. C'est à un jeune voisin, Jim Connell, qu'elles jouèrent leur tour préféré. Il ne savait pas lire et parlait à tout le monde de la lettre qu'il attendait avec les papiers pour partir en Amérique. Nora et Mary allèrent acheter la plus grande enveloppe qu'elles purent trouver, y glissèrent un papier plein de réglisses, et l'adressèrent à Jim Connell. Lorsqu'il reçut cette missive d'aspect officiel, il courut tout excité chez les O'Holleran pour se la faire lire. En découvrant le tour qu'on lui avait joué, il entra dans une grande colère, accabla sa fiancée de reproches et rompit avec elle. S'efforçant de comprimer leur envie de rire, Nora et Mary durent courir se cacher. Et Mary se souvint qu'elles n'osèrent « plus se montrer de huit jours » [40].

On sait peu de chose sur les années de sa vie qui s'écoulèrent entre sa sortie de l'école et son départ de Galway. Il ne reste pas de trace écrite des emplois qu'elle a pu avoir. Il semble toutefois qu'elle n'ait pas uniquement vécu au couvent. Sans doute travailla-t-elle un temps à l'atelier de reliure de O'Gorman (sinon, pourquoi Joyce aurait-il adressé à O'Gorman un exemplaire dédicacé de la première édition d'*Ulysse* ?). Peut-être fut-elle aussi domestique chez un médecin, mais il y avait tant de sœurs Barnacle que personne n'en sait vraiment rien. Qu'elle ait lavé et repassé du linge pour gagner sa vie, comme l'indique le compte rendu du recensement, c'est probable. Elle fut toujours très habile dans l'entretien du linge et des vêtements, peut-être grâce à sa mère couturière. Les photos d'elle révèlent un goût prononcé pour les étoffes, les rubans, les volants amidonnés. Dès son enfance, elle avait aimé les beaux vêtements et les avait admirés sur les autres. Elle était toujours très soignée [41]. Jeune fille, elle apprit à coiffer sa lourde chevelure en chignon ; elle savait bien repasser les volants et nouer les rubans. Elle aimait épingler des mouchoirs parfumés à l'intérieur de ses vêtements, de sorte qu'en marchant elle embaumait la rose ou le benjoin.

Un jour qu'elle traversait le pont O'Brien, Nora trouva devant elle un fringant jeune homme à l'œil insolent qui lui barrait le chemin. Il se nommait William Mulvagh (qui se prononce « Mulvey » presque en une seule syllabe, avec l'accent sur le début)[42]. Il avait fréquenté le lycée du comté. Les Mulvagh étaient les seuls protestants de Mary Street. Sa sœur, mariée, vivait à Oughterard. Nora voulait-elle bien sortir avec lui ?

Nora ne savait que répondre. Elle ne se sentait pas particulièrement attirée par lui, tout au moins est-ce la version qu'elle en donna à Mary, mais il fallait aux filles de Galway un galant pour sortir le soir ou aller danser. Nora adorait danser, surtout aux bals des carrefours, en dehors de la ville[43]. Après consultation avec Mary, elle décida d'accepter l'invitation de Mulvagh. C'était un précieux cavalier. De trois ans son aîné, il était comptable à l'usine d'eau minérale de Joe Young (jamais Nora ne choisissait de soupirants au-dessous de sa condition).

Pour sortir avec Mulvagh, Nora devait ruser, car l'oncle Tommy lui avait interdit de fréquenter ce garçon, à cause de sa religion. Nora trouva un moyen. Avec la complicité de Mary, elle annonçait le soir qu'elle allait à l'église. Elle et Mary se rendaient ensemble à Abbey Church, dans Francis Street, puis Nora se glissait dehors pour rejoindre Willie, laissant Mary seule (à se demander sans doute ce qu'ils fabriquaient). Nora la rejoignait plus tard, et elles rentraient ensemble chez Mary, où Nora répandait en riant sur la table le butin que lui avait offert Willie — des chocolats et des bonbons fourrés. Willie était très amoureux d'elle.

On ne saura jamais ce que faisaient Nora et Willie dans le noir. Cependant, la phrase « Mulveys fut le premier »[44] est bien connue des lecteurs du monologue de Molly Bloom dans *Ulysse*, même si l'on ne comprend pas exactement ce qu'avait obtenu Mulvey. Nora savait, comme toutes les jeunes Irlandaises, le danger que représentait une grossesse prémaritale. Avoir un enfant hors mariage, c'était la ruine : et laisser transpirer qu'on l'avait risqué était presque aussi scandaleux. Comme devait l'écrire Stanislaus Joyce plus tard, évoquant l'Irlande de sa jeunesse : « Si l'on apprend qu'un couple a eu des relations prémaritales, on le lui reprochera toute sa vie[45]. » Galway n'était cependant pas une ville aussi puritaine que Dublin, et les prêtres y célébraient bien des mariages déjà consommés et portant leurs fruits. Quel que fût le moyen employé pour éviter une naissance illégitime — l'émigration, l'infanticide et le suicide représentaient les seules issues pour les jeunes femmes désespérées, car il n'existait ni contraception ni avortement —, il fonctionnait : le taux de naissances illégitimes à Galway était presque nul : en 1901, la ville de Galway n'enregistra que onze bâtards, sur huit cent quatre-vingt-quinze naissances [46].

Tout bien considéré, il semble que Willie Mulvagh ait été le premier à instruire Nora dans l'art de satisfaire un homme sans perdre sa vertu. Dans *Ulysse*, Molly Bloom donne sa propre version de l'initiation dispensée par Mulvey, le premier homme à avoir introduit sa langue dans la bouche de Molly : « ... comment avons-nous fini ça oui Ô oui je l'ai fait jouir dans mon mouchoir [47]... »

Rien n'intéressait davantage Joyce que l'éducation sentimentale de Nora, comme le prouve *Les Morts*. Dans le cas de William Mulvagh, dont Joyce emprunta le nom pour l'attribuer au premier amant de Molly Bloom (ne le modifiant que pour l'épeler tel qu'il se prononçait), la postérité est autorisée à soupçonner que le jeune homme de l'usine d'eau minérale et Nora Barnacle s'aventurèrent plus loin dans leurs étreintes que Nora ne l'avouait à l'amie qui l'attendait sur les bancs d'Abbey Church.

Quoi qu'il en fût, c'en était trop pour l'oncle Tommy. Apprenant qu'elle voyait Mulvagh en dépit de son interdiction, il la surprit une nuit, comme elle rentrait à la maison. « Eh bien ma fille, gronda-t-il. Encore dehors avec ton protestant [48] ! » Annie Barnacle était là et, quand Tom lui ordonna de quitter la pièce, elle obéit à son frère et abandonna sa fille, plutôt que de rester pour la protéger. Débarrassé d'Annie, Tom frappa Nora de sa lourde canne jusqu'à ce qu'elle tombe par terre et le supplie de cesser, agrippée à ses genoux.

Telle est du moins l'histoire que Nora raconta à James Joyce. Mais on peut supposer que ce n'est pas là toute la vérité.

Il était fort répandu, au début du siècle, de battre les enfants, mais pas parce qu'ils convolaient avec quelqu'un d'une autre religion. Le Galway de 1904 n'était pas le Belfast d'aujourd'hui. A cette époque-là, catholiques et protestants entretenaient à Galway d'excellentes relations. Les familles des deux religions vivaient côte à côte et se fréquentaient. Aux cérémonies d'accueil des nouvelles moniales dans l'ordre des sœurs de la Miséricorde, le couvent invitait toujours des protestants.

Que la famille de Nora ait prétendu qu'elle avait quitté la ville parce qu'elle était punie pour être sortie avec un protestant, cela prouve simplement, d'après la fille de Willie Mulvagh, « qu'ils étaient des gens grossiers » [49]. Si Nora souhaitait convertir Willie, elle n'avait qu'à se donner la peine d'essayer : il devint catholique en se mariant, trois ans plus tard, et ses frères à leur tour firent de même.

Il semble plus probable que Nora ait été punie pour ses regards aguichants et parce qu'elle n'en faisait qu'à sa tête, embarrassant toute sa famille. En 1904, Michael Healy avait atteint le point culminant de sa carrière de percepteur des droits de douane, avec un beau salaire de peut-être cent cinquante livres par an[50]. C'était un homme qui avait une réputation à défendre. Peut-être fut-ce même lui qui persuada son frère de prendre des mesures disciplinaires. (Bien qu'il ait par la suite aidé James Joyce fort généreusement, Michael Healy laissa à Galway le souvenir d'avoir été très strict avec Nora[51].) Quant à Tom Healy, sans doute confondait-il protestantisme et libertinisme : sa nièce sortait avec un jeune homme que rien n'obligeait à se confesser à un prêtre.

Dans la version qu'elle rapporta à Joyce, Nora tut l'inquiétude de ses oncles quant à son magnétisme sexuel. Pourtant, son propre pouvoir l'alarmait probablement. Les décès de Feeney et Bodkin la hantaient. De même que le péché d'avoir tenté un prêtre au-delà de ses forces. Il se peut aussi qu'elle ait décelé une jalousie incestueuse dans la fureur de l'oncle Tommy[52].

Huit jours après cette scène de violence, Tom Healy n'avait plus de nièce à frapper. Il existait à Galway plusieurs agences de placement de domestiques ; Nora passait chaque jour devant l'une d'elles, située à Lower Dominick Street, qui était dirigée par une certaine Mrs. Finn, mais n'importe laquelle aurait pu renseigner Nora sur le marché du travail à Dublin. Nora tenta sa chance. D'après ce qu'elle avait vu de la vie, les paroles de la prière à la Vierge, à la fin de la messe, étaient bien vraies : la vie était une vallée de larmes. A Dublin, ce ne pouvait guère être pire. Elle quitta la maison sans bruit, et Galway de même, sans prendre la peine de dire au revoir à « son protestant » ni à sa mère.

CHAPITRE 3

L'été de 1904

« L̲ᴇ hasard, déclara un jour James Joyce, me fournit tout ce qu'il me faut. Je suis comme un homme qui avance en trébuchant ; mon pied heurte quelque chose, je me penche, et c'est exactement ce que je cherche[1]. »

Le 10 juin 1904 à Dublin, dans Nassau Street, le hasard lui fournit Nora Barnacle. Joyce, âgé de vingt-deux ans, vit Nora et l'aborda, tout à fait comme l'avait fait Willie Mulvagh l'année précédente sur le pont de Galway.

On sous-estime beaucoup l'amour coup de foudre ; un seul coup d'œil peut suffire à embraser une personne. Non point que Joyce vît grand-chose. En 1904, bien qu'il eût toujours eu des problèmes de vue, il ne portait pas de lunettes, car un médecin lui avait suggéré que ses yeux se fortifieraient peut-être s'il s'en passait. Tout ce qu'il pouvait distinguer en scrutant de son regard myope cette jeune fille élancée, c'était sans doute sa silhouette, sa chevelure, et sa démarche. La manière dont elle avançait, en balançant les bras, suffit à le conquérir. Il aimait dire de Nora qu'elle se pavanait, et qu'elle était fière, une femme sûre d'elle, dont on voyait onduler les hanches sous ses jupes[2].

C'était bien le génie de James Joyce que de dénicher dans la foule, avec son œil de myope, la femme essentielle à son art. Avec cette même assurance qui lui permit toute sa vie durant de prendre ce qu'il lui fallait, il se présenta. La voix de Nora et son large visage ouvert lui révélèrent qu'elle venait de l'Ouest, et l'on imagine son ravissement lorsqu'il apprit qu'elle portait un nom tiré d'Ibsen. Ibsen était l'idole de Joyce, pour le réalisme et la droiture de ses pièces, et surtout pour sa compréhension des femmes. (Tout le monde savait, à Dublin, que Joyce, à dix-huit ans, avait publié un article sur Ibsen dans la prestigieuse revue londonienne, *Fortnightly Review*. Et lorsque, des profondeurs du Nord, était arrivée une lettre de gratitude pour l'auteur de l'article, de la main même du Maître, les amis et les professeurs de Joyce avaient commencé à se dire que James Joyce était peut-être autre chose que simplement l'arrogant prophète de son destin d'artiste [3].)

La sonorité même du nom de Nora séduisit également Joyce. Lui-même bon chanteur et doté d'une belle voix de ténor léger, il aimait particulièrement les sons *o* et *ou* (et allait s'appuyer sur ce goût pour choisir les noms de ses enfants, Giorgio et Lucia, et de deux de ses principaux personnages, Molly et Leopold Bloom). Nora aurait-elle aussi facilement envahi son âme si elle s'était nommée Bridget ou Mabel ?

Quant à Nora, elle apprécia également ce qu'elle vit : un jeune homme mince aux cheveux d'un brun soyeux, un long visage étroit au menton saillant, et des yeux bleus intenses, pâles, presque translucides [4]. Ce menton relevé lui redressait tout le visage ; il la contemplait d'un air d'expectative effrontée et pleine de charme. Sa silhouette élancée et son maintien très droit lui donnait l'air plus grand qu'il n'était vraiment. A un mètre soixante-quinze, il était à peu près de la taille du père de Nora, et à peine plus grand qu'elle. Le nom de James Joyce sonna tout aussi agréablement aux oreilles de Nora : deux monosyllabes allitérées, dont la seconde (comme dans le cas de Bodkin) était l'un des meilleurs patronymes de Galway. Elle accepta un rendez-vous pour le mardi suivant, à huit heures et demie du soir, devant la maison de sir William Wilde, à l'angle de Merrion Square ; c'était là un point de repère connu, près de son lieu de travail, mais pas si près qu'on pût l'y surveiller.

Nora était vite retombée sur ses pieds en débarquant à Dublin. Elle avait trouvé du travail à l'hôtel Finn's, dans Leinster Street, qui prolongeait Nassau Street vers l'est. Petit hôtel modeste de seulement douze chambres, mais respectable, et situé dans le centre, le Finn's occupait les deux premières maisons d'une rangée de bâtisses en brique rouge du XVIIIe siècle qui forment une partie du mur de Trinity College. De sa chambre sous les combles, Nora pouvait plonger ses regards dans ce que l'ami de Joyce, le riche Oliver St. John Gogarty (et l'un des rares catholiques à avoir obtenu le diplôme de Trinity College) appelait « Trinity l'esbroufe ».

Les rues commerçantes les plus élégantes de Dublin — Kildare, Dawson et Grafton — étaient toutes proches. En quelques minutes,

Nora pouvait aller regarder les dernières modes dans les vitrines de Brown Thomas ou les empilages de gâteaux du Bewley's Café, ou sentir la proximité du Continent en voyant aller et venir les voyageurs des trains-bateaux à la gare de Westland Row, à deux pas de chez Finn's.

L'hôtel Finn's était à la lisière du territoire de Joyce et de ses amis. Ils étaient étudiants à l'University College de Dublin, l'institut des jésuites situé à proximité, à St. Stephen's Green, et ils flânaient autour de la Bibliothèque nationale, dans Kildare Street, en discutant et en regardant ce qui se passait dans la rue.

Joyce traversait une mauvaise passe. En 1902, il n'avait obtenu qu'une paresseuse mention « passable » pour sa licence à l'University College, et ce dans des matières jugées féminines, le français et l'italien. Pendant ses années d'université, il n'avait guère laissé paraître l'éblouissant brio manifesté au lycée de Dublin, le Belvedere, où, à l'âge de quinze ans, il avait été premier de toute l'Irlande en composition anglaise. Après sa licence, il avait passé quelques mois à Paris pour étudier d'abord la médecine, puis le droit ; il s'était ensuite essayé au journalisme littéraire. Il avait vécu là une phase malheureuse, tenaillé par la faim et d'effroyables rages de dents. Mais depuis son retour à Dublin, et surtout depuis la mort de sa mère en août 1903, il s'était abandonné à la dissipation, enseignant et écrivant activement, mais ne faisant rien pour soulager son père du fardeau d'avoir à élever ses neuf frères et sœurs cadets [5].

Cependant, les amis de Joyce le traitaient avec respect et circonspection. Ils redoutaient le pouvoir de sa plume, et sa conviction d'être un génie.

Peut-être Joyce et son équipe avaient-ils déjà repéré Nora dans le quartier. Il avait en 1904 trois amis intimes : Gogarty, alors étudiant en médecine ; Vincent Cosgrave, également étudiant en médecine ; et John Francis Byrne, qui servit de modèle pour Cranley dans *Dedalus. Portrait de l'artiste jeune par lui-même.* On peut supposer que l'entrée sur scène d'une rousse sculpturale et appétissante, apparemment dépourvue de chevalier servant, avait dû attirer l'attention de ces reluqueurs de filles bien rôdés. Des années plus tard, Byrne devait soutenir que c'était Cosgrave, leur ami commun, qui avait présenté Nora à Joyce [6].

Nora racontait souvent comment elle avait connu Joyce, mais le récit variait. Tantôt elle évoquait sa casquette de marin et son air de matelot suédois, tantôt elle se souvenait d'un grand sombrero blanc et d'un long manteau qui lui tombait jusqu'aux pieds. Comme Joyce affectionnait cet été-là ces deux costumes — la tenue bohème rapportée de Paris, avec chapeau à larges bords et cravate flottante, et aussi la tenue marine — sans doute Nora vit-elle beaucoup les deux. Elle raconta à sa sœur qu'elle lui avait trouvé l'air bizarre, sévère, tout à fait comme un petit garçon, avec quelque chose de Michael Bodkin. Mais jamais elle n'oublia ses chaussures miteuses[7].

Chez Finn's, Nora ne devait guère gagner plus d'un shilling ou deux par semaine, mais l'argent comptait moins que la fourniture du gîte et du couvert. La patronne de l'hôtel savait bien qu'elle offrait une alternative à la solution de l'émigration, et qu'à Dublin une fille avait bien de la chance quand elle trouvait du travail. Les nombreuses sœurs de Joyce ne cessaient de chercher et chercher encore des emplois, et sa sœur May, qui avait seize ans et qui vivait encore chez son père, en 1907, fut enchantée de trouver une place pour trois shillings par semaine :

> « Ce n'est pas une très bonne situation, mais le mieux, c'est que j'y prends tous mes repas, petit déjeuner, déjeuner et thé, et qu'à chaque repas nous avons le meilleur de tout[8]. »

Nora ne se faisait guère d'illusions sur les périls qui guettaient une jeune femme seule et sans le sou. Les noms mêmes des institutions caritatives du quartier constituaient un avertissement : l'Hôpital national pour la tuberculose en Irlande se trouvait juste un peu plus loin que l'hôtel Finn's dans Leinster Street, après la quincaillerie et la teinturerie. Il y avait l'Asile pour les femmes aveugles d'Irlande, l'Hospice pour les protestants pauvres et respectables, l'hôpital St. Patrick pour les idiots et les fous, l'orphelinat de filles, et l'Association protestante pour l'éducation et l'entretien des orphelins pauvres issus de mariages mixtes.

Nora travaillait de longues heures chez Finn's mais, tout au moins en théorie, elle avait une soirée libre sur deux. Il arrivait qu'elle eût deux ou trois soirées de suite. Mais s'il y avait du monde, elle devait sacrifier sa soirée et parfois travailler jusqu'à deux heures du matin, même s'il fallait servir le petit déjeuner quelques heures plus tard[9].

On se rappelle Nora femme de chambre : mais elle ne faisait pas seulement les lits, elle servait aussi à table et, parce qu'elle était sérieuse et compétente, elle travaillait au bar. (C'était une responsabilité d'un certain prestige, car on y manipulait de l'argent, mais par la suite le terme « barmaid » fut souvent retenu contre elle[10].) Chez Finn's elle jouissait à tout point de vue d'une plus grande indépendance et d'une vie plus joyeuse que si elle avait servi comme domestique dans une maison particulière.

Mais Nora était cependant bien seule à Dublin, et la solitude ne lui était pas familière. Avec ses tramways, ses théâtres, les allées et venues des passants, Dublin était une métropole en comparaison de Galway, cette petite ville chaleureuse où il semblait qu'elle connût tout le monde. Sa bonne humeur naturelle cédait souvent le pas à des accès de mélancolie, et à d'étranges douleurs [11]. Ses moments de loisir lui pesaient. Si elle n'avait pas accepté de parler à des inconnus, elle n'aurait jamais eu d'autres amis que les filles de l'hôtel.

A Dublin, bien plus qu'à Galway, Nora était vulnérable aux attentions masculines non sollicitées. L'un des clients de l'hôtel Finn's, un certain Mr. Holohan, fixait sur elle des regards égrillards, et il lui fit des propositions malhonnêtes en lui montrant un préservatif d'un air engageant [12]. Nora ne s'en laissait pas conter. La nouvelle de Joyce, *Les Morts,* s'ouvre sur une tirade bien sentie d'une domestique, Lily. Les paroles acidulées de Lily — « Les hommes d'aujourd'hui, ça ne vous débite que des sornettes et ils profitent de tout ce qu'ils peuvent tirer de vous » — sonnent tout à fait comme du Nora. Si elles ne sont pas sorties telles quelles de sa bouche, elles correspondent sans aucun doute à sa pensée.

La stratégie de Nora, pour survivre, consistait à se méfier des hommes.

Lorsqu'un jeune homme bien élevé, beau parleur, amusant et inoffensif se présenta sur son chemin, un jour, à Dublin, Nora fut évidemment ravie d'accepter son invitation à le revoir un soir.

Mais elle ne vint pas. Joyce se rendit au lieu convenu à l'heure convenue, et attendit un bon moment avant de renoncer. Un homme plus sûr de lui avec les femmes serait allé se renseigner à l'hôtel. Joyce, lui, écrivit une lettre à Nora. Ses premiers mots, ironiquement prophétiques, expriment bien dans quel brouillard, même à vingt-deux ans, il s'efforçait de voir le monde :

> « 60 Shelbourne Road
> 15 juin 1904
>
> Peut-être suis-je aveugle. J'ai longuement regardé certaine chevelure brun-roux avant de décider que ce n'était pas la vôtre. Je suis rentré chez moi très abattu. J'aimerais fixer un rendez-vous, mais peut-être ne vous conviendra-t-il pas. J'espère que vous aurez la gentillesse de le faire vous-même — si vous ne m'avez pas oublié !
>
> James A. Joyce [13]. »

Nora ne l'avait pas oublié. Il est fort probable qu'elle avait été retenue à l'hôtel pour travailler ce soir-là, et qu'elle n'avait aucun moyen de l'en avertir. Une fois la lettre en sa possession avec l'adresse, elle fut en mesure d'accepter sa seconde invitation, et cette fois ne lui fit pas faux bond.

Leur premier rendez-vous eut-il lieu à la date du 16 juin 1904 ? Probablement. C'est tout ce qu'on peut affirmer. Rien dans les lettres ni les journaux intimes ne prouve que le 16 juin ait été la date partageant la vie de Nora Barnacle et James Joyce en avant et après — rien, sauf la date à laquelle est situé *Ulysse*.

Pour Richard Ellmann, la preuve littéraire que Nora et Joyce sont sortis ensemble pour la première fois le 16 juin est indiscutable. « Fixer la journée d'*Ulysse* à cette date-là, ce fut l'hommage le plus éloquent de Joyce à Nora, même s'il était indirect, dit Ellmann. C'est le jour où il entra en relation avec le monde qui l'entourait et laissa derrière lui la solitude qui l'accablait depuis la mort de sa mère [14]. »

Quant à Herbert Gorman, écrivain américain qui tourna autour de Joyce à la fin des années 20 et dans les années 30 dans l'intention d'écrire une biographie autorisée, il tenta de l'apprendre de Joyce lui-même. Lorsqu'il soumit timidement à l'écrivain devenu célèbre un questionnaire biographique, Gorman reçut des réponses à toutes ses questions sauf une, apparemment de la main de Nora :

« Q : Pourquoi avez-vous choisi le 16 juin 1904 pour situer Bloomsday ?
Quel jour avez-vous rencontré Nora ?
R : Réponse plus tard [15]. »

Gorman ne reçut jamais la réponse. Dans son livre, publié en 1941, il en tira la conclusion que « rien ne prouve qu'il soit arrivé rien que d'ordinaire à Joyce six jours après sa première rencontre avec Nora Barnacle » [16].

L'origine de cette date était manifestement quelque chose que Joyce ne souhaitait pas divulguer — peut-être l'association était-elle trop intime et choquante.

Lorsque Nora le rejoignit à l'angle de Merrion Square pour leur premier rendez-vous, James ne l'emmena dans aucun des cafés ou théâtres du centre de Dublin, mais l'entraîna au contraire vers l'est, au-delà des quais, vers le port, dans ce quartier désert la nuit qu'était Ringsend. L'attirance, entre eux, fut immédiate, et Nora, qui devait rentrer chez *Finn's* à onze heures et demie, ne perdit pas une minute. A l'ébahissement ravi de Joyce, elle lui déboutonna son pantalon, y glissa la main, écarta la chemise et, avec une certaine dextérité (d'après le récit qu'il en fit par la suite), fit de lui un homme [17].

Un autre se serait réjoui de l'aubaine et aurait tenté sa chance pour obtenir davantage encore. Là, ce fut lui qui subit la séduction. Rien dans son expérience, entre sa mère dévote et l'enseignement des jésuites, ne l'avait préparé à cette approche franche et décidée de la sexualité. Au lieu de perdre tout respect pour elle, il s'en éprit pour la vie.

Toutefois, Joyce savait au fond de lui-même qu'une jeune fille ne fait rien de tel pour la première fois à moins d'y avoir été formée par un homme. Un an avant, faisant une critique de romans sentimentaux, il avait employé l'expression « fille aux habitudes perverses » — il savait donc bien qu'entre ses sœurs si compassées et les putains éhontées du Kips, le quartier des bordels de Dublin, où il avait coutume de satisfaire ses appétits, il existait une autre catégorie de filles [18].

Cinq ans plus tard, ses soupçons allaient exploser et il allait lui reprocher ses étreintes impudiques, ses attouchements sur son corps à lui. N'avait-elle jamais, demandait-il à retardement, « senti entre tes doigts la bitte d'un homme ou d'un garçon, jusqu'au jour où tu m'as déboutonné » [19] ?

Pour qu'elle ait agi avec autant d'audace à son premier rendez-vous avec un inconnu, on peut sans doute envisager la possibilité d'une forme atténuée de sollicitation. On ne peut pas l'exclure. Nora était sans le sou. Joyce avait l'habitude de payer pour son plaisir et des prostituées exerçaient leur commerce dans Nassau Street [20]. Ringsend n'était guère le genre d'endroit où une jeune fille convenable s'attendait à être conduite pour passer la soirée à converser poliment. A Galway, où la réputation de Nora commence tout juste à se relever de la disgrâce où l'avaient plongée ses années de concubinage avec l'auteur notoire d'un livre obscène, on spécule encore sur cette légendaire rencontre en pleine rue. « Elle l'a bien cherché, y dit-on. A draguer un inconnu dans la rue, elle s'est déconsidérée [21]. »

Si Nora espérait obtenir de l'argent en contrepartie de ses faveurs, elle s'était bien trompée d'homme. Joyce avait du génie pour vivre aux dépens d'autrui. Il lui aurait plus volontiers pris de l'argent qu'il ne lui en aurait donné. Dans l'une des nouvelles des *Gens de Dublin*, « Les Deux Galants », écrite l'année suivante, il présente un jeune Dublinois arrogant, qui a pour petite amie une domestique. Le prenant « un peu pour un Monsieur », elle lui cède dès le premier rendez-vous, et ensuite lui offre une pièce d'or. Il avait craint qu'elle ne fût enceinte, mais assure à son ami qu'elle « connaît son affaire ».

De ses rendez-vous à Galway, Nora avait appris à éviter les grossesses. Elle se comportait ainsi, selon toute vraisemblance, parce que la solitude lui pesait, et qu'elle aspirait à être aimée. Quant à leurs sentiments intimes, ce premier soir au Ringsend, on les perçoit au début d'*Ulysse,* lorsque la voix et les pensées de Stephen Dedalus — l'alter ego de Joyce — s'unissent à la voix de la fille qu'il s'imagine en train de séduire :

« Caressez-moi. Doux yeux. Main douce, douce-douce. Je suis si seul ici. Oh, caressez-moi sans attendre, tout de suite. Quel est ce mot que tous les hommes savent ? Je suis ici seul et tranquille. Et triste. Touchez-moi, touchez-moi [22]. »

Ce mot était « amour » [23]. Nora était amoureuse. Dans la semaine qui suivit, elle écrivait à Joyce :

« 23 juin 1904
2 Leinster Street

Mon Précieux Chéri une ligne pour vous dire que je ne peux vraiment pas vous voir ce soir parce qu'il y a du travail mais si ça vous convient Samedi soir même endroit avec mon amour

N. Barnacle

pardon d'écrire en hâte [24] »

C'est là sa première lettre à Joyce qui ait survécu. En quelques mots rapides, elle révèle le contraste de leurs tempéraments. Alors que la première lettre de Joyce à Nora était cérémonieuse, suppliante, emplie de la crainte d'un rejet, celle de Nora est insouciante, confiante et d'une passion sans retenue. Leur relation progressait à grands pas. Ils se voyaient à chaque moment libre de Nora. Gogarty, Cosgrave et Stanislaus commençaient à s'offenser de voir Joyce passer tant de temps avec « Miss Barnacle » ! Maintenant que Nora et lui devenaient un couple, Joyce, avec son chapeau bizarre et ses vêtements minables, allait la chercher à l'hôtel.

Plus tard dans l'été, Nora commença à craindre d'avoir perdu le respect de Joyce à cause de son comportement, et il s'aperçut, comme il le lui écrivit un soir après l'avoir raccompagnée à l'hôtel, qu'elle semblait réservée et mal à son aise, peut-être était-ce dû aux activités dans lesquelles elle l'avait entraîné. Elle ne le comprenait pas encore bien.

« Pour ma part cependant je le considère comme une sorte de sacrement, et son souvenir me remplit d'une joie étonnée. Tu ne comprendras peut-être pas tout de suite comment il se fait que je t'honore à ce point pour cette chose : tu connais peu ma forme d'esprit. Mais en même temps ce sacrement laissa en moi pour finir un sentiment de tristesse et de dégradation — de tristesse car je voyais en toi une tendresse mélancolique extraordinaire qui avait choisi ce sacrement comme un compromis, et de dégradation parce que je comprenais qu'à tes yeux je n'étais pas à la hauteur d'une convention sociale qui est la nôtre à l'heure actuelle[25]. »

Pendant tout l'été de 1904 et jusqu'à cette nuit d'octobre où ils s'embarquèrent ensemble, Nora résista à toutes les tentatives de Joyce pour aller plus loin dans leurs étreintes. Elle lui appliquait des baisers sonores, et il lui plantait (tout au moins dans une lettre) « un baiser de vingt-cinq minutes » sur le cou. Lorsque ses mains s'égaraient par trop, cependant, elle le repoussait. (Elle croyait avec lui que le péché était plus grand si *lui* la touchait, que dans le cas inverse.) Rien d'étonnant à ce que, d'après les souvenirs de son frère, Joyce ait été poursuivi tout l'été par l'obsession du péché et de la virginité[26].

Nora n'avait pas séduit Joyce aussi instantanément qu'il s'en persuada par la suite. Une semaine après leur premier rendez-vous, comme il se promenait un soir à St. Stephen's Green avec Vincent Cosgrave, Joyce accosta une autre jolie fille. Mais sa mauvaise vue le trahit, car il ne remarqua pas qu'un jeune homme l'accompagnait. Surgissant de l'ombre, le jeune homme lui cassa la figure, le laissant couvert de gnons et de meurtrissures, avec un œil au beurre noir. Terrifié par la violence quelle qu'elle fût — il avait même peur du tonnerre —, Joyce ne se défendit point. Par contre, il reprocha à Cosgrave de ne l'avoir pas aidé. Peut-être fut-ce ce brusque sentiment d'abandon qui lui permit d'emboîter le pas à Nora et de s'éprendre d'elle.

Bien des choses les rapprochaient. Aucun d'eux n'avait plus sa mère. (Nora retourna pourtant une fois à Galway, en visite, mais elle ne savait pas quand elle reverrait la sienne.) Tous deux se sentaient étrangers dans leur famille. Joyce n'avait que faire de ses frères et sœurs, confia-t-il à Nora, à l'exception de Stanislaus[27]. Parallèlement, ils étaient tous deux très détachés, sardoniques, prêts à rire. Avec sa perspicacité instinctive pour juger les gens et la vivacité de ses reparties, Nora amusait Joyce presque autant qu'elle le séduisait. Un commentaire qu'elle fit sur la manière dont Cosgrave tenait sa tête enchanta Joyce, et il promit en riant de ne pas le lui répéter*.

En quelques semaines, Nora fit disparaître tous les fantasmes de Joyce sur les femmes. Il publia cet été-là un poème intitulé « Mon amour en légers atours ». Mais Nora n'était guère en légers atours. L'été 1904 fut le plus souvent gris et frais, et ils ne se voyaient qu'en plein air. Nora portait son manteau. (Plus tard, après dix ans de vie à l'italienne, les Joyce allaient continuellement se plaindre de la pluie et du mauvais temps comme si c'eût été là une persécution particulière infligée par le destin, mais l'été où ils s'éprirent l'un de l'autre, le mauvais temps ne les préoccupait guère.) Comme elle insistait pour le garder sur elle, Joyce eut le loisir de découvrir comme elle pouvait s'entêter. Il s'efforçait sans cesse de lui faire quitter ce manteau.

« As-tu jamais vu ces hommes qui circulent sur les voitures de Guinness, vêtus d'énormes pardessus de ratine ? Essaies-tu de ressembler à l'un d'eux[28] ? »

Plus encore, il haïssait les corsets rigides qu'elle portait. (« Pourquoi portes-tu ces maudites choses ? ») Un soir, il la supplia dans une lettre :

« De grâce, ôte cette cuirasse : je n'aime pas embrasser les boîtes aux lettres. Tu entends ? (Elle se met à rire.[29]) »

« Renonce au corset », implora-t-il une seconde fois. Joyce perdait son temps. C'était le corset qui donnait aux vêtements de Nora leur tenue.

Le rapide progrès de leur relation amoureuse s'appuyait sur un admirable système postal. Il y avait cinq distributions par jour, et la première levée se faisait à une heure et quart du matin. Joyce, qui aimait écrire au petit matin, profitait pleinement des services postaux. Après avoir passé la soirée avec Nora, il consacrait une partie de la nuit à lui écrire de longues lettres douloureuses et révélatoires (« Il est bon que tu saches ce que je pense sur la plupart des choses ») et les portait ensuite à la boîte, sachant qu'elle les aurait dès le matin. Une lettre postée avant le déjeuner pouvait fixer ou annuler un rendez-vous pour le soir même, comme l'avait fait Nora par cette lettre

---

* Dans *Finnegans Wake*, Anna Livia Plurabelle dit : « C'est peut-être pour ça que t'as la tête comme si. Et les gens qui croient qu'il te manque un échafaud. »

hâtive du 23 juin, informant Joyce qu'elle ne pourrait pas le rejoindre [30].

Leur correspondance de l'été 1904 prouve en tout cas que Nora n'avait certes rien d'une illettrée. Les longues lettres où Joyce s'analysait révèlent, bien plus encore que *Dedalus. Portrait de l'artiste jeune par lui-même*, son état d'esprit lorsqu'il était jeune ; ce ne sont assurément pas des lettres adressées à une intelligence inférieure. Joyce courtisait Nora avec des mots, et il voulait d'elle la même chose. Le 12 juillet, il la suppliait de lui écrire. Nora s'exécuta. Au début de septembre, il se targuait d'avoir reçu d'elle treize lettres [31].

Nora ne fut pas longue à découvrir que Joyce, avec son imagination intense, trouvait extraordinaires bien des choses ordinaires. Ainsi, les vêtements de femmes, qu'il semblait trouver aussi excitants que leur corps. Un soir, il lui déroba l'un de ses gants, et lui écrivit qu'il « a reposé près de moi toute la nuit — déboutonné — mais à part cela il s'est conduit très convenablement — comme Nora » [32]. Il savait qu'elle saisirait le double sens de « déboutonné ». En même temps, il donnait à Nora ses premières instructions sur l'usage des lettres comme objets érotiques, lorsqu'il lui demanda de garder cette lettre au lit avec elle.

Le 21 juillet, il lui offrit une paire de gants pour compenser celui qu'il lui avait volé. Il savait par ses sœurs comme ces petits luxes coûtaient cher.

A mesure que l'été avançait et qu'il s'attachait davantage à Nora, Joyce commença à donner des signes de suspicion. Elle eut trois soirées libres de suite, dont il ne trouvait pas la justification. Où serait-elle donc, voulait-il savoir, pour ne pas pouvoir le rejoindre samedi, dimanche, ou lundi [33] ? On ignore quelle fut la réponse de Nora.

Quelle que fût l'intensité de leur relation, Joyce et Nora maintenaient dans leur correspondance certaines formes conventionnelles et même un peu guindées. Joyce, pour qui tous les mots avaient un pouvoir quasiment magique, attachait un tabou particulier à l'emploi de son prénom. Alors que, dès le 8 juillet, il pouvait l'appeler « boudeuse » Nora, il signait « J.A.J. ». Tout en lui disant qu'il devenait plus proche d'elle que de personne au monde, car avec elle il abandonnait son cynisme habituel, il ne pouvait se résigner à signer de son nom, et signait n'importe quoi [34]. Il se cachait parfois derrière des pseudonymes extravagants : W. B. Yeats ou Vincenzo Varnutelli. Ce n'est qu'en septembre qu'il put se décider à écrire « Jim » — aveu d'intimité qui signifiait clairement son engagement. Et elle accepta fièrement ce privilège, l'appelant « Jim » très ostensiblement devant les amis qui (selon l'usage) l'appelaient tous par son patronyme. Cependant, lorsqu'elle-même signait ses lettres à Joyce, les conventions la retenaient. Sa lettre s'ouvrant par « Mon Précieux Amour » était signée « N. Barnacle », une autre commençant par « mon bien-aimé » se terminait par « baisers Norah Barnacle ».

On a beaucoup parlé de différence sociale entre James Joyce et Nora Barnacle ; pourtant, mis à part l'énorme exception de leur éducation, étaient-ils si différents ? Joyce avait connu les deux grandes peurs irlandaises — la faim et l'expulsion — et Nora avait mené une vie bien peu confortable à Galway. Tous deux avaient pour père un ivrogne déçu d'avoir engendré trop de filles (six sur les dix enfants de John Joyce, et six sur les huit de Tom Barnacle), et ne se préoccupant guère de l'entretien de sa nombreuse nichée. Pour John Joyce comme pour Tom Barnacle, le souci du pain quotidien se limitait à déplacer la famille vers des logements de plus en plus modestes. Les Joyce étaient d'ailleurs plus nomades encore que les Barnacle ; entre l'année de la naissance de James Joyce et celle de sa rencontre avec Nora, sa famille avait déménagé treize fois.

Tous deux avaient souffert de la violence d'un foyer sans amour. Toute tyrannisée qu'elle était, la mère de Joyce n'avait elle-même rien d'une femme douce. (L'une de ses punitions, raconta fièrement le jeune Joyce à un ami, consistait à enfoncer la tête de ses enfants dans les toilettes et à tirer la chaîne[35].) Tous deux avaient vécu dans l'intimité de dévots. Tous deux avaient appartenu à des mouvements de jeunesse religieux. Tous deux avaient fortement le sens du rituel et aimaient les cérémonies. Et surtout, tous deux avaient de bonne heure été chassés du nid. Joyce, à l'âge de six ans, était parti en pension ; les premières pages du *Portrait* montrent la souffrance de l'enfant éloigné de sa mère, la crainte de mouiller son lit, et l'attente des vacances pour rentrer chez lui.

Sexuellement aussi ils se ressemblaient, rebelles aux critères de leurs familles. La première expérience de Joyce avait eu lieu avec une prostituée, quand il avait quatorze ans. Lorsqu'il rencontra Nora, il avait déjà eu une maladie vénérienne et, à en juger par sa correspondance avec Gogarty, avait même eu une rechute en février 1904[36]. Jusqu'à sa sœur Poppie, qui savait que « Jim court les putes », comme le nota Stanislaus dans son journal.

Joyce était mûr pour le salut. Pendant les quatre mois qu'il avait passés à Paris, des fantasmes d'homosexualité et de sado-masochisme l'avaient tourmenté, et il se demandait où ses instincts l'entraîneraient s'il ne les bridait pas.

Il savait que c'était là un danger pour son art. En Nora, il décela son salut — une femme qui le sauverait, le satisferait et lui pardonnerait. « Tu as été pour moi jeune homme, lui déclara-t-il plus tard, ce que l'idée de la Bienheureuse Sainte Vierge a été pour mon adolescence. » (Dans *Stephen le héros*, le roman autobiographique qui devint le *Portrait*, « C'est à Marie, vaisseau de salut plus faible et plus engageant, qu'il avait confié ses affaires spirituelles »[37].)

Dix ans plus tôt, Joyce et Nora auraient pu être séparés par un abîme économique. John Joyce avait bien commencé dans la vie : sa mère, veuve de bonne heure, ne s'était jamais remariée, laissant à son fils unique John un bon revenu provenant de terres familiales, à Cork.

John Joyce avait toujours attribué son rapide déclin financier à son mariage, cette mésalliance avec les Murray tant méprisés. Mais il était clair aux yeux de tous que seule sa propre extravagance avait causé sa ruine. En 1894, il fut contraint de vendre ses biens de Cork (pour 1 875 livres sterling) afin de rembourser ses dettes. A dater de là, il ne fit plus que s'enfoncer toujours avant dans l'endettement, entraînant sa famille dans des logements toujours plus misérables, jusqu'à cette petite maison où, en 1904, il s'entassait avec ses neuf enfants, et qui n'était guère plus spacieuse ni confortable que la maisonnette des Barnacle au Bowling Green, à Galway. Joyce résuma dans *Dedalus* le portrait du père.

> « Étudiant en médecine, champion d'aviron, ténor, acteur amateur, politicien, braillard, petit propriétaire terrien, petit rentier, grand buveur, bon garçon, conteur d'anecdotes, secrétaire de quelqu'un, quelque chose dans une distillerie, percepteur de contributions, banqueroutier et actuellement glorificateur de son propre passé[38]. »

En 1904, en fait, le revenu annuel de l'oncle à carrière de Nora, Michael Healy, était plus du double de celui du père de Joyce. Après avoir reversé une partie de sa pension pour acheter une maison puis avoir perdu cette maison, John Joyce ne recevait plus que soixante-dix livres de pension par an.

C'est par les réactions de leur mère respective que l'expérience de Nora différait le plus de celle de Joyce. Annie Barnacle et May Joyce n'auraient pas pu être plus dissemblables. Avant de mourir d'un cancer à l'âge de quarante-quatre ans, Mrs. Joyce avait mis au monde un enfant chaque année. Si l'on considère le nombre de fausses couches, on constate qu'il y eut bien peu de moments dans sa vie adulte où elle n'était pas enceinte. Elle suivait en tout point les enseignements de l'Église. Jamais elle ne se soustrayait au devoir conjugal, quel que fût son état. Stanislaus, qui devint par la suite bien plus anti-catholique et anti-irlandais que ne le fut jamais son frère aîné, était révolté par la passivité de leur mère. « Elle aurait dû se révolter, écrivit-il plus tard. Mais dans l'odieux pays et l'odieuse époque où elle vivait, cela aurait requis une force de caractère considérable, qu'elle ne possédait pas [39]. » Il arriva une fois à May Joyce d'envisager de quitter son mari ; elle s'en ouvrit au prêtre qui, scandalisé, la renvoya chez elle.

Annie Barnacle, au contraire, non contente de jeter le sien dehors lorsqu'elle ne put plus le supporter, sollicita la séparation légale qui lui permettait de recevoir, en plus du soutien de son frère, une aide de l'État se montant à douze shillings et six pence par semaine [40].

On peut être sûr que jamais Mrs. Barnacle ne vécut dans la peur de la violence physique comme Mrs. Joyce. Stanislaus se souvenait de son père (qu'il détestait) frappant leur mère et hurlant : « Et maintenant, bon Dieu, finissons-en ! » Les plus jeunes s'enfuyaient en criant, mais James avait eu le réflexe de « se jeter sur le dos de son père pour le déséquilibrer, de sorte qu'ils roulèrent à terre [41] ». Lorsqu'un sergent de police, quelques jours plus tard, vint s'enquérir de la bagarre que les voisins avaient entendue, Stanislaus y vit le glissement final vers les classes les plus humbles : « Nous étions finalement au même niveau que les terrassiers et les ouvriers agricoles qui nous entouraient. »

Sensible comme il l'était au déclin de sa propre famille, Joyce avait une conscience aiguë des défauts de Nora. On pouvait la décrire comme une « paysanne rouée » (expression utilisée dans *Les Morts* pour décrire Gretta). Joyce n'épargnait guère les sentiments de Nora. « Certaines personnes qui savent que nous sortons beaucoup ensemble m'insultent souvent à ton sujet », lui dit-il, comme si elle n'allait pas en être blessée [42]. Sans doute Nora sentait-elle, à l'hostilité que manifestait Joyce à l'égard de Lady Gregory et de son cercle, combien ses prétendus admirateurs le dédaignaient.

La société littéraire anglo-irlandaise de Dublin était très fermée ; dans son salon, W. B. Yeats pouvait glacer d'effroi un visiteur sans invitation. Aux yeux des protestants du monde des affaires ou grands propriétaires, Joyce apparaissait comme un pauvre type, issu de la bourgeoisie citadine catholique la plus humble. George Moore, romancier et dramaturge, décrivit plus tard Joyce ni plus ni moins comme un mendiant [43]. Et lorsque l'œuvre de Joyce fut interdite à cause de son offensante grossièreté, bien des gens comme Moore se contentèrent de hausser les épaules, comme si l'on n'avait jamais pu espérer autre chose de lui.

Il régnait également un certain snobisme parmi les catholiques irlandais. Joyce avait fréquenté deux écoles réputées, Clongowes Wood College et, plus tard, à Dublin, Belvedere College, parce que son père, immensément fier de l'intelligence de son fils, voulait pour lui ce qu'il y avait de mieux. Les deux écoles étaient dirigées par des jésuites. Entre-temps, la pauvreté força Joyce à fréquenter l'école plus modeste des Christian Brothers, mais son père eut tôt fait de l'en tirer, mécontent de voir son fils en compagnie des « Paddy-qui-Pue et Mickey-la-Fange ». Mais dans les bonnes écoles, Joyce figurait parmi les plus pauvres et, par la suite, le recteur du Belvedere devait dire de Joyce que « c'était une erreur de l'avoir fait éduquer ici, alors que ses origines différaient tant du niveau de l'école ». Son père, disait le recteur, était un « plastronneur » [44].

L'ami médecin de Joyce, Oliver Gogarty, représentait une rarissime exception parmi les catholiques, car il était issu de trois générations de médecins. Gogarty était exempt, dit son biographe Ulick O'Connor, « de ce sentiment d'infériorité et d'insécurité qui affectait les catholiques de sa génération [45] ». Son diplôme de Trinity et les années vécues à Oxford lui avaient donné en compensation une grande arrogance. Il se montra condescendant avec Joyce au temps de leur amitié, et ensuite blessant. Joyce ne venait pas « du tiroir du haut », disait Gogarty. « Il n'était même d'aucun tiroir [46]. » Il avait pitié de Joyce, disait-il aussi, à le voir déchiré entre « un milieu misérable et une éducation somptueuse », avec son père alcoolique et sa mère réduite à l'état de « loque nerveuse ». Gogarty voyait aussi (et ils furent par la suite nombreux à le voir) un côté petit-bourgeois dans l'excessive politesse de Joyce : « Il avait l'obséquiosité méfiante d'un frère lai dans l'un des ordres inférieurs de l'Église [47]. »

Étant donné ses origines, il n'était donc guère étonnant que Joyce ait trouvé les jeunes filles de la bourgeoisie dublinoise maniérées, hors d'atteinte, et condescendantes. Joyce ne s'était jamais senti à l'aise avec ce genre de filles, confia-t-il à Nora. Il les jugeait artificielles et hypocrites [48]. Le salon qu'il connaissait le mieux était celui des Sheehy. David Sheehy était le député de Galway au Parlement, et il avait deux fils et quatre filles, dont la plus jolie, Mary, avait un temps fait battre le cœur de Joyce. Il passait fréquemment la soirée dans leur salon de Belvedere Place, à deux pas de Mountjoy

Square, à chanter et jouer aux charades. Ce fut là l'apogée de sa carrière dans la bonne société de Dublin. Cependant, les quatre sœurs Sheehy le trouvaient rustaud, même s'il les amusait et qu'elles lui reconnaissaient du talent. « Farouche » fut le mot choisi plus tard pas Hannah Sheehy. Leur mère devait lui fournir une chemise propre lorsqu'il venait à ses « soirées ». Mais, se souvint Hannah, il avait aussi quelque chose de « terriblement sérieux »[49].

Stanislaus, qui était rarement invité dans la société dublinoise, même chez les Sheehy, pensait que Mary Sheehy était la seule autre jeune fille qui eût jamais fait vibrer l'émotion de son frère James mais que, « comparé à la passion " sauvage, lumineuse ", persistante, dont il se montra capable peu après, on ne pouvait guère parler " d'amour "[50] ».

Stanislaus savait fort bien reconnaître la condescendance quand il la rencontrait. Il sentait que les jeunes Sheehy, ces « vierges sages » de la bonne société, étaient excitées par le génie et l'extravagance de son frère. La manière dont ces jeunes filles flattaient Jim rendaient le « lourdaud » (comme Stanislaus se décrit lui-même) assez envieux, mais : « Elles n'iront pas davantage le rejoindre seules sur la grand-route qu'elles ne l'épouseront[51]. »

Après avoir rêvé de douces jeunes filles bien élevées aux mains fraîches, Joyce n'hésita donc pas à choisir comme compagne de sa vie une solide fille de province déracinée et libérée de sa famille, dure, rude, catholique sans le poids d'une conscience catholique.

Il serait toutefois erroné de prétendre que Joyce fut lui-même exempt de fantasmes sur les jeunes servantes. Lorsqu'il avait treize ans, et que sa famille maintenait encore un certain train, il y avait eu chez les Joyce une servante assez délurée d'environ vingt-trois ans. Un jour par manière de plaisanterie, il la coucha sur ses genoux et la fessa. L'incident serait tombé dans l'oubli si le jésuite recteur du Belvedere n'avait convoqué Stanislaus pour l'interroger. Ce que s'efforçait d'obtenir le recteur, c'était la preuve de l'immoralité du frère brillant et dévoyé de Stanislaus, et Stanislaus lui dévoila cette anecdote tirée du passé. « Telle était la domination du prêtre dans la vie irlandaise qu'il ne m'est jamais venu à l'esprit qu'il n'avait aucun droit à le faire », conclut Stanislaus. Le recteur, bien sûr, rapporta aussitôt l'histoire à la mère de Joyce, pour lui dire que son fils avait de mauvais penchants. Quant à elle, c'est évidemment sur la fille, partie depuis longtemps, qu'elle fit peser la responsabilité de l'affaire.

Le père de Joyce alla trouver le recteur, qui l'avertit que « ce garçon vous donnera des soucis ». « Oh non, rétorqua John Joyce, ajoutant ces mots qui allaient revenir le tourmenter, car je ne le laisserai pas faire. » (James, pour sa part, se contenta d'en rire et traita son frère de cruche[52].)

Joyce était sans aucun doute séduit par la simplicité de Nora. « J'ai une *immense* foi dans la puissance d'une âme simple et honorable », lui dit-il un jour[53]. Mais la vulnérabilité et la disponibilité de la servante l'excitaient aussi — thème qu'il utilisa amplement dans *Gens de Dublin*. La Lily à la langue bien pendue des « Morts » montre bien qu'il ne les jugeait pas toutes sottes. Mais comme il l'exprima à son amie écrivain Mary Colum, également irlandaise : « Je déteste les femmes intellectuelles[54]. » En faisant vivre Nora dans des environnements divers et dont aucun ne lui était familier, et aussi en tenant bien serrés les cordons de la bourse, il s'assura en quelque sorte sa servitude.

Joyce aimait à voir toutes les femmes comme des créatures instinctives et irréfléchies. « As-tu remarqué, demanda-t-il un jour à Stanislaus, que les femmes, quand elles écrivent, négligent les points et les majuscules[55] ? » C'était là une observation qui l'arrangeait bien. Mais à l'University College, il rencontrait de nombreuses jeunes filles qui fréquentaient la section féminine, St. Mary's University College, et qui comprenaient fort bien les finesses de la ponctuation et de bien d'autres choses. Hannah Sheehy et Mary Colum (alors Mary Maguire) étaient précisément de ces jeunes filles-là, mais d'une manière générale il évitait ses « camarades féminines ». Un jour qu'une étudiante du collège avait reçu une carte postale portant un message grossier, elle en rendit aussitôt Joyce responsable et lui écrivit un mot de protestation. Joyce répliqua d'un ton glacial qu'il était impensable qu'il eût, lui, James A. Joyce, écrit une telle carte étant donné que jamais il ne communiquait avec les étudiantes, à moins qu'elles ne fussent des amies de sa famille. La vérité, c'est qu'à l'époque où il entra à l'université, sa famille avait sombré si bas qu'il n'y avait plus guère d'étudiantes qui fussent des amies de sa famille.

Mais Nora savait qu'elle tenait là un homme littéraire, qui aimait ses paroles autant que son corps et (comme il le lui répétait avec insistance) son âme. « Écris-moi, Nora », implorait-il. Il ne cherchait guère à lui expliquer ce qu'il écrivait, mais il faisait en sorte qu'elle sût bien que sa notoriété croissait. Il publia deux poèmes d'amour, inspirés par elle : elle les apprit par cœur. Le 13 août, pour l'anniversaire de la mort de sa mère, Joyce envoya à Nora un exemplaire de l'*Irish Homestead* contenant sa première nouvelle publiée, « Les Sœurs », où il s'agit d'un prêtre fou. Il ne tenta pas de lui expliquer (ce qui valait mieux : le symbolisme de cette nouvelle embarrasse encore les joyciens), mais se contenta de dire que c'était « de moi (Stephen Daedalus) ».

Trois jours plus tard, cependant, comme sous l'impulsion de devoir s'élever au même niveau que lui, Nora alla acheter du papier à lettres décoré de violettes et de feuillage bien vert, du genre que sa mère aimait, et, de sa plus belle écriture, entreprit de lui écrire une solennelle lettre d'amour, rédigée avec infiniment de dignité :

« Leinster Street
16 août 1904

Mon Amour Ma solitude que j'ai tant ressentie depuis que nous nous sommes quittés hier soir semblait s'évanouir comme par magie, mais, hélas, ce n'était que pour un moment, et j'ai été ensuite pire que jamais, quand je lis ta lettre, depuis l'instant où je ferme les yeux jusqu'à ce que je les rouvre au matin. Il me semble que je suis toujours en ta compagnie dans toutes les circonstances possibles les plus variées à parler avec toi marcher avec toi te rencontrer soudain à différents endroits et je finis par me demander si mon esprit ne quitte pas mon corps dans mon sommeil pour aller te chercher, et en plus te trouver à moins que ce ne soit rien qu'un rêve. Parfois aussi je tombe dans un accès de mélancolie qui dure la journée et qu'il m'est presque impossible de chasser il est bien temps maintenant que je termine cette lettre car plus j'écris plus je me sens seule du fait que tu es si loin de la pensée d'avoir à écrire [sic] ce que j'aimerais dire si tu étais auprès de moi me rend vraiment trop malheureuse aussi avec mes bonnes pensées et mon amour je m'arrête ici
A toi pour toujours,

xxxxxxx Norah Barnacle[56] »

Cette lettre d'amour un peu ampoulée fit beaucoup pour ternir ultérieurement la réputation de Nora. Joyce la montra à Stanislaus en lui disant que J. F. Byrne, à qui il l'avait également fait lire, estimait que Nora avait dû la copier dans un livre de modèles de correspondance. (Byrne, en loyal partisan de Nora, nia par la suite avoir jamais rien dit d'aussi cruel[57].) C'est la seule lettre de Nora qui ait été reproduite en fac-similé dans la correspondance de Joyce et dans la biographie d'Ellmann — sans doute à cause du papier à lettres ornementé. Ellmann s'appuya sur cette lettre pour définir la personnalité de Nora, avançant que « l'artifice de Nora, face à l'attitude de totale sincérité adoptée par Joyce, avait révélé à Joyce l'amoralité de la femme [58] ».

Mais Joyce, qui avait reçu tant d'autres lettres d'elle, savait bien comment elle s'était écartée de son style d'écriture habituel. La manière dont elle écrivait ses lettres, tard dans la nuit, les mots débordant des pages, lui donna sans doute la première intuition de l'usage qu'il pourrait faire de ce débordement passionné, sans ponctuation, d'une femme amoureuse sur le point de s'endormir :

> « Cher Jim je suis tellement fatiguée ce soir que je ne peux pas dire grand-chose merci pour ta gentille lettre que j'ai reçue par surprise ce soir j'étais très occupée quand le Facteur est venu j'ai couru dans une des chambres pour lire ta lettre on m'a appelée cinq fois mais j'ai fait comme si je n'entendais pas il est maintenant onze heures et demie et je n'ai pas besoin de te dire que j'arrive à peine à garder les yeux ouverts et je suis ravie de dormir la nuit entière quand je ne peux pas penser autant à toi en me réveillant le matin je ne penserai qu'à toi. Bonne nuit en attendant demain soir 7 heures
>
> Nora xxxxxxxxx [59] »

Ces lignes montrent bien pourquoi Phillip Herring, l'érudit joycien, considérait Nora comme l'influence stylistique primordiale du long monologue intérieur de Molly Bloom qui clôt *Ulysse* [60].

Pour pouvoir copier sa lettre du 16 août, il aurait fallu que Nora trouve un modèle exprimant exactement ce qu'elle voulait dire, car cette lettre ampoulée disait très exactement la même chose que ses lettres plus spontanées, et que ce qu'elle disait à Joyce quand elle le voyait : qu'elle pensait à lui à chaque instant, de jour comme de nuit, et que sans lui elle était déprimée. Les premiers mots de la lettre du 16 août sont particulièrement significatifs : « Ma solitude que j'ai tant ressentie... »

Nora ne souffrait pas seulement de la solitude parce qu'elle était amoureuse, mais aussi parce qu'elle n'avait pas d'alternative à cet amour. Elle était seule au monde. Joyce représentait toute la vie qu'elle pouvait avoir, et son seul espoir d'avenir. Tandis que Joyce s'amusait à montrer ses lettres d'amour à ses amis, elle conservait les siennes pour elle seule, les relisant inlassablement dans sa chambrette pour s'efforcer de les comprendre.

A la fin de l'été, il avait commencé à l'escorter fièrement en public. Il tint beaucoup à ce qu'elle l'entende chanter le 27 août dans un concert où devait également se produire le célèbre John McCormack, dans la meilleure salle de Dublin, l'Ancient Concert Rooms. Comme il avait passé la semaine entière à répéter et qu'il avait le trac, il ne chercha pas à l'amener lui-même au concert mais envoya Vincent Cosgrave la chercher à sa place.

Cosgrave fut trop heureux de lui rendre ce service. De taille moyenne mais de stature massive, il avait quatre ans de plus que Joyce et arborait toujours un complet et une casquette en tweed gris. Il était toujours fort animé, et s'intéressait beaucoup plus aux femmes pour les séduire qu'aucun autre garçon du groupe, à l'exception de Gogarty, dont les préoccupations étaient cependant d'ordre plus sommairement anatomique. Cosgrave était un éternel étudiant en médecine — Gogarty le qualifiait de « médical chronique » — qui aimait à vivre la vie de l'hôpital[61]. Cet été-là, Cosgrave était l'assistant de sir Thomas Myles, célèbre et fringant chirurgien. Il avait déjà tenté sa chance avec Nora. (Gogarty se souvint par la suite que Cosgrave avait « suscité de l'envie en paradant avec Miss Barnacle, qui avait de magnifiques cheveux auburn[62] ».)

Si Cosgrave avait espéré lui faire la cour, l'occasion était là. Mais lorsque Joyce fut apparu sur scène et qu'il eut commencé à chanter, les chances de Cosgrave s'évanouirent. La beauté du chant de Joyce émut profondément Nora. Certaines chansons du programme, « In Her Simplicity » et « My Love is from a Far Country » semblaient la viser directement[63]. Nora approuva de tout son cœur le critique du *Freeman's Journal,* qui trouvait à Mr. Joyce une jolie voix de ténor (bien qu'il le trouvât aussi trop enclin à forcer sur les notes hautes), qu'il utilisait avec une « émotion artistique ». Bien des années plus tard, lorsque Nora disait à leurs amis européens que « Jim aurait dû persévérer dans le chant », ce n'était pas seulement pour dénigrer le métier d'écrivain — même si c'était bien cela aussi — mais également pour évoquer le souvenir de la soirée du triomphe musical de Joyce, dans les premières semaines de leur amour.

Joyce parlait toujours vaguement de quitter l'Irlande, peut-être pour l'Angleterre. Prenant une fois de plus l'initiative, Nora commença à réclamer qu'il l'emmène. Elle se querellait avec la patronne de l'hôtel, et n'avait nulle part ailleurs où se tourner. Sans Jim, sa vie à Dublin risquait d'être bien sombre. Il s'efforçait de la retenir, l'appelant « ma chère Nora naïve, émotive, somnolente, impatiente, à la voix de contralto »[64].

L'idée qu'ils pourraient quitter l'Irlande ensemble prenait lentement forme dans l'esprit de Joyce. Il était tenté mais terrifié. Rien dans sa vie ne lui permettait d'envisager de prendre en charge une femme, et surtout pas une femme comme Nora, qui, si elle devenait comme sa mère, risquait de l'emprisonner par la force dans une vie conjugale conventionnelle. Avec une cruelle franchise, comme pour effacer la fausse douceur évoquée par ses chants, il exposa le 29 août à Nora qui il était exactement, et ce qu'il deviendrait. Nora fut durement secouée. Elle n'eut guère de temps pour se remettre car il lui écrivit aussitôt une lettre, apparemment pour s'excuser de la souffrance qu'il avait lue dans ses yeux, mais en vérité pour bien confirmer ce qu'il lui avait dit.

« Je t'ai peut-être peinée ce soir par mes propos mais il est bon, n'est-ce pas, que tu saches ce que je pense sur la plupart des choses ? Mon esprit rejette l'ensemble de l'ordre social actuel et le christianisme — le foyer, les vertus consacrées, les classes et les doctrines religieuses. Comment l'idée d'un foyer pourrait-elle me séduire ? Le mien ne fut qu'un arrangement bourgeois, ruiné par des habitudes de prodigalité dont j'ai hérité. Ma mère fut tuée à petit feu, je le crois, par les mauvais traitements de mon père, par des années de tracas, et par le franc cynisme de ma conduite... J'ai maudit le système qui avait fait d'elle cette victime. »

Ce qu'il avait à dire ensuite la blessait davantage. La religion faisait partie de la vie de Nora. Joyce l'avait taquinée sur sa piété. Mais maintenant, il attaquait l'Église. Il l'avait quittée, disait-il, à l'âge de seize ans, sous « les impulsions de ma nature », mais à présent il la détestait :

« Je lui livre une guerre déclarée par ce que j'écris, dis et fais. Je ne peux entrer dans l'ordre social que comme vagabond. J'ai commencé l'étude de la médecine trois fois, le droit une fois, la musique une fois. Il y a une semaine, je me préparais à partir comme acteur itinérant. Je n'ai pu mettre aucune énergie dans ce projet parce que tu ne cessais de me tirer par le coude. Les difficultés actuelles de ma vie sont incroyables, mais je les méprise[65]. »

Nora l'écouta confesser le pire sur lui-même, puis retourna chez *Finn's* avec une moue d'indifférence peinée. Elle comprenait parfaitement ce qu'il lui disait. Il voulait son corps. (« Maintenant, je sais ce que c'est les belles paroles », lui déclara-t-elle.) Il ne l'épouserait jamais. Jamais il ne lui accorderait la réalisation de ses rêves — une vie de famille rangée dans une maison confortable avec des rideaux et des meubles et des voisins. Il en rejetait entièrement l'idée.

Mais elle avait écouté tout ce qu'il avait dit — « Aucun être humain n'a jamais été aussi proche que toi de mon âme » — et elle y discernait un autre message. Il avait besoin d'elle, Nora Barnacle. Aucune autre femme ne ferait l'affaire. Il avait besoin non seulement de son amour, mais de sa force et de ses taquineries. Et c'était ce besoin d'elle qui assurait la sécurité de Nora. Lui demandait-il de s'enfuir pour vivre avec lui ? Elle n'en était pas encore sûre.

L'exaltation alternait avec le désespoir. Joyce confia à sa sœur Poppie qu'il était épris de Nora. Il s'en ouvrit aussi à Stanislaus. Stanislaus reconnaissait qu'il comprenait son frère, même si cela ne lui plaisait guère. Résigné à vivre dans l'ombre de ce frère, Stanislaus luttait sans cesse pour se protéger. Joyce opposait une indifférence outrageuse à tout ce qui n'était pas ses intérêts. Les perspectives d'avenir de Stanislaus avaient été ruinées par le déclin de la famille ; il reçut une éducation très inférieure à celle de James, alors qu'il avait lui-même des capacités intellectuelles considérables. Pas de pension Clongowes Wood pour lui, bien qu'elle représentât, comme il l'exprima plus tard, « la meilleure éducation que le pays pût offrir à un garçon de la classe et de la religion [de Joyce] »[66]. Pas d'université non plus.

Il y avait encore un frère Joyce, Charles (George, le quatrième, était mort très jeune). De même que Stanislaus, Charles put fréquenter Belvedere parce que leur père était parvenu à convaincre le recteur de prendre ses fils à titre gratuit. A l'âge de dix-neuf ans, Stanislaus étudiait la comptabilité, pour entrer dans une profession stable et austère à laquelle s'adaptait bien sa personnalité.

Stanislaus était d'un avis partagé quant à cette première petite amie de son frère. Elle ne valait pas Jim, se disait-il. Il lui reconnaissait des cheveux magnifiques, mais son visage et sa bouche avaient « une expression commune ». Et il frémissait lorsqu'il l'entendait appeler Joyce « mon amour » en public[67]. A tout prendre, cependant, sa compagnie valait mieux pour Jim que celle de Gogarty — Stanislaus détestait l'affable étudiant en médecine, et pour une bonne raison : Gogarty l'avait traité de chacal et de balourd.

Lorsqu'il maudissait le « système » qui avait tué sa mère, Joyce ne condamnait pas seulement l'Église catholique mais le lamentable rapport des sexes en Irlande. La tradition requérait de longues fiançailles (pour ceux qui auraient la chance de se marier) précédées d'arrangements financiers longuement mûris. Une fois mariés, les hommes recherchaient la compagnie de leurs copains tandis que les femmes restaient à la maison, élevant leur nombreuse famille et gâtant l'aîné des fils, qui recevait les plus fortes doses d'amour et de culpabilité sexuelle. (Le poids écrasant de cette culpabilité sexuelle a été avancé comme l'une des raisons possibles du taux élevé de schizophrénie en Irlande[68].)

Il existait pour le sexe dit faible certains avantages. Les femmes irlandaises ne subissaient pas les mêmes pressions pour idéaliser leur mère ou refouler leurs instincts naturels. Et les hommes leur enviaient donc cette liberté de passion. Cette envie s'exprime très justement dans cette ballade, « Sure 'tis the women are worse than the men. They were sent down to Hell and were threw out again[69] » *. En tant que femme irlandaise et, qui plus est, singulièrement éloignée de sa mère, Nora était exceptionnellement épargnée par ce conflit. Ce type de personnalité exerce une attraction irrésistible sur ceux qui (comme Joyce) sont écrasés par la culpabilité sexuelle. Ce que faisait Nora, elle le faisait sans guère de regrets.

A mesure que l'été avançait, Joyce se sentait plus déraciné que jamais, déménageant sans cesse — dans une chambre meublée, puis chez des cousins, puis dans la sordide maison de son père. Au début de septembre, il emménagea dans une tour de Martello, sur la côte sud de Dublin, dont Gogarty était locataire en titre. Cette tour faisait partie d'un chapelet de fortifications construites tout autour de l'Irlande au début du XIXᵉ siècle, en protection contre l'éventualité d'une invasion par les armées napoléoniennes.

Ce nouveau déménagement ne devait guère enchanter Nora. Joyce ne l'avait jamais présentée au plus distingué de ses amis[70]. Mais elle savait que Gogarty était riche, et qu'il partageait une maison à Dublin et une villa à la campagne avec cette parente veuve et redoutable qu'il appelait la Mère. Car Nora, bien sûr, avait aussi entendu parler de la Mère : Mrs. Gogarty était originaire de Galway. Les Oliver étaient des minotiers prospères, avec une maison à Eyre Square, et ils possédaient une boulangerie où Tom Barnacle avait naguère travaillé[71]. Gogarty attendait l'emménagement de Joyce avec lui depuis le 22 juillet, et c'était sans doute sa

---

* « C'est sûr que les femmes sont pires que les hommes. Elles ont été mises en enfer puis chassées de là. »

relation avec Nora qui avait retardé l'arrivée de Joyce, car la tour se trouvait à treize kilomètres au sud-ouest de Dublin.

Joyce commença par éprouver une vive satisfaction à se voir installé dans la tour, avec une vue somptueuse de la baie de Dublin, toute gris et vert. Le 12 septembre, il écrivit à Nora :

« La Tour, Sandycove

Chère Nora Il fait un temps si épouvantable ce matin que nous ne pourrons sans doute pas nous voir ce soir. Il pleut très fort ici et la mer s'envole le long des rochers. J'aimerais m'asseoir tout seul devant le feu, mais je dois bientôt aller en ville pour retrouver Mr. Cosgrave. Il se peut que le temps devienne meilleur d'ici ce soir, auquel cas je t'attendrai, mais ne viens que s'il fait beau. J'espère que tu vas chaque jour un peu mieux. As-tu bien trouvé l'endroit sur la carte ? Si nous ne nous voyons pas ce soir — demain à 8 heures.

Jim[72]. »

La référence à une carte suggère qu'ils avaient parlé, peut-être vaguement, de partir ensemble mais il reprochait à Nora son impatience et, des années plus tard, il autorisa même son biographe Gorman, qu'il censura tellement, à dire que Nora Barnacle avait été « une force le poussant violemment à la fuite »[73].

Nora, demeurée seule ce soir-là, écrivit à Jim :

« J'espère que tu n'as pas été mouillé si tu es venu en ville aujourd'hui je t'attendrai demain soir à 8 h 15 en espérant qu'il fera beau je me sens bien mieux qu'hier soir mais je me sent [sic] un peu seule ce soir parce qu'il pleut tant j'ai lu tes lettres toute la journée comme je n'avais rien d'autre à faire j'ai relu cette longue lettre [sur le sujet de l'église et de l'ordre social] bien des fois mais sans pouvoir la comprendre je crois que je te l'apporterai demain soir — et peut-être que tu arriveras à me la faire comprendre.

Voilà tout pour le moment de celle qui t'aime

Nora xxxx

excuse-moi d'écrire à la hâte

Je suppose que tu allumeras le feu lorsque tu recevras la présente[74]. »

Pour autant qu'on sache, jamais Nora ne reprocha à Joyce d'avoir quitté l'Église : elle gardait ses opinions pour elle. Mais elle avait plus de mal à comprendre pourquoi, s'il pouvait lui dire qu'il n'avait jamais considéré personne comme il la considérait, il ne pouvait pas lui dire qu'il l'aimait : elle-même lui avait dit son amour d'innombrables fois. Il s'abritait derrière le prétexte que les circonstances de sa vie l'avaient rendu très réservé. Elle n'allait cependant pas se laisser décourager. Ce qui approcha le plus de la déclaration qu'elle attendait tant fut cette paraphrase de saint Thomas d'Aquin : « Si le désir de posséder un être entièrement, l'admirer et l'honorer profondément, et chercher à assurer son bonheur de toutes les manières, est " aimer ", alors peut-être mon affection pour toi est-elle une sorte d'amour[75]. »

Leur relation amoureuse faussait son amitié avec Gogarty. Joyce était de ces gens qui ne peuvent avoir qu'un seul ami intime à la fois. A Byrne avait succédé Cosgrave, à Cosgrave Gogarty, puis à Gogarty Nora, et Gogarty n'appréciait guère de se laisser distancer. Tous les copains de Joyce avaient lu les poèmes qu'il avait publiés, et certains commençaient à appeler Nora « la compagne » comme il l'avait lui-même mentionnée dans ce vers « Son amour est à son côté[76] ».

Gogarty nourrissait aussi à l'égard de Joyce une autre rancœur. Joyce avait écrit un poème farouchement satirique intitulé « Le Saint Office », et qu'il faisait circuler. Il y raillait bon nombre de gens influents qui reconnaissaient son talent et s'étaient efforcés de l'aider. Joyce accusait d'hypocrisie lady Gregory, J. M. Synge, George Moore et bien d'autres gens de lettres, et il y ridiculisait Gogarty pour son snobisme : Joyce n'avait que mépris pour la Renaissance littéraire de l'Irlande. Se comparant à Lucifer, il se voyait damné par lui-même, « sans peur, terrible, seul, sans escorte, sans amis, solitaire », écrivant sur la dure réalité de la vie irlandaise tandis qu'ils folâtraient dans le crépuscule celtique : « Pour qu'ils puissent rêver leurs rêves / Je draine leurs ruisseaux fangeux[77]. »

La rupture définitive entre les deux jeunes gens survint au milieu de la nuit du 14 septembre. Ils partageaient la tour avec un jeune Anglais bizarre qui sortait d'Oxford, et s'appelait Chenevix Trench. Cette nuit-là, rêvant qu'une panthère noire l'attaquait, il bondit dans un demi-sommeil sur le revolver qu'il gardait toujours près de son lit et tira dans l'obscurité. Pour ne pas être en reste, Gogarty empoigna son fusil et tira sur toutes les marmites et casseroles suspendues près de la tête de Joyce. Comme il le savait parfaitement, Joyce avait une telle peur du tonnerre qu'il se cachait sous la table pendant les orages.

Bouleversé, Joyce enfila ses vêtements en hâte et s'enfuit en courant, bien que ce fût le milieu de la nuit et qu'il eût quatorze kilomètres à parcourir jusque chez son cousin pour y trouver refuge. Il ne revint jamais, pas même pour chercher ses effets (il envoya un ami les prendre à sa place), mais immortalisa les quelques jours qu'il y vécut dans la première scène d'*Ulysse*.

Coïncidence ou non, il semble que ce soit le soir de cette longue journée que Joyce proposa vraiment à Nora de s'enfuir avec lui. Ce n'était pas vraiment ce qu'elle pouvait appeler une proposition honnête. Il lui demanda de manière détournée : « Quelqu'un me comprendra-t-il ? » Nora le comprenait, et tenait sa réponse toute prête. Il lui demandait de partir avec lui, et non de l'épouser. Elle répondit oui.

La nuit suivante, Joyce confirma leur engagement dans une lettre écrite avec le ton d'un homme qui a tourné le dos à son pays ;

> « Lorsque je t'attendais hier soir, j'étais encore plus agité. Il me semblait que je livrais bataille pour toi à toutes les forces religieuses et sociales de l'Irlande et que je ne pouvais compter que sur moi-même. Il n'y a ici aucune vie — aucun naturel ni honnêteté. Les gens vivent ensemble dans les mêmes maisons toute une existence et à la fin ils sont aussi étrangers que jamais. Es-tu sûre que tu ne te méprends pas sur moi ? Souviens-toi qu'à toute question que tu me poseras je répondrai dans l'honneur et la vérité. Mais si tu n'as rien à demander, je te comprendrai aussi. Le fait que tu puisses choisir de rester près de moi de la sorte dans ma vie hasardeuse m'emplit d'une fierté et d'une joie très grande[78]. »

Ce n'était point la déclaration d'amour tant espérée mais c'était la vérité. Il continuait à lui décrire tous ses vices, mais disait aussi qu'il espérait être digne de son amour et le partager. Si le bonheur venait à lui, il souhaitait qu'elle en eût sa part aussi.

Une fois engagés de la sorte, ils sombrèrent dans un silence embarrassé l'un vis-à-vis de l'autre. Il s'intéressait au lien de Nora avec les Healy. « Ta famille est-elle riche ? » lui demanda-t-il. Nora prit ses distances — peut-être recherchait-il l'argent — mais Joyce s'excusa lamentablement, expliquant qu'il souhaitait seulement savoir si elle serait « privée d'un confort auquel tu aurais été habituée chez toi ». Nora gardait espoir (peut-être n'était-ce que pour dissuader Joyce de changer d'avis) que sa grand-mère lui aurait laissé quelque chose dans son testament.

Joyce confia à J. F. Byrne son projet de s'enfuir avec Nora, et Byrne, lui-même fort détaché des formalités du mariage, interrogea Joyce sur la solidité de ses sentiments à l'égard de Nora puis, rassuré, lui dit : « N'attendez pas et n'hésitez pas. Demandez à Nora et, si elle consent à partir avec vous, emmenez-la[79]. »

Joyce annonça la nouvelle à sa tante, Mrs. Josephine Murray. Tante Josephine, femme de l'oncle maternel de Joyce, avait tendrement fait tout son possible pour remplacer leur mère auprès des neuf enfants Joyce, bien qu'elle en eût elle-même six. Elle tenta de le dissuader d'exécuter son projet, étant donné qu'il n'avait aucun moyen d'entretenir Nora, mais lorsqu'il ajouta qu'il n'avait aucune intention de l'épouser — car il avait perdu la foi et ne permettrait pas qu'un homme prononçât pour lui des paroles dénuées de sens, mais que Nora et lui-même n'en seraient pas moins mariés sans cérémonie — Mrs. Murray ne fit plus d'objections. Bien que catholique dévote, c'était une femme compréhensive, et puis elle espérait, comme les sœurs de Joyce, que Nora assagirait Jim. « Si tu n'y crois pas, lui dit-elle, il n'y a pas lieu de le faire. » Mais elle promit de faire ce qu'elle pourrait pour les aider[80].

C'était le genre de projet qui pouvait prendre des mois. Joyce s'efforça de le réaliser en quelques semaines. Là encore, la rigueur du fonctionnement des services postaux joua son rôle. Joyce passa les journaux au peigne fin, écrivit d'innombrables lettres pour trouver un emploi, attendit des réponses. Il répondit à toutes les annonces et, en particulier, à celle de la Midland Scholastic Agency, dans la petite ville du Lincolnshire qui se nommait Market Rasen. Il paraissait peu vraisemblable que cette agence fût le nerf central d'un réseau d'emplois pour toute l'Europe, mais elle recherchait cependant des maîtres anglais pour enseigner sur le Continent — exactement ce que souhaitait Joyce.

Le 17 septembre, l'agence lui envoya une réponse signée E. Gilford. Miss Gilford l'informait qu'elle lui réservait un poste d'enseignant d'anglais dans une École Berlitz du Continent, et qu'elle lui en communiquerait le détail dès qu'il lui aurait fait parvenir la somme de deux guinées.

Après avoir télégraphié à Market Rasen pour s'informer sur cette Miss Gilford, Joyce lui envoya la somme requise.

Pour Nora, l'attente était insupportable. Chaque jour apportait de nouvelles possibilités. Un jour elle pensait qu'ils iraient peut-être à Paris, le lendemain à Amsterdam. En réponse à l'une de ses lettres, Joyce se vit offrir un emploi pour Nora à Londres, mais rien pour lui-même. Les détails pratiques de ses lettres alternaient avec une tension croissante. Ils ne savaient plus que se dire l'un à l'autre. Il se surprenait à balbutier dans ses lettres :

« Et cependant pourquoi devrais-je avoir honte des mots ? Pourquoi ne t'appellerais-je pas du nom que dans mon cœur, je ne cesse de te donner ? Qu'est-ce donc qui m'en empêche sinon ceci : qu'aucun mot n'est assez tendre pour être ton nom ?

Jim.

Écris si tu peux en trouver le temps [81]. »

Nora n'avait guère le temps. Elle devait continuer à faire son travail à l'hôtel sans donner le moindre signe d'agitation, et garder pour elle tous ses projets. Le 27 septembre, elle lui écrivit :

« Jim chéri j'espère que ton rhume va mieux je remarque que tu es devenu bien silencieux dernièrement j'ai eu l'impression hier soir de ne pas t'avoir vu du tout en rentrant je croyais pouvoir me retirer et ne point tant penser à toi mais ici c'était la fête et je n'ai pas besoin de te dire que j'avais guère envie de circuler parmi des gens qui ne m'étaient rien et il était deux heures quand je me suis couchée je suis restée longtemps comme une sotte à penser à toi. J'aspirais au jour où je n'aurais plus à te quitter.

Cher Jim je me sens si seule ce soir que je ne sais pas quoi dire il est inutile que je m'asseye pour t'écrire quand je préférerais être avec toi j'espère que tu auras de bonnes nouvelles quand je te verrai demain soir j'essaierai d'être dehors à 8 h 15 Toutes mes pensées vont vers toi en attendant

Nora [82]. »

Le 4 octobre, Joyce put enfin lui annoncer la nouvelle qu'elle souhaitait. Miss Gilford avait enfin divulgué le nom du pays (la Suisse) où il exercerait son nouveau poste, et même celui de la ville (Zurich). Ravi, Joyce chassa de son esprit une autre lettre qu'il avait reçue, celle-là de l'École Berlitz à Londres, l'avertissant qu'elle n'avait pas d'agents dans le Royaume-Uni, et qu'il convenait de rester sur ses gardes si l'on traitait avec des inconnus.

« Le bateau commence réellement à siffler pour nous », écrivit-il à Nora. La seule chose qui l'inquiétait, c'était que la mère ou les oncles de Nora, à Galway, aient vent de leur projet et tentent de les retenir. Il annonça à son père qu'il allait quitter l'Irlande, mais se garda bien de mentionner Nora.

Nora avait conscience de l'énormité de sa décision, même si Joyce craignait qu'elle ne s'en rendît pas bien compte. En s'enfuyant ainsi sans être mariée, elle aussi rompait avec l'ordre social et commettait un acte de rébellion ouverte. Elle coupait les ponts, et elle n'aurait aucun moyen de subsistance à l'étranger si Joyce la quittait. Dans un pays où l'on ne parlait pas l'anglais, elle risquait fort de ne pas trouver d'emploi, même comme domestique. Son courage, comme celui de Joyce, se fortifiait de l'amertume inspirée par ceux qui l'avaient laissé tomber.

Le prix du voyage jusqu'à Zurich s'élevait à trois livres et quinze shillings, sept livres et dix shillings pour deux, plus une livre pour expédier leur malle. Joyce ne se fit pas scrupule d'emprunter à ceux-là mêmes qu'il avait ridiculisés. Lady Gregory donna cinq livres, George Russel, son éditeur, dix shillings. Son père donna quelque chose aussi — sept livres, affirma-t-il par la suite. Bien que Joyce n'eût point encore été payé pour les trois poèmes qu'il avait publiés, il empocha une guinée supplémentaire pour prix d'une nouvelle, « Après la course », et ils furent prêts à partir. Ils laissaient dans leur sillage un flot de rumeurs malveillantes qui ne firent que s'accroître avec la célébrité ultérieure de Joyce. George Russell exprimait sa pitié pour la pauvre fille que Joyce allait sûrement abandonner. Un autre ancien ami, Francis Skeffington, jugeait l'avenir de Nora plus incertain encore que celui de Joyce. Cosgrave, pour sa part, avertit Joyce qu'il ne pourrait jamais rien faire d'elle. Quant aux femmes, elles en soupçonnaient long sur les moyens que Nora avait dû mettre en œuvre pour convaincre Joyce de l'emmener. Mrs. Kathleen Behan, mère de Brendan et Dominic, déclara bien des années après :

« Toujours à se présenter comme notre conscience ! Tout ce qu'il voulait c'était quitter sa famille, mais pour se précipiter tête baissée dans une autre. On la croyait dans une situation intéressante, avant qu'il ne quitte l'Irlande avec elle. Je me demande si elle l'était vraiment, ou si elle faisait semblant[83] ? »

Pour tourner le dos à l'Irlande, respectivement âgés de vingt et vingt-deux ans, Nora et Joyce faisaient preuve d'un immense courage. Mais les 37 413 autres personnes qui quittèrent l'Irlande cette année-là en avaient tout autant[84]. A part le fait qu'il allait forger la conscience encore à naître de sa race, et que Nora avait repoussé une vie de formation religieuse pour partir vivre avec lui hors des liens du mariage, ils étaient des émigrants irlandais typiques. Si Nora s'était déclarée domestique dans un questionnaire, elle aurait fait partie de la catégorie d'émigrants la plus vaste : les femmes domestique originaires de Connaught. La principale différence résidait dans leur destination : ils allaient être « les Joyce » dans des pays où l'on ne saurait pas prononcer leur nom — « Yoyce » ? « Tscheuss » ? « Zois »[85] ? Leur correspondance restait en arrière mais, le moment venu, elle aussi allait quitter l'Irlande.

II
BERTHE

« Puisque j'ai la réputation, pourquoi n'en aurais-je pas les avantages ? »

Les Exilés

CHAPITRE 4

Signora Joyce

Au matin du troisième jour après leur départ de Dublin, dès qu'ils eurent atteint Zurich et trouvé un *Gasthaus* près de la gare, Nora se donna à Joyce. Ils n'en avaient guère eu l'occasion jusqu'alors, leurs premières nuits de liberté étant consacrées au voyage. Joyce avait grande hâte d'en informer Stanislaus, à Dublin. Bien qu'il eût rendez-vous à quatre heures à l'École Berlitz pour connaître les détails de son nouveau poste, il écrivit vite ces quelques mots : « Elle n'est encore vierge ; elle est touchée[1]. » Puis, se régalant du double sens, il priait son frère de « taper » leurs amis communs pour en tirer de quoi faire une livre, et de la lui faire parvenir.

Mieux valait pour eux qu'ils aient célébré leur arrivée, car il apparut que le directeur de l'École Berlitz n'avait jamais entendu parler de James Joyce, ni de E. Gilford à Market Rasen, Lincolnshire, et que cela d'ailleurs importait peu, car il n'y avait point de poste vacant à pourvoir. Cependant, le charme et la ténacité de Joyce amenèrent promptement le directeur à se proposer de sonder tout le réseau Berlitz d'Europe du Sud et à promettre de lui trouver un poste, quelque part en Suisse ou en Italie, dans les huit ou dix jours à venir. Il s'engageait même à payer leur voyage.

Il ne restait rien d'autre à faire qu'attendre, en vivotant sur le capital qu'ils avaient emprunté. Nora découvrit ainsi ce qu'était la vie d'hôtel avec un écrivain. Joyce se plongea dans son roman autobiographique tandis que Nora flânait le long des vitrines en se demandant si sa mère annoncerait sa disparition dans la presse, et en réfléchissant à sa nouvelle vie.

Avait-elle vraiment été vierge ? Le doute continuait à tourmenter

Joyce. Il chercha, et fut heureux de découvrir quelques petites taches de sang sur les draps, mais ce pouvait être du sang menstruel[2]. La veille, lorsqu'ils avaient fait escale à Paris, elle avait ses règles, et Joyce l'avait laissée au parc Monceau, loin de la gare Saint-Lazare où ils avaient débarqué, pour vaquer à ses propres affaires. Le fait que « sa bottine la serrait », selon son euphémisme pour évoquer les menstruations de Nora, constituait une excuse bien pratique pour la laisser en arrière. La présence de Nora l'aurait gêné dans sa quête : il alla trouver un psychothérapeute français qu'il avait connu du temps qu'il était étudiant, et qui lui donna soixante francs, puis deux amis catholiques de University College, Constantine Curran et James Murnaghan, qui se scandalisaient aisément.

Plus tard, cependant, comme il ressassait obsessionnellement les indices de l'éventuelle infidélité de Nora, Joyce lui rappela d'un ton accusateur qu'elle avait perdu bien peu de sang, lorsqu'elle lui avait abandonné sa virginité. Il venait de découvrir ce que Nora, elle, savait depuis toujours : que les hommes ne distinguaient pas le sang de l'hymen du sang menstruel ni d'aucun autre. Comme le dit Molly Bloom dans *Ulysse* :

« ... et ils tiennent tous à voir une tache dans le lit pour être sûrs qu'ils vous ont eue vierge ça les travaille beaucoup tous tant qu'ils sont faut-il qu'ils soient bêtes tout de même vous pourriez être veuve ou 40 fois divorcée et une tache d'encre rouge ferait l'affaire ou du jus de mûres...[3] »

Il n'avait aucun moyen de le savoir, à moins que Nora ne choisisse de lui révéler si elle avait déjà accompli l'acte sexuel auparavant.

Si les règles de Nora avaient effectivement duré jusqu'au lendemain, ils avaient consommé leur union dans des conditions loin d'être idéales, et l'inhibition de Nora expliquerait alors les taquineries de Joyce à son égard, des années plus tard : « Comme tu étais *froide,* au début, Nora![4] » Une femme de chambre sait bien ce que remarquent les autres femmes de chambre.

Bien des années après, John F. Byrne — le seul ami à qui Joyce semble avoir confié ses doutes quant à la pureté de Nora — suggéra que Vincent Cosgrave avait fort bien pu connaître Nora charnellement avant qu'elle eût rencontré Joyce, mais pas après. « Joyce n'avait aucune raison d'exiger de sa femme qu'elle fût vierge, quand lui-même ne l'était pas », conclut Byrne[5].

Le directeur de Berlitz à Zurich n'avait qu'une parole. Huit jours plus tard, Nora et Joyce débarquaient dans le vacarme de la gare néoclassique de Trieste, qui était alors une ville autrichienne. Là encore, Joyce laissa Nora dans un jardin public — le parc poussiéreux qui fait face à la gare — mais cette fois il ne revint pas. Les heures passaient, et elle restait là comme un colis non réclamé, exposée aux regards effrontés des marins et des ouvriers du port tout proche. Si elle ne s'en était pas encore rendu compte, elle savait désormais combien elle dépendait, pour se nourrir et pour communiquer avec le monde étrange qui l'entourait, du jeune homme qui lui avait demandé de croire en lui plutôt qu'en Dieu. On ne peut pas croire que, là, elle n'ait pas prié.

Soudain Joyce reparut, doté d'une solide excuse : on l'avait arrêté. En traversant la Piazza Grande, il s'était trouvé devant un groupe de matelots anglais ivres, en discussion animée avec la police triestine. Comme il parlait l'italien, il avait offert ses services, mais s'était retrouvé bouclé en prison avec les matelots. Il n'avait pu en sortir que grâce à l'intervention dépitée du consul britannique. (En tant qu'Irlandais, Joyce et Nora étaient sujets britanniques.) Joyce obtint rapidement son pardon. Il trouva une chambre sur la charmante Piazza Ponterosso bordée de maisons roses, qui donnait sur le canal bleu-vert et sur un marché regorgeant de légumes et de fruits riches en couleurs — merveilleuse vue pour le premier contact de Nora avec l'Europe du sud des Alpes. Et puis Joyce se montrait parfaitement à l'aise. Il ensorcelait de parfaits inconnus pour leur emprunter de l'argent, et parvint même à trouver des élèves pour donner des cours privés d'anglais. Mais le réseau Berlitz le lâcha à nouveau. Une autre promesse de poste se révéla n'être qu'un mirage et, comme leurs ressources s'amenuisaient, il n'existait guère de logement qui fût assez bon marché pour eux. En deux semaines, ils déménagèrent quatre fois.

De même que la première fois, Berlitz, après les avoir déçus, les sauva : il y avait un poste vacant, pourvu qu'ils prennent le bateau pour s'enfoncer plus avant dans l'inconnu, le long de la côte de ce qui est maintenant la Yougoslavie. De manière tout à fait inattendue, la chance tourna. A la fin d'octobre 1904, Nora et Joyce se retrouvèrent enfin installés dans leur premier *ménage*, une chambre meublée à Pola, à deux cent cinquante kilomètres au sud de Trieste, où Berlitz ouvrait une nouvelle école.

Pola, la plus grande base austro-hongroise située sur l'Adriatique, était une ville polyglotte où une forme abâtardie de l'italien dominait le serbe et l'allemand (qui était la langue officielle). C'est en italien que le bulletin local de Berlitz annonça l'arrivée de James A. Joyce, second maître d'anglais de son équipe, et pria les candidats éconduits faute de place de revenir s'inscrire. Les premiers élèves de Joyce furent des officiers de marine autrichiens qui tentaient d'apprendre l'italien. Joyce n'était pas mal payé — deux livres par semaine pour seize heures de cours — et il avait du temps libre pour écrire et se consacrer à Nora.

Leur vie domestique commença telle qu'elle allait se poursuivre : une succession de mauvaises chambres à de bonnes adresses. Même si la faim les tourmenta fréquemment, jamais les Joyce ne vécurent dans des taudis, ni même dans des quartiers ouvriers comparables à ce qu'ils avaient connu en Irlande. Les joyciens d'aujourd'hui ont bien de la chance que Joyce ait toujours recherché le cœur des villes d'Europe où se plaisent les étrangers — près de la grand-place, de la gare, des banques et des cafés que fréquente le plus volontiers la clientèle internationale.

Pour Nora et Joyce, leur routine quotidienne était un paradis de jeunes mariés. Il se faisait un plaisir de décrire leur vie à Stanislaus :

> « Nous nous levons à neuf heures et Nora fait du chocolat. A midi nous prenons dans une *locanda* [auberge] située en face le déjeuner que nous (ou plutôt elle) achète, et prépare (potage, viande, pommes de terre et quelque chose d'autre). A quatre heures nous buvons une tasse de chocolat, et à huit heures dîner cuisiné par Nora. Puis nous allons au Café Miramar [où nous lisons] *Le Figaro* de Paris... Nous [rentrons] vers minuit[6]. »

Joyce pouvait lire les journaux français et italiens, bien sûr, mais Nora se jetait sur le *Daily Mail* qu'elle adorait. Elle le lut toute sa vie, à travers l'Europe entière.

Nora aimait beaucoup jouer à la maîtresse de maison. Les Joyce ne connaissaient certes pas la fameuse réticence continentale à inviter des amis chez soi. Ils recevaient les gens qu'ils connaissaient grâce à l'école : les Francini-Bruni*, séduisant jeune couple italien d'une vingtaine d'années, qui adoraient chanter et s'étaient également enfuis de chez eux ; Eyers, l'autre professeur d'anglais ; et la secrétaire de l'école, une demoiselle yougoslave qui se nom-

---

* Alessandro Francini ajoutait le nom de sa femme au sien, ce qui donnait Francini-Bruni, mais Nora, James et Stanislaus Joyce les appelèrent toujours les Francini.

mait Amalija Globocnik. Pour eux tous, Nora confectionnait des puddings anglais.

Elle travaillait aussi sur la personne de Joyce : avec son fer à friser, elle lui coiffait les cheveux *en brosse* pour leur donner du volume, et à lui un air plus européen. Elle ne se lassait pas de le contempler. « Tu as un visage de saint », lui disait-elle. Elle économisait de l'argent en lui roulant ses cigarettes, avec du tabac turc qu'elle fumait aussi (ils étaient tous deux grands fumeurs [7]). Elle le poussait à terminer son livre pour qu'il devienne célèbre et qu'ils puissent retourner à Paris, mais elle était ravie de sa nouvelle vie et demandait à Joyce comment Stanislaus pouvait supporter de vivre en Irlande. Pourquoi, voulait-elle savoir, Joyce n'aidait-il pas son frère à s'en aller aussi ? Joyce communiqua ce vœu à son père, mais en maintenant la fiction qu'il voyageait seul.

Joyce n'avait point besoin de ces faux semblants avec sa tante Josephine. Il la pria, si cela ne l'offensait pas, d'adresser sa lettre à « Signora Joyce » quand elle écrirait à Nora [8]. C'était sous ce nom que la connaissaient leurs nouvelles relations. Le patron de Berlitz à Pola, socialiste bienveillant et supposé libre-penseur à qui Joyce avait confié que Nora et lui n'avaient pas de certificat de mariage, lui avait donné un conseil plein de bon sens : de signer tous les papiers comme s'ils étaient mariés. La chose était facile, et tout se passa sans problèmes. Prénom de l'épouse : Nora. Nom de jeune fille : Barnacle. Lieu de naissance : Galway. En cette époque où l'on se passait encore de documents d'identité, les passeports n'étaient pas nécessaires, et lorsqu'ils se disaient mariés leur parole suffisait.

La respectabilité de leur tenue était une autre affaire. Leur malle n'était pas encore arrivée, ils manquaient de vêtements de rechange. Jour après jour, Nora portait la même robe qu'elle avait eue sur elle en quittant l'hôtel *Finn's*. On leur pardonnait mal leur piètre apparence. Lorsqu'ils débarquèrent dans le port de Pola, l'employé de Berlitz chargé de les accueillir fut tellement scandalisé que, comme il le raconta plus tard à d'autres, il envisagea « le suicide ou le meurtre ». Leur ami Francini raconta, par la suite, l'allure qu'ils avaient lorsqu'ils arrivèrent. Même coloré par l'hyperbole italienne et par la jalousie qui rongea les vieux amis de Joyce lorsqu'il devint célèbre, le souvenir de Francini ne devait sans doute pas être bien loin du compte :

« Loqueteux et dépenaillé comme un mendiant, il traînait nonchalamment une valise comme une hyène pelée... De chaque crevée, sortaient des choses qui se balançaient au vent, mais il ne prenait pas la peine de les rentrer à l'intérieur. Un peu à l'écart, presque perdue sous son chapeau de paille à larges bords et dans la veste d'homme qui lui pendait plus bas que les genoux, Mrs. Joyce semblait un tas de chiffons. Droite et rigide, elle lançait des coups d'œil aux deux hommes à tour de rôle, sans la moindre trace d'expression sur ses traits[9]. »

Droite et rigide. C'est ainsi que Nora survécut à cette journée et à tous les soucis à venir. Elle se redressait, mais elle se renfermait aussi. Cela allait se révéler la meilleure défense contre Joyce.

Elle ne pouvait cependant pas en faire usage trop souvent. Ils passaient la plus grande partie de leur temps ensemble. Nora n'était pas une compagnie intellectuelle, certes, mais elle était loin d'être ennuyeuse. Elle avait la langue acérée, avec un grand talent pour l'observation grivoise et un inépuisable répertoire de l'ouest de l'Irlande, que Joyce n'avait jamais entendu. Elle lui chantait de vieilles chansons irlandaises, « Le vieux Tom Gregory avait une grande ménagerie », dont il appréciait les sous-entendus sexuels, et « La Fille d'Aughrim » ; cette chanson mélancolique où une servante était abandonnée avec son enfant par son amoureux avait pour eux deux un double sens. Elle en fit apprendre les paroles à Joyce et, n'ayant d'autre compagnie que lui, elle parlait, parlait.

Elle aurait aussi bien pu parler devant un magnétophone. Son Jim s'intéressait à la moindre miette de son passé, à tout ce qui concernait Galway, ses sœurs, les religieuses, ses petits amis, la nourriture, et même ses fantasmes, et bientôt les détails cheminaient jusqu'à Dublin. Stanislaus apprit tout sur Barnacle le boulanger, qui avait « bu tous les petits pains et les miches comme un homme », sur le curé aux mains baladeuses, et sur l'oncle Tommy avec son gourdin. Tandis qu'elle babillait ainsi, Nora ne pouvait imaginer que Joyce répétait *tout* à Stanislaus :

« L'oncle Michael entretient Mrs. et les enfants, pendant que Papa enfourne et boit dans un coin lointain de Connacht. La famille traite Papa avec le plus grand mépris. Nora dit que sa mère refuse de coucher avec lui. Nora n'habitait pas chez elle mais chez sa grand-mère qui lui a laissé un peu d'argent.

Elle m'a un peu raconté sa jeunesse, et reconnaît pratiquer l'art agréable du contentement de soi. Elle a eu de nombreuses aventures amoureuses, l'une dans sa prime jeunesse avec un garçon qui est mort. Elle est tombée malade en apprenant sa disparition[10]. »

Dans sa phrase sur « l'art agréable », Joyce donnait à entendre que la masturbation était un moindre péché pour les femmes. Son frère et lui-même souffraient d'une vive culpabilité à cause de la masturbation, que Stanislaus allait par la suite classer, avec l'alcoolisme, parmi les principales afflictions des Irlandais [11].

Joyce faisait du même coup miroiter à son frère célibataire les scènes de la vie conjugale. « Je ne peux vraiment pas écrire, disait-il en conclusion d'une lettre. Nora essaie une paire de pantalons devant l'armoire à glace. Excuse-moi. » Dans une autre, il énumérait tout ce qu'il avait fait : enseigner l'anglais, étudier l'allemand, écrire un roman, un recueil de poèmes (qui allait s'intituler *Musique de chambre*), encore des nouvelles... « Jaysus. Je crois être devenu depuis peu un sacré travailleur. Et puis Nora ! [12] »

Les expériences de Nora, tellement plus irlandaises et traditionnelles que celles de Joyce, eurent tôt fait de trouver leur place dans les nouvelles qu'il écrivait sur la table de leur petite chambre, et qui allaient composer le volume intitulé *Gens de Dublin**. Joyce révisa « Eveline » pour donner une vision plus complète du cheminement mental d'Eveline ; ce personnage de dix-neuf ans savait à présent que la violence de son père « lui avait donné les palpitations ». Les murs avaient été aménagés, chez elle, pour accueillir une gravure colorée des « Promesses faites à la Bienheureuse Marguerite-Marie Alacoque ». (La Bienheureuse Marguerite-Marie était la fondatrice du cercle de dévotion au Sacré-Cœur auquel avait appartenu Nora à Galway.) Un détail de l'histoire resté inexplicable, une expression de l'Ouest irlandais marmonnée par la mère mourante d'Eveline — « Derevaun Seraun ! Derevaun Seraun ! » — peut également être venue de Nora [13]. La langue ordinaire des gens de Galway fourmillait d'expressions irlandaises, et la vieille Catherine Healy, chez qui avait vécu Nora, pouvait avoir marmonné ces mots à l'heure de mourir. Cherchant le réalisme, Joyce n'aimait guère inventer des détails pour ses œuvres romanesques, il préférait puiser dans le réel, et il est certain que cette étrange phrase ne provenait pas de son expérience à lui.

En novembre 1904, juste après leur installation dans cette petite chambre dépourvue de fourneau (ce qui explique pourquoi Nora faisait cuire leurs repas à l'auberge d'en face), Joyce entreprit d'écrire une nouvelle intitulée « Hallow Eve »** (rebaptisée « Clay » —

---

* Traduction publiée par Plon du vivant de l'auteur ; une nouvelle traduction de Jacques Aubert fut publiée par Gallimard en 1974 sous le titre *Dublinois*. (N.d.T.).
** *Hallow Eve :* veille de la Toussaint. (N.d.T.).

« Cendres » en français — pour sa publication dans *Gens de Dublin*, puis « Argile » dans *Dublinois*, où l'on voyait Maria (devenue Ursule dans « Cendres »), vieille demoiselle ratatinée, qui travaillait dans une blanchisserie de Dublin quitter son travail pour aller passer une agréable soirée chez un ami qu'elle avait connu jeune, et qui était maintenant marié et père de famille. Mais sa soirée était gâchée par les enfants, qui l'entraînaient dans le jeu de divination traditionnel à la veille de la Toussaint. Les yeux bandés, Maria/Ursule cherche à tâtons la bague (signe de mariage) mais les enfants lui jouent un mauvais tour, et lui font plonger la main dans un bol d'argile (de cendres) (symbole de mort — elle n'a rien d'autre à espérer).

Joyce était un écrivain très original pour avoir commencé cette nouvelle simplement parce que Nora, prise du mal du pays le 31 octobre, s'était mise dans leur chambrette de Pola à ressasser ce que l'on faisait ce soir-là à Galway. Mais, enfermé avec un tel trésor, il était trop habile pour le laisser perdre. Les jeux de « Clay » sont les rituels de divination de mariage que Nora et Mary O'Holleran pratiquaient toujours à Galway, pendant la veillée de la Toussaint. Les « deux filles d'à côté » qui jouaient ce mauvais tour à la malheureuse Maria/Ursule aux yeux bandés n'étaient guère plus cruelles que ne l'avaient été Nora et Mary envers la pauvre vieille confiseuse aveugle de Prospect Hill. (Le récit contient également bien de l'affliction à l'évocation de l'épreuve subie par les nombreuses sœurs de Joyce, dont certaines n'allaient manifestement jamais trouver de maris, et seraient donc condamnées à mener des existences solitaires dans des emplois mornes, à Dublin.)

Nora s'efforçait de s'adapter au choix qu'elle avait fait (elle se considérait « mariée ») d'un homme qui gagnait sa vie en faisant couler de l'encre sur le papier. Ce n'était pas facile. Il lui montra une revue de Londres *(The Speaker)* qui avait publié l'un de ses poèmes, puis la gronda parce qu'elle l'avait égarée.

Elle essayait de le suivre dans ses lectures et de lui donner son opinion. Elle lut la nouvelle de George Moore intitulée « Mildred Lawson » et referma le volume, dégoûtée. « Cet homme ne sait pas terminer une histoire », dit-elle. Dans la revue londonienne *T.P.'s Weekly*, elle releva le nom d'Ibsen. « Est-ce là l'Ibsen que tu connais ? » s'enquit-elle. Elle s'intéressait pour la première fois aux questions de théologie. « Jésus et Dieu sont-ils le même ? » demanda-t-elle à Jim. Elle tolérait qu'il écrivît, dans l'espoir que cela leur permettrait par la suite d'aller vivre richement à Paris. (Elle avait parfaitement raison, mais ni l'un ni l'autre n'auraient cru qu'il allait leur falloir attendre aussi longtemps.)

Dans ses lettres à Stanislaus, Joyce dépeignait Nora comme une petite primitive fort naïve. « Dis à Stannie que je me langue de lui », cita-t-il. Il racontait avec condescendance comme Nora s'enchantait au cinéma (merveille technique déjà fort avancée dans cette partie du monde) et n'avait pu se retenir quand un méchant Lothario jetait traîtreusement sa bonne amie dans la rivière. « Oh, monsieur l'agent, attrapez-le ! » s'était-elle écriée. Et puis elle s'exprimait dans cette forme grammaticale inversée qui est courante en Irlande, et dont Joyce allait faire un usage intensif dans *Ulysse*. Quand il avait des crampes d'estomac, elle priait Dieu : « Ô faites que Jim ne souffre plus. » (Elle ne risquait cependant pas sa colère en allant prier à l'église ou en se consolant de la manière classique à Pola comme à Galway : en allant à la messe.)

L'absence de sophistication de Nora ne constituait pas l'entière vérité. Joyce avait une telle peur de tant de choses — des bagarres, de la solitude, des chiens, du tonnerre — que Nora le trouvait puéril. Elle l'appelait « Jim le simple » et apprit vite à manœuvrer la dépendance où il était réduit. Un soir, elle décida de le punir — apparemment pour n'être pas rentré de la nuit, sans l'avoir avertie. Lorsqu'ils allèrent au Café Miramar, elle évita son regard et figea ses yeux dans le vide. Au bout d'un moment, Joyce lui griffonna un petit mot désespéré :

« Chère Nora je t'en prie ne nous rendons pas malheureux ce soir. Si quelque chose ne va pas je t'en prie dis-le-moi. Je commence déjà à trembler et si tu ne me regardes pas bientôt je vais me mettre à courir en tous sens dans le café... Quand nous rentrerons je t'embrasserai cent fois. Ce type t'a-t-il ennuyée, ou bien t'ai-je moi-même contrariée en m'attardant loin ?

Jim[14] »

« Ce type » pouvait être Eyers, l'autre enseignant d'anglais de l'école. Il avait déclaré que Nora ne valait pas Joyce et, un jour, avait fait pleurer Nora. Joyce l'avait flanqué dehors. Dans cet environnement étranger, il fallait un œil britannique pour déceler l'incongruité du couple Joyce-Nora. Pour les autres, ils formaient un couple assorti, « le couple irlandais ».

Ils vivaient en quelque sorte de leur charme. Leur sens du divertissement et de l'à-propos leur valait de nombreuses amitiés ; ils réussissaient toutes leurs petites fêtes, souvent agrémentées de musique. Dès leur premier Noël, dans une chambrette froide et triste, ils louèrent un piano pour qu'on puisse chanter. (De Dublin, Stanislaus envoya un plum-pudding.)

Leur charme séduisit les Francini, qui, au début de 1905, les invitèrent à partager une maison ensemble. Nora et Joyce furent ravis d'aller s'installer dans un appartement ensoleillé aux fenêtres équipées de persiennes, avec un fourneau qui chauffait bien et une table de travail. Mais même ainsi, ils continuèrent à prendre leurs repas à l'extérieur, tandis que les Francini — disposant des mêmes ressources — estimaient n'avoir pas les moyens de suivre le mouvement.

A l'époque, et plus tard de même, les Joyce manquaient de style. L'une des nombreuses raisons pour lesquelles Nora ne quitta jamais Joyce, bien qu'elle l'en menaçât fréquemment, c'est qu'elle aimait la vie qu'il lui procurait. Dans leur attitude vis-à-vis de l'économie domestique, ils ne faisaient qu'un : pour eux, l'argent était fait pour être dépensé, et la belle vie constituait la meilleure des revanches sur le passé.

Comme ils prenaient toujours leurs repas à l'extérieur, on a raconté que Nora ne savait pas faire la cuisine. Elle savait. Elle préparait les plats irlandais traditionnels qu'ils préféraient tous deux, surtout des gâteaux et des puddings, mais elle sortait volontiers avec Joyce parce que cela lui faisait moins de travail et que Joyce, après une journée d'écriture solitaire, aimait sortir, voir et se faire voir.

Joyce se plaignait à Stanislaus que Nora n'avait pas d'amies, mais elle ne tarda pas à se lier avec Clotilde Francini qui, bloquée chez elle avec un petit enfant, appréciait la compagnie de Nora et la trouvait très amusante [15]. Clotilde, qui était florentine et parlait un italien fort pur, commença à enseigner sa langue à Nora, qui rêvait de la parler aussi bien que Joyce. Clotilde entreprit également d'instruire Nora dans les domaines de la cuisine et de la mode italiennes. Désormais consciente de l'infériorité de son éducation, Nora demanda à Joyce de lui enseigner la géographie, qu'elle avait négligé d'apprendre au couvent, et de lui donner aussi des leçons de français, en prévision du jour où ils pourraient retourner à Paris.

Mais il était un secteur de leur vie où Nora n'avait pas besoin d'instruction : elle se plongea dans la sexualité avec un enthousiasme plein d'imagination. C'était souvent elle qui prenait l'initiative, de même qu'elle l'avait fait au temps de leurs premiers tâtonnements. Et dès cette première nuit à Pola, alors même qu'elle avait paru si raide et empruntée à la personne venue les accueillir, elle fit preuve au lit d'une passion farouche. Joyce était ravi mais un peu dépassé. Une nuit, elle déchira sa chemise de nuit et l'enfourcha en murmurant :

« Fous donc, mon amour ! Fous donc ! [16] » Ce comportement réalisait tous les rêves de domination par une femme sauvage, mais que Nora pût manifester une telle ardeur trois semaines seulement après son initiation lui laissa toujours un sentiment d'effroi quant au flamboiement dévastateur du désir féminin.

Le vrai fléau des femmes de cette époque, les chiffons menstruels qu'il fallait laver, faire bouillir puis sécher, ne l'accabla guère. Nora devint enceinte à la première occasion — dès la fin d'octobre 1904. Joyce rêvait d'une famille, ou plutôt d'être l'homme de la famille. On ne dispose d'aucun indice que Joyce et Nora en aient jamais discuté. Dans leur expérience, l'équation homme plus femme égale bébé était sans contredit. C'est alors surtout qu'ils commencèrent à ressentir leur isolement. Nora n'avait toujours aucun contact avec sa mère. Son seul message annonçant à Annie Barnacle qu'elle avait quitté l'Irlande pour commencer une nouvelle vie avec un homme, avait été une carte postale de Paris, « délicieusement vague », écrivit Joyce à Stanislaus. Isolé avec Nora et coupé de ses amis, il déversait tout ce qu'il ne pouvait pas partager avec elle dans des lettres intimes à son frère — lequel les lisait soigneusement, puis les ajoutait à sa collection.

Nora, confia Joyce à Stanislaus, était « adorablement ignorante » des choses de l'enfantement, mais lui aussi. Il priait donc son frère d'aller trouver Cosgrave et d'étudier avec lui quelques livres sur la question, et demandait à tante Josephine d'écrire à Nora une lettre d'instructions. Il ajouta à l'intention de Mrs. Murray que, tout facile à berner qu'il fût, il n'avait « pas encore pu découvrir le moindre mensonge dans cette nature qui a eu le courage de me faire confiance ». Il n'avait point abandonné Nora sur le trottoir, rappelait-il à sa tante, contrairement à ce qu'avaient pu prédire ses amis cyniques.

Le 2 février 1905, Nora célébra pour la première fois l'anniversaire de Joyce (le vingt-troisième). Avec l'Anglais Eyers et Fräulein Globocnik, la secrétaire de l'École Berlitz, ils firent une excursion en bateau à vapeur jusqu'à l'île de Brioni. Ce fut là l'introduction de Nora à la solennité que conférait Joyce à tout anniversaire. Il avait retenu des jésuites l'habitude des rites. Pour lui, les jours sacrés requéraient un cérémonial approprié, et son propre anniversaire était le jour sacré suprême du calendrier de sa liturgie personnelle.

Après cette excursion, Joyce signala à Stanislaus que Fräulein Globocnik s'était entichée de lui. Flatté, il décida qu'il y avait en lui quelque chose qui attirait les femmes. Il en vit cependant bien plus qu'il ne l'imaginait car, décrivant la secrétaire de Berlitz à son frère, il la qualifia de « petite androgyne mélancolique, très sentimentale », discernant déjà le type de femme qu'il attirait tout particulièrement. Nora elle-même, avec sa démarche élancée, ses sourcils d'homme et ses mains aux solides jointures, présentait de nombreux traits androgynes.

Joyce aimait à penser que Nora était sans éducation : cela faisait d'elle sa création à lui, et c'est seulement quand commencèrent les longues années de son invalidité, alors qu'il était presque aveugle, qu'il reconnut à quel point il dépendait d'elle. Dans les premiers mois de leur vie commune, il s'excusait sans cesse pour ses insuffisances apparentes. Il confiait à Stanislaus qu'il admirait la personnalité de Nora, supérieure à la sienne en bien des points. Il répéta à Stanislaus la plaisanterie de Cosgrave, qui avait dit que Joyce ne ferait jamais rien d'elle, mais ajouta que « sur bien des points où Cosgrave et moi sommes déficients, elle n'a besoin d'aucune formation ».

En tant qu'intermédiaire littéraire de Joyce à Dublin, Stanislaus avait fort à faire. Il eut en particulier à informer Cosgrave que son nom, dans le roman de Joyce, était l'affreux « Lynch » légendaire de Galway. Mais le plus grand des services que rendit Stanislaus à James fut d'être son correspondant.

Comme le montrait sa correspondance de l'été précédent avec Nora, Joyce éprouvait le besoin de s'expliquer sur le papier comme d'une purge quotidienne et, ses besoins émotionnels étant satisfaits, il lui fallait parler de son travail. Sur ce sujet, Nora ne lui servait à rien. Comme il l'écrivit à son frère, Nora n'éprouvait aucun intérêt pour l'art ; elle « n'aura jamais la moindre affinité » pour cet aspect de la nature de Joyce.

L'accusation n'était pas entièrement justifiée car, lorsqu'il lui lut un chapitre de son roman, Nora le trouva remarquable. Plus encore, elle savait ses poèmes par cœur. Néanmoins, la vue de Joyce recopiant dans son roman les notes de son carnet l'irritait. « Tout ce papier va donc être gâché ? » récriminait-elle. Il se comparait intérieurement à Heine — artiste doté d'une maîtresse sans éducation.

A mesure que passaient les mois, Nora et Joyce éprouvèrent une nostalgie croissante pour leur pays, et se mirent à s'exaspérer l'un l'autre. Les disputes se multipliaient. Nora s'efforçait de n'y voir que des « querelles d'amoureux », mais commençait à comprendre qu'elle avait jeté son dévolu sur un homme atteint des mêmes faiblesses que son père, et qu'elle était vouée à de longues heures, et même des années, de solitude. S'ils avaient émigré à Boston ou à Melbourne, elle se serait trouvée dans une enclave irlandaise, ou tout au moins entourée de gens qui parlaient anglais. Au lieu de cela, elle avait abouti dans un étrange recoin de l'Europe dont jamais personne n'avait entendu parler, plein de moustiques, d'hommes en culottes de laine, et où l'on mangeait une nourriture étrange, huileuse, qu'elle avait bien du mal à garder pendant les premiers mois nauséeux de sa grossesse.

Joyce lui-même ne tenait pas à ébruiter parmi ses amis dublinois le fait qu'ils vivaient dans un trou, « près de la Turquie », comme il voyait l'endroit. Mais Gogarty l'apprit, et répandit la nouvelle : « Le barde s'est enfui à Pola, sur l'Adriatique ; une esclave l'accompagnait [17]. »

Ils avaient toujours un pied à Dublin par la pensée, Joyce s'efforçant de faire parvenir son « Saint Office » à ceux qu'il entendait blesser, et Nora s'interrogeant sur ce qu'on devait dire à l'hôtel. Lorsque Stanislaus lui rapporta que, chez *Finn's,* on se contentait de dire que « Miss Barnacle était partie », elle en fut amèrement déçue. Son grand geste de défi était oublié.

Dans l'une de ses lettres, Stanislaus donna à entendre à Joyce qu'il devrait bien se méfier de Cosgrave, et exprima aussi un avis critique sur Nora, mais Joyce ne voulait rien savoir :

> « Cosgrave... ne s'est rendu coupable, autant que je puisse m'en souvenir, d'aucune duplicité envers moi... Tu es dur pour Nora parce que son intelligence n'a pas été formée. Elle apprend maintenant le français — très lentement. Son caractère, à mon avis, est beaucoup plus noble que le mien ; l'amour qu'elle me porte est aussi plus grand que celui que j'ai pour elle. Je l'admire, je l'aime, j'ai confiance en elle — je ne peux pas dire jusqu'à quel point [18]. »

A mesure qu'avançait la grossesse de Nora, Joyce commença à modifier son aspect. Il acheta un costume neuf de couleur marron, une cravate rouge et (constatant qu'il lui fallait désormais porter des lunettes) un pince-nez. Le jeune Dublinois bohème cédait le pas au chef de famille italien tournant au dandy, qui se voyait — comme il l'exprimait dans ses lettres à ses proches — « fort et viril », et « joli garçon ». La progression des *Gens de Dublin* suivait celle de la grossesse ; les personnages passaient de l'enfance à l'adolescence, à la vie politique, religieuse, conjugale. Cette *couvade* atteignit son point culminant lorsque Joyce annonça à Stanislaus qu'il était « sur le point de produire un bébé babouin après être resté assis six heures sur un pot rempli d'eau de Seltz ». Cette image grossière révèle une confusion infantile et bien masculine quant à l'orifice exact par lequel les enfants sortent du corps des femmes.

Dès Pâques ils furent transférés à l'École Berlitz de Trieste. Joyce détestait le régime Berlitz, où le patron rangeait sous clé son diplôme de Bachelor of Arts pour l'empêcher de briguer d'autres emplois ; mais Nora et lui aimaient cette belle et grande ville, dont les versants boisés et verdoyants descendaient jusqu'à l'Adriatique, avec l'animation cosmopolite qui égayait ses agréables places donnant sur la mer, les fontaines, et puis l'Opéra Verdi. Premier monument consacré au compositeur, le Verdi attirait les plus grands chanteurs, qui trouvaient Trieste une étape fort commode entre Milan et Vienne.

En attendant son bébé, Nora ne voulait toujours pas entrer en rapport avec sa famille restée à Galway. Mais sa mère, cependant avait découvert où elle se trouvait, et en quelle compagnie. Loin d'éprouver l'indifférence que lui prêtait sa fille, Mrs. Barnacle était prête à tout pour la faire revenir. De Galway, elle eut l'idée d'écrire à la seule femme dont elle sût le nom à Dublin et qui pût connaître James Joyce, la mère de Gogarty (une Oliver de Galway) pour solliciter son aide. Mais même pour une femme de sa stature, il n'y avait pas grand-chose à faire. Gogarty trouva l'affaire très amusante, et en plaisanta avec le frère Charlie de Joyce : « On fait sans doute dire des messes pour l'âme de Nora [19]. »

Nora était en pleine forme et, pour le moment, satisfaite. Ils célébrèrent son vingt et unième anniversaire en mars ; enceinte de cinq mois, elle était enfin adulte. Elle chantait en s'habillant, et Joyce ne put résister au plaisir de décrire à son frère le comportement enfantin et malicieux de Nora :

« En ce moment elle lèche de la confiture sur un morceau de papier. Elle se porte très bien, porte maintenant une voilette et est très jolie. Elle est venue tout à l'heure et a dit : " La propriétaire a une poule qui pond là-bas. Oh ! Il va pondre un bel œuf ! " Jaysus ! Ô Jaysus ! [20] »

Ils retournèrent à la Piazza Ponterosso, et trouvèrent une chambre au numéro 3. Nora paressait, feuilletant la revue ou le livre que Joyce laissait traîner. Comme il essayait d'écrire, elle le barbouilla avec un papier taché d'encre. Joyce fut amusé. Mais leur propriétaire, quand elle vit s'épaissir la taille de Nora, ne le fut guère : elle leur donna un mois pour déménager. Les directeurs de l'école furent également effrayés de découvrir la situation de Nora, et dirent à Joyce qu'il devait être fou. A quelques pas de l'école, qui se trouvait dans l'étroite et sombre via San Nicolò, mais tout aussi près du port, de l'Opéra et des belles églises grecques à coupoles bleues qui fascinaient Joyce, ils trouvèrent une propriétaire disposée à les loger : la signora Canarutto, brave dame de confession juive et qui avait un grand respect pour l'instruction, fut ravie d'accueillir chez elle un professeur de cet établissement distingué.

Joyce était toujours très fier d'avoir eu le courage de rejeter l'institution du mariage. Il se justifia une fois de plus dans une lettre à Stanislaus :

> « Mais pourquoi aurais-je amené Nora devant un prêtre ou un homme de loi pour lui faire jurer qu'elle me consacrera sa vie ? Et pourquoi imposerais-je à mon enfant le fardeau très encombrant de croyances que mon père et ma mère m'ont imposé [21] ? »

Il se voyait socialiste, et sa philosophie s'étendait non seulement à la question du mariage, mais aussi à celle de l'argent. Il éprouvait un intérêt bien peu socialiste pour le fait de gagner de l'argent, avouait-il avec cette irrésistible candeur, mais s'il en gagnait, il n'était pas certain du tout de le conserver.

Les Francini avaient également été transférés à Trieste. Nora en éprouvait bien du soulagement. Ils avaient souvent faim, mais se consolaient cependant en ayant faim ensemble. Le salaire hebdomadaire de Berlitz était fort acceptable suivant les critères de Dublin (environ une livre et quinze shillings, alors que là-bas Stanislaus cherchait un emploi à quinze shillings) mais les frais de logement et de nourriture étaient plus élevés. Joyce empruntait souvent sur son salaire de la semaine suivante, et le samedi matin il était le premier en ligne pour percevoir ce qui lui restait dû. Prenant une grosse pièce à l'effigie de l'impératrice Marie-Thérèse, d'après ce que raconte Francini, Joyce « la retournait — face d'abord, puis pile — sur la paume de sa main fine et raide, et l'approchait de son œil malicieux ; puis avec mépris il l'enfouissait dans sa poche et s'éloignait d'un pas élastique vers l'inconnu » [22].

Nora s'exaspérait de voir que Joyce ne tentait pas tout ce qu'il aurait pu pour gagner plus d'argent. Il perdait son temps à des sottises, comme un concours lancé par un journal, et consacrait son temps libre à écrire. A la vive satisfaction de Nora, les Francini reconnaissaient avec elle que Jim avait une très belle voix et qu'il aurait pu résoudre leurs problèmes financiers, si seulement il avait consenti à chanter en tant que professionnel.

Nora décida alors que le moment était venu de tenter de recueillir l'héritage que lui avait légué sa grand-mère, Catherine Healy. Ce fut évidemment sur Stanislaus que retomba le travail : Joyce lui enjoignit de rechercher le testament de Catherine Mortimer Healy, qui était décédée entre 1895 et 1897. Cette requête montre bien que, si Nora ne se rappelait plus quelle année était morte sa grand-mère, elle restait cependant trop fâchée contre sa mère pour lui écrire et l'interroger sur ce point. Cela montre aussi que Joyce se rendait compte de l'extrême jeunesse de Nora lorsqu'elle avait dû quitter la maison de sa grand-mère. Les dates communiquées à Stanislaus suggèrent qu'elle devait avoir entre dix ou douze ans au moment du décès.

Mais il n'y avait point d'argent qui attendît Nora. Si elle avait fait miroiter à Joyce, comme en rêve l'un des protagonistes des « Deux Galants » qu'elle était « une bonne fille simple avec un peu du nécessaire », elle dut le décevoir. Mrs. Healy était morte sans laisser de testament, et les recherches de Stanislaus furent vouées à l'échec. Nora répétait à Joyce que c'était impossible, tandis que Stanislaus affirmait qu'elle avait dû faire erreur.

Leur mode de vie était aussi contradictoire qu'il allait l'être toute leur vie. Ils allaient régulièrement à l'Opéra et, tout au moins dans leurs jugements concernant cet art, ils étaient fort bien assortis. Joyce tenait à entretenir ses habitudes de gentleman dans la mesure du possible, et ils souffraient l'un comme l'autre de voir, du haut de leurs places bon marché dans les galeries supérieures, les têtes des élèves privilégiés de Joyce assis aux meilleures places[23]. Avec son élégance naturelle et son esprit brillant, Joyce eut tôt fait, à l'École Berlitz, d'acquérir une cour d'aristocrates, d'éditeurs, de marchands et de jeunes femmes de bonne famille, disposant tous de temps libre et désireux d'apprendre l'anglais, de sorte qu'il fut tenté de s'établir comme professeur particulier indépendant. Mais Berlitz interdisait l'enseignement particulier. Il jouissait donc de ce succès, mais sans oser quitter son emploi : leur budget était trop précaire.

Joyce s'était bien rendu compte, à Pola, que Nora n'était guère disposée à économiser comme il eût convenu à l'épouse soigneuse d'un mari prodigue. Ainsi, ils prenaient la plupart de leurs repas au-dehors : elle se refusait à opérer dans une cuisine commune et redoutait d'aller faire des courses — à juste titre. Trieste, expliqua Joyce à Stanislaus, était l'endroit le plus grossier qu'il eût jamais vu :

« Il est à peine possible d'exagérer l'impolitesse des gens. Les filles et les femmes sont si grossières envers Nora qu'elle a peur de descendre dans la rue. Nora sait dire environ trente mots de dialecte triestin (j'ai essayé sans succès de lui enseigner le français) aussi, chaque fois qu'elle sort, je dois l'accompagner et j'ai souvent été obligé de passer un après-midi pour chercher une chose très simple à un prix raisonnable [24]. »

Ils avaient vite appris qu'ils se trouvaient désormais au pays de la *bella figura*. Comme s'en lamentait Joyce :

« Les gens de Trieste s'habillent avec beaucoup de " style ", se privant souvent de manger pour pouvoir se pavaner en belles robes sur la jetée et on se pousse du coude et on ricane à la vue de son corps déformé *(Eheu! Peccatum ?)*, de sa jupe courte de quatre couronnes et de ses cheveux sur les oreilles [25]. »

Quant à son propre complet marron, il ne fut pas très bien reçu non plus. Eyers, l'irritant Anglais de l'école, qui avait également été transféré de Pola à Trieste, déclara à Joyce : « J'ai souvent remarqué que les excentriques ont très peu de goût : ils mettent n'importe quoi. Je vais vous donner un tuyau. Si vous n'avez pas de goût, portez du gris. Tenez-vous-en au gris. Peu importe la nuance : le gris est toujours distingué [26]. »

Confronté à ses nouvelles responsabilités et frustrations, Joyce se remit à boire. Nora désespérait. Elle ne pouvait guère partir à sa recherche. Un soir, elle envoya Francini, qui retrouva Joyce dans un caniveau de la Vieille Ville. Joyce se plaignait toujours que Nora ne le trouvait pas différent des autres hommes. Et c'était vrai. Alourdie par la grossesse, transplantée dans une culture et un climat étrangers, elle avait là un homme qui ne valait guère mieux que celui de sa mère, sans aucun lien légal qui lui permît d'exiger son aide pour elle-même et l'enfant au cas où il l'abandonnerait.

Le bébé devait naître en août ; les mois les plus durs coïncidèrent avec la première expérience d'une chaleur torride. Elle restait toute la journée au lit, à pleurer. Elle ne pouvait pas coudre de vêtements d'enfant, disait-elle, bien que Joyce fût allé acheter du tissu et que tante Joséphine eût envoyé des patrons. Non, elle ne voulait pas retourner à Galway, répétait-elle ; oui, elle voulait avoir ce bébé.

Joyce, cependant, confia à Stanislaus sa crainte qu'elle ne fût « l'une de ces plantes qui ne supportent pas d'être transplantées ». Il sentait bien qu'il lui aurait fallu la compagnie d'une autre femme, surtout pour une première grossesse ; à l'exception des Francini qui parlaient l'italien, elle n'avait personne d'autre que lui à qui parler, et l'autre maître anglais qui l'avait insultée. Parfois, quand elle se trouvait avec eux deux au café, il arrivait qu'elle ne prononçât pas un seul mot de la soirée. Joyce se demandait « quelle étrange créature morose » elle allait faire naître, après tant de larmes. Il l'aimait toujours ; peut-être la seule chose à faire consistait-elle à la ramener dans un environnement adapté à son tempérament — autrement dit, en Irlande. Tous deux se consumaient en visions de nourriture irlandaise ; Nora ne rêvait plus que d'une bouilloire au coin du feu. Ils ne pouvaient plus continuer à vivre ainsi. Tout en déversant ses misères à Stanislaus, Joyce se remémorait la bravoure de Nora quand elle était partie avec lui du North Wall, et l'aimante compréhension de son caractère :

> « Je me suis certainement soumis à elle plus qu'à n'importe qui et je n'aurais sans doute pas commencé cette lettre sans son encouragement[27]. »

Joyce avait donc conçu un plan extraordinaire, qu'il exposa à son frère : Nora et lui allaient regagner Dublin et, avec Stanislaus, prendre un cottage en banlieue. Ils le paieraient avec les économies de Joyce sur son salaire de l'École Berlitz, avec l'argent qu'il attendait de la publication des *Gens de Dublin*, et avec ce que gagnerait Stanislaus. La seule chose dont il ne fût pas sûr, ajouta Joyce, c'était l'attitude de Stanislaus vis-à-vis de lui-même et de sa « compagne ».

On aurait peine à dire lequel, de Joyce ou de Nora, était le plus ignorant des choses de l'accouchement. Nora ne pouvait garder aucune nourriture sauf la bière, et Joyce attribuait son indigestion à la nourriture italienne « baveuse ». Il commençait à prendre conscience du gouffre qui séparait leurs personnalités ; elle ne s'intéressait encore pas le moins du monde à son art, soupirait-il à l'adresse de son frère.

> « Un jour où nous passions tous deux la soirée dans un état de terrible mélancolie, elle cita (ou plutôt estropia) un de mes poèmes qui commence par : " Ô, sweetheart, hear you your lover's tale. " Cela m'a fait penser pour la première fois en neuf mois que j'étais un vrai poète[28]. »

Peut-être, concluait Joyce avec un peu plus d'espoir, pourraient-ils être heureux ensemble « si nous pouvons chacun tolérer le tempérament de l'autre ». Il supprima cependant la dédicace « Pour Nora » du premier poème de *Musique de chambre*. (L'ordre fut par la suite modifié.) L'expression « neuf mois » revient constamment dans les lettres de Joyce — autre rappel de l'exacte coïncidence entre la durée de leur exil et celle de la grossesse de Nora.

Chaque jour Nora déjeunait chez les Canarutto, tandis que Joyce allait au café. Le 26 juillet, pendant le repas, Nora ressentit les premières douleurs. Elle n'en révéla rien jusqu'au retour de Joyce. Ensemble, ils s'efforcèrent en vain de diagnostiquer les symptômes. Joyce finit par faire appel aux femmes de la famille Canarutto, qui comprirent aussitôt. Elles envoyèrent chercher la sage-femme et commencèrent à déplacer les meubles afin d'accéder plus commodément au lit. Joyce partit à la recherche d'un de ses élèves qui était médecin, puis accepta volontiers l'invitation des hommes de la famille Canarutto à dîner avec eux. On ne s'étonnera pas que Joyce ait toujours trouvé les juifs hospitaliers.

A neuf heures du soir, neuf mois et seize jours après leur premier rapport sexuel à Zurich, Nora mit au monde son enfant. « *Un bel maschio* » (un beau garçon), annonça la vieille dame juive en dialecte triestin. C'était un moyen assuré d'apprendre la langue, et Nora apprit. Les femmes s'émerveillaient de sa bravoure. Pendant toute la durée du travail, Nora n'avait pas émis un son ; et c'est seulement en apprenant qu'elle avait un fils que, renonçant à son impassibilité, elle se mit à applaudir joyeusement. Guidée par la sage-femme, elle mit l'enfant à téter, et constata qu'elle avait du lait en abondance, et que l'enfant ne poserait donc pas de problèmes.

Joyce était également ravi. Il prenait l'enfant dans ses bras et lui chantait des airs d'opéras. Comme l'enfant écoutait attentivement, Joyce en conclut, fort justement, qu'il avait hérité de la voix de son père. Ils l'appelèrent Giorgio — George, en souvenir du frère de Joyce qui était mort. Nora pour sa part appelait l'enfant Georgie — un bon mélange d'anglais et d'italien.

Joyce envoya un télégramme chez lui : « Fils né Jim. » S'il en envoya un aussi à Bowling Green, Galway, il n'en reste plus trace. Nora attendait les réactions de Dublin, et Stanislaus les communiqua fidèlement : « Tante Joséphine me charge de dire " Bravo Nora ! " et Cosgrave dit que c'est une bonne nouvelle, qu'il transmettra en personne à Skeffington » ; mais il poursuivait en discutant longuement le roman de Joyce. Nora fut écœurée. La lettre de Stannie, protesta-t-elle, ne parlait que de livres.

Nora elle-même annonça la nouvelle à Cosgrave, sur une carte postale la représentant. Il répondit par une lettre à Joyce :

« Cher Joyce, Nora vient de me rappeler ma grossièreté pour avoir laissé sans réponse ta dernière carte ; mais tu connais mon indolence. J'avais une lettre à moitié faite après avoir reçu ton roman mais je n'ai pas pu continuer et je l'ai consacrée à des usages domestiques... Je regrette de n'avoir pas été le premier à informer Skeffington de la joyeuse nouvelle de l'accouchement de Nora. Cependant reçois mes félicitations et transmets-les à Nora. J'espère que B. va bien. Je ne peux rien dire sur ton roman car j'en ai perdu le fil. Envoies-en vite davantage à Charlie, s'il te plaît, et je ferai de mon mieux pour t'aider de mes critiques. En attendant, pourquoi le nom de J.-Lynch ? Tout mais pas ça...

« ... J'écris à Nora demain. Est-ce une photo colorée d'elle sur la carte ? Dans ce cas complimente-la pour moi. Elle paraît en bien meilleure santé qu'à " Dublin la Brune " [29]. »

Nora, enfermée dans leur chambrette de la via San Nicolò, s'efforçait de faire face aux nouvelles exigences de la vie avec le bébé, et au manque d'argent. Et elle fit l'unique chose qu'il était en son pouvoir de faire pour améliorer leur sort : elle reprit son ancienne profession de blanchisseuse. Un jour, cherchant un bout de papier sur lequel inscrire la liste des vêtements qu'elle lavait, elle saisit le premier feuillet d'une nouvelle à laquelle travaillait Jim. Intitulée « Un pénible incident », elle commençait ainsi : « Mr. James Duffy habitait Chapelizod, parce qu'il désirait demeurer le plus loin possible de la ville dont il était citoyen... » Nora la retourna et inscrivit au dos :

« 10 chiffons, 2 chemises, 1 blouse, 3 serviettes, 3 Pr pantalons, 3 gilets, 4 jupons, 1 ceinture, 1 chemise H, 3 tabliers, 1 Pr pantalons H, 1 traversin, 2 oreillers, 2 draps, 2 Pr chaussettes... »

Il y avait encore plusieurs pièces vestimentaires. Joyce sauva la page. Il en avait besoin pour l'envoyer à Stanislaus, qui lut la nouvelle et la renvoya à son frère « avec annexe » [30].

Joyce se vanta, dans ses dernières années, de ce que Nora avait dû prendre des commandes de blanchisserie pendant leurs années d'extrême pauvreté, mais ce qu'il ne disait pas, c'est qu'elle l'avait fait trois semaines après son premier accouchement.

Tout heureux qu'il fût d'avoir un enfant, Joyce réagit jalousement à la paternité. Sa peur d'être trompé par Nora date peut-être bien de la naissance de Giorgio. Lui-même fils aîné, Joyce avait été le favori de sa mère, et avait rencontré Nora moins d'un an après son décès. Et voilà qu'en moins d'un an, Nora le remplaçait. Joyce prenait ses distances vis-à-vis de l'enfant en écrivant chez lui qu'il avait « des yeux bleu sombre, qu'il ne tient pas de moi » ; il renforça sa campagne pour convaincre Stanislaus de le rejoindre et d'enseigner à Berlitz. Et il s'abandonnait plus que jamais à ses sentiments de persécution. Tout ce qu'il souhaitait de la vie, déclarait-il, c'était une plume et de l'encre, et la paix de l'esprit pour aiguiser sa plume et « écrire de toutes petites phrases sur les gens qui m'ont trahi et m'ont expédié en enfer ».

Comme bien d'autres jeunes pères, il se trouva attiré vers d'autres femmes et, comme bien d'autres professeurs, il avait une cour toute prête de fervents admirateurs. L'un d'eux était le baron Ambrogio Ralli, qui habitait Via di Scorola ; et une autre, qui vivait deux maisons plus loin, était Anny Schleimer, fille d'un banquier autrichien. Anny avait un an de plus que Joyce, et suivait ses cours à l'automne de 1905. Par sa mère Emilia Baumeister, elle était juive pour moitié ; c'était une jeune fille réservée, raffinée, et fort accomplie en musique. Un jour, Joyce l'embrassa et lui proposa de l'épouser. Qu'il fût sérieux ou non (il était, après tout, légalement libre de se marier), Anny fut émerveillée et en parla à son père. Ses cours d'anglais prirent fin de manière abrupte : M. Schleimer était horrifié à l'idée que sa fille pût s'éprendre d'un misérable professeur de langues. Joyce continua cependant à lui écrire et, des années plus tard, lui envoya ses livres, qu'elle conservait jalousement et qu'elle montrait aux gens qui venaient la voir chez elle à Trieste. Elle ne s'est jamais mariée [31].

Joyce envisageait sans aucun doute possible de quitter Nora. En décembre 1905, alors que Giorgio avait à peine cinq mois, il écrivit à la tante Josephine que, dès que ses livres lui rapporteraient un peu d'argent, ce qui devait arriver dans deux ans au plus tard, il entendait changer de vie :

> « J'ai hésité avant de vous dire que je crois que les rapports actuels entre Nora et moi vont se transformer. Je le fais maintenant seulement parce que j'ai réfléchi que vous [êtes] peu disposée à discuter cette question avec d'autres. Il se peut que je sois en partie à blâmer si le changement que je prévois se produit mais ce ne sera pas uniquement ma faute. J'admets qu'il est probablement difficile

à une femme de me supporter, mais d'autre part je n'ai nulle intention de me transformer. Nora n'a pas l'air de me considérer autrement que le reste des hommes qu'elle a connus et je ne peux croire qu'elle ait raison. Je ne suis pas un animal très domestique — après tout, je suis censé être un artiste — et parfois, quand je pense à la vie libre et joyeuse que j'ai (ou avais) toute latitude de mener, je suis désespéré. Cependant je ne veux pas imiter les atrocités du mari moyen et j'attendrai d'y voir plus clair[32]. »

Joyce avait envoyé *Gens de Dublin* à Grant Richards, l'éditeur londonien. « Je ne crois pas qu'aucun écrivain ait encore présenté Dublin au monde, écrivit-il à Richards. Cette ville est une capitale européenne depuis des milliers d'années ; elle est censée être la dernière ville de l'Empire britannique, et a presque trois fois la superficie de Venise. » Joyce espérait qu'il y aurait un marché pour « l'odeur particulière de corruption qui, je l'espère, flotte sur mes nouvelles ».

En attendant la réponse de Richards, Joyce continuait à écrire des nouvelles. Au printemps de 1906, il termina « Un petit nuage », l'histoire du petit Chandler, jeune époux qui se sent pris au piège du mariage et déteste son travail. Rentrant chez lui après une mauvaise journée, il tente de lire un peu de Byron :

« C'était inutile ! Il ne pouvait pas lire. Il ne pouvait rien faire. Les cris de l'enfant lui perçaient le tympan. C'était inutile ! inutile ! Il était prisonnier pour la vie. »

Le désespoir du petit Chandler atteint son comble lorsque entre sa jeune épouse et que, sans lui prêter la moindre attention, elle prend l'enfant dans ses bras et se met à arpenter la pièce en murmurant : « Mon petit ! Mon petit homme ![33] »

La naissance de l'enfant confronta pour la première fois Joyce et Nora aux problèmes pratiques de l'illégitimité. Joyce affirmait volontiers qu'il importait peu que l'enfant portât le nom de son père ou de sa mère, car la paternité était une invention fictive de la loi. Cependant, lorsqu'il enregistra la naissance de l'enfant un an plus tard, il persuada le lieutenant impérial de Trieste de cocher la case « *legittimi* » plutôt que « *illegittimi* » sur le certificat[34].

Il trouva pour Stanislaus un emploi à l'École Berlitz, et une chambre chez les Canarutto. Stanislaus pouvait trouver pire que « l'hiver à Trieste », lui écrivit Joyce avec bonne humeur, faisant miroiter des visions d'Opéra et de carnaval, de châtaignes rôties et de vin nouveau.

En octobre arriva la nouvelle qu'il espérait tant. Stanislaus acceptait l'invitation. Son seul regret en partant, précisait-il, c'était d'abandonner ses sœurs à leur vie solitaire, avec leur père ivrogne. « Que peux-tu y faire ? » rétorqua Joyce. Il envoya à son frère cent couronnes (environ quatre livres) pour le voyage. (Joyce n'était jamais mesquin avec son argent, mais plutôt prodigue.) Il lui recommanda aussi d'apporter ses manuscrits, leur seul espoir pour l'avenir, et de s'habiller somptueusement, à cause des « maudits, stupides snobs qui fréquentent ces écoles ».

A Dublin, John Joyce opposait une indifférence feinte à la perte imminente de son second fils. Lorsque Stanislaus lui demanda de l'argent pour le voyage, il l'envoya au diable. Cependant, quand vint le moment de s'embarquer, juste un an après le départ de Joyce et de Nora, Stanislaus se vit prodiguer les adieux traditionnels. Le dernier frère resté sur place, Charlie, relata la scène à Stanislaus, arrivé à Trieste :

« Le jour de ton départ il y a eu force pleurs et larmes. Quand nous avons quitté le bateau, tante Josephine, très gentiment, a emmené Poppie au North Strand [chez tante Jo] où je ne doute pas qu'elles aient eu un gala de lamentations. Cosgrave a passé toute la journée avec moi[35]. »

Charlie décrivit ensuite comment il avait suivi les instructions de Stanislaus, pour expédier à Trieste toute la correspondance accumulée et ses autres papiers :

« J'ai emballé tous les livres. J'en ai mis autant que j'ai pu dans la malle et aussi toutes les lettres. La musique, je l'ai emportée aussi dans ma chambre. Tante Josephine veut savoir : puis-je lui porter ses lettres et peut-elle les détruire ? Je vois que tu as laissé les Épiphanies de Jim — est-ce une erreur[36] ? »

« Tu peux, concluait sombrement Charlie, dire à Jim que je suis en vie. »

Quant à Stanislaus, qui prenait un tel soin des papiers de son frère, il prit des précautions d'un autre ordre avec la correspondance intime de ses parents. Un jour, trouvant les lettres d'amour de son père à sa mère, il les brûla toutes sans les lire. Il coupa vraiment tous les liens avec le passé. Contrairement à Joyce, qui retourna trois fois en visite en Irlande après son départ en exil, Stanislaus (qui vécut pourtant plus longtemps) n'y remit jamais les pieds et ne revit jamais le visage détesté de son père.

Deux frères, une femme : modèle courant de famille rurale, mais aussi triangle psychologique comme Joyce semblait toujours en créer dans ses relations ; et fort peu recommandable comme recette de paix domestique. Lorsqu'il arriva en gare de Trieste après son long voyage, Stanislaus éprouva un choc. Joyce l'accueillit très froidement. Des vêtements neufs de son frère, il fit simplement observer que Stanislaus avait beaucoup changé, et qu'il ne l'aurait pas reconnu dans la rue. Puis il l'informa que Nora et lui-même étaient fauchés. Restait-il de l'argent du voyage ?

Nora ne fut guère plus accueillante. Elle nourrissait encore Giorgio au sein, et ne parlait qu'avec Jim, bien souvent en italien. « Si Nora a oublié comment on parle l'anglais, quelle langue parle-t-elle donc ? » s'enquit tante Josephine, en réponse aux lamentations de Stanislaus [37]. Nora ne connaissait guère Stanislaus que de vue, mais elle voyait bien que son arrivée dans leur maison de la Via San Nicolò était une bénédiction mitigée. De cinq centimètres plus petit que James, trapu, le visage carré et solennel, Stanislaus était un petit vieux de vingt ans, mal assuré avec les femmes et fermement décidé à se voir servir les repas à l'heure. Tout heureuse qu'elle fût d'entendre une voix de Dublin, Nora se rendait compte que Stannie allait lui épuiser son énergie, encombrer leur intimité — il avait une chambre mitoyenne avec la leur — et faire, de retour en Irlande, les racontars qu'il voudrait.

Nora n'était pas du genre à se retenir simplement parce qu'un tiers se trouvait là : peu après l'arrivée de Stanislaus, Joyce et elle se disputèrent affreusement à cause d'un nouveau chapeau. Stanislaus relata l'affaire ; tante Josephine fut scandalisée :

« Le moins qu'on puisse dire c'est que cet épisode aurait conduit n'importe quel autre homme à boire cela a dû être fort éprouvant pour Jim. Je n'aurais jamais imaginé que Nora fût si particulière mais peut-être que la mode autrichienne est très laide en tout cas elle aurait dû prendre quelque chose qui plaise à Jim. Cela a sûrement suffi à l'irriter pour la journée mais je ne comprends pas pourquoi tu devrais servir de cible. Jim me dit dans sa lettre qu'il n'est jamais seul. Je pense que ce doit être très éprouvant pour vous tous mais après tout il y a des moments où l'on apprécie un peu de solitude... [38] »

Tante Josephine ne connaissait pas bien Nora. Même à Galway, elle avait toujours eu la passion du style, des étoffes, de la coupe, de la ligne, surtout pour les chapeaux, et elle se voyait à présent en position de la satisfaire.

Joyce avait un faible pour les passions de Nora. Elle seule savait lui extorquer de l'argent. Elle employait parfois un mode d'approche très poli : « Sois gentil de me laisser cinq couronnes en plus parce qu'il me faut encore un peu de velours pour ma robe », lui écrivit-elle un jour dans un petit mot [39]. D'autres fois, elle se servait dans les poches de Jim. Un jour, Joyce se plaignit avec colère à son frère de ce que Nora lui avait pris de l'argent pour payer le bottier. « Pourquoi ne lui reprends-tu pas l'argent ? » s'étonna Stanislaus. « Parce que je ne suis pas assez fort », répondit-il avec franchise [40]

Stanislaus était troublé de voir Nora commander à Jim ; elle lui faisait même éplucher les légumes, écrivit-il à la famille. « Où est l'art dans tout cela ? » répondit, mécontente, la tante Josephine [41]. Le choc fut bien plus grand encore de constater que Jim buvait. Stanislaus avait été affolé par la manière dont son frère bambochait à Dublin, et voilà qu'il se comportait encore plus mal ici, gaspillant l'argent nécessaire à l'entretien de Nora et de l'enfant. Joyce semblait avoir complètement oublié la compagnie intellectuelle que devait lui procurer Stanislaus ; il ne se souciait plus que de la paie de celui-ci.

Tante Josephine faisait ce qu'elle pouvait en tant que conseillère familiale à distance, et écrivait séparément à Nora et à Jim. « Le mariage a ses petits inconvénients », disait-elle, acceptant la version falsifiée qu'ils donnaient d'eux-mêmes comme mari et femme [42].

Et ils l'étaient en effet sur tous les chapitres essentiels. Pour leur premier Noël en famille à quatre, Nora confectionna, en grande pompe, comme elle le fit ensuite tous les ans, un plum-pudding. Ils eurent cependant une veillée de Noël fort sombre, chacun plein d'amertume en voyant comment avait tourné sa vie. Au Nouvel An, tante Josephine, inquiète à l'idée que Nora pourrait à nouveau être enceinte, écrivit la fameuse lettre de conseils maternels promise depuis si longtemps :

« 4 Northbrook Villas
8 janvier 1906

Ma chère Nora

Merci pour votre lettre je sais que ce doit être difficile d'écrire en ce moment. Votre fils fait sans doute ses dents et doit être irritable c'est aussi douloureux pour le Bébé qu'une rage de dents pour un adulte. Aussi le pauvre petit bonhomme doit souffrir sa part j'espère que vous faites partager à Jim et Stannie la tâche de l'apaiser. Il doit être très charmant maintenant. Je suis ravie que vous soyez en bonne santé. Continuez si vous pouvez mais rappelez-vous que si vous ne voyez pas venir votre cycle menstruel vous pouvez concevoir à nouveau et dans ce cas il faut aussitôt sevrer Georgie. Je ne veux pas vous alarmer je vous mets simplement en garde... Je suis T. heureuse que vous ayez fait un pudding c'était sûrement un grand plaisir pour les Garçons quand vous le pourrez je suis sûre que vous me tiendrez au courant des progrès de Bébé avec mes vœux pour le Nouvel An que ce soit une année de bonheur et de succès pour vous et Jim

Bien à vous
Tante Josephine [43] »

A Stanislaus et Joyce, elle parlait différemment. Elle savait par eux deux que Nora avait fort mauvais caractère.

La vie devint plus facile pour Nora en février, quand les Francini leur proposèrent à nouveau de partager un appartement dans la via Giovanni Boccaccio. Bien que situé dans un quartier modeste, sur la colline qui s'élevait derrière la gare, leur nouveau logement offrait davantage de place pour eux quatre, et tante Josephine se réjouissait d'apprendre que Nora se retrouvait en compagnie de gens aussi charmants. Quant à Nora, elle commençait à apprécier les avantages de la présence de Stanislaus. Il leur remettait la presque totalité des quarante couronnes qu'il gagnait chaque semaine à Berlitz. Et puis il pouvait avoir une action directe sur les problèmes de boisson de Jim. Il prenait son frère sur son dos et le ramenait à la maison, depuis les cafés du port et de la Vieille Ville. (A aucun moment de sa vie Joyce ne fut un buveur belliqueux, mais plutôt mou et inerte. Comme il était fort léger, souvent ses amis le ramenaient chez lui et le mettaient au lit. Le lendemain en s'éveillant il se plaignait — il avait mal aux yeux et ainsi de suite —, mais il n'était en aucune manière aigri.)

Dans un monologue qui divertissait fort ses élèves, Joyce établissait un lien entre son ivrognerie et la fertilité de Nora :

« Ma femme, si elle ne sait rien d'autre, sait produire des enfants et souffler des bulles de savon... Nous avons George 1er. Si je n'y prends garde elle est capable de me flanquer un second héritier dynastique. Non, non, Nora, ma fille, j'ai peu d'appétit pour ce jeu-là. Et donc, tant qu'il y aura des bars à Trieste, je crois qu'il vaut mieux pour ton mari qu'il passe ses nuits dehors, mou comme un vieux chiffon [44]. »

Cette faible métaphore laisse entendre que Joyce voyait dans l'ivresse une forme de contrôle de naissances. Il était opposé à la contraception (comme Stephen Dedalus dans *Ulysse*). Malgré toute la haine qu'il vouait à l'Église, jamais il ne critiqua sa position sur le contrôle des naissances (qui n'était pas, en ce tout début du xxe siècle, la question sociale et théologique qu'il devint par la suite). Il faisait porter la responsabilité des nombreuses grossesses de sa mère au prêtre qui lui avait refusé la séparation d'avec son mari.

Nora et lui ne souhaitaient assurément pas un second enfant à cette époque-là. Les seules mesures préventives possibles étaient la douche intime (difficile dans la promiscuité) ou le *coitus interruptus*. Peut-être Nora espérait-elle que l'allaitement l'empêcherait de redevenir enceinte : Giorgio fut nourri au sein jusqu'à dix-neuf mois [45]. Quelle que fût la technique, ce fut efficace, car elle passa l'année 1906 sans concevoir.

L'arrivée de Stanislaus resserrait tout naturellement les liens avec les Joyce restés à Dublin. La petite maisonnée de la via Boccaccio entretenait un contact tellement étroit avec Dublin, à quelque dix-huit cents kilomètres de là, qu'on a parfois l'impression d'une famille séparée par une rue, plutôt que par la moitié de l'Europe. Sans doute Stanislaus eût-il aimé que ce fût encore plus loin, car il était, depuis Dublin, soumis à un tir fourni de demandes d'argent.

Les sœurs restées là-bas étaient beaucoup plus proches de Stannie que de Jim qui, en tant qu'aîné, avait été très absent — à l'université, à Paris, puis à Trieste — de sorte que, pour les plus jeunes, il ne représentait qu'une lointaine silhouette. L'aînée des sœurs, Poppie, connaissait mieux Jim que les autres, bien sûr, et elle souffrait vivement de ce qu'il ne lui eût pas écrit une seule fois, depuis qu'elle l'avait aidé à s'enfuir avec Nora. « Il me traite comme une personne totalement négligeable », se plaignit-elle à Stanislaus, qui comprenait fort bien ce qu'elle voulait dire [46].

Ce n'était pas seulement de l'argent que voulaient les filles et Charlie. Les chaussures, les vêtements et les dents constituaient un thème constant dans la correspondance de la famille Joyce. Comme l'expliquait May Joyce à Stannie :

« Nous allons tous bien ici, sauf Charlie dont la santé laisse à désirer c'est peut-être parce que Charlie ne prend pas assez l'air étant donné qu'il n'a ni bottines ni vêtements. Si vous avez des vêtements valant la peine d'être expédiés par la poste ce serait une bénédiction du ciel. Charlie s'offenserait de savoir que je le dis aussi je te prie de ne pas le mentionner en lui écrivant ... Poppie économise pour s'acheter des vêtements et des dents. Je vais moi-même faire examiner mes dents avant qu'elles n'aillent trop mal...

Ta sœur affectionnée May [47] »

Stanislaus envoya ce qu'il pouvait et, peu après, Charlie sollicita en s'excusant l'envoi d'un costume usagé. (La facilité avec laquelle les deux moitiés du clan Joyce s'envoyaient des vieux vêtements, des chaussures et des livres à travers l'Europe est un hommage à la qualité du service postal de cette époque-là.)

De telles lettres montraient bien à Nora qu'elle devait absolument se cramponner à Jim : il n'y avait en Irlande rien vers quoi retourner. Charlie lui-même regrettait bien de n'avoir pas l'argent nécessaire pour émigrer. Quant à Stanislaus, il commençait à se dire qu'il avait fait erreur. Il n'était venu à Trieste que pour se retrouver prisonnier, déchiré entre deux familles également dépensières. Pas question pour lui de songer le moins du monde au mariage (et il ne se maria en effet que vingt ans plus tard).

Nora ne devait guère apprécier de voir l'argent s'envoler vers Dublin. Pendant tous ces mois de misère, elle avait cru ce que lui disait Joyce : que, dès la publication de *Gens de Dublin*, l'argent commencerait à couler à flots.

A Londres, Grant Richards avait enfin consenti à publier *Gens de Dublin*, et Joyce entra dans une grande colère quand Richards lui refusa une avance sur les royalties. Mais Richards n'en démordit point ; le problème, expliqua-t-il, c'était que *Gens de Dublin* parlait de l'Irlande, et que les livres sur l'Irlande ne se vendaient pas. (Joyce répliqua que, n'en étant qu'à son premier crime, il n'avait aucune idée de l'avenir du livre mais que, si seulement on le publiait en Angleterre, on pourrait ensuite le publier en Amérique, « où vivent quelque quinze millions de mes compatriotes » [48].)

Dès 1906, les rêves de fortune de Joyce commencèrent à s'estomper. En février, Richards lui annonça qu'il ne pourrait pas publier *Musique de chambre*, à moins que Joyce ne paye les frais. Et en mars, alors même qu'un contrat était signé, Richards lui asséna un coup terrible : l'imprimeur anglais refusait de composer le livre. Aux termes de la loi britannique, l'imprimeur et l'éditeur étaient responsables de toute obscénité ou diffamation contenue dans les livres qu'ils publiaient. L'imprimeur ne voulait pas prendre le risque de publier les sous-entendus sexuels d'une des nouvelles, ni le mot « foutue » dans une autre, surtout qu'il s'agissait de la reine Victoria, qualifiée de « foutue vieille salope ».

Joyce tint bon. S'il effaçait tout ce qu'il y avait d'offensant dans son livre, que resterait-il ? Le titre, peut-être. Il souhaitait vivement voir son livre publié et avoir l'argent dans sa poche, mais pas au prix de prostituer son art. Le pire effet de la critique, disait Joyce, c'est qu'elle « me fait douter de ma propre écriture ».

En vérité, le pire effet de la critique fut de le conduire à boire davantage encore. Et de déchaîner toute la sauvagerie de la langue de Nora. Sollicitée une nouvelle fois, tante Josephine prit loyalement la défense de Jim — son côté de la famille — et fit peser le blâme sur Nora. La mauvaise humeur de Joyce était bien compréhensible, écrivit tante Jo, après avoir « subi dernièrement tant de déboires de la Fortune ».

« Mais franchement Stannie je ne comprends pas Nora c'est tout de même monstrueux de compter sur Jim pour faire la cuisine ou s'occuper du Bébé quand il fait tout ce qu'il peut pour les entretenir tous les deux elle peut sûrement le faire aussi bien que Jim cela semble bien tôt pour être déjà aussi déçue je me demande si elle sait ce que c'est de vivre avec une personne à la langue ordurière dont on n'est jamais à l'abri Jim a bien des excuses pour boire c'est la vieille histoire de l'oubli qu'on cherche. Peut-être Nora a-t-elle des excuses pour être aussi irritable mais elle ne pouvait guère s'attendre à ce que la vie soit un tapis de roses, et tu peux être sûr qu'elle n'enverra jamais aucune de ces lettres chez elle cette menace constante doit être bien éprouvante pour vous deux. Elle se trouve malheureuse maintenant comment croit-elle que ce serait avec sa propre famille... [49] »

Tante Jo espérait bien que « Georgie ne risquait pas d'avoir un rival ». Cela, disait-elle, « serait le comble ». Comme le montre la lettre de tante Josephine, Nora avait été touchée par les supplications de sa mère et commençait à faire des brouillons de lettre pour répondre. Comme elle en composait une où elle annonçait son retour imminent à Galway, parce qu'elle vivait avec un homme incapable de l'entretenir décemment, Joyce, lisant par-dessus son épaule, déclara :

« Si tu vas vraiment rentrer chez toi, écris au moins I * avec une majuscule. » La réponse de Nora fut sans réplique : « Quelle différence cela fait-il ? [50] »

Nora connaissait sa mère. Comme le montrent les quelques lettres d'Annie Barnacle qui ont été conservées, ce pronom à la première personne du singulier était l'un des très rares mots qu'elle se refusait à honorer d'une majuscule.

Sans doute Joyce et Stanislaus auraient-ils résisté à la tentation d'envoyer à Dublin la litanie de leurs malheurs s'ils avaient su l'usage qu'en faisait leur père. John Joyce lisait leurs lettres à voix haute dans les bars, « pour que les gens voient quelles canailles les jésuites pouvaient produire ». Il racontait partout qu'il n'avait pas reçu un sou de ses fils à Trieste.

Comme Charlie Joyce savait que Stanislaus se privait de manger à sa faim et d'acheter des vêtements pour leur envoyer de l'argent, l'ingratitude de son père le faisait bouillonner. Lui-même vêtu des vêtements usagés de Stanislaus, Charlie se voyait « ni génie ni artiste, mais le frère des deux, ou d'un pour le moins », et disait sa gratitude envers eux deux pour « m'avoir enseigné beaucoup et déraciné bien des maux » [51]. (Charlie était un autre grand buveur de la famille.) Le moins qu'il pût faire, estimait Charlie, était de révéler à Stanislaus le sort des quinze shillings qu'il avait envoyés de Trieste :

> « Pappie est rentré saoul cette nuit. Je sais que ce doit être dur à entendre ; mais bien que je te le dise, ce n'est pas chose facile. Pour que tu voies que les putains qui peuvent se permettre de te déconsidérer et qui souhaitent te botter le cul peuvent aussi se permettre de boire ton maigre argent. J'espère sincèrement me trouver là un jour où ces messieurs s'amuseront à tes dépens et ceux de Jim [52]. »

Charlie, si pauvre qu'il n'avait même pas de bretelles (« Je porte une cravate en guise de ceinture — pour retenir mes pantalons »), sympathisait avec ses deux malheureux frères installés à Trieste. Ils n'étaient pas responsables de tous leurs problèmes.

L'École Berlitz commençait à faire eau de toutes parts. Le directeur avait disparu, et l'un au moins des emplois des deux frères était menacé, car il n'y avait apparemment pas assez de travail pour deux enseignants d'anglais. L'administration de l'école envisagea même un moment d'envoyer Stanislaus à Pola. « Il est douloureux de

---

* *Je* en anglais, s'écrit uniquement en lettre majuscule. (N.d.T.)

songer que Jim, ou toi, ou vous deux, deviez souffrir de la faim dans un pays étranger si lointain, écrivit Charles. Les Joyce semblent condamnés à vivre et mourir dans l'insécurité[53]. »

La nouvelle des difficultés dans lesquelles se débattait Joyce parvint à son vieil ami Gogarty. Chirurgien déjà riche et considéré en 1906, Gogarty lui écrivit du Waldorf Astoria, à New York, pour lui suggérer de venir en Amérique où, affirmait Gogarty, il ne pouvait manquer de s'enrichir rapidement. Joyce refusa (comme il s'obstina toute sa vie à le faire) d'envisager l'Amérique. Par contre, il repéra une petite annonce dans un journal de Rome, qui recherchait des jeunes gens parlant couramment des langues étrangères pour travailler dans une banque.

Farouchement déterminé à terminer son roman, Joyce prit une décision radicale. Il allait emmener Nora et le bébé à Rome. Là, gagnant deux fois plus d'argent pour moins de travail, il achèverait son livre sur l'éclosion d'un artiste (lui-même). Il ne prit même pas la peine de se renseigner pour connaître les horaires de travail pratiqués à Rome.

Nora et Joyce firent donc leurs bagages, abandonnant Stanislaus, sept mois après l'avoir imploré de venir vivre auprès d'eux, seul dans une ville étrangère. Ils laissaient également derrière eux quantité de dettes — auprès du boulanger, du tailleur, et même de Francini, leur logeur. Joyce donna à Stanislaus des instructions fort détaillées sur la manière de faire face à ces divers créanciers, et lui promit, si tout allait bien à Rome, de l'y faire venir aussi.

CHAPITRE 5

La Madone et l'Enfant

Toute sa vie Joyce trouva des excuses pour transplanter sa maisonnée — des excuses embrouillées, souvent contradictoires, mais rarement les vraies raisons. Nora apprit à hausser les épaules et s'accommoder de chaque nouveau déménagement. Rien ne pouvait plus arrêter Joyce dès lors qu'il avait décidé quelque chose.

Avec le recul, il apparaît que Joyce avait besoin de partir pour Rome afin de s'éclaircir les idées. Son roman autobiographique, *Stephen le Héros*, arrivait à mille pages, et lui échappait complètement. *Gens de Dublin* n'avait finalement pas été publié, et il avait des idées pour l'améliorer ; il était mécontent de ses charmants poèmes, et savait désormais qu'il n'était pas un vrai poète. Rome constitua une période d'incubation, d'où émergea sa grande œuvre des sept années suivantes, et d'où il tira de Nora certaines de ses plus puissantes contributions. Ce fut également la période de leur vie où se cimenta leur union. Respectivement âgés de vingt-deux et vingt-quatre ans, coupés de tous sauf l'un de l'autre, ils apprirent chacun à tolérer les différences de tempérament de l'autre, à jouir de leur enfant, et à vivre en Italiens. Mais cela ne les empêcha pas de détester chaque instant de leur vie là-bas.

A Rome, ils ne se firent pas de vrais amis. Les monuments les ennuyaient ; Joyce disait que, pour lui, Rome était quelqu'un qui gagnait sa vie en exhibant le cadavre de sa grand-mère. Ils n'aimaient même pas le vin. L'horaire de Joyce à la banque — bien plus long qu'il n'avait imaginé, de huit heures et demie du matin à sept heures et demie du soir — annulait complètement la raison de leur venue à Rome, et ils n'avaient toujours pas d'argent. Comme Joyce n'était payé qu'à la fin du mois, ils furent endettés dès le début, et ne parvinrent jamais à compenser les frais supplémentaires qu'avaient occasionnés le voyage et leur installation.

Jamais, depuis l'hôtel *Finn's*, Nora ne s'était sentie aussi seule. Joyce partait le matin à sept heures, pour pouvoir lire dans un café jusqu'à l'ouverture de la banque. Elle restait enfermée, allaitant toujours Giorgio, à la limite de la réclusion solitaire. Les seules pauses de sa journée furent tout d'abord les deux heures consacrées au déjeuner dans la société romaine, lorsqu'elle emmenait Giorgio retrouver Joyce dans un café, et puis à cinq heures, après la sieste de l'enfant, quand elle l'emmenait dans un bar, pour prendre le café seule.

Rome avait cependant quelques séductions compensatrices. Les Romains adorent les enfants, et Giorgio était couvert de menus cadeaux, fruits, biscuits, lorsqu'il trônait sur sa chaise haute dans les restaurants, battant joyeusement des mains à l'arrivée de chaque plat. Et puis Rome leur offrait aussi beaucoup de musique. Sur les épaules de son père, Giorgio assistait à des concerts de fanfare en plein air sur la Piazza Colonna ; il accompagna même ses parents à l'Opéra. (Les Joyce furent absolument furieux que le public enjoigne à leur fils de se taire.) Enfin, il y avait ce nouveau plaisir : le cinéma.

Le guide Baedeker recommandait aux voyageurs de chercher à se loger dans « le quartier des étrangers », entre la via del Corso et celle du Tritone, et Joyce avait déniché une chambre dans la via Frattina, petite rue sans prétention, à proximité de l'Escalier d'Espagne[1]. La banque où travaillait Joyce, à l'angle de la Piazza Colonna, était aisément accessible à pied, de même que neuf salles de cinéma.

Pendant les longues heures vides, Nora prit le pli d'emmener Giorgio dans les salles obscures pour voir des films, suivant la mode qui faisait rage en Italie et en France. Les thèmes en étaient chers au cœur de Nora — fuites d'amoureux, briseuses de ménages, larmes, vengeances d'amants ; le grand succès de l'année était *Cavalleria Infernale*, avec l'École d'équitation de Rome pour toile de fond[2]. Pour vingt *centesimi*, Nora se laissait aller aux rêveries de l'épouse solitaire.

Elle ressassait aussi ses souvenirs de Galway. Lorsque Joyce l'emmena voir la tombe de Shelley, Nora réagit par toute une succession d'associations morbides et romantiques qui émurent profondément Joyce. Il les nota par la suite pour les utiliser dans *Les Exilés*, cette pièce très autobiographique où il se mettait en scène sous le nom de Richard ; Rahoon est le nom du cimetière situé à la périphérie de Galway.

« Rome, c'est le monde étranger et la vie étrangère vers lesquels Richard l'amène. Rahoon, ce sont les siens. Elle pleure sur Rahoon aussi, sur celui que son amour à elle a tué, le garçon brun que, comme la terre, elle étreint dans la mort et la désintégration. Il est sa vie enfouie, son passé...[3] »

Que Joyce, quand il écrivit la pièce, ait choisi Rome pour représenter leurs nombreux lieux d'exil, montre bien comme la Ville éternelle, plus que tout autre, leur avait donné le sentiment d'être des étrangers.

Joyce lui-même était hanté par des visions de l'Irlande. Il rêvait d'œufs au bacon pour le petit déjeuner. Il rêvait de suspendre les lois du temps et de l'espace pour pouvoir atterrir au cœur de Dublin, fût-ce pour une heure seulement. Il regrettait même qu'il n'y eût point un club irlandais, où Nora et lui-même auraient pu retrouver leurs compatriotes, dont il était certain que beaucoup résidaient à Rome.

Le grand moment de la journée de Nora était, chaque matin, l'arrivée du courrier. Il y avait des lettres de Trieste, des lettres d'Irlande et, attendus avec impatience, les journaux irlandais. Un jour, Nora y découvrit une nouvelle de prix à annoncer à Joyce à l'heure du déjeuner et, courant le rejoindre, elle tomba sur lui dans la rue. « Devine la nouvelle, devine qui s'est marié ? » lui cria-t-elle en brandissant le journal. C'était Gogarty : il avait épousé Martha Duane, appartenant à une riche famille de propriétaires terriens à Galway. Cette nouvelle raviva la conscience de leur propre situation, creusant davantage encore le gouffre qui séparait Joyce de Gogarty. « Je suppose qu'il n'oserait pas me présenter à sa femme », écrivit Joyce à son frère. Plus tard, découvrant que Gogarty avait publié deux chroniques dans un journal pendant sa lune de miel, Joyce plaisanta sur le fait que la jeune Mrs. Gogarty ne devait pas être d'une compagnie bien « amusante » — comme si lui-même avait passé sa lune de miel à faire visiter Zurich à Nora, plutôt qu'à écrire son roman.

Nora et lui s'enfonçaient de plus en plus dans les dettes. Ils se tournèrent donc vers la source de secours la plus évidente. Nora participa à la corvée de rédaction des lettres implorantes à Stannie[4]. C'était là une forme d'assistance bizarre, car Stanislaus dut leur télégraphier l'argent — et l'envoi de quarante lires en coûtait huit. Stanislaus, qui se débattait encore dans les dettes laissées par son frère, reçut de nouvelles instructions à l'intention des créanciers : leur dire que Joyce était parti en Écosse. Comme Stanislaus aimait beaucoup Giorgio (ce qui expliquait en partie pourquoi il continuait à aider son frère prodigue), Nora le tenait au courant des progrès de l'enfant :

> « Il sait très bien courir partout il sait dire des tas de choses il a bon appétit il a huit dents et chante aussi quand on lui demande où est Stannie il se frappe la poitrine et dit non c'è più [5]. »

Ce sont ces phrases de Nora intercalées dans une longue lettre de Joyce qui amena ce dernier à proférer sa fameuse déclaration sur l'indifférence des femmes à la ponctuation.

Giorgio, comme l'indiquait le petit mot de Nora, apprenait l'italien en première langue. Il savait dire « *Addio* » et « *Appetito* » ; il réclamait « *Abba* » pour « *A braccia* » (« Dans les bras ») et « *Ata !* » pour « *A terra !* » (« Par terre »), deux expressions qu'il employait toujours, observa Joyce, coup sur coup. Giorgio s'exclamait volontiers « *O Gesu Mio* » et « *Brutto, brutto !* », ce qui amusait ses parents et compensait les moments de contrariété qu'il leur causait en dérangeant leurs papiers et en cachant leurs chaussures ou leurs brosses à cheveux.

L'une des raisons pour lesquelles ils se trouvaient toujours à court d'argent, c'était leur appétit : ils avaient toujours faim, et Giorgio mangeait comme un adulte. Joyce lui-même, curieusement, ne pensait qu'à la nourriture. Quant à Nora, qui allaitait encore et que son mari taquinait pour son corps de gamine, elle ne se retenait guère. Le dîner habituel de Nora, proclama Joyce à son frère, se composait de deux tranches de rôti, de deux boulettes de viande, d'une tomate farcie au riz, de salade et d'un demi-litre de vin. Parfois, poursuivait Joyce, ils se partageaient un poulet grillé à deux, plus une assiettée de jambon, et ils avaient encore faim en se couchant. A la fin de ce récital, il priait Stanislaus de lui envoyer cinquante lires, car ils allaient bientôt se trouver à court [6].

Le 8 octobre, la petite famille partit à la campagne pour célébrer ce que Joyce appelait, enchanté de Nora et de leur enfant, « l'anniversaire de mes épousailles et de la plénitude de la joie de mon cœur ». Il énuméra pour le bénéfice de Stanislaus « la liste complète et exacte de ce que nous avons mangé » :

« 10 h 30   Jambon, pain et beurre, café.

13 h 30   Potage, agneau rôti et pommes de terre, pain, vin

16 h   Bœuf miroton, pain et vin

18 h   Rôti de veau, pain, gorgonzola et vin

20 h 30   Rôti de veau, pain, raisin et vermouth

21 h 30   Côtelettes de veau, pain, salade, raisin et vin[7] »

Il craignait que son salaire ne leur permît pas de passer l'hiver. Tenaillé par la nostalgie de la cuisine irlandaise, il enseigna à la femme qui cuisinait pour eux comment préparer des tripes en sauce blanche avec des oignons.

Il leur fallait aussi de l'argent pour s'habiller, surtout Nora. Joyce, qui complétait leurs ressources en donnant des cours de langues à une lire de l'heure (gaspillant ainsi le peu de temps libre qu'il aurait dû consacrer à l'écriture), dépensa vingt-huit lires pour acheter à Nora une jupe, deux chemisiers, et deux peignes. Bien que son pantalon à lui fût tellement usé dans le dos qu'il n'osait pas quitter son pardessus à la banque et le gardait toute la journée, il ne s'acheta qu'une chemise et un chapeau.

Au bout de deux mois, ils décidèrent qu'il leur fallait absolument faire des économies. Ils prendraient désormais leurs repas à la maison. Joyce donna à Nora cinquante lires, en lui recommandant de les faire durer deux semaines. Mais en deux jours elle en avait déjà dépensé la moitié, simplement pour acheter les produits de base comme de l'huile, des bougies, du charbon, du café et du sucre. Joyce ne la gronda pas ; il comprenait la logique de l'investissement :

« Je crois que nous sommes enfin dans la bonne voie. La seule chose dangereuse dans ce projet, c'est que si je ne peux pas avoir d'élèves avant la fin du mois, nous n'avons personne susceptible de nous faire crédit. Mais je préfère courir ce risque-là car je suis décidé à économiser de l'argent[8]. »

Il disait à Stanislaus qu'il ne vivait que de soupe afin d'économiser, mais ajoutait (comme s'il avait senti qu'il présumait trop du sens des responsabilités de son frère) que Nora et Giorgio étaient convenablement nourris. Stanislaus, en tout cas, n'aurait guère pu reprocher à son frère de rester oisif : un petit mot de Nora suppliait Stannie de « dire à Jim de ne pas faire tant de choses parce qu'il n'a plus une minute à lui »[9].

Le 2 décembre, ils vécurent une expérience familière : l'expulsion. La propriétaire, qui leur avait donné congé trois semaines auparavant, décréta qu'ils ne passeraient pas une nuit de plus via Frattina. Comme Joyce avait encore trois heures de cours particuliers après sa journée de travail à la banque, Nora mit son chapeau, et emmena Giorgio passer deux heures au cinéma avant de s'attabler dans un restaurant pour attendre la fin des cours de Jim. Ils entreprirent alors une tournée de la ville pour trouver un endroit où passer la nuit — « comme la Sainte Famille », dit Joyce. Contrairement à la Sainte Famille, toutefois, ils commencèrent par faire un dîner copieux, puis entreprirent leurs recherches en voiture de louage. (La voiture était nécessaire, pour protéger le chapeau de Nora.) Au troisième hôtel qu'ils essayèrent, on les accepta ; et ils y passèrent quatre nuits, qui leur coûtèrent plus de la moitié d'un mois de loyer.

Pendant la journée, Nora allait de maison en maison avec son enfant dans les bras, lourd et agité, elle montait et descendait des escaliers sans fin, en quête d'un nouveau logis. Elle découvrit ainsi que les Romains, qui appréciaient tant les enfants des autres au restaurant, ne les appréciaient guère comme locataires. Après un échec particulièrement amer, Nora entra dans une telle colère qu'elle écrivit à Joyce une lettre agressive et fort peu grammaticale, qu'elle lui adressa à sa banque, et cela l'amusa tellement qu'il l'envoya à Stannie.

Leurs recherches finirent par aboutir dans la via Monte Brianzo, parallèle au Tibre, où ils trouvèrent une chambre au dernier étage, avec accès à une cuisine. (Ils avaient mis au point un compromis, dans leurs efforts d'économie : ils déjeunaient chez eux et se passaient de vin, mais le soir ils allaient dîner dans une trattoria et passer une bonne soirée.) Leur nouveau logis était d'un confort spartiate : par terre, un dallage, et pour tout meuble une commode, une table et un lit. Et dans ce lit, comme Joyce prit la peine de le préciser à Stanislaus, ils dormaient tête-bêche et tournés dans des directions opposées. Dans *Ulysse*, Molly Bloom, dont le mari exige également cette posture peu orthodoxe pour dormir, a beaucoup à dire sur la question.

En décembre, ils s'apprêtèrent à passer un Noël sinistre, sans amis, sans piano et sans argent. Nora, dans l'attente de certains paiements qui n'eurent finalement pas lieu, eut recours à ses anciennes méthodes et paya quelques factures. « Demain, nous dînons de pasta, annonça Joyce à son frère sur une carte de Noël. Je suppose que tu ne pourrais pas soulager un peu toute cette souffrance[10] ? »

De leur faim et de leurs nostalgies naquit la table de Noël si lourdement chargée des « Morts ». C'est à Rome que Joyce conçut l'idée de cette nouvelle, inspirée en partie par la rêverie de Nora, par l'atmosphère funèbre de la ville, et par le sentiment d'être exclu de la vie romaine. Après avoir achevé *Gens de Dublin,* où il dépeignait la laideur de la vie dans sa ville natale, il lui sembla qu'il s'était montré injuste envers la généreuse tradition d'hospitalité de Dublin. Quelques mois plus tard, donc, lorsqu'il décida d'y ajouter « Les Morts » — la dernière, la plus longue et la plus importante des nouvelles contenues dans ce volume —, sa description d'un buffet de repas de Noël à Dublin était presque pornographique, dans sa vision de plaisir pur :

« Une oie grasse et brune gisait à l'un des bouts de la table et à l'autre, sur un lit de papier froissé parsemé de persil, reposait un énorme jambon dépouillé de sa première enveloppe et saupoudré de panure ; une ruche de papier entourait soigneusement le trumeau, à côté il y avait une rouelle de bœuf épicé. D'un bout à l'autre de la table, entre ces deux pièces de résistance, s'alignaient, parallèles, des rangées de plats : deux petites cathédrales en gelée rouge et jaune, un plat creux rempli de blocs de blanc-manger et de confiture rouge, un plat représentant une large feuille verte dont la tige figurait le manche sur lequel étaient disposées des grappes de raisins secs et des amandes émondées, un autre plat semblable contenant un rectangle compact de figues de Smyrne, un compotier de crème cuite, saupoudrée de muscade, une petite coupe pleine de chocolats et de bonbons enveloppés de papier d'argent et doré et un vase de cristal où plongeaient de longues tiges de céleri. »

Joyce n'était certes pas le seul membre de la famille à pouvoir décrire un repas de Noël ou évoquer, avec les échos poignants de la Grande Famine, l'horreur d'une fête de Noël gâchée. Le vieux John Joyce était un maître incontesté dans cet art. En ce même mois de Noël 1906, il demanda à chacun de ses fils en exil s'ils pourraient peut-être se priver d'une livre sterling à son profit ? Ils obtempérèrent. (Joyce emprunta la somme à Stanislaus, mais exigea qu'elle passât par Rome, afin qu'il en eût lui-même le crédit.) Le père se montra éloquent dans son humble gratitude. Grâce à ses garçons, leur dit-il dans ses remerciements, « ce qui semblait devoir être du hareng rouge le samedi devint Dinde et Jambon, Oie et Bacon, Plum Pudding, etc. et punch[11] ».

En fin de compte, les fêtes de fin d'année des Joyce ne furent point si sombres qu'ils l'avaient craint. Pour le réveillon du nouvel an, ils invitèrent un professeur gallois à dîner chez eux, avec sa petite amie (Joyce détestait passer seul la nuit du nouvel an) ; la jeune femme, qui était manucure, les invita en retour à déjeuner dans son bel appartement le lendemain, jour de l'an, et elle les divertit en leur racontant qu'elle avait fait les mains du roi Édouard VII d'Angleterre[12].

Nora, qui aimait toujours faire des cadeaux, se débrouilla pour pouvoir offrir quelque chose à la domestique de l'étage au-dessous. Nora et elle s'étaient liées d'amitié, et cette femme lui racontait ses querelles avec sa patronne.

Si Joyce avait espéré que la méthode de couchage tête-bêche serait contraceptive, il était trop tard. Au nouvel an, Nora s'aperçut qu'elle était à nouveau enceinte. Elle avait le moral au plus bas. Elle avait sevré Giorgio ; et Joyce ne semblait s'intéresser qu'à écrire, et aux nouvelles qu'il recevait de Dublin. Il passait l'essentiel de son temps dehors : il consacrait ses soirées à enseigner, à étudier à la bibliothèque Vittorio Emmanuele, ou à boire. Elle s'inquiétait à son sujet :

« Cher Stannie Jim a posté une lettre aujourd'hui il n'a pas eu le temps de la finir. Il est à la banque jusqu'à sept heures et demie il n'a qu'une demi-heure pour dîner des cours à huit heures il n'a jamais le temps de rien manger comme il faudrait il se bourre à la hâte il devrait abandonner l'école cela n'en vaut pas la peine. Georgie est si terriblement attaché à Jim...

Nora[13]. »

Dans sa solitude, elle se cramponnait à Giorgio. Des passages des *Exilés* suggèrent qu'elle emmenait Giorgio sur le toit de leur immeuble de la via Monte Brianzo pour contempler le dôme de Saint-Pierre et les toits et terrasses de Rome[14]. Elle tissa pendant cette période un lien très étroit avec Giorgio, une dépendance que jamais elle ni lui ne purent ensuite relâcher.

Joyce ne voulut jamais admettre aucun sentiment de rivalité avec son fils. Il idéalisait son père, et il idéalisait son fils. A la mort du vieux John Joyce, en 1931, Joyce écrivit : « Je l'aimais beaucoup, étant moi-même pécheur, et j'aimais même ses défauts. Des centaines de pages et des quantités de personnages de mes livres sont issus de lui[15]. » D'après Richard Ellmann, Joyce contestait la théorie freudienne sur le complexe d'Œdipe, « probablement parce qu'il en trouvait fort peu de traces en lui-même »[16].

Joyce reconnaissait toutefois qu'il était moins proche de l'enfant que Nora, et se sentait exclu de leur intimité. Il remarquait que Giorgio ne le laissait pas parler avec Nora. Il rapporta à Stanislaus la scène suivante : « Un jeune homme dont le nez coule est assis devant la petite table ; sur le lit sont assis une madone et un enfant plaintif[17]. » Il ajoute :

> « Georgie est certainement la chose la plus réussie qui ait quelque rapport avec moi. Mais il est seulement mien pour une toute petite partie. Je crois pourtant qu'il m'aime bien. Quand je rentre manger il traîne la chaise et dit " *Se* " (*sede*)[18] .»

Joyce observait plus aisément les effets de la solitude sur Nora. Dans *Les Exilés*, Berthe, qui personnifie Nora (c'est-à-dire la jeune concubine rousse de Richard, l'arrogant écrivain irlandais), dit :

> « Grand Dieu ! que j'ai souffert... lorsque nous vivions à Rome. ... c'est là que je m'asseyais, à attendre, avec le pauvre petit et ses jouets, à attendre qu'il ait sommeil. On voyait tous les toits de la ville, et la rivière, le Tevere... c'était beau, Dick, mais j'étais si désolée. J'étais seule, Dick, oubliée de vous et de tous[19]. »

Joyce craignait, en plongeant Nora, âgée de seulement vingt-deux ans, dans un environnement aussi étranger, de l'avoir désorientée et d'avoir détruit sa spontanéité. Elle constituait son Irlande portative, et pourtant il avait sacrifié sa spécificité irlandaise aux besoins de son art. Dans *Les Exilés*, Richard, rentré en Irlande, reçoit les compliments de son ami Robert, pour avoir réalisé un miracle en la personne de Berthe :

> « ROBERT : C'est vous qui en avez fait ce qu'elle est : un être rare et merveilleux.
> RICHARD (*sombre*) : Ou bien peut-être l'ai-je tuée.
> ROBERT : Tuée ?
> RICHARD : La virginité de son âme[20]. »

Dans la vie comme dans sa pièce, Joyce ne semblait pas percevoir que la maternité avait également transformé l'âme de Nora. Il avait en un sens perdu Nora à jamais, non point au profit des morts, mais des vivants ; le rival qu'il ne pouvait vaincre était précisément son fils.

Dans l'effort de reconquérir Joyce, Nora se donnait plus de mal que jamais pour se maintenir au niveau de ses intérêts intellectuels. Elle lut deux fois *Hedda Gabler* (pour l'oublier aussitôt, écrivit Joyce à son frère). Elle lui fit davantage de plaisir en exprimant son mépris pour un nouveau livre publié à Dublin, un recueil de nouvelles sur l'Irlande rurale romantique, dont l'auteur était une ancienne connaissance de Joyce à l'University College. Nora ne voyait dans ces nouvelles que des bêtises insipides [21]. Ses idées sur la sombre réalité de la vie irlandaise coïncidaient tout à fait avec celles de Joyce.

Dans une lettre à Stanislaus pleine de fougue, Joyce énonça son credo artistique, avertissant que, quand il en viendrait à écrire sur l'amour entre hommes et femmes, il écrirait ce qu'il savait et non des

> « balivernes mensongères sur des hommes et des femmes purs, l'amour spirituel et l'amour éternel : mensonges criants vu la vérité. Je ne sais pas grand-chose sur le côté " sâince " du sujet, mais je suppose qu'il y a très peu de mortels en Europe exempts du danger de se réveiller un matin syphilitiques [22]. »

A la mi-février, ne supportant plus leur chambre, Nora sortit et en dénicha une meilleure sur le Corso. Elle était désormais capable de défendre ses intérêts en langue italienne. Un jour que Joyce lui avait donné une pièce d'or pour aller l'échanger, sa propriétaire l'arrêta sur le chemin de la poste pour lui dire que c'était une fausse pièce. Il lui fallut faire deux voyages jusqu'à la poste, mais Nora parvint à leur faire accepter la pièce.

Admettant l'idée que la chambre du Corso pût donner quelque satisfaction à Nora, Joyce donna congé à leur propriétaire de Monte Brianzo. Puis, changeant d'avis, il préféra démissionner de la banque : il voulait quitter Rome. Malheureusement, la propriétaire de la chambre du Corso, tenant à percevoir l'argent du loyer, pourchassa le couple dans un restaurant et leur fit une scène qu'on imagine aisément. Joyce dut en fin de compte payer ses deux propriétaires. (Plus tard, déclarant que chaque nation s'identifiait à l'un des sept péchés capitaux, Joyce attribua à l'Italie l'Avarice.) Il était tenté d'emmener sa petite famille à Marseille. Il savait, disait-il, que Stanislaus ne souhaitait que le voir rester à la banque, et avoir dans vingt ans une carrière, un appartement, une bonne, des enfants à l'école, un compte en banque. Mais cette vie lui donnerait aussi « une grande peur de tout ce qui est en moi ». Il préférait donc quitter Rome pour une destination inconnue. Stanislaus pouvait imaginer ce qui le guettait. Il reçut un télégramme : « Arrivons huit trouve chambre. »

Ils arrivèrent. En voyant Nora, Joyce et Giorgio sur le quai de la gare à Trieste, avec pour toute fortune une lire, il comprit la vérité de cette phrase, dans une lettre suppliante qu'il avait reçue quelques semaines auparavant : « Souviens-toi que nous sommes actuellement trois. Et je suppose que ce sera pire quand nous serons quatre... »

De même que deux ans plus tôt, Nora dut passer les derniers mois de sa grossesse dans la chaleur de l'été triestin. Pendant l'été de 1907, alors que le bébé devait naître en juillet et qu'elle passait ses journées à courir après Giorgio, Joyce tomba malade et il fallut le conduire à l'hôpital, pour un rhumatisme articulaire aigu.

Depuis leur retour à Trieste, ils avaient reçu un certain nombre de bonnes nouvelles. Joyce était parvenu à obtenir sa réintégration partielle à l'École Berlitz. Il avait également rehaussé son prestige local en donnant quelques conférences sur l'Irlande : son public voyait aisément le parallèle entre la lutte de l'Irlande pour se libérer du joug anglais, et celle de l'Italie pour se dégager de l'Autriche. Ses causeries furent publiées sous forme d'articles dans l'excellent journal de la ville, *Il Piccolo della Sera*. Mieux encore, *Musique de chambre*, recueil de trente-six poèmes, était enfin paru. Il n'en avait pas tiré un sou, mais les critiques étaient favorables, et c'était un vrai livre. Même si *Gens de Dublin* restait en mauvaise posture, Joyce devenait enfin un auteur publié.

Nora écrivit à tante Josephine pour l'informer de la maladie de Joyce, et tante Josephine écrivit directement à Jim sur son lit d'hôpital.

« 4 juin 1907

Mon pauvre Jim

La lettre de Nora a confirmé mes pires craintes quelle terrible maladie... comme je voudrais pouvoir te soigner (sans vouloir offenser Nora) pauvre petite comme ce doit être dur pour elle de te voir souffrir... C'est magnifique que ton petit garçon soit si fort et si gentil tu dois bien lui manquer je me demande comment il réagira (?) à son rival je regrette que Nora ne soit pas encore à terme (?) mais elle sera magnifique cette fois... [23] »

La mission de Jim dans la vie, tante Jo en était loyalement convaincue, consistait à écrire, et elle s'affligeait de tous les obstacles qui encombraient sa voie.

Comment Nora parvint jusqu'à l'Ospedale Civico de Trieste le 26 juillet — ils habitaient de nouveau via San Nicolò, juste au-dessus de l'école — on l'ignore. Elle raconta par la suite que l'enfant était née « presque dans la rue ». Cette naissance eut lieu la veille de l'anniversaire de Giorgio, de sorte que la fin de juillet fut, pendant des années, une période de festivités familiales. Joyce apprit la nouvelle dans un autre quartier de l'hôpital et fut enchanté de pouvoir attribuer le prénom qu'il tenait depuis deux ans en réserve : Lucia, sainte patronne de la lumière. A Lucia s'ajouta Anna, pour Annie Healy, et l'enfant fut enregistrée à l'état civil comme Anna Lucia, inversion de l'ordre souhaité qui dura des années. Lorsque Nora rentra chez elle avec l'enfant (dans une chambre où l'on n'accédait qu'en passant par celle de Stanislaus), l'hôpital lui donna vingt couronnes, allocation remise à toute femme qui accouchait dans une institution gratuite. De Dublin, tante Josephine écrivit une lettre enthousiaste.

« Mille vœux de bienvenue à la petite demoiselle qui a ouvert les yeux à Trieste. Je suis sûre qu'elle vous apportera à Nora et toi toutes sortes de bonnes chances (qui... vous ont un peu négligés ces derniers temps) [24]. »

Lorsque Nora vit sa fille, elle dut avoir le souffle coupé. L'enfant, bien formée par ailleurs, avait un défaut à l'œil comme Peg, la sœur de Nora. Peg, l'une des deux jumelles nées en 1889, en était si malheureuse qu'elle courait toujours se cacher pour que les gens ne la voient pas [25]. Le défaut était plus léger chez Lucia, mais tout de même plus prononcé que celui de Nora. Nora et Joyce accordaient une grande importance aux imperfections physiques chez une fille — qui risquaient de diminuer ses chances en amour — et Lucia Joyce elle-même allait par la suite devenir obsédée par ce défaut à l'œil [26].

Le reste de la famille, à Dublin, n'aimait guère le nom de la petite fille. Ils ne savaient pas trop comment le prononcer. (Les Joyce employaient toujours la forme italienne — Lou-chiia.) Poppie demanda : « Qu'est-ce qui a bien pu vous amener à la nommer ainsi ? Pappie veut savoir si vous étiez en état de démence quand vous avez pris cette décision [27]. » En vraie sœur aînée, Poppie prit aussi l'initiative d'inciter Joyce à cesser de déménager.

La nouvelle de la maladie de Joyce était également parvenue à Vienne, où travaillait Gogarty. Gogarty lui envoya une lettre condescendante d'homme de l'art, disant : « Je regrette que tu n'aies pas passé plus de temps au lit pour combattre cette crise de rhumatisme articulaire ; il faut au moins six mois pour assurer la sécurité des valves cardiaques. » Il joignit à sa lettre une livre sterling pour l'aider, ainsi qu'une invitation à le rejoindre à Vienne tous frais payés. Comme la femme de Gogarty était restée à Dublin, pour mettre au monde un enfant de dix livres, il aurait fort apprécié la compagnie d'un vieil ami littéraire.

Malgré ce second enfant, Joyce démissionna brusquement de l'École Berlitz à l'automne 1907, à cause d'un changement de direction et de l'interdiction de donner des cours particuliers. Il envisagea diverses orientations : vendre des tweeds irlandais à Trieste, émigrer en Afrique du Sud, enseigner à Florence, obtenir une chaire de professeur à son ancienne université à Dublin (le sujet des *Exilés*), devenir chanteur — mais il finit par opter pour une carrière de professeur particulier auprès des Triestins, si polis et hautains, qui paraissaient tout disposés à l'aider de leurs influences et de prêts occasionnels. Il était très apprécié, et ses étudiantes restaient vulnérables à sa courtoisie ambiguë, si différente du machisme local, même si elles lui trouvaient parfois une insolence déplaisante. Un soir, Joyce se joignit à quelques-uns de ses étudiants, après le cours, pour aller de café en café. Il invita l'une des jeunes filles à danser. Tandis qu'il dansait avec elle — « légèrement et galamment », se souvint-elle — une rose qui ornait sa robe tomba par terre. Joyce la ramassa et la lui rendit, en disant : « Il semble que je vous aie déflorée [28]. »

Mais il n'était pas le bienvenu partout, car il commençait à avoir une terrible réputation d'*ubriacone* (ivrogne).

Ainsi, une jeune fille de bonne famille souhaitait prendre des cours d'anglais avec lui, mais son père refusa de lui laisser approcher « cet ivrogne » [29]. Une autre rapporta par la suite qu'il était arrivé complètement ivre pour donner son cours, qu'elle prenait chez une amie, et qu'il s'était affalé sur le dallage en marbre. L'amie, amoureuse du « *professore d'inglese* », se pencha pour lui essuyer le visage, mais sa mère horrifiée la retint. Et Joyce parut si content de lui quand il reprit ses sens, qu'on le soupçonna de l'avoir fait exprès [30].

Bien des gens se divertissaient de l'ivresse de Joyce, surtout quand elle se limitait aux heures mondaines de la soirée.

Stanislaus, par contre, n'appréciait guère le comportement de Joyce. Ni Nora non plus, jamais. « Oui, va donc te saouler, maintenant. Tu n'es bon à rien d'autre. Cosgrave me le disait bien, que tu étais fou. Confiance, je te le dis, hurla-t-elle, lâchant la pire menace, je ferai baptiser les enfants dès demain[31]. » Mais elle n'en fit rien. Les enfants Joyce ne furent pas baptisés. De même que leur père, ils étaient inscrits sur les registres officiels comme *senza confessione*.

Les nouvelles d'Irlande ne faisaient assurément rien pour leur remonter le moral. Les lettres de Dublin entretenaient une atmosphère de désolation continuelle. Eileen avait raté l'examen pour entrer au Telephone Office ; Charlie cherchait un moyen d'aller en Amérique, et voulait toujours le vieux complet de Stanislaus. Le monde de Dublin était rigoureusement tel que le décrivait Joyce dans *Gens de Dublin*. Les riches s'enrichissaient ; Gogarty fonçait dans les rues avec son automobile. Quant aux autres, les emplois étaient rares, les employeurs inflexibles, le moindre écart sexuel impitoyablement sanctionné, et les pères plus irresponsables que jamais — surtout celui des Joyce : John Joyce était très en retard pour le paiement du loyer de leur nouvelle maison. Il suppliait ses fils de faire venir Charlie à Trieste. May, coincée derrière un bureau pour cinq shillings par semaine, demandait : « Allons-nous rester toute notre vie aussi pauvres que maintenant ? C'est tout simplement affreux, cet éternel manque d'argent. » Plus tard, elle déclara : « C'est un terrible bon à rien, mon Pappie[32]. »

À l'approche de Noël, John Joyce se trouvait en aussi mauvaise posture que les années précédentes, mais il entama sa campagne de levées de fonds un peu plus tôt, dès le 14 décembre : « Nous voici maintenant sans le sou pour la quinzaine à venir pourriez-vous envoyer une livre ou deux ? Inutile de vous rappeler j'imagine que je ne vous ai *jamais* refusé à l'un ni à l'autre *quand j'avais de l'argent*. » C'était le dernier Noël où il les tourmentait, disait-il, car il allait entrer à l'hôpital et était bien sûr de n'en sortir que « les pieds devant ». Il signa : « Joyeux Noël de votre Père aimant »… et vécut encore vingt-quatre ans[33].

Stanislaus parvenait apparemment à rester sobre et responsable et, semble-t-il même, chaste. Il n'en allait pas de même pour Charlie. On reçut bientôt à Trieste de mauvaises nouvelles de Dublin : Charlie avait mis une jeune fille dans une situation délicate. Que faire ? Tante Josephine, comme on pouvait s'y attendre, n'exprima aucun avis scandalisé. L'important, confia-t-elle à Nora, Jim et Stannie, c'était de « cacher la vérité à ceux qui ne savent pas »[34].

Charlie partageait cet avis, et il n'en parla qu'à Cosgrave — lequel lui donna un conseil très pertinent. S'il fallait choisir, dit-il, entre la prison et le mariage, eh bien qu'il se marie[35].

Charlie fut ravi de suivre ce conseil. Il admirait sa jeune épouse. Grande, blonde, et âgée de vingt ans, elle n'avait — croyait-il — pas tenté de le prendre au piège. « Elle dit que rien ne lui fait peur, même si la lutte est dure, pourvu que je sois son mari », écrivit-il fièrement à ses frères. Charlie trouva un emploi à Brookline, Massachusetts, et une semaine après les noces, sa femme et lui faisaient voile vers l'Amérique. John Joyce prit un grand plaisir à décrire la scène à ses fils aînés :

> « La " foule habituelle " est venue lui dire adieu. Il y eut les larmes classiques, vraies ou feintes... Et Jim serait heureux de savoir que votre ami Cosgrave a toujours ce goût charmant, mais indéniable, pour une pinte et même en nous séparant je m'aperçus qu'il continuait de tendre la lèvre inférieure pour en avoir encore[36]. »

John Joyce se retrouvait désormais seul avec six filles célibataires sur les bras. C'étaient, par ordre d'âge : Poppie (Margaret), Eileen, May, Eva, Florrie et Baby (Mabel). Il trouvait Poppie (qui tenait la maison) insolente et la pressait de réaliser son projet de partir vivre dans un couvent de Nouvelle-Zélande.

Mais Nora avait bien assez de ses propres soucis. Pendant l'été de 1908, elle s'aperçut qu'elle était une fois de plus enceinte. Le 4 août (nous avons la date exacte grâce au journal de Stanislaus) elle fit une fausse couche. Plus tard, Joyce proclama qu'il avait été le seul à regretter « l'existence tronquée » du foetus. Quant à la réaction de Nora, on l'ignore. Joyce et elle n'avaient assurément pas les moyens de nourrir un enfant supplémentaire. Au cours du même mois, Stanislaus notait dans son journal qu'il avait sauvé son frère et toute sa famille de la famine déjà six fois, et qu'il les avait quittés après une dispute au sujet de quatre cents couronnes. (Bien qu'il prît encore ses repas à la table de Nora, Stanislaus ne partagea plus jamais de logement avec eux, à l'exception de quelques mois, à la fin de la Première Guerre mondiale.) Jim et Nora ne pouvaient même pas déménager, car leur propriétaire refusait de laisser partir leurs meubles. Tante Josephine ne faisait pas de mystère de ses opinions quand elle écrivait à Nora. Elle avait appris que Lucia n'était pas une enfant facile :

« Je suis navrée bien sûr d'apprendre votre dangereuse maladie mais ne m'imaginez pas trop inhumaine si je vous dis que je suis contente maintenant que c'est fini parce que vous ne pouvez vraiment pas avoir la force de porter encore un enfant et puis j'imagine que vous êtes déjà bien occupée avec les deux que vous avez et mon pauvre Jim que de soucis il a... Vous devrez faire bien attention aussi surtout (quand vous serez encore enceinte) au moment où vous avez fait cette fausse couche vous serez toujours sujette à la même chose à cette période-là. Giorgio doit être bien mignon à présent et une grande source de plaisir pour son père vous verrez au bout de quelque temps que la petite fillette sera très mignonne... [37] »

Conseil inutile. Nora ne fut plus jamais enceinte.

La pauvreté et le malheur étaient faciles à évoquer dans la correspondance, mais l'amour mûri et l'entente sexuelle presque impossibles. Les années de vaches maigres à Trieste n'étaient pas que misère et désolation. Nora conservait son bon sens et sa vivacité d'esprit, comme le soir où Joyce lui demanda : « Où me retrouveras-tu ? » « Au lit, je suppose », répliqua-t-elle.

Quant à leur pauvreté, elle était comme toujours relative. Une photographie de Nora, avec son fils qui marchait à peine et une autre femme, plus âgée, trapue, dont on ignore l'identité, la montre superbement habillée, et le visage plus plein que dans les années qui suivirent, mais aussi détendue, heureuse et fière de son enfant [38]. Elle a les cheveux relevés en chignon, et arbore un tailleur élégant de couleur claire, au col ample et aux revers allongés, par-dessus un chemisier à col montant orné d'une broche. Giorgio, lui aussi, semble habillé à la dernière mode, avec des bottines montantes en cuir (peut-être achetées à Rome) et un manteau croisé au col doublé tout à fait inhabituel. Leur pauvreté semble s'être surtout exprimée dans le manque d'argent disponible, mais certes pas, grâce aux talents de Joyce, dans l'inaptitude à obtenir des crédits.

La même photographie montre que Nora correspond bien à la description de Berthe par Robert, dans *Les Exilés* : « Une étrange et belle dame », gracieuse, cordiale, distante, avec des traits doux et le sens de l'élégance. (Berthe porte ses gants crème noués au manche de son parasol.) Dans « Les Morts » aussi, l'élégance de Gretta lui vaut l'admiration de son mari, pour la beauté de ses vêtements et la couleur de sa chevelure :

« S'il était peintre, il la peindrait dans cette attitude. Son chapeau de feutre bleu mettrait en valeur le reflet bronzé de ses cheveux sur le fond noir, et les panneaux foncés de sa jupe feraient ressortir les panneaux clairs. »

Joyce trouvait sa femme fort belle et appréciait de voir les autres hommes attirés vers elle.

Parmi ces autres hommes, il y avait Stanislaus. Attiré par Nora, il trouvait son indifférence blessante. Il gardait pour lui ses pensées, ne les confiant qu'à son journal intime [39].

Les autres problèmes de Joyce s'aggravaient. *Gens de Dublin* fut à nouveau refusé ; et il eut une inflammation de l'iris. Les nouvelles de Londres indiquaient clairement que la publication des *Gens de Dublin* était plus éloignée que jamais. On prend la mesure de sa foi en lui-même et de sa force de volonté, en observant que, pendant ces mois d'anarchie furieuse, où son « foyer » — des pièces où vivaient aussi deux bébés, une femme mécontente et un frère plein de rancœur — n'était que vacarme, il refondit *Stephen le Héros* en *Dedalus, Portrait de l'artiste jeune par lui-même*, conçut l'idée d'*Ulysse* et des *Exilés*, et termina « Les Morts ».

En dépit de leur sympathie pour leurs deux premiers petits neveux, les sœurs ne pouvaient toujours pas, trois ans après ce que John Joyce appelait « la malheureuse erreur » de son fils, se résoudre à mentionner Nora par son nom. May remercia Joyce pour la « photo de Mrs. Joyce et Georgie » ; elle trouvait Georgie « un beau petit garçon pas du tout comme Jim plutôt comme sa mère je pense ». John Joyce, quelques mois plus tard, fut ravi de recevoir une photo de « Lucia et sa Mère ». Charlie écrivit de Brookline : « A qui Lucy ressemble-t-elle — à toi ou à Mrs. Joyce ? »

Quant à la pauvre tante Josephine, en dépit de tous ses efforts, elle fut blessée de ne pas recevoir de photographie du tout.

Il était grand temps de cicatriser la cassure entre l'Irlande et Trieste. Au cours de l'hiver 1908, Joyce prit une décision. Comme Nora était débordée par les deux enfants, il décida de renvoyer Stanislaus à Dublin pour l'été, avec Giorgio — comptant sur le bel enfant pour séduire la famille. A cette nouvelle, John Joyce fut fou de joie, et supplia Joyce d'apprendre un peu d'anglais à son fils car « personnellement je souhaiterais communiquer intelligemment avec le jeune homme et je ne voudrais pas qu'il retourne auprès de toi avec l'idée que son vieux grand-père était un sacré vieux Hareng ». John

Joyce s'efforçait aussi d'inciter son fils à revenir. « Comptes-tu passer le reste de ta vie à Trieste ?... Ne penses-tu pas que tu devrais aspirer à quelque chose de plus élevé ? » (Il suggérait un poste d'interprète.)

Mais au printemps de 1909, les sentiments de persécution de Joyce, exacerbés par la querelle incessante sur le langage de *Gens de Dublin*, étaient devenus pratiquement incontrôlables. Il se mit dans la tête que sa famille de Dublin ne souhaitait pas accueillir son petit garçon. Il écrivit une lettre furieuse à son père ; et l'on peut en imaginer la folie d'après la réponse effarée de sa sœur May :

« 44 Fontenoy Street
3 juin 1909

Cher Jim,

Pappie nous a lu une partie du contenu de ta lettre. Que veux-tu donc dire, quand tu dis que personne ne semble apprécier l'idée de la visite de Stannie et Georgie ? Le moins qu'on puisse en dire, c'est que ce n'est pas vrai. Dès que Poppie a eu vent de la nouvelle elle t'a écrit pour te dire comme nous étions tous enchantés à l'idée de voir Stannie et le petit Georgie. Pappie, à ma connaissance, a écrit trois lettres sur le sujet. Tante Josephine et Eileen et moi avons également écrit plusieurs fois, mais peut-être que nous ne comptons pas je ne comprends pas comment tu peux dire que cette visite n'est pas la bienvenue. Pourquoi diable prêtes-tu attention aux dires de Pappie qui prétend qu'il va aller à l'hôpital ? J'aurais cru que tu le connaissais mieux. Il est exactement le même que la dernière fois que tu l'as vu sauf peut-être qu'il est plus souvent à jeun... Penses-tu donc qu'à nous tous nous ne saurons pas nous occuper du petit Georgie et le rendre heureux ? Si tu le penses tu fais erreur. Il aura bien plutôt trop de gâteries et d'attention si je puis en juger. Pappie était fou de la petite photo de lui et j'ai du mal à imaginer comment il va se contenir quand il verra l'enfant lui-même. Ce serait une terrible déception pour nous tous s'il ne venait pas. Les enfants ne le pardonneraient jamais je me demandais ce qui avait bien pu te faire écrire cette lettre... *Nora va-t-elle mieux* ? Qu'arrive-t-il donc à Stannie, pour qu'il n'écrive plus à personne ? Eileen a reçu l'argent et c'était très gentil à lui de l'envoyer, cela a fait grand bien à tous à la maison, mais pourquoi n'a-t-il pas écrit à Tante J. en apprenant qu'elle était si malade ? Vous les garçons serez toujours des drôles de numéros.

Ta sœur affectionnée

May[40] »

Quand le train entra en gare de Westland Row le 29 juillet 1909, la famille Joyce au grand complet était alignée sur le quai. Giorgio, tant attendu, descendit du train, accompagné non de son oncle mais de son père. « Où est Stannie ? » s'exclama la famille. Joyce supposait, à juste titre, que son père serait encore plus heureux de voir son fils aîné[41].

Joyce se hâta de griffonner une carte postale pour Nora, lui demandant d'envoyer à ses sœurs les instructions concernant Giorgio, et se mit à attendre sa réponse. C'était leur première séparation depuis cinq ans, et il commença très rapidement à ressentir des symptômes de manque.

CHAPITRE 6

Seul au loin

Depuis le soir où ils quittèrent Dublin jusqu'à sa mort en 1941, Joyce ne se sépara presque jamais de Nora. L'une des rares exceptions fut l'année 1909, où Nora resta à Trieste tandis que Joyce revenait à deux reprises en Irlande. Les lettres qu'ils échangèrent alors touchaient directement au cœur du lien mystérieux qui les unissait.

Nora détestait écrire des lettres. Elle n'écrivait que contrainte par la nécessité, par courtoisie, ou sous la pression de ses sentiments, comme lorsqu'elle était tombée amoureuse. A la fin de juillet 1909, quand Joyce partit pour Dublin avec Giorgio, elle ne lui écrivit pas tout de suite. Elle était très occupée avec Lucia, qui était une enfant difficile de deux ans, et aussi avec Stanislaus, dont elle préparait les repas. (On ne dînait plus dehors quand Joyce s'absentait.)

Nora était ravie que ce fût Jim et non Stannie qui fît le voyage. Jim pouvait faire beaucoup de choses, à Dublin. L'éditeur londonien, Grant Richards, avait fini par abandonner l'idée de publier *Gens de Dublin*, après trois ans de négociations sur les mots employés dans chaque nouvelle. A Dublin, Jim devait voir un nouvel éditeur, George Roberts de Maunsel, qui paraissait intéressé. Jim allait également étudier la possibilité de trouver un emploi — dans une université ou dans l'Administration — qui leur permettrait à tous, y compris Stannie, de rentrer en Irlande. Mieux encore, Jim allait emmener Giorgio chez sa mère, qu'il rencontrerait ainsi pour la première fois. La longue rupture de Nora avec sa famille allait enfin se terminer.

Elle attendait de savoir comme les deux familles avaient été heureuses de voir Giorgio. C'était un bel enfant aux yeux bleu sombre, bien proportionné, le front haut et le maintien grave. Elle allait se sentir bien seule sans eux pendant quelques semaines, mais la vie serait plus facile à leur retour, car elle avait persuadé Jim de ramener une de ses sœurs à Trieste, pour l'aider à s'occuper des enfants. Elle serait alors bien plus libre de sortir le soir pour aller à l'Opéra ou au café. Ils avaient déménagé deux fois depuis la naissance de Lucia. Leur nouvel appartement se trouvait au second étage d'un immeuble situé dans la via Scussa, dans un quartier agréable, près du jardin public, de l'opéra municipal, et de rues commerçantes attrayantes. Giorgio avait une chambre à lui, qu'une personne supplémentaire pouvait partager.

Quelques jours après leur départ, deux courriers arrivèrent de Dublin : une carte postale pour Nora, annonçant que Joyce et Giorgio étaient bien arrivés, puis une lettre pour Stanislaus bourrée de nouvelles. Après cinq années d'absence, Joyce avait été accueilli avec cette condescendance un peu critique que l'on accorde à ceux qui regagnent un petit univers après en avoir connu un grand. Famille et amis, tous se prononçaient sur son aspect, le jugeant selon les cas un peu maigre, mélancolique, vieilli, étranger, mûri, ecclésiastique ou blasé. Seul Vincent Cosgrave s'obstinait dans sa louange : il trouvait Joyce en « parfaite santé ».

Joyce profitait de l'occasion pour transmettre à Stanislaus quelques-uns des ragots malveillants qu'il avait ramassés à Dublin, comme le soupçon que Synge eût été syphilitique à l'époque de sa mort [1]. La lettre se terminait par une supplique pour Nora : qu'elle lui écrive. C'était daté du 4 août.

Quelques jours plus tard, Nora en reçut une autre datée du 6 août. Les premiers mots durent la frapper comme une gifle en pleine figure : « Nora je ne pars pas pour Galway et Giorgie non plus. »

En phrases courtes et brutales, Joyce instruisait contre elle un véritable procès. Il acceptait tout cela comme la vérité, et n'aurait plus jamais aucune confiance en elle : il venait d'apprendre une heure auparavant que, lors de leur été sacré de 1904, elle l'avait trompé, que « à l'époque où je te retrouvais au coin de Merrion Square... *un soir sur deux* tu avais des rendez-vous avec un de mes amis... tu suivais avec lui les mêmes rues... Tu étais debout contre lui : il t'entourait de son bras et tu levais ton visage et l'embrassais. Jusqu'où étaient allées ces étreintes ? [2] » Joyce pleurait et sanglotait de souffrance et d'humiliation tout en écrivant, ajoutait-il. Il ne pouvait plus rien voir d'autre que le visage de Nora levé pour embrasser quelqu'un d'autre. Leur vie commune était-elle donc finie ? Elle, la seule personne au monde en qui il eût jamais eu confiance, l'avait trahi. Son amour était mort. Il la suppliait cependant à trois reprises : « Écris-moi, Nora. »

Joyce ne prenait pas la peine d'éclairer Nora sur l'identité de son accusateur. Quand il disait l'avoir appris « de sa bouche », il savait qu'elle savait que c'était Cosgrave. Toutes les pièces se mettaient en place. De tous les amis de Joyce, c'était Cosgrave qui connaissait Nora le mieux. Cosgrave était le seul à écrire personnellement à Nora, et à avoir l'audace de parler d'elle à Joyce en mentionnant son prénom — familiarité qui, pour Joyce, revenait pratiquement à une main glissée sous sa robe. Avec le recul, Joyce se rappelait les efforts de Cosgrave pour dissuader Nora de s'enfuir, et aussi sa réputation d'étudiant en médecine beau parleur et connaisseur en femmes. Lorsque, dans l'après-midi du 6 août 1909, Cosgrave avait pris Joyce à part pour se targuer d'avoir, lui aussi, joui des faveurs de Nora cinq ans auparavant, Joyce l'avait cru sans l'ombre d'une hésitation.

Nora n'eut guère le temps de se ressaisir. Une seconde lettre arriva, écrite à six heures et demie du matin, juste après la première. Joyce n'avait pas dormi. Avec une hystérie contrôlée et une grossièreté inhabituelle, il l'accablait de questions. Giorgio était-il vraiment de lui ? (Pendant cette longue nuit, il s'était souvenu du peu de sang qu'avait perdu Nora lors de leur première nuit d'amour, et avait calculé que la naissance de Giorgio neuf mois et seize jours plus tard permettait d'envisager la possibilité que Nora ait été déjà enceinte à ce moment-là.) L'interrogatoire continuait : avait-elle été « baisée par quelqu'un avant de venir à moi ? » Elle et « cet autre » s'étaient-ils étendus par terre pour s'embrasser ? (Le refus de Joyce d'écrire « Cosgrave » montre bien le pouvoir magique qu'il attachait aux noms.) L'avait-elle touché de la même manière experte qu'elle avait touché Joyce [3] ?

Tous les doutes refoulés de ces cinq années explosaient. L'assurance sexuelle de Nora, découvrait-il à retardement, n'avait pas pu jaillir de nulle part ; elle s'était un peu trop facilement élancée vers lui en juin 1904. Il était le dernier à découvrir que les gens de Dublin s'étaient gaussés de lui, en le voyant « ramasser le rebut » [4].

La réaction de Nora fut un silence total. Quelles que fussent ses raisons — la peine, la colère, l'incapacité de se défendre par écrit, ou la culpabilité — elle n'envoya pas un mot à Joyce pour apaiser sa souffrance. Par contre, elle montra la lettre d'accusation à Stanislaus, qui entreprit de répondre lui-même.

A Dublin, pendant ce temps, Joyce était dans un état d'extrême détresse. Il avait besoin de se confier à quelqu'un, et la personne qui lui parut la plus digne de ses confidences fut J. F. Byrne, qui avait été son meilleur ami jusqu'au moment où Cosgrave l'avait supplanté. L'amitié de Joyce avec Byrne s'était formée à l'University College où, plus jeune de deux ans, Joyce avait admiré le calme de Byrne, sa maturité, et ses performances athlétiques. (Byrne servit de modèle pour Cranley, dans *Dedalus*.)

Cet été-là, Byrne habitait une petite maison georgienne en brique, au 7, d'Eccles Street, dans le nord de Dublin et, comme il avait déjà reçu une visite de Joyce et du petit Giorgio, il n'en attendait guère d'autre. Il fut donc fort surpris de voir Joyce débarquer chez lui sans s'être annoncé :

« J'avais toujours su que Joyce était très émotif mais jamais jusqu'à cet après-midi-là je n'avais rien vu qui approchât l'effrayante condition qui le convulsait. Il pleurait, grondait et gesticulait avec une impuissance puérile tout en m'expliquant à grands sanglots ce qui s'était passé. Jamais de ma vie je n'ai vu d'être humain plus brisé et la peine qu'il m'inspira, la compassion suffirent à effacer pour toujours certains souvenirs déplaisants. Je lui parlai et parvins à le calmer ; et graduellement il émergea *de profundis*. Il resta dîner puis souper et passa la nuit chez moi. Le lendemain matin, il se leva de bonne heure, complètement sorti de son humeur sombre, et il partit en fredonnant après le petit déjeuner[5]. »

Qu'avait donc pu dire Byrne, qui eût un effet si puissant ? Par la suite, il ne s'en souvint plus. D'après Joyce, cependant, Byrne lui déclara que l'histoire de Cosgrave était « un sacré mensonge », sans doute un complot de Cosgrave et Gogarty pour détruire le bonheur de Joyce avec Nora.

Joyce accepta volontiers la théorie de Byrne, et même avec joie. Comme le relate Byrne, il quitta la maison en toute sérénité. Joyce fut davantage rassuré encore quelques jours plus tard, en recevant la lettre de Stanislaus : Stanislaus y révélait qu'il avait gardé un secret pendant cinq années : qu'en 1904, Cosgrave lui avait avoué qu'il avait tenté de détourner Nora de Joyce, et qu'il avait échoué. Cosgrave avait fait jurer à Stanislaus de n'en rien dire à son frère, et Stanislaus avait tenu parole — à l'exception d'allusions voilées dans une lettre à Jim, donnant à entendre que Cosgrave était un faux ami. Pour Joyce, la lettre de Stanislaus venait corroborer la théorie de Byrne[6].

Mais qu'est-ce que Byrne avait réellement dit à Joyce ? L'incident du 6 août 1909 mérite qu'on s'y arrête pour l'étudier de près, car il est essentiel pour comprendre la relation qui unissait Joyce et Nora,

ainsi que les origines d'*Ulysse*. (Éperdu de gratitude et de soulagement, Joyce fit de l'adresse de Byrne au 7 d'Eccles Street celle de son
Odyssée moderne, Leopold Bloom.)

Il est clair que Byrne rassura Joyce sur la base d'une spéculation,
plutôt que d'une certitude. Byrne ignorait si l'histoire de Cosgrave
était vraie ou non ; il n'avait même jamais rencontré Oliver Gogarty.
Les paroles qu'il prodigua à Joyce relevaient du premier secours
émotionnel, destinées à apaiser un ami, de même qu'un parent
offrirait à un enfant une explication moins pénible pour une insulte
imaginaire. Byrne n'était d'ailleurs pas objectif dans l'affaire. Il avait
encouragé Joyce à emmener Nora en 1904, et il souhaitait combler au
plus vite le fossé qui les séparait.

Quant aux motifs de Cosgrave, si vraiment il inventa l'histoire, ils
sont aussi difficiles à imaginer que ceux de Iago. Joyce, en 1909,
n'avait rien d'un Othello ni d'un colosse, il n'était qu'un jeune
écrivain désespérément en quête de publication. Quant à Nora, elle
n'avait rien d'une Desdémone non plus : c'était une émigrée
irlandaise qui prenait des commandes de blanchissage à façon, à
Trieste. Joyce se convainquit alors que Cosgrave et Gogarty
cherchaient à ruiner son bonheur domestique, sous l'empire de la
jalousie et de la crainte qu'un jour il n'écrive sur eux — pourtant, ils
n'avaient rien vu de sa vie avec Nora, et les livres où ils devaient
apparaître (à l'exception de *Stephen le Héros*) n'étaient pas encore
écrits.

Joyce entretint désormais la croyance que « ces ivrognes » conspiraient contre lui et Nora, mais cela supposait de fermer les yeux sur
bien des choses. Il lui fallait, pour cela, croire que Gogarty,
chirurgien de renom, doté d'une très belle clientèle, avait revu
Cosgrave depuis le retour inattendu de Joyce pour comploter de
briser la confiance de Joyce en Nora. Il lui fallait, pour cela, croire
que les deux hommes cherchaient à se venger de lui — Gogarty pour
l'imbroglio de la tour, et Cosgrave pour le pseudonyme de Lynch. Il
fallait, pour cela, croire que Gogarty avait menti, lorsque Joyce et
lui-même s'étaient quittés, la semaine précédente, et qu'il avait serré
la main de Joyce en disant : « Je me fiche bien de ce que tu pourras
dire de moi, pourvu que ce soit de la littérature[7]. »

Avec le recul, et grâce aux lettres de la famille Joyce désormais
disponibles à Cornell University, il est clair que cet été-là Joyce se
trouvait dans un état de paranoïa aiguë. Il était revenu à Dublin tout
frémissant, prêt à s'offenser de tout. *Gens de Dublin*, le livre sur
lequel il avait compté pour se faire un nom et bien montrer à ses
compatriotes comment il les voyait, n'était nulle part en voie d'être

publié. Le jeune fils dont il était si fier était partout connu comme illégitime. (La sensibilité de Joyce sur cette question était déjà apparue lorsqu'il avait à tort accusé son père et sa famille de ne pas vouloir voir Giorgio.) La paranoïa de Joyce ne fit qu'empirer quand il regagna l'usine de médisance qu'était Dublin : il se sentait rejeté de toutes parts. Ce qu'il ne voyait pas, il l'inventait.

La séparation d'avec Nora l'avait coupé de la réalité ; et puis ses amis avaient beaucoup changé. Les années d'existence qui mènent de vingt-deux à vingt-sept ans sont particulièrement longues, et bon nombre de ses anciens amis et connaissances restés en Irlande s'étaient élevés dans la société, s'étaient mariés, et avaient prospéré. Constantine Curran était avocat ; Joyce le trouva « disposé à l'hostilité ». Thomas Kettle, autre ami de l'University College, était membre du Parlement, et sur le point d'épouser la jeune fille que Joyce avait tant admirée, Mary Sheehy. Gogarty était un chirurgien bien établi, avec une belle maison en ville, une autre à la campagne, et un cabinet de consultations à Ely Place.

Il n'était pas vrai que les vieux amis de Joyce eussent boudé son retour. Gogarty avait essayé de renouer. Il invita Joyce à déjeuner, mais dut ensuite lui envoyer un mot d'excuse pour se décommander pour une raison professionnelle qui ne devrait jamais offenser un ami, et ne manque pourtant jamais de le faire :

« Je m'aperçois qu'à 13 heures vient un patient qui n'est libre à aucun autre moment. J'espère vivement que tu voudras bien, de ce fait, m'excuser de devoir reporter à un peu plus tard notre déjeuner. Je te tiendrai au courant. Bien à toi.

O.G. [8] »

Lorsque Joyce pénétra finalement chez Gogarty, et se trouva devant une splendide roseraie, il refusa (comme il s'en vanta à Stanislaus) « grog, vin, café, thé ». Il refusa également le genre d'invitation qu'un exilé de retour eût normalement accueillie avec joie — l'occasion d'aller à Enniskerry, charmant village distant d'une vingtaine de kilomètres, pour y faire la connaissance de la femme de Gogarty (dont Joyce s'était déclaré sûr que Gogarty ne la lui présenterait jamais).

Joyce fut invité à dîner par une autre des filles Sheehy, Hanna, qui venait d'épouser son ami Francis Skeffington. Joyce déclina l'invitation. Pourtant, voyant que les parents Sheehy, chez qui il était si souvent allé à Belvedere Place, ne faisaient aucun geste envers lui, il prit ombrage de l'offense. Il savait bien qu'il se trouvait en pays traître ; on l'y traitait exactement comme il s'y était attendu. Dans l'une de ses conférences sur l'Irlande, à Trieste, deux ans auparavant, il avait déclaré que le mouvement Fenian pour l'indépendance de la nation irlandaise ne parviendrait jamais à ses fins « simplement parce qu'en Irlande, juste au bon moment, surgit toujours un délateur »[9].

Et voilà que deux ans plus tard, dans sa propre vie, presque en réponse, le délateur était apparu — seulement ce fut Nora, et non l'Irlande, qui en fut victime.

Il y a de fortes chances pour qu'il y ait eu une part de vérité dans l'histoire que Cosgrave glissa à l'oreille de Joyce — des paroles pleines de sous-entendus, prononcées à voix basse, pendant un déjeuner, de préférence dans un pub bondé — et que Joyce ait à partir de là construit l'histoire qu'il voulait entendre. A l'époque où elle travaillait chez *Finn's*, Nora disposait effectivement de soirées dont Joyce ne savait rien[10]. Il savait aussi qu'il exagérait en accusant Nora de voir Cosgrave « un soir sur deux » ; lui-même la voyait parfois plusieurs soirées de suite, et il arrivait aussi que sa soirée libre fût annulée au dernier moment. Il se peut que Cosgrave et Gogarty aient menti au sujet de Nora par pur plaisir de malveillance. Ce n'est pas incompatible avec la cruauté de leur humour irlandais. Mais Joyce lui-même ne reculait point devant des demi-vérités, quand il s'agissait de régler un ancien compte. Pendant son séjour à Dublin cet été-là, apprenant que le chauffeur de Gogarty avait écrasé un enfant sur la route, Joyce rapporta à Trieste : « Gogarty a tué un enfant la semaine dernière[11]. »

Une interprétation plus réaliste des faits connus sur la jeunesse de Nora Barnacle pourrait être que Cosgrave fût en effet sorti quelquefois avec Nora en 1904 (Joyce lui-même avait organisé l'une de ces sorties) et qu'à une ou plusieurs de ces occasions, avant d'être sérieusement engagée avec Joyce, elle se fût laissé approcher par Cosgrave, d'au moins aussi près que par Willie Mulvagh à Galway.

Des années plus tard, Byrne poussa plus loin les suppositions — avançant que Nora s'était sans doute donnée à Cosgrave, mais que leur relation avait pris fin lorsqu'elle s'était éprise de Joyce :

« A ma connaissance, Joyce ne devait ni ne pouvait se considérer comme " cocu ". C'était Cosgrave qui avait présenté Joyce à Nora et, quand Joyce est venu me voir à Eccles Street en 1909, Cosgrave lui avait dit qu'il avait connu Nora charnellement *avant* de la présenter à Joyce — et *non* après. C'est la raison pour laquelle Joyce ne devait pas se considérer comme " cocu ". D'ailleurs, Joyce n'était pas vierge quand il a quitté Dublin avec Nora. Et en vérité, Joyce n'aurait dû éprouver que de la gratitude envers Cosgrave pour lui avoir fait connaître Nora — cette même Nora qui, comme Jim me l'a lui-même raconté, faisait du blanchissage à Trieste pendant qu'il était malade, pour nourrir sa famille. Nora a été pour Joyce une compagne magnifique, remarquable. C'était une femme de grande valeur. Voilà ce que tout le monde doit savoir aujourd'hui ; et c'est tout ce qu'on a besoin de savoir [12]. »

Byrne, avec le recul, ne croyait guère à cette histoire de Stanislaus, prétendant que Cosgrave lui avait avoué son échec auprès de Nora : la différence d'âge était trop grande ; Cosgrave, alors âgé de vingt-six ans et fort au fait des choses de la vie, n'aurait pas avoué l'échec de ses avances sexuelles à un gamin de vingt ans comme Stanislaus.

La seule chose claire, dans toute cette affaire équivoque, c'est que Joyce n'aurait pas pu écrire *Ulysse* sans la poussée de peur et de soulagement qu'il en éprouva. Il avait besoin de se sentir trahi (le critique Léon Edel l'a appelé « le Collectionneur d'Injustices »), et la littérature s'en trouve enrichie [13]. Ce besoin, exacerbé par l'amère frustration de n'être toujours pas publié, aveuglait le Joyce de 1909 sur les motivations des gens qui l'entouraient. Il voyait partout la trahison, et cela durait vraisemblablement depuis son enfance. (Certains érudits joyciens décèlent le thème de la trahison dès les premières pages de *Dedalus*, écrites dans le langage déformé de la petite enfance, et où *Dedalus* se voit en « baby tuckoo » — autrement dit *baby cuckoo* ou *baby cuckold,* un gentil petit garçon né pour être cocu [14].)

Pour satisfaire ses fantasmes de persécution, il lui fallait croire non seulement que Nora lui avait caché la perte de sa virginité *avant* de l'avoir rencontré, mais aussi qu'elle l'avait trompé *pendant* leur propre phase de découverte l'un de l'autre. Il fallait que les deux relations amoureuses de 1904, telles qu'il les construisait dans sa tête cinq ans plus tard, fussent parallèles et non successives.

Il est intéressant de comparer l'obstination de Joyce à prétendre que Nora l'avait trompé « un soir sur deux », plutôt qu'*avant* leur rencontre, avec un long débat que Stephen Dedalus se tient à lui-même dans l'épisode « Proteus » d'*Ulysse*. Flânant le long de Sandymount Strand, Stephen réfléchit à la différence entre l'expérience auditive, où les symboles viennent l'un après l'autre, et la visible, où ils apparaissent tous en même temps. Stephen se demande pourquoi les formes auditives de l'art, comme la musique ou la littérature, qui s'écoulent dans le temps, ne peuvent pas être comme les arts visuels, peinture ou sculpture, qui existent dans l'espace et pour lesquels le temps n'existe pas. Stephen distingue les deux en *Nacheinander* (l'un après l'autre, l'auditif) et *Nebeneinander* (proches l'un de l'autre, le visible)[15].

Dans son art, Joyce résolut le dilemme en écrivant *Finnegans Wake*, livre situé hors du temps et de l'histoire, sans commencement ni fin, mais jamais il ne résolut son incertitude personnelle sur le déroulement des événements du passé intime de Nora. Et il ne semble pas qu'elle l'ait jamais éclairé.

Bien que Byrne eût rendu la paix de l'âme à Joyce peu après que Cosgrave l'avait ébranlée le 6 août, Joyce attendit deux cruelles semaines avant d'en informer Nora : et c'est seulement le 19 août qu'il lui écrivit pour s'excuser de l'avoir faussement accusée. Et encore ne le fit-il qu'en lui demandant, avec une ingénuité feinte, pourquoi elle ne lui avait pas écrit : « Es-tu malade ? »

Il expliquait ensuite que Byrne l'avait convaincu que l'histoire de Cosgrave était fabriquée de toutes pièces. Puis suivait une succession de paragraphes brefs, en *staccato*, là encore très différents de son style épistolaire habituel. Il était indigne. Il allait désormais s'efforcer d'être digne d'elle. Il venait de lui expédier trois grands sacs de cacao. Sa sœur Poppie quittait l'Irlande pour un couvent de Nouvelle-Zélande, et il venait de signer un contrat pour *Gens de Dublin*. Aucun homme n'était digne de l'amour d'une femme. Qu'elle ne relise surtout pas les « horribles lettres » qu'il lui avait écrites. Un jour il deviendrait célèbre, et elle serait à ses côtés. Il terminait en citant son poème « ma bouche à ton cœur / Donnera la paix »[16]. Cette lettre débordante d'amour, de contrition, et d'aspiration à la réconciliation, contenait néanmoins une note discordante : il la suppliait désespérément de lui écrire une lettre contenant au moins « un mot de démenti ». Il n'était apparemment pas encore complètement convaincu de son innocence.

Et c'est alors seulement, dûment « pardonnée », que Nora commença à écrire à Joyce — ce qu'elle fit avec infiniment d'adresse. Elle ne lui offrit pas un seul mot de dénégation ni même de défense. Mais elle lui dit par contre qu'elle avait lu *Musique de chambre*. Et ajouta, touchant un nerf à vif chez un homme jaloux, que Stanislaus s'était montré très gentil avec elle dans la tourmente des semaines passées.

Joyce répondit par une déclaration d'amour passionnée. Quand il l'avait connue, elle n'était pas la beauté éthérée dont il avait rêvé dans sa jeunesse mais, en lui révélant une beauté plus profonde, elle était devenue l'accomplissement de son désir et son inspiration. Ses poèmes lui étaient donc tous dédiés[17].

Si cruel qu'il eût été, disait-il aussi, il n'avait néanmoins pas tué en Nora « l'amour fécond de ta riche nature, chaleureux et impulsif ». Il se félicitait de lui avoir enseigné cela, et d'observer qu'elle était maintenant un être plus sensible que quand il l'avait connue. Il allait tenir ses promesses, ramener une de ses sœurs à Trieste avec lui, et aller à Galway voir la mère et la famille de Nora, malgré tout l'effroi que lui inspirait cette perspective. Toute allusion ou réminiscence du passé de Nora risquait de raviver ses tourments de jalousie. Il savait bien que c'était déraisonnable, mais il était incapable de contrôler sa terreur. Il était, disait-il, absurdement jaloux du passé[18].

Joyce savait que Willie Mulvagh demeurait à Galway, et se demandait combien d'autres anciens flirts de Nora s'y trouvaient encore. La panique de Joyce, deux ans après l'achèvement des « Morts », montre bien que, comme exorcisme du passé, cette nouvelle constituait un échec. Jamais Joyce ne parvint à surmonter sa peur des anciennes amours de Nora.

Accusation, contrition, réparation. Le 22 août, il changea de registre : il rappelait à Nora que, dans « Les Morts », il avait décrit son corps comme « musical, étrange et parfumé ». (Nora avait donc sûrement lu cette nouvelle, et savait que Gretta était inspirée d'elle.) Puis il ajoutait cette chose curieuse — qu'*elle* lui devait une compensation pour avoir suscité la jalousie qui flambait encore dans son cœur : « Ton amour pour moi doit être farouche et violent pour me faire oublier absolument[19]. »

On eût dit qu'il était l'offensé, et qu'il incombait à Nora de faire amende honorable. Le soulagement libérait chez Joyce un torrent de fantasmes érotiques. Il rêvait d'elle, lui écrivait-il, dans toutes sortes de poses, « grotesque, impudique, virginale, langoureuse ». Elle ne devait avoir aucun secret pour lui — aucun recoin intime du corps ni de l'âme — il allait être son maître. Et, ajoutait-il, il lui rapporterait un petit cadeau très particulier.

Il faisait ensuite assez clairement allusion au type de compensation qu'il attendait d'elle, et qu'elle pouvait lui procurer même avant son retour à Trieste : une lettre d'un genre que lui-même n'osait lui envoyer[20].

A en juger par les lettres que lui écrivit Joyce ensuite, Nora se conforma à son vœu : elle le comprenait bien. Et tandis que Joyce se rendait à Galway et s'attablait dans la cuisine de Bowling Green, conversant avec la mère de Nora et visitant la maison de Whitehall où Nora avait vécu avec sa grand-mère, Nora prit sa plume, là-bas à

Trieste, vraisemblablement pendant que sa petite fille dormait, et écrivit à Joyce une lettre obscène[21].

Pendant tout le reste de son séjour à Dublin, Joyce ne pensa plus guère qu'à ses retrouvailles avec Nora. Il parvint cependant à régler ses affaires et à extorquer un peu d'argent à Stanislaus pour lui-même et pour Eva, sa quatrième sœur, qui avait été désignée pour rentrer à Trieste avec lui[22]. Il faisait miroiter à Stannie des promesses de prospérité imminente : l'année suivante (1910), en donnant tous deux des cours particuliers et grâce à la publication de son livre, ils allaient gagner mille livres sterling. Et il emmènerait Nora en voyage de noces.

Ses lettres à Nora étaient d'une autre nature. Elle lui écrivait maintenant presque chaque jour, des lettres qui l'aidaient à se masturber. Il était dans un état d'agitation extrême, lui confiait-il le 2 septembre, « pour avoir fait ce que je t'ai dit ». A mesure que se développait leur correspondance, il lui rappela comme les grossièretés l'offensaient. Il se demandait toutefois si ses lettres à lui, même, n'étaient pas allées un peu loin. Au matin, quand il se remémorait ce qu'il avait expédié à Trieste la veille au soir, il se dégoûtait lui-même. Il se consolait, du moins, à la pensée que Nora savait de lui tout le pire, et qu'elle connaissait le secret pour le retenir à jamais[23]. Et aussi pour le punir. Des aspirations masochistes commençaient à faire surface. Pourquoi, voulait-il savoir, ne l'avait-elle pas discipliné plus tôt ? Cette nuit même, il avait eu un nouveau fantasme fou — qu'elle allait le fouetter, le regard flamboyant de colère[24].

Il se demandait s'il perdait l'esprit, car il alternait les visions d'elle en madone, puis en putain insolente. Il craignait de la dégoûter mais c'était elle, lui rappelait-il, qui avait ouvert la voie. Il évoquait cette nuit à Pola où elle était montée sur lui et l'avait excité. Il voulait qu'elle le connût dans ce qu'il avait de pire, et qu'elle le vît comme le type faible et impulsif qu'elle aimait, et qui avait besoin d'elle pour devenir fort. « J'ai donné à d'autres mon orgueil et ma joie, terminait-il. A toi je donne mon péché, ma folie, ma faiblesse et ma tristesse. »

Joyce voulait que Nora se fît à la fois vierge et putain. Mais elle avait ses propres contradictions à faire entrer en ligne de compte. Elle le trouvait puéril, mais il était maître de son destin à elle ; elle l'aimait et le désirait, mais le méprisait de ne pas subvenir aux besoins de sa famille. Chacun était donc prisonnier de l'autre. Le cadeau que lui avait acheté Joyce résumait la dépendance d'elle où il se complaisait : un collier de cubes d'ivoire, sur lesquels il avait fait graver un vers du neuvième poème de *Musique de chambre* « Love is unhappy when love is away », (« L'amour est malheureux quand l'amour est au loin »). Joyce s'exprimait littéralement, quand il implorait Nora de le sauver « de la méchanceté du monde et de celle de mon propre cœur ! ». Nora le sauvait de l'isolement où le plongeait sa dépravation imaginaire en s'y complaisant avec lui, comme quand il lui avouait qu'il voulait l'embrasser « *quelque part*, — pas sur la bouche » — et lui laissait deviner où[25].

L'une des pensées dont il avait honte était sa jalousie envers ses propres enfants. Il souffrait de partager Nora avec Giorgio et Lucia. Il la voulait tout entière à lui seul, et dans le fouillis d'images sadomasochistes et sacrilèges qu'il lui envoyait, ce cri (presque sorti tout droit du *Petit Eyolf* d'Ibsen) : « Nos enfants (en dépit de l'amour que je leur porte) ne *doivent pas* s'interposer entre nous. » Allant plus loin, il souhaitait même devenir l'un d'eux : si seulement il pouvait se nicher dans son sein, né de sa chair et nourri de son sang, « je deviendrai alors en vérité le poète de ma race »[26].

Tandis qu'il allait et venait dans Dublin, Joyce était loin de susciter le mépris qu'il prétendait. La publication de *Gens de Dublin* était programmée pour le mois de mars suivant et, lors d'une réception au Gresham Hotel, il fut présenté comme le grand écrivain d'avenir de l'Irlande. Mais ses pensées étaient au lit avec Nora. Il lui recommandait de bien prendre chaque jour le chocolat qu'il lui envoyait :

« J'espère que ton petit corps (ou plutôt *certaines* de ses *parties*) prennent un peu plus d'ampleur. En cet instant je ris en pensant à tes seins de petite fille. Tu es ridicule, Nora ! Souviens-toi que tu as maintenant vingt-quatre ans, et que ton aîné a quatre ans. Que diable, Nora, il faut essayer d'être à la hauteur de ta réputation, et cesser d'être cette curieuse petite fille de Galway, et devenir une femme épanouie, heureuse et aimante[27]. »

Il voulait qu'elle porte des sous-vêtements noirs et qu'elle apprenne à le satisfaire. La sensualité de ses rêveries s'étendait à la perspective de son voyage de retour : le train longerait depuis Venise la merveilleuse côte adriatique, passerait Miramar, et puis ce serait « la nostra bella Trieste », la ville qu'ils avaient découverte ensemble, leur vrai foyer.

Août fit place à septembre, l'heure approchait de réaliser le rêve. Eva faisait les bagages, aidée de ses sœurs, et Joyce, occupé à tous les détails pratiques du retour, n'était plus tourmenté par ses fantasmes érotiques. Il écrivait continuellement à Nora, parfois deux lettres par jour. Il commençait à craindre que Nora ne le harcèle pour payer des factures quand il serait rentré. Il espérait qu'elle n'aurait pas les cheveux en désordre, pleins de cendres après avoir ranimé le feu. Elle ne devrait pas pleurer en le voyant ; il voulait voir ses beaux yeux limpides. Les pensées du lit faisaient place aux pensées de la table : « Me feras-tu un bon petit café noir dans une jolie petite tasse ? Demande à cette pleurnicheuse de Globocnik comment le faire. Tu feras une bonne salade, n'est-ce pas ? recommandait-il encore. Autre chose, ne fais entrer dans la maison ni oignon ni ail...[28] »

Il avait tant à lui raconter sur Dublin, promettait-il, qu'il lui parlerait à chaque instant de la nuit quand ils ne seraient pas occupés à autre chose. (Ce message pour Nora était renfermé dans une lettre à Stanislaus ; Joyce avait confiance qu'il ne l'ouvrirait pas.)

Le jour tant attendu arriva. Accompagné d'Eva, Joyce débarqua à Trieste le 13 septembre. Nora revêtit une belle robe grise par-dessus un chemisier bleu, et courut l'accueillir. « Jim ! » cria-t-elle de sa voix un peu rauque. L'exubérance de leurs retrouvailles irrita Stanislaus. Refoulant l'attirance qu'il éprouvait pour Nora, blessé de se voir ignoré d'elle, il vit avec répulsion le collier proclamant : « L'amour est malheureux quand l'amour est au loin. » Stannie marmonna : « Et le frère de l'amour aussi[29]. »

Si elle avait compté sur l'exécution immédiate des scènes décrites par correspondance, Nora fut déçue. Quand vint la nuit et qu'elle s'approcha de Joyce, avec sa longue chevelure flamboyante répandue sur sa chemise blanche à rubans bleus, elle dut le réveiller. Son amant si volontaire, jaloux, pervers, s'était endormi[30].

Cinq semaines plus tard, Nora se retrouva de nouveau seule : Joyce était de retour à Dublin. Il ne manquait assurément pas d'esprit d'entreprise. Quatre Triestins prospères finançaient une affaire qu'il avait conçue sous l'influence de sa sœur Eva, dès son arrivée à Trieste. Comment se faisait-il que Dublin — avec une population d'un demi-million d'habitants épris de théâtre et de concerts — ne connût point cette nouvelle forme de spectacle qui envahissait toutes les autres villes d'Europe ? Dans ce projet d'ouvrir la première salle de cinéma de Dublin, Joyce voyait sa chance de faire enfin de beaux bénéfices.

Mais en dépit de tous ses efforts, Joyce ne parvenait pas à déchiffrer les pensées de Nora. Il gardait toujours une suspicion, à la voir si réservée à son égard, et à deviner sa véritable opinion quant à la religion. Un jour qu'ils faisaient des courses, ils croisèrent un prêtre. Voulant la mettre à l'épreuve, Joyce demanda à Nora si cette seule vue ne la dégoûtait pas. « Non, vraiment pas », répondit-elle — un peu trop abruptement pour le goût de Joyce. Il devint sombre. « Es-tu avec moi, Nora, questionna-t-il un peu plus tard, ou bien es-tu secrètement contre moi ? » Elle le désappointa bien des fois. Elle fut impolie avec lui à *Madame Butterfly*, quand il n'aspirait qu'au plaisir d'entendre de la musique en sa compagnie. Un autre soir, comme il rentrait tard du café, bouillonnant du désir de lui raconter tout ce qu'il espérait accomplir, elle refusa de l'écouter. Elle était fatiguée, et ne pensait qu'à dormir[31].

Le jour du départ de Joyce pour Dublin, ils se séparèrent sans affection. En quittant l'appartement pour accompagner Jim à la gare, Nora était si fâchée qu'elle le traita d'imbécile, sans doute en faisant bien sonner les quatre syllabes du mot en italien. La séparation allait être longue : Jim ne reviendrait même pas pour Noël. Pourtant, lorsque le train démarra, elle détourna la tête, sur le quai, pour qu'il ne la vît pas pleurer.

Cette fois, ce fut Nora qui dut écrire en premier. Rien ne venait de Dublin ; Jim la punissait pour la mauvaise humeur des adieux. Elle prit sa voix la plus humble. S'était-il lassé d'elle ? Pourquoi même s'était-il jamais intéressé à une petite ignorante de Galway ?

La tactique réussit : Joyce répondit longuement. Jamais il ne se lasserait d'elle ; il souhaitait simplement qu'elle fût plus polie avec lui. Elle ne devait pas oublier qu'avec tout le travail impliqué par l'établissement d'un cinématographe, il serait fort occupé. Mais :

> « Tu es mon seul amour. Tu m'as complètement en ton pouvoir. Je *sais* et je *sens* que si, dans le futur, j'écris quelque chose de beau ou de noble, je ne le ferai qu'en écoutant aux portes de ton cœur[32]. »

Deux jours plus tard, il lui écrivait qu'il ne voulait faire qu'un seul être avec elle, jusqu'à l'heure de mourir ensemble.

Il aurait fallu un cœur plus endurci que celui de Nora pour ne pas s'émouvoir de telles déclarations. Peut-être Nora n'appréciait-elle pas les livres qu'il écrivit par la suite mais, dans leur relation personnelle, elle s'enchantait constamment de la beauté de ses paroles.

Elle aimait aussi la façon dont il la couvrait de cadeaux et s'émerveillait de sa beauté. Il lui écrivait d'être une femme de devoir et de boire son chocolat pour grossir, et aussi de payer une partie de ses dettes à sa couturière, en prévision de la nouvelle robe qu'elle lui donnerait à faire avec les mètres de tweed du Donegal qu'il lui envoyait. (Sans doute l'avait-il acheté au prix de gros. L'une de ses activités commerciales secondaires à Dublin consistait à trouver une agence pour organiser l'exportation de tweed irlandais à Trieste.) Elle devait se faire faire un ensemble rigoureusement tel qu'il le souhaitait : le haut de la robe devait descendre presque jusqu'au bas de la jupe et (recréant les couleurs qu'il avait associées à Gretta Conroy dans « Les Morts ») être doublée de soie bronze ou bleu nuit, avec le col, la ceinture et les revers en cuir bleu nuit.

Nora, enchantée de l'intérêt que portait Joyce à sa garde-robe, partageait avec lui la passion de la fourrure (Joyce semblait croire à ses vertus curatives aussi bien qu'érotiques). A son retour, il allait aussi lui rapporter, racontait-il avec enthousiasme, une toque, une étole et un manchon en écureuil gris. Il les avait choisis lui-même : la toque ornée de violettes sur le côté, l'étole et le manchon doublés de satin violet. Et ce n'était pas tout, ajoutait-il. Si le Volta était un succès, elle aurait plus de beaux vêtements qu'elle n'en avait jamais rêvé.

Dans l'immédiat, il envoyait à Nora plusieurs paires de gants et lui annonçait quel allait être son cadeau de Noël : un exemplaire pour elle seule de *Musique de chambre*, recopié sur parchemin de la propre main de Joyce.

Nora n'avait pas perdu son sens de l'humour. Elle lui écrivit une lettre de remerciements espiègle, dans le style de l'ancienne Nora femme de chambre à l'hôtel *Finn's* :

> « Cher Mr. Joyce comment vous remercier de votre amabilité la boîte de Gants que vous m'avez envoyés sont charmants et parfaitement à la taille quelle grande surprise de recevoir un si beau cadeau j'espère que vous allez bien et serai ravie de vous revoir j'espère que vous m'écrirez et me ferez savoir quand je vous reverrai je suis en ce moment fort occupée et ne puis sortir pour quelque temps j'espère que vous m'excuserez et accepterez tous mes remerciements
>
> Nora Barnacle[33] »

Jusque dans le courant du mois de novembre, la correspondance se poursuivit routinièrement entre Trieste et Dublin. Les nouvelles ne manquaient pas. De Trieste, Stannie parlait du mal du pays d'Eva et de lui-même, de la santé de Giorgio, des cours de langues qu'il donnait aux élèves de Joyce en son absence. De Dublin, Joyce envoyait le devis de l'électricien pour le nouveau cinéma, racontait les potins littéraires, et déclinait l'habituelle litanie de mauvaises nouvelles concernant la famille : leur père à l'hôpital, Charlie dans la misère à Boston, leurs sœurs (il en restait cinq à la maison) menacées d'expulsion.

Cet échange de nouvelles fut brusquement tari par deux communications abruptes que Joyce reçut de Trieste. La première était un télégramme de Stanislaus : « Envoyer 4 £ assignation propriétaire. » La seconde était une lettre de Nora.

Elle le quittait. Elle retournait à Galway avec les enfants. Ses promesses non tenues et sa totale inaptitude à subvenir en homme aux besoins de sa famille la dégoûtaient. *Il* la dégoûtait. La menace d'expulsion avait apparemment rompu leur marché : elle ne pouvait tolérer ses bizarreries sexuelles que dans la mesure où il protégeait femme et enfants.

Joyce, qui taquinait souvent Nora, ne riait jamais de ses menaces de le quitter. Cette fois il rampa. Il lui écrivit une lettre implorante, s'accusant de n'être qu'une bête vile, un misérable ; il admettait que Nora et les enfants ne puissent vivre auprès d'un tel dépravé. Elle écrivait « comme une reine », et il avait reçu sa lettre « comme un corniaud qui a reçu un coup de fouet sur les yeux ». Il avait épuisé l'amour de Nora. Elle n'avait plus qu'à l'abandonner dans le caniveau d'où elle l'avait tiré. Il lui donnerait désormais les deux tiers de ses revenus.

Plus à propos, il paya le loyer : il télégraphia une livre et sept shillings — près de cinquante-sept couronnes autrichiennes — à Trieste, de quoi payer un mois de loyer en retard ou peut-être même deux, et il aboya de loin ses ordres à Stanislaus : qu'il fasse l'impossible, y compris même vendre les meubles, pour éviter à Nora, Giorgio et Lucia d'être expulsés.

La colère de Nora s'évanouit. Elle lui exhiba aussitôt « l'ignorante petite fille de Galway ». C'était à son tour de s'excuser. Elle lui écrivit deux lettres qui l'émurent tant que, quand ses commanditaires de Trieste arrivèrent à Dublin pour superviser le projet Volta, il les installa à l'hôtel *Finn's* qui, dit-il, leur plut beaucoup (bien qu'il ne fût guère le meilleur de Dublin).

Finn's n'avait pas changé. « L'endroit est très irlandais, écrivit-il à Nora. Le désordre de la table était irlandais, comme l'étonnement sur les visages, et les yeux curieux de la femme et de la serveuse. » Il obtint ensuite de monter dans la chambre qu'avait occupée Nora en

1904. Là, il s'émut dans la contemplation de la chambrette où Nora avait lu ses lettres et décidé de s'enfuir avec lui [34].

Nora prit une nouvelle initiative : elle semblait toujours être en avance sur lui d'une étape. Dans ses lettres, elle quitta le ton de l'humilité pour l'agressivité érotique. Entamant un nouvel échange de correspondance pornographique, elle menaçait de le punir s'il n'obéissait pas à ses instructions.

Pendant le bref séjour de Joyce à Trieste entre ses deux voyages à Dublin, du 13 septembre au 18 octobre 1909, Nora et lui avaient renoué leurs relations sexuelles, lui plus déterminé que jamais à n'avoir entre eux aucun voile de honte. Il entreprit d'imposer à Nora certains exercices qu'il avait imaginés pendant l'été de leur séparation. Il lui apprit à faire ce qu'il appelait des « signes orduriers » et des « gestes de putain » pour l'exciter. Ses exigences ne s'arrêtèrent pas là. Il lui persuada de faire au-dessus de lui, « l'acte corporel le plus honteux et le plus dégoûtant ». Nora fut ensuite trop embarrassée pour pouvoir le regarder en face. Mais il aimait aussi cet embarras qu'il lui voyait [35].

Joyce avait ce que H. G. Wells appela plus tard une obsession cloacale — *cloaca* signifiant égout en latin. Quelque part entre son dressage à la propreté entre les mains de sa mère et ses expériences à Clongowes Wood, où il redoutait de mouiller son lit et où les plus forts poussaient les petits dans la froide et gluante fange de la « fosse carrée » (la fosse d'aisances), Joyce en était arrivé à tirer un plaisir intense de tout ce qui avait trait à l'excrétion. En outre, si l'on accepte la théorie freudienne que l'inconscient associe la défécation à la dépense d'argent ou à l'accouchement — Joyce avait subi des influences considérables au sein même de sa famille, la folle prodigalité du père étant à l'extrême opposé de la rétention anale ; Joyce lui-même liait les « habitudes dépensières » de son père aux siennes propres et à « la créativité que je puis avoir ». Quant à sa mère si fertile, elle produisait des choses brunes et grasses avec une régularité qui avait dû effarer son fils aîné, tellement impressionnable.

La manière dont Jim avait acquis cette obsession n'intéressait point Nora. Cette bizarrerie de caractère, conjuguée avec un véritable fétichisme pour les sous-vêtements de femme et les fourrures, appartenait à la réalité de l'homme qu'elle avait choisi. Elle s'accommodait des singularités de Joyce, et elle les manipulait pour sa propre protection et sa satisfaction. Les goûts sexuels très particuliers de Joyce lui donnaient prise sur lui, compensant en quelque sorte le pouvoir qu'il exerçait sur elle.

Elle entamait aussi cette correspondance obscène pour le tenir à l'écart des prostituées. Lorsqu'elle l'avait connu, Joyce avait déjà eu une maladie vénérienne. Elle craignait qu'il ne fût tenté de retourner chez les prostituées de Dublin lorsqu'il serait loin d'elle ; il risquait alors de raviver son infection et de la lui transmettre[36].

Lui, pour sa part, s'inquiétait de l'appétit sexuel de Nora. Il imaginait trop bien comme elle pourrait devenir « si chaude » qu'elle se tournerait vers un autre homme.

Ils étaient donc tous deux prêts à reprendre le fil d'une correspondance masturbatoire, lorsque la seconde séparation suivit de si près la première. Revenu à Dublin, il semble que Joyce ait tenu une dizaine de jours avant que la frustration sexuelle ne l'amène à avertir Nora que « cette vieille fièvre de l'amour » s'était réveillée en lui[37].

Nora exprima carrément son inquiétude au sujet des prostituées mais il lui assura qu'elle pouvait fournir « tout et bien plus » qu'elles ne le pouvaient, et il espérait que ses lettres à lui avaient sur Nora le même effet préventif.

Les lettres de Nora à Joyce, pendant ces semaines si fortement chargées, n'ont jamais paru au grand jour. Cependant, Joyce en donnait un écho si fidèle dans ses propres lettres, qui ont été publiées*, qu'on peut aisément reconstruire les propos de Nora. A commencer par la franche déclaration, vers la fin de novembre 1909, qu'elle mourait d'envie d'être « foutue » par lui[38].

Joyce plaça la lettre devant lui sur la table et fixa ses yeux sur un certain mot, qui était, dit-il dans sa lettre du 2 décembre, comme « l'acte lui-même, bref, brutal, irrésistible et satanique ». Il répondit par un flot d'obscénités, pour lui rappeler ensuite (ce que savait fort bien Nora) que jamais il n'employait d'expressions obscènes en parlant, et qu'il détestait tout particulièrement les plaisanteries sales. Et pourtant, disait-il, elle faisait de lui une vraie bête.

Leur correspondance entra alors dans une phase extraordinaire. Il semblait toujours l'inviter à mener le jeu, comme quand il disait qu'il imaginait des choses si sales qu'il ne les écrirait pas avant qu'elle les eût elle-même écrites en premier. Il exprimait très clairement aussi, à l'aide de descriptions extrêmement visuelles, comment il s'excitait à l'évocation de son visage empourpré, de ses yeux fous, et de ses inventions lubriques. Il se complaisait dans la description des pratiques sexuelles de Nora quand il sentait ses doigts lui « caresser et chatouiller les couilles ou fichés en moi par-derrière »[39].

Si Nora s'offensait de certaines obscénités, d'autres passages

---

* Choix de Lettres, Pléiade, vol. I des Œuvres de James Joyce.

contenant d'exquises expressions d'amour lyrique pour sa personnalité et pour sa beauté la ravissaient aussi. Elle le remerciait pour le joli nom qu'il lui donnait : « Ma splendide fleur sauvage des haies, ma fleur bleu nuit inondée de pluie. »

Plus rien ne pouvait désormais l'arrêter. Convaincu de devoir être le plus grand écrivain de tous les temps dans son pays, il se voyait devant la possibilité d'écrire de la haute pornographie. Il profitait aussi de l'occasion pour mettre au point les techniques qu'il allait employer dans ses écrits futurs. Il allait dire la vérité. Il exigeait de lui-même — et de Nora — précisément ce que Freud exigeait de ses patients dans l'art tout nouveau de la psychanalyse : de transcrire en paroles toute pensée même honteuse, sans fléchir.

L'étonnant n'est point que James Joyce ait pu le faire, mais que Nora Barnacle, instruite exclusivement au couvent de la Miséricorde, ait emboîté le mouvement avec confiance et, de sa propre initiative, l'ait parfois dépassé.

Dans ses lettres, Joyce énumérait tout ce qu'elle avait été la première à faire — prononcer la première parole obscène, le toucher intimement dans l'obscurité. Toutefois, cet enchaînement de pensées raviva une nouvelle fois ses doutes lancinants sur l'expérience de Nora.

Curieusement, trois mois après le traumatisme Cosgrave, dont il affirmait avoir réglé le problème pour toujours, il recommença à l'interroger sur son passé en des termes donnant à penser que Nora avait dû confesser quelque chose. La main de « cette personne » avait-elle glissé des doigts à l'intérieur du corps de Nora? Jusqu'où [40]? Avait-elle joui? Et cette autre personne, Nora l'avait-elle « branlé »? Joyce devait-il croire que son sexe était le premier qu'elle eût jamais touché?

Jamais procureur n'aurait pu être plus méticuleux. La précision et l'insistance des nouvelles questions de Joyce suggèrent que peut-être, à son retour à Trieste, en septembre, Nora avait admis que les mains de Cosgrave avaient pu s'égarer en territoire interdit en 1904. Néanmoins, Joyce réclamait toujours que tout fût dit. Elle ne devait pas craindre de tout avouer : le désir qu'il avait d'elle n'en serait pas amoindri, eût-elle été baisée par la moitié des « rustauds rouquins » du comté de Galway [41].

Il l'aimerait toujours, insistait-il, parce que tout ce qu'il lui avait dit ou écrit, jamais il ne pourrait le dire à une autre femme. Nora savait fort bien reconnaître la vérité quand elle l'entendait. Plus étroitement que les vœux sacrés du mariage, leurs échanges obscènes les liaient l'un à l'autre. Nora savait bien qu'elle était fidèle à Joyce, mais elle avait du sens pratique à revendre. Elle entretenait les charbons ardents. On l'imagine bien, disant : « Inutile de tout dire à un homme. »

Nora commença donc à manœuvrer à son propre avantage. Au lieu de répondre à cette nouvelle inquisition, elle le provoqua par une image à laquelle il ne pouvait pas résister. Elle manquait tellement d'argent, lui dit-elle, qu'elle n'avait plus rien à se mettre et sortait « sans dessous ».

Aussi sûrement que si elle avait pressé un bouton, Nora déclencha un nouvel afflux de fantasmes, et un envoi d'argent. Joyce lui expédia un gros billet pour s'acheter des culottes, en lui décrivant les sous-vêtements à volants et longues jambes qu'il aimait. Ces culottes, ajoutait-il, seraient mieux encore si elle voulait bien les maculer de taches brunes. Il rêvait de lui éjaculer au visage, de la pénétrer par-derrière[42].

Nora insista : elle lui ordonnait de se masturber deux fois en lisant sa lettre, lui promettait de le faire jouir en le suçant quand il reviendrait, et réclamait qu'il la lèche aussi. Elle aimait, disait-elle, être « foutue côté cul ». Se souvenait-il de cette nuit où il l'avait si longuement « foutue par-derrière »[43] ?

Joyce s'en souvenait, bien sûr. L'enchaînement des associations — sa lettre du 12 décembre parlait des « pets vifs et joyeux » qui jaillissaient d'elle — est pratiquement illisible dans son exaltation des odeurs fétides.

Ces lettres avaient pour but d'aider à la stimulation, mais Joyce ne pouvait s'abandonner à ses fantasmes qu'à partir de deux ou trois heures du matin, après d'épuisantes journées consacrées à l'établissement du cinéma. Il écrivait dans la chambre qu'il occupait au 44 de Fontenoy Street, dans la petite maison où vivait sa famille, et ses lettres n'ont rien d'érotique dans leur aspect général. Ce sont des lettres à l'air bien propre : la première était écrite sur un feuillet bleu plié en deux comme une carte, et les autres sur du papier plus grand, couleur crème, rédigées d'une petite écriture régulière, soignée, pratiquement sans une rature. Elles ne donnent aucun signe d'avoir été écrites pendant l'acte de masturbation ; la clarté des passages les plus sales, comparée à l'aspect de passages plus banals, donnerait même à penser que Joyce les recopiait, après les avoir ébauchés dans la journée sur des bouts de papier. Leur contenu est néanmoins ponctué d'exclamations soulagées. Dans une lettre, Joyce confessait que le besoin pressant de changer de pantalon lui avait fait manquer la dernière levée de la poste.

Le goût personnel de Nora en matière de sexe ne semble pas avoir été anal, mais elle voulait tenir son homme, elle voulait obtenir de l'argent, et elle aimait les jeux sexuels. Il se plaignit un jour que la lettre de Nora était d'une froideur inhabituelle — et lui envoya de l'argent. Il fut au septième ciel quand elle lui déclara qu'elle « veut que je l'encule et veut que je baise dans sa bouche et veut me déboutonner et sortir mon outil et le sucer comme une tétine ». Il était ébloui par les gros mots qu'elle employait, et regrettait de ne pas voir ses lèvres « cracher » des mots obscènes. Il demeurait également saisi devant le talent pornographique qu'elle déployait, en particulier dans une lettre où elle se décrivait aux cabinets : « Tu dis que tu chieras dans ta culotte, ma chérie, répondit-il émerveillé, puis me laisseras te baiser [44]... » Ce water-closet continental « à la turque » était sans doute le seul endroit où Nora pût être un peu seule dans l'appartement familial. Il s'émerveillait aussi de l'aptitude qu'elle avait de dire toujours exactement ce qu'il souhaitait entendre.

Nora se targuait de pouvoir le battre à ce jeu d'écriture et il reconnaissait sa supériorité, surtout quand elle décrivait l'usage qu'elle pourrait faire de sa langue (et, précisait-il, il savait qu'elle ne parlait pas là de fellation). « Écris encore, plus salement. » Il lui recommandait encore, comme il l'avait fait cinq ans auparavant, d'utiliser ses lettres comme objets érotiques en soi : elle devait les placer sous elle, péter dessus et peut-être faire pire encore, et puis les lui renvoyer, « ma chérie au cul brun ».

De même qu'en août, le point focal de leur correspondance érotique se déplaça tandis que le rythme s'intensifiait. Vers la mi-décembre 1909, après avoir écrit une demi-douzaine de ces lettres, Joyce descendit vers des images infantiles et sadomasochistes. Le désir d'être fouetté lui revint ; si ses saletés offensaient Nora, il la priait de le ramener à la raison « par le fouet comme tu l'as déjà fait ». Il désirait que Nora, ou une version plus forte d'elle, avec une forte poitrine et des grosses cuisses, lui arrache son pantalon et le fouette comme ferait une nurse en colère.

Tout en rendant hommage à l'inventivité de Nora, il suggérait lui-même certaines possibilités : dans l'escalier, sur la table de la cuisine, dans les cabinets ; Nora vêtue de son seul chapeau et de ses bas ; avec une fleur cramoisie dans le derrière ; ou comme une bonne d'enfants baise son soldat... C'était toujours à elle de dominer, et à lui d'être passif [45].

Il continuait d'entremêler les images les plus viles — Nora accroupie sur lui et « grondant comme une jeune truie qui fait sa crotte » — avec les plus lyriques — « mon amour, ma vie, mon étoile, ma petite Irlande aux yeux étranges » [46].

Dans sa lettre du 20 décembre, Joyce se laissait aller aux fantasmes anaux les plus débridés — une fille à la « culotte blanche ouverte derrière, avec son cul qui sort et une grosse chose marron sortant à demi de son trou ». Cette même lettre, qui faisait état d'un orgasme, marquait également le tournant de cette correspondance. Il remonta dès lors à la surface, flottant sur des pensées heureuses de famille et de foyer. Il rêvait de décorer la cuisine avec des affiches, d'accrocher des rideaux neufs tout rouges, et de s'asseoir dans un bon fauteuil. Des visions enfantines de ses plats préférés, irlandais et italiens, lui dansaient dans la tête. Il voulait de la *polenta,* du ragoût d'anguilles, de la purée, du roast-beef, une salade russe, des *torroni...* La seule image d'un brun chaud qui ait envahi ses rêveries à ce moment-là était celle du nouveau linoléum qu'il voulait pour la cuisine. En l'espace d'un mois, ses nostalgies l'avaient conduit du vagin à l'anus et de là aux entrailles maternelles.

La période des lettres scatologiques était terminée. Plus jamais Joyce et Nora ne correspondirent de cette manière. Pendant le reste de son séjour à Dublin, Joyce confina ses lettres à des effusions d'amour gamines, poétiques (« un million de baisers à ma fleur chérie de l'Ouest tout emperlée de rosée, un million de millions de baisers à ma chère Nora la Bouclée »). Il avait l'esprit fort occupé par l'ouverture du Volta, prévue pour le 20 décembre, et par les projets de Noël. Mrs. Barnacle lui avait envoyé une dinde. Tout affairé qu'il fût parmi les foules de Noël, il trouva néanmoins le temps d'envoyer à Nora de la musique, ainsi que l'exemplaire promis de *Musique de chambre,* avec l'emblème de la famille Joyce gravé sur la couverture. Il la priait de garder un peu de ces sucreries italiennes qu'on sert à Noël, pour qu'Eileen pût y goûter en janvier, quand il la ramènerait à Trieste.

Les feux de la jalousie n'étaient pas entièrement éteints. Joyce eut une terrible crise d'angoisse, un jour, à Dublin, lorsqu'il rencontra un policier originaire de Galway dont les sœurs avaient connu Nora au couvent de la Présentation. Qu'est-ce que cet inconnu risquait de laisser échapper sur le passé de Nora ? Heureusement, ce policier ne se rappelait Nora que comme « une jolie fille bouclée à la démarche altière ».

Pour Nora aussi, les orgies scatologiques avaient pris fin. Elle se retrouvait là même ou elle avait commencé : sans argent à l'approche de Noël. Une fois de plus, elle adressa à Joyce l'autre type de lettre qu'elle maniait désormais si bien : elle en avait assez, elle retournait à Galway avec les enfants ; cette fois c'était sérieux.

Une fois de plus, la tactique réussit. Quatorze couronnes arrivèrent le 24 décembre par la poste, suivies de la plus abjecte supplication : « Ma petite mère, prends-moi dans le sanctuaire obscur de tes entrailles. » Nora lui envoya en retour ses bons vœux de Noël, avec une carte de félicitations de mariage — mais sans un mot d'explication. Maintenant qu'elle avait satisfait les désirs les plus secrets de Joyce, suggérait la carte, peut-être pourrait-il penser un peu à ceux de Nora.

Ces lettres scatologiques sont encore sales aujourd'hui, en dépit de la révolution sexuelle. L'excrément sent toujours mauvais ; la souillure suggère toujours la pollution et l'infection. Pour l'essentiel, ces lettres ne sont guère érotiques ; l'imagerie en est trop scatologique, puérile, et répétitive. A les lire dans le « Choix de Lettres » de James Joyce, on penserait volontiers avec Molly Bloom dans *Ulysse* : « O Jésus que je me lève de ça pouah[47]. » Mais ces lettres sont importantes, pour comprendre non seulement Joyce mais Nora — sa personnalité, et aussi sa contribution à *Ulysse*. Quand Joyce faisait dire à Molly Bloom :

> « J'écarterai tout grand mon pantalon et je le lui bomberai en plein sur la figure qu'il colle sa langue dans mon trou jusqu'au fin fond pendant qu'il y est mon jouet quelque part et après je lui dirai qu'il me faut une livre ou peut-être 30 shillings je lui dirai que j'en ai besoin pour m'acheter des dessous...[48] »

il avait les lettres de Nora pour guide. Ce passage, comme tant d'autres, montrait bien que Joyce, suivant sa promesse à Nora, avait écouté « aux portes de ton cœur ».

Les lettres scatologiques soulèvent maintes questions laissées sans réponse. Nora et Joyce considéraient-ils la sexualité anale comme une forme de contraception ? En dépit de toutes les protestations de Joyce qu'ils n'aient point de secret physique l'un pour l'autre, on ne trouve nulle part dans la clarté explicite de leur correspondance la moindre évocation d'un risque de grossesse. Et puis où Nora conservait-elle les lettres, à Trieste ? Joyce l'avait avertie d'avoir à les garder pour elle seule. Pourtant, quand le courrier arrivait via Scussa, Eva et Stannie devaient bien s'enquérir : « Lettre de Jim, Nora ? Qu'a-t-il de beau à raconter ? »

Plus tard dans sa vie, lorsque Nora énonça ses fameuses plaintes sur l'esprit cochon de son mari, peu de gens comprirent qu'elle tenait cette opinion de bien autre chose que des pages d'*Ulysse*.

En tant que forme de communication entre mari et femme servant à soulager la frustration sexuelle par la méthode la moins indésirable possible, la correspondance des Joyce en 1909 était loin d'être unique. Le travail de Peter Gay sur la sensualité du XIXe siècle montre que la pruderie victorienne n'était bien souvent qu'une simple façade. Les préoccupations excrétoires y étaient répandues, comme tend à le prouver le passage suivant d'une lettre écrite aux États-Unis en mai 1904 :

« J'étais presque fou de désir en arrivant ici par le train aujourd'hui. Je souhaitais que ta vessie soit pleine d'urine au point d'éclater, et que, pour sauver ta vie, tu ne puisses te soulager qu'en urinant dans ma bouche jusqu'à t'être entièrement vidée, et j'étais alors totalement rempli de ton urine, au point d'éclater... [49] »

L'auteur de cette lettre était un Bostonien très convenable, Godfrey Lowell Cabot, qui écrivait à sa femme Minnie à 4 h 12 du matin, lors d'un voyage d'affaires en Virginie de l'Ouest.

Pour Nora, les lettres pornographiques représentaient un exercice d'aisance et de contrôle. Elle prouvait à Jim qu'elle le valait bien sur le papier, et se prouvait à elle-même qu'elle tenait son homme bien en main. A ses yeux, les mots les plus mémorables de toute leur correspondance étaient peut-être cette déclaration de reddition totale, vers le 13 décembre : « Je ne te quitterai *jamais* plus » (*jamais* souligné quatre fois).

CHAPITRE 7

Une maisonnée de Joyce

En l'espace de trois mois, Nora, qui n'avait pratiquement pas parlé un mot d'anglais avec une femme depuis cinq ans, se retrouva dans une maison avec deux filles débarquées d'Irlande. A Dublin, les gens avaient mis Joyce en garde contre l'idée d'amener une belle-sœur chez lui, mais l'arrivée d'Eva en octobre 1909, suivie en janvier 1910 de celle d'Eileen, donnait précisément à Nora ce qu'elle souhaitait, une compagnie et de l'aide. Les sœurs Joyce apportaient une forte bouffée d'Irlande catholique. Elles allaient régulièrement à la messe et se rappelaient les jours d'obligation religieuse. « Priez pour moi ! » leur criait Nora quand elles partaient pour l'église, tandis qu'elle restait au lit avec Jim[1]. Quant à Joyce, il était nettement moins détendu au sujet de ces pratiques, et ne voulait pas que les *cattolicissime,* comme il les appelait, emmènent Giorgio ou Lucia avec elles.

Eva, qui avait dix-huit ans, était la plus pieuse des deux, et leur sœur aînée Poppie l'avait choisie pour aller à Trieste en août 1909 dans l'espoir qu'elle exercerait une saine influence. Mais la conscience austère d'Eva œuvra contre son intégration. Joyce et Nora s'enchantaient du riche mélange des cultures qu'ils trouvaient à Trieste, des Grecs, des Serbes, des juifs, des Autrichiens, des Italiens ; mais Eva n'y voyait rien d'intéressant. Regrettant Dublin dès l'instant où elle avait mis le pied à Trieste, Eva ne pouvait pas oublier que Jim et Nora n'étaient pas mariés. De plus, elle soupçonnait son frère de s'être laissé entraîner dans une fausse position dont il ne savait plus comment se tirer. Et puis le côté terre à terre de Nora la choquait. En août 1910, ils emménagèrent dans un appartement plus grand et plus proche du centre. Un jour, après avoir bien travaillé à disposer les meubles, ils se laissèrent tous choir dans des fauteuils pour admirer l'effet de leurs efforts. Soudain, Nora ramassa un pot de chambre et le posa triomphalement sur le plus haut meuble de la pièce. Eva se renfrogna. Elle estimait que jamais une fille Joyce n'aurait fait une chose aussi vulgaire[2].

Eileen ressemblait davantage à Nora. La langue acérée et le coup d'œil perçant pour imiter les gens, Eileen était d'une beauté un peu anguleuse, avec cet œil bleu glacial des Joyce, et elle ne nourrissait aucune rancœur contre son nouveau foyer. Fière de sa voix, elle avait l'ambition de devenir chanteuse d'opéra. Pour elle, Trieste n'était qu'une étape vers sa vraie destination : Milan[3]. Elle avait activement aidé Joyce à préparer le voyage, travaillant au cinéma Volta dès son ouverture, et accepté fort volontiers le manteau chaud et les gants qu'il lui avait offerts pour le voyage. Prodigue mais généreux, Joyce avait été horrifié de voir comment vivaient ses sœurs à Dublin, et les aurait toute amenées à Trieste s'il l'avait pu. Il promit à Nora que, d'ici un an ou deux, ils pourraient faire venir une autre de ses sœurs, probablement Delia[4].

Sans doute Nora était-elle soumise à des pressions analogues de Galway, bien qu'aucune lettre n'ait survécu. Les perspectives qu'offrait l'Irlande étaient aussi sombres pour son frère Tom et ses cinq sœurs que pour le clan Joyce, et tous allaient d'ailleurs émigrer, pour la plupart définitivement. Cependant, jamais Nora n'en introduisit aucun dans sa maisonnée de Joyce, sauf en visite — et jamais à Trieste.

Joyce et Stanislaus avaient donc établi une véritable communauté Joyce à Trieste. Les sœurs laissées en arrière ne rêvaient que de courir les rejoindre. C'était un endroit fort vivant : Giorgio et Lucia faisaient rire tout le monde et l'on chantait beaucoup, autour du piano de location. La Saint-Patrick était une grande fête, célébrée avec presque autant de cérémonie que Noël ou l'anniversaire de Joyce. Nora, Eileen et Eva préparaient les repas ensemble. Nora faisait rôtir des poulets farcis de purée, d'oignons sautés et d'un peu de cannelle, sa grande spécialité[5]. Elle préparait aussi le pudding de Noël, pour lequel toute la famille, y compris Joyce lui-même, courait la ville en quête des ingrédients requis. Et, au milieu de toute cette activité, dans la cuisine trônait Joyce. Il aimait travailler là, où la lumière était meilleure, et il lisait avec les pieds posés sur la table, ou bien il écrivait, avec tous ses papiers étalés. Leurs bavardages ne le dérangeaient jamais.

C'était une vraie vie de famille, avec toutes les discussions que cela suppose, surtout à propos d'argent. Stanislaus était le bouc émissaire, le numéro dépareillé. Il habitait une chambre séparée dans la via Nuova mais prenait ses repas avec les autres et payait sa pension, plus que sa part en vérité, pour subvenir aux besoins de ses sœurs. Mais, bien souvent quand il arrivait, le soir, c'était pour découvrir que les autres avaient déjà fini de dîner et étaient sortis, emmenant les enfants et le laissant souper seul. Il se sentait rejeté et exploité, obligé d'entretenir deux familles : on lui demandait même parfois d'aider à payer les factures vestimentaires de Nora. Et puis il savait que Nora, Jim et ses sœurs se moquaient de lui dans son dos ; mais chaque fois qu'ils étaient à court d'argent, ils se tournaient vers lui. Jusqu'au petit Giorgio, qui considérait Stanislaus comme le gagne-pain de la famille. « Nous n'avons rien eu à manger, aujourd'hui, reprocha-t-il un jour à son oncle. Mets-le-toi bien dans la tête. » Pis encore à ses yeux, la manière dont ils conspiraient tous contre lui. Eileen lui extorqua un jour de l'argent sous prétexte de s'acheter un nouveau chemisier, puis le remit à Jim suivant un arrangement préalable pour aider à payer les factures de la maison[6].

Stanislaus confiait son amertume et ses frustrations sexuelles à son journal[7]. Il considérait son frère comme un génie, et se croyait la mission d'empêcher le génie de mourir de faim ou d'alcoolisme. A dix-huit cents kilomètres de là, tante Josephine percevait les tensions de Trieste avec son habituelle sensibilité, et grondait Stanislaus d'avoir si piètre opinion de lui-même. « Heureusement que nous sommes nombreux à penser différemment », disait-elle, mais plus par affection que par conviction[8].

Inutile de dire que les tentatives commerciales de Joyce n'avaient pas couvert Nora de capes, de robes et de fourrures. « Comment t'en es-tu tiré avec le Volta ? lui demanda son père. Berné, je suppose[9] ? » Joyce considérait effectivement qu'on l'avait berné, car on lui avait promis dix pour cent sur les bénéfices. Cependant, comme il n'y avait pas de bénéfices et que l'affaire fut vendue à perte dès l'été, ses commmanditaires s'estimèrent justifiés en ne lui donnant rien du tout.

L'habituel manque d'argent ne décourageait nullement Joyce et Nora de s'habiller aussi bien que le leur permettait leur crédit auprès des tailleurs et couturières. Les photos de la famille prises à Trieste démentent les histoires de pénurie qu'on écrivait à Dublin. Un portrait en studio d'Eva et Lucia, par exemple, montre la fillette de trois ans et sa tante toutes deux coiffées d'énormes chapeaux dont les amoncellements de falbalas laissent deviner un travail coûteux. On dirait tout à fait que, par leur habillement, les Joyce éprouvaient le besoin de proclamer leur égalité avec les snobs à qui James Joyce devait enseigner l'anglais.

La *hauteur* de la société triestine ulcérait Joyce. Il appréciait beaucoup d'avoir pour client des comtes, des barons, des hommes d'affaires ou exerçant des professions libérales, et en tirait le parti maximal. Mais tout brillant qu'il fût, nul ne voyait en lui un génie : à leurs yeux, il restait un membre des classes inférieures. Un signe en était que sa femme était obligée de travailler. Un autre, la simplicité de son logement. En outre, Joyce sortait souvent sans Nora. Bien des Triestins expliquaient l'absence de Nora par la pauvreté de sa garde-robe. « Il fallait avoir les toilettes appropriées », comme disait une Triestine [10].

Joyce pénétrait dans de belles maisons, par exemple l'élégante Villa Veneziani, avec ses dallages de marbre et ses portraits de famille accrochés aux murs — mais seulement comme professeur. C'était la maison d'Ettore Schmitz et de sa belle épouse hautaine, Livia. Les Schmitz n'invitaient jamais Joyce en dehors de ses cours. Livia Schmitz avait recours aux services de Nora pour repasser son linge (Nora travaillait chez elle, puis rapportait chez les Schmitz le linge repassé). La famille Schmitz trouvait Eileen plus raffinée que Nora et, afin d'aider financièrement les Joyce, ils engagèrent Eileen comme gouvernante pour leur fille. Mais le sentiment des distances sociales était très fort. Joyce, qui considérait Livia Schmitz comme un modèle de belle femme distinguée, n'oublia jamais qu'il n'avait franchi le seuil de sa maison que comme employé, et que Livia Schmitz snobait Nora quand elle la voyait dans la rue [11].

Les Joyce n'étaient cependant point si bas qu'ils ne pussent employer une servante. « Nous ne sommes pas venues jusqu'à Trieste pour te servir tes repas », disaient Eva et Eileen à Stanislaus. A l'automne 1910, Joyce engagea une petite paysanne du nom de Mary Kirn comme bonne à tout faire, en la débauchant d'un autre emploi par la promesse d'un salaire plus élevé. Mary Kirn se plaisait bien chez les Joyce. Non seulement elle y était payée très régulièrement (autre preuve que Joyce n'était pas avare), mais elle recevait des pourboires des riches Triestins qui venaient prendre leurs leçons, et qu'il fallait accueillir sur le seuil de l'immeuble et conduire chez les Joyce au troisième étage [12].

Mary aimait beaucoup Nora, qu'elle trouvait toujours enjouée et drôle, et admirait sa façon de taquiner Joyce pour tenter de le distraire de son humeur sombre. Nora lui enseigna à préparer le déjeuner. Bien que Nora sût cuisiner de nombreux plats italiens, Joyce et elle préféraient tout de même la cuisine irlandaise et, pour leur déjeuner, mangeaient un mélange très traditionnel de lard, de chou et de pommes de terre, accompagné de thé. Nora consacrait ses après-midi à l'étude assidue du piano. Elle s'efforçait également d'améliorer son italien, et Jim lui donnait des leçons [13]. Tout en repassant, Nora parlait de son pays. « Ah, tu devrais voir comment le linge sèche en Irlande, Mary. »

Nora avait fort à faire avec Lucia, qui était de caractère difficile et souvent malade. Elle avait des furoncles au cou, et Nora en était mortifiée. « Ne le dis à personne », recommandait-elle à Mary. Nora n'était cependant pas incapable d'avoir recours à des remèdes de bonne femme ; lorsque Lucia eut les oreillons, Nora fit un cataplasme de pain trempé dans du lait, et l'appliqua sur le cou de l'enfant. (Plus tard, Lucia allait se convaincre que c'était la cause de cette petite cicatrice au menton qui l'obsédait.)

Nora aimait beaucoup Lucia mais, comme tant d'autres mères irlandaises ou italiennes, elle préférait son fils. Joyce, par contre, avait un faible pour sa fille, et l'endormait en lui chantant une berceuse : « *C'era una volta, una bella bambina, che si chiamava Lucia...* » Nora n'avait pas allaité Lucia comme elle avait fait pour Giorgio, et Joyce le déplora toujours [14]. Elle ne se sentit jamais aussi proche de sa fille que de son fils, en partie parce qu'à la naissance de Lucia, épuisée par un mari malade, un enfant de deux ans, et le manque d'argent, elle avait été infiniment plus fatiguée qu'au cours des semaines suivant la naissance de Giorgio.

Néanmoins, Giorgio avait toujours raison aux yeux de Nora, tandis qu'elle grondait fréquemment Lucia. Un jour que la fillette avait assis sa poupée sur une chaise, la poupée tomba et se brisa. « Quelle maladroite ! » s'exclama Nora. (Joyce, lui, chercha à faire réparer la poupée [15].)

Nora abandonna cependant Giorgio aux soins de Mary, pour s'offenser ensuite en découvrant qu'il avait pour une bonne part reporté son affection sur elle. Pendant l'été 1911, Mary emmena Giorgio et Eileen en visite dans sa famille, à la campagne, et s'aperçut ensuite que Giorgio ne voulait plus revenir chez lui. Nora et Joyce en furent tous deux bouleversés, et Joyce alla en vain attendre au moins huit trains. Il écrivit sombrement à Mary pour lui ordonner de ramener Giorgio dès le lendemain, et de dire à « Giorgino » que son père était très chagriné d'apprendre qu'il ne voulait plus revenir à la maison. Si Giorgio s'obstinait, ajoutait Joyce, Mary devait faire appel à un policier pour le contraindre à l'obéissance [16].

Au fil de son bavardage insouciant avec Mary Kirn, Nora mentionna qu'elle avait fait une fausse couche, et qu'elle ne pouvait plus avoir d'enfants — sans préciser si elle ne pouvait plus devenir enceinte, ou s'il lui avait été recommandé d'éviter désormais toute grossesse. Joyce et elle n'abordaient jamais le sujet dans leur correspondance de nature sexuelle. Lorsqu'il la suppliait de ne pas laisser les enfants s'immiscer entre eux, sans doute redoutait-il tout autant de voir l'attention de Nora accaparée que sa bourse davantage sollicitée, mais il était fort partagé sur la question : beaucoup plus tard, et surtout lorsqu'il était ivre, il évoquait avec regret son désir de famille nombreuse. (Le sentiment toujours aigu de la perte d'un enfant mort — le petit Rudy de Leopold et Mary Bloom — parcourt *Ulysse* en entier.) Il se peut également que la référence de Joyce à « l'existence tronquée » du troisième enfant de Nora reflète le soupçon que, avec l'aide de quelques amies triestines, elle ait avorté.

On sait par ailleurs que Nora avait des problèmes gynécologiques. Alors que Giorgio et Lucia étaient encore très jeunes, elle les emmena à Visinada, un village de montagne connu pour son climat très sain, mais le voyage fut un échec. Les enfants tombèrent malades, et il n'y avait rien à acheter, comme elle s'en plaignit dans une lettre :

« Cher Jim je ne me suis pas divertie du tout depuis mon arrivée ici Lucy a été constamment malade et quand elle a commencé à aller mieux Georgie est tombé malade hier soir il a vomi toute la nuit et il est fiévreux aujourd'hui je n'ai pas dormi une seule nuit depuis que j'ai amené Lucy chaque fois qu'elle regardait l'étrangeté de l'endroit elle se mettait à pleurer elle ne veut pas aller avec Gina alors je suis obligée de la porter avec moi toute la journée la nourriture est très lourde et c'est sans doute ce qui a indisposé Georgie ne prends pas la peine de m'envoyer de l'argent de poche je ne compte pas rester plus tard que lundi et j'espère que tu pourras arranger cela je compte rentrer par le bateau j'espère que tes yeux vont mieux il n'y a pas de boutiques ici je ne peux rien acheter j'arrête maintenant j'espère que Stannie va bien

écris vite

Nora

continue toujours [17] »

Ces deux derniers mots ressemblent fort à un code entre époux concernant des écoulements vaginaux, et la circonspection de Nora dans le choix de ses termes montre bien qu'elle était plus sensible que son mari au fait que, dans leur appartement surpeuplé, les lettres intimes risquaient fort d'être lues par d'autres que leur strict destinataire.

Nora et Joyce eux-mêmes se chamaillaient fréquemment. Un jour, dans un accès de fureur contre elle, Joyce empoigna le manuscrit de *Stephen le Héros* et le jeta au feu avant de sortir en claquant la porte. Nora, Mary et Eileen bondirent pour le récupérer. « Ce livre le rendra célèbre, expliqua Nora à Mary. Je vais le cacher avant qu'il ne le détruise[18]. » Joyce était cependant bien trop avisé pour jeter au feu une œuvre qu'il eût jugée importante : il était déjà bien avancé dans la métamorphose de *Stephen le Héros* en *Dedalus. Portrait de l'artiste jeune par lui-même.* Il eut néanmoins de la gratitude envers sa fidèle brigade de pompiers, et avoua à sa sœur Eileen qu'il y avait dans ce manuscrit certains passages qu'il n'aurait pas pu réécrire.

Nora voyait bien comme les refus continuels des éditeurs rendaient Joyce sombre et cynique. Elle tentait de le taquiner pour le faire changer d'humeur, mais il demeurait convaincu de ne pouvoir achever *Dedalus* que quand *Gens de Dublin* aurait vu le jour. Pourtant, deux ans après la signature du contrat avec George Roberts, l'éditeur dublinois, il n'avait toujours aucune nouvelle de la publication. A Dublin, la famille Joyce guettait chaque mois les devantures de librairies, et chaque mois ils étaient déçus.

A Trieste, Joyce commençait à jouir d'une sérieuse réputation comme commentateur de littérature anglaise et de politique irlandaise. Le rédacteur en chef du *Piccolo della Sera* de Trieste, Roberto Prezioso, qui avait été l'un des premiers élèves de Joyce, lui demanda d'écrire des articles pour son journal et, en 1912, Joyce fut convié à donner deux conférences publiques sur « Le Réalisme et l'idéalisme dans la littérature anglaise ».

Au cours d'une de ces deux causeries, Joyce offrit aux Triestins, à leur insu, un aperçu de l'idéal et de la réalité de sa relation avec Nora. Il parlait alors de William Blake, écrivain avec lequel il se sentait de grandes affinités, et décrivait la puissante attraction existant entre Blake et sa femme Catherine, « totalement dépourvue d'instruction ». Joyce exposait les détails simplement, à la manière dont un adulte raconterait à un enfant une histoire à double sens :

« Blake, comme beaucoup d'autres hommes de grand génie, ne se sentait pas attiré par une femme cultivée et raffinée, préférant... (s'il m'est permis d'emprunter un lieu commun du langage du théâtre) la femme simple, de mentalité sensuelle, et dans les nuages, ou bien, dans son égoïsme illimité, voulait-il que l'âme de l'aimée fût entièrement une lente et difficile création de sa part, se libérant et se purifiant jour après jour sous ses yeux, démon (pour reprendre son expression) caché dans la nuée. Quoi qu'il en soit, Mme Blake n'était ni belle ni très intelligente. Elle était en effet analphabète, et le poète eut du mal à lui enseigner à lire et à écrire. Il y réussit cependant et, au bout de peu d'années, sa femme l'aidait dans ses travaux de gravure, elle retouchait ses dessins, et elle cultiva en elle-même la faculté visionnaire[19]. »

Dans les premières années de leur union, poursuivit Joyce, comme si c'eût été capital pour comprendre Blake, « il y avait eu des altercations, des malentendus faciles à comprendre, si nous pensons à la grande différence de culture et de tempérament qui séparait les jeunes époux ».

A la vive désolation de Joyce, jamais Nora ne devint une Catherine Blake. Elle restait détachée du travail de Joyce, par un mélange d'instinct de conservation et d'indolence naturelle. Elle l'aidait quand il le fallait, quand il n'y avait personne d'autre pour le faire, elle prenait la dictée, écrivait aux éditeurs et aux clients, et lisait à voix haute des livres rébarbatifs, mais elle se refusait à entreprendre les programmes de perfectionnement éducatif qu'il lui suggérait. Elle partageait avec lui l'amour de la musique, et des connaissances croissantes dans le domaine de l'opéra. Mais quant au reste, à l'exception de ses efforts pour apprendre les langues, Nora n'éprouvait pas plus le besoin de prouver ses capacités intellectuelles que sa fidélité sexuelle.

Avec la maturité et l'expérience, Nora était devenue plus élégante. De même que Joyce, elle s'habillait en tenue de soirée pour aller à l'Opéra, et ornait de rubans sa chevelure roux sombre[20]. Joyce se délectait de voir les hommes admirer Nora. Il venait d'atteindre la trentaine et, plus que jamais plongé dans l'écriture, il commençait à jouer avec l'excitation de l'imaginer entre les bras d'un autre. Il alla même jusqu'à lui suggérer de provoquer leurs avances. Franche et volubile comme elle l'était, Joyce savait bien qu'elle lui raconterait tout en détail.

Nora, comme naguère, était prête pour une aventure sexuelle, même si elle s'étonnait profondément de voir Joyce la pousser vers cette infidélité qu'il prétendait tant redouter. Elle craignait, et cela se comprend, qu'il ne se fût tout simplement fatigué d'elle. Cependant, comme tant d'autres *femmes fatales* à l'approche de la trentaine, elle s'inquiétait à l'idée de perdre ses charmes, et toutes les occasions de se rassurer lui étaient bonnes.

Leur conspiration tacite eut tôt fait de trouver sa première victime : Prezioso, le beau rédacteur en chef du *Piccolo,* était fort épris de Nora. Il avait ce charme et cette assurance que donnent la sécurité d'une vieille famille de l'aristocratie vénitienne, une situation très en vue à Trieste, et un passé d'officier de marine. Peut-être les Joyce n'avaient-ils pas conscience du fait que Prezioso, aussi émotif qu'il était beau, avait la réputation d'être bisexuel et d'entretenir une relation romantique avec Aldo Mayer, le fils du fondateur du *Piccolo*[21]. Il était aussi un homme à femmes, néanmoins, et voyait en Nora, avec sa vivacité irlandaise et sa nature colorée, une fleur exotique transplantée dans son coin de l'Adriatique. Ami de Joyce depuis 1905, date à laquelle il lui avait offert de précieuses recommandations pour l'introduire dans la société romaine, Prezioso commença à venir souvent voir Nora dans l'appartement de la via della Barriera Vecchia. Joyce était habituellement occupé à donner ses leçons, soit derrière les portes closes du salon, soit chez un élève quelque part en ville.

Le fait que Nora fût la femme de Joyce jouait sans aucun doute un rôle dans l'attraction qu'elle exerçait sur Prezioso, et Joyce n'était sûrement pas ignorant de ce caprice psychologique qu'on appelle triolisme, où le désir homosexuel envers une personne s'exprime dans le partage, ou le rêve du partage, d'un partenaire sexuel. On en trouve de fortes évocations dans *Ulysse,* et plus ouvertement encore dans *Les Exilés,* pièce pour laquelle il commença à prendre des notes dès la fin de 1913.

La fascination qu'exerçait Joyce sur Prezioso s'étendait à tout ce qui touchait à l'Irlande, et en provenait même en partie, à cause de la question nationaliste. Pour Prezioso, Nora était « Irlandina », ou Petite Irlande, et vers le milieu de 1913 il envoya des petits mots et des cartes postales à sa « Petite Irlande » pendant une de ses absences[22]. A cette époque-là, malgré ses fonctions au journal et la charge d'une femme et de deux enfants, Prezioso semblait avoir tout son temps pour s'attarder chez Nora, la contempler, et rester à dîner. Avec son affabilité toute latine, il voyait là une scène domestique familière : une femme passionnée, dotée d'un époux frêle et préoccupé. Un jour, il tenta sa chance. « *Il sole s'è levato per lei* [le soleil s'est levé pour vous] », déclara-t-il d'une voix enjôleuse[23]. Peut-être même l'embrassa-t-il.

Quoi qu'il fût advenu entre eux, cela resta leur secret. Nora informa toutefois Joyce que Prezioso avait tenté de la séduire.

Comme un acteur entendant la réplique, Joyce entonna aussitôt son rôle préféré : celui de l'homme trahi. Rencontrant Prezioso un jour dans la rue, il lui fit une scène terrible. Leur ami commun, le peintre Tullio Silvestri, qui passait par là, fut stupéfait de voir Prezioso en larmes. Les visites à Nora cessèrent, et l'amitié qui liait Joyce à l'un de ses plus ardents partisans à Trieste s'acheva ainsi.

Les attentions de Prezioso émurent profondément Nora. Elles la flattaient. Un autre homme de grande intelligence l'avait trouvée irrésistible, et elle raconta à une amie l'extravagant compliment que lui avait fait Prezioso, lui offrant l'hommage du soleil levant[24]. Mais le nerf prédateur avait été touché. Trois ans plus tard, elle rêvait encore à Prezioso en larmes dans la rue, effondré d'avoir brisé une amitié par amour d'elle[25].

Quel que fût le plaisir avec lequel il ressassait ses soupçons sur l'infidélité de Nora, Joyce continuait à caresser ses propres rêves d'adultère. Entre 1911 et 1914, il tomba amoureux fou d'une autre de ses riches élèves, Amalia Popper, fille d'un négociant juif de Trieste. A Trieste, où vivaient de nombreux juifs qui avaient fui les persécutions russes, Joyce prêtait aux femmes juives une extraordinaire sensualité. Dévorant des yeux la Signorina Popper, Joyce s'extasiait sur sa peau olivâtre, ses paupières délicates, ses longs cheveux noirs en torsade, le claquement de ses hauts talons, et ses opulentes fourrures.

Le fait que cet engouement ait sans doute commencé avant le voyage de Nora à Galway pendant l'été de 1912, et que Joyce l'y ait néanmoins suivie, suggère toutefois qu'il s'agissait simplement d'un rêve d'homme marié et que, quand Nora soupirait à la pensée de Prezioso, en 1913, Joyce avait lui aussi des distractions d'ordre sentimental. Mais Joyce ressentait tout avec une extraordinaire intensité, et utilisait ses sentiments comme matière première de son œuvre.

Des éléments de cette *affaire manquée* si tourmentée trouvèrent leur place dans un poème d'amour en prose, *Giacomo Joyce*. Cette œuvre brève, qui ne fut publiée qu'après la mort de Joyce, et qui est la seule à avoir Trieste pour cadre, nous montre Joyce âgé d'une trentaine d'années, déchiré entre son désir d'une beauté interdite et sa terreur des dangers d'une imagination érotique débridée. Certains éléments y font écho à son ancienne attirance pour Anny Schleimer, en partie d'origine juive, qui avait subi une opération de l'appendicite dont on trouve ici l'évocation très vivante :

« Le scalpel du chirurgien a fouillé dans ses entrailles puis s'est retiré, lui laissant au ventre l'entame cuisante et tailladée de son passage[26]. »

Giacomo Joyce s'achève sur un cauchemar surréaliste d'où le narrateur s'arrache avec deux cris désespérés. L'un est l'aveu de son impuissance : « Écris-le, bon sang, écris-le ! De quoi d'autre es-tu capable ? » L'autre, une supplication à sa femme pour qu'elle le sauve : « Un serpent d'étoiles m'a baisé : un froid calmar sinueux. Je suis perdu ! — Nora ![27] »

La frustration de Joyce était tout autant sociale que sexuelle. La Signorina Popper était typique des étudiantes de Joyce, riche et oisive, et la manière dont ces séduisantes jeunes filles le traitaient en domestique, tout comme leurs parents, l'écorchait à vif. Elles manquaient parfois de subtilité dans la façon de lui rappeler son rang ; un jour qu'il terminait son cours chez une élève et qu'il rangeait ses livres pour s'en aller, la jeune fille lui montra la pendule au-dessus de sa tête : l'heure pour laquelle il était payé n'était pas encore écoulée. Il manquait cinq minutes[28].

En juillet 1911, Eva rompit le rang. Elle rentra à Dublin, affirmant que cette vie à Trieste ne la menait nulle part. Il est plus vraisemblable que le climat de relative liberté sexuelle qui régnait à Trieste la troublait car, de retour dans la sécurité de Dublin, elle n'eut de cesse qu'elle n'eût longuement raconté à ses sœurs la profusion d'hommes superbes qu'on voyait à Trieste[29].

Stanislaus accepta de payer son inscription dans un collège technique de Dublin, où elle étudierait la dactylographie et la comptabilité, le soir, après sa journée de travail. S'arracher à Nora, à Jim, et aux enfants, lui fut douloureux. Les adieux à Lucia lui coûtèrent terriblement. « Jamais je ne me suis autant attachée à un enfant », écrivit-elle à Stannie pour qu'il le répète à Nora[30].

Les lettres de Dublin rappelèrent vite à Nora la folie qu'il y avait à rêver de l'Irlande. La première nuit de son retour, Eva n'eut même pas un endroit où dormir. Ses sœurs lui trouvèrent finalement un refuge provisoire, mais on l'en chassa à la fin de la semaine parce que son père ne payait pas le loyer : il était furieux de voir revenir une bouche de plus à nourrir. Ses sœurs, elles aussi, s'étonnaient de la voir rentrer. Chaque fois qu'elles avaient besoin de quelque chose, c'était vers Trieste qu'elles se tournaient — et c'était habituellement Stanislaus qui répondait. Il envoya même de l'argent à la plus jeune, Baby, pour qu'elle s'achète une nouvelle toilette.

Mais Baby n'en profita pas longtemps. Peu après le retour d'Eva, Baby tomba malade et mourut en huit jours de la typhoïde. Le triste compte rendu qu'adressa May à Trieste montre bien que James Joyce n'était pas le seul écrivain de la famille *. May nourrissait une grande rancœur à l'égard de leur père : « Pappie est un vrai bon à rien et plus tôt nous en serons débarrassés mieux ce sera. Il ne fait rien que boire et se battre et se plaindre. » May ajoutait qu'il y aurait eu bien assez d'argent pour les nourrir tous convenablement si seulement il ne le gaspillait pas ainsi, et elle demandait à Stanislaus d'en envoyer encore [31].

Le tragique récit de Dublin ne servit qu'à élargir le fossé entre Joyce et Stanislaus. Stanislaus, qui haïssait violemment son père, approuvait May et ressentait plus que jamais l'obligation d'envoyer là-bas une partie de son salaire. Tandis que Joyce, tout en partageant la compassion de son frère à l'égard de leurs sœurs, éprouvait plus que jamais le besoin de garder au contraire son argent pour Nora, Giorgio et Lucia. De plus, lui seul aimait leur père, admirait sa prodigalité, et chérissait tous les souvenirs qui lui restaient de l'esprit de John Joyce.

En septembre 1911, lorsque Giorgio entra à l'école, Nora trouva sa vie bien allégée. Elle et Jim étaient très fiers de leur joli petit garçon qui, à un âge fort tendre, chantait déjà d'une voix magnifique. Mais l'orgueil parental fut blessé par le premier livret scolaire de Giorgio, à l'école primaire de la via Parini : insuffisant dans toutes les matières [32]. (Et ce n'était pas faute de se tenir bien — il avait d'excellentes notes de conduite.) L'enfant avait en fait plusieurs handicaps : issu d'une famille d'immigrants, il n'avait pas la même maîtrise de l'italien que ses petits camarades. Et puis, comme son père, il était très myope depuis sa plus tendre enfance. A sept ans,

---

* « Dès le début elle fut très calme pendant sa maladie et c'était très dur de savoir si elle savait qu'elle allait si mal ou non... elle avait très mal à la gorge et il était presque impossible de comprendre ce qu'elle disait et le fait de parler semblait l'exciter. Le dimanche suivant (le dimanche avant sa mort), quand nous sommes allés la voir dans la salle d'hôpital, elle dormait... Pappie avait les yeux fixés sur elle et brusquement elle s'est éveillée et nous a dévisagés pendant une minute puis au bout d'une minute... elle a commencé à parler mais tout ce que nous avons pu comprendre c'était " May, je meurs, je meurs, c'est un fait... " Stannie, as-tu jamais vu un animal qui souffre, connais-tu cette expression qu'on leur voit aux yeux ? eh bien c'est ce regard de notre petite sœur qui nous a suivis hors de la salle après les adieux. Je ne l'oublierai jamais et c'est toujours couchée dans ce lit que je la revois... »

Giorgio commença à porter des lunettes tout le temps, à la consternation de ses tantes qui l'adoraient, et qui trouvaient que les lunettes l'enlaidissaient. Joyce lui-même, dont l'inflammation de l'iris s'aggravait, portait maintenant des verres si épais que, d'après l'écrivain irlandais James Stephens, qui le rencontra à Dublin en 1912, ses yeux bleus paraissaient maintenant gros comme ceux d'une vache[33]. Mais la ressemblance entre père et fils semblait s'arrêter aux yeux et à la voix. Le vrai problème de Giorgio, c'était que, comme sa mère, il se contentait de ce que la vie lui offrait. Joyce n'en fit jamais ouvertement le reproche à Nora mais, devant un ami, il railla l'ambition de Giorgio de travailler avec des chevaux : comme il était étrange, disait Joyce, que le père fût un intellectuel, et le fils un garçon d'écurie[34].

Au printemps de 1912, Joyce, qui n'adressait pratiquement plus la parole à Stanislaus, décida d'emmener Nora et les enfants vivre en Italie. Sa patience s'était lassée des longues heures de cours particuliers et de l'incertitude des revenus qui en provenaient, et aussi des interminables querelles familiales. Il décida qu'un emploi fixe dans le système d'enseignement public de l'Italie lui apporterait la sécurité, ainsi que le temps d'écrire. Mais ce poste d'enseignement requérait l'obtention d'un diplôme, attribué sur concours par l'université de Padoue. Pour se présenter à ce concours, Joyce aurait dû se séparer de Nora pendant environ une semaine mais, depuis l'expérience de son séjour à Dublin en 1909, Joyce savait quel serait l'effet de cette séparation sur son tempérament nerveux. Il contourna le problème en ne séjournant qu'une nuit à Padoue, et en regagnant Trieste pour y attendre d'être convoqué pour la suite des examens.

On peut observer combien la prétention était étrangère à Joyce, en voyant comme, dans son enseignement des langues, ses examens à Padoue, et ses diverses entreprises commerciales, il n'avait jamais le sentiment de déchoir. Il se jetait sans arrière-pensées dans les tâches qui se présentaient, si humbles qu'elles fussent. A Padoue, il composa deux remarquables dissertations (qui furent retrouvées des années plus tard et publiées), l'une sur la Renaissance en littérature, et l'autre sur Dickens. Plein de confiance, il regagna Trieste pour attendre là que lui soient communiquées ses bonnes notes. Quant à Nora, elle se rongeait d'impatience : elle n'avait plus qu'une idée en tête, revoir sa mère. Son oncle Michael Healy lui envoya l'argent du billet. Dès la fin de l'année scolaire (Giorgio remporta d'excellentes appréciations en arithmétique et en chant), elle partit pour Galway avec sa fille.

A sa descente du train à Westland Row Station, le 8 juillet 1911, Nora incarnait le rêve même de l'exilé : un retour triomphal, dans ses plus beaux atours. Elle était accompagnée d'une charmante enfant parlant l'italien, et respirait le raffinement continental. Une foule de Joyce l'attendait en rang sur le quai, parmi lesquels Charlie, le frère de Joyce, qui venait d'effectuer deux mois plus tôt un retour d'un tout autre genre : il avait échoué en Amérique, et rentrait vivre au pays. Charles Joyce, comme bien d'autres, espérait que le vote par le Parlement du Home Rule Bill d'Asquith * ouvrirait une profusion de nouveaux emplois en Irlande.

John Joyce menait la tête du comité d'accueil. C'était la première fois qu'il rencontrait Nora. Depuis sa réconciliation avec son fils en 1909 et sa rencontre avec son petit-fils, le vieux monsieur avait commencé à écrire à Nora, lui adressant ses affections ainsi qu'à « Georgie Porgie ». Quant à Nora, elle lui envoyait des cadeaux de Noël. Avec son sens de l'humour cocasse, John Joyce avait décidé qu'un dîner à l'hôtel *Finn's* s'imposait pour célébrer l'arrivée de Nora. Un jour ou deux plus tard, lui-même et quelques autres entraînèrent Nora et Lucia à Howth Head, superbe promontoire situé au nord de la baie de Dublin. Ils y passèrent une après-midi agréable à goûter et à écouter Lucia chanter. Puis, en vrais touristes, ils signèrent tous une carte postale pour Jim.

Nora s'attaqua ensuite à la vraie tâche qui l'attendait à Dublin : voir l'éditeur de Joyce, George Roberts, chez Maunsel & Company. Elle avait promis à Joyce de se renseigner pour savoir ce qui bloquait *Gens de Dublin*. Cependant, le père et le frère de Joyce ne voulurent pas lui abandonner une mission de cette importance, et ils l'accompagnèrent. A peine arrivée à Galway, Nora envoya à Joyce un compte rendu enjoué mais décourageant :

> « Je me sens toute drôle ici mais le temps passera vite d'ici mon retour auprès de toi mon Jim je suis sûre que tu voudrais en savoir un peu plus sur tes éditeurs eh bien mardi ton Père Charley et moi y sommes allés et avons épinglé ce charmant monsieur enfin je lui ai demandé ce qu'il voulait dire en te traitant de cette manière mais ton Père s'est mis à parler de sorte que Roberts ne s'est plus intéressé à moi et n'a plus parlé qu'à ton père il a trouvé un

---

* Cette loi fut bloquée par la résistance des Unionistes de l'Ulster, et reportée au début de la guerre, en 1914.

prétexte en disant qu'il était très occupé et qu'il faudrait revenir une autre fois alors Charley et moi y sommes allés deux fois le lendemain mais je regrette d'avoir à dire qu'il nous a évités mais Charley fera tout ce qu'il pourra il dit qu'il le guettera tous les jours et puis qu'il t'écrira. Je crains que ce ne soit un gros travail d'obtenir une réponse définitive en repassant j'irai encore j'espère que Charley pourra faire quelque chose... Au revoir mon amour prends bien soin de toi

Nora

embrasse Georgie [35] »

Nora regrettait que Joyce ne fût pas venu avec elle, mais c'était hors de question. L'oncle Michael n'en avait pas les moyens. Il avait, écrivit Nora à Joyce, dépensé « de l'argent à pleins seaux pour se faire retirer un os du nez [36] ». Et elle savait bien qu'à Trieste, ils n'avaient pas d'argent en trop. Leur compte d'épargne à la poste de Trieste, qui avait atteint naguère la coquette somme de cent couronnes autrichiennes, n'en comptait plus qu'une à l'été 1912 [37].

Si Joyce avait reçu sa lettre, il aurait remarqué l'emploi qu'elle faisait de « il » pour parler tantôt de George Roberts, tantôt de son frère Charlie. C'était là une des habitudes de Nora que Joyce allait employer de manière spectaculaire pour le monologue de Molly Bloom, dans *Ulysse*. Mais Joyce n'était plus à Trieste quand arriva la lettre : il était déjà en route pour l'Irlande.

Pendant un ou deux jours après le départ de Nora, Joyce avait été de fort bonne humeur. Il raconta à Schmitz comme Giorgio et lui s'amusaient bien, dans cette nouvelle existence de célibataires, sans sa femme ni sa fille [38]. Mais presque aussitôt après, il était de retour à la Villa Veneziani, pour supplier Schmitz de lui avancer l'argent du voyage, afin de rejoindre Nora en Irlande. Schmitz (qui, en grande partie grâce aux encouragements de Joyce, devint plus tard le célèbre romancier italien connu sous le nom d'Italo Svevo) eut pitié de lui et lui paya d'avance toute une série de cours.

Privé de Nora, Joyce se désespérait. Il ne pouvait littéralement pas dormir sans elle. Sur une carte postale qui croisa la première longue lettre de Nora, envoyée de Galway, il lui asséna une magistrale volée de reproches furieux, presque aussi violents qu'en 1909 :

« Après m'avoir laissé cinq jours sans la moindre nouvelle tu griffonnes ta signature avec une série d'autres sur une carte postale. Pas un mot des lieux de Dublin où je t'ai rencontrée et qui sont si pleins de souvenirs pour nous deux ! Depuis ton départ, je suis envahi d'une colère sourde. Je considère que toute cette affaire est injuste, inique.

Je ne peux ni dormir ni penser. J'ai toujours cette douleur au côté. La nuit dernière, j'avais peur de me coucher. Je croyais que j'allais mourir pendant mon sommeil. J'ai réveillé Georgie trois fois par peur de la solitude.

Il est monstrueux de voir que tu parais m'oublier en cinq jours, et oublier les jours magnifiques de notre amour.

Je quitte Trieste ce soir, car j'ai peur de rester ici — peur de moi-même. J'arriverai à Dublin lundi. Si tu as oublié, moi pas. J'irai *seul* retrouver et accompagner en promenade l'image de celle dont je me souviens.

Tu peux m'écrire ou me câbler à Dublin à l'adresse de ma sœur.

Que sont Dublin et Galway comparés à nos souvenirs ?

Jim [39] »

Que la lettre de Nora se soit conservée en l'absence de Joyce montre bien avec quel soin méticuleux Stanislaus conservait la correspondance de Joyce, ainsi que toutes les lettres venant de Dublin. Pendant l'été de 1912, cependant, Stanislaus faisait face à bien d'autres soucis causés par son frère. Joyce était parti brusquement en laissant derrière lui les quatre avis d'expulsion que Nora et lui avaient déjà reçus : ils connaissaient si bien la précarité de leur logement actuel qu'ils en avaient même visité une trentaine d'autres. Mais ils n'avaient rien fait pour déménager, car Joyce avait cru lire dans l'attitude (devenue cordiale) du propriétaire qu'il n'avait pas sérieusement l'intention de les mettre à la porte. Joyce se trompait.

Quant à Nora, à Galway, elle s'en moquait bien. On ne parlait que d'elle en ville. Comme elle l'écrivit triomphalement à Eileen :

« eh bien que trouves-tu à dire à Jim maintenant après toutes nos petites chamailleries il n'a pas pu vivre un mois sans moi imagines-tu ma joie en recevant un télégramme de Londres une semaine après Jim et Georgie en route j'ai l'impression qu'il peut faire des merveilles. il m'a envoyé un câble du bateau et c'est parti sur la haute mer à minuit. mais pour abréger l'histoire il est arrivé à Galway un mardi soir avec Georgie les gens ici ne parlaient que de lui qui me courait après... [40] »

En fait, Nora voyait Joyce exactement comme il se voyait lui-même. Il était le pauvre Jim enfantin et simple, et en même temps le faiseur de miracles, capable de franchir des obstacles tels que la distance et l'argent. L'avoir avec les deux enfants auprès d'elle à Galway, c'était un plaisir inattendu ; ils devenaient une famille irlandaise en Irlande, enfin, comme elle le relata à Eileen dans la description qu'elle lui envoya du mois d'août en Irlande :

« maintenant chère Eileen je ne te donne qu'un aperçu car je te dirai tout quand nous nous retrouverons je suppose que tu aimerais savoir comment nous passons nos journées ce serait plus agréable si nous n'avions pas aussi mauvais temps la pluie un jour sur deux quand il ne pleut pas nous allons généralement à la plage le matin. L'air est excellent ici et la nourriture Jim Georgie et moi couchons chez mon Oncle Lucia couche chez ma mère tu serais surprise de voir comme elle est chez elle ici chaque soir quand nous repartons de chez Mère vers dix heures et que nous disons bonsoir à Lucia elle monte se coucher en chantant elle est merveilleuse elle a le teint rose les deux enfants se plaisent beaucoup ici ils sont dehors toute la journée ils prennent à peine le temps de manger Jim va également beaucoup mieux et moi-même on me dit Ô tu profites bien tu es toute grosse bon je pense que j'ai un peu grossi, pour te dire la vérite je ne sors guère je reste avec Mère presque toute la journée... [41] »

Annie Barnacle croyait sa fille mariée. Nora s'était acheté une alliance, et Joyce lui-même en arborait une (pour se protéger du risque de devenir aveugle, disait-il). Annie Barnacle fut heureuse de le revoir. Lors de sa précédente visite, elle lui avait chanté « La Fille d'Aughrim » et lui avait dit que ses yeux « s'allumaient comme des bougies dans sa tête » quand il parlait de sa fille. Et Joyce, pour sa part, avait été favorablement impressionné par Michael Healy. L'oncle de Nora représentait le type même d'image paternelle dont Joyce, à trente ans, aurait encore eu bien besoin : très droit, compétent, respecté, et prêt à mettre la main à la poche pour aider un jeune couple dans le besoin. Les deux hommes développèrent entre eux une amitié respectueuse qui dura jusqu'à la mort de Healy, en 1936.

Ce voyage fut la lune de miel que Joyce avait promise à Nora. Ils allèrent aux Courses de Galway, cinq jours à la fin de juillet qui marquaient l'apogée de la saison mondaine de la ville. Tout seul, Joyce parcourut à bicyclette les quelque vingt kilomètres qui séparaient Galway de Oughterard, pour visiter le cimetière des « Morts ». (Peut-être découvrit-il aussi que le cimetière dont Nora gardait un souvenir intense était situé à Rahoon, à cinq kilomètres seulement [42].)

Nora accompagna Joyce en bateau jusqu'aux îles Aran, un voyage d'une trentaine de milles marins, où pour la première fois Joyce vit ces paysans irlandais dont parlait J. M. Synge dans son œuvre. (Il admirait beaucoup *A cheval vers la mer,* que Synge lui avait fait lire dès 1902 à Paris, et il le lisait à voix haute à Francini, qui ne parlait pas l'anglais, juste pour la sonorité des mots.) Comme Nora et lui flânaient sur l'île d'Inishmore, une vieille femme les invita à entrer chez elle. Elle leur servit du pain et du beurre salé, avec force thé brûlant. Il y avait un homme devant le feu. Nora demanda quel âge il avait [43].

La réponse semblait sortie tout droit d'un livre de Synge : il ne savait pas, mais savait qu'il serait bientôt vieux. Pourquoi n'avait-il pas pris femme ? Peut-être, répondit le jeune homme, parce qu'il n'y avait pas de femme pour lui. Et pourquoi ? A cette question directe, il ôta son bonnet et s'en couvrit le visage. Au moment de partir, Nora, qui semble avoir servi d'interprète, proposa de payer quelque chose pour le thé, mais la vieille femme les poussa dehors en leur demandant s'ils cherchaient à déshonorer sa maison.

Joyce se plaisait tant dans l'ouest de l'Irlande qu'il se tourna vers le journalisme, qu'il méprisa tant par la suite. Il envoya deux articles, l'un sur les îles, l'autre sur Galway, au *Piccolo* de Trieste, qui les publia en août 1912. (La rupture avec Prezioso, d'après leur correspondance, semble avoir eu lieu plus tard, peut-être au début de 1914.)

« La cité des Tribus » montre bien à quel point Joyce fut frappé par le caractère espagnol de Galway et de ses habitants, association qu'il allait introduire dans le personnage de Molly Bloom, dans *Ulysse ;* Molly est une femme au sang chaud née à Gibraltar, de souches mêlées espagnole et irlandaise. Le même article fait aussi écho à la honte de Gabriel Conroy dans « Les Morts », pour n'avoir jamais fait le voyage vers l'ouest, le pays de sa femme, l'Irlande authentique. Comme Joyce l'explique aux lecteurs du *Piccolo* :

« L'habitant de Dublin qui a des loisirs voyage peu et ne connaît son propre pays que par ouï-dire, aussi croit-il que les habitants de Galway sont d'origine espagnole, et qu'on ne peut faire trois pas dans les ruelles sombres de l'antique cité des Tribus sans rencontrer le vrai type espagnol au teint olivâtre et aux cheveux de jais. Le Dublinois a tort, et il a raison. Certes aujourd'hui les yeux et les cheveux noirs se font rares à Galway, c'est le roux à la Titien qui domine. Les vieilles maisons espagnoles tombent en ruine, et des touffes de mauvaises herbes poussent dans les encorbellements des fenêtres en saillie. Au-delà de l'enceinte s'élève le faubourg... mais il suffit de fermer les yeux un instant sur ce modernisme importun pour voir, dans la pénombre de l'histoire, la " cité espagnole " [44]. »

Cet article donnait à Joyce l'occasion de raconter à un public neuf l'histoire du terrible Lynch, ce maire de Galway qui, après un baiser d'adieu, « pendit [son] fils au linteau de la fenêtre, sous les yeux horrifiés de la foule ».

Le voyage des Joyce aurait dû être un retour romantique à leur terre natale. Très rapidement, au contraire, ce devint une expérience amère, qui les détermina à rejeter l'Irlande pour toujours. De Trieste, Stanislaus dut transmettre la triste nouvelle que Joyce n'avait finalement pas obtenu le diplôme italien nécessaire pour enseigner : les autorités de Padoue avaient écrit pour dire que, malgré ses notes exceptionnelles le plaçant à cinquante points au-dessus du concurrent le plus proche, le Conseil supérieur du ministère italien de l'Éducation avait décrété que son diplôme universitaire irlandais ne pouvait pas lui servir sous la loi italienne [45]. Stanislaus ne tarda d'ailleurs pas à avoir d'autres mauvaises nouvelles. Le propriétaire de la via della Barriera Vecchia n'avait pas parlé en l'air lorsqu'il avait parlé d'expulsion, et il venait d'ordonner que l'appartement fût entièrement vidé de son contenu — qui comprenait aussi bien les manuscrits de Joyce que sa sœur Eileen — d'ici au 24 août.

Joyce aurait pu supporter ces deux coups s'il n'avait en même temps reçu d'inquiétantes nouvelles concernant *Gens de Dublin*. A Dublin, George Roberts commençait à se refroidir, comme l'avait fait Grant Richards avant lui, à Londres. Il s'alarmait de plus en plus de la rumeur d'immoralité qui enveloppait le livre, et s'inquiétait davantage encore du risque d'être poursuivi en diffamation par tous les patrons de cafés, restaurants et autres établissements dont Joyce utilisait les vrais noms dans ses nouvelles. Chaque fois que Joyce cédait sur un point — jusqu'à supprimer un récit entier, « Une rencontre », parce qu'il y était question d'un pervers — Roberts trouvait un nouveau problème. A la mi-août, tandis que Joyce se trouvait à Galway, Roberts commença à menacer de renoncer tout à fait.

Joyce décida alors d'aller lui-même à Dublin, pour forcer l'éditeur à prendre une décision. Jamais sa paranoïa n'avait été plus justifiée. Il commençait à croire qu'un maléfice s'acharnait sur tout ce qui le concernait.

Nora le vit partir avec peine. Il avait passé toute une après-midi aux Courses de Galway, à lui ressasser son inquiétude pour *Gens de Dublin*. Imaginant les épreuves qui l'attendaient à Dublin, elle lui envoya un télégramme rédigé dans cet anglais-italien qui était leur langage intime : « Courage Angelo Mio [46]. »

Il en avait bien besoin. L'entretien avec Roberts fut pire que Joyce ne l'avait craint. Roberts lui réclama mille livres sterling en prévision des éventuels procès, faute de quoi il renonçait à publier l'œuvre. Joyce commença à courir d'un avocat à l'autre, et de là chez l'éditeur, s'efforçant d'échafauder toutes sortes de projets pour arriver enfin au stade de la publication, tout en écrivant à Stanislaus ses instructions pour installer toutes ses affaires chez un voisin au cas où le propriétaire ne s'apaiserait pas. La froideur de Joyce envers son frère s'atténuait sous l'empire de la nécessité.

Nora ne tarda point à recevoir des lettres pitoyables. Joyce se trouvait précisément dans l'état auquel il avait tenté d'échapper en venant en Irlande : seul, privé de Nora. Dans de longues lettres adressées à Galway, il partageait avec elle tout le détail de ses négociations avec l'éditeur, recopiant même à la main les lettres qu'il avait rédigées pour exposer son cas. Il lui parlait de son désespoir en termes qu'il lui supposait accessibles, quand il pensait

> « au livre que j'ai écrit, à l'enfant que j'ai porté pendant des années et des années dans le ventre de mon imagination comme tu as porté dans ton ventre les enfants que tu aimes, à la manière dont je l'ai nourri jour après jour de mon cerveau et de ma mémoire [47]. »

On ne s'étonnera guère que, au milieu de toutes ses autres persécutions, sa vieille jalousie soit revenue à la surface. Le télégramme de Nora ne suffisait pas. Pourquoi ne lui avait-elle pas écrit de vraie lettre ? Que faisait-elle donc à Galway quand il n'était pas là pour la surveiller ? Willie Mulvagh (toujours comptable à l'usine d'eau minérale Joe Young) et le prêtre lubrique n'étaient jamais bien loin des pensées de Joyce.

Cette fois, cependant, il garda son sens de l'humour. Il écrivit à Nora, citant une critique flatteuse de *Musique de chambre*, pour lui demander : « Ton ami de l'usine d'eau gazeuse ou ton prêtre pourraient-ils écrire mes poèmes ? » Joyce semblait persuadé que Nora préférerait un poète à un mortel inférieur. Mais même à cette heure sombre, il brandissait devant elle l'appât de la célébrité, comme si elle-même y eut aspiré : « J'espère que le jour viendra où je pourrai te donner la gloire d'avoir été près de moi quand je serai entré dans mon royaume [48]. »

N'ayant pas la moindre idée du moyen par lequel il pourrait se procurer l'argent du retour à Trieste, Joyce envisageait néanmoins d'emmener Nora à l'événement social le plus important de Dublin, le Concours hippique, pendant la dernière semaine d'août. Il réserva une chambre d'hôtel pour eux deux et, impatient de l'exhiber, lui donna ses instructions pour qu'elle se fasse belle. Elle devait arborer sa blouse lilas ajustée, se brosser les dents, et faire bien « attention à ne pas abîmer tes chapeaux, en particulier le grand ». Si elle n'était pas agréable à regarder, disait-il, il la renverrait à Galway — menace assez peu vraisemblable, d'autant plus qu'il ajoutait, de manière touchante : « Je voudrais que tu sois ici. Tu es devenue une partie de moi-même — une seule chair. » Pendant qu'ils étaient ainsi séparés, il l'encourageait à être heureuse, bien manger et dormir. « Tu peux dormir maintenant. Ton bourreau est loin [49]. » Cette remarque tend à prouver que la relation sexuelle des Joyce demeura bien vivante au moins jusqu'en 1912.

Joyce n'hésitait pas à asséner ce fait à son frère célibataire. Nora souhaitait le rejoindre à Dublin, écrivit-il à Stanislaus, « pour des raisons que tu peux imaginer » [50]. Il paraissait inconscient du fait que son entretien et celui de sa famille contraignaient Stanislaus au célibat. Mais la tante Josephine n'était pas aussi aveugle. Elle conseillait à Stanislaus de « saisir un peu de bonheur domestique si tu peux et je sais bien comme tu sauras rendre heureuse celle que tu choisiras. Comme j'aimerais apprendre que tu es marié [51] ! ».

Lorsque Nora fit enfin ses adieux à sa mère pour regagner Dublin, elle ne tarda guère à convenir avec Joyce que c'était « un endroit horrible ». Elle ne rêvait que de retourner à Trieste. Mais pour leur première (et en fin de compte unique) visite à Dublin en tant que couple marié, ils firent sagement le tour de tous les parents et connaissances. Nora n'aimait guère tante Josephine, en dépit de tous les efforts de la vieille dame, et réagissait comme devant une belle-mère. Elle n'aimait pas non plus les filles de tante Jo. « Je me disais que je n'arriverais jamais à mettre le pied hors de chez les Murray, confia-t-elle à Eileen, et je n'en trouve aucune sympathique [52]. »

Le problème, c'était que tante Josephine prenait des airs de propriétaire à l'égard de son neveu Jim. Un soir que Joyce était rentré découragé par les obstacles qui se multipliaient autour de son livre, il monta se consoler en jouant au piano. « Ah, montez vite le voir, voyons, dit tante Jo. Ne voyez-vous pas que tout cela est pour vous ! » Nora refusa. « J'aimerais beaucoup mieux, tante Josephine, répliqua-t-elle sèchement, qu'il descende manger la côtelette que vous lui avez gardée [53]. »

Si Nora et Joyce s'étaient rendu compte de ce qu'avaient fait les filles de tante Josephine pendant qu'ils avaient le dos tourné, ils les auraient encore moins aimées. Scandalisées de voir comment étaient élevés les petits Joyce, les filles Murray emmenèrent le petit Giorgio dans la salle de bains, à l'étage, et le baptisèrent subrepticement au nom du Père, du Fils et du Saint-Esprit[54]. Nora n'aimait d'ailleurs pas beaucoup plus les sœurs de Joyce restées à Dublin. Un soir qu'ils étaient tous chez tante Josephine, Charlie mentionna que sa femme, Mary, aurait aimé se joindre à eux pour entendre chanter Jim, mais qu'elle ne pouvait pas laisser les bébés seuls. (Charlie et Mary étaient rentrés d'Amérique avec trois enfants de moins de quatre ans, et vivaient à présent dans une seule pièce.) Joyce demanda à sa sœur Florrie d'aller garder les enfants pendant une demi-heure, pour que Mary puisse venir un peu. Florrie refusa. Sans un mot, Nora se leva, mit son chapeau, et alla relayer Mary[55].

Le dimanche suivant, il était prévu que le clan au grand complet, douze en tout (et quinze en comptant les enfants de Charlie), irait dîner chez Charlie. Épouvantée à l'idée que Mary dût préparer un repas pour toute cette armée, Nora suggéra que Mary aurait besoin d'aide. Mais aucune des sœurs Joyce n'offrit ses services. Charlie fut écœuré. Il écrivit à Stanislaus son émerveillement devant la gentillesse de Nora et Jim à l'égard de Mary et de lui-même, leur achetant même des fruits et du vin (nouvelle peu susceptible de réjouir Stanislaus, qui affrontait seul le désastre financier de Trieste).

Quant aux *Gens de Dublin*, leurs perspectives d'avenir allaient de mal en pis, bien que le texte eût été composé, et les pages imprimées. A la fin d'août 1912, George Roberts était tellement effrayé par tous les dangers cachés que pouvait contenir le livre (il demanda même à Joyce s'il y avait dans « Les Morts » autre chose encore que ce qu'on croyait y lire) qu'il parlait de poursuivre Joyce en justice pour se faire rembourser tous les frais engagés. Désespéré, Joyce proposa d'assumer lui-même la publication, et d'acheter mille exemplaires. Il avait cependant oublié le risque encouru par l'imprimeur, de poursuites pour obscénités. L'imprimeur décida tardivement (incité, soupçonna Joyce, par l'un de ses vieux ennemis) qu'il avait eu tort de seulement toucher un livre aussi immoral, et il refusa de livrer à la reliure les pages déjà imprimées. Et pour s'assurer que jamais personne ne les relierait pour en faire un livre, il pilonna les pages et brisa les typons. *Gens de Dublin* n'allait pas paraître à Dublin. « Je suis sûr que tu seras comme moi d'accord avec Jim, écrivit Charlie à Stanislaus, que l'Irlande est un charmant pays[56]. »

Nora et Joyce quittèrent l'Irlande dès le lendemain matin : Joyce n'allait plus jamais y remettre les pieds. Sur le chemin du retour à Trieste, il déversa sa rage dans un poème, « De l'eau dans le gaz », où il raillait ce « doux pays qui toujours a banni de son sein / Et voué à l'exil ses plus grands écrivains / Et par un de ces traits d'humour tout irlandais / A trahi tour à tour chacun de ses héros ». Il le fit imprimer, puis l'envoya à Charlie pour qu'il le diffuse. Goûtant pour la première fois l'amertume de leur association avec l'affreux, l'immoral écrivain James Joyce, Eva et Florrie supplièrent Charlie de n'en rien faire. Il prit le risque. C'était un petit geste de courage, mais Charlie était reconnaissant à Nora et à son frère Jim, et il accomplit la tâche qui lui était confiée.

Savoir qu'il était, peut-être à jamais, dans sa terre natale, marqué du sceau de l'immoralité, cela faisait rire Joyce. A Ettore Schmitz, dont le prêt avait permis ce voyage, Joyce déclara : « Ce qui est sûr, c'est que je suis plus vertueux qu'eux tous — moi qui suis réellement monogame, et qui n'ai aimé qu'une seule fois dans ma vie [57]. »

A leur retour en septembre 1912, la chance reparut. Joyce trouva un poste au collège commercial de Trieste, pour y enseigner le matin. L'après-midi, les élèves particuliers affluaient. Nora et lui bénéficièrent ainsi d'une élévation de leur niveau de vie. Stanislaus leur avait trouvé un appartement dans un nouvel immeuble de la via Donato Bramante, qui débouchait sur la Piazza Vico et montait jusqu'au château San Giusto. Ils investirent dans un nouveau mobilier, y compris des copies de meubles anciens danois (toujours la passion de Joyce pour Ibsen et tout ce qui était scandinave). Le piano trônait dans le salon, et ils accrochèrent au mur quelques photographies encadrées d'œuvres d'un sculpteur qu'ils admiraient tous deux. L'exemplaire de *Musique de chambre* copié à la main sur parchemin, que Joyce avait offert à Nora, était exposé sur un lutrin.

Le calme austère du salon, seule pièce où fussent admis les élèves, était rompu en fin d'après-midi par les hurlements des enfants qui rentraient de l'école. (Lucia entra à l'école en 1913, et Joyce et Nora furent enchantés de voir les facilités qu'elle avait. Elle avait d'excellentes notes en tout sauf en écriture.) Cependant, les deux enfants parlaient le dialecte triestin le plus cru. L'un des élèves de Joyce observa que Nora, d'un seul coup d'œil, pouvait les réduire au silence, et même lui aussi. Elle intimidait le jeune homme, « cordiale, de bonnes manières, aimable... l'ange gardien de la maison, une femme réellement belle » [58].

Le peintre Tullio Silvestri fit à Nora un compliment plus généreux encore. Joyce lui avait commandé un portrait de Nora, et pour la première fois Joyce autorisa Nora à aller dans l'atelier d'un peintre pour y servir de modèle — expérience envoûtante, autrement plus flatteuse que de servir de modèle à un écrivain. Content de son tableau, Silvestri déclara Nora la plus belle femme qu'il eût jamais vue[59]. Le portrait saisissait bien, à une époque de la vie de Nora dont ont subsisté fort peu de photographies, son visage rayonnant.

Le portrait plut beaucoup à Joyce, et il l'accrocha au mur de leur nouvel appartement, avec ceux de la famille qu'avait envoyés John Joyce, de Dublin. Cette exposition suscitait chez les visiteurs l'effet recherché. « Joyce était né gentleman, déclara Francini plus tard, comme on pouvait le voir aux portraits accrochés aux murs de son appartement[60]. »

En 1913 arriva de Londres la nouvelle que Grant Richards, après réflexion, était décidé à publier *Gens de Dublin* — le coût en étant réduit grâce à l'adresse de Joyce, qui était parvenu à sauver un jeu complet d'épreuves d'impression, avant la débâcle de Dublin. Une autre lettre de Londres, peu avant Noël, offrait la perspective d'une autre publication. Ezra Pound, poète américain inconnu de Joyce, écrivait chaleureusement, sur la recommandation de Yeats, pour savoir si, par hasard, Joyce n'aurait pas des manuscrits à publier ? Joyce lui envoya *Dedalus. Portrait de l'artiste jeune par lui-même* encore incomplet. Séduit, Pound le fit publier en feuilleton dans une revue londonienne, *The Egoist*, qui se spécialisait dans la littérature d'*avant-garde*.

« Cela semble un crime de ne pas vous payer pour cela », s'excusa Pound avec bonne humeur[61]. Mais Joyce désespérait tant de parvenir à se faire publier et reconnaître, qu'il aurait même payé lui-même. Pour son anniversaire cette année-là, Nora et lui avaient vraiment quelque chose à célébrer, car la première livraison du roman — avec cette entrée de conte de fées : « Il y avait une fois, dans le bon vieux temps… » — parut dans le numéro daté du 2 février. En juin suivant, *Gens de Dublin* — dix ans après que Joyce en avait écrit les premiers récits « Les Sœurs », et « Eveline » — était enfin publié. Les procès tant redoutés ne surgirent point. James Joyce n'était plus simplement un artiste mais un auteur.

Ce succès ne signifiait pas que la maisonnée des Joyce fût en rien mieux gérée. Nora était furieuse contre Joyce parce qu'il avait acheté trop de chaises pour la salle à manger. Ils n'avaient même pas besoin de celles qu'ils possédaient déjà, gronda-t-elle. Mais Joyce les avait achetées non pas pour des invités, mais pour ses bras et ses jambes à lui, car il aimait écrire vautré. Quant à Nora, son incurie exaspérait Livia Schmitz. Alors que toutes les femmes gardaient les vêtements de leurs enfants d'une saison sur l'autre, la Signora Schmitz observa que Nora se contentait de jeter ceux de Giorgio et de Lucia, pour leur en acheter des neufs le moment venu [62].

Les Joyce ne se conduisaient pas mieux envers leurs créanciers qu'envers leurs parents et amis : Joyce ne paya pas à Silvestri les quatre-vingt-dix couronnes qu'il lui devait pour le portrait de Nora. Il n'envoya pas à sa sœur May l'argent promis en remboursement du manteau qu'elle lui avait acheté avant son départ de Dublin. (« Je ne sais pas ce qu'il a en tête quand il traite ainsi les gens, à moins qu'il n'imagine qu'étant de cette intelligence extraordinaire, les manières lui sont superflues », écrivit May à Stanislaus, dans l'espoir qu'il pourrait récupérer cet argent pour elle [63].) Et Nora elle-même recevait des lettres de récriminations et des mises en demeure. En juillet 1913, elle reçut l'avis d'avoir à payer des frais de transport, sous peine de frais supplémentaires et de complications [64]. Peut-être était-ce la facture du transport des portraits de Dublin — ce qui tendrait à prouver que, quand son crédit s'épuisait, Joyce n'était pas au-dessus de certaines pratiques, comme de faire des dettes au nom de sa femme, encore qu'elle fût parfaitement capable de les faire elle-même.

Ses deux livres enfin lancés sur la route de la gloire, Joyce se plongea dans la suite, projetée depuis longtemps, du *Portrait*. Ce devait être l'histoire d'un Ulysse moderne, dont l'errance, avant de retourner enfin auprès de sa femme, allait l'amener à parcourir en tous sens son univers : Dublin. Mais comme s'il eût dû ôter le bouchon du flacon de son imagination, Joyce, en 1914, s'attela à une pièce sur l'amour, la fidélité, et l'adultère imaginé.

Toutes les œuvres de Joyce sont autobiographiques, mais aucune ne l'est plus que *Les Exilés*. On éprouve même un peu de gêne à lire l'histoire de « Richard Rowan », écrivain qui regagne l'Irlande après neuf ans d'exil, en compagnie de sa concubine, « Berthe ». Au départ de l'Irlande, Berthe n'est qu'une jeune Irlandaise de la campagne, simple et sans éducation. A leur retour, le petit « Archie » les accompagne, enfant aux manières continentales, qui appelle son père « Babbo ».

L'intrigue tourne autour d'un vieil admirateur de Berthe, le

journaliste Robert Hand, qui s'efforce de l'arracher à Richard. La vie
à l'étranger a transformé Berthe en une femme élégante et sensuelle,
d'autant plus attirante pour les autres hommes que, et cela se sait à
Dublin, elle est demeurée légalement libre. En outre, ses relations
avec Richard sont difficiles. Il se montre cruel et froid à son égard ;
elle craint qu'il ne soit lassé d'elle et ne lui préfère la cousine de
Robert, Béatrice, jeune femme intellectuelle qui vient enseigner le
piano à Archie.

Robert, en apparence le meilleur ami de Richard, est un journaliste
au parler rude, qui heurte la sensibilité introvertie de l'écrivain. Il fait
des avances à Berthe, laquelle en informe Richard dans le plus grand
détail — et celui-ci l'interroge comme un confesseur. Elle dit que
Robert l'a embrassée :

RICHARD : Votre bouche ?
BERTHE : Une ou deux fois.
RICHARD : De longs baisers ?
BERTHE : Assez longs. (*Réfléchissant.*) Oui, la dernière fois.
RICHARD : (*Il passe ses mains lentement l'une sur l'autre, puis :*)
　　Avec ses lèvres ? Ou... de l'autre façon ?
BERTHE : Oui, la dernière fois.

Richard, toujours avide de punition, lui demande si elle était émue.
Candidement, Berthe répond : « Il n'a pas de jolies lèvres... Pourtant, j'étais émue, bien sûr. Mais pas comme avec vous, Dick[65]. »
Quand Robert propose à Berthe un rendez-vous dans une maison
des environs de Dublin, Richard déclare à Berthe qu'elle est libre de
s'y rendre. Mais quand elle arrive en robe du soir, Richard est là, qui
l'attend : il l'a devancée pour informer Robert qu'il compte les laisser
tous deux seuls ensemble, puis dire à Berthe qu'elle doit prendre elle-même sa décision. Lorsque le rideau tombe sur le second acte, Berthe
se trouve seule face à Robert, fou d'amour et d'adoration. La porte
de la chambre à coucher est ouverte.

Au lever de rideau du troisième acte, Berthe est rentrée chez elle, et
Robert s'apprête à quitter l'Irlande. Ont-ils ou non fait l'amour ?
Richard n'est pas sûr — Joyce ne l'était pas non plus, il interrogeait
ses amis pour savoir ce qu'eux-mêmes en pensaient.

Dans la pièce, Berthe offre à Richard de lui dire « la vérité ».
Cependant, ses paroles restent ambiguës : elle affirme qu'elle lui est
restée fidèle. Richard écarte ses tentatives d'explication, déclarant
qu'il ne pourra jamais être sûr. Quoi que dise Berthe, il gardera « une
profonde blessure de doute qui ne pourra jamais se refermer ».

Nora n'ignorait pas qu'il la transformait en littérature : Joyce leur lisait des passages de son travail, le soir, à Eileen et à elle ; et elles furent parmi les tout premiers à entendre ainsi les premières pages d'*Ulysse*. Dans *Les Exilés*, le parallèle entre Prezioso et Robert Hand pouvait difficilement lui échapper. Elle devait aussi reconnaître dans le texte de la pièce certains passages des lettres que Joyce lui avait écrites : « Aucun mot n'est assez tendre pour être ton nom », et « Ton visage est une fleur — une fleur sauvage épanouie dans une haie ».

On trouve aussi dans Robert Hand des vestiges de Vincent Cosgrave. Lorsque Robert, jaloux, demande à Berthe : « Le premier soir où nous nous sommes rencontrés tous les trois. Pourquoi l'avez-vous choisi, lui ? », on peut se demander si J. F. Byrne n'avait pas eu raison, en disant que Cosgrave avait présenté Nora à Joyce, et qu'il avait été fort surpris de la perdre au profit de son ami. Et Robert, avec une touche de Cosgrave, se souvient honteusement d'avoir conseillé à Richard de partir sans cette fille, qui ne le valait pas. Robert, qui plus est, félicite Richard comme Cosgrave avait félicité Joyce, pour la métamorphose qu'il a su produire. Robert dit à Richard, dans la pièce : « Elle est à vous, elle est votre œuvre. »

Dans *Les Exilés*, le thème de la triade est proclamé à sons de trompe. Robert (qui, notons-le, porte le même prénom que Prezioso, et exerce la même profession) avoue explicitement l'attirance homosexuelle pour Richard qui sous-tend son désir pour Berthe : « Et c'est là, aussi, ce qui m'a attiré vers elle. Vous êtes si fort que vous m'attirez, même à travers elle [66]. »

Dans *Les Exilés*, peut-être Nora reconnut-elle aussi des paroles venant d'elle. Berthe, en dépit de toute sa sophistication, garde le maniement des mots rudes : « Puisque j'ai la réputation, pourquoi n'aurais-je pas les avantages ? » crie-t-elle à Richard. Si elle n'est que maîtresse au lieu d'épouse, pourquoi n'aurait-elle pas la liberté ? Si Richard l'aime vraiment, pourquoi la pousse-t-il dans les bras d'un autre homme ? Plus révélatrice encore, pour qui cherche à comprendre Nora à travers les paroles de Berthe, la déclaration par Berthe du fait qu'elle est malheureuse. Elle a tout quitté pour Richard — sa religion, sa famille, la paix de ses jours :

« Heureuse ! Alors que je ne comprends rien à ce qu'il écrit, que je ne puis l'aider en aucune façon, alors que, parfois, je ne comprends pas la moitié de ce qu'il me dit ! [67] »

Auteur d'une interprétation critique des *Exilés*, Robert M. Adams a souligné l'indifférence provocante, étrange, de Berthe à l'égard des sentiments amoureux de Robert[68]. La puissante passivité de Nora tourmentait certainement Joyce ; il la manipulait, mais sans la moindre confiance. Nora faisait sentir à Joyce précisément ce qu'Adams trouvait dans *Les Exilés* — que l'idée d'un homme remodelant une femme en fonction d'un certain idéal acquis est absolument ridicule. Malgré le vernis que Joyce s'efforçait de lui appliquer, Nora restait elle-même. Joyce le savait. « La personnalité de ma femme, déclarait-il tristement à des amis, est hermétique à toute influence venant de moi[69]. » La défaite de Joyce était la victoire de Nora. La reddition réticente de Richard à Berthe marque la fin des *Exilés*.

Dans une introduction à la pièce écrite en 1951, l'ami de toujours des Joyce, Padraic Colum, analysa le personnage de Berthe :

« Berthe existe par sa tendresse, sa fierté, son aptitude à la tristesse pour un passé, qui est aussi la tristesse des exilés, et ses rancœurs issues de la conscience de sa propre simplicité... Elle ne se soucie guère des principes, et considère les discours philosophiques comme un jeu qui occupe l'esprit errant des hommes. Elle n'est ni choquée ni ravie de voir Richard rompre avec l'ordre dans lequel elle a été élevée et se consacrer à en créer un nouveau. Étant femme, elle a en elle un ordre universel et immémorial... plus fondamental que l'ordre détruit par Richard, ou celui qu'il pourrait créer[70]. »

Colum aurait pu décrire là Nora et Joyce.

Pendant des années après sa publication en 1918, cette pièce des *Exilés* fut considérée comme l'unique échec de Joyce. L'English Stage Society commença par la refuser, l'un des membres inscrivant même ce commentaire dans le registre des appréciations : « Comme Strindberg à ses pires moments[71]. » Mais des reprises — comme celle du National Theatre sous la direction de Harold Pinter, en 1970, au London's Mermaid Theatre, ou celle, en français, qui se joua en 1983 au Théâtre du Rond-Point des Champs-Élysées — ont fait ressortir des thèmes qui intéressent le public d'aujourd'hui : comment réconcilier la fidélité avec la liberté, l'amour avec l'amitié, la confiance avec le doute.

Le personnage de Berthe est le contrepoids de Molly Bloom : elle est une version de Nora telle que Joyce la vit à son retour en Irlande en 1912, selon les termes de Robert Hand, « un être rare et merveilleux ».

En dépit de tout leur tumulte érotique, Nora et Joyce passèrent trois années paisibles et confortables dans l'appartement de la via Bramante. Eileen Joyce s'en souvint comme des années les plus heureuses de leur vie. Joyce leur faisait la lecture, le soir, à Nora et elle, et il chantait si divinement que les gens s'arrêtaient dans la rue pour écouter cette voix de ténor flotter dans l'air de la nuit. Eileen aussi avait trouvé à Trieste une nouvelle patrie. Elle s'était mise très vite à l'italien et même aux manières italiennes, gesticulant avec extravagance pour ponctuer ses paroles. Elle songeait bien de temps en temps à rentrer chez elle en visite, mais si sa sœur May écrivait que, bien sûr, elle serait la bienvenue, « j'espère qu'elle compte retourner à Trieste car ce serait pure folie, pour elle, que vouloir rester »[72]. Dès 1914, Eileen était bien décidée à rester en exil. Elle s'était éprise d'un élève de Joyce, Frantisek Schaurek, grand blond praguois qui travaillait dans une banque à Trieste, et au printemps ils se fiancèrent. Dans un sursaut de sentiment paternel, John Joyce écrivit à Joyce pour lui demander si Eileen ne risquait pas de gâcher ainsi son avenir, elle, la seule de ses filles qui lui eût jamais répondu avec insolence[73].

En août 1914, la guerre éclata : les empires allemand et austro-hongrois contre les Alliés, au nombre desquels comptait l'Italie. Trieste vibrait de loyautés opposées. Le premier souci de Joyce fut l'interruption du courrier avec Londres : il ne pouvait plus continuer d'envoyer à *The Egoist* les chapitres du *Portrait*. Il résolut cependant le problème en adressant ses enveloppes en Italie et en Suisse, d'où elles étaient réexpédiées à Londres. Cette ruse fit l'objet de la première lettre jamais reçue par Joyce de la femme qui, après Nora, allait le plus transformer sa vie : Harriet Shaw Weaver, féministe londonienne, généreuse et libre-penseur, fondatrice de *The Egoist*.

Trieste s'était métamorphosée en camp militaire. Les grandes places grouillaient de soldats et résonnaient de fanfares jouant l'hymne impérial des Habsbourg, au sourd mécontentement de la population, qui sympathisait plutôt avec l'Italie. Malchanceux comme toujours, Stanislaus fut arrêté par la police en 1915 et interné dans une forteresse autrichienne pendant toute la durée de la guerre. Il avait le tort d'être un Irrédentiste déclaré — en faveur du rattachement de Trieste à l'Italie — et de s'être associé à l'un des plus fervents partisans de l'Irrédentisme à Trieste.

Ce fut donc sans Stanislaus que, le 12 avril 1915, Joyce, Nora, leurs enfants et leurs amis escortèrent Eileen et Frantisek Schaurek (que la famille appelait Frank) de la via Bramante jusqu'à la somptueuse cathédrale San Giusto[74]. Là, Nora assista à la cérémonie de mariage qu'elle n'avait jamais eue, tandis que Joyce, mettant de côté (et non pour la dernière fois) ses scrupules anti-catholiques, servait de témoin.

Joyce et Nora espéraient rester à Trieste, bien que le collège commercial eût fermé ses portes et que la plupart des élèves particuliers fussent partis à la guerre, ou tout au moins eussent renoncé aux cours. Cependant, lorsque les Italiens déclarèrent la guerre à l'Autriche en mai 1915, la ville fut en partie évacuée, et tous les étrangers devinrent suspects. Le moment était venu de s'en aller. Eileen et Frank partirent pour Prague, où il devait être mobilisé dans l'armée de Bohême[75]. Nora et Joyce tinrent bon jusqu'en août, où, grâce à l'aide d'élèves de Joyce issus de grandes familles, ils obtinrent des sauf-conduits pour gagner la frontière suisse.

Agée de trente et un ans, Nora suivit Joyce vers un nouveau pays, une nouvelle langue, avec leurs deux enfants. Il ne restait plus un seul Joyce à Trieste, que Joyce estimait avoir découverte grâce à leur courage, à Nora et lui. Ils ignoraient encore qu'ils quittaient là une vie qu'ils ne retrouveraient jamais, qu'ils se rappelleraient comme une idylle de soleil et de mer bleue, avant que leurs vies ne soient brisées par la guerre et par un livre intitulé *Ulysse*.

III
MOLLY

« … J'en savais plus long à 15 ans sur les hommes et
la vie qu'elles à 50… »

Ulysse

CHAPITRE 8

Second exil

N ora n'avait jamais vécu dans une ville comme Zurich — protestante, rangée, propre. Comme elle jetait un bout de papier dans un couloir, un jour, un policier le lui fit ramasser. La ville tout entière était si propre que Joyce déclara, par manière de plaisanterie, qu'il aurait pu manger par terre [1].

Peu de villes suscitent un tel sentiment de sécurité. Trônant à l'extrémité occidentale du lac, la ville est riche mais petite, tirée à quatre épingles mais somptueuse. Chaque endroit important est accessible à pied du centre, et pourtant l'on n'a pas besoin de marcher : les tramways sont là, comme les taxis, pour traverser la ville en tous sens et monter du lac vers les hauteurs boisées.

Cependant, Zurich n'était pas vraiment elle-même en cet été 1915 où les Joyce arrivèrent. Elle fourmillait d'étrangers, de profiteurs de guerre, de réfugiés et d'espions. Il y en avait tant venus d'Europe centrale que la Bahnhofstrasse était surnommée Balkanstrasse ; on y rencontrait des révolutionnaires de tout poil, des dadaïstes, Jung, et jusqu'à son arrestation et son renvoi à Petrograd dans un wagon plombé, Lénine. Zurich en 1915 n'était pas un mauvais endroit pour briser le moule du roman anglais.

Rares étaient les gens aussi bien préparés que Joyce et Nora à faire face à la vie de réfugiés. Au bout d'une semaine passée dans l'ancien hôtel de leur nuit de noces, près de la gare, ils déménagèrent trois fois au cours des huit premiers mois, toujours dans des chambres meublées. Tous les trésors matériels si récemment accumulés, et dont ils étaient si fiers, les portraits, le mobilier danois, avec tous les papiers et manuscrits de Joyce, étaient restés dans l'appartement de

Trieste[2]. Leur première halte à Zurich fut à Reinhardstrasse, où Nora trouva la cuisine mieux fournie en souris qu'en marmites et casseroles.

A trente-trois et trente et un ans, bien que toujours sans le sou, ils n'avaient plus grand-chose à voir avec les pauvres hères de 1904. Ils avaient deux enfants sortis de la prime enfance, et Joyce assez de renom littéraire pour être invité à figurer dans le *Who's Who 1916*. En remplissant le formulaire, Joyce décida de se définir profession- nellement comme professeur au collège commercial de Trieste, mais c'était par un excès de modestie : avec *Musique de chambre* et *Gens de Dublin* publiés sous forme de livre, avec la parution par livraisons du *Portrait* (étalée sur vingt-cinq numéros) dans *The Egoist*, avec Yeats qui proclamait son génie et Pound qui manœuvrait pour lui à Londres, Joyce savait que, s'il avait quitté Trieste professeur, il arrivait écrivain à Zurich.

Leurs premières semaines à Zurich furent adoucies par l'envoi en cadeau de quinze livres* par Michael Healy, l'oncle de Nora. Il leur offrait ainsi près d'un mois de son salaire, sachant qu'ils seraient bien pauvres à Zurich, où Joyce n'avait ni emploi ni élèves. Il pensait que Joyce aurait mieux fait de rentrer en Irlande pour y chercher un poste : « Point n'est besoin de vous dire que vous y serez bienvenus comme les fleurs de mai[3]. » Mais Joyce ne voulait rien savoir.

Pour vivre en Suisse, nation paperassière, il fallait remplir d'in- nombrables formulaires. Certaines erreurs s'y glissèrent parfois, qui allaient rester dans leurs actes biographiques. Ainsi, Nora perdit deux ans d'âge : l'année de sa naissance (que ce fût par erreur ou choix délibéré de sa part, on l'ignore) fut enregistrée comme 1886 au lieu de 1884. En même temps, Joyce et elle perdirent tous deux leurs seconds prénoms androgynes. (A sa naissance, Nora avait reçu le nom de Norah Joseph, tandis que Joyce, peut-être par une erreur d'orthographe, était James « Agusta ».) Alors que, dans les pays catholiques, les enfants portent souvent en second prénom le nom d'un saint de l'autre sexe, les employés zurichois transformèrent ceux de Nora et de Joyce, respectivement, en « Josephine » et « Augus- tin ». Leur date fictive de mariage, comme à Trieste, était fixée au 8 octobre 1904, jour de leur départ d'Irlande[4].

Giorgio et Lucia, âgés de dix et huit ans, découvrirent qu'ils arrivaient juste à temps pour la rentrée des classes, qui avait lieu à la mi-août, et détestèrent aussitôt l'idée de devoir suivre la classe dans une langue étrangère. Le matin, Joyce les traînait par la main jusqu'à

---

* En 1988, cela équivaut à peu près à 400 livres.

l'école de Mühlebachstrasse. Il y avait tant d'étrangers à Zurich que les enfants Joyce n'étaient pas seuls dans leur malheur : l'une des camarades de Lucia était même originaire du Colorado. Mais les critères suisses étaient immuables et, en cinq jours, Giorgio dut redescendre d'une classe, humilié, ne devançant plus que d'une année sa petite sœur[5].

A l'école, où les enfants étrangers étaient répertoriés par leur ville d'origine, les enfants Joyce étaient définis comme Dublinois. Giorgio et Lucia renforcèrent donc leur identité irlandaise, en dépit de leur aisance en italien et de leur quasi-ignorance de l'anglais, proclamant à tout vent qu'ils étaient irlandais, et qu'il ne fallait pas les qualifier d'*Engländer*[6]. Cela n'eut guère d'effet. A l'école, Giorgio fut de force affublé d'un prénom allemand, Georg, et tous deux durent apprendre l'allemand.

En un temps de farouches loyautés nationales, la position de Nora et de Joyce était aussi ambiguë que celle de l'Irlande. Ils étaient des sujets britanniques, dotés de passeports britanniques, dont la patrie était l'Irlande, et le pays de résidence l'Autriche. Afin de pouvoir obtenir la permission de se rendre en Suisse, Joyce avait dû s'engager auprès des autorités autrichiennes à ne pas prendre parti dans le conflit. Promesse qu'il fit volontiers, non seulement parce qu'il souhaitait rester dans leurs bonnes grâces, mais aussi parce qu'il éprouvait une vive réserve quant à la guerre et à l'Empire britannique. Il avait toutes les raisons de croire que, dès la fin de la guerre (qu'on imaginait brève), ils retourneraient vivre à Trieste, ville autrichienne.

En ce sens, leur famille, coupée d'Eileen et de Stanislaus, ainsi que de leur environnement triestin familier, était unique sur le plan culturel et linguistique. Le problème, c'était que l'isolement, si profitable à l'artiste, ne réussissait guère à la famille de l'artiste.

La désorientation de la famille s'aggravait d'une cassure linguistique. Nora et Joyce parlaient habituellement l'anglais entre eux, et l'italien aux enfants — « *Porta del legno* », « *Vade al letto* ». Et les enfants avaient leur patois personnel, d'abord l'argot triestin, puis, plus exclusif encore car leurs parents le suivaient fort mal, le dialecte zurichois, ou *Schwyzertütsch*[7].

Cependant, sociables comme ils l'étaient, les Joyce ne manquèrent pas longtemps d'amis. Les enfants eurent tôt fait d'apprendre la langue. Giorgio devint le clown de sa classe, tandis que Lucia régalait ses camarades de récits de la belle Trieste et de Galway, où sa grand-mère avait un cheval à bascule aussi grand qu'un vrai cheval[8]. Pour Nora et Joyce, il y avait d'autres Triestins qui avaient fui la guerre, et puis l'habituelle foule cosmopolite d'hommes d'affaires et d'admirateurs désireux d'apprendre l'anglais auprès d'un écrivain irlandais brillant et divertissant.

Joyce eut bientôt mieux que des élèves — le mécénat. Les efforts de Yeats à Londres avaient décroché pour Joyce une bourse de soixante-quinze livres sterling, payée par le Royal Literary Fund. Yeats convainquit Edmund Gosse, auteur et critique, qui gérait ce fonds, que Joyce vivait à Zurich dans le dénuement. Gosse approuva l'octroi de la bourse, tout en déplorant que Joyce n'eût fait aucune déclaration de solidarité avec la cause alliée. (Non plus d'ailleurs que Yeats, releva Gosse.)

La pression financière immédiate fut ainsi soulagée, bien que Joyce n'eût pas encore de ressources assurées. Il fut donc heureux de recevoir une nouvelle somme, toujours du cher oncle de Nora, qui leur envoya neuf livres pour faire face au déménagement de Reinhardstrasse à Kreuzstrasse. Le généreux Michael Healy alla même jusqu'à remercier Joyce pour « avoir eu le bon sens de me faire savoir comment allaient les choses afin que je puisse vous être de quelque secours[9] ». Et il envoya encore cinq livres peu après, en s'excusant de ne pouvoir faire davantage, du fait des lourdes charges qui pesaient sur ses ressources. Michael Healy n'exagérait pas. L'aide qu'il fournissait aux enfants de sa sœur s'étendait même à leurs conjoints. La sœur aînée de Nora, Mary, avait épousé William Blackmore, soldat dans l'armée britannique, et tellement décidé à partir pour l'Amérique et échapper aux tranchées qu'il était même prêt à déserter. Healy, cependant, dans sa loyauté à la Couronne, paya pour tirer Blackmore de l'armée, afin qu'il pût émigrer sans déshonneur[10].

Pour vivre en Suisse, Nora devait habiller sa famille. Remerciant son oncle par alliance de sa générosité, Joyce lui énuméra ce qu'avait acheté Nora avec cet argent : « Beaucoup de lainages et de vêtements dont les enfants auront besoin dans ce climat et un chapeau qu'elle a fini par choisir parmi les quelques centaines qui lui ont été montrées[11]. »

Ce n'était en vérité pas tout ce qu'avait acheté Nora. L'installation au nord des Alpes requérait l'acquisition d'une garde-robe entièrement nouvelle pour eux tous, certes, mais en outre Nora adorait suivre les modes du temps. Les pénuries de guerre et l'arrivée des femmes dans le monde du travail avaient balayé les volants Belle Époque, les ombrelles et les couleurs pastel tant aimés de Joyce dans les poubelles de l'histoire. A Zurich, Nora s'acheta un manteau sombre d'allure militaire, avec un grand col, des épaulettes, et de larges revers. Ses nouveaux chapeaux (il lui en fallait plus d'un) étaient des toques ou des bérets de marin. Pour l'après-midi et le soir, elle acheta une austère robe en soie, avec des boutons recouverts de même étoffe le long des épaules (encore une touche militaire), un col blanc, et un nœud sage en velours. Les ourlets de ses robes remontaient, la taille descendait — et de même pour Lucia. Une photo montre la mère et la fille toutes deux en dentelles, Nora avec une blouse en lingerie et un chapeau d' « arlequin » retroussé, et Lucia en robe de cérémonie bordée de dentelle. Une autre montre Lucia à l'école, beaucoup plus « habillée » que les autres fillettes : elles portent des robes simples et les cheveux sévèrement tirés en arrière, tandis qu'elle arbore une robe très recherchée, accompagnée d'accessoires multiples : un collier, une montre-bracelet, et un énorme nœud dans les cheveux.

Nora ne négligeait pas, comme le font certaines épouses bien habillées, l'aspect des hommes de sa famille. Elle faisait en sorte que Joyce et Giorgio fussent toujours immaculés, avec des pantalons bien coupés et des cravates élégamment nouées. Plainte typique des Joyce sur leur aspect miséreux, Joyce écrivait à Michael Healy : « On ne me voit que dans un pardessus chocolat abandonné par un Allemand distrait [12]. » Mais comme tant d'autres fois, les photos démentent les lettres. Un portrait de Joyce pris peu après son arrivée à Zurich nous le montre superbe comme un acteur, grattant négligemment une guitare, et vêtu d'un blazer élégant, complété d'un gilet à boutons de cuivre et d'une cravate en soie pâle. A la vérité, Joyce était devenu une véritable gravure de mode entre les mains de Nora. Il ne fut jamais vraiment un dandy — elle devait l'obliger à changer de chemise ou à se raser quand il n'allait pas bien — mais il ne passait pas inaperçu à Zurich, du fait de l'élégance naturelle avec laquelle il se présentait au regard [13].

Qui dit séparation dit correspondance. La première année de sa vie zurichoise, Nora fut plus que jamais amenée à prendre la plume. Elle écrivait à sa mère, à Galway, pour lui parler des enfants, des nouvelles qu'on avait d'Eileen et de Stanislaus, et de la progression du travail de Jim. Mrs. Barnacle, qui s'intéressait moins encore que sa fille à la littérature, éprouvait une grande sympathie pour Joyce, et incitait sa fille à le réconforter. « Chère Nora, écrivait-elle, je pense que tu ne te ronges jamais et c'est Pourquoi tu As toujours l'Air si Jeune mais Quand tu Vois Jim si Abattu je suis sûre que tu le sens [14]... »

Mais la guerre était arrivée jusqu'à Bowling Green, Galway. En décembre 1915, le frère de Nora, Tom, avait répondu à l'appel, bien que l'oncle Michael Healy eût offert de payer son voyage en Amérique, où il aurait rejoint sa sœur et son beau-frère, s'il voulait changer d'avis. Mrs. Barnacle avait le cœur brisé de voir partir son fils unique. Ses difficultés d'écriture ne l'empêchèrent pas d'envoyer une lettre passionnée à Nora :

« Je suis Si Inquiète que je n'ai Guère Envie d'Écrire ta Lettre m'a fait tant de Peine et le pauvre Gorgie [Giorgio] — qui parle toujours de Tom Bon Chère Nora je n'Avais pas Envie de te le dire dans Dernière Lettre je sais que tu Seras triste d'apprendre que Tom a quitté son bureau juste Deux Semaines avant Noël et parti dans l'armée il m'a donné un triste Dîner de Noël — Nous Avons tout Fait pour le garder Mais il ne Voulait pas Rester l'oncle lui a Dit qu'il l'enverrait rejoindre Mary mais il ne Voulait Pas Faire Comme on Lui Disait... maintenant il ne touche plus qu'un shilling par semaine il m'a signé la Moitié de sa paye et puis j'ai l'allocation de séparation, je touche 12-6 par Semaine mon cœur se brise presque Quand je Pense à lui... je lui ai donné des médailles et [?] les ai cousues ensemble et aussi un livre de prières et j'ai fait tout Bénir je crois que c'est seulement mes prières il serait parti en France depuis déjà longtemps que Dieu m'aide à prier pour lui et fais prier aussi Gorgie et Lucie Il n'y a rien de tel que la prière je t'assure...

Ta mère qui t'Aime [15] »

Nora recevait donc aussi des nouvelles de Stanislaus. Il lui écrivait souvent, surtout au début de son internement. Un jour, estimant qu'on lui devait une réponse et qu'elle tardait vraiment trop, il écrivit à Joyce : « Une lettre de Nora serait fort acceptable [16]. » Dans ses relations avec Nora, Stanislaus adoptait la technique humoristique qui, traditionnellement, permet aux frères de garder leurs distances avec leurs belles-sœurs. Il hurla de rire quand Nora lui conseilla d'apprendre l'allemand. « *Sei tu tanto studioso ?* » (es-tu toi-même si studieuse ?) la taquina-t-il [17].

Stanislaus fit à Nora l'aveu révélateur qu'il rêvait d'elle. Un jour que le caporal du camp, voyant la photo de Nora, lui avait demandé si c'était sa femme, il avoua : « J'ai dit oui, avec un air grave — je veux dire important, bien sûr. Beaucoup de gens me soupçonnent d'être marié... Je ne suis évidemment pas l'idiot que j'ai l'air d'être. » Stanislaus lisait également d'un œil d'oncle les cartes que lui envoyaient les enfants, et il observait que Lucia écrivait mieux, et plus correctement, que Giorgio [18].

Dans ce camp, Stanislaus n'était pas mal traité. Ses plus grands problèmes étaient un poignet foulé en jouant au tennis, et la pénurie de costumes pour le théâtre amateur. Nora faisait des courses pour lui avec zèle, et il la remerciait pour « tout, si bien choisi »[19]. Elle lui envoyait des fruits, des livres, des douceurs, des boîtes de biscuits, du lait en poudre, et même des cigares que, n'étant pas fumeur, il utilisait comme monnaie d'échange. Elle lui envoyait même tant de chocolats qu'il en fit parvenir une partie à Eileen. Il méprisait fortement la famille restée en Irlande. L'oncle de Nora, Michael Healy, était le seul de leurs deux familles — se plaignait Stanislaus — à être assez au fait de la langue allemande pour ne pas lui écrire « Absender » — expéditeur — recopié de ses lettres à lui. « Ce sont vraiment des gens d'une surprenante ignorance, disait-il. Je m'étonne même qu'ils sachent qu'il y a une guerre quelque part au monde[20]. »

La guerre avait également ramené les Francini de Trieste en Italie, où Alessandro avait été enrôlé dans l'armée. Clotilde écrivait aussi à Nora : « J'ai rêvé de vous tant de fois, toujours heureuse et joyeuse, que j'ai prié pour que ce fût vrai[21]. »

C'était surtout Eileen qui manquait à Nora. Le repli à Zurich avait ranimé tous ses souvenirs des gens aimés et disparus. Son désir de retrouver Eileen s'exprima en particulier dans un rêve qu'elle raconta à Joyce, comme d'ailleurs tout ce qu'elle avait en tête. Lui, comme toujours, écoutait avidement. Bien qu'il prétendît mépriser cette nouvelle psychanalyse qui les envahissait, il prit des notes avec le plus grand soin.

Dans son rêve d'Eileen, Nora était couchée seule sur une colline, au milieu d'un troupeau de vaches d'argent. L'une des vaches parle, « faisant sa cour » (d'après Joyce). Un torrent de montagne apparaît, puis Eileen ; alors la vache meurt « de son amour »[22].

Joyce décela de franches aspirations homosexuelles dans ce rêve, et s'étonna que sa femme n'eût manifesté aucune répulsion à l'idée qu'une bête femelle lui eût fait la cour. « Ici, commenta-t-il dans ses notes, point de crainte d'un encornage sanglant ou d'une grossesse[23]. » On peut y deviner la suggestion que Nora redoutait les rapports sexuels par crainte d'être à nouveau enceinte. Il y ajouta des associations personnelles — d' « argent » (précieux) avec Prezioso, de « vache » avec une femme de morale facile, et de rêve de mort avec l'ancienne histoire, familière, de Nora : « Ses amants à elle courent la poste vers la mort, mort de la chair, mort de la jeunesse, mort de la distance, du bannissement ou d'un désespoir éclairé seulement par son souvenir. »

Nora avait le réconfort de savoir qu'elle-même manquait tout autant à Eileen — qui lui écrivait éperdument de Prague, l'appelant « Nora chérie », sans relâche : « Comme tu me manques souvent toi qui étais toujours si gaie et pourtant si calme. Ces temps reviendront-ils je me le demande sans doute m'as-tu complètement oubliée[24]. »

Mariée depuis deux mois à peine, Eileen aussi était partie pour une ville inconnue, sans amis ni famille. Elle devait apprendre la langue (le tchèque) et la cuisine de Bohême. Avant peu elle tomba malade — sans doute par suite d'une fausse couche — mais elle écrivit qu'elle gardait les détails pour les raconter de vive voix à Nora :

> « Je pense toujours à toi à ce que tu fais et comment tu vas, parfois je désire même follement désire [sic] te revoir bien que je sache que c'est impossible. J'espère sincèrement qu'il ne passera pas trop de temps avant que nous nous retrouvions... Quand nous nous reverrons j'aurai tant de plats à t'apprendre et surtout beaucoup de desserts. Nous disons souvent : " Imagine donc comme cela plairait à Jim ", et j'ai appris pour toi à faire des roulés aux pommes[25]. »

Eileen n'aspirait qu'à retourner à Trieste pour y vivre tous ensemble, Nora et elle pourraient confectionner des petits dîners en l'honneur de Jim comme avant, même si elle — non plus que Nora — ne comprenait rien à son travail :

> « Transmets toutes mes tendresses à Jim et dis-lui que même si je n'y comprends encore pas grand-chose rien ne me rend plus heureuse que d'apprendre des bonnes nouvelles de ses écrits et de savoir que vous êtes heureux tous les deux[26]. »

Ces « bonnes nouvelles » concernaient l'attribution de la bourse du Royal Literary Fund, et la publication imminente du *Portrait* sous forme de livre à New York. De même que Stanislaus, Eileen sentait qu'entre eux et James Joyce s'étendait désormais tout un monde. Cette bourse, dotée de sa désignation royale, impressionna jusqu'au père de Joyce. Mettant de côté ses opinions anti-britanniques, John Joyce répandit la nouvelle dans Dublin et félicita son fils pour « un tel Honneur de la part de sa Majesté » (le roi George V), bien qu'il ne s'agît en vérité de rien de tel[27]. Quant à Stanislaus, il reconnut les soixante-quinze livres pour ce qu'elles étaient — la reconnaissance par la société littéraire de Londres d'un jeune talent prometteur — et y vit encore autre chose : sa libération de la responsabilité d'avoir à nourrir le génie de son frère et toute sa famille.

Au cours de leur première année à Zurich, Joyce et Nora commencèrent à beaucoup se plaindre de leur santé. Ils en accusaient surtout le climat. Ils subissaient pour la première fois de leur vie un vrai temps glacial d'hiver, et découvraient que l'alternative au gel et à la neige n'était que ciel gris et humidité. Joyce souffrait de rhumatismes, d'angine et peut-être de colite[28], et Nora de ses « nerfs », parfois de « dépressions nerveuses » (de même que Joyce, de temps à autre). Ces plaintes sont difficiles à rendre, dans une perspective moderne, mais il s'agissait sans doute de sentiments dépressifs s'exprimant par l'anxiété, l'insomnie, et les crises de larmes. Tous deux, comme leurs contemporains, croyaient fermement au « changement d'air » comme traitement.

D'aspect extérieur, toutefois, Nora était à trente et un ans l'image même de la santé, et une fort jolie femme. Un portrait de studio, pour lequel elle posa à Zurich, montre ses yeux moqueurs et sa bouche provocante, mis en valeur par un chapeau sombre à large bord. L'écrivain viennois Felix Beran, l'un des nombreux artistes étrangers réfugiés à Zurich, décrivit comment, assis dans le petit jardin de sa pension, il leva les yeux et vit les Joyce pour la première fois :

« L'inconnu maigre aux lunettes vint vers moi. Il menait une petite fille par la main. Juste derrière venait une dame, apparemment sa femme, jeune, avec de ravissants yeux sombres. Un robuste petit bonhomme la tirait par la main droite[29]. »

A Zurich, la réputation de Joyce grandissait, et Nora s'affichait davantage. A Trieste, les copains de Joyce étaient des hommes qui laissaient leur femme le soir à la maison. Zurich était différent. La société bourgeoise de la Suisse séparait moins les sexes et de plus, les enfants ayant grandi, Nora pouvait sortir plus librement. Et puis aussi, il n'y avait plus à Zurich, de Stanislaus pour empêcher Joyce de trop boire et l'obliger à regagner la maison. Nora n'avait plus qu'elle-même sur qui compter, pour cela.

Pour simplement nourrir sa famille, Nora avait fort à faire. Pendant cinq mois, les pommes de terre manquèrent. Il y avait pénurie de pain, de viande et, exaspérant au pays des troupeaux et des pâtures alpestres, le beurre et le lait eux-mêmes se faisaient parfois rares.

La famille Joyce s'installa dans une nouvelle routine. Joyce travaillait uniquement à la maison. A midi, Nora préparait le déjeuner pour lui et les enfants. Le soir, il sortait : et Nora le rejoignait au café ; il aimait particulièrement le Weisses Kreuz, la Terrasse, ou, son favori, le Pfauen à Heimplatz. Nora acceptait volontiers le mélange d'acteurs, de poètes, de peintres et de musiciens que Joyce rassemblait autour de lui. Comme tant d'autres Celtes, elle demeurait indifférente aux hiérarchies et rien ne l'intimidait. Otto Luening, le jeune compositeur américain, la trouvait gentille, chaleureuse, et très irlandaise. Dès qu'elle arrivait, observa-t-il, le groupe se détendait. Elle bavardait volontiers et, si elle avait une question à poser, elle la posait. Jamais elle ne s'ennuyait au restaurant, mais jetait au contraire un regard impertinent sur les autres clients, et en particulier les femmes. Joyce écoutait souvent plus qu'il ne parlait, et il prenait des notes. Quand Giorgio les accompagnait, ils le regardaient folâtrer dans la salle d'un œil bienveillant[30].

Une habitude triestine qu'ils conservèrent consistait à fréquenter le théâtre et l'Opéra. Mais ils n'y emmenaient pas leurs enfants qui, furieux, hurlaient par la fenêtre (en italien) : « Vous nous enfermez là-dedans comme des porcs dans leur soue ![31] »

Compagnon fréquent de leurs soirées, Ottocaro Weiss était un beau jeune homme juif de Trieste, qui étudiait l'économie politique à l'Université de Zurich. Nora et Weiss appréciaient la compagnie l'un de l'autre, même s'il avait commencé par s'intéresser au mari. Avec Weiss, elle pouvait parler italien, et puis ils partageaient le goût de la musique de Wagner, que Joyce détestait : « Wagner pue le sexe », disait-il[32].

Les attentions de Weiss, âgé de dix ans de moins qu'elle, rappelaient délicieusement à Nora qu'elle n'avait pas perdu le pouvoir de sa séduction, même si elle était mère d'un fils presque adolescent. Ces angoisses de Nora nous sont suggérées par le rêve le plus explicite, sexuellement, qu'elle ait fait, et que Joyce nota :

« En vêtements du dimanche, chiant dans le jardin de sa grand-mère
Mary, sa sœur, demande à l'amoureux d'attendre
L'amoureux a un visage couleur puce
Il a les cheveux en papillotes
Il est chauve
Il est assis devant une maison étrange.
Une femme qui n'est plus jeune est également là
La femme lève la jambe
Son con n'a pas de poils
Georgie passe fumant une cigarette
Colère
Elle le suit jusqu'à la maison

Querelle avec Eileen et Stannie au sujet du tabac
Elle pousse des glapissements de colère
Son amoureux compte sur elle pour le dîner [33]. »

La richesse de l'imagerie en dit long sur les efforts constants de Nora pour relier son passé à son présent, et aussi sur le plaisir sensuel qu'elle éprouvait à fumer, peut-être cause de disputes avec Eileen et Stanislaus. Que des images aussi fortes puissent se communiquer de femme à époux révèle bien l'extraordinaire intimité qui existait entre Nora et Joyce. Quel que fût l'art de Joyce pour le relater, le rêve appartenait à Nora.

Ce désir de raconter ses rêves venait peut-être à Nora d'avoir écouté Weiss, dont le frère, le Dr Edoardo Weiss, avait été le premier psychanalyste freudien en Italie. Weiss parlait beaucoup sur ce sujet, et connaissait Jung [34].

Avant d'être mobilisé dans l'armée autrichienne, Weiss prit en 1915 quelques excellentes photos des Joyce, y compris ce qui fut sans doute la première photo des quatre Joyce ensemble au restaurant [35]. Ils sont assis sur un seul rang, Nora stratégiquement placée entre son mari et ses enfants, qui se tiennent comme deux petits adultes, le dos très droit. Avec ses lunettes cerclées d'acier, Giorgio paraît nettement plus âgé qu'il n'est.

A Zurich, Nora se fit aussi des amies personnelles. Lorsqu'un acteur britannique, Claude Sykes, vint proposer à Joyce d'écrire un scénario de film, Joyce lui suggéra d'amener sa femme, pour qu'elle rencontre Nora. La femme de Sykes était actrice aussi, sous le nom de Daisy Race, une femme vive et menue. D'un an la cadette de Nora, elle était exactement la compagne dont rêvait Nora, pour rire et bavarder — en anglais. Les deux femmes devinrent très intimes, mais jamais Nora ne l'appela autrement que Mrs. Sykes.

La situation matérielle de Nora s'améliorait, à mesure que l'argent continuait d'arriver, de diverses sources, en diverses monnaies. Miss Weaver qui, à Londres, dirigeait désormais *The Egoist* elle-même, était bien décidée à s'occuper de Joyce, dont la santé et les conditions de travail, d'après les comptes rendus que lui en faisait Ezra Pound, l'inquiétaient. A la fin de 1915, elle lui envoya cinquante livres sterling de « royalties » pour la publication du *Portrait de l'artiste jeune par lui-même,* bien qu'il n'eût rien rapporté du tout. Elle payait de sa poche.

Harriet Weaver, alors âgée de trente-neuf ans, était fille d'un médecin et dotée d'une très forte conscience sociale. Bien que bénéficiaire d'un revenu indépendant, hérité de sa mère, elle estimait que vivre d'argent hérité, c'était vivre d'usure[36]. Elle trouvait en James Joyce, persuadé au contraire que le monde lui devait des moyens d'existence, le partenaire idéal pour soulager le fardeau de sa conscience. En décembre 1915, il la remercia chaleureusement pour ce don, ainsi que pour ses efforts en vue de la publication du *Portrait* sous forme de livre car, précisait-il : « J'écris un livre, *Ulysse*, et je veux en finir une bonne fois avec l'autre[37]. »

Des fonds supplémentaires commencèrent à arriver, des sommes d'abord petites, et puis plus si petites. De New York, un avocat américain d'origine irlandaise, nommé John Quinn, envoya à Joyce dix livres. Puis, en août 1916, sur la Liste civile britannique contrôlée par le Premier ministre, H. H. Asquith (ou plutôt par son secrétaire privé, Edward Marsh, qui avait lu les livres de Joyce), Joyce se vit attribuer une bourse substantielle de cent livres sterling.

Cette largesse servit à rehausser le niveau de vie des Joyce. A Zurich comme à Trieste, ils partageaient des appartements avec des inconnus qui finissaient par devenir de bons amis. En 1917, comme ils détestaient leur troisième logement (au 54, Seefeldstrasse, près du lac) parce qu'il était étroit, humide et au rez-de-chaussée, ils acceptèrent l'offre de Paul Ruggiero, employé de banque qui avait pris des cours d'anglais avec Joyce, d'aller vivre dans un appartement qui appartenait à son père. Ce nouveau logement se trouvait dans la même rue agréable que le précédent, parallèle au lac, mais les pièces y étaient plus vastes. Il présentait cependant deux inconvénients : deux seulement des cinq pièces étaient à la disposition des Joyce, et le loyer était le triple du précédent.

La précarité du logement à Zurich en temps de guerre n'ayant rien à envier à celle de l'Irlande d'avant-guerre, les Joyce n'avaient guère d'intimité pour l'aspect sexuel de leurs relations. Ils installèrent Giorgio sur un lit de camp dans la salle de séjour, et prirent Lucia dans leur chambre[38]. Malgré cela, Nora et Joyce aimaient leur nouveau foyer de Seefeldstrasse (au 73) et, à cent vingt francs suisses par mois (environ cinq livres), trouvaient qu'il les valait bien[39]. Comme ils étaient des voisins amusants et charmants, ils eurent tôt fait de se lier d'amitié avec le jeune compositeur et la chanteuse qui partageaient l'appartement avec eux.

Les deux donations britanniques faites à Joyce encadraient, en quelque sorte, l'événement qui allait devenir sacré pour les patriotes irlandais : la révolte de Pâques, à Dublin, en 1916. Joyce ne pouvait guère être anti-anglais, quand il vivait de largesses anglaises et que sa protectrice la plus fidèle, Harriet Weaver, était dans ses manières, ses principes et sa sensibilité, comme elle l'écrivit à Joyce, « désespérément anglaise » [40].

En vérité, Joyce ne s'intéressait pas à la politique au sens étroit. Mais il apprit en 1916 la mort de deux de ses amis : Francis Sheehy Skeffington, fusillé à Dublin, et Tom Kettle, tué sous l'uniforme britannique pendant la bataille de la Somme. La mort de Sheehy Skeffington était particulièrement cruelle : comme il s'efforçait d'endiguer le pillage pendant la révolte de Pâques, il avait été arrêté par les Britanniques et, pendant sa détention, abattu sur l'ordre d'un officier britannique qui fut reconnu fou par la suite. Ces deux amis avaient épousé des sœurs Sheehy, et Skeffington, féministe convaincu, avait ajouté le nom de sa femme au sien. Quant à l'issue de la Grande Guerre, Joyce professait une telle indifférence que son ami, le peintre anglais Frank Budgen, en plaisantait : si jamais l'on demandait à Joyce ce qu'il avait fait pendant la Grande Guerre, il pourrait dire : « J'ai écrit *Ulysse*. » Et quand on lui demandait s'il était favorable à la lutte de l'Irlande pour devenir une nation indépendante, il rétorquait : « Pour que je puisse me déclarer son premier ennemi ? [41] » Il ressentait profondément qu'être irlandais, c'était être non anglais, tout en sachant depuis ses classes avec Patrick Pearse, bien des années auparavant, qu'être anti-anglais n'était pas, en soi, être pro-irlandais.

Il savait qu'en écrivant dans la langue anglaise, il s'inscrivait dans la tradition littéraire anglaise. Mais il allait bientôt trouver un moyen personnel d'échapper à cette tradition.

Joyce se trouvait également défendu des excès du patriotisme par le soutien constant de Michael Healy. Healy était un homme d'une remarquable tolérance. Lui-même d'une extrême dévotion catholique, il éprouvait une immense admiration pour le labeur et la conviction absolue que Joyce mettait dans l'écriture [42]. Le respect de Healy se maintint même après que Joyce fut devenu célèbre pour l'obscénité du langage employé dans *Ulysse*.

A mesure que croissait la réputation de Joyce, la famille de Nora dut en effet bien admettre le fait que le mari de Nora était écrivain. Ils ne pouvaient guère éviter les livres de Jim, car il leur en envoyait à tous des exemplaires. Lorsque Mary, sœur de Nora, qui vivait alors dans l'Utah, reçut le sien, son mari William Blackmore profita de l'occasion pour chanter à Joyce les louanges de l'Amérique :

« Vous êtes rudement près de ces nations en guerre. Ce pays reste rudement bien en dehors. Nous avons un rudement bon Président — il ne croit pas à la guerre s'il peut rester en dehors. J'aime bien ce pays mais Mary veut toujours rentrer au vieux pays... Ce serait bien si vous passiez par ici [Utah] un jour... Je pense que je vais arrêter là car je dois lire un peu de votre Livre avant d'aller me coucher [43]. »

Nora, en 1916, se faisait du souci pour sa mère, restée presque seule à Galway. Seule la plus jeune, Kathleen, demeurait auprès d'elle. Le coup le plus dur, pour Annie Barnacle, fut la mutation de son frère Michael Healy à Dublin, faute de trafic commercial au port de Galway. Elle écrivit à Nora cette lettre déchirante :

« ... j'étais si bouleversée à cause de l'oncle que je ne savais Plus Quoi Faire lui parti de Galway Quand il est Parti j'ai cru que le Monde Était Mort pour moi et puis il était en Mauvaise santé Bon il Devait Commencer à Travailler Mercredi Dernier Mais ce Doit être un Travail Facile la Douane n'est qu'à trois kilomètres il prend le train et puis cette Guerre terrible. Pauvre Tom là-bas en France je lui ai envoyé des Boîtes Mardi du Beurre du Cacao du jambon cuit des Biscuits du Thé du Lait et toutes ces choses ? Que Dieu le protège cette Guerre est Terrible j'ai eu des messes pour lui aussi le Mari de la pauvre Sarah Homan est Mort et Enterré il a failli mourir dans la rue le soir où il est Mort elle n'avait pas le prix d'une chandelle ses Amis à lui ont dû faire la tournée avec Le chapeau et ils ont collecté 30 livres Que Va-t-elle Faire avec 7 enfants Mrs. Standa tu sais la Sœur que tu Aimais Elle est Mère Révérende maintenant tu Devrais lui Écrire... j'espère que tu fais prier les enfants pour Tom ta Mère qui t'aime au revoir [44]. »

Annie Barnacle supposait naturellement que Nora pratiquait toujours sa religion.

Joyce lisait à Nora ces lettres de chez elle. Il garda l'émouvant compte rendu de la quête effectuée au profit de la veuve et de ses sept enfants orphelins et l'inséra dans *Ulysse*, où les amis en deuil de Paddy Dignam quêtent pour sa veuve [45]. Cette anecdote n'était certes pas la seule contribution à *Ulysse* de la famille de Nora. Apprenant que Joyce avait des rhumatismes, Michael Healy lui avait fortement conseillé de porter une pomme de terre dans sa poche « pour écarter les rhumatismes [46] » et Joyce non seulement suivit son conseil, mais plaça aussi une pomme de terre dans la poche de Leopold Bloom, dans le même but.

En mars 1917, un don plus important encore lui tomba du ciel, sans désignation officielle — et même, sans désignation du tout. Un cabinet de notaire, à Londres, informa Joyce qu'il allait recevoir deux cents livres sterling en quatre fois, de la part d'un admirateur anonyme. Joyce ne reconnut pas le nom de la firme — Slack, Monro & Saw — qui gérait les intérêts de Harriet Shaw Weaver, et n'eut donc pas la moindre idée de l'origine de cet argent. Mais il en avait bien besoin, car de nouvelles pressions venaient peser sur ses finances.

Ses yeux lui causaient des ennuis depuis la crise de rhumatisme articulaire aigu de 1907, et depuis son arrivée à Zurich, il souffrait d'une inflammation de l'iris, ou iritis, pour laquelle il était traité. Au début de 1917, cependant, il eut une brusque attaque de glaucome, alors qu'il marchait dans la rue. La souffrance le paralysa littéralement *.

Pour la première fois depuis dix ans, Nora se retrouva avec un mari invalide. Et, privée de Stanislaus ou de tout autre secours, elle fit ce qu'elle détestait le plus : servir de secrétaire à Joyce. Leurs ressources dépendaient d'un flot croissant de correspondance avec des éditeurs, des hommes de loi, des bienfaiteurs, et surtout avec Miss Weaver. Nora en était arrivée à considérer Miss Weaver comme un être partageant sa loyauté envers Jim.

Dans les lettres, les mots qu'utilisait parfois Nora montrent bien qu'elle écrivait sous la dictée de Joyce, comme lorsqu'elle remerciait Miss Weaver pour ses « efforts héroïques en faveur de mon mari » [47]. Mais quand il était trop malade pour l'aider, elle choisissait ses termes elle-même. A John Quinn, elle confiait presque en pleurant : « Je sens qu'il faut vite qu'il aille à l'hôpital pour se faire opérer [48]. »

A quoi Quinn répliqua aussitôt par un conseil bien américain :

« Maintenant, Mrs. Joyce, rappelez-vous bien ceci : que j'ai acquis une très grande expérience pour ce qui est du choix des spécialistes en médecine comme en droit... Rien n'est plus important que de trouver le bon médecin... Tout ce que je puis, c'est inciter Joyce de toutes mes forces à consulter le meilleur, ou les deux meilleurs spécialistes des yeux qu'il puisse trouver en Suisse [49]. »

Nora parcourait docilement les petites revues littéraires pour choisir ce qui pourrait intéresser Jim — comme un article d'Arthur

---

* Cette expérience fit par la suite l'objet d'un poème, « Bahnhofstrasse », publié dix ans plus tard dans *Poèmes d'Api* :
« Les yeux qui rient de moi signalisent la rue
   Où je m'engage seul à l'approche du soir... »

Symons annonçant qu'Ezra Pound allait inclure un essai sur *Ulysse* dans son prochain ouvrage[50]. Et quand les correspondants de Joyce écrivaient à Nora, elle devait lui lire des détails fastidieux de correction d'épreuves, et même lui transmettre les mauvaises nouvelles : Mr. Knopf, à New York, dont jamais Joyce ni elle n'avaient entendu parler, avait lu *Les Exilés* et ne souhaitait pas publier la pièce[51].

Joyce, cependant, tout persuadé qu'il fût de devoir subir une opération, retardait l'échéance, « par crainte, et aussi parce que l'œil à opérer m'appartient »[52]. La douleur s'était atténuée, et il put enfin retourner à ses préoccupations les plus pressantes : faire publier *Les Exilés*, et écrire *Ulysse*.

En 1917, et bien qu'ils ne l'eussent jamais vue, Nora et Joyce considéraient déjà Miss Weaver comme une seconde mère[53] : elle reçut l'une des premières allusions à l'inquiétude que commençait à éveiller chez les Joyce leur fille Lucia. Le 18 juillet, Joyce écrivait : « Je vous ai écrit une lettre voici quelques heures mais ma fille qui est une " mendiante distraite " l'a perdue quelque part dans la rue. Aussi je vous l'écris une nouvelle fois[54]. » Perdre une lettre à dix ans, cela peut arriver, mais les photos de la fillette prises à Zurich vers la même époque révèlent une troublante inexpression, une absence de réaction, un vide face à l'expérience d'être photographiée. Nora, également préoccupée au sujet de sa fille, fit un nouveau rêve qu'elle relata à Joyce : elle assistait à une pièce récemment découverte de Shakespeare, où deux fantômes étaient en scène, et elle craignait que Lucia ne fût effrayée[55].

Et puis Nora ne manquait pas de problèmes personnels non plus : ses « nerfs » la dérangeaient, et elle perdait ses cheveux. Au début d'août, comme Joyce allait mieux, elle partit pour Locarno, sur le lac Majeur (en Suisse italienne) en promettant de revenir pour la rentrée des classes à la mi-août. Et elle laissa Joyce à la maison, pour écrire *Ulysse* et nourrir la chatte.

Ce ne furent pas des vacances économiques — une semaine à la Pension Daheim coûtait plus de la moitié du loyer mensuel de leur appartement de Seefeldstrasse — près de cinq francs suisses par jour et par personne[56]. Mais il y avait de l'argent à la banque, et Nora voulait le dépenser : elle savait qu'il en arriverait d'autre. John Quinn avait promis encore vingt livres pour le manuscrit des *Exilés*. Nora attendait que cet argent arrive, pour décider combien de temps elle

«Marché aux poissons de Galway», photo prise par J.M. Synge du temps de Nora. On y voit les quais près de Whitehall, où elle habitait avec sa grand-mère.

Photo non identifiée, trouvée à Trieste, prise par R.W. Simmons, le meilleur photographe de Galway. Montre apparemment Nora, en bottines à boutons, avec sa mère ou, plus probablement, à en juger par son habillement, sa grand-mère, Catherine Healy, vers 1895-1900.

Couvent de la Présentation, à Galway, où Nora alla travailler comme portière quand elle quitta l'école à l'âge de douze ans, en 1896.

Willie Mulvagh, le flirt de Nora en 1904 à Galway, et comptable à l'usine d'eaux minérales Joe Young. Joyce était encore jaloux de Mulvagh en 1912, quand il écrivit à Nora : « Ton ami de l'usine d'eau gazeuse... pourrait-il écrire mes poèmes ? » (19 août 1912 ; *Lettres II.*)

Cette publicité de 1902 à Galway suggère que Joyce avait de bonnes raisons de se plaindre quand il écrivit à Nora, au début de leur relation : « De grâce, ôte cette cuirasse. Je n'aime pas embrasser les boîtes aux lettres.» (? 12 juillet 1904, *Lettres II.*)

Grafton Street, Dublin, au tournant du siècle.

Eva Joyce avec sa jeune nièce Lucia arborent leurs chapeaux triestins (vers 1910-11).

Nora, Giorgio et Lucia à Zurich; Nora vêtue d'une blouse en lingerie de dentelle et portant un chapeau d'Arlequin, et Lucia en robe bordée de dentelle, à taille basse.

Prezioso à Trieste en 1913, sortant d'un restaurant, vers l'époque où il courtisait Nora.

En haut à gauche : Nora jouant Cathleen dans la production des *English Players* de la pièce de Synge, *À cheval vers la mer*, Zurich, 1918.

En haut à droite : James Joyce en 1904. Interrogé sur ce qu'il pensait quand son ami Constantine Curran avait pris la photo, Joyce répondit : « Je me demandais s'il me prêterait cinq shillings. »

En bas, encadré : Stanislaus Joyce à Trieste vers 1905.

Ottocaro Weiss, jeune ami juif triestin, dont l'empressement auprès de Nora, à Zurich, rendit Joyce jaloux.

Harriet Shaw Weaver.

James Joyce à Zurich, photographié par Ottocaro Weiss : les débuts
du dandysme.

Lucia avec ses camarades de classe à l'école
de Huttenstrasse, à Zurich, vers 1918-19.

En haut à gauche : la sœur de Joyce, Eileen, avec son mari banquier Frantisek Schaurek, et leurs filles Eleanora et Bozena, à Trieste, plusieurs années avant le suicide de Schaurek en 1926. En haut à droite : l'oncle prospère de Nora, Michael Healy, fonctionnaire des douanes dans l'administration de Sa Majesté.

30, Universitätstrasse, à Zurich, où les Joyce vécurent en 1918-19, dans un appartement faisant face, par l'arrière, à celui de Marthe Fleischmann.

Joyce à Trieste.

resterait ; de toute façon, elle estimait que Joyce devait être bien content d'être débarrassé d'eux. « J'espère que tu écris Ulisses, lui écrivit-elle, sans nous pour te déranger [57]. » (Elle épelait le titre du livre — comme il le prononçait — sous sa forme italienne, mais en ajoutant un « s » final : « Oulissez » [58].)

Cette séparation fut l'une des rares périodes après 1909, où ils correspondirent — et ce, avec une fréquence et une attention portée aux détails domestiques très révélatrices de l'étape qu'ils franchissaient, où la monogamie devenait monotone. Nora voulait qu'il reprenne sa blouse à la teinturerie. Elle faisait des remarques sarcastiques sur les intentions d'un de leurs riches amis triestins : « Tripcovich a sans doute six enfants ailleurs et il souhaite simplement plaquer Miss Mordo [59]. » Elle décrivait également Locarno :

> « Cher Jim : Merci pour l'argent et aussi ta lettre de ce matin avec les pièces jointes que je te renvoie par retour je suis contente que tu aies reçu l'argent [l'un des quatre versements anonymes de cinquante livres] pour que tu n'aies plus à t'inquiéter j'espère que tu profites au maximum de ton temps. Nous allons bien comme je te l'ai dit la nourriture ne pourrait pas être meilleure et c'est plus qu'on ne peut manger la chambre est bien elle a un balcon maintenant que le temps s'est amélioré nous pourrons faire de jolies promenades hier et c'était très animé d'entendre les hommes crier les prix et faire tout le bruit qu'ils pouvaient exactement comme à Triest [orthographe allemande] ils sont tout comme les Italiens animés et sales et désordonnés c'est tout à fait différent de Zurich [60]. »

On décèle entre eux une nouvelle froideur. Non qu'il fût moins prévenant qu'avant. « Merci pour ta lettre, ton télégramme et ta carte postale », écrit Nora en commençant une lettre [61]. (Il avait télégraphié pour s'enquérir de sa santé, et elle avait répondu par télégramme aussi : « *Grazie Sto benissimo* » [62].) Mais elle ne gardait plus ses lettres. Lui gardait les siennes, et ne manquait certainement pas d'observer que, dans aucune, elle n'employait de terme affectif plus fort que « cher ». Et si elle terminait par une formule de tendresse, c'était de la part des enfants.

Nora le tourmentait en suggérant qu'elle cherchait de la compagnie parmi les autres clients de la pension. Avec un humour cruel, dans l'une de ses lettres, elle visait son point faible et aussi l'un des thèmes principaux d'*Ulysse* (l'adultère d'une épouse sexuellement insatisfaite), en commençant par « Cher Cocu » [63], et en lui disant que « on a un peu dansé aujourd'hui après le déjeuner et j'ai dansé aussi »[64].

Dansé ? Cocu ? Comment Nora pouvait-elle oser écrire cela à un homme qui, cinq ans auparavant, avait traversé l'Europe à tire-d'aile pour garder l'œil sur elle ?

La différence se nommait *Ulysse*. C'était davantage qu'un livre : tout un univers privé dans lequel s'était enfermé Joyce, emportant avec lui sa libido. Les tentatives hardies de Nora pour exciter sa jalousie d'antan suggèrent un sursaut désespéré pour le récupérer.

Mais Nora était bien décidée à s'amuser coûte que coûte. Elle grimpa au sommet de la Madonna del Sasso, une colline coiffée d'un monastère. Elle alla canoter sur le lac Majeur, elle dansa, mangea très bien, et permit aux enfants de faire tourner le gramophone constamment. Et elle lut le livre pornographique qu'il lui envoya — « je suis très contente de l'avoir, écrivit-elle, surtout qu'il est de Masoch »[65]. Dans le domaine de la pornographie comme de la musique, ils avaient, sauf exception, les mêmes goûts.

Il faisait un temps épouvantable à Locarno. Les maux et les phobies de Nora commençaient à ressembler à ceux de Joyce et elle, comme lui, était éloquente sur la question des orages :

> « Cela a commencé hier soir vers neuf heures et demie nous étions dans la salle à manger avec quelques personnes et comme il avait plu toute la journée les gens ne s'y attendaient pas et tout à coup ce fut la foudre les éclairs j'ai cru que c'était la fin de nous j'étais presque raide d'effroi une vingtaine de minutes et puis il a plu très fort et nous nous sommes couchés vers dix heures et demie mais je n'ai pas dormi et puis un ouragan s'est levé avec des éclairs jusqu'à cinq heures et demie ce matin et cela fait un effet épouvantable parce que cela coupe l'électricité de sorte que j'ai passé toute la nuit à tâtons dans l'obscurité de la chambre et tu peux imaginer dans quel état je suis aujourd'hui...[66] »

La cure de repos de Nora était bien servie par l'indépendance des enfants : à douze et dix ans, ils étaient assez grands pour se débrouiller seuls et, grâce à Nora, ils se tenaient bien. Mère vigoureuse, elle savait quand appliquer la loi ; mais Giorgio et Lucia pouvaient obtenir de leur père tout ce qu'ils voulaient. Ils chahutaient beaucoup, toutefois, comme l'écrivit Nora à Joyce avec son habituel franc-parler :

« Les enfants veulent rentrer vers jeudi pour avoir deux ou trois jours avant la rentrée je n'ai pas de problème avec eux sauf que le matin avant de se lever ils font un match de boxe au lit et je suis obligée bien sûr de les sortir de là Georgie est très timide il craint comme si sa vie en dépendait que je voie son pénis alors il se roule dans l'édredon maintenant il faut que je me lave les cheveux c'est le seul problème ils continuent à tomber beaucoup j'espère que tu vas bien les enfants t'embrassent

Nora[67] »

Joyce semblait assez bien survivre tout seul, à travailler sans répit aux trois épisodes d'ouverture d'*Ulysse*. Pour une fois, il travaillait mieux sans Nora. Seul toute la journée, il parlait à la chatte et la chatte lui parlait. Il récompensa l'animal en le citant dans *Ulysse*, à la première apparition de Leopold Bloom :

« Mrkgnao !
... Me demande comment je lui apparais. Haut comme une tour ? Non, elle me saute sur le dos.
— Mrkrgnao ! fit la chatte plus fort[68]. »

L'ajout d'un *r* supplémentaire dans le second appel de la chatte montre avec quelle intensité Joyce l'écoutait*.

Il téléphonait souvent à Nora et semblait heureux de ne pas l'avoir sur le dos, mais Nora s'inquiétait du prix que cela coûterait :

« ... comme je te l'ai dit je veux bien rester ici mais je ne pense pas que les enfants restent plus tard que samedi, de sorte que je ne sais que faire et puis bien sûr c'est très cher. Je suppose que tu dois être très fatigué d'attendre l'argent de Quinn s'il arrivait enfin je saurais mieux quel parti prendre, de toute façon tu ferais mieux de m'envoyer cent trente 130 [sic] couronnes cela paiera le train et la pension, mes cheveux vont un peu mieux les gens disent que le mieux c'est de voir un médecin que c'est sans doute à force de toujours réfléchir mais depuis que je suis ici je ne réfléchis plus tant pour pouvoir aller mieux peu à peu en tout cas je ne me fais plus de soucis. J'espère que tu vas bien et que tu écris quelque chose je lis un peu tous les jours...[69] »

---

* Dans la traduction française de Valery Larbaud, « Mrkrgnao » est orthographié les deux fois de manière identique. (N.d.T.)

Quoi qu'il en soit, Giorgio et Lucia obtinrent ce qu'ils souhaitaient, et qui était de rentrer vite à Zurich. Le 18 août, Joyce subit une nouvelle attaque de glaucome, si douloureuse qu'il dut être aussitôt opéré. Nora se hâta de rentrer pour courir à son chevet.

La crise plongea une nouvelle fois Nora dans les affres du secrétariat littéraire. En répondant aux lettres, elle prenait bien garde à ponctuer ses phrases correctement mais, dans sa détresse, elle faisait ce que, sinon, elle n'aurait jamais fait : mentionner son mari par le petit nom qu'elle lui donnait, comme dans cette lettre à Ezra Pound :

« Cher Mr. Pound, J'étais trop bouleversée pour écrire jusqu'à maintenant. Jim a été opéré jeudi. Le Professeur Sidler m'a dit que l'opération était compliquée et difficile. Malheureusement Jim a sombré ensuite dans une dépression nerveuse qui a duré trois jours. J'ai eu le droit d'aller le voir hier et il commence à aller un peu mieux. Il vous supplie si vous n'avez pas de réponse de télégraphier encore à Mr. Quinn et il vous enverra la somme quand il sera sorti[70]. »

A son retour, ils s'efforcèrent de reprendre une vie normale au 73 Seefeldstrasse, mais Joyce ne se rétablissait pas très bien, et Nora ne se sentait pas bien non plus. En octobre, comme il l'écrivit à Miss Weaver, il tomba trois ou quatre fois et crut que c'était lié à une faiblesse cardiaque ; mais le médecin déclara que c'était dû à la dépression nerveuse.

Il lui fallait un climat plus chaud pour l'hiver, décida Joyce : ils allaient tous retourner à Locarno et y séjourner, peut-être pour toute la durée de la guerre. Ils donnèrent congé de leur appartement, firent les bagages, enfermèrent la chatte dans un panier de voyage, et quittèrent Zurich. Paul Ruggiero raconta à Ellmann comme il les avait vus tous les quatre courir pour attraper le train qui démarrait[71].

Ce nouveau déménagement constituait un désastre supplémentaire dans l'éducation de Giorgio et Lucia. Les Joyce aimaient leurs enfants — mais les aimaient plus qu'ils ne les élevaient. Ils ne pensaient pas un instant à les préparer pour des carrières ou pour le mariage, et n'hésitaient jamais à les sortir de l'école quand ils éprouvaient le besoin d'un changement d'air ou quand Joyce cherchait une nouvelle atmosphère où travailler.

A Locarno, Giorgio et Lucia entrèrent à l'école locale, ce qui signifiait poursuivre leur scolarité en langue italienne. La famille essaya d'abord Villa Rossa, puis revint à la Pension Daheim du mois d'août, près du lac et de la grand-place. Joyce, qui avait entre autres dons celui de pouvoir travailler n'importe où, même dans des petites chambres d'hôtel impersonnelles, avec ses notes dans une valise, termina les trois premiers épisodes d'*Ulysse.* Il les envoya à leur ami Claude Sykes, pour les faire taper à la machine. (Ezra Pound s'occupait de leur publication en feuilleton dans une revue new-yorkaise d'avant-garde, *The Little Review.*) Joyce en lisait aussi des passages à Nora, qui n'y trouvait pas le moindre intérêt[72].

Peut-être le langage la choquait-il, bien qu'elle employât couramment ces mots-là en parlant. Peut-être pensait-elle qu'il y avait de meilleurs moyens de décrire la baie de Dublin que « la mer pituitaire. La mer contractilo-testiculaire ». Mais jamais elle ne manquait de l'encourager à continuer, ou de faire en sorte qu'il pût travailler dans des conditions acceptables. L'intérêt qu'elle prenait à son travail était en partie motivé par celui, pour elle-même, de l'avancement de Joyce, et en partie aussi par le souci constant qu'elle avait du bien-être de Joyce sur tous les plans. Comme elle l'avait exprimé cet été-là :

> « Je suis heureuse d'apprendre que ton livre se vend j'espère que tu écris Ulisses ne veille pas trop tard la nuit je suppose que tu ne t'es pas acheté de vêtements fais-le sans faute...[73] »

Dans l'agréable atmosphère de Locarnao, Joyce trouva à nouveau le temps de couler des regards à droite et à gauche. Un soir à la pension, il rencontra une jeune femme allemande, médecin, qui était en convalescence après sa tuberculose. De même que Nora, le Dr. Gertrude Kaempffer était grande (Joyce confia à Stanislaus qu'il aimait les fortes femmes). Et, de même qu'Amalia Popper, elle avait de longues mains fines. Fasciné, Joyce voulut la reconduire chez elle, mais les amis de la jeune femme intervinrent, sous le prétexte que Mrs. Joyce n'y verrait rien de plaisant[74]. Joyce dut se contenter d'une rencontre par hasard, devant le casino.

Plus tard, Joyce adressa à la jeune femme ébahie deux lettres lui déclarant sa flamme, mais l'accablant aussi du récit de sa première expérience sexuelle. Lorsqu'il était enfant, lui dit-il (mais dans des termes infiniment plus heureux) le bruit que faisait sa nurse en urinant dans les bois l'avait amené à se masturber.

Le Dr. Kaempffer ne se souciait guère de le connaître. Un an plus tard, comme elle le rencontrait par hasard dans une rue de Zurich, son impression première s'en trouva confirmée : un homme de talent, mais morose et maladif. Elle refusa son invitation à le revoir.

L'une des confidences qu'écrivit Joyce à la jeune femme stupéfaite fut qu'il trouvait excitant, quand il couchait avec une femme, le risque d'être découvert. Peut-être faisait-il inconsciemment allusion à ses propres enfants. A partir de 1917, les Joyce n'eurent plus d'autre choix que de prendre Lucia dans leur chambre, ou bien de lui faire partager celle de son frère qui, comme l'indiquaient le rêve et la lettre de Nora, commençait à prendre une conscience très vive de son organe sexuel. Les conséquences, pour eux quatre, d'une telle promiscuité peuvent s'imaginer.

A. Walton Litz, de Princeton, qui a beaucoup étudié les circonstances de la rédaction d'*Ulysse,* suggère que la vie sexuelle active des Joyce avait cessé vers cette époque [75]. A mesure que Joyce s'enfonçait dans son propre imaginaire érotique, il descendait, comme il l'avait dit à Stanislaus en 1906, « un seau dans le puits de mon âme, rayon sexuel », et tout ce qu'il en tirait allait dans *Ulysse.* Le roman changea d'orientation entre 1917 et 1920, quittant brusquement le réalisme pour la fantasmagorie irréelle de la scène de bordel, où défilent toutes les formes de perversion sexuelle. Il semblerait que rien de ce rayon ne soit resté pour Nora. Vue sous cet angle, la correspondance furtive de Joyce avec le Dr. Kaempffer, de même que celle de 1909 avec Nora, ressemble fort à un exercice préparatoire pour *Ulysse.*

On ne peut, bien sûr, avoir aucune preuve objective, mais seulement des allusions échappées ici et là. Il s'était passé quelque chose. La bonne humeur paisible de Nora avait fait place aux larmes et à l'anxiété. Comme l'écrivait Joyce à Claude Sykes,

> « Veuillez transmettre les excuses de ma femme, pour son humeur sombre, à Mrs. Sykes et à Mrs. Bleibtreu, dont elle a reçu une carte aujourd'hui. Elle a été constamment malade et a même eu de très fortes dépressions nerveuses ici de sorte que je ne sais plus quoi faire — aller à Z[urich] dans le vague espoir d'y trouver un appartement ou quitter cette pension et chercher un appartement ici. Au lieu de lui faire du bien le séjour ici n'a fait qu'aggraver son état [76]. »

Nora donna à Daisy Sykes sa propre interprétation de la situation, lorsqu'ils regagnèrent Zurich en janvier 1918 : « Jim ne m'adressait jamais la parole à la Pension Daheim [77]. »

CHAPITRE 9

Artistes et modèles

De retour à Zurich, les Joyce s'installèrent dans un nouvel appartement à Universitätstrasse, à quelques minutes de la Bibliothèque centrale et du café Pfauen. Le seul désavantage en était que Giorgio et Lucia durent une fois de plus changer d'école, puisque, à Zurich, les enfants étaient obligés de fréquenter l'école la plus proche de chez eux. Ils expliquèrent leur retour inattendu par le mauvais temps de Locarno. Nora avait vu juste quand elle avait dit en août : « Je crains que le climat ne soit guère différent de celui de Zurich [1]. » Il avait tôt fait de découvrir que le climat social et intellectuel de Locarno était même bien pire.

Tous leurs doutes quant à Zurich s'évanouirent en février. Joyce se rendit à une mystérieuse invitation de l'Eidgenössische Bank, pour y apprendre une bonne nouvelle : une Américaine résidant à Zurich était à tel point convaincue du génie littéraire de Joyce qu'elle avait placé douze mille francs suisses (valant alors quatre cent quatre-vingts livres sterling) sur un compte à son nom, afin que lui soit versée une rente mensuelle de mille francs. Cette admiratrice se révéla être Mrs. Edith McCormick, fille de John D. Rockefeller. Depuis 1913, elle habitait un appartement dans la Vieille Ville, et couvrait de ses bienfaits des musiciens, des écrivains et, surtout, le psychanalyste Carl Jung.

Joyce rendit visite à Mrs. McCormick pour la remercier. Il fit très bonne impression, sans aucun doute, car à cette époque il attirait l'attention par son élégance désinvolte, son regard détaché, sa petite moustache, son pince-nez, son blazer impeccable, son chapeau noir, et son pantalon gris ajusté [2]. Et puis sa confiance naturelle s'étayait désormais sur une réputation internationale croissante. Le *Portrait* l'avait d'emblée situé comme une force nouvelle dans la littérature moderne, et l'on attendait avec impatience la publication des premiers chapitres de son nouveau roman, *Ulysse,* dans la *Little Review* américaine. *Les Exilés* allaient bientôt paraître à New York et à Londres ; ses poèmes commençaient à être connus.

En comptant la pension trimestrielle anonyme qui provenait de Londres, Joyce et Nora disposaient à présent d'un revenu mensuel de quinze cents francs suisses. Ils vivaient bien, mieux que l'équivalent actuel de la somme ne le laisserait supposer, car le franc suisse était alors assez faible, comparé aux monnaies britannique et américaine. Mais Joyce, fortifié par la sécurité d'un revenu régulier, ne tarda guère à trouver le moyen de vivre au-dessus de ses nouveaux moyens. Non seulement il enseignait moins et buvait plus, mais il s'engagea dans un nouveau projet, suggéré par son ami acteur Claude Sykes, qui consistait à créer une compagnie théâtrale de langue anglaise. Sykes, étant acteur, serait le metteur en scène et Joyce, du fait de son expérience avec le cinéma Volta et l'importation textile, serait l'administrateur [3].

Toutes les nations en guerre qui maintenaient une présence à Zurich (en Suisse neutre) entretenaient entre elles une véritable compétition de propagande culturelle. Joyce pour sa part avait conscience d'une vague dette envers la Couronne britannique, à cause du mécénat dont il avait bénéficié, et aussi parce qu'il avait décliné une invitation à se présenter au consulat pour une éventuelle mobilisation. (Il déclina même avec une certaine raideur ; il retourna sa lettre au consul général, A. Percy Bennett, en indiquant que Mr. James Joyce renvoyait un document adressé par erreur.)

Il éprouva donc une certaine satisfaction à aller solliciter au consulat britannique une bénédiction officielle pour sa compagnie, qui devait s'appeler « The English Players ». Comme toujours, ses motivations déclarées s'appuyaient sur des motivations personnelles — il voyait une possibilité de faire jouer *Les Exilés.* Cette pièce si chère à son cœur avait été refusée partout. W. B. Yeats, pourtant un ardent partisan, l'avait même refusée pour l'Abbey Theatre. En outre, un second espoir se tapissait derrière l'entreprise : celui de gagner de l'argent. Joyce et Sykes étaient sûrs que les Players rapporteraient beaucoup. Ils persuadèrent plusieurs amis d'acheter des parts [4].

Il n'y avait rien d'égoïste dans l'effort que consacrait Joyce aux Players. Bien qu'il ne fût responsable que des finances, il se lança dans toutes les directions — le choix des pièces, les costumes, la distribution, la mise en scène et les répétitions, la vente des billets, l'organisation d'une fête pour les acteurs. Enfin, le geste grandiose de prendre à son compte la dette colossale de onze mille francs qu'avaient accumulée les Players dément les rumeurs selon lesquelles Joyce aurait passé toute la durée de la Première Guerre mondiale à Zurich dans le plus grand dénuement[5]. Qu'il ait trouvé le temps pour une activité aussi envahissante pendant la période précisément la plus intensément créatrice de sa vie, cela en dit long sur son énergie. Joyce était physiquement frêle mais, jusqu'au jour où une opération des yeux vint démolir ses forces, il était infatigable. Pendant les trois mois qui précédèrent le premier spectacle des Players, en mai 1918, Joyce termina trois épisodes d'Ulysse — « Calypso », « Les mangeurs de lotus », et « Hadès » —, menant Leopold Bloom de son petit déjeuner et sa visite aux bains publics jusqu'à l'enterrement de Paddy Dignam au cimetière de Glasnevin[6].

La pièce que choisirent Joyce et Sykes pour inaugurer leur compagnie était *De l'importance d'être constant*, d'Oscar Wilde — source de plaisir particulier pour Joyce, car Wilde était Irlandais. Les meilleures pièces anglaises ont été écrites par des Irlandais, disait-il volontiers[7]. (Ses loyautés irlandaises, précisons-le, étaient culturelles et non politiques. Jamais il ne pardonna à ses compatriotes d'avoir persécuté Charles Stewart Parnell, bien longtemps avant qu'ils ne se préoccupent de le trahir lui-même.)

De leurs expériences à Trieste et à Dublin, Nora avait retenu que Joyce était chicaneur ; dans ses relations avec les éditeurs et les propriétaires qui l'offensaient, elle avait vu comme — selon l'expression anglaise — il invoquait la loi à la moindre chute d'un chapeau, mais elle ignorait encore que cet aspect procédurier, ainsi que son extravagance, n'allait faire que s'accroître avec sa réputation.

Lorsque la pièce de Wilde eut été jouée sous les acclamations, Joyce paya tous les acteurs : il donna trente francs aux professionnels, et dix aux amateurs, simplement pour couvrir leurs frais. L'un des amateurs, toutefois, Henry Carr, ancien soldat britannique qui travaillait maintenant au Consulat, fut absolument furieux de recevoir une somme aussi dérisoire — qu'on lui jetait, lui semblait-il, comme un pourboire. Dans le rôle d'Algernon Moncrieff, Carr était la vedette du spectacle, et il s'était si bien pris au jeu qu'il avait dépensé cent cinquante francs en vêtements neufs pour être le personnage. Il réclama le remboursement de son costume ; à quoi Joyce rétorqua qu'en fait c'était Carr qui lui devait de l'argent, car il n'avait pas payé tous les billets d'entrée qu'il avait été chargé de vendre.

La grotesque dispute qui s'ensuivit entre Carr et Joyce a été immortalisée dans la pièce de Tom Stoppard, *Travesties*. La cause véritable était plus profonde qu'une simple affaire d'argent. Carr avait été grièvement blessé au bas-ventre par un shrapnel, pendant la Grande Guerre, en France, et il allait rester marqué toute sa vie ; les Allemands, après l'avoir gardé prisonnier trois ans, l'avaient précisément relâché parce qu'il n'était plus apte au combat — ce que les Britanniques avaient confirmé en lui donnant un poste de non-combattant au consulat de Zurich. De tempérament coléreux, Carr enrageait de voir cet Irlandais désinvolte qui ne prenait guère la peine de dissimuler qu'il se fichait bien de l'issue de la guerre [8].

Joyce réclamait les vingt-cinq francs suisses dus pour les billets ; Carr réclamait les cent cinquante francs dépensés en costumes. Comme Joyce refusait, Carr le traita de canaille et d'escroc, et promit de faire en sorte que tout soutien du Consulat envers les English Players soit supprimé. Et si jamais il revoyait Joyce, il lui tordrait le cou et le jetterait dans l'escalier.

Joyce porta aussitôt l'affaire devant la justice, en déposant deux plaintes : l'une pour récupérer les vingt-cinq francs (somme dérisoire par rapport à tout ce qu'il dépensait personnellement pour les Players), et la seconde pour menaces de voies de fait et diffamation. Ces actions en justice entamèrent sérieusement la santé et l'énergie émotionnelle de Joyce, et cela en un temps où il n'en avait guère trop. Nora le soigna lorsqu'il dut passer neuf semaines au lit, cet été-là, atteint d'iritis aux deux yeux. En octobre, il était néanmoins parvenu à terminer les deux chapitres suivants d'Ulysse. C'étaient « Éole », qui se déroule dans les bureaux de l'*Evening Telegraph*, et les « Lestrygons », dans la taverne de Davy Byrne, où Bloom déjeune et songe au déclin d'une relation amoureuse. En fin de compte, Joyce n'obtint pas satisfaction car, même s'il gagna le premier procès, il perdit le second — et tout cela après des mois de chicaneries. Joyce écrivit même à Lloyd George pour protester contre la brutalité exercée à son encontre dans un bureau du gouvernement britannique, alors même qu'il faisait tant pour la culture britannique à Zurich. Le Premier ministre britannique, qui avait des questions plus pressantes à examiner en 1918, ne semble pas avoir répondu.

Dès le début de la controverse, le consul britannique, Bennett, avait pris parti pour Carr contre Joyce. Joyce en fut si fâché qu'il devint violemment anti-britannique et proallemand — sentiments que Nora ne partagea jamais, du fait du poste qu'occupait son oncle, et du service qu'accomplissait son frère sous le drapeau britannique. Mais il fallait à Joyce une vengeance plus durable. Il introduisit Bennett et Carr dans *Ulysse* : Carr est l'un des deux soldats britanniques grossiers et ivres qui frappent Stephen Dedalus et le jettent à terre. Quant à Bennett, il est l'officier supérieur de Carr. Joyce fit passer la voix du patriotisme britannique par la bouche ordurière de Carr : « Je lui tordrai le cou à l'enculé qui dira un mot contre mon enculeur de roi[9]. »

Le contretemps Carr, qui s'étira jusqu'à un second procès, en février 1919, travailla au profit de Nora. Comme les English Players avaient perdu la faveur de la société britannique de Zurich, Joyce et Sykes durent réduire leur projet. Pour leur seconde production, ils décidèrent de présenter un programme de trois pièces en un acte, dont l'une était, choisie par Joyce, *A cheval vers la mer*, de Synge, qui se déroule dans les îles d'Aran. En dépit de sa première réaction à la lecture du manuscrit, Joyce en était venu à aimer la pièce, malgré sa brièveté et le caractère éminemment prévisible de l'intrigue. Cette pièce n'avait, à sa connaissance, jamais été jouée sur le continent. Pour le rôle de Cathleen, l'une des filles de la vieille femme dont le dernier fils se noie en mer, il choisit Nora.

Nora se jeta corps et âme dans son rôle. Elle avait toujours été un peu comédienne et, dans les réunions où elle se sentait à l'aise, elle jouait souvent le rôle de la *conteuse*, tandis que Joyce l'écoutait en cachant un sourire derrière sa main, ravi[10]. Son maintien, son allure, et surtout sa voix, étaient parfaits pour le personnage, comme Daisy Sykes le lui affirma sûrement. En vérité, la pièce fut une véritable production familiale : Lucia et Giorgio jouaient des enfants dans la foule, et Joyce lui-même fournit son timbre de ténor pour le chant de la voix off[11].

La représentation eut lieu le 17 juin 1918. Dès les premiers mots, sur lesquels s'ouvrait la pièce, « Elle est étendue, que Dieu lui vienne en aide, et peut-être dort-elle, si elle peut », Nora donna le ton. Otto Luening la jugea remarquablement convaincante, et Sykes, le metteur en scène, la trouva magnifique[12].

Lorsqu'on prit des photos à la fin, Nora posa en tant que personnage. Ce fut l'une des meilleures jamais prises d'elle. En costume des îles d'Aran et nu-pieds, avec une main sur la hanche et un sourire insolent aux lèvres, elle est l'image même de la sensualité confiante, et de la conviction amusée de l'absurdité du fait de jouer. Elle s'amusa cependant beaucoup et, à partir de là, se plut toujours à parler théâtre. Daisy Sykes n'était d'ailleurs qu'une de ses bonnes amies actrices parmi bien d'autres. Une autre femme de la troupe des Players, Evelyn Cotton, actrice anglaise qui joua l'Honorable Gwendolen Fairfax dans *De l'importance d'être cons-*

tant, et Lady Sims dans *Twelve Pound Look* de Barrie, lui resta fidèle toute sa vie, et se révéla irremplaçable pendant les dernières années de Nora.

Quand on ne connaît Joyce que par la notoriété d'*Ulysse*, on l'imagine souvent comme un homme à femmes et un grand libertin. Bien au contraire, il était non seulement monogame, mais dominé par sa femme. Sa réputation n'est toutefois pas entièrement dépourvue de fondement, car il était sexuellement pernicieux, tant avec la vertu de Nora qu'avec la sienne propre. En écrivant *Ulysse*, et cela pour la première fois, Joyce s'inspirait non plus de ses souvenirs mais de sa vie quotidienne en tant qu'époux et père. Tout, depuis le chat jusqu'à Henry Carr, venait alimenter son moulin. Ainsi que des questions bien plus délicates et intimes. Il introduisit dans ce livre des motifs tels que la rivalité sexuelle entre une mère trop mûre et une fille en pleine floraison. (Dans *Ulysse*, Milly, la fille de Leopold et Molly Bloom, a quinze ans. Bloom est troublé par des émotions incestueuses à l'égard de cette version rajeunie de sa femme.) Nora savait, si Lucia l'ignorait, que Joyce ne la quittait pas des yeux et que, quand ses propres expériences commençaient à s'amenuiser, il n'hésitait pas, pour l'amour de son livre, à piocher dans les siennes.

Cette simple affaire de produire, même brièvement, sa femme sur la scène, par exemple, touchait en Joyce la corde sensible qui voulait voir Nora désirée par d'autres hommes. De même que dans *Ulysse* Joyce faisait montrer à Leopold Bloom la photo de sa femme (chanteuse professionnelle) à Stephen Dedalus, lui-même envoya la photo de Nora en costume paysan à Forrest Raid, critique dramatique du *Belfast Telegraph* : « Ci-joint je vous adresse une photographie de ma femme qui jouait un rôle dans la pièce de Synge. Comme elle est née en vue d'Aran, je pense que le texte de Synge a été dit avec l'accent juste[13]. »

Le désir d'exhiber ainsi sa femme, Joyce en était parfaitement conscient, masquait pour le moins une aspiration à l'adultère. (Joyce et Nora se considéraient comme mariés, de même que tous leurs amis.) Un acte d'infidélité constituait donc pratiquement un péché d'adultère, comme l'écrivit Joyce. Dans ses notes pour *Les Exilés*, il expliqua pourquoi Richard jette Berthe dans les bras de Robert, le journaliste :

« Richard n'est pas fait pour les relations adultères avec les femmes de ses amis, moins parce qu'il est convaincu de l'indignité de la chose qu'en raison plutôt de toute la dissimulation qu'elle impliquerait de son côté : et il souhaite, semble-t-il, ressentir le frisson de l'adultère par procuration, et posséder une femme déjà liée, Berthe, à travers l'organe de son ami [14]. »

A la recherche de ce frisson par ami interposé, en 1918 et 1919, Joyce espérait que Nora serait forte là où lui-même était faible. Il ne voulait pas ce frisson juste pour l'expérience. Il lui fallait cette expérience pour *Ulysse,* l'histoire d'un cocu. Leopold Bloom erre dans les rues de Dublin le 16 juin 1904, restant obligeamment à distance pendant que sa voluptueuse épouse, Molly, commet l'adultère avec son patron, Blazes Boylan.

Nora savait ce que Joyce voulait, elle savait aussi qu'il se servait d'elle, et elle en éprouvait de la rancœur. Comme tant de fois, elle traduisait les pensées magnifiquement exprimées mais voilées de Joyce en paroles ordinaires, d'une terrifiante justesse. Un soir, en sortant d'un café avec Frank Budgen, tandis que Joyce traînait en arrière, Nora éclata en sanglots. « Jim veut que je sorte avec d'autres hommes, confia-t-elle à Budgen, pour qu'il ait quelque chose à écrire [15]. »

On ne pouvait décrire plus clairement leur relation. Nora n'imaginait rien. Un autre de leurs amis zurichois, le sculpteur August Suter, qui venait de se marier, observait d'un œil réprobateur la manière dont Joyce présentait Nora à « des juifs et des Grecs », dans l'intention de « jouer avec la vertu de sa femme ». Mais Suter, comme Budgen, observait aussi que Nora refusait de jouer le jeu, qu'elle n'avait rien d'une coquette. Elle aimait réellement Joyce, et demeurait d'une loyauté obstinée, face aux exigences bizarres de son mari [16].

Les Joyce se firent de nombreux nouveaux amis à Zurich, et en particulier Fritz Fleiner, professeur de droit à l'université, et sa femme. De tous, c'est Budgen qu'ils aimaient le mieux. Il devint rapidement le meilleur ami qu'ils allaient jamais avoir. Budgen était de ces rares personnes capables d'apprécier la vie et l'œuvre à la fois. Il était anglais, autodidacte, très cultivé et d'une beauté solide, avec un front large et des yeux plissés, observateurs. (Plus tard, il servit de modèle pour le marin représenté sur les paquets de cigarettes Players.) Il était devenu peintre après s'être engagé dans la marine pour fuir sa famille. Pendant la Première Guerre mondiale, il travaillait au ministère de l'Information, à Zurich. Lors de leur première rencontre, à un dîner, pendant l'été 1918 (à l'apogée de la fureur de Carr), Joyce soupçonna Budgen d'être un espion du consulat britannique, chargé de le surveiller.

Pendant les dix-sept mois que les Joyce restèrent encore à Zurich, Nora, comme son mari, se prit d'une grande confiance envers Budgen. Elle lui reprochait souvent d'encourager Joyce à trop boire, mais elle lui était bien reconnaissante de ramener Joyce à la maison en le portant sur son large dos. Quant à Joyce, il trouvait en Budgen une oreille beaucoup plus utile qu'en Stanislaus, quand il lui expliquait ce qu'il voulait faire dans *Ulysse*. Pour un peintre, les idées de Joyce étaient parfaitement compréhensibles. « J'ai tous les mots, lui dit un jour Joyce. Ce que je cherche, c'est l'ordre parfait des mots dans la phrase. »

Budgen demanda quels étaient les mots, et Joyce répondit patiemment,

« Je crois vous avoir dit que mon livre est une *Odyssée* moderne. Chaque épisode y correspond à une aventure d'Ulysse. J'écris à présent l'épisode des " Lestrygons ", qui correspond à l'aventure d'Ulysse avec les cannibales. Mon héros va déjeuner. Mais il y a dans l'Odyssée un motif de séduction, la fille du roi cannibale. La séduction apparaît dans mon livre sous forme de jupons de soie accrochés dans une vitrine. Les mots par lesquels j'en exprime l'effet sur mon héros affamé sont : " Un parfum d'embrassements l'envahissait. De toute sa chair humble et affamée montait une muette imploration vers l'amour." Vous pouvez voir vous-même de combien de manières on peut les disposer [17]. »

C'est également à Budgen que Nora exprima ce qu'elle pensait d'*Ulysse*. Contrairement à la légende selon laquelle jamais elle n'aurait lu un seul mot de l'œuvre de Joyce, elle savait parfaitement bien ce qu'il y avait dans *Ulysse*, de même que la plupart des gens qui vivent avec un auteur ont une idée du sujet de son dernier livre. Et ce qu'elle en savait ne lui plaisait guère. « Que pensez-vous, Mr. Budgen, interrogea-t-elle moqueusement, d'un livre qui a pour héroïne une horrible grosse femme mariée ? [18] »

Budgen répliqua qu'il n'y avait rien de mal à être grosse et mariée ; c'était là un changement bienvenu, en comparaison des jeunes sylphides que la plupart des romans présentaient comme héroïnes. Mais Joyce était vexé que Nora ne vît pas en *Ulysse* le roman comique qu'il écrivait. Il se mit en colère, un matin, lorsque Nora lui demanda : « Qu'est-ce donc que toutes ces histoires d'humour et d'esprit irlandais ? Avons-nous un seul livre, à la maison, qui en contienne ? J'aimerais dans ce cas en lire une page ou deux. » Et à Budgen, Joyce exaspéré confia : « Voici ce que lit ma femme », et il tira d'un rayon des romans sentimentaux [19].

Budgen, à l'époque, était célibataire, et toutes ces anecdotes lui parvenaient comme par-dessus un immense gouffre. Joyce lui exposait toutes ses vues sur la femme en tant qu'être animal, dépourvu de pensée. Un soir qu'ils discutaient ensemble, Joyce réfuta l'affirmation de Budgen, selon laquelle le Christ était « un personnage circulaire, complet ». Le Sauveur était un célibataire, rétorqua Joyce, et il n'avait jamais vécu avec une femme — « l'une des choses les plus difficiles que l'homme ait à faire » [20].

Faute de parvenir à pousser Nora dans l'infidélité pour répéter un scénario d'*Ulysse*, Joyce — à la fin de 1918 et en 1919 — fit lui-même une tentative bizarre et imaginative.

A la fin d'octobre 1918, les Joyce traversèrent l'Universitätstrasse pour s'installer au-dessus d'une boutique d'opticien. L'arrière de leur nouvel appartement, au numéro 29, donnait sur l'arrière des maisons de Culmannstrasse. Et Joyce conçut l'une de ses passions de voyeur pour une jeune femme vivant au 6, Culmannstrasse (renuméroté différemment depuis lors). Elle s'appelait Marthe Fleischmann, et personnifiait son idéal érotique : massive, brune, de type juif. Il confia à Budgen, confident malgré lui, qu'il était tombé amoureux de sa voisine en la voyant se lever du siège des toilettes et tirer la chasse d'eau.

Si vraiment Joyce aperçut Marthe aux toilettes, il devait sans aucun doute faire d'intenses efforts visuels : les deux bâtiments ne sont pas rigoureusement dos à dos, et puis, en 1919, la vue de Joyce était si faible qu'il devait se poster près de la fenêtre et approcher les papiers de ses yeux pour pouvoir lire. La version qu'il raconta à Marthe elle-même est tout à fait plausible — qu'il l'avait vue dans la rue, et qu'elle lui avait rappelé une jeune fille vue un jour au bord de la mer, à Dublin (la « fille-oiseau » dont la vision marque le point culminant du *Portrait*).

Il épia Marthe, se présenta, écrivit des lettres furtives qu'il s'amusait à signer de son nom avec le même *e* grec qu'il allait employer pour la correspondance clandestine de Leopold Bloom avec une certaine Martha Clifford dans *Ulysse*. Ses efforts ne furent pas entièrement vains. Il se targua auprès de Budgen d'être allé chez Marthe, de l'avoir vue en chemise de nuit, et d'avoir parlé avec elle de dessous féminins. (« Tous les lecteurs de Joyce, observa Budgen par la suite, reconnaîtront aisément le genre de lingerie fin de siècle qu'il admirait [21]. »)

Marthe, cependant, avait un « protecteur » — un ingénieur zurichois. Bien qu'elle se plût à répéter que leur liaison était purement platonique, elle subissait l'ennui, l'oisiveté et le sentiment de subordination d'une maîtresse. Comme elle passait ses journées à fumer en lisant des romans, les lettres de Joyce la divertissaient (et lui se divertissait à regarder par la fenêtre donnant sur l'arrière et à essayer de la voir les lire).

Les lettres que Joyce écrivait à Marthe, parfois en allemand, parfois en français, étaient légèrement romantiques, avec une touche de crudité. (Marthe déchira discrètement un gros mot au bas d'une page.) Elles rappellent un peu les premières lettres d'amour qu'il avait écrites à Nora :

« Je m'imagine un soir brumeux. J'attends — et je vous vois venir vers moi, vêtue de noir, jeune, étrange, et douce. Je regarde dans vos yeux et mes yeux vous disent que je suis un pauvre chercheur en ce monde, que je ne comprends rien à ma destinée ni aux destinées des autres, que j'ai vécu et péché et créé... Peut-être comprenez-vous le mystère de votre corps quand vous vous regardez dans le miroir, d'où vient la lueur sauvage de vos yeux ; la couleur de vos cheveux ? [22] »

Joyce décida de marquer son intrigue avec Marthe par une cérémonie lors de son jour sacré personnel, son anniversaire. Il demanda à Budgen s'il pouvait amener la jeune femme en visite dans le petit atelier de Budgen. Ce dernier, qui n'aimait guère se voir attribuer un rôle dans un complot destiné à tromper Nora, s'efforça de dissuader Joyce — mais en vain. Renoncer, déclara Joyce, « serait pour moi la mort spirituelle [23] ».

Budgen, à qui Joyce avait confié sa conviction d'artiste que l'imagination est mémoire, comprit ce que voulait faire Joyce : créer un modèle d'événements sur lesquels il écrivait, de même qu'un peintre compose une scène dans son atelier, avec des modèles vivants, afin de voir la lumière et les rapports d'espace dans leur intensité réelle. Bien entendu, Budgen avait interprété la plainte larmoyante de Nora sur l'incitation de Joyce « à aller avec d'autres hommes » comme un simple exercice littéraire de la part de Joyce et, d'artiste à artiste, il accepta de coopérer. Par obligeance, il alla jusqu'à donner au studio une touche encore plus « bohème », en traçant au fusain, sur un mur, un grand croquis de femme nue à la croupe rebondie. Joyce, de son côté, fit sa propre mise en scène. Pour renforcer l'atmosphère, il apporta un candélabre juif à sept branches. Et en fin d'après-midi le 2 février 1919, il introduisit Marthe dans l'antre de l'artiste.

Budgen observa aussitôt que la Dame brune de Joyce avait les hanches fortes, et qu'elle boitait un peu : « Difficile de l'imaginer exhibant ses dessous pour le bénéfice de Joyce. »

Promenée autour de l'atelier à la lueur du candélabre, Marthe poussa des exclamations d'admiration polie devant les divers croquis et sculptures. Et Budgen s'amusa fort de voir Joyce récompensé par « les minauderies teintées de reproche qu'il avait bien cherchées en lui montrant le gros derrière que j'avais exécuté sur ses instructions ». Enchanté du déroulement du spectacle, Joyce aida alors Marthe à s'envelopper chaudement dans son manteau, et sortit avec elle dans la nuit.

Quoi qu'il fût advenu ensuite entre Joyce et sa voisine junonesque, il était de retour au 29 d'Universitätstrasse à temps pour dîner. Son ami Paul Ruggiero, d'origine grecque, cuisinait des plats orientaux dans le cadre du grand festin par lequel Nora célébrait toujours le 2 février. Au cours de la soirée, Joyce trouva le moyen de chuchoter à Budgen qu'il venait d'explorer « les régions les plus chaudes et les plus froides d'un corps de femme » (sans préciser lesquelles c'était). Budgen en conclut que Joyce s'était contenté d'une simple exploration manuelle de Marthe, et que jamais Nora ne se douta de ce qui s'était passé. Si Joyce s'était en effet embarqué là dans une tentative d'adultère, c'était la seconde fois en un an qu'il échouait.

Marthe pour sa part ne se tira pas aussi bien de cet imbroglio. Sujette à de fréquents accès d'angoisse et de dépression, elle ne put cacher à son protecteur cette histoire de flirt — et il convoqua Joyce pour une confrontation. Joyce crâna, d'après le récit qu'il en fit à Budgen, faisant face avec « cette suavité diplomatique, cette bonté d'âme, cette compréhension d'autrui, cette timidité qui est un vrai courage » — en bref, avec toutes les qualités l'apparentant à Bloom. Mais il dut avoir peur. Il redoutait tant la violence, confiait-il à Budgen, qu'il ne pouvait pas même introduire une bagarre à coups de poing dans *Ulysse*. Mais il est certain qu'il prit ses distances avec les effets qu'eut la scène sur Marthe. En juin, il écrivait à Budgen, « M — en asile ou Nervenanstalt mais nouvelles menaces de suicide »[24].

L'incident ne fut qu'un bref spot sur l'écran de son contentement domestique. Dans la même lettre à Budgen, Joyce le félicitait pour le portrait qu'il faisait de Nora. Joyce trouvait le dessin de Budgen « délicat et provocant ». Ce ne sont pas là les paroles d'un mari fatigué de sa femme.

Quant à Nora, elle était ravie qu'on fasse son portrait. Poser chez un peintre était l'un des aspects plaisants de sa vie de femme d'artiste. Budgen trouvait en elle un modèle idéal : sereine, patiente, et d'une « présence majestueuse ». Ce qui le frappait le plus, c'était l'indépendance absolue de Nora :

> « Ses jugements sur les hommes et les choses étaient vifs et directs et procédaient d'une échelle de valeurs entièrement personnelle, qui n'imitait rien et que rien ne modifiait. Quelle que fût son humeur, elle parlait de cette voix riche et agréable qui semble être le don inné des femmes irlandaises [25]. »

Budgen capta ces qualités sur la toile, ainsi même que certains traits qu'il connaissait du ménage Joyce. Peut-être était-il donc inévitable que Nora déteste le portrait. (Plus tard, elle alla jusqu'à l'arracher de son cadre.) Budgen ne l'avait pas flattée comme naguère Silvestri à Trieste. Il l'admirait, mais il n'était pas épris d'elle. Son portrait montre un visage sensuel aux lèvres pleines, avec des pommettes hautes, presque orientales, et des yeux en amande assez lourds : une femme boudeuse mais contente d'elle, au tempérament violent, indolente, et très irlandaise.

L'épisode Fleischmann apparut au grand jour quand Marthe vendit les lettres, après la mort de Joyce. Budgen publia sa propre version des choses vingt ans plus tard. Les lettres étaient particulièrement intéressantes, du fait des détails qui avaient trouvé leur place dans *Ulysse* : le nom de Marthe et son boitillement, l'exotisme et le clinquant de la correspondance clandestine, et les *e* grecs.

Ce qui resta caché, c'est que, pendant la même période, Ottocaro Weiss était sans doute épris de Nora. Claude Sykes, dont la femme était la meilleure amie de Nora, confia à Herbert Gorman (le biographe autorisé de Joyce) dans les années trente qu'il savait qu'il marchait sur le fil de la lame en disant cela, mais qu'il pensait que Weiss était amoureux de Mrs. Joyce, qui avait repoussé ses avances. Comme il travaillait sous la censure de Joyce, Gorman ne fit évidemment pas état de la confidence [26]. Sykes n'était d'ailleurs pas seul à observer l'attachement de Weiss envers Nora. Lucia Joyce, qui n'avait pourtant que douze ans à l'époque, remarqua également que Mr. Weiss aimait beaucoup sa mère (qu'elle trouvait très jolie). Elle se rendait compte également que son père se querellait avec Weiss au sujet de sa mère [27].

En 1919, Weiss passait beaucoup de temps avec les Joyce. Démobilisé, il avait regagné Zurich en janvier, au plus fort des amours voyeuses de Joyce avec Marthe. Peut-être Weiss avait-il même soupçonné que Joyce manigançait quelque rendez-vous secret, car il lui demanda pourquoi il voulait un candélabre à sept branches, et la réponse de Joyce ne put évidemment pas satisfaire sa curiosité : « *Per una serata nera* [pour une messe noire] [28]. »

Cette année-là, Weiss accompagna les Joyce à des soirées et des concerts. Avec sa sœur Paula, et eux, il alla au Rheinfall de Schaffhausen, et emmena les deux femmes en bateau traverser le fleuve turbulent, tandis que Joyce restait au café, à manger des tomates et à les regarder lutter contre le courant en faisant des remarques sarcastiques. Weiss dîna avec Nora et Joyce le soir où ils attendaient des nouvelles par téléphone de la première représentation des *Exilés* à Munich, en août 1919. (La pièce essuya un échec ; un critique munichois la qualifia de « ragoût irlandais » [29].) Et lorsque Joyce donna une réception pour l'accrochage du portrait de Nora par Budgen, Weiss y vint en tenue de soirée, ce qui amusa beaucoup Budgen [30].

La suppression de toute mention des sentiments de Weiss illustre bien la distorsion qu'entraîne la célébrité. Du fait que Joyce était si connu, et que l'on recherchait continuellement les sources d'*Ulysse*, l'escapade Fleischmann fut répertoriée et décrite dans la biographie de Joyce et l'histoire d'*Ulysse*. Mais, comme Nora était jugée sans importance, que la réputation d'une femme était beaucoup plus aisément ternie par la rumeur que celle d'un homme, et aussi que, dans les années trente, à l'époque où Gorman recherchait des éléments biographiques sur Joyce, Weiss était devenu un personnage important de la banque et de l'assurance internationales, son amour de jeunesse pour une femme mariée (et le mécontentement du mari) resta enseveli dans des notes inédites, dans des bibliothèques, à des centaines de kilomètres de là.

Pourtant, dans la vraie vie de Nora et James Joyce, leurs flirts avec l'infidélité furent simultanés et liés entre eux. Il semble, en fait, que Weiss ait été l'homme à qui Nora se plaignit que Joyce la poussait vers d'autres.

De même que Richard et Berthe dans *Les Exilés* (que les English Players n'ont jamais joués), les Joyce étaient un couple engagé dans un jeu conjugal à deux personnages. Les troisièmes joueurs qui y furent entraînés et blessés, Prezioso, Marthe, Weiss (peut-être même aussi Vincent Cosgrave, dont le point de vue n'a jamais été exprimé sur l'histoire des Joyce), ne pouvaient pas comprendre quels pions ils étaient.

Pourquoi des hommes comme Prezioso et Weiss portaient-ils leurs attentions vers la femme d'un autre ? Peut-être parce que Joyce était devenu impuissant ou sexuellement indifférent, conscient comme *Ulysse* des prétendants qui entouraient sa femme pendant qu'il était occupé ailleurs.

Ulysse regorge de références à l'insatisfaction sexuelle des Bloom. Depuis plus de dix ans, Leopold Bloom n'a jamais donné à sa femme d'étreinte plus ardente qu'un baiser sur le derrière. Dans l'épisode des « Cyclopes », les bavards de la taverne de Barney Kiernan font grand cas de l'impuissance supposée de Bloom :

« — Appelez-vous ça un homme ? que dit le citoyen.
— A-t-il seulement pu trouver où que ça se met ? que dit Jo.
— Pourtant il a réussi à avoir deux enfants, que dit Jack Power.
— Et qui soupçonne-t-il ? que dit le citoyen[31]. »

Dans *Ulysse*, Molly Bloom commet l'adultère, mais Joyce ne décrit pas la scène. Il ne la montre que dans l'imagination de Bloom et la rêverie de Molly. Le seul moment de sexualité accomplie dans *Ulysse* vient d'un acte de masturbation. Bloom se satisfait, excité par la vue de Gertie MacDowell montrant sa culotte pendant le feu d'artifice : « Oh ! elle éclata la chandelle romaine comme si elle soupirait Oh ![32] »

En effet, la seule activité humaine ordinaire qui brille par son absence dans *Ulysse* est la copulation. Tout ce que les gens font d'habitude dans une journée figure dans le livre, y compris les fonctions corporelles allant de la défécation aux doigts dans le nez — tous les actes routiniers, en bref, à l'exception de celui qui est nécessaire à la survie de l'espèce, et qui est l'unique forme d'expression sexuelle que l'Église romaine catholique pardonne même aux gens mariés. Pourquoi ne baise-t-on pas dans *Ulysse* ? s'est étonné le critique britannique Colin MacCabe[33]. On ne peut s'empêcher de supposer que Joyce l'a exclu de son livre parce qu'il l'avait exclu de sa vie.

La clé de bien des ménages se trouve dans leurs comptes en banque plutôt qu'au lit. La manière dont un couple organise ses finances constitue souvent son secret le plus intime, celui par lequel il diffère de tous les autres couples et offre au monde un front uni. Dans leur attitude vis-à-vis de l'argent (à part l'occasionnelle dispute au sujet d'un pourboire trop élevé ou du prix d'un chapeau), Nora et Joyce ne faisaient qu'un. Jamais Nora ne douta un seul instant que Jim ne méritât de généreuses donations, ni qu'elle ne fût aussi libre que lui de les dépenser plutôt que d'amasser.

En mai, Joyce emmena Budgen à Locarno, en guise de paiement (partiel) pour le portrait de Nora. (Il voulait bien voyager sans Nora, pourvu qu'il eût quelqu'un pour s'occuper de lui.) Nora était seule à Zurich avec les enfants quand arriva une lettre de Messrs. Monro Saw and Company, de Londres. Avec les enfants penchés pour lire par-dessus son épaule, elle apprit une merveilleuse nouvelle : un client de cette société, qui désirait conserver l'anonymat, souhaitait placer au nom de Joyce un bon de la Défense nationale rapportant cinq pour cent par an. Nora fut folle de joie. L'argent, annonça-t-elle triomphalement aux enfants, allait payer leurs études[34]. Elle courut télégraphier la nouvelle à Locarno, dans la forme cérémonieuse qu'elle jugeait appropriée à ce moyen de communication : « Sincères félicitations Nora Joyce[35]. »

A peine Joyce eut-il reçu le message qu'il se précipita, sans dire pourquoi à Budgen. Il arriva à Zurich pour trouver Nora, venue à sa rencontre, qui dansait une gigue irlandaise sur le marchepied d'un tramway[36]. Leurs soucis d'argent étaient terminés ; ils avaient enfin des revenus réguliers.

La généreuse donatrice était Harriet Weaver ; elle songeait à ce don depuis déjà un certain temps, dans sa recherche d'un moyen pour alléger les soucis financiers de Mr. Joyce. Elle trouvait en effet plus approprié de transférer un capital à son nom que de lui verser une pension régulière, forme de subvention qu'elle estimait indigne. De cette manière, Mr. Joyce pouvait vivre sur les intérêts, et programmer son avenir en toute sécurité.

Ses hommes de loi s'efforcèrent poliment de la dissuader. Le plus jeune associé de Monro Saw, société antérieurement appelée Slack, Monro & Saw, lui écrivit. Il demandait, avant que Mr. Joyce fût informé de sa proposition si généreuse, « si vous ne voudriez pas vous entretenir avec mon associé avant de réaliser l'opération. On sait que souvent deux têtes pensantes valent mieux qu'une »[37].

C'était là une manière fort délicate d'indiquer que l'associé majoritaire, Fred Monro, avait percé à jour, chez Joyce, le prodigue.

Rien ne pouvait arrêter Miss Weaver. Elle persista, en priant ses hommes de loi de respecter son désir d'anonymat. Joyce bombarda Monro Saw de courtoises interrogations, car Nora et lui se creusaient la cervelle pour tenter de deviner qui pouvait bien être ce mystérieux bienfaiteur. John Quinn? Non, l'argent était en livres sterling. Lady Cunard, peut-être?

Suivant les instructions de Miss Weaver (dont il était un vieil ami), Fred Monro refusa bien sûr de divulguer le secret — tout au moins jusqu'à ce que la rumeur lui parvienne de Zurich que Joyce avait reçu un cadeau « d'une dame »[38].

Miss Weaver en conclut que son secret était éventé — ce en quoi elle se trompait. La dame en question était Mrs. McCormick. Joyce s'était bien gardé de parler à Miss Weaver des mille francs qu'il recevait chaque mois d'une protectrice rivale, depuis déjà un an et demi.

Miss Weaver confessa donc son secret, le 6 juillet 1919. Timidement, et à la fin d'une lettre professionnelle, elle supplia Joyce de lui pardonner son manque de franchise :

> « Peut-être devrais-je ajouter que c'est moi qui ai envoyé le message par l'intermédiaire de Messrs. Monro, Saw & Co et que je regrette de l'avoir fait de cette manière et sous cette forme. Il est paralysant de communiquer par l'intermédiaire d'hommes de loi. Je crains que vous ne deviez retirer toutes vos paroles sur la délicatesse et l'effacement de soi. Je ne puis que vous prier de me pardonner l'absence de ces qualités[39]. »

Dotée d'une conscience aussi sensible, Miss Weaver se savait coupable d'autre chose que d'un excès de modestie. Elle avait aimé l'excitation du jeu du chat et de la souris, en suivant les efforts de Joyce pour deviner la source de l'argent, et elle se reprochait intérieurement ce plaisir complaisant.

Maintenant âgé de quatorze ans, Giorgio Joyce connaissait également la source de leur bonne fortune, mais il raconta tout autre chose à ses amis de classe. Il se vanta auprès d'eux que son père travaillait depuis cinq ans à un gros livre, qu'il lui faudrait encore cinq années pour le terminer, et qu'il s'appelait *Odyssée* ou *Ulysse*. Alors d'où vient l'argent? voulaient savoir les amis de Giorgio, avec un sens pratique tout suisse. Quand son père voulait de l'argent, répondait le jeune Joyce, il n'avait qu'à écrire à un lord anglais, et il recevait cent livres sterling.

Les garçons étaient également curieux de voir à quoi ressemblait un écrivain, de sorte que Giorgio les amena chez lui. Là, tout était banal — la mère chaleureuse, l'odeur de cuisine, le piano — tout, à l'exception de l'écrivain lui-même. Avec sa veste noire, ses épaisses lunettes et sa petite barbe en pointe, les garçons trouvèrent que Joyce ressemblait au diable en personne [40].

Joyce reçut encore de l'argent, cette année-là. A New York, Padraic et Mary Colum avaient recueilli mille dollars (environ deux cents livres sterling) auprès de riches amis, et ils les télégraphièrent à Joyce. Cette fois encore, Nora fut l'annonciatrice de la joyeuse nouvelle. Elle courut avertir Joyce, qui se trouvait avec sa troupe d'acteurs, et s'entendit dire par l'une des épouses anglaises, d'un ton acidulé : « Alors, Mrs. Joyce, vous ouvrez le courrier de votre mari ? » C'était une histoire que Nora adorait raconter [41].

La guerre étant enfin terminée en novembre 1918, le reste du clan Joyce de Trieste se retrouva. Stanislaus revint de son camp de prisonniers. Eileen et Frank (avec une petite fille, et un second enfant à naître) revinrent de Prague. Ils louèrent ensemble (grâce au salaire de Frank à la banque) un élégant appartement dans la via Sanità, à deux pas de la grand-place, et attendirent. Des caisses de livres arrivèrent de Zurich, mais pas de Jim et Nora [42]. « Avez-vous décidé de rester à Zurich définitivement ? » s'enquit tante Josephine. Elle leur fit également part de l'embarras que causait à la famille Joyce la parution du *Portrait* en Irlande. Un critique avait qualifié l'ouvrage d'étude de l'ordure, et Eva, Florrie et May éprouvaient une forte amertume ; elles n'appréciaient pas les références familiales [43].

Mais Joyce, dans un état d'épuisement physique et nerveux, et retenu par ses affaires en cours avec les English Players, s'attardait à Zurich. Et puis il attendait les permis nécessaires pour retourner à Trieste. Entre-temps, et pour la première fois depuis qu'ils avaient quitté Trieste, il omit de payer le loyer de leur ancien appartement de la via Bramante. Fidèle à l'image type, le propriétaire lui adressa un ultimatum, et Stanislaus ne tarda pas à devoir écrire à son frère dans l'ancienne veine si familière :

« Le déménagement d'un appartement où l'on enfonce dans la poussière jusqu'aux chevilles a coûté une semaine de sale boulot à

Frank et à Eileen, et à moi près de trois cents lires. J'émerge tout juste de quatre années de faim et de misère, et j'essaie de me remettre sur pied. Penses-tu pouvoir me laisser souffler un peu ?

Stannie[44]. »

Stanislaus allait recevoir sa réponse, mais pas tout de suite. Deux mois plus tard, Joyce annonça qu'il avait envoyé l'argent mais qu'on le lui avait retourné par erreur, et Stannie pouvait-il lui envoyer son habit de soirée[45] ?

En vérité, Joyce avait eu l'intention de partir, avec Nora et les enfants, au début d'octobre. Le premier du mois, il alla donc chercher la pension que lui versait régulièrement Mrs. McCormick, mais ce fut pour apprendre qu'il n'y avait pas d'argent sur le compte. L'héritière américaine lui avait coupé les vivres sans l'avertir.

Piqué, Joyce demanda à la voir. Comme elle refusait, il lui envoya le manuscrit d'*Ulysse* en cadeau, dans l'espoir de l'amadouer. Elle ne fut pas amadouée. Dans un petit mot fort sec, Edith McCormick lui déclara qu'elle était sûre qu'il trouverait des éditeurs et serait reconnu, maintenant que la guerre était terminée[46]. Comment expliquer ce brusque revirement ? Joyce reprocha plus tard à Jung de l'avoir influencée ; Jung, disait-il, voulait le psychanalyser pour le guérir de son gaspillage. Mais sur le moment, il trouva un motif moins abstrait. Une certaine personne, confia-t-il à Claude Sykes, « pour de sinistres raisons qui lui sont personnelles », était allée dire à Mrs. McCormick que James Joyce gaspillait son argent à faire la noce et la java au Pfauen.

Cette personne que soupçonnait Joyce était Ottocaro Weiss. Selon les termes de Weiss par la suite, il y avait eu « un petit refroidissement pour des histoires d'argent », mais la cause profonde de la tension, devina Sykes, était la jalousie au sujet de Nora[47]. Il semble que ce soit là la circonstance de la querelle qui marqua la fille de Nora[48].

Weiss s'efforça néanmoins de restaurer l'amitié entre eux. Il s'approcha de Joyce, qui était assis au Pfauen avec Nora et quelques amis. Glacial, Joyce refusa de l'inviter à s'asseoir avec eux. Quant à Nora, convaincue que Weiss n'avait pas commis cet acte de délation, elle demeura impassible.

Jamais Joyce ne pardonna à Weiss. Il voyait en lui l'un des innombrables traîtres qui, avec une implacable régularité, semblaient miner sa route solitaire vers sa destinée artistique. Le fait qu'il eût lui-même encouragé Nora à prendre un amant n'atténuait en rien sa fureur.

Nora elle-même ne se sentait pas bien non plus. Avant de regagner Trieste, elle alla consulter le Dr. Adalbert Panchaud de Bottens, cardiologue et spécialiste de médecine interne[49]. Étant donné son histoire et ses problèmes gynécologiques ultérieurs, on peut supposer qu'elle souffrait du mal que Joyce prêta à Molly Bloom, lorsqu'il écrivit l'épisode « Pénélope » d'*Ulysse* deux ans plus tard, à savoir des règles irrégulières. Joyce n'aurait pu glaner auprès de personne d'autre que Nora les pensées d'une femme que ses règles prennent par surprise :

> « Ô sainte patience c'est comme une mer qui coule de moi... je ne voudrais pas gâter les draps propres c'est le linge propre que j'avais mis qui est en cause aussi zut zut alors... [50] »

Ils restèrent à Zurich jusque bien après la rentrée scolaire. Giorgio avait bien mûri pendant leur séjour en Suisse. Il avait maintenant une superbe voix et chantait des morceaux du *Trouvère* ou de *Rigoletto* en s'accompagnant au piano. En août, il avait entamé un cycle d'études au Gymnasium, qui menait à un diplôme. Mais, le 19 octobre, sa sœur et lui-même furent tirés de leurs écoles : ils prirent le train pour franchir le tunnel du Saint-Gothard et non seulement regagner leur ancienne ville, mais aller vivre dans un nouveau pays : à la fin de la guerre, Trieste était redevenue italienne. Ils étaient déjà à Milan quand Stanislaus reçut un télégramme : « Arrivons demain soir sept heures. »

CHAPITRE 10

« Circé » va à Paris

Neuf mois plus tard, ils reprenaient le train pour changer encore de ville. C'était une idée d'Ezra Pound : que Joyce visite Paris. Pendant deux jours de vacances au bord du lac de Garde, il convainquit Joyce. Joyce était venu rencontrer enfin le poète américain et rédacteur de *The Egoist* qui lui avait procuré des protections et l'avait fait publier. Comme il redoutait de voyager seul par crainte de la foudre, Joyce emmena son fils de quinze ans avec lui — en qualité de « paratonnerre », expliqua-t-il à Pound. Giorgio mesurait déjà un mètre quatre-vingts ; avec ses lunettes et son air grave, il faisait figure de protecteur auprès de son père.

Les deux écrivains sympathisèrent immédiatement, bien qu'ils fussent aussi différents que possible. Pound jouait à fond le rôle d'artiste batailleur que la nature lui offrait. C'était un homme de forte carrure, avec une belle tête surmontée d'une crinière fauve. Il arborait une veste en velours et une chemise à col ouvert, avec une boucle à l'oreille, et il aimait à étaler ses longues jambes désinvoltes sur les sièges et les canapés. Sa première pensée en voyant Joyce fut : « mauvais coucheur d'Irlandais », puis il révisa son jugement. Joyce, en fin de compte, était sensible, prévenant, épuisé mais plus fort qu'il ne paraissait ; obstiné, sans être déraisonnable, avec une force de concentration et d'assimilation dépassant celle de Yeats. Yeats, dont Pound avait été le secrétaire avant la guerre, « n'avait jamais rien entrepris qui eût requis la condensation d'*Ulysse* »[1]. Joyce, qui n'avait accepté de faire ce court voyage qu'à contrecœur (informa-t-il Pound) parce qu'il était pauvre et misérable, se montra cependant tout disposé à aller se montrer à Paris comme le lui suggérait Pound,

Paris étant le centre de l'univers littéraire. Toutefois, il précisa à Pound, et Pound en convint, qu'il valait mieux rester à Trieste jusqu'à ce qu'*Ulysse* fût achevé.

Mais Joyce n'avait pas pu reprendre racine à Trieste. Il ne parlait pratiquement à personne. Il passait l'essentiel de son temps vautré en travers de deux lits, à écrire les derniers chapitres d'*Ulysse* pendant que Nora lisait le *Daily Mail*. L'appartement familial était bien agencé, mais tout de même très bruyant et plein à craquer. Ils y logeaient à onze personnes en tout. En plus des quatre nouveaux arrivants de Zurich, il y avait là Eileen et Frank Schaurek avec leurs deux filles (la petite Eleanor, ainsi nommée en l'honneur de Nora, et qui venait de naître ; et Berthe, âgée de deux ans, elle-même prénommée comme l'héroïne des *Exilés*), Stanislaus, une cuisinière, une nurse pour les enfants, et aussi la collection d'antiquités et de pièces anciennes que chérissait Frank. Stanislaus ne voulait plus habiter avec son frère, tandis que Joyce pour sa part était furieux de les voir tous utiliser son mobilier danois, comme s'ils lui avaient fait une faveur en le récupérant dans l'ancien appartement. Nora et lui parcoururent Trieste en tous sens à la recherche d'un appartement pour eux seuls, mais ils n'avaient pas la somme nécessaire pour payer une caution. Les relations étaient si tendues que les Joyce devaient faire leur cuisine et prendre leurs repas séparément — et tant pis pour le rêve d'Eileen de « nos petits dîners ensemble ». Trieste avait perdu (pour Joyce) sa vitalité. Désormais intégrée à l'Italie, pays bien fourni en ports, ce n'était plus le centre commercial et cosmopolite du temps de la tutelle autrichienne. Joyce trouvait la ville provinciale, et n'en appréciait même plus le climat[2].

Quant à Nora, Giorgio et Lucia, ils étaient heureux de revenir dans un environnement italien. Les enfants allaient à l'école, mais Joyce, renonçant à poursuivre l'éducation officielle de Giorgio, engagea pour son fils un précepteur. Ils retrouvèrent d'anciens amis — les Francini étaient revenus — et appréciaient la proximité de la mer. L'appartement de la via Sanità était le mieux situé qu'ils eussent jamais eu à Trieste (c'est aujourd'hui le siège local de la Société italienne d'électricité) et, du balcon, ils pouvaient regarder les processions défiler dans la rue. Nora et Lucia allaient en tram à la plage de Barcola, où Nora s'installait au soleil — pas trop longtemps à cause de son teint de rousse — pendant que Lucia se baignait ; un dimanche, elles allèrent à Venise et visitèrent San Marco. Eileen s'efforçait d'améliorer l'anglais de leurs enfants[3], mais Nora regrettait le raffinement des amis qu'ils avaient laissés à

Zurich. « Nous n'avons pas surmonté la perte de votre compagnie », écrivit-elle chaleureusement à Budgen[4].

Joyce avait de bonnes raisons d'être nerveux. Il arrivait aux épisodes les plus difficiles d'*Ulysse*. A en juger par les soucis que ces épisodes causèrent aux censeurs (le service des postes américaines avait brûlé trois numéros de *Little Review* contenant des passages du livre), Joyce lui-même devait être troublé, à mesure qu'il explorait les limites de son imagination artistique. Il consacra les premiers mois du retour à Trieste à terminer « Nausicaa », avec Bloom, Gertie, et le feu d'artifice. A guetter ainsi les coupables pulsions incestueuses de Bloom envers sa fille adolescente Milly (détournées vers le corps de Gertie MacDowell), Joyce devait être excessivement sensible à son propre émoi à l'approche de la puberté de sa fille[5].

Joyce vivait chaque épisode si intensément dans son imagination que, lorsqu'il travaillait à l'épisode suivant, « Bœufs du soleil », qui se déroulait dans une maternité, il avait la tête tellement encombrée de fœtus à moitié nés et d'odeurs de désinfectant qu'il ne pouvait pas manger[6].

Le point culminant d'*Ulysse* était encore à venir : « Circé », situé à minuit, où toutes les images sacrées et obscènes du passé de Bloom et de Stephen reviennent les hanter dans le bordel dublinois de Bella Cohen. Pour l'achever, Joyce savait qu'il lui faudrait quitter l'appartement des Schaurek. Son intention, lorsqu'ils prirent le train pour quitter Trieste, était de trouver un endroit en Angleterre, au pays de Galles ou même en Irlande, où Nora et les enfants pourraient passer de longues vacances et vivre à peu de frais, pendant qu'il terminerait « Circé », et puis de rentrer en septembre[7].

Les protections et secours dont avait bénéficié Joyce ne servaient qu'à accroître son dépit d'avoir encore à penser à l'argent, et il se laissait plus que jamais aller à écrire des lettres de supplication larmoyante. Il se plaignait à Pound, avant de le rencontrer, que ses enfants n'avaient pas dormi dans un vrai lit depuis leur départ de Zurich ; ils étaient forcés de coucher sur des lits durs dans la salle de séjour, par une chaleur accablante. Quant à lui :

« Je porte les bottines de mon fils (qui me sont trop grandes de deux pointures) et son vieux costume trop étroit aux épaules, ainsi que diverses choses appartenant à mon frère et à mon beau-frère. Je ne pourrai rien acheter ici. Un complet-veston, me dit-on, coûte 600-800 francs[8]. »

En post-scriptum, Joyce priait Pound de ne pas s'imaginer qu'il écrivait là « une demande à demi-mot de vêtements usagés ». Mais c'était précisément de cela qu'il s'agissait, bien sûr, et Pound entreprit de lui procurer les articles sollicités. Ces lettres ne provenaient pas seulement de l'égocentrisme obsessionnel d'un génie : c'était l'imitation directe du père par le fils. Les lamentations adressées à Pound étaient l'écho presque mot pour mot de celles que Joyce avait reçues de Dublin six mois auparavant. « Je suis dans une situation de vêtements et de chaussures *épouvantable*, avait écrit John Joyce à son fils aîné. Les prix pratiqués actuellement sont *absolument inabordables* en ce qui me concerne[9]. »

Nora, par contre, ne se laissait pas décourager par les prix à Trieste. Elle allait sur le Corso, principale rue commerçante de la ville, et fréquentait la boutique de chapeaux Giaconi (« *confezione accuratissima* » — confection de grande qualité), où elle avait un compte[10].

En débarquant à la gare de Lyon, le 19 juillet 1920, Joyce déclara à sa famille qu'ils quitteraient Paris dans une semaine ou deux pour aller à Londres[11]. Mais Pound, qui était très débrouillard, leur trouva un endroit où passer l'été. C'était un petit appartement au cinquième étage d'un immeuble de Passy. Les Joyce étaient invités à profiter librement de ce logement de domestiques — étant entendu, expliqua par la suite Ludmila Bloch-Savitsky, la propriétaire, au traducteur français du *Portrait*, qu'ils étaient sans illusions sur l'état de confort des lieux et qu'ils étaient prêts à quelques concessions. Ainsi, il n'y avait ni baignoire ni électricité. La minuscule cuisine était équipée au gaz, mais il n'y avait que quelques assiettes, deux casseroles, et fort peu de couvertures. Et si le grand lit était d'excellente qualité, il manquait par contre de lits pour les enfants. Mme Joyce serait obligée de compléter le mobilier en louant ce qui manquait. L'appartement, en somme, n'était à prendre qu'en dernier ressort, si les Joyce ne trouvaient rien d'autre[12].

Le numéro 5 de la rue de l'Assomption semblait bien différent dans la description qu'en fit Joyce à Stanislaus. « Admirateur a mis appartement 3 pièces à ma disposition pour trois mois[13]. » Une fois assuré d'un toit, la pensée des îles Britanniques s'évanouit, et il annonça à ses amis qu'il allait rester trois mois à Paris[14]. Joyce n'envisagea pas un instant de déléguer Nora à la recherche des meubles manquants. Il en chargea plutôt Pound, sur un ton de reproche : il n'y avait ni draps ni couvertures, et une table aurait été bien utile. Pound eut tôt fait de transmettre la corvée à l'agent littéraire française Jenny Serruys (« Bon Dieu, trouvez-lui un lit pour son fils immense... »), en s'excusant pour ce génie débarqué de Trieste encombré d'une femme et d'enfants adolescents[15]. Quant à Nora et Joyce, ainsi libérés, ils sortirent acheter un imperméable Burberry's.

Cette course était pour le compte de Stanislaus, qui avait inconsidérément confié à son frère l'argent nécessaire. Joyce étudia la question, et informa Stanislaus que Burberry's mettait en place les collections d'automne et d'hiver[16]. Et plus jamais Stanislaus n'entendit parler de l'imperméable ni de son argent. Joyce lui laissa entendre qu'il n'avait pas besoin d'un luxe pareil, quand lui-même n'avait qu'un manteau d'occasion, autre cadeau « d'un de mes admirateurs »[17].

De même que Stanislaus, il connaissait les « bonnes marques » sur le bout du doigt. Il envisageait de commander un chapeau chez Tress à Londres, et des chaussures de Norwell à Perth, en Écosse. Et en dépit de sa piètre apparence, il arborait des bagues voyantes.

Ils étaient si serrés dans leur petit appartement que Nora fut ravie de voir arriver Budgen, un jour, pour emmener Giorgio et Lucia à la piscine du pont de Grenelle. Les enfants étaient tous deux bons sportifs. Mais Nora lui fut moins reconnaissante lorsque Joyce et lui partirent au café, comme ils avaient eu coutume de le faire à Zurich. Les heures passèrent, et c'est bien après minuit qu'ils revinrent. Dans le silence de la rue, ils s'efforçaient de ne pas élever la voix mais, comme bien souvent les gens qui ont bu, ils n'y parvenaient guère. Le bruit, raconta Budgen, atteignit l'oreille redoutable de Nora. Une fenêtre s'ouvrit soudain au sommet de l'immeuble, et Budgen vit un visage de femme apparaître, « une tache rosâtre... et des mots ailés prononcés d'une magnifique voix irlandaise descendirent sur moi » :

> « Ce genre de choses devait cesser. J'avais à bien retenir que je ne pouvais pas faire à Paris ce que j'avais cru pouvoir faire à Zurich. Et bien des choses encore, de la même veine. J'entendais clairement chacun de ses mots : j'étais parfaitement d'accord avec son point de vue. Mais en même temps, je ne voyais vraiment pas pourquoi elle avait alimenté et gardé bien au chaud sa rage pour moi seul. A la réflexion, cependant, je décidai que Joyce avait dû entendre le reste entre quatre murs[18]. »

Quant à Pound, qui n'était arrivé à Paris que deux semaines avant, il organisa une réception où Joyce put rencontrer tous ceux qui comptaient dans les milieux littéraires. Pour Joyce et Nora, c'était comme une entrée en scène. Jusqu'alors, enterrés à Trieste et Zurich, ils n'avaient été que des voix *off*. Peu de Britanniques et moins encore d'Américains avaient eu l'occasion de voir en chair et en os l'auteur du *Portrait* et des chapitres stupéfiants du nouveau livre qui paraissaient dans *Little Review*. Mais Pound, dont l'opinion était éminemment respectée en matière de jeunes auteurs, répandit la nouvelle : « Notre ami James est un grrrrrand homme[19]. »

La réception — un cocktail — eut lieu chez André Spire, éditeur français. En entrant, Nora se sentit terrifiée. « Je ne parle pas un mot de français », confia-t-elle à la femme de Pound, ex-Dorothy Shakespear. Mrs. Pound la rassura en lui disant qu'il y aurait beaucoup d'anglophones. Elle la présenta à une femme de petite taille et d'allure garçonne, plus ou moins de l'âge de Nora, mais vêtue comme Nora n'avait jamais vu de femme vêtue, d'un blazer strict par-dessus une chemise complétée d'une cravate souple. Plus détendue, Nora lui avoua qu'elle ne parlait pas français. « Ah, si c'était l'italien... » La famille Joyce, ajouta-t-elle, parlait l'italien à la maison[20].

Son interlocutrice était Sylvia Beach, fille d'un pasteur de Princeton, New Jersey, qui tenait une librairie sur la rive gauche. Sylvia elle-même avait le trac. Comme tous ceux qui se dévouaient à la cause de la littérature d'avant-garde, elle avait été éblouie par l'œuvre de Joyce. En entrant (elle n'était pas invitée personnellement, mais accompagnait son amie Adrienne Monnier), elle ignorait même que Joyce fût à Paris. Quand elle apprit que son idole était là, elle faillit rentrer chez elle. C'était donc un soulagement de pouvoir commencer par la femme : une belle grande femme à la chevelure rousse bouclée, ni mince ni grosse, cordiale, et dotée d'une voix très irlandaise.

Quand elle eut rassemblé son courage pour se mettre en quête de l'écrivain, elle finit par le dénicher dans la bibliothèque où il s'était réfugié, adossé à des rayonnages. Joyce n'était guère plus à l'aise que Nora parmi les gens de lettres français, craignant (à juste titre, comme il apparut) de faire mauvaise impression en ne rendant pas les hommages de rigueur à Corneille et à Racine[21]. Comme elle s'enquérait : « Voici donc le grand James Joyce ? », il répondit en lui tendant une main molle et inerte : « James Joyce. »

Sylvia, qui avait de l'oreille, fut frappée par la prononciation fortement irlandaise, comme celle de sa femme, et observa qu'il avait du mal à prononcer le *th*. Il disait « t'ing » pour « thing », et prononçait « book » et « look » avec un *oo* long, comme pour rimer avec « spook ». Il était à la fois timide et courtois, mais il passa vite du cérémonieux au personnel, en entendant aboyer un chien. « Est-ce qu'il vient ici ? Est-il agressif ? » s'enquit-il. Puis il lui expliqua que sa barbiche cachait en vérité une cicatrice, car il avait été mordu au menton par un chien lorsqu'il était enfant.

Il avait les cheveux couleur de sable, coiffés en arrière, et le visage parsemé de taches de rousseur ; gracieux en dépit de sa posture voûtée, il avait des yeux bleus dont on percevait l'intensité derrière les verres épais. Il portait plusieurs bagues. Sylvia songeait qu'il avait dû être fort beau dans sa jeunesse, et elle l'invita à venir dans sa librairie, dont le nom réchauffa le cœur de Joyce : Shakespeare & Company.

Nora, pendant ce temps, était réduite à se débrouiller seule dans un salon plein d'intellectuels français qui débattaient furieusement des mérites de Claudel, Gide et Valéry. Elle ne se rendait pas compte qu'ils venaient de rencontrer le nouveau Stanislaus de leur vie, quelqu'un qui allait désormais placer leur bien-être au-dessus du sien. Mais Joyce, par contre, le sentit. Dès le lendemain matin il débarqua dans la librairie de Sylvia, avec des chaussures de tennis aux pieds et un bâton de pèlerin à la main. Plus éblouie encore que la veille, Sylvia le trouva plus distingué qu'aucun homme au monde. Elle lui présenta les divers services de la boutique, les revues littéraires en langue anglaise, les boîtes à lettres qu'elle tenait à la disposition de ses bons clients, et son excellente bibliothèque de prêts. Joyce devint l'un de ses « bunnies », comme elle appelait ses abonnés, et commença par prendre un livre qu'il n'avait guère besoin de lire : *A cheval vers la mer*[22].

Plongé dans les complexités de « Circé », Joyce ne tarda pas à se rendre compte qu'il devrait s'installer quelque part jusqu'à la fin d'*Ulysse*, alors même qu'il n'avait nul éditeur en vue. Il ne savait plus où aller[23].

Jamais aucun écrivain n'avait encore tenté avec une telle hardiesse de mettre sur le papier les fantasmes bizarres, irrationnels, honteux de l'inconscient. Peu d'auteurs ont travaillé dans de telles difficultés. Pendant qu'il repoussait les frontières du roman — incorporant des dialogues dramatiques, des fragments de chansons, et des voix désincarnées ; faisant changer de sexe à Leopold Bloom et sortir de sa tombe la mère de Stephen Dedalus dans ses vêtements mortuaires pourris — Joyce devait fermer ses oreilles aux lamentations de ses enfants adolescents : combien de temps allons-nous rester ? Faudra-t-il apprendre le français ? Aller à l'école ?

Ne sachant s'ils retourneraient à Trieste ou iraient à Londres (comme Nora le souhaitait), Giorgio et Lucia étaient plus isolés et frustrés que jamais. Ils se recroquevillaient dans leur coin et chuchotaient en bas-allemand, ce qui leur attirait les regards scrutateurs des gens. Dans une lettre à John Quinn, à New York, Joyce exprima pour la première fois l'anxiété que lui causait l'avenir de ses enfants. En dehors de la famille, observait Joyce consterné, ils n'avaient pas échangé une seule parole en trois mois avec qui que ce fût. Giorgio, « l'homme fait, à tous les sens du mot, aussi grand que moi et beaucoup plus affamé », avait renoncé à l'idée d'étudier la médecine, et sombrait « dans un état d'inertie. Je ne sais pas quoi faire en ce qui concerne ma fille »[24].

Les deux jeunes gens frappaient tout le monde par leurs façons soignées. Nora y veillait. Giorgio, en particulier, retenait l'attention par le soin qu'il portait à sa toilette : vêtements impeccablement repassés, poignets soigneusement retournés pour cacher l'usure, cols amidonnés. Ils parlaient cependant l'anglais à peine mieux que les français, avec un accent, et comme des étrangers. « Je ne veux pas vous faire une expérience », déclara un jour Lucia à une amie américaine de la famille, pour dire qu'elle ne voulait pas l'envoyer courir après la lune en lui donnant des indications erronées[25].

Joyce était néanmoins déprimé par ce qu'il considérait comme leur pauvreté et leur piètre apparence. Il possédait pourtant des chaussures qui n'étaient plus en toile, et il allait bientôt être définitivement guéri de l'habitude de se plaindre de l'état de ses chaussures par son formidable contemporain, T. S. Eliot.

Peu après l'arrivée de Joyce à Paris, Eliot — autre protégé de Pound — se préparait à faire un bref séjour à Paris aussi, et souhaitait vivement rencontrer Joyce. Pound, qui avait entre-temps regagné Londres, s'offrit à lui donner un mot d'introduction et, pour faciliter la rencontre, lui confia un paquet pour Joyce.

Eliot écrivit donc à Joyce, l'informant qu'il avait un colis pour lui, et l'invitant à venir dîner avec lui, ainsi que Wyndham Lewis, le 15 août 1920. Joyce arriva à l'Hôtel de l'Élysée convenablement vêtu d'un costume sombre, avec des chaussures vernies aux pieds et coiffé d'un panama. Giorgio l'accompagnait. Eliot produisit solennellement le mystérieux paquet et le déposa au centre de la table de restaurant autour de laquelle ils étaient assis. Joyce tenta de défaire le nœud de la ficelle, mais sans succès. Il demanda un couteau à son fils, en italien. Contrarié, Giorgio répondit, également en italien, qu'il n'en avait pas. Eliot joignit ses efforts aux leurs, et l'on finit par leur apporter une paire de ciseaux à ongles. L'emballage fut ouvert et l'on découvrit, là, aux yeux de tous, une paire de vieilles chaussures marron appartenant à Pound. Wyndham Lewis raconta ainsi la scène :

« " Oh, dit Joyce faiblement, oh. " Il se détourna, se rassit en plaçant sa cheville gauche sur son genou droit, pressant puis relâchant sa jambe horizontale [26]. »

Joyce ordonna ensuite en italien à Giorgio de rentrer dire à Mamma — de surtout bien dire à Mamma — que Babbo ne rentrerait pas dîner, et puis aussi, tant qu'à faire, d'emporter les chaussures avec lui. La scène entre le père et le fils, d'après Lewis, fut orageuse, et agrémentée de nombreux apartés : « Une bonne imitation d'altercation entre deux rabatteurs napolitains, et de la meilleure veine. » Elle se termina par le départ du jeune Giorgio, « le regard étincelant d'une férocité toute méridionale », s'enfuyant avec le paquet sous le bras — mais pas avant de s'être incliné devant les messieurs de Londres et de leur avoir serré la main avec la plus parfaite politesse. A la fin de la soirée, comme s'il avait été l'hôte, Joyce insista pour payer l'addition, les pourboires et même les taxis.

Ce fut la dernière fois que Joyce se permit de pleurnicher pour des chaussures. A dater de ce jour, toutes les photographies nous montrent la famille Joyce somptueusement chaussée ; leurs collections de souliers de bal, de chaussures d'intérieur, de guêtres, de chaussures sport bicolores, de bottines lacées, d'escarpins en chevreau glacé à boucles diamantées, de chaussures à double bride ou à la cambrure découpée pourraient servir d'histoire illustrée de la mode de la chaussure entre les deux guerres. Même au temps où il était vraiment pauvre, sans doute Joyce aimait-il les chaussures de tennis pour leur confort, car il continua à les porter pour flâner dans Paris avec Nora jusqu'au jour où, dégoûtée, elle les flanqua à la poubelle [27].

Comme la date prévue du retour des Bloch-Savitsky approchait, Joyce commença à se plaindre de son imminente éviction. Il écrivit à un admirateur qu'il avait « reçu avis de quitter l'appartement (si l'on peut parler d'appartement) » [28]. Il précisait qu'ils seraient d'ailleurs tous heureux de déménager, car l'endroit était humide, et guère plus grand qu'une boîte d'allumettes. Lucia se plaignait que les meubles étaient poisseux de bave [29]. Mais dans l'immédiat après-guerre, Paris connaissait une grave crise du logement, et il n'était facile pour personne de trouver un appartement. Les exigences de Joyce — six pièces dans le quartier de l'Odéon — ne facilitaient pas les recherches. Rien de tout cela n'affectait cependant le travail de Joyce ; sa puissance de concentration, nota Pound, était prodigieuse. Le 20 septembre, en travaillant sans la caisse de livres dont il avait besoin et qui n'était pas encore arrivée de Trieste, il avait refait six fois le chapitre de « Circé ».

Harriet Weaver, toujours à Londres, n'avait encore jamais vu James Joyce. Elle prêtait une oreille compatissante et inquiète à ses lamentations, mais ignorait tout de son style de vie, et en particulier du fait qu'il buvait. Elle décida, racontent ses biographes, de lui procurer « un mode de vie assez stable pour qu'il puisse écrire »[30]. Si Miss Weaver était la mère lointaine mais affectionnée, Sylvia, avec qui Miss Weaver était désormais en correspondance régulière, avait pris le rôle de nounou.

Miss Weaver pensait (à fort juste titre) que Joyce était à l'apogée de sa force créatrice. Déterminée à ne pas laisser les soucis quotidiens le ralentir, elle résolut de lui fournir de l'argent sous une forme plus accessible que les cinq mille livres en bons de la Défense nationale qu'elle lui avait donnés l'année précédente, et sur lesquels il tirait un peu plus de soixante-deux livres par trimestre. Il ne pouvait pas toucher au principal sans l'accord du curateur de l'État.

A l'été 1920, cependant, Miss Weaver venait de recevoir un nouvel héritage, une somme de deux mille livres sterling que lui laissaient des tantes, et qui rapportait cent livres par an. Elle transmit directement ce legs à Joyce. Le sachant à court d'argent pour s'établir avec sa famille à Paris, elle voulait qu'il eût accès au capital aussi bien qu'aux intérêts, et prit bien soin de ne pas placer cet argent entre les mains impitoyables du curateur public. Cela fait, elle se sentit satisfaite. Elle était certaine que, sous peu, les royalties d'*Ulysse* commenceraient à affluer, et qu'il deviendrait indépendant comme sa réputation croissante le laissait présager. Elle n'avait aucune idée que son Mr. Joyce pût dépenser tout l'argent qui lui passait entre les mains dès l'instant où il l'avait, et travailler mieux dans un cadre chaotique.

Les Joyce s'incrustèrent dans l'appartement des Bloch-Savitsky, qu'ils devaient quitter en septembre, jusqu'au 1er novembre. Puis, toujours sous l'impulsion de Pound, ils s'installèrent dans un hôtel de la rive gauche, au 9 de la rue de l'Université. Ce petit hôtel, devenu l'Hôtel Lenox, était fort réputé parmi les écrivains et les intellectuels ; T. S. Eliot y avait séjourné avant la guerre, et c'était tout près de la librairie de Sylvia Beach, que Joyce, comme tant d'autres écrivains, utilisait comme banque, bureau de poste, café, bibliothèque et second foyer.

En emménageant, Joyce rendit à Jenny Serruys le lit et le matelas qu'il lui avait empruntés. S'il trouvait un appartement, précisa-t-il, il souhaitait les lui emprunter à nouveau, et il conservait, en attendant, deux couvertures pour son confort personnel[31].

L'inquiétude réelle de Joyce concernait l'absence du calme nécessaire à l'achèvement de son livre. Il n'avait pas de table. Il écrivait sur une valise en équilibre sur les bras de son fauteuil.

Toute pratique que fût leur adresse, Nora ne pouvait pas la prononcer. Elle était réfractaire aux diphtongues françaises. Accoutumée aux voyelles italiennes simples, elle n'arrivait pas à dire « neuf » : elle prononçait « neff ». De nouveaux amis, l'illustrateur américain Richard Wallace et sa femme Lilian, romancière anglaise, lui suggérèrent de le faire rimer avec un mot qui vient bien dans une bouche irlandaise : « turf ». Le conseil fut utile. Pleine de gratitude, lorsqu'elle écrivait à Lilian, Nora notait en tête de sa lettre : « turf rue de l'Université », et signait « nous les Irlandais »[32].

Nora souhaitait trouver un appartement afin qu'on pût enfin prendre les repas à la maison. Non seulement ils ne disposaient à l'hôtel d'aucun équipement pour faire la cuisine, même sommairement, mais Jim et elle n'avaient même pas une chambre à eux. De même qu'à Locarno, Joyce estimait qu'il fallait économiser en ne prenant que deux chambres, Lucia était une fois de plus réduite à dormir avec ses parents, et cela à un âge très délicat (elle avait treize ans en 1920) ; seul Giorgio avait sa chambre à lui.

Ils n'avaient donc pas d'autre choix que de prendre leurs repas audehors. Le spectacle des Joyce à table est entré dans la légende joycienne. Il donna naissance à la croyance que Nora ne savait pas cuisiner. « Il y a trop de photos de restaurants, trop de photos à table », dit Tom Gallacher dans sa pièce, *Mr. Joyce quitte Paris*. En vérité, presque toute la colonie d'expatriés prenait ses repas audehors. La question était *où* ? Lorsqu'ils habitaient à l'hôtel de la rue de l'Université, les Joyce dînaient à proximité, chez Michaud. C'était pure nécessité. Joyce affirma à John Quinn, à New York :

« Nous sommes contraints de prendre nos repas dans un restaurant populaire, déjeuner et dîner. La nourriture est mauvaise, la cuisine pire, et le vin pis que tout. Les restaurants sont bondés, mais seulement pendant deux heures parce qu'à neuf heures (qui était l'heure de mon dîner) ils ferment les restaurants et vont se coucher sous les tables. Par un léger effort d'imagination, vous pouvez me voir avec ma famille au milieu d'un de ces établissements attendant patiemment une place libre à une table. Si j'étais seul, plutôt que d'entrer là-dedans, j'achèterais de la nourriture que je mangerais dans la rue[33]. »

Là encore, il exagérait. Quand le jeune Ernest Hemingway et sa jeune épouse, Hadley, débarquèrent à Paris au début de 1921, en s'efforçant de faire durer leur argent pour rester le plus longtemps possible en Europe, ils envièrent le style de vie des Joyce. Comme l'écrivit Hemingway à l'auteur américain Sherwood Anderson, qui lui avait donné une lettre d'introduction pour Joyce,

« On raconte qu'il crève de faim avec sa famille mais on peut trouver leur tribu celtique au complet, chaque soir, chez Michaud où Binney [Hadley] et moi n'avons les moyens d'aller qu'une fois par semaine environ[34]. »

Hemingway et Hadley observèrent suffisamment la tablée pour avoir une image claire de la tribu celtique.

« Joyce scrutant le menu à travers ses épaisses lunettes, le tenant d'une seule main ; Nora à côté de lui, l'appétit solide mais délicat ; Giorgio, mince, affecté, la tête luisante de dos ; Lucia avec une lourde chevelure bouclée, encore en pleine croissance ; et tous parlant l'italien[35]. »

Pour Nora, l'un des problèmes supplémentaires de leur vie à l'hôtel était qu'elle devait débarrasser les lieux tous les après-midi pour que Joyce pût écrire. Écrivain extrêmement ordonné, il transportait partout ses notes volumineuses, ses révisions, des *petits bouts de papier* et des livres de référence dans une petite valise, et se vantait de pouvoir travailler n'importe où. A sa grande joie, Nora découvrit qu'il y avait des magasins de disques où, pour une somme minime, elle pouvait s'asseoir et écouter de l'opéra tout l'après-midi. Un jour, elle emmena avec elle leur ami, August Suter, le sculpteur suisse, qui était venu s'établir à Paris. Ce soir-là chez Michaud, Joyce leur demanda où ils étaient allés. Suter le lui dit, et ajouta que Nora était devenue une wagnérienne imbattable ; elle ne voulait rien entendre d'autre que les opéras de Wagner. Joyce rétorqua que Wagner était obscène.

C'en fut trop pour Nora. « Oh, il y a beaucoup d'obscénités dans ton livre aussi ! » s'écria-t-elle. (Ou : « *Oh, es gibt viele Schweine-*

reien auch in deinen Buch ! » d'après Suter. On ignore s'ils parlaient anglais ou allemand quand ils étaient ensemble.) Joyce voulait qu'on apprécie son œuvre, si peu conventionnelle qu'elle fût, mais il ne pouvait pas supporter qu'elle aime autre chose que Verdi et Puccini [36].

L'hiver de 1920 arriva, et l'on gelait dans l'hôtel. Joyce continuait à écrire, emmitouflé dans des couvertures. Le 1er décembre, pour avoir plus chaud et disposer d'un piano pour Noël, ils allèrent habiter un appartement meublé au 5 du boulevard Raspail, dans le septième arrondissement. C'était cher. Mais les Joyce constituaient une famille plus nombreuse que la plupart des nouveaux arrivants, problème renforcé par les convictions de Joyce. Il tenait absolument au confort bourgeois dans le quartier de l'Odéon. Que le loyer — trois cents livres par an — fût supérieur au revenu des capitaux offerts par Miss Weaver, voilà qui ne l'alarmait guère. Joyce exigeait simplement une bonne adresse, en hommage à son talent. A peine installé, il écrivit allégrement à Budgen : « A propos, n'est-ce pas extraordinaire, comme j'entre nu-pieds dans une ville pour me retrouver dans un appartement de luxe ? [37] »

Il se fit un nouvel ami irlandais en la personne d'Arthur Power, jeune écrivain européanisé, et critique d'art. Invité par Joyce à venir faire connaissance avec sa famille, Power trouva l'appartement sombre et lugubre,

> « typique de ce qu'on louait aux étrangers, avec toutes sortes de meubles flanqués là pour le remplir. Un énorme abat-jour flasque dominait le salon, comme un tutu de danseuse. Il plongeait toute la pièce dans la pénombre, de telle sorte que tout semblait se perdre dans des ténèbres dostoïevskiennes ».

Pour sa première visite, Power ne fut pas trop bien reçu. Comme il allait ensuite à une soirée, on entendait cliqueter les bouteilles dans ses poches. Nora, Giorgio et Lucia dévisageaient d'un œil hostile cet ivrogne irlandais qui venait chercher leur époux et père. Giorgio était particulièrement sombre. Ils s'adoucirent toutefois en constatant que Power était l'un des plus sobres compagnons de café de Joyce, et il fut bientôt invité à dîner.

> « Je me souviens comme j'étais heureux d'être devenu l'ami de cette sympathique famille irlandaise, avec Giorgio qui devenait un

homme, Lucia, plus jeune que lui, silencieuse et d'une extrême sensibilité, et enfin Mrs. Joyce, chaleureuse et gaie[38]. »

Pendant le repas, la conversation revenait sans cesse sur Dublin. Power en était stupéfait. Le cosmopolitisme était son idéal, et la force de leur identité irlandaise l'impressionna ; ignorant que Giorgio et Lucia connaissaient à peine l'Irlande, il pensa que cette famille irlandaise s'était remarquablement bien adaptée au continent. Mais il détecta cependant chez Nora une certaine nostalgie pour Galway.

Il n'était pas le seul visiteur à apprécier le charme et l'amabilité de Nora. Robert McAlmon, l'un des personnages les plus connus de la colonie croissante de jeunes écrivains américains qui vivaient à Paris, songea en la voyant que, même s'il avait de fort mauvais yeux, Joyce ne les avait manifestement pas laissés dans sa poche quand il avait choisi sa femme. McAlmon trouva Joyce étonnamment provincial — un Irlandais de Dublin incapable d'imaginer que les autres (y compris un fils de pasteur comme lui-même) pourraient ne pas s'intéresser aux questions de théologie.

Pleurnichant dans son ivresse, Joyce déclara à McAlmon qu'il voulait d'autres enfants. (Il avait alors trente-neuf ans, et Nora trente-sept.) Son père avait engendré une nombreuse famille ; ses ancêtres avant lui en avaient eu de douze à dix-huit chacun. Par la grâce de Dieu, jurait Joyce, il était encore jeune et aurait de nouveaux enfants avant qu'il fût trop tard.

Choqué, McAlmon répliqua à Joyce, faisant sans subtilité allusion à la situation critique de Giorgio et de Lucia, que si l'on faisait des enfants, mieux valait avoir l'argent nécessaire à leur instruction et à leur éducation[39].

L'installation à Paris marqua le début d'une période de vie sociale intensifiée. Paris était au carrefour de toutes les routes. Des amis irlandais et anglais comme Frank Budgen et les Syke, dont la plupart étaient retournés vivre en Angleterre, passaient les voir à Paris. Joyce devint une étape prestigieuse obligatoire pour tous les gens connus qui venaient à Paris ; Nora et lui dînèrent avec les Yeats. Et puis la famille entière allait au théâtre et à l'Opéra. Ils allèrent tous voir John McCormack, et Nora dut sans aucun doute rappeler aux enfants, comme elle le racontait à tout le monde, que leur père avait naguère chanté avec lui. Joyce lui écrivit dès le lendemain une lettre enthousiaste. Deux éléments nouveaux marquaient leur vie mondaine : les homosexuels et les Américains.

Les Joyce ne semblaient pas remarquer l'homosexualité. Bien qu'il y fût fort sensible, pour des raisons littéraires, chez Nora et lui-même, Joyce y était indifférent chez leurs amis. Sylvia Beach était toute dévouée à sa compagne Adrienne Monnier, qui avait sa propre librairie. Tout le monde les supposait amantes, mais elles n'étaient pas du tout lesbiennes dans le grand style de la rive gauche des années vingt.

Sylvia expliquait volontiers qu'elle portait des tailleurs austères parce qu'elle était une femme d'affaires. Et bien qu'elle préférât la compagnie des femmes, et en particulier des célibataires, elle rougissait délicieusement face aux hommes qui avaient du charme. Elle adorait Hemingway (qui nota qu'elle avait de jolies jambes), et elle idolâtrait Joyce. Sylvia était parfaitement sincère, lorsqu'elle déclara que les trois amours de sa vie avaient été Adrienne Monnier, sa librairie, et James Joyce [40].

La librairie d'Adrienne Monnier, La Maison des Amis des Livres, était située rue de l'Odéon, à deux pas de Shakespeare & Company de Sylvia et de la rue Dupuytren. Alors que Sylvia avait l'enthousiasme juvénile d'une fille de pasteur américain, Adrienne avait au contraire le solide bon sens d'une fille de paysan savoyard. Son style vestimentaire était encore plus personnel que celui de Sylvia. Construite comme une poupée russe — peut-être à cause de ses talents de cuisinière —, elle s'enveloppait d'une jupe grise lui descendant aux chevilles et d'un fichu blanc. Personne ne voyait les jambes d'Adrienne. Sylvia portait une frange, pas Adrienne. Mais si leur apparence et leur façon d'être étaient contrastées — Sylvia, vive et brusque ; Adrienne, lente et réfléchie — elles ne faisaient plus qu'un dans leur passion pour leur métier : vendre des livres, en portant un soin particulier à cultiver les auteurs.

McAlmon, de même que Sylvia Beach, était homosexuel. D'une beauté maigre, McAlmon avait des reparties cruelles ; dans sa jeunesse à Greenwich Village, il avait fait un mariage de commodité avec Bryher, jeune écrivain anglaise qui était éprise de la poétesse américaine H. D. (Hilda Doolittle). Le mariage était même plus que de simple commodité, car Bryher (de son vrai nom Winifred Ellerman) était la fille d'un des hommes les plus riches d'Angleterre. Avant même le règlement du divorce qui lui valut le surnom de McAlimony *, McAlmon disposait de beaucoup d'argent de poche.

* *Alimony :* pension alimentaire (N.d.T.).

Et il commença à donner à Joyce trente livres par mois « pour l'aider à joindre les deux bouts ». Joyce trouvait en McAlmon un compagnon de beuverie pétillant d'esprit. Hemingway aussi, au début, mais il renonça vite à cette amitié parce que McAlmon tenait mal l'alcool et qu'il était malade en public [41]. Mais il traitait Joyce, de vingt ans son aîné et promu au rang de « héros culturel », avec davantage de respect qu'il n'en accordait à McAlmon.

Les Américains étaient différents. L'attirance était mutuelle, et l'incompréhension culturelle gigantesque.

Bien des Américains qui rencontrèrent les Joyce à Paris ne comprirent pas qu'ils voyaient là une famille en partie italienne, mais surtout irlandaise. Il n'y avait rien d'américain — ni d'anglais — dans leur attitude concernant l'éducation, les loisirs, l'ameublement, les vêtements, le travail, ou l'endettement. Myron Nutting, par exemple, s'étonna de voir comme les Joyce dînaient tard (à huit ou neuf heures du soir), et comme ils recevaient leurs amis au restaurant, plutôt que chez eux [42]. Nutting s'effara, de même qu'Ezra Pound, de voir les mains de Joyce si molles « qu'on sentait qu'il aurait fait un piètre bricoleur, pour réparer des choses à la maison ». Sylvia Beach, elle aussi, appréciait le travail manuel ; Pound avait construit une table de ses propres mains, et elle la montra fièrement à Joyce — qui n'en fut pas le moins du monde impressionné : pourquoi Pound, qui était poète, prenait-il la peine de faire ce qu'un ouvrier pouvait faire en huit jours [43] ?

Ce ton de reproche, soulignant que la maisonnée des Joyce n'était pas comme les autres, enveloppait Nora ; pourquoi ne pouvait-elle pas sauver Joyce de ses excès grâce à une bonne organisation ménagère ? Elle ne semblait ni préparer les repas, ni économiser, ni tenir ses comptes. Les épouses américaines (et par la suite les chercheurs américains) ne voyaient pas à quel point Joyce et Nora se ressemblaient. Habituées à un pays où l'enseignement supérieur était accessible aux femmes, elles croyaient que les hommes cultivés devaient avoir des femmes cultivées. La plupart d'entre elles furent très déçues par Nora [44].

Sylvia Beach admit assez rapidement que « Mrs. Joyce », comme elle l'appela toujours, était la source de l'inspiration de Joyce, mais qu'il ne fallait pas l'ennuyer avec autre chose que les soins du ménage. Elle n'achetait pas les billets de train ou d'Opéra. Elle ne cherchait pas de livres pour Joyce. Elle ne prenait pas sous la dictée. Ses responsabilités consistaient à nourrir Joyce, lui tenir la main, choisir tous ses vêtements et ceux des enfants et les entretenir ; l'accompagner partout où il allait en visite, lui rabattre le caquet et le rassurer, chaque fois qu'elle ouvrait la bouche, sur le fait que l'Irlande n'était pas bien loin. Joyce ne lui en demandait pas davantage, et personne n'osait non plus.

Quant à Nora et Joyce, ils étaient stupéfaits par l'énergie des Américains, qui confinait à la témérité. Kay Boyle se souvint que, lors de leur première rencontre, à une soirée, Nora l'avait dévisagée et, entendant qu'elle avait un nom irlandais, s'était exclamée (assez fort pour être entendue de Kay) : « N'est-ce pas le vrai portrait de la jeune Irlandaise, avec ses cheveux sombres et ses yeux bleus de brume ? »

Embarrassée de se sentir l'objet d'une telle attention, Kay répliqua : « Et mon nez cassé ? » Elle se l'était cassé des années auparavant, dans un accident de luge dans les montagnes de Pocono, en Pennsylvanie.

Les Joyce furent fascinés. Ils écoutèrent, horrifiés, Kay leur raconter comment sa luge lancée à toute vitesse sur une pente avait rencontré un traîneau tiré par deux chevaux, qui montait par le même chemin. Bifurquant de justesse, elle avait plongé tête la première dans une congère où était enfoui un poteau télégraphique, et avait avalé une de ses dents de devant.

« Quand je l'écoute, déclara Nora, je ne peux pas m'empêcher de penser que nos vies sont bien plates, Jim.

— C'est vrai, admit Joyce, mais les Américains sont ainsi faits. » Puis, pour le bénéfice de Kay et de Nora, il ajouta que Bach avait mené une existence très paisible [45].

Le comportement prude et cérémonieux des Joyce, parvenus à la quarantaine, contrastait vivement avec l'attitude décontractée des jeunes expatriés qui les entouraient. Les Joyce étaient pompeux jusque dans leur façon de s'exprimer. Wyndham Lewis disait que l'obstination de Joyce à appeler tout le monde Monsieur, Madame ou Mademoiselle, montrait bien ses origines petites-bourgeoises. Tous le remarquaient. L'expression « Hi, Bob » * ne pouvait pas franchir les lèvres de Joyce.

Hemingway prenait grand plaisir à répondre à la politesse exagérée de Joyce par une désinvolture tout américaine. On racontait même qu'il avait un jour appelé Joyce (qu'il révérait pour la rigoureuse sobriété de son style) « Jim ». Un jour qu'il tenait la boutique pour Sylvia, Joyce entra et demanda si « Miss Beach » était là. « Non, Sylvia n'est pas là », répondit Hemingway. « Oh, vous voulez dire Miss Beach », corrigea Joyce. Imperturbable, Hemingway ajouta :

---

* *Hi* (prononcer *haille*) : « Salut », aux U.S.A. (N.d.T.)

« Et Myrsine n'est pas là non plus. » « Oh... vous voulez dire Miss Moschos. » Pour faire bonne mesure, Hemingway mentionna encore la sœur cadette de Myrsine : « Hélène n'est pas là non plus[46]. »

Nora affichait fièrement ses droits aux termes de cette convention. Elle était la seule qui pût appeler Joyce « Jim », et elle en usait à la face du monde. Quand arrivaient des amis chez lui et que Joyce émergeait de son bureau en blouse blanche de travail, à mi-chemin entre le dentiste et le chef de musique, Nora s'exclamait d'un air dégoûté : « Pour l'amour du ciel, Jim, ôte-moi cette blouse![47] »

Ceux qui plaçaient Joyce sur un piédestal en étaient choqués mais d'autres, comme Sylvia Beach, qui finirent par bien les connaître, comprenaient que Joyce appréciait les taquineries de Nora. Et quant à leurs amis irlandais, ils reconnaissaient une intimité dans ce persiflage, comme s'ils eussent parlé un langage secret tout en jouant leur rôle public. Arthur Power discernait entre eux une parfaite compréhension[48].

Nora se faisait toujours facilement des amis. L'une de ses meilleures amies était la femme de Myron Nutting, Helen, elle-même écrivain. Les Nutting avaient un atelier près de la gare Montparnasse, et Nora allait souvent les voir. Elle avait ses soucis, ils le savaient bien — l'argent, les saouleries de Joyce, le déséquilibre de la vie que menaient ses enfants. « Elle n'était pas du tout femme à se plaindre, dit Nutting. Elle ne venait pas pour pleurer sur l'épaule de ma femme, mais elle appréciait d'avoir quelqu'un à qui se confier. Elle aimait beaucoup Helen et, pour cette raison, elle venait souvent. » Les Nutting croyaient les Joyce très gênés financièrement, et ils les emmenaient en excursion à Fontainebleau, dans leur petite Citroën. Les deux couples dînaient ensemble une fois par semaine, et Nora disait qu'elle avait une raison particulière d'aimer Myron : quand il ramenait Jim, il pensait à rapporter aussi son manteau[49].

Joyce lui-même s'attendait à gagner de l'argent quand *Ulysse* paraîtrait mais, à la fin de l'année 1920, il était devenu clair que ce ne serait pas dans un avenir proche. En février 1921 à New York, la Société pour la suppression du vice gagna son procès contre la *Little Review* et ses rédactrices, Jane Heap et Margaret Anderson. La scène de masturbation de Bloom sur la plage fut jugée obscène, en dépit de la vigoureuse plaidoirie de John Quinn, avocat de la défense. La nouvelle était doublement mauvaise : elle signifiait qu'*Ulysse* ne trouverait pas d'éditeur américain, et qu'il ne serait pas protégé par un copyright. Au lieu d'une avance de mille dollars (somme qu'avait suggérée Quinn) sur les droits d'auteur que Joyce escomptait pour l'Amérique, il ne recevrait rien ; pis encore, il risquait de paraître une

édition illégale, comme le redoutait Joyce fort justement, qui
« siphonnerait » tous les bénéfices dans les poches d'un pirate. Les
chances de savourer le fruit de plusieurs années de labeur — il avait
commencé *Ulysse* en 1914 — semblaient bien minces, et les ventes du
Portrait, en 1921, n'en avaient pas encore amorti le coût. (Miss
Weaver camouflait les pertes avec des sommes fantaisistes, en regard
desquelles elle indiquait « paiement d'ouvrages soldés » ou d'autres
attributions fictives[50]. Elle sortait en vérité l'argent de sa propre
poche.)

Quand la nouvelle lui parvint de New York, Joyce désespéré se
rendit à la librairie Shakespeare & Company, où il était devenu tant
un habitué qu'une attraction. Il annonça à Sylvia : « Jamais mon livre
ne paraîtra. » Sylvia Beach se souvint par la suite d'avoir dit :
« Accorderiez-vous l'honneur à Shakespeare & Company de publier
Ulysse ?[51] » A la vérité, ce fut Joyce qui en prit l'initiative et suggéra
l'idée. Il savait qu'Adrienne Monnier avait déjà publié sous le nom de
sa propre maison, et présumait que Sylvia se laisserait bien convaincre d'en faire autant. Sans doute soupçonnait-il aussi que, malgré
tout son féminisme saphique, Sylvia capitulerait sous l'effet de la
fascination qu'il exerçait sur elle. Tout cela était vrai, mais Sylvia
avait une autre raison, qu'elle exposa à sa sœur Holly :

> « *Ulysse* apportera la célébrité à ma maison — la publicité
> commence déjà et des foules de gens viennent au magasin... et si
> tout va bien j'espère en tirer de l'argent, non seulement pour Joyce
> mais pour moi aussi. N'est-ce pas excitant ?[52] »

Joyce écrivit à Miss Weaver pour lui demander encore de l'argent.
Elle en fut surprise, mais répugnait à lui refuser quoi que ce fût. Elle
lui envoya deux cents livres d'avance sur les royalties de son édition
anglaise, qui devait être publiée d'après la composition faite en
France, à une date encore indéterminée, après la parution de l'édition
française de Sylvia Beach. En préparant la publication de l'édition
anglaise, Joyce ignorait prudemment le conflit inévitable qui ne
pouvait manquer d'opposer l'édition de Miss Weaver à celle de Sylvia
Beach. Il lui fallait l'argent, disait-il, parce qu'il avait compté sur
mille dollars d'avance pour une édition américaine, et qu'il n'allait
finalement pas recevoir cette somme. Plus pour l'aider que pour
concurrencer l'édition parisienne de Sylvia Beach, Miss Weaver lui
envoya donc l'argent.

Quel était vraiment l'état de pauvreté des Joyce ? L'image de leurs finances est obscurcie par des transactions en cinq monnaies différentes (britannique, américaine, française, suisse et italienne), par l'habitude de Joyce de transcrire les sommes d'argent dans la monnaie du pays de la personne à qui il écrivait, et par l'inflation qui suivit la Première Guerre mondiale. Entre les deux guerres, les taux de change restèrent assez stables. Le principal revenu de Joyce pendant son séjour à Paris était en livres sterling : il se présentait sous la forme des intérêts des bons de la Défense nationale que Miss Weaver lui avait donnés, et du capital qu'elle lui avait remis directement. Il percevait ces intérêts trimestriellement, et tirait sur son capital en écrivant soit à Miss Weaver, soit à ses hommes de loi, qui s'inquiétaient de plus en plus.

Les Américains vinrent à Paris dans les années vingt non seulement parce que c'était le centre vibrant de tout ce qui était neuf en art et en littérature, mais aussi parce que la vie y était bon marché. La photographe Berenice Abbott s'embarqua à New York avec six dollars en poche, à destination de la France. Les Hemingway vivaient bien avec les trois mille dollars par an que recevait Hadley. Ernest souhaitait tellement rester en Europe le plus longtemps possible qu'ils faisaient toutes sortes d'économies, vivant dans un appartement sans eau chaude et au cinquième étage sans ascenseur, recherchant les bistrots les moins chers. A Londres, Eliot gagnait confortablement cinq cents livres par an à la Lloyd's Bank ; la vraie richesse, c'étaient les vingt-deux mille dollars par an de Peggy Guggenheim[53].

En arrivant à Paris, Joyce ne disposait que des soixante-deux livres trimestrielles provenant du gros cadeau de Miss Weaver. Mais il vendait aussi le manuscrit d'*Ulysse*, à mesure qu'il l'écrivait, à John Quinn, et puis il commença bientôt à recevoir les trente livres par mois que lui « prêtait » McAlmon. Le deuxième don de Miss Weaver — les deux cents livres — aurait dû lui permettre de tenir un bon moment (le loyer des Hemingway s'élevait à environ quarante-huit livres par an), et à dater du jour où elle lui donna libre accès aux deux mille livres, il n'avait plus aucune raison de se considérer comme un indigent.

Nora n'était pas sûre du tout que Paris fût l'endroit où s'établir — c'était cher pour eux, et n'offrait aucun avenir aux enfants —, mais elle voulait néanmoins une vraie maison. Plus encore, elle voulait que Joyce cesse de boire. Elle était vouée à la déception sur les deux tableaux. Un jour, McAlmon rapporta Joyce à dix heures du matin après une nuit de beuverie, le flanqua sur le lit, et fila pour échapper à la tirade de Nora : « Jim, voilà vingt ans que tu me fais ça... » et ainsi de suite. McAlmon n'était plus bon lui-même qu'à « dormir, mourir, agoniser, maudire Joyce, la vie, et moi-même »[54]. Juste comme il s'endormait, à trois heures de l'après-midi, arriva un télégramme de Joyce le convoquant à prendre le thé à quatre heures et demie sans faute, au nom de l'amitié. Lorsque McAlmon, tenant à peine sur ses jambes, pénétra dans l'appartement, Joyce lui demanda gravement, en présence de Nora : « Alors, McAlmon, quelles nouvelles avez-vous reçues aujourd'hui de l'appartement que cet homme nous avait promis ? »

McAlmon pensa très vite. Il savait que Nora avait hâte de quitter ce meublé provisoire, mais que Joyce comptait plutôt sur ses amis pour s'en occuper. « Oh, il s'en occupe en ce moment même, mentit McAlmon à Nora. Je dois le voir ce soir à six heures. »

Joyce était imperméable à la colère de Nora quand il se saoulait, mais il redoutait par-dessus tout d'encourir la colère de Miss Weaver. Elle n'en sut rien jusqu'au 21 mai, jour où Wyndham Lewis le lui révéla. Miss Weaver était également l'éditeur de Lewis et, passant un jour la voir à Londres, il lui raconta gaiement quel formidable compagnon de boisson était cet écrivain irlandais, qui buvait jusqu'à l'aube et parfois même au-delà, finissant souvent par danser tout seul, et payant l'addition pour tout le monde.

Miss Weaver eut un choc. Elle savait avec quelle intensité il travaillait à son livre, et supposait que d'autres vertus calvinistes accompagnaient cette ardeur à l'œuvre. Mais ce n'était pas son genre de s'inquiéter en cachette et d'enquêter furtivement. Elle écrivit aussitôt à Joyce, lui révéla ce qu'elle avait appris, et le sermonna poliment sur les dangers de la boisson. Néanmoins, la nouvelle l'ébranlait. Elle avait grandi dans l'idée que la boisson était l'un des grands écueils de la vie et elle-même, fort douce et pondérée, avait peur des gens ivres[55].

Ses reproches épouvantèrent Joyce. Bien qu'il fût prodigue avec l'argent de Miss Weaver, il attachait un grand prix à son estime. Et il savait mieux que personne que, même s'il prenait grand plaisir à ses mauvaises habitudes, il n'était pas un alcoolique : jamais il ne buvait dans la journée. L'ivrognerie en question provenait de la consommation régulière de plusieurs bouteilles de vin blanc entre huit heures du soir, en gros, et deux heures du matin. Il buvait rarement des spiritueux. (De même que sa prodigalité, sa propension à boire était liée à sa tournure d'esprit excrétatoire. Il comparait volontiers son vin blanc suisse favori à l'urine — l'urine d'une archiduchesse, bien sûr. Il avait horreur du vin rouge qui, pour lui, avait goût de sang.)

Comment devait-il se défendre, demanda-t-il par courrier à Budgen ? Ce dernier, à qui il avait vanté ses nuits orgiaques avec Wyndham Lewis — « des nuits entières à faire un tapage du diable (et danser) » — lui suggéra d'en rire [56]. Joyce suivit le conseil de Budgen. Il adressa à Miss Weaver un long catalogue plein d'esprit, énumérant tous les autres vices dont on l'accusait depuis qu'il avait atteint une certaine gloire [57].

Les efforts de Joyce pour laver sa réputation ne s'arrêtèrent pas là. Il supplia McAlmon d'écrire à Miss Weaver un plaidoyer en sa faveur. Et puis, rusé, il songea au moyen de récupérer les preuves matérielles des critiques portées contre lui. En première précaution, il pria Budgen de lui rendre la lettre de Miss Weaver par courrier recommandé. Mais il restait un élément révélateur de poids : sa propre lettre à Budgen. Il ne savait pas comment la lui redemander sans avoir l'air idiot.

A la première visite de Budgen à Paris, Joyce vit la chance lui sourire. La lettre compromettante se trouvait dans le portefeuille de Budgen. Joyce ne manqua pas de passer avec lui une de leurs fameuses soirées de réjouissances, mais il fit en sorte que Budgen eût plus à boire que lui. Puis, déposant un Budgen vacillant à son hôtel, il subtilisa le portefeuille. De retour chez lui, il prit la lettre et la remplaça par les additions des cafés où ils étaient allés et, le lendemain, le lui fit reporter par un messager, avec un petit mot précisant qu'il avait pris le portefeuille par souci de sécurité. Voyant qu'il avait été dupé, Budgen se mit en colère, et leur amitié fut interrompue pendant environ trois ans [58].

Que Joyce, même en 1921, dût prendre soin de protéger sa réputation, voilà qui soulève la question de la correspondance obscène qu'il avait entretenue avec Nora en 1909. La croyaient-ils à l'abri des regards indiscrets ? En quittant Trieste, Joyce avait rempli une caisse de papiers pour aller à Paris et, plus tard, il réclama un paquet de papiers qu'il avait laissés dans un cartable, dans la chambre de Stanislaus. Il fallait qu'il termine *Ulysse*. Mais ils avaient laissé derrière eux l'essentiel de leurs archives. Le sentiment du danger qu'il y avait à laisser traîner des lettres érotiques commença vers cette époque à s'infiltrer dans les écrits de Joyce, ainsi que dans ses rêves. Lorsque, à la publication d'*Ulysse*, Stanislaus écrivit à son frère pour protester contre l'obscénité du livre, Joyce dut se demander si

Stanislaus n'avait pas fouillé dans ses papiers secrets[59]. Certains rêves qu'il nota à cette époque-là comprennent celui-ci : « Une jeune femme me dit avec une indignation faiblissante que je lui ai écrit une lettre compromettante. Le contenu ne la choque guère, mais elle me demande pourquoi je l'ai signée " Ulysse "[60]. »

En juin 1921, comme le bail de leur lugubre mais luxueux appartement prenait fin, ils bénéficièrent du genre de chance que Joyce considérait comme son dû. Le critique littéraire Valery Larbaud leur prêta son élégant appartement de célibataire, rue du Cardinal-Lemoine, dans le cinquième arrondissement. Joyce prétendit que Larbaud l'avait fait repeindre exprès pour eux, et Larbaud était effectivement fort capable d'un tel geste. Lui qui était le plus fervent interprète de la littérature anglaise en France, il se déclarait « fou inconditionnel » d'*Ulysse,* et avait promis d'en donner lecture à la librairie d'Adrienne Monnier pour présenter Joyce au public littéraire français. Dans *Ulysse,* affirmait Larbaud, Joyce avait rendu l'Irlande à la littérature mondiale.

Giorgio ne déménagea pas avec eux. Après plusieurs tentatives avortées d'entreprendre une carrière professionnelle, il était retourné passer un mois à Zurich, chez des amis ; il allait échapper beaucoup plus facilement que sa sœur à la claustrophobie du cercle familial. Lucia alla cependant en colonie de vacances avec une nièce d'Helen Nutting. Ensuite, elle fréquenta brièvement un lycée et suivit des cours de dactylographie. Mais elle se faisait très difficilement des amies. Nora était toujours en quête de nouvelles connaissances dotées de filles adolescentes car, comme l'observait Joyce, Lucia s'ennuyait l'après-midi[61].

Nora et Lucia étaient ravies de leur nouveau cadre de vie. Elles adoraient l'appartement, avec ses parquets cirés, ses meubles anciens et ses collections de petits soldats. Et l'on voyait tant de verdure par les fenêtres qu'on se serait cru en pleine campagne, impression renforcée par le fait qu'on entrait par une cour fermée par une grille. La seule chose qui aurait pu plaire à Nora eût été un appartement à elle. Joyce lui-même commençait à avoir la nostalgie de ses portraits de famille et autres souvenirs intimes.

Il disposait là d'un bureau au plafond bas et circulaire, où il pouvait travailler dans un silence total. Mais il préférait écrire au milieu du bruit[62], et l'appartement de Larbaud lui faisait l'effet d'un tombeau.

Tandis qu'il écrivait là le dernier épisode d'*Ulysse,* le monologue de Molly Bloom, Joyce eut une nouvelle crise d'iritis, si douloureuse qu'il se roula par terre en pleurant. Nora envoya les enfants chercher Sylvia Beach en toute hâte pendant qu'elle-même restait auprès de lui, pour lui appliquer un linge glacé sur les yeux.

Nora était également furieuse. Joyce, en effet, buvait beaucoup, alors même qu'il avait été prévenu du risque que faisait peser la boisson sur ses yeux. Elle lui tenait même rigueur d'entraîner ses amis sur la mauvaise pente. « Jim, lui dit-elle, tu m'as trop souvent ramené tes compagnons d'ivresse à la maison, et maintenant voilà que tu commences avec McAlmon. » Mais la dignité et le caractère rassurant de Nora plaisaient à McAlmon, et il comprenait le rôle double que Joyce imposait à sa femme, tantôt épouse acariâtre et tantôt mère aimante. Un soir qu'il était sorti avec Joyce, McAlmon vit un rat et poussa un cri, tandis que Joyce s'évanouissait carrément. Rapportant Joyce sur son dos, McAlmon expliqua à Nora la cause de l'évanouissement — la frayeur, et non l'ivresse — et elle « se fit aussitôt tendre »[63]. Le lendemain soir, comme ils étaient tous les trois au café ensemble, Nora appela soudain un taxi. Elle avait repéré la crispation du visage de Joyce et, comprenant qu'il souffrait terriblement, elle le ramena aussitôt à la maison.

Joyce fut malade six semaines, en proie à une telle douleur que le médecin lui injectait de la cocaïne dans les yeux, et l'obligeait à réduire ses heures de travail (de dix à six par jour). La souffrance n'était rien en comparaison de la menace qui pesait sur son travail. Avec une cruelle précision, le destin frappait Joyce comme il avait frappé Beethoven, à l'organe nécessaire à la pratique de son art. Malgré cette nouvelle crise d'iritis, il parvint à terminer « Pénélope » et l'avant-dernier épisode, « Ithaque », en octobre. *Ulysse* était achevé[64].

La boisson ne faisait qu'aggraver la douleur, et Nora s'efforçait en vain d'avertir ses admirateurs que, en l'encourageant à boire, ils lui ruinaient la vue. Mais ils avaient tendance à considérer ses mises en garde comme des ronchonnements d'épouse aigrie et, comme Budgen l'écoutant de la rue, ils prêtaient davantage d'attention au rythme qu'au contenu de ses remontrances :

« Jim, m'entends-tu ? Cela suffit, Jim, je te le dis, voilà vingt ans que cela dure et j'en ai assez. C'est moi qui dois m'occuper de toi quand tu as mal aux yeux et cela nous ennuie tous. Jim, je te préviens, je vais retourner en Irlande avec les enfants[65]. »

Nora comprenait la pression que représentait pour Joyce la parution de son livre. Dans une lettre à Katherine Sargent (femme de Louis Sargent, un peintre anglais qu'ils avaient connu par l'intermédiaire de Budgen), Nora expliquait comme ces problèmes d'yeux survenaient mal à propos, quand Joyce avait tant à faire pour écrire la fin d'*Ulysse* et corriger les épreuves. C'était également une grande malchance pour elle, car cela les empêchait de rejoindre les Sargent en vacances à Thun, en Suisse. Nora leur recommanda une pension où séjourner[66].

La correction des épreuves représentait en effet un gros travail. Le livre était composé à Dijon, à l'imprimerie habituellement chargée des en-têtes de la librairie de Sylvia Beach : on n'y connaissait pas l'anglais courant, sans même parler de l'anglais tel que l'écrivait Joyce. Et puis Joyce ajoutait et supprimait bien des choses. Il écrivit finalement un tiers d'*Ulysse* sous forme de corrections et d'ajouts dans les marges des épreuves.

En octobre 1921, la période de grâce chez Larbaud prit fin. Avec Giorgio, revenu de Zurich, ils regagnèrent la pension de famille de la rue de l'Université, pour y occuper deux pièces comme précédemment. Giorgio était seul, tandis que Lucia partageait la chambre de ses parents — à un âge (quinze ans) où elle était certainement pubère, et donc en proie aux affres occasionnelles de voir commencer ses règles au milieu de la nuit. Dans le foisonnement des détails concernant la vie personnelle des Joyce, on ne trouve pas la moindre évocation de la manière dont ils s'efforçaient tous trois de préserver chacun son intimité dans une telle situation.

Sous l'effet de la nécessité aussi bien que par choix, la librairie Shakespeare and Company, désormais située au 12, rue de l'Odéon, était devenue l'adresse professionnelle de Joyce. Il s'attendait à percevoir pour *Ulysse* environ quinze cents livres. Mais, pour financer la publication, il fallait d'abord que Sylvia Beach trouve de l'argent. Elle diffusa donc un prospectus annonçant la parution du chef-d'œuvre déjà célèbre, et vendit des souscriptions à ceux qui souhaitaient commander des exemplaires. De nombreux amateurs de littérature d'avant-garde (parmi lesquels T. E. Lawrence, Winston Churchill et Havelock Ellis) acceptèrent l'offre et envoyèrent l'argent (cent cinquante francs, ou trois cents pour une édition de luxe), flattés, pour certains, d'avoir été sollicités. Ce ne fut toutefois pas le cas de George Bernard Shaw : « En Irlande, écrivit-il à Sylvia Beach pour décliner l'offre, on essaie de rendre un chat propre en lui frottant le nez dans ses saletés. Mr. Joyce a tenté le même traitement sur l'être humain. » Il espérait que Joyce réussirait, ne fût-ce que parce que le livre reconstituait si bien « la fainéantise des voyous » du Dublin de sa jeunesse[67].

Tandis que les souscriptions affluaient, tous les Joyce allaient régulièrement taper dans la caisse de la librairie. C'était habituellement Giorgio qui se chargeait de la chose, tirant six cents francs le 12 juillet, deux cents le 12 septembre, et encore deux cents dix jours plus tard. Le 29 novembre, Nora elle-même vint emprunter la somme non négligeable de cent francs sur la vente à venir des billets pour la conférence de Valery Larbaud sur Joyce, fixée au 7 décembre[68].

Joyce remboursait un peu de temps en temps — trois cents francs en décembre — mais pour recommencer à emprunter peu après, et en juillet 1922, cinq mois après la parution d'*Ulysse*, il devait à Sylvia 40 565 francs. Il faut cependant préciser que Sylvia Beach ne lui avait versé aucun à-valoir, et qu'il avait travaillé à ce livre pendant au moins sept ans. Elle notait toutes ses dépenses dans un petit carnet noir : taxi (huit francs) pour aller chercher cent cinquante enveloppes (quinze francs).

Le Noël des Joyce, en 1921, fut aussi joyeux que d'habitude, en dépit de l'étroitesse de leur logement ; les enfants se gavèrent de chocolat et se régalèrent de corbeilles de fruits envoyées par les Sargent. Il y eut une fête à laquelle Lucia, déguisée, fit une imitation de Charlie Chaplin, mais à laquelle Nora ne put assister.

Une huitaine de jours auparavant, comme elle attendait l'autobus près d'un réverbère, un véhicule manqua le virage et, montant sur le trottoir, la plaqua contre le réverbère. Superstitieuse comme son mari, Nora y vit un mauvais présage. Il lui fallut tout ce temps pour se remettre de sa frayeur aussi bien que de ses égratignures. Décrivant l'affaire à Stanislaus, Joyce déclara : « Ce n'était pas accidentel[69]. »

A quinze ans, Lucia avait tout à fait l'âge de remplacer sa mère pour la corvée que Nora détestait — écrire des lettres — et elle s'attela à la tâche des remerciements de Noël au nom de sa mère. Elle le fit toutefois d'une manière chaotique, et dans un style infantile et décousu où l'on perçoit (avec le recul) des troubles émotionnels plus profonds que celui d'avoir à apprendre à écrire dans une troisième nouvelle langue.

Quant à Joyce, il reçut bientôt un mauvais présage lui aussi. La veille de la parution d'*Ulysse*, les nerfs en pelote, il partit avec Nora se promener au bois de Boulogne en compagnie de Djuna Barnes, jeune écrivain américaine. Un homme frôla Joyce en marmonnant : « Vous êtes un écrivain abominable ! » C'était là un coup terrible pour son livre, déclara Joyce, blême, aux deux femmes[70].

Pour son quarantième anniversaire, le 2 février 1922, et bien que les dernières pages d'épreuves n'eussent été renvoyées que deux jours plus tôt, les deux premiers exemplaires d'*Ulysse* étaient prêts. Sylvia Beach se leva de bonne heure pour être à la descente du train de Dijon, dès sept heures, afin que Joyce pût en trouver un exemplaire sur sa table, au petit déjeuner. Toute la journée, ce fut un déluge de télégrammes pour Joyce, tandis que la librairie était littéralement assiégée de gens qui voulaient voir l'autre exemplaire, exposé par Sylvia. Et Joyce, reconnaissant, adapta une chanson de Shakespeare pour chanter le courage tout américain de son éditeur :

« Qui est Sylvia, qu'est-elle donc
Que tous nos scribes la louent ?
Yankee, jeune et brave elle est
Et l'Ouest lui a donné cette grâce
Que publiés puissent être tous les livres... [71] »

Après avoir invité Sylvia et Adrienne à un dîner de célébration le 20 janvier, le fameux soir d'anniversaire ils emmenèrent quelques intimes dîner chez Ferrari, un restaurant italien : les Nutting ; leur nièce Helen Kieffer (fille de l'associé de John Quinn), qui était allée en vacances avec Lucia ; les Wallace ; et bien sûr Giorgio et Lucia. On but au succès de l'auteur ; les serveurs admirèrent le livre, et Nora elle-même en dit quleques mots favorables. Jim avait passé seize ans à concevoir ce livre, déclara-t-elle fièrement, et sept ans à l'écrire. A la fin de la soirée, comme tout le groupe se trouvait attablé au café Weber, Nora appela un taxi. Joyce refusait d'y entrer, mais elle l'y fourra de force, tandis qu'il criait à Richard Wallace : « Il faut m'épargner ces scènes [72]. »

Nora savait qu'on lui laissait le rôle de la mégère. McAlmon tenta de lui dire comme elle était essentielle pour l'œuvre de Joyce, et que, si elle ne l'avait pas supporté et ramené à terre, il serait resté comme Stephen Dedalus, pompeux martyr de l'art, au lieu de mûrir en père de famille et grand artiste.

« Bien d'accord ! répliqua Nora. On dit que je l'ai aidé à être un génie. On dira ensuite que, s'il n'avait pas traîné cette ignorante, quel homme il aurait pu être ! Mais peu importe. Je pourrais leur en dire long sur lui, au bout de vingt ans... [73] »

Lorsque Joyce lui offrit un exemplaire de la première édition d'*Ulysse*, Nora le soupesa et, hochant la tête à l'adresse d'Arthur Power, qui était là, elle demanda : « Combien m'en offrez-vous [74] ? » Bien des années plus tard, cette remarque fut mise au compte de l'ignorance, mais Power, qui aimait beaucoup Nora, y vit la taquinerie d'une femme solide et confiante, qui remettait son homme à sa place. Joyce ne rit pas, cependant. L'indifférence de Nora à son œuvre l'affligeait et le tourmentait. C'était précisément en cela qu'elle restait désirable et hors d'atteinte : le génie de Joyce ne l'intéressait pas. Elle l'aimait pour ce qu'il avait d'ordinaire.

La célébrité emportait les quatre Joyce dans les milieux internationaux de la vie de café. En mars 1922, ils assistèrent au petit déjeuner de mariage de Laurence Vail, jeune écrivain américain plein d'allant, et de Peggy Guggenheim, l'héritière new-yorkaise qui allait devenir célèbre comme mécène. Joyce ignorait pourquoi ils étaient invités, mais supposait que Vail avait dû rencontrer Nora ou les enfants quelque part[75].

En mars également, leur niveau de vie reçut une nouvelle poussée vers le haut. Miss Weaver offrit à Joyce une nouvelle somme de quinze cents livres, dont il pouvait disposer comme bon lui semblerait. Il lui avait dit qu'il se trouvait à nouveau sans le sou, et elle se sentait, par loyauté, dans l'obligation de l'aider. Elle convenait avec lui qu'après le long labeur d'*Ulysse,* il avait besoin d'argent pour se reposer et prendre des vacances.

Cette bonne nouvelle de Londres n'adoucit nullement le cœur de Joyce, confronté à l'aigre réclamation de Stanislaus, qui voulait se faire rembourser un prêt de dix livres sterling datant du séjour des Joyce à Trieste :

« Cher Stannie, mon notaire t'enverra un chèque de dix livres le 25 courant. Je suis navré d'apprendre que tu es si pressé d'argent. Comment fais-tu donc ? Vivant sans famille dans un appartement meublé, étant d'habitudes exemplaires, et donnant toutes ces leçons à tous ces élèves...[76] »

Dans la même lettre, Joyce poursuivait en décrivant ses propres difficultés d'existence, à l'étroit dans un hôtel coûteux, obligé d'écrire dans la chambre où ils dormaient à trois... mais il ne put s'empêcher d'ajouter que le nouveau don de Miss Weaver montait à huit mille cinq cents livres le total de ses largesses, plus, ajouta-t-il encore avec une trompeuse condescendance, « la réversion d'une maison de campagne quelque part ».

Pourtant, il s'était senti si pauvre au début du mois qu'il avait écrit à McAlmon pour lui demander de lui envoyer une jolie cravate s'il en avait dont il ne voulait plus (et prit des airs affolés quand McAlmon lui en acheta des neuves, et ajouta à l'envoi une bague très épiscopale)[77].

A l'arrivée de ces nouvelles de Miss Weaver, il crut pouvoir enfin disposer de l'argent dont il avait besoin — suffisamment, se hâta-t-il d'annoncer à Sylvia, pour le mettre, ainsi que sa famille, à l'abri du besoin jusqu'à la fin de leurs jours.

Enfin, songea Sylvia, un petit prêt en attendant l'argent de Miss Weaver, et je pourrai continuer ce que j'ai à faire. Enfin, déclara Nora à Joyce, elle pouvait aller faire un séjour en Irlande.

Arthur Power était l'une des rares personnes à comprendre comme l'Irlande manquait à Nora. Il comprenait son dédain pour les artifices de la vie parisienne. Nora était plus stoïque que Joyce et, du point de vue de Power, infiniment plus prête à accepter le pire avec le meilleur ; un meublé minable ou la table d'honneur dans un grand restaurant — elle ne marquait aucune différence. Ce que Nora ne supportait pas, nota-t-il, c'était la fausseté et l'hypocrisie. De Joyce, elle apprenait l'art du silence en public, mais, avec un compatriote comme Power, elle s'exprimait avec spontanéité. Un soir, elle se trouva assise à côté de lui à une réception où quelques couples se mirent à danser avec affectation. « A Galway, déclara-t-elle d'un air écœuré, nous serions tous sortis faire la sarabande sur la route[78]. »

A l'annonce des largesses de Miss Weaver, Nora fit la sarabande à sa façon. *Ulysse* étant publié et leurs problèmes d'argent résolus, Jim pouvait bien se débrouiller seul. Nora n'avait pas revu sa mère depuis le début de la guerre, et son père, Tom Barnacle, venait de mourir. Malgré leur séparation, Annie Barnacle l'avait soigné pendant sa dernière maladie, en juillet 1921, et au printemps suivant, n'ayant plus que deux filles auprès d'elle, elle aspirait à revoir Nora[79].

Ce fut une dispute épouvantable. Joyce supplia Nora de ne pas partir. L'Irlande était au bord de la guerre civile, lui rappela-t-il en lui montrant les gros titres dramatiques de la presse irlandaise de ces derniers temps. Pour une fois, Nora ne céda pas. Elle ordonna à Giorgio et à Lucia de faire leurs bagages, et ils quittèrent l'hôtel. Peu lui importait de ne jamais revoir Paris — ou de ne jamais revoir d'écrivain saoul.

CHAPITRE 11

Dans un État libre

La traversée de la Manche, tant redoutée, se fit sans difficultés. Nora et ses enfants arrivèrent à Londres le 2 avril 1922, et s'installèrent à l'hôtel Bonnington, à Southampton Row, non loin de l'endroit où ils devaient prendre le train-bateau pour l'Irlande dès qu'ils auraient visité Londres à leur gré[1]. La ville plut beaucoup à Nora et elle commença à envisager, au lieu de poursuivre un àppartement chimérique à Paris, de convaincre Joyce de venir vivre à Londres. Ils y avaient beaucoup d'amis — les Sykes, Frank Budgen, les Sargent —, et puis c'était un grand soulagement que d'entendre parler anglais autour de soi.

Giorgio et Lucia n'avaient guère vu d'inconvénient à accompagner leur mère. Ils n'avaient eu aucune vie personnelle à Paris, et ne faisaient rien la plupart du temps. Et puis, comme l'avait observé Sylvia Beach, « les enfants de Joyce ont pris la décision de ne pas devenir les esclaves de Babbo ». (Sage décision, songeait-elle : « Hélas pour moi — je me suis laissée prendre au piège, mais c'était intéressant[2]. ») Giorgio, nota-t-elle, se montrait extrêmement protecteur à l'égard de sa mère ; il réprouvait gravement la boisson, et en particulier chez son père.

De Londres, ils écrivirent à « Caro Stannie » à Trieste, pour lui dire comme leur voyage les enchantait, même s'ils trouvaient les manières des Anglais très différentes de celles du Continent, et aussi pour lui demander une faveur : lorsqu'il emballerait les portraits de famille pour les leur expédier à Paris, pourrait-il en profiter pour joindre à l'envoi leurs reproductions de masques de Pompéi ?

La seule personne qu'ils n'allèrent pas voir à Londres fut « Sainte

Harriet », comme Lucia désignait leur protectrice. Harriet Weaver était en effet dans le nord de l'Angleterre, en visite auprès de son autre protégée, Dora Marsden ; Miss Marsden, auteur philosophe, était presque aussi exigeante que Joyce, mais sans que le génie vînt compenser ce trait.

De Paris, les Joyce recevaient une fusillade de lettres de Joyce, qui s'efforçait de les dissuader de franchir la mer d'Irlande. Ils ne retardèrent cependant leur voyage que de quelques jours.

L'Irlande d'avril 1922 n'était plus l'Irlande qu'avait connue Nora. Deux années de terribles violences venaient de s'écouler, où les révolutionnaires irlandais avaient combattu les Anglais et la police militaire : ces Black-and-Tan détestés. (« Il n'y a plus ici que raids et meurtres », avait écrit tante Josephine à Joyce en 1920[3].) Depuis la signature d'un traité avec l'Angleterre en décembre 1921, l'Irlande était devenue un État libre, un dominion autonome comme le Canada, au sein de l'Empire britannique. Depuis quatre mois, l'armée et la police britanniques quittaient progressivement l'Irlande, cédant leurs casernes et leurs installations aux autorités de l'État libre et à l'armée républicaine d'Irlande (IRA). On espérait que le traité apporterait la paix et la stabilité, ainsi qu'un gouvernement irlandais indépendant.

De nombreux Irlandais, cependant, ne voyaient de victoire dans ce traité que pour la perfide Albion. Le traité partageait en effet l'Irlande en vingt-six comtés pour le Sud à majorité catholique, et six comtés pour le Nord protestant. Et il n'accordait nullement à l'Irlande le statut de nation indépendante. Il obligeait les membres du Parlement irlandais, à Dublin, à prêter serment à la Couronne — ce n'était point cette République irlandaise libre déclarée par les rebelles de la révolte de Pâques en 1916, avant de périr.

Et en 1922, la population des vingt-six comtés de l'Irlande du Sud était donc déchirée entre partisans et opposants du traité. L'armée elle-même, l'IRA, était divisée en forces pro-traité — les Réguliers — et anti-traité, les Irréguliers, farouchement décidés à lutter pour une Irlande indépendante et unie, même s'il fallait pour cela que des Irlandais tuent des Irlandais. A l'approche des élections générales fixées au mois de juin 1922, et qui devaient montrer ce que l'électorat lui-même pensait de la ratification du traité, le nouvel État était en ébullition.

N'éprouvant aucune peur, et sans doute aucun intérêt non plus, Nora se mit en route. Son oncle Michael Healy, qui travaillait toujours dans les douanes, vint les accueillir à Dublin. Il invita Nora et ses enfants à dîner avec le père de Joyce et son vieil ami Tom

Devin, qui avait repéré la fuite du jeune couple en 1904, au North Wall. Le lendemain, Nora et les enfants partirent pour Galway.

Dès leur descente du train, ils se trouvèrent au cœur du conflit. L'hôtel de la gare, à Eyre Square, était le quartier général de l'IRA régulière, tandis que les Irréguliers occupaient la caserne Renmore des Connaught Rangers, à un ou deux kilomètres de là, au bord de la voie ferrée. Au sein même de la ville, chaque bâtiment était reconnu appartenir à un clan ou à l'autre. Les Réguliers avaient le Masonic Hall, les Irréguliers la Maison des Douanes. Les journaux ne parlaient que d'attaques de bureaux postaux, de banques et de magasins d'alcool, de trains. Des civils étaient tirés de leur lit et abattus dans la rue (comme dans les autres villes d'Irlande, de Cork à Sligo). Galway était devenue si dangereuse que les prêtres redoutaient de sortir la nuit pour donner les derniers sacrements aux mourants. La seule consolation était de savoir qu'à Belfast c'était bien pire[4].

Avec ses enfants, Nora prit des chambres à la pension de Mrs. O'Casey, sur Nun's Island. Ses soucis étaient plus personnels que politiques. Ne voulant plus retourner à Paris, elle avait écrit à Jim de lui verser une allocation pour lui permettre de vivre le temps qu'elle voudrait à Galway ou à Londres. Et elle découvrait à présent que ses enfants, âgés de quinze et dix-sept ans, habitués au raffinement du Continent, ne trouvaient plus aussi charmante qu'autrefois l'humble petite maison d'Annie Barnacle. En fait, ils détestaient l'odeur du chou bouilli au point de ne plus vouloir entrer dans la maison, et ils s'attardaient dehors, assis sur le rebord de la fenêtre, à la vue de tous les voisins. Nora était obligée de les emmener prendre leurs repas au café[5].

Nora était tout de même contente. Elle emmena ses enfants en visite au couvent de la Présentation ; elle bavardait avec ses deux sœurs restées à Galway, Delia, qui avait trente-six ans, et Kathleen, qui en avait vingt-six. Nora jugeait Kathleen très vive et très amusante. Elle alla revoir tous les endroits qu'elle connaissait, envoya une carte postale à Helen Nutting[6] où elle vantait les qualités vivifiantes de l'air, et posa pour des photos avec son plus joli chapeau.

Quant à Joyce, seul à Paris pour la première fois depuis cinq ans, il parvenait à peine à suivre la routine de la vie. Il refusa une invitation à dîner chez les Nutting, allait s'effondrer à Shakespeare & Company, assiégeait McAlmon de lettres et de télégrammes le suppliant de venir le rassurer. « Et pensez-vous qu'ils soient en sécurité, là-bas ? lui demandait-il sans cesse. Vous ne comprenez pas, McAlmon, à quel point cela m'affecte. Je m'inquiète toute la journée, et cela ne fait pas de bien à mon œil[7]. »

Il écrivait souvent à Nora. La lettre qui a survécu révèle une intensité de dépendance et de manque infiniment plus proche des lettres de 1904, 1909 et 1912 que des notes laconiques qu'il lui avait adressées à Locarno en 1917 :

« 8 h 30 matin
jeudi [non daté]

« Ma chérie, mon amour, ma reine : je saute à bas du lit pour t'envoyer ceci. Ton télégramme porte un cachet de la poste daté dix-huit heures plus tard que ta lettre qui vient de m'arriver. Un chèque pour ta fourrure suivra dans quelques heures, et aussi de l'argent pour toi. Si tu veux vivre là-bas (puisque tu me demandes deux livres par semaine) je t'enverrai cette somme (8 livres et 4 de loyer) le premier de chaque mois. Mais tu me demandes aussi si je voudrais venir à Londres avec toi. J'irais n'importe où au monde si je pouvais être sûr de pouvoir être seul avec toi chère moitié sans famille et sans amis. Ou bien ce sera ainsi ou bien nous devrons nous quitter à jamais, même si j'en ai le cœur brisé. Il est évidemment impossible de te décrire le désespoir où je suis depuis ton départ. Hier je me suis évanoui dans la boutique de Miss Beach et elle a dû courir me chercher je ne sais quel breuvage ou médicament. Ton image est toujours dans mon cœur. Comme je suis heureux d'apprendre que tu as rajeuni ! O ma bien-aimée, si seulement tu voulais revenir vers moi et lire maintenant ce terrible livre qui a désormais brisé mon cœur dans ma poitrine et me prendre pour toi seule pour faire de moi ce que tu voudras ! Je n'ai que dix minutes pour écrire ces mots, aussi pardonne-moi. J'écrirai à nouveau d'ici midi, et télégraphierai aussi. Ces quelques mots pour le moment et mon amour éternel et malheureux.

Jim[8] »

Cette image vient de Thurber : l'homme apeuré et la puissante femme. Joyce, dans cette lettre, associait son livre à son corps : il voulait que Nora touche ces deux objets inertes. Connaissant le faible de Nora pour les fourrures, il était prêt à la gâter, mais il révélait un curieux désir d'avoir Nora pour lui seul « sans famille et sans amis ». Peut-être avait-ce été un autre motif à leur départ de Trieste.

Comme le suggère l'évocation de la pension mensuelle qu'il allait verser à Nora, il était résigné à une longue séparation. Et Nora elle-même n'avait aucune hâte de rentrer ; elle écrivit à Helen Nutting le 29 avril, et Joyce donna à Helen l'adresse de Nora pour qu'elle pût lui répondre. Mais Joyce avait compté sans le secours de l'IRA.

Nora avait choisi pour son retour en Irlande la semaine la plus chargée d'émotions du calendrier irlandais — Pâques, le sixième anniversaire de la Révolte. La tension monta encore lorsque Eamon de Valera, alors président de la République, et seul survivant parmi les chefs de l'insurrection de 1916 (il n'avait été sauvé de l'exécution que par la crainte de l'opinion publique américaine, car il était né aux États-Unis), apparut à Galway le jour de Pâques, 23 avril. Dev, comme on l'appelait, refusait le traité : le peuple irlandais devait maintenir la République proclamée en 1916.

Les sympathies de Galway, cependant, ne faisaient aucun doute : on y était favorable au traité, comme on avait toujours été favorable à la Couronne. La foule écouta Dev en silence. Mais l'atmosphère était tendue et Giorgio, d'âge et de taille à entrer dans l'armée, essuyait dans les rues des regards hostiles de la part des soldats. Un officier ivre lui bloqua même le chemin, à un moment, et après avoir bien regardé ses élégants vêtements étrangers, lui demanda : « Alors, c'est agréable d'être fils de gentleman ? [9] » Le garçon ne put fermer l'œil de la nuit, tant il avait peur que « les Zoulous », comme il appelait les soldats, ne viennent le chercher.

Peu après, les Réguliers de l'IRA débarquèrent un après-midi chez Mrs. O'Casey — non pour chercher Giorgio, mais pour installer leurs mitraillettes aux fenêtres, afin de tirer sur les Irréguliers qui avaient envahi un entrepôt de l'autre côté de la rue. C'en fut assez pour Nora. Elle se rendit. Finalement Jim avait eu raison.

Ils firent précipitamment leurs bagages et reprirent avec soulagement le train pour Dublin. Mais ce n'était pas la fin de leur expérience de la guerre : au moment où le train passait devant la caserne Renmore, des coups de feu éclatèrent entre les troupes de l'État libre, à bord du convoi, et les Irréguliers de la caserne. Nora et Lucia se jetèrent au sol, mais Giorgio (à qui un autochtone avait conseillé d'ignorer le bruit des coups de feu) resta bien droit à sa place [10].

Les coups de feu étaient une pure routine, un fait quotidien — pas du tout comme l'événement de la semaine, la reprise de la Maison des Douanes par les Réguliers. Les gens de Galway avaient tellement l'habitude de quitter la ville au son des coups de feu que, quand un jeune couple partait en lune de miel, leurs amis plaçaient des pétards sous leur wagon en guise de plaisanterie [11]. Et lorsque le trio Joyce eut regagné la relative sécurité de Dublin et qu'ils racontèrent leurs expériences à Michael Healy, il en rit si fort qu'il faillit tomber de sa chaise [12].

Mais les touristes n'ont pas la même vision du terrorisme que les autochtones, et leurs proches non plus. Joyce ne minimisa point l'incident. Il raconta à tout le monde que sa famille avait de justesse échappé à un assassinat en Irlande, et il commença même à se convaincre qu'on les avait visés à cause de lui. Comme il exposait ces idées devant son ami Constantine Curran, avocat dublinois en visite à Paris, Curran lui déclara qu'il disait des absurdités [13].

Curran ne pouvait pas imaginer comme l'incident allait être utile à Joyce. D'abord, il donnait à Joyce un prétexte pour apaiser tante Josephine. Après avoir attendu dix ans de revoir son petit-neveu, sa petite-nièce et Nora, elle apprit que, sans même s'arrêter pour la voir, ils avaient déjà quitté l'Irlande. Elle en fut profondément blessée. « Tu reverras sûrement Nora quand elle retournera voir son tas de fumier natal », écrivit espièglement Joyce à sa tante quelques mois plus tard, mais il ne pensait pas que Giorgio et Lucia l'y accompagnent. « L'air de Galway est excellent, mais cher au prix d'aujourd'hui [14]. »

C'est ainsi que Joyce intégra la fusillade de l'IRA à la mythologie familiale ; ce devint l'un des pièges destinés à empêcher Nora de jamais le quitter encore, un colossal : « Je te l'avais bien dit. » L'épisode marqua la fin de la tentative la plus déterminée de Nora pour recouvrer la liberté. Elle capitula devant la vérité : elle n'avait pas d'autre existence que celle de Mrs. James Joyce. Le plus triste, c'est que plus jamais elle ne revit « son tas de fumier natal » et que, à dater de là, elle n'eut plus jamais une parole positive à l'égard de l'Irlande.

CHAPITRE 12

Molly

Nora était-elle Molly Bloom ? Joyce ne l'a jamais affirmé. Souvent interrogé après la parution d'*Ulysse*, il laissait entendre qu'il avait eu d'autres modèles. Il invitait parfois ses amis, au restaurant, à deviner quelle femme présente dans la salle était Molly Bloom.

Nora, quant à elle, s'habitua à s'entendre poser la même question. « Non, disait-elle. Elle était beaucoup plus grosse. »

Molly, née à Gibraltar d'une mère espagnole, ne ressemblait pas à Nora. Sa chevelure noire appartenait à l'élève triestine de Joyce, Amalia Popper, et son aspect hispano-irlandais à la fille d'un ami du père de Joyce. Sa voix de chanteuse lui venait d'une femme mûre de Dublin, son embonpoint d'une autre, à Trieste. Son fameux dernier mot, « Oui », remontait à une amie de Nora, Lillian Wallace. Un après-midi, comme il somnolait dans le jardin des Wallace à Châtillon, Joyce avait entendu la voix de Lillian qui, en conversation avec des amis, répétait « Oui », sans cesse. Il avait alors décidé quelle serait la fin du livre[1]. Quant à son nom, il était tiré de *moly*, l'herbe qu'Ulysse avait donnée à ses hommes pour les protéger des maléfices de Circé.

On peut retrouver Nora dans tous les principaux personnages féminins de Joyce, depuis Lily, la servante de *Gens de Dublin*, jusqu'à Anna Livia Plurabelle, dans *Finnegans Wake*. Elle apparaît même, par le biais du sens qu'a son nom de famille, dans le *Portrait*, unique livre de Joyce auquel on n'associe pas Nora. Dans le *Portrait*, Stephen Dedalus découvre sa muse en la personne d'une ravissante jeune fille errant sur la plage, « que la magie a métamorphosée en apparence d'étrange et bel oiseau de mer ». Même dans *Ulysse*, on retrouve des traces de Nora chez d'autres personnages que Molly Bloom ; Joyce utilisa la dérision agressive de Nora, qu'il aimait tant, pour modeler le personnage de Bella Cohen, la tenancière de bordel.

Pourtant, c'est avec Molly qu'on identifie généralement Nora. Sylvia Beach les voyait même comme une seule et même personne[2]. De nombreux experts joyciens ont également considéré cette ressemblance comme un fait certain, y décelant un hommage de Joyce à Nora pour avoir su l'ancrer dans la réalité. Dans *James Joyce : Common Sense and Beyond*, Robert M. Adams affirme que le bouillonnement de la vitalité de Molly donne à presque tout le reste du livre un goût forcé et mécanique. Joyce, dit Adams, se méfiait de l'artificialité de l'art : « Seule Nora savait comment il était vraiment derrière ses façades littéraires — et il est bien normal qu'en écrivant sur Nora il ait fini par en écarter certaines[3]. » Sa relation avec Nora, ajoute Adams, « avec ses étonnantes profondeurs, ses contradictions, ses ambivalences, fut de multiples manières le modèle de celle qu'il imagina entre Bloom et Molly ».

Mais de bien d'autres manières, Nora n'était point Molly. Molly était plus grosse : soixante-dix kilos. Nora elle-même, à en juger d'après les photos, n'était pas aussi lourde dans sa jeunesse, sauf peut-être lorsqu'elle allaitait ses enfants. (Molly, lit-on dans *Ulysse*, avait pris quatre kilos après avoir sevré sa fille, Milly.) Et puis Molly n'a pas l'esprit moderne, l'à-propos, le sens pratique de Nora, non plus que son intimité facile avec les femmes ni son amour pour Wagner.

La méfiance qu'on éprouve généralement en cherchant des renseignements biographiques dans des romans peut cependant être écartée devant les nombreux parallèles évidents entre la femme réelle et le personnage fictif du texte de Joyce. Les liens sont renforcés par les notes détaillées de Joyce pour *Ulysse*, où il précise clairement les rapports, et répète fréquemment certaines références à Nora qu'il avait déjà relevées dans ses notes pour *Les Exilés* : le tablier enfantin, les bottines à boutons, le chagrin causé par le départ en Amérique de l'amie d'enfance[4]. Joyce, bien sûr, broda, élargit et comprima la matière première, mais chez Molly, une bonne partie de ce qui semble appartenir à Nora demeure visible, et le plus souvent fort peu modifié.

Le monologue de Molly constitue l'épisode de « Pénélope », qui termine *Ulysse*. Jusque dans son aspect sur la page imprimée, il imite le style écrit de Nora, avec ses huit très longues phrases décousues et dépourvues de ponctuation. Dans cet épisode, Molly, couchée dans son lit et appuyée sur un coude, repasse en silence dans sa tête les événements de la veille, à deux heures et demie du matin, à l'aube du 17 juin 1904. Elle se remémore son adultère avec Blazes Boylan, dans l'après-midi, et sa vie avec son mari, qui dort à côté d'elle. (Bloom, son Ulysse, après avoir achevé son errance, dort dans sa posture habituelle, avec les pieds sur l'oreiller et sa tête à l'autre extrémité du lit.) Molly rêve à ce jeune poète, Stephen Dedalus, pour qui Bloom s'est pris d'amitié ; elle espère qu'il viendra prendre pension, et qu'il deviendra peut-être son amant. Elle songe aussi à ses autres amants, à sa fille désormais adolescente, Milly, et à son petit garçon, Rudy, mort à onze jours. Elle ressasse son enfance à Gibraltar, son amie partie en Amérique, et un grand nombre d'autres choses, depuis le prix des huîtres jusqu'aux origines de l'univers. Comme Molly s'entretient avec elle-même, elle n'a aucun besoin de se préciser de qui elle parle. « Il », dans une même phrase, se rapporte tantôt à Mulvey, tantôt à Bloom. Pendant ces ruminations, ses règles commencent et elle s'assied sur son pot de chambre. Elle termine sur un souvenir de Bloom allongé avec elle dans les rhododendrons de la colline de Howth, au-dessus de la baie de Dublin. Ses derniers mots sont les lignes les plus connues d'*Ulysse*, la ritournelle obligée de toutes les émissions sur Bloomsday, partout :

> « ... et alors il m'a demandé si je voulais oui dire oui ma fleur de la montagne et d'abord je lui ai mis mes bras autour de lui oui et je l'ai attiré sur moi pour qu'il sente mes seins tout parfumés oui et son cœur battait comme fou et oui j'ai dit oui je veux bien Oui [5]. »

Au fil des cinquante pages précédentes, le lecteur en apprend beaucoup sur Molly et, il est tentant de le supposer, sur Nora aussi — en particulier sur la manière dont elle s'exprimait. Nora n'était pas une femme silencieuse. Elle parlait tout le temps. Son langage était vif et profane ; sur les questions intimes, elle était la seule femme à avoir l'oreille de Joyce. Et Joyce le fouilleur de fumiers n'allait certes pas laisser passer des joyaux domestiques tels que les plaintes d'une femme contre la bonne :

> « ... sa figure se décomposait de colère quand je lui ai donné ses huit jours si seulement on pouvait se passer d'elles les chambres je les fais plus vite s'il n'y avait pas la sacrée cuisine et les ordures à vider... [6] ».

Tout lecteur d'*Ulysse* connaissant le détail biographique de la vie des Joyce reconnaîtra certaines phrases de Molly pour du pur Nora.

L'opinion personnelle de Molly quant à la posture de son mari pour dormir (la même que celle de Joyce et Nora lors de leur séjour à Rome) pouvait fort bien être celle de Nora, et elle donne une indication sur la manière dont Joyce et Nora passaient les après-midi pluvieuses, avant de s'enfuir ensemble :

« ... je crois bien qu'il n'y a pas dans toute la création un homme qui ait des habitudes comme lui regardez-moi sa façon de dormir la tête au pied du lit comment peut-il sans un traversin dur c'est heureux qu'il ne donne pas de coups de pied il pourrait me casser toutes mes dents il respire avec sa main sur son nez comme ce dieu indien qu'il m'a emmenée voir un dimanche qu'il pleuvait au musée de Kildare Street tout jaune avec un tablier couché sur le côté sur sa main avec ses dix doigts de pieds qui dressent il disait que c'était une religion plus importante que les juifs et celle de Notre-Seigneur mises ensemble par toute l'Asie il est en train de l'imiter comme il imite toujours tout le monde je suppose qu'il dormait lui aussi la tête au pied du lit avec ses grands pieds carrés dans la bouche de sa femme... [7] ».

Dans le même esprit, et en supposant que Nora aurait eu beaucoup à dire pour sa défense à Trieste et à Zurich, quand Joyce lui reprochait d'avoir flirté avec Prezioso et Weiss, les idées de Molly sur la jalousie prennent un intérêt accru : « ... la jalousie de ces imbéciles de maris pourquoi ne resterait-on pas bons amis au lieu de se quereller là-dessus... [8] ».

Que Joyce ait considéré le jour où il s'est épris de Nora comme le plus important de sa vie, c'est assurément l'une des choses les plus sympathiques que nous sachions sur lui. Qu'il l'ait prise pour modèle du personnage féminin le plus célèbre de la littérature du xxe siècle montre quelle richesse d'inspiration elle représentait.

Les correspondances entre la vie de Molly et celle de Nora sont saisissantes. Toutes deux eurent le même jour d' « épousailles » : le 8 octobre. Toutes deux venaient de passer la trentaine (Nora eut trente ans en 1914, alors que Joyce commençait le livre) et chacune, sans qu'on sache exactement quel âge elle avait, dissimulait deux années de son âge. Toutes deux pouvaient se targuer d'expériences sexuelles vécues à quinze ans, et elles étaient jalouses de filles adolescentes contre qui elles se mettaient en colère et qu'elles giflaient parfois.

Leurs noms comportent les mêmes voyelles et la même accentuation. Pour l'oreille attentive de Joyce, les diverses voyelles suggéraient différentes caractéristiques personnelles. Ainsi, il associait *o* à la hardiesse [9].

Chacune jouissait du privilège de pouvoir appeler son mari par un diminutif. Dans *Ulysse*, seule Molly appelle Bloom « Poldy » [10]. Lorsqu'ils arrivèrent à Paris, plus personne ne songeait guère à appeler Joyce « Jim ». (Djuna Barnes s'y risqua, mais obtint une réaction glaciale.)

Molly et Nora avaient en commun un ton de voix dominateur. « Ébouillante la théière ! » ordonne Molly. Nora aboyait à l'adresse de Joyce. Une des nièces de Joyce se rappela comme, venu les accueillir à la gare, à Paris, il voulut prendre les bagages de sa sœur Eileen. « Pose-les ! commanda Nora. Trouve un porteur ! » Et son : « Jim, tu as assez bu ! » résonnait fréquemment à Montparnasse. Les deux maris, le vrai et le fictif, étaient menés par le bout du nez, mais il ne fait toutefois aucun doute qu'ils prenaient toutes les grandes décisions affectant la vie de leurs épouses respectives.

Molly, comme Nora, avait un admirateur qui lui disait « le soleil brille pour vous » et, dans sa jeunesse, avait eu un amoureux du nom de Mulvey, qui l'avait initiée à certaines pratiques sexuelles. Les souvenirs de Molly — « la première a été celle de Mulvey » — ne diffèrent point de ceux de Nora. Peut-être Joyce n'avait-il même jamais su que son rival tant redouté, à l'usine d'eau minérale de Galway, épelait en vérité son nom Mulvagh.

Les deux femmes pouvaient se targuer d'être montées sur scène, mais non se prévaloir d'une carrière. Molly Bloom est chanteuse mais ne prend pas cela très au sérieux (sauf comme moyen d'attirer des amoureux) ; le 16 juin 1904, elle n'avait pas chanté en public depuis plus d'un an. A l'époque où Joyce écrivait « Pénélope » trois ans s'étaient écoulés depuis le bref passage de Nora sur la scène des English Players.

Toutes deux détestaient les parapluies et raffolaient du poulet grillé, lisaient de la pornographie et croyaient en Dieu. Elles voulaient bien s'instruire auprès de leurs maris, mais sans se donner trop de mal, et posaient des questions naïves sur les sujets intellectuels sans guère paraître s'y intéresser.

Chacune menait une vie conjugale étrange, l'époux de Molly, comme celui de Nora, tourmenté par l'envie de la partager avec d'autres hommes. (Bloom rêve « d'offrir sa partenaire nuptiale à tous les hommes bien membrés [11] ».) Frustrées et vaniteuses, toutes deux prennent plaisir à jouer le rôle de modèle d'artiste. Nora a posé pour Silvestri et Budgen, et elle savait fort bien comme elle servait à Joyce, tant visuellement que verbalement. L'une comme l'autre connaissaient les possibilités érotiques du rôle. Nora refusait d'avoir une aventure pour plaire à Joyce. Molly se montre plus obligeante, et rêve à la manière dont elle va séduire et inspirer le jeune écrivain Stephen Dedalus, et en être récompensée :

« Je le ferai jouir des pieds à la tête jusqu'à ce qu'il défaille à moitié sous moi et alors il me mettra dans ses vers amant et maîtresse et au grand jour avec nos 2 photographies dans tous les journaux quand il sera célèbre... [12] »

Quant aux maris, ils ne savent jamais vraiment combien d'amants a eus leur femme. Bloom en imagine plus de deux douzaines pour Molly, mais, ces dernières années, des études en ont écarté la quasi-totalité (à l'exception de Blazes Boylan, dont l'acte de pénétration ne fait aucun doute) comme de simples flirts ou des fantasmes. « Il est admis depuis 1959 », d'après Hugh Kenner, « que le nombre d'amants de Molly, à part Boylan, oscille entre 0 et 1 [13]. » Le même résultat peut sans doute s'appliquer à Nora, si même on envisage qu'un seul de ses soupirants ait obtenu totale satisfaction.

Cependant, ni Nora ni Molly n'étaient vraiment franches en ce qui concernait leur vie sexuelle. Elles avaient en commun une attitude prostitutionnelle face à l'acte lui-même (Molly compte sur un cadeau « après ce que je lui ai donné ») et se faisaient donner de l'argent pour leurs sous-vêtements à force de cajoleries. Et pourtant, quelque chose dans leur personnalité justifiait le recours aux vêtements masculins. Quand Molly apparaît dans « Circé », elle porte le pantalon — de même que Nora, à Galway, pour ses escapades nocturnes.

Molly et Nora recevaient toutes deux des lettres obscènes de leurs maris, qui les faisaient se masturber. Molly se remémore

« ... ses lettres folles de détraqué mon Joyau sans prix tout ce qui touche à votre Corps adorable tout souligné ce qui en vient est une chose de beauté et de joie à jamais... qu'il avait moi je me faisais ça à chaque instant quelquefois 4 ou 5 fois par jour et je lui ai dit que non... [14] ».

Aucune n'était l'unique destinataire de la correspondance érotique de son mari. Chacune avait perdu un enfant et redoutait d'en avoir un autre. Chacune se servait sans honte aucune du pot de chambre. Ni l'une ni l'autre ne comprenait ce qu'il était advenu des pulsions sexuelles de l'homme à qui elle avait dit oui.

Dans *Ulysse*, Molly et Leopold Bloom n'ont pas eu de rapports sexuels depuis la mort du petit Rudy. Le narrateur invisible du livre connaît rigoureusement la durée de cet intervalle : dix ans, cinq mois et dix-huit jours ; Molly en connaît les dangers pour son apparence :

> « ... Je suis encore jeune n'est-ce pas c'est extraordinaire que je ne sois pas devenue un vieux chameau tout ridé avant mon temps à force de vivre avec lui qui est si froid qui ne m'embrasse jamais excepté quelquefois quand il est endormi au mauvais bout de moi sans même savoir je crois qui est avec lui un homme capable d'embrasser le derrière d'une femme je n'en donnerais pas un radis alors il embrasserait n'importe quoi de pas naturel là où nous n'avons pas 1 atome d'aucune espèce d'expression là nous sommes toutes pareilles 2 paquets de saindoux... [15] »

On ne dispose d'aucune information comparable, faute de lettres, sur les relations maritales des Joyce.

Mais *Ulysse* n'est point tant un livre sur l'impuissance et le cocufiage que sur l'amour : l'amour marié. L'esprit de Bloom divague aussi tandis qu'il sombre dans le sommeil et, dans l'épisode d' « Ithaque », avant que ne commence le soliloque de Molly, le narrateur répond à la question catéchistique :

> « Quels avantages présentait un lit occupé en regard d'un lit inoccupé ?
>
> La suppression de la solitude nocturne, la qualité supérieure du calorique humain (femme épanouie) sur le calorique inhumain (cruchon), le stimulant du contact matinal, l'économie de repassage fait à la maison pour peu qu'on plie soigneusement ses pantalons et qu'on les place dans le sens de la longueur entre le sommier (à rayures) et le matelas pure laine (quadrillé marron clair) [16]. »

Ce qui reste à Bloom et Molly, c'est le confort, la confiance, la compagnie l'un de l'autre, et la sollicitude. C'est une forme d'amour plus profonde, moins conflictuelle que l'amour conjugal, mais appréciée de Molly, qui a grandi sans la présence attentive d'une mère. Élevée par son père, Molly dit : « ... où seraient-ils tous s'ils n'avaient pas eu pour prendre soin d'eux une mère que je n'ai pas eue... ».

Nora, élevée par sa grand-mère et dressée par son oncle, avait eu une enfance semblable, avec les mêmes conséquences pour sa personnalité : la privation de mère conduisait à une attitude coquette.

Nora supporta Joyce et resta avec lui, éconduisant les Prezioso et les Cosgrave qui se présentaient sur son chemin, parce qu'il lui offrait un amour inconditionnel, sans poser de questions — cet amour que Stephen Dedalus appelle *amor matrix*, la seule vraie chose qui compte dans la vie. Les qualités maternelles que Nora trouvait chez Joyce sont les mêmes que Molly trouvait en Bloom. En faisant de Molly une femme sans mère, élevée par un homme, et qui de bonne heure s'était tournée vers l'art de plaire au sexe opposé dans sa quête d'affection, Joyce montre bien qu'il comprenait pourquoi Nora était telle qu'elle était, même si cela le plongeait dans les affres de la jalousie. Il n'avait guère dû échapper à Joyce que les mères insatisfaisantes de ses deux héroïnes portaient des noms allitératifs : Lunita Laredo et Honoraria Healy [17].

Son refus de lire *Ulysse* est l'un des faits les plus connus sur Nora. Il y avait à cela beaucoup de raisons — mais essentiellement le fait que, comme tant d'autres et peut-être même la plupart des gens qui ouvrent le livre, elle le trouvait trop difficile. Mais il est également vrai, comme elle l'avoua à Frank Budgen et à August Suter, qu'elle avait trouvé obscène ce qu'elle avait lu. A ses yeux, certains passages étaient pires qu'obscènes, ils étaient honteux, révélateurs de choses qu'elle ne pouvait pas croire que Joyce voulût révéler. Pourquoi Nora aurait-elle voulu lire la scène de bordel où Bella Cohen se métamorphose en mâle et humilie Bloom ?

> « Et à quoi d'autres êtes-vous bon, espèce de dorenchiant ? *(il se baisse, investigateur, pique rudement de l'éventail sous les plis gras de la hanche de Bloom, en pleine panne)* Lève-la ! Lève-la ! Marcou sans queue ! Qu'est-ce que nous avons là ? Où a-t-il fichu le camp ton saucisson de Bologne ? on te l'a-t-il coupé, mon petit zozo ? Chante, chante, petit noiseau. Aussi mollasson que celui d'un gosse de six ans qui fait son petit pipi derrière une voiture. Achète un seau ou vends ta pompe. *(Très haut.)* Es-tu un homme ? [18] »

L'aversion de Nora peut également s'expliquer par le fait qu'elle reconnaissait les personnages. Trop de phrases venaient d'elle. Peut-être même en avait-elle écrit certaines.

La facilité avec laquelle Joyce écrivit l'épisode de « Pénélope », pendant l'été et l'automne de 1921, fut encore aidée par l'arrivée, en mars de la même année, de la fameuse serviette que Joyce avait laissée dans la chambre de Stanislaus à Trieste. Ettore Schmitz était en personne allé la récupérer, après avoir reçu la description méticuleuse de Joyce, et l'avait lui-même rapportée à Paris, fermée à clé, suivant les instructions de Joyce. Il est plus que probable que cette serviette contenait également les lettres obscènes de Nora, datant de 1909. Joyce n'avait nul besoin de ses propres lettres, dont il connaissait fort bien le contenu, mais pour ses descriptions du fonctionnement de l'esprit d'une femme, il avait besoin de ses notes — ou plutôt, de celles de Nora[19]. (L'intention originale de Joyce, d'après Ellmann, était de composer « Pénélope » comme une succession de lettres de Molly.)

Dans ce cas, Nora eut une influence sur « Pénélope » plus importante encore qu'on ne l'imaginait, apportant non seulement le style mais la substance même du monologue de Molly.

Joyce voulait que son livre fût le *Faust* irlandais. Il décrivait Molly comme « la chair qui affirme toujours » ou, comme il l'écrivit en mauvais allemand à Budgen, « *Ich bin der Fleisch der stets bejaht* », ce qui travestit délibérément l'affirmation vantarde de Méphistophélès dans le *Faust* de Goethe : « *Ich bin der Geist, der stets verneint* [Je suis l'esprit qui nie éternellement][20]. »

La fameuse dernière ligne de Molly (« ... oui j'ai dit oui je veux bien Oui. ») est la traduction en mode conversationnel de « Je suis la chair qui affirme toujours ». En l'utilisant pour clore son grand livre, Joyce en contre-balançait l'ouverture cynique, rationnelle, masculine, interprétée par Buck Mulligan, l'étudiant en médecine méphistophélique, qui se moque de tout. Que Buck Mulligan ait eu pour modèle Oliver Gogarty, nul ne le conteste. Dans *Ulysse* comme dans sa jeunesse, Joyce choisit Nora contre Gogarty.

Joyce est-il Bloom ? En partie, oui. D'après Richard Ellmann, Joyce considérait qu'il avait échappé au destin de Faust : celui du rebelle célibataire, arrogant, maudit, absurde. Il aimait mieux se voir en Ulysse et, dit Ellmann, « il n'est guère surprenant que la description d'Ulysse comme un pacifiste, père, musicien et artiste errant, lie étroitement la vie de son héros à la sienne »[21].

Bloom, en dépit de son baptême chrétien, est juif. Il ne se saoule ni ne s'endette. Joyce admirait les juifs, confia-t-il à Budgen, pour la forte vie familiale qu'ils maintenaient face à la persécution. Les juifs, disait-il, « sont de meilleurs maris que nous, de meilleurs pères, et de meilleurs fils »[22].

Les images de Milly Bloom et de Lucia Joyce, par contre, sont plus difficiles à démêler. Des recherches dans ce fourré ont mis à jour le thème de l'inceste, et des indications textuelles indiquent assez clairement que Milly avait été éloignée de chez elle (elle est apprentie chez un photographe à Mullingar) parce que Bloom, son père, avait par trois fois attenté à sa pudeur [23]. « Bloom, écrit A. Walton Litz de Princeton University, ainsi que Earthwick après lui [dans _Finnegans Wake_], est inconsciemment amoureux de sa propre fille, qui est la jeune réincarnation de sa femme et, pour cette raison, il est attiré par Gertie, la jeune fille du bord de mer [24]. » _Ulysse_ contient certaines références au type de défaut oculaire, strabisme convergent d'un œil, qui inquiétait de plus en plus Lucia et ses parents maintenant qu'elle approchait de l'adolescence. (Dans ses carnets pour _Finnegans Wake_, Joyce écrivit : « Turn in her eye, rather taking » [_Turn in_ signifiant à la fois « introduire » et « tourner vers l'intérieur » — « son œil séduisant » [25]].)

Si _Ulysse_ est le moins du monde un album de famille, où est Giorgio ? Il n'apparaît pas même dans les notes préparatoires de Joyce pour le livre. Il est curieux que Joyce, qui tirait parti de la moindre miette vécue, ait si peu utilisé son fils dans son œuvre, à l'exception de l'irréel petit Archie, dans _Les Exilés_. Quant à Rudy, dans _Ulysse_, il semble davantage issu des réactions de Joyce à la fausse couche de Nora en 1908, à ce fils qui aurait pu être. Il se peut que, lorsqu'il écrivit _Ulysse_, Joyce ait déjà écarté son vrai fils comme ne présentant pas d'intérêt intellectuel ni émotionnel pour la littérature, ou bien que sa jalousie de l'intimité qui liait Giorgio à Nora ait été trop intense pour qu'il pût l'utiliser. La plus grande différence entre Molly et Nora est sans doute que le fils de Molly n'a vécu que onze jours.

Il est toutefois une question qui concerne plus directement la comparaison entre Molly et Nora : pourquoi Gibraltar ? Pourquoi fallait-il que ce livre si fidèle aux faits, où chaque détail matériel était si précis que Joyce affirmait, si Dublin devait être détruite, qu'on aurait pu la reconstruire d'après son livre, pourquoi fallait-il donc qu'il s'achevât par une longue rêverie sur une ville subtropicale où pas plus Joyce que Nora n'avait mis les pieds ?

Joyce construisit son Gibraltar avec une grande précision, après des recherches passionnées dans des guides de voyages, des livres d'histoire, des cartes et des généaologies, et pourtant il laissa les historiens littéraires désemparés. James Card, dans son livre *Pénélope,* suggère que, pour Joyce, Gibraltar représentait l'antithèse de Dublin, et aussi la ville des piliers d'Hercule, cette porte séparant le monde connu d'Ulysse, la Méditerranée, de l'abîme situé au-delà. Card voyait également dans Gibraltar la géographie symbolique des organes féminins[26].

Si utiles que soient ces interprétations, il semble infiniment plus vraisemblable que Joyce ait eu un sentiment si fort pour Gibraltar parce que c'était la ville natale de Nora. Galway et Gibraltar ont plus en commun qu'il n'y paraît : la mer, l'indolence, un rapport malaisé avec les Anglais et (du temps de Nora) une présence militaire anglaise. Galway, c'est Gibraltar sans le soleil. Joyce en connaissait les prétentions espagnoles, comme le montrent ses articles triestins de 1912. Les notes de Joyce sur les « *muros* et *fenestras* » de Gibraltar l'ensoleillée s'appliquent facilement aux murs et fenêtres de style espagnol qu'on trouve dans Galway l'éventée, et le mur des Maures où Molly laissa Mulvey être le premier rappelle étrangement l'Arche espagnole, vieux monument situé près des quais, non loin de chez la grand-mère de Nora[27].

Pour les émigrants du XIXᵉ siècle, Galway était sans aucun doute une porte vers le Nouveau Monde d'où bien peu de voyageurs revenaient. Et ce que Gibraltar était pour Molly, Galway l'était pour Nora : un lieu d'enfance sanctifié par le souvenir et la solitude de l'exil[28].

Les interprétations de Molly Bloom ont progressé depuis les années 30, quand *Ulysse* fut enfin autorisé aux États-Unis et en Angleterre, et qu'il se fraya un chemin dans les programmes de littérature anglaise. Les premiers critiques s'arrêtèrent surtout à son amoralité, son laisser-aller, ses mauvaises mœurs supposées, sa paresse, son ignorance et sa grossièreté de langage. Rebecca West, féministe d'avant-garde, perçut chez Molly la Grande Mère, mais Mary Colum la condamna comme « gorille femelle ». Quant à Virginia Woolf, le livre tout entier lui fit horreur.

On enseignait habituellement *Ulysse* comme la quête du Père par le Fils. Stephen Dedalus et Leopold Bloom vont et viennent à travers Dublin, toujours sur le point de se rencontrer mais ne se rencontrant point, jusqu'au moment où Bloom aide Stephen à se remettre sur pied devant un bordel où Stephen a été renversé par un soldat anglais, le soldat Carr. Bloom, dont l'enfant mort ne quitte jamais vraiment l'esprit, ramasse l'orphelin Stephen, l'entraîne dans l'abri d'un cocher de fiacre, puis le ramène chez lui, à son « Ithaque », au 7 d'Eccles Street. Les deux hommes, brièvement devenus père et fils, finissent par se séparer, mais avec un sentiment de réconciliation. En se mettant au lit, Bloom raconte à Molly sa rencontre avec Stephen puis s'endort, ses pensées se fondant en un gros point noir imprimé sur la page.

Dans cette interprétation du livre, Molly n'est qu'un personnage mineur et son soliloque une aberration décousue rajoutée après la fin du vrai livre[29].

Joyce lui-même a dit qu' « Ithaque » concluait le livre et que « Pénélope » en était l'appendice (le « coda »), sans début, ni milieu, ni fin. Mais il confia aussi à Budgen que Molly était le « clou » du livre, l'axe autour duquel tout tournait[30]. Cette déclaration, ainsi que les paroles mêmes du soliloque, donne l'impression que, écrivant au début du XXᵉ siècle avec sa femme servante d'auberge à ses côtés, il a peut-être vu venir le féminisme et conçu ce texte pour l'accueillir.

Dans ses préjugés sociaux intimes, Joyce était aussi misogyne que n'importe quel autre homme de son temps. Et cette remarque servie à Mary Colum, selon quoi il détestait les femmes sachant quoi que ce fût, prouve bien qu'il les préférait dans les rôles traditionnels. Mais Joyce exprima à Arthur Power un point de vue plus réfléchi. Ibsen, observa Joyce, était animé d'une foi en l'émancipation des femmes, qui avait causé « la plus grande révolution de notre temps dans la plus importante relation qui soit — celle entre hommes et femmes ; la révolte des femmes contre l'idée qu'elles ne sont que les instruments des hommes »[31].

Le féminisme de la fin du XXᵉ siècle a offert aux joyciens, hommes et femmes, une nouvelle perspective sur Joyce. David Hayman a vu en Molly Bloom une femme aussi virile que Leopold était féminin. Hugh Kenner a observé que jamais Bloom ne remarque comme Molly souffre de la solitude ; il préfère ne la voir que sous les traits d'une Espagnole au sang chaud. Colin MacCabe voit dans la rêverie informe et les pensées décousues du soliloque de Molly l' « anéantissement des modes d'expression virils et phalliques ». Carol Shloss déchiffre *Ulysse* comme un long voyage dans le langage des femmes[32].

Les féministes ont même pris le pas sur les marxistes pour découvrir de nouvelles lectures de Joyce. (Les marxistes sont surtout attirés par *Finnegans Wake*.) Des études comme *Women in Joyce* [Les femmes chez/en Joyce] de Suzette Henke et Elaine Unkeless, et *Joyce and Feminism* [Joyce et le féminisme] de Bonnie Kime Scott, placent un filtre féministe sur Joyce, révélant une superstructure qui ressemble de manière suspecte aux fondements de base.

Scott a décrit la découverte féministe comme « un ordre féminin alternatif », dans lequel les femmes dédaignent l'autorité masculine, comme elle pense que c'était le cas à l'époque préhistorique. Selon cette analyse, les femmes de Joyce se font remarquer par leur absence, ou leur silence, quand elles sont en compagnie masculine. Elles ne font guère que servir les hommes — en tant que mères, servantes ou putains. Celles qui parlent tout de même sont stridentes et antipathiques. En général, les hommes, imbus de leur importance, parlent à tort et à travers ; mais les femmes gardent leurs pensées pour elles, entretiennent la vie familiale et préservent l'ordre social.

Les féministes apprécient Joyce pour sa voix lyrique, surnaturelle. Scott a souligné que, contrairement à D. H. Lawrence, l'adorateur du phallus, Joyce s'est engagé dans le langage bisexuel : méditatif, associatif, infantile. Shloss a déchiffré une double signification dans ce passage du *Portrait* où Stephen Dedalus réfléchit aux paroles du doyen des études, jésuite anglais :

> « La langue que nous parlons lui appartient mieux qu'à moi. Combien différents sont les mots : *patrie, Christ, bière, maître,* sur ses lèvres et sur les miennes ! Je ne puis prononcer ou écrire ces mots sans inquiétude. Son idiome, si familier et si étranger à la fois, sera toujours pour moi un langage acquis. Je n'ai ni façonné ni adopté ces mots. Ma voix leur oppose une résistance. Mon âme s'exaspère à l'ombre de son langage à lui[33]. »

La rancœur de Stephen Dedalus, irlandais, à l'encontre de la langue du conquérant, est analogue à celle des féministes d'aujourd'hui envers les structures de langage renforçant la prétention de l'homme à la supériorité ; de même que Joyce, quand l'anglais leur fait défaut, les féministes inventent de nouveaux mots : « spokesperson », « herstory »*.

Les féministes aiment mieux Bloom que Molly. Leopold Bloom, que ridiculise la gent masculine de Dublin dans *Ulysse,* apparaît en fin de compte comme le premier spécimen du nouvel homme féminin du XXᵉ siècle, qui veut un rôle égal dans les soins à donner

---

* *Spokesman :* porte-parole ; la terminaison *-man* signifiant homme, elle est remplacée par un terme neutre : personne. *History* = histoire : jeu de mots intraduisible. *His* étant un possessif masculin, les féministes s'approprient l'histoire par une substitution de préfixe : *her* = possessif féminin (N.d.T.).

aux enfants. Bloom souffre de l'envie d'utérus. « Oh, je désire tant être mère », s'écrie-t-il en changeant de sexe, dans « Circé ».

Molly, par opposition, semble, selon les termes de Scott, une caricature, « une tentative mâle d'être femelle ». C'était là, pour autant qu'on sache, l'opinion de Nora. Apprenant que les gens félicitaient son mari pour sa description des rouages internes de l'esprit d'une femme (Jung déclara à Joyce : « Peut-être la grand-mère du diable en sait-elle autant sur les femmes ; moi pas. »), Nora haussa les épaules, et dit à Samuel Beckett que « cet homme ne connaît rien aux femmes »[34].

Molly possède toutes les qualités de la femme telle que l'imagine l'homme dans ses fantasmes. Elle est léthargique, illogique, déraisonnable, vaniteuse, égocentrique, passive, et toujours au lit. Le premier son qu'elle a l'occasion d'émettre dans *Ulysse* n'est même pas un vrai mot. Bloom lui demande :

« Vous ne désirez rien pour votre déjeuner ?
    Un faible grognement somnolent :
    — Mn[35]. »

Dotée de ces traits, Molly correspond parfaitement aux stéréotypes décrits par l'avant-garde des écrivains féministes de l'après-guerre. Dans *Le Deuxième Sexe*, Simone de Beauvoir écrit que, pour les hommes, les femmes ne parviennent jamais à saisir autre chose que des mots et des images mentales ; les contradictions ne leur causent donc aucun malaise. Elles ont la tête remplie d'un curieux méli-mélo. Et Mary Ellmann, dans *Thinking about Women* [En pensant aux femmes], a souligné de quelle façon, en littérature, les femmes sont associées au lit.

Si les féministes d'aujourd'hui jugent Molly caricaturale, elles assortissent toutefois leur jugement d'une certaine sympathie. Les femmes du temps de Molly, et de Nora, ont tenté de vivre à la hauteur de cette caricature. D'après Henke :

« De même que la plupart des Irlandaises du début du siècle, Molly a été parfaitement conditionnée pour penser en termes d'identification masculine. Élevée dans la croyance que la valeur de la femme est déterminée par la beauté physique et le statut social, elle utilise le mariage et la maternité pour rehausser une image d'elle-même peu gratifiante, puis se tourne vers Blazes Boylan pour vérifier l'efficacité de ses charmes sexuels fanés. »

Molly voit toutes les autres femmes comme des rivales et dénigre son sexe — « une collection de pétuches ». Elle déteste également son ventre rond et envie la minceur de sa fille. Molly, suivant l'expression de Henke, est dépendante de la « valorisation masculine » : « Jusqu'à son adultère, qui entre dans le cadre des issues offertes par la société pour sortir des frontières du mariage[36]. »

Pourtant, on retrouve en Molly Bloom bien des traits de la féministe radicale. Elle envisage que le sexe mâle puisse être superflu. Elle se caresse, et donne libre cours à des fantasmes homosexuels : « ... la place la plus satinée entre ce petit coin-ci comme c'est doux comme une pêche doucement bon Dieu ça ne me déplairait pas d'être un homme et de monter sur une jolie femme... ». Elle critique la physiologie que la divinité a attribuée aux femmes (« ... nous avons trop de sang en nous... »), déteste son médecin et, plus encore que du sien, se méfie du sexe opposé : « ... j'aimerais mieux mourir vingt fois de suite que d'en épouser un autre de leur sexe... ». Les critiques féministes écartent (comme exagération masculine) la description que donne Joyce de l'orgasme prolongé de Molly avec Blazes Boylan (ou, plutôt, du souvenir qu'en garde Molly) comme étant un fantasme masculin :

« ... j'ai joui pendant près de 5 minutes avec mes jambes autour de lui... Ô Seigneur j'avais envie de hurler toutes sortes de choses chiasse merde ou n'importe quoi...[37] ».

Elles relèvent que Molly avoue ne tirer aucun plaisir de ses rapports sexuels avec son mari ; avec Bloom, dit-elle, elle n'y trouvait « pas de plaisir prétendant qu'il aime ça jusqu'à ce qu'il jouisse et alors moi de mon côté je me finis comme je peux[38] ».

Dans ses notes pour *Ulysse*, Joyce apparaît davantage encore comme un féministe militant. Voyant approcher la domination des femmes, il faisait de Molly le porte-parole de la révolution des femmes :

« ... malgré tout ce qu'on peut dire ça serait sûrement mieux si le monde était gouverné par les femmes vous ne verrez pas les femmes se massacrer et égorger a-t-on jamais vu les femmes rouler les rues en tanguant soûles comme ils font ni jouer jusqu'à leur dernier sou et perdre tout leur argent aux courses oui c'est parce qu'une femme quoi qu'elle fasse elle sait s'arrêter à temps...[39] ».

Entre voir Molly comme une authentique subversive déterminée à
saper l'autorité du mâle et basculer dans la vénération de Molly, il n'y
a qu'un pas. Pour certains, elle restera la déesse de la terre, Gaia-
Tellus. Robert M. Adams a célébré la création de Joyce comme une
prodigieuse réussite de l'imagination, une vision comparable à celle
de Blake :

> « L'esprit de Molly, tournoyant dans sa majesté planétaire sur son
> axe autocentré, l'accepte [Le lecteur doté de sensibilité] calmement
> en lui, l'enveloppant de son indifférence à tout ce qui a fait de lui
> un lecteur et le maintient tel, car le livre devient littéralement
> l'univers.
>
> Elle est devenue le mouvement même de la vie, se souillant et se
> purifiant soi-même, immense image dans laquelle se noyer et
> s'engloutir, naître et renaître, être aimé, corrompu, trompé et
> blessé[40]. »

Le débat n'est pas terminé. Molly est à la fois une caricature, une
révolutionnaire et une déesse, une grosse ménagère paresseuse et un
témoignage de la supériorité de la vision femelle de l'univers.

La contradiction du caractère de Molly — proclamant la vie mais
dépendante vis-à-vis de l'homme — était également présente chez
Nora. Comment une femme si forte pouvait-elle être aussi passive ?
La réponse réside dans le caractère des femmes de Galway, et de
toutes les femmes liées par les traditions, partout : elles utilisent leur
force pour supporter leur destin, et non pour le façonner.

Pourtant, leur vision du monde est au mieux, comme celle de
Joyce, comique, et non point tragique. Molly, avec sa langue crue et
son humour, rivalise avec la Femme de Bath. Elle attribue à son
propre sexe le prix de beauté, et ridiculise la possession la plus
vaniteuse du sexe opposé, avec une gouaille jamais surpassée en
littérature :

> « ... ce qu'un homme a l'air avec ses deux poches pleines et son
> autre machin qui pend par-devant ou qu'il vous dresse en l'air
> comme une patère pas étonnant qu'ils cachent ça avec une feuille
> de chou...[41] »

Joyce a-t-il inventé cela ? Ou bien l'a-t-il entendu dire à sa femme ?

CHAPITRE 13

La célébrité

NORA retrouva la célébrité. Ils étaient devenus les Joyce. Trois mois après sa publication, *Ulysse* était reconnu pour un chef-d'œuvre et pour un livre ordurier. Si le *Portrait* avait fait la réputation de Joyce, *Ulysse* lui apportait la célébrité. Les gens grimpaient sur des chaises pour le voir. Ils lui faisaient parvenir des petits mots au restaurant pour l'inviter à leur table, ils sonnaient à sa porte. Les journalistes envahissaient les soirées où il était invité. Espérant un roué, un fêtard, un conteur d'histoires graveleuses, ils étaient déçus de ne voir qu'un Irlandais mince et grave, qui les dévisageait à travers d'épaisses lunettes, se cachait derrière sa femme, et s'empourprait dès qu'on prononçait devant lui un gros mot.

Aux yeux de Nora, après les années de faim et d'humiliation qu'avait connues Jim parmi les étudiants en langues et les éditeurs, cette adulation était ridicule. « On devrait le mettre en cage, disait-elle, et lui lancer des cacahuètes[1]. »

Bien à contrecœur, elle avait fini par admettre que le livre délirant de son mari avait une certaine valeur et de l'importance, mais ce sentiment resta toujours tempéré par le dégoût que lui inspirait tant d'obscénité. Entre-temps, elle avait repris le chemin de l'église (et peut-être de la confession). Comme un prêtre lui demandait : « Mrs. Joyce, ne pouvez-vous empêcher votre mari d'écrire ces effroyables livres ? » Elle répondit : « Que puis-je y faire ?[2] »

Plus que jamais, elle devint la Nora que l'on citait avec des gorges chaudes. Un soir, à une réception organisée aux Trianons, l'un des restaurants préférés de Joyce, pour lui présenter William Carlos Williams, quelqu'un demanda à Nora si elle lisait l'œuvre de son mari. « Voyons, pourquoi me donner cette peine ? C'est déjà bien assez qu'il ne parle que de ce livre et qu'il ne fasse rien d'autre. J'aimerais bien avoir un peu ma vie à moi. »

Joyce espérait toujours qu'elle lirait *Ulysse*. A tante Josephine, qui refusait également de le lire, il se plaignit que « Nora est allée jusqu'à la vingt-septième page en comptant la couverture »[3]. A Nora, dans un touchant petit mot de janvier 1924, il disait :

> « Chère Nora, l'édition que tu as est pleine d'erreurs typographiques. Lis-le donc dans celle-ci. J'ai coupé les pages. Il y a une liste d'erreurs à la fin
>
> Jim[4] »

Nora ne lui donna pas davantage satisfaction cette fois que les autres. Elle n'aspirait qu'à quitter cette vie d'hôtel et à trouver un endroit à eux, d'autant plus que Giorgio et Lucia étaient grands et qu'il leur manquait un vrai foyer, mais elle ne pouvait pas faire entendre raison à Joyce. Il ne se souciait que de son travail.

Le malaise qui se développait au sein de la famille était bien plus profond qu'un problème de logement. Joyce proclamait à tout vent que sa famille passait avant tout, mais ses efforts pour s'occuper d'eux étaient pathétiques. En les observant tous, Sylvia Beach sentait que Joyce n'imaginait même pas comme sa vie de famille était bizarre, ni quelles angoisses tourmentaient les êtres la partageant. Il ne voyait pas comment ses enfants réagissaient à son obsession de travail et à sa maladie des yeux. Et pourtant, dans les mois qui suivirent le retour d'Irlande de Nora et des enfants, Sylvia les accusa intérieurement d'empêcher Joyce de commencer un nouveau projet de livre. Ce qu'il fallait à Mr. Joyce, écrivit-elle à Harriet Weaver, c'était de l'espace, du calme, et de l'exercice au grand air :

> « Toute cette dernière année pendant qu'il terminait *Ulysse* et que les péripéties entourant la parution de son livre lui causaient une extrême tension nerveuse il partageait une chambre d'hôtel bruyante avec sa femme et sa fille et devait aller au restaurant pour tous ses repas. J'ai fait tout ce que j'ai pu pour lui trouver un appartement mais ils voulaient au moins six pièces... Mr. Joyce exigeait d'être dans le quartier de l'Odéon... [...] il n'y a jamais d'appartement libre dans ce quartier...
>
> Je sais que ce n'est pas mon affaire et c'est très confidentiellement que je souhaite vous dire qu'à mon avis le fils de Mr. Joyce, George, devrait immédiatement commencer à apprendre un

métier ou un travail... Il a dix-sept ans et, du fait de l'existence anormale qu'a menée sa famille, il n'a reçu aucune formation lui permettant de pouvoir gagner sa vie un jour. George est un charmant grand garçon mais il n'a rien à faire de tout son temps que traîner. (Il enseigne l'italien une heure par semaine...) Joyce est tellement absorbé par son travail qu'il est parfaitement incapable de faire face à de telles situations [5]. »

Sylvia craignit d'être allée trop loin. Elle écrivit pour s'excuser d'avoir transmis le fardeau des difficultés de la famille Joyce à Miss Weaver, alors que celle-ci se trouvait trop loin pour pouvoir y remédier. Sylvia devait cependant ajouter que Mrs. Joyce parlait toujours d'aller vivre à Londres.

Harriet Weaver répondit aussitôt :

« J'ai réfléchi au problème que vous m'exposez mais jusqu'à présent je n'ai trouvé aucune solution. C'est un problème d'une extrême difficulté, surtout pour moi qui n'ai jamais rencontré Mr. Joyce ni sa famille. Je doute fort que Londres plaise à aucun d'eux, et il reste très difficile d'y trouver à se loger. Je me vois dans l'impossibilité d'avancer la moindre suggestion en ce qui concerne le fils de Mr. Joyce tant que je ne sais rien de son tempérament ni de ses aptitudes. Si Mr. Joyce [venait à Londres] il serait plus facile de faire des suggestions pratiques. Pour le moment, je ne puis que m'inquiéter pour eux sans rien pouvoir y faire [6]. »

Miss Weaver n'avait jamais rencontré Sylvia Beach non plus, mais elle se sentait maintenant très proche d'elle du fait de leur cause commune. Elle remerciait Sylvia de lui décrire dans le détail les « difficultés familiales ». Telle une mère intelligente, elle préférait savoir la vérité, si désagréable que ce pût être. Depuis près de dix ans qu'elle suivait l'œuvre littéraire de Mr. Joyce, dit-elle à Sylvia, elle avait hésité à s'immiscer dans ses affaires privées, mais « il semble à présent nécessaire de le faire ».

Miss Weaver eut bientôt l'ample occasion de se mettre à l'œuvre. En août 1922, Nora et Joyce débarquèrent à Londres. Ils avaient expédié Giorgio au Tyrol et Lucia dans une colonie de vacances à Deauville et, confiant à Sylvia le soin de leur trouver un appartement à Paris, ils partirent en vacances en Angleterre. Après avoir passé leurs deux premiers étés à Paris, tandis que Joyce terminait *Ulysse*, plus jamais ils ne commirent l'erreur de rester à Paris pendant les congés annuels. Nora aurait préféré aller en Allemagne avec les Nutting, mais Joyce voulait absolument voir la côte sud de l'Angleterre. C'était leur première visite ensemble à Londres depuis leur escale de vingt-quatre heures en 1904, et ils s'installèrent à l'hôtel Euston, à proximité de la gare où l'on prenait le train-bateau pour l'Irlande. (Euston Station évoque l'Irlande comme Paddington le pays de Galles, et King's Cross l'Écosse.)

Lorsqu'elle vit pour la première fois son Mr. Joyce, Miss Weaver fut comblée au-delà de ses espérances. Elle vit, nous disent ses biographes, un Stephen Dedalus mûri, doté de charme, d'esprit, d'une grande dignité, d'une voix lente et douce, très irlandaise, et de manières fantasques, inattendues certes, mais sympathiques[7].

En 1904, Joyce s'était justifié auprès de Nora en disant : « Il y a quelque chose d'un peu diabolique en moi qui fait que j'adore démolir les idées que les gens se font de moi », et il n'épargna pas à Miss Weaver le traitement de choc. En quelques heures, elle vit « son » argent voler en tous sens — serveurs, porteurs, chauffeurs de taxis. Il distribuait fièrement des pourboires royaux. En trois semaines, se vanta-t-il auprès de tante Josephine, il dépensa deux cents livres sterling[8]. Cette somme, calcula sans doute Miss Weaver, qui vivait frugalement, représentait près de la moitié du revenu annuel que lui procurait son capital.

Miss Weaver fit également l'expérience en première main de la maladie de Joyce. A peine Nora et lui étaient-ils installés qu'il fut victime d'une nouvelle crise de conjonctivite. Le voyage au bord de la mer fut annulé. Sous la conduite de Nora, Joyce parvint cependant à rendre visite à Miss Weaver dans son appartement de Gloucester Place, auquel on n'accédait que par un escalier, mais il passa la majeure partie de son temps au lit dans la pénombre, quand il ne parcourait pas Londres en taxi avec sa protectrice, allant d'un ophtalmologue à l'autre. Comme l'un d'eux conseillait une opération pour éviter un début de glaucome, Joyce décida de retourner auprès de l'ophtalmologue qu'il connaissait, le Dr Louis Borsch, Américain vivant à Paris que Sylvia Beach lui avait trouvé l'année précédente.

Nora séduisit Miss Weaver. Pas un instant celle-ci ne considéra que Nora eût dû contrôler la prodigalité de Joyce ou organiser leur vie domestique de manière plus économique. Elle vit instantanément que c'était impossible. Les deux femmes étaient entièrement occupées à veiller sur leur malade[9].

En rentrant à Paris, Nora trouva le 9, rue de l'Université plus terne que jamais. Laissant Joyce à la maison, où il travaillait avec l'œil droit fermé et le gauche flou, Nora et Giorgio cherchaient un appartement. Ils finirent par en trouver un charmant, déjà meublé, avenue Charles-Floquet, dans le cadre moins bohème du septième arrondissement, près de l'École militaire, mais cependant assez près, par taxi, de la librairie de Sylvia Beach, rue de l'Odéon. (Arthur Power observa par la suite que c'était le plus joli appartement qu'ils aient jamais eu.) Ils le louèrent — Joyce signa et paya un bail de six mois — et partirent aussitôt pour Nice afin d'échapper à l'hiver froid et humide de Paris. A Nice, ils s'installèrent à l'Hôtel Suisse, sur le quai des États-Unis. Lucia était avec eux. Quant à Giorgio, il était resté à Paris avec son professeur de musique, qui encourageait l'espoir des parents que leur fils pourrait devenir chanteur d'opéra. Nora et Joyce envisageaient de peut-être inscrire Lucia dans une école niçoise, et d'y rester jusqu'à la fin du printemps. Comme Nice leur semblait moins cher que Paris, ils y louèrent un autre appartement (et demandèrent à Miss Weaver de l'argent, qu'elle leur envoya fidèlement*) mais Joyce ne tarda pas à retomber malade, tandis que Nora s'ennuyait.

Comme elle approchait de la quarantaine et que Joyce devenait un infirme quasi permanent, le penchant de Nora pour le flirt disparut faisant place à une agitation nouvelle, que Joyce lui passait volontiers. Nora voulait un appartement ; il prenait un appartement. Elle voulait passer l'hiver à Nice ; ils allaient à Nice. Elle voulait sortir faire des courses ; ils sortaient faire des courses.

A Nice comme partout ailleurs, et malgré les problèmes d'yeux de Joyce, ils étaient des touristes actifs, visitant les endroits réputés, achetant des souvenirs et envoyant des cartes postales à tous leurs amis. Un jour, ils allèrent à Menton et, à la frontière franco-italienne, achetèrent des camées à de vieilles femmes sur le pont. Joyce s'en fit monter un sur une bague en or. A Nice, Nora et Lucia s'amusaient à aller prendre le café en terrasse sur la Promenade. De retour à l'hôtel, Nora esquivait les corvées de secrétariat, mais Lucia n'avait pas ce

---

* Cet argent — deux cent cinquante livres — était le paiement de droits d'auteur sur l'édition d'*Ulysse* publiée par Miss Weaver, l'édition anglaise, d'Egoist Press, également annoncée comme la « seconde édition ». Le public et les libraires s'y perdaient évidemment un peu, car l'édition anglaise avait été imprimée en France, par crainte d'une saisie par la censure anglaise. (Lorsque ses exemplaires lui furent livrés à Londres, Miss Weaver n'en garda que quelques-uns à son bureau, et en confia la plupart à une agence d'expéditions. Quant aux autres, elle les dissimula dans la grande armoire victorienne de sa chambre à coucher et, bien souvent, elle allait en personne les livrer dans les librairies.) La loyauté de Joyce était donc partagée entre ses deux éditeurs mais il donnait la préférence à Miss Weaver, sa protectrice, et il feignit l'innocence quand Sylvia Beach s'offensa et se fâcha en découvrant l'existence de l'édition rivale.

bonheur. Joyce lui trouvait toujours quelque chose à faire. Bien que son anglais fût meilleur que celui de Giorgio, Lucia faisait beaucoup de fautes d'orthographe et de ponctuation, pour lesquelles il lui dictait des lettres d'excuses. Il s'excusa aussi auprès de Miss Weaver, par l'entremise de sa fille, parce que cette dernière avait omis de noter le numéro de la maison sur l'enveloppe de la lettre précédente : « Elle est plus étourdie que jamais depuis sa rencontre avec le Roi d'Espagne » (référence à la visite royale au camp de vacances de Lucia, l'été précédent)[10].

Nora réclama bientôt qu'on rentre à Paris. Joyce ne fit guère de difficultés pour obtempérer. L'installation dans le Sud n'avait pas eu l'effet de magie escompté, ses yeux n'allaient pas mieux, et les médecins niçois suggéraient, comme traitement éventuel, l'extraction de toutes ses dents. Mais Nora ne doutait pas que ses désirs ne fussent satisfaits. Elle ne voulait surtout pas rester vivre à « Niece », comme elle le raconta à Helen Nutting :

« Aujourd'hui les gens chics sont tous dehors en robes de cotonnade. Mais tout bien considéré je trouve l'endroit vraiment sans intérêt. Je suppose que vous me trouverez bien difficile mais on ne peut pas vivre que pour le soleil et le bleu de la Méditerranée[11]. »

Ils retournèrent donc à Paris, où le problème de l'éducation de Lucia se posa à nouveau. Elle avait maintenant plus de quinze ans. Ils lui trouvèrent une école hors de Paris. Elle partit au bout d'une semaine. Ils l'envoyèrent donc au lycée le plus proche, dans l'espoir qu'elle continuerait la musique et la gymnastique ; elle était très musclée, et jouait très bien du piano. Mais elle leur donnait des soucis.

Nora était prête pour son premier hiver d'hôtesse à Paris. Ils dînèrent un soir avec les Yeats et les Pound. Nora avait au moins un point commun avec Yeats : il n'avait jamais terminé *Ulysse* non plus. Ils pouvaient enfin donner des dîners chez eux et recevoir, comme ils avaient tant aimé le faire à Trieste. Pour leur premier dîner, ils invitèrent Valery Larbaud, lui demandant s'il souhaitait un régime particulier car il venait d'être malade, ainsi que Sylvia et Adrienne, qui acceptèrent alors qu'elles refusaient toute invitation à cause de leur travail. Sylvia écrivit à son père, aux États-Unis, pour lui parler de l'événement.

Les invitations chez les Joyce étaient fort prisées. L'amie de Nora, Helen Nutting, s'angoissait sur le choix des vêtements qui convenaient pour de telles occasions, comme elle le confiait à son journal :

« Failli pleurer sur ma robe refaite, dentelle noire avec rose rouge et bretelles en strass. Nombreux compliments, M. [son mari, Myron] dit que j'étais la mieux habillée et qu'aucune n'avait des épaules pareilles. Grand soulagement.

Joyce tout sourires. Pound, venant d'un grand dîner, ne voulait pas manger. Il a brusquement flanqué sur mon assiette son poulet et jambon. Plus tard, aussi brusquement, les a repris et mangés. Pound a dansé avec moi, t. bien, rythme formidable. Joyce aussi, mais en se trémoussant. Dansé en solo, avec tiraillement de basques et tombé à la fin...

Mrs. Joyce parfaitement heureuse, allant et venant sans cesse, chantant des airs de music-hall, distribuant toujours plus à manger et boire... Vers 2 h la gaieté est tombée, puis Pound est parti. Sentiment soudain d'abandon, resserrement de tous, et puis l'entrain nous a repris [12]... »

Nora était à l'aise parmi les femmes de la rive gauche, à l'exception de Gertrude Stein. Non seulement Stein détestait Joyce comme rival, mais elle détestait toutes les femmes des écrivains qu'elle cultivait. Sa compagne Alice B. Toklas était chargée d'occuper les épouses barbantes, pour qu'elle n'en soit pas encombrée. Sylvia Beach, en féministe, désapprouvait cette attitude :

« Ce n'est pas ainsi qu'Adrienne et moi traitions les épouses. Non seulement nous nous faisions un principe de toujours inviter Mme Écrivain avec son mari, mais nous les trouvions intéressantes. Bien souvent une épouse sera plus révélatrice sur le sujet des écrivains que tous les professeurs dans leurs classes [13]. »

L'une des femmes-écrivains à qui Nora plut le plus était Djuna Barnes. Grande, magnifique, le sein ample, et solide buveuse, Djuna était fière de ses origines irlandaises et admirait immensément Joyce, dont elle avait publié un portrait dans *Vanity Fair*. Djuna était devenue célèbre en 1915, en publiant un livre de poèmes érotiques scandaleusement homosexuels, *The Book of Repulsive Women*. Elle et Nora se lièrent d'amitié. Elles partageaient la même philosophie de l'existence — que les femmes ne valent pas grand-chose, mais les hommes encore bien moins — et se ressemblaient assez physiquement : toutes deux de grande taille, avec les cheveux roux, une voix grave et un rire confiant. Avec ce fond de lesbianisme que Joyce avait détecté en elle, peut-être Nora reconnut-elle la bisexualité de Djuna. Djuna était très engagée dans la subculture lesbienne de la rive gauche et, à l'époque de son amitié avec les Joyce, elle était l'amie d'un sculpteur, Thelma Wood. Plus tard, dans son roman féministe rabelaisien, *Nightwood* (devenu un texte-culte du haut modernisme), Djuna nomma l'un de ses personnages Nora, fait que l'on associe généralement à la femme de Joyce[14].

Dans le Paris des années vingt, Nora, qui avait si longtemps fait figure de rebelle sexuelle, se découvrait bourgeoise parmi la bohème. Les jeunes femmes autour d'elle proclamaient leurs nombreuses aventures sexuelles, et plaisantaient sur leurs avortements et leurs maladies vénériennes. Peggy Guggenheim se vantait d'avoir couché avec tous les hommes qu'elle avait rencontrés dans sa vie. (Dans ses Mémoires, toutefois, elle nia la rumeur selon laquelle le total aurait atteint le chiffre de mille[15].) Les lesbiennes se retrouvaient et se courtisaient entre elles aux vendredis littéraires de Natalie Barney. Nancy Cunard affichait une maîtresse noire, dont elle couvrait les bras de bracelets africains en ivoire. Pour ces femmes, l'extravagance du décor comptait autant que celle du comportement. Et les Joyce ne correspondaient en rien à ces exigences.

Djuna Barnes ne résistait pas à la tentation d'une moquerie. Un jour qu'elle était chez Peggy, comme celle-ci se demandait que faire d'un énorme service à thé victorien, affreux, qui venait d'arriver de New York dans une malle, avec l'argenterie de sa mère, Djuna suggéra : « Donnez-le à Nora Joyce. C'est tout à fait son style[16]. »

Les Joyce n'étaient pas puritains au sens habituel, mais ils n'étaient pas hypocrites non plus. Ils ne cachaient pas leur préférence pour les relations stables et leur antipathie pour les aventures sans lendemain. Comme l'apprit Arthur Power, habitué de leur maison, « On pouvait s'attendre à un accueil très froid de Joyce et de Mrs. Joyce si l'on amenait chez eux une petite amie. Votre *belle amie*, oui — pourvu que ce fût toujours une femme — mais une éphémère, non[17]. » De même que jamais ils ne tiquèrent devant la liaison de Sylvia Beach avec Adrienne, les Joyce recevaient régulièrement chez eux la maîtresse de Valery Larbaud, Maria Nebbia. Nora prenait souvent le thé avec la Signora Nebbia, trouvant peut-être une affinité avec la situation irrégulière, et la langue italienne.

L'une des raisons pour lesquelles ils faisaient mine de ne pas voir tourbillonner les Années folles, c'est qu'ils souhaitaient protéger leurs enfants. Ils ne préparaient même pas Giorgio et Lucia aux rites ordinaires de la vie sentimentale. Cependant, les deux adolescents étaient sensibles à l'atmosphère qui les enveloppait, et Lucia écrivait joyeusement à Stanislaus que la vie était bien excitante quand on se pavanait à Paris[18].

Dans une telle atmosphère, Sylvia Beach se rendait bien compte que sa dévotion à Joyce suscitait des commentaires. Arthur Power observa : « Elle donnait l'impression qu'elle était prête à se faire crucifier pour lui, à la seule condition que ce fût en un lieu public. » Inévitablement, d'autres la soupçonnaient d'avoir des relations sexuelles avec Joyce. Et c'était vrai en un sens, mais à un niveau tout à fait inconscient. A une Anglaise en visite qui lui demandait malicieusement qui étaient ses amants, Sylvia répondit sans hésiter qu'elle n'en avait pas. « Ma chère, ce n'est pas la réputation que vous avez à Londres », répliqua l'amie avec un sourire.

Sylvia estimait qu'il devait être évident pour tous que ses rapports avec Mr. Joyce se limitaient strictement à son magasin. Il était également évident pour quiconque connaissait les Joyce, estimait Sylvia, qu'il ne pouvait pas supporter d'être séparé une minute de « sa Nora », et qu'il était incapable d'infidélité. Si Sylvia avait été une séductrice plutôt que du genre femme d'affaires, soupçonnait-elle, Joyce se serait enfui.

Sylvia considérait le mariage des Joyce (elle les croyait mariés) comme une des plus grandes chances survenues dans la vie de l'écrivain, en dépit des opinions que professait Nora sur les écrivains. « Regardez-le, vautré sur le lit ! disait Nora à Sylvia. Si seulement j'avais épousé un chiffonnier ou un fermier ou n'importe quoi plutôt qu'un écrivain... » Une moue méprisante se dessinait sur ses lèvres. « Il » n'était vraiment pas une compagnie ; première chose qu'il faisait le matin au réveil, chercher à tâtons le crayon et le papier à côté du lit. « Il » ne savait jamais l'heure qu'il était. Comment pouvait-elle garder une bonne, avec un homme qui s'en allait au moment même où l'on servait le déjeuner [19] ?

Grâce à Miss Weaver, Nora et Joyce vivaient désormais dans un certain confort. Nora pouvait enfin tenir sa maison comme elle voulait, et elle était bien soulagée d'avoir quitté la sinistre pension de famille. L'une des rares personnes extérieures à la famille à avoir vu leur installation dans l'hôtel était un médecin qui avait soigné la crise de glaucome de Joyce après le retour d'Irlande de Nora. Il en était resté saisi. Il avait trouvé Nora et Joyce assis par terre avec un plat de poulet entre eux, au milieu de valises ouvertes, de peignes, de savons et de serviettes de toilette dispersés dans la chambre [20].

Mais lorsqu'ils avaient une vraie maison avec des meubles à eux, Nora et Joyce étaient très soigneux, et les gens qui venaient les voir remarquaient toujours les cuivres astiqués, la table disposée avec soin, l'odeur de cire et l'ordre bourgeois qui régnaient[21].

Les soucis ménagers n'étaient pas bien loin. La bonne leur vola une bague et une broche « et encore Dieu sait quoi », écrivit Joyce à Ford Madox Ford, le priant, puisqu'il était dans le Midi, de lui acheter d'autres camées s'il allait à Menton.

Le problème de logement des Joyce résidait surtout dans la profusion de leurs exigences. Ils étaient difficiles, ne voulant pas d'une mauvaise adresse ou d'un quartier moche. Et puis Nora voulait de l'espace. Il lui fallait vivre avec les montagnes de livres et de papiers de Joyce, et elle désespérait souvent de trouver à Paris un endroit assez grand pour eux. Leurs enfants, bien sûr, représentaient une dépense supplémentaire. Mais bien qu'ils eussent apporté d'Irlande leur nomadisme, les Joyce n'étaient pas seuls à déménager souvent. « Nous le faisions tous », affirme Arthur Power. Les propriétaires parisiens sous-louaient souvent leurs appartements, et les expatriés eux-mêmes, qui voyageaient beaucoup, ne voulaient pas être obligés de payer double loyer.

La nouvelle du changement de situation de son fils parvint à John Joyce, à Dublin. Jim avait écrit à tante Josephine que la seconde édition d'*Ulysse*, qui se vendait à deux guinées, avait été épuisée en moins d'une semaine. Le vieillard écrivit donc à son fils pour lui demander, avec quelque raison, s'il ne voudrait pas lui envoyer un peu d'argent, maintenant qu'il était bien établi.

Joyce répondit avec toute la lassitude de l'homme accablé de responsabilités. La vie n'était pas donnée, au 26 de l'avenue Charles-Floquet. Il ne vivait d'ailleurs à Paris que pour faire plaisir à Nora : il eût pour sa part préféré Nice, où tout était moins cher. Nora et lui-même ne vivaient pas dans le luxe. Il était vrai qu'une lady anglaise lui avait offert une somme royale, mais cela ne rapportait qu'un revenu de quatre cent cinquante livres par an, dont trois cents servaient à payer le loyer, cent, les frais médicaux, et trente-six, la femme de ménage. Nora était obligée de faire les courses et la cuisine elle-même. Quant à Joyce, il faisait deux des quatre lits chaque matin, et remplissait la chaudière de bois et de charbon. Et en plus, disait-il, il faisait si sombre dans les chambres qu'il ne trouvait pas ses vêtements le matin. Tout bien pesé, John Joyce, qui vivait à Dublin d'une pension de cent cinquante livres, avait un sort plus enviable que celui de son fils[22].

Joyce ne disait pas toute la vérité. En plus de son revenu régulier fourni par les intérêts (libre d'impôts puisqu'il était sujet britannique à l'étranger), il avait reçu en 1922 six cent cinquante livres de droits d'auteur sur la seule édition d'*Ulysse* publiée par Miss Weaver. Par ailleurs, le capital qu'elle lui avait donné était investi dans les Chemins de fer canadiens (Canadian Pacific Railway) et autres sociétés. Chaque fois qu'il avait besoin d'argent en plus, il n'avait qu'à solliciter Miss Weaver pour qu'elle prie les notaires de vendre des actions et, bravant leur réprobation, elle obtempérait toujours.

Un soir que Nora et Joyce dînaient au Café Francis, leur repaire favori du moment, situé place de l'Alma, un jeune couple étonnamment beau entra dans la salle. Ils étaient américains, l'homme grand et blond, la femme petite et brune, vive, et très élégante. Son tailleur provenait de la collection de printemps de Lanvin — brun chaud très échancré, mettant en valeur un chemisier imprimé jaune et orange — assorti au chapeau. Comme il parcourait la salle du regard, l'homme reconnut Joyce et, avec sa femme, le rejoignit à sa table[23].

C'était Leon Fleischman, le représentant à Paris de Boni & Liveright, société new-yorkaise qui avait publié la plupart des meilleurs écrivains expatriés et d'avant-garde, et en particulier Ernest Hemingway et Djuna Barnes. Fleischman avait été l'un des premiers souscripteurs d'*Ulysse*. Sa femme Helen était une amie intime de Peggy Guggenheim et, comme elle, utilisait l'argent de New York pour financer sa passion pour l'art et les artistes. Elle avait payé le voyage de Djuna Barnes en Europe.

Nora fut saisie d'admiration. Tout, dans la tenue d'Helen, était d'une perfection absolue ; ses boucles d'oreilles étaient de merveilleux joyaux. Nora avoua sa jalousie sans aucune réserve. Jamais elle ne portait de boucles d'oreilles parce qu'elle trouvait que cela lui donnait l'air vulgaire.

Les deux femmes s'étudièrent soigneusement tout en bavardant sur la difficulté de se loger à Paris. Helen apprécia le charme et le teint clair de Nora, et fut fascinée par Joyce. Quant à Nora, bien sûr, elle n'apprécia guère la sophistication d'Helen, et sans doute ne se rendit-elle pas bien compte que tout ce qu'elle admirait sur Helen provenait de chez les meilleurs fournisseurs parisiens.

Les deux femmes n'auraient pas pu être plus différentes. Helen était l'archétype de la « princesse juive américaine ». Elle était la fille d'Adolph Kastor, grand industriel en coutellerie, juif émigré d'Allemagne à New York, et qui lui passait tous ses caprices. C'était lui qui avait offert à sa fille les boucles d'oreilles tant admirées par Nora. A Manhattan, où elle était née, Helen appartenait au riche milieu

juif allemand qui se désignait comme « Our Crowd » — notre
foule. C'était un groupe qui n'était pas reçu dans la société new-
yorkaise non juive, mais tout aussi rigide dans ses propres critères parallèles, et qui tenait ses distances avec la nouvelle vague
de juifs pauvres qui débarquaient de Russie et d'Europe centrale[24]. Le style vestimentaire d'Helen symbolisait ces critères :
somptueuses étoffes, coupe élégante, couleurs raffinées, un goût
parfait en tout.

Après cette première rencontre, les Fleischman raccompagnè-
rent les Joyce à pied, ravis de bavarder avec la plus prestigieuse
célébrité littéraire de Paris. L'amitié se développa entre les deux
couples, et les Fleischman furent bientôt invités à venir chez les
Joyce et à faire la connaissance de leurs enfants. Helen songea à
part soi que le strabisme de Lucia gâtait son aspect, mais qu'elle
était néanmoins assez jolie. Elle observa en outre que Mrs. Joyce
marquait une préférence pour son fils.

A l'approche de l'été 1923, comme le bail de leur appartement
expirait, Nora et Joyce s'apprêtèrent à aller sur la côte sud de
l'Angleterre, pour y passer les vacances qu'ils avaient manquées
l'été précédent. Nora remplit trois cartons de chapeaux et quatre
valises de vêtements, tandis que Joyce en bourrait dix de livres,
remplissait trois sacs de journaux, et préparait également une
malle. Ils chargèrent Sylvia Beach de leur trouver un appartement
pour leur retour. Ne voulant pas qu'on le tracasse avec les
détails, il la pria avec hauteur de consulter Giorgio sur leurs
besoins. Son fils, précisa-t-il, était le meilleur expert quant aux
« manières, coutumes, institutions, privilèges, avantages hérédi-
taires et caractéristiques domestiques acquises de la famille Joyce
à l'étranger »[25].

Sylvia offrit à Giorgio l'appartement situé au-dessus de la
librairie, et se fâcha de le voir refuser. « Il avait des idées fort
pompeuses », dit-elle. Elle entendait par là qu'il avait refusé parce
que l'appartement ne comportait pas de salle de bains[26].

Joyce avait passé une année épouvantable, avec ses problèmes
d'yeux et de dents. En avril, il s'était fait hospitaliser pour qu'on
lui extraie toutes les dents, et ces extractions avaient été suivies
de trois petites interventions chirurgicales aux yeux. Il avait beaucoup souffert, tant des gencives que des yeux, et les résultats
s'étaient révélés décevants. Il démentit cependant à Miss Weaver

un article paru dans un journal américain, qui faisait de lui une « tragique silhouette aveugle », prisonnier dans son appartement près de la tour Eiffel.

Nora invita sa sœur Kathleen, restée à Galway, à les rejoindre pour les vacances. C'était la première fois, depuis dix-neuf ans qu'elle vivait avec Joyce, que Nora invitait quelqu'un de sa famille à séjourner chez eux. A Londres, elle et Kathleen cherchèrent à retrouver leur sœur Peg, qui était partie pour Londres au début de la Première Guerre mondiale pour travailler dans un hôtel, mais elles cherchèrent en vain. Il fallut ranger Peg (celle dont l'œil tournait, comme celui de Lucia) parmi la descendance perdue de Mrs. Barnacle. Tom, qui avait été grièvement blessé à la jambe pendant la guerre, était également parti pour l'Angleterre, d'où il avait perdu le contact avec sa famille[27].

Dans la solitude de leur pension de famille à Bognor, et sans les enfants pour écouter, Nora se soulagea le cœur avec sa sœur et se laissa aller à déplorer la passivité de son mari. C'est pendant ce séjour qu'elle compara — défavorablement — Jim à leur père[28].

Mais un boulanger comme Tom Barnacle n'aurait pas emmené Nora dans un univers international, non plus qu'il n'aurait encouragé sa passion pour les vêtements. Nora et Jim, observa Kathleen qui ne les avait pas revus depuis leur séjour à Galway en 1912, avaient un souci extrême de leur garde-robe. Jim, en fait, était devenu un dandy, et Nora courait les magasins avec assurance. Comme une chaussure d'une paire, en daim, qu'elles venaient d'acheter pour Kathleen s'était déchirée, Nora retourna au magasin et, devant Kathleen, tempêta : « Mon mari est écrivain et si vous ne me faites pas l'échange je le ferai publier dans le journal[29]. »

Les deux sœurs achetèrent beaucoup d'autres choses. Kathleen regagna Galway vêtue avec une élégance telle qu'on en voyait rarement à Galway, et le visage maquillé, chose qu'interdisait Mrs. Barnacle. Les colis continuèrent à arriver de Paris, après son retour. Joyce était heureux de gâter Kathleen. Il avait été heureusement surpris par ses manières de table et sa gentillesse, et l'avait même escortée à la messe du dimanche, en disant : « Tu sais ce qu'ils vont dire à la maison si je ne le fais pas[30]. »

Nora put bientôt bannir de ses pensées les humbles pensions de famille et les logements modestes. Miss Weaver avait reçu une nouvelle somme d'argent, plus importante — douze mille livres —

et, au cours de l'été 1923, elle donna tout à Joyce. Elle se disait toujours qu'elle lui offrait là les moyens d'un endroit calme où travailler en paix[31].

Lui fit-elle plus de mal que de bien ? Mary Colum reprocha par la suite à Miss Weaver tous les problèmes qui accablèrent la famille ; la libre disposition de trop d'argent, sans aucun frein, avait eu sur eux tous des conséquences navrantes, estimait-elle. Sylvia Beach pensait la même chose et, faut-il le préciser, les notaires de Miss Weaver aussi. Le total des capitaux qu'elle avait ainsi transmis à James Joyce, vingt-huit mille livres de l'époque, représentait une vraie fortune — la sienne. C'était l'équivalent, en monnaie de 1988, d'environ quatre millions et demi de francs.

S'il avait géré convenablement ces dons, Joyce aurait pu être libéré de tout souci d'argent pour le reste de ses jours. Il n'en fit rien. Il gaspilla tout, et en particulier avec ses enfants, étouffant chez Giorgio la faible tentation qu'il pouvait avoir d'accéder à une profession (il travailla brièvement dans une banque en 1923). Après avoir eu une jeunesse pauvre, Joyce donnait à ses enfants tout ce qu'ils demandaient, sans rien exiger d'eux (sauf de faire ses courses). Les largesses de Miss Weaver, a-t-on dit, eurent également pour effet d'appauvrir la littérature mondiale, en permettant à James Joyce de gaspiller son génie lyrique à cette mauvaise plaisanterie qu'est *Finnegans Wake*. Miss Weaver n'était cependant pas à même de juger les effets de sa philanthropie. Elle ne pouvait pas plus la contrôler que Joyce ne pouvait contrôler sa prodigalité. « Harriet ne pouvait pas faire de bêtises, observa sa filleule. Elle avait besoin que James Joyce les fasse à sa place[32]. »

De retour à Paris, Nora et Joyce ne parlaient que d'appartements. « Nous cherchons un appartement, nous sommes épuisés », écrivit Joyce à T. S. Eliot[33], mais, fortifiés par la nouvelle d'un revenu soudainement doublé, ils allèrent s'installer au Victoria Palace, rue Blaise-Desgoffe à Montparnasse. Katherine Mansfield y avait vécu juste avant sa mort, l'année précédente, et Joyce y avait pris le thé avec John Middleton Murry. Katherine avait ainsi décrit dans son journal le rythme de vie du Victoria Palace :

« Les semaines passent et nous en faisons de moins en moins, avec l'impression de n'avoir plus de temps pour rien. Monter et descendre en ascenseur, parcourir les corridors, entrer et sortir du restaurant — c'est toute une vie complète. On a un nom pour chacun ; on se fâche si quelqu'un a pris " notre table ", les plateaux cendreux du petit déjeuner circulent partout sans qu'on y prête attention, et il semble tout naturel de toujours porter sur soi cette lourde clé avec son gros disque de cuivre au numéro 134 gravé[34]. »

Mais les Joyce s'y plurent. En dépit de leurs protestations, ils éprouvaient une curieuse sécurité à jouer Grand Hôtel, et y restèrent près d'un an. Joyce y écrivait sur une valise verte achetée à Bognor, avec un accompagnement sonore d'aspirateurs dans les couloirs et de touristes américains qui s'interpellaient[35].

Leur quête d'appartement reprit quand Joyce alla mieux. Giorgio fréquentait la Scuola Cantorum, et Arthur Power fut engagé pour l'aider à perfectionner son anglais — ce qu'il tenta d'accomplir en lui faisant lire *Tess d'Urberville*. Lucia progressait au piano.

Au Victoria Palace, ils reçurent de nombreuses visites : Charlie Joyce, employé de nuit à la poste centrale de Dublin, et aussi Frank Schaurek, le mari d'Eileen, qui vint de Trieste. (Stanislaus leur avait écrit que Frank empruntait de l'argent pour se rendre à Venise ou en Tchécoslovaquie.) De Trieste également arriva Ettore Schmitz, à qui Nora exposa le résumé de son opinion sur les talents de James Joyce : « Je lui ai toujours dit qu'il devrait cesser d'écrire et se mettre au chant[36]. »

Il était cependant un aspect de leur vie qui n'avait point changé : l'alcoolisme de Joyce, et la fureur de Nora à ce sujet. Une nuit, comme elle essayait de le fourrer dans un taxi, Joyce se dégagea soudain et se mit à caracoler dans la rue en criant : « Je suis libre, je suis libre », Nora refusa les offres d'assistance. « Je me débrouillerai », déclarat-elle. D'autres soirs, elle se contentait de rentrer seule, en l'abandonnant au café. Elle déversait tout son mépris sur ses compagnons de boisson, et cela d'autant plus que certains d'entre eux, comme Joyce, commençaient à être connus. Un soir que Hemingway ramenait Joyce chez lui, Nora dévisagea les deux ivrognes hirsutes, et ricana : « Alors, voilà James Joyce, l'écrivain, avec Ernest Hemingway[37]. » Elle continuait à menacer périodiquement de retourner en Irlande avec les enfants, mais ses menaces sonnaient creux.

Après plus d'un an de vie d'hôtel, période pendant laquelle Nora avait fait remplacer ses dents par une prothèse et Joyce subi deux opérations des yeux (il allait retrouver la vue, lui promettait le Dr Borsch, mais il ne la retrouva pas), et des vacances en Bretagne, ils avaient à présent un nouveau domicile, avenue Charles-Floquet comme la fois d'avant, mais au numéro 8, où ils occupaient un étage entier[38].

Nora avait de nouveau une domestique, et elle écrivit fièrement à Miss Weaver : « Je vais moi-même assez bien et ma bonne continue à être parfaite ce qui me facilite évidemment bien les choses [39]. »

Nora passait trop de temps à la clinique ophtalmologique du Dr Borsch. Les opérations de Joyce semblaient interminables. Pourquoi en fallait-il tant ? s'enquit Stanislaus, de Trieste — question à laquelle il reste difficile, aujourd'hui encore, de répondre. Les problèmes étaient réels : glaucome, cataractes en série suscitées par l'inflammation. Joyce portait souvent un bandeau ou un pansement sur l'œil, et il arrivait qu'il dût écrire au fusain ou au crayon gras, en traçant de grosses lettres enfantines pour pouvoir voir ce qu'il écrivait. Quand il devait passer la nuit à la clinique, bien sûr, Joyce exigeait que Nora l'accompagne et dorme près de lui. Elle se plaignait que personne ne venait les voir et qu'ils restaient là « enfermés comme des poules ». Un jour que Sylvia Beach leur rendait visite, elle tomba sur Nora qui, avec une infirmière, s'efforçait de ramasser des sangsues par terre. Le médecin avait ordonné qu'on applique à Joyce des sangsues autour des yeux pour ponctionner l'excès de sang, mais les « créatures », comme les appelait Nora, ne voulaient pas rester en place [40].

Avenue Charles-Floquet, Nora et Joyce devenaient casaniers, avec un chat couleur biscuit qui, d'après Joyce, mangeait « beaucoup de pain beurré et le *Daily Mail* ». Giorgio s'intéressait à présent à la culture physique, et prenait de l'exercice avec un extenseur pour développer sa musculature. Joyce, découvrant l'appareil dans la chambre de son fils, s'y mit aussitôt avec entrain, mais, fatigué comme toujours, il ne tarda pas à renoncer [41]. Leur bail arrivait à terme, comme ils l'avaient su depuis le début. Mais Joyce prit son air de locataire expulsé pour inviter Larbaud et la Signora Nebbia à dîner, « avant qu'on ne nous fiche dehors ».

Nora se consola en faisant une nouvelle fois faire son portrait. Le peintre était Myron Nutting ; il peignit également Joyce et Lucia. Comme les autres fois, le calme et la patience de Nora firent merveille. Nutting reconnut que, des trois portraits des Joyce, c'était celui de Nora le plus réussi, et même l'un des meilleurs de sa période parisienne, bien qu'il eût employé pour sa composition un audacieux contraste de formes géométriques et de plans courbes [42].

Nora, à trente-neuf ans, allait servir de modèle pour le dernier grand portrait de femme de Joyce : Anna Livia Plurabelle dans

Finnegans Wake. Ce fut à Kathleen, pendant l'été 1923, juste un an après la fin de ses malheurs avec *Ulysse,* que Nora confia l'affreuse nouvelle : « Il travaille de nouveau à un livre[43]. » Elle connaissait également le titre secret du livre, *Finnegans Wake* (même si Joyce ne lui avait pas précisé qu'il omettait l'apostrophe afin que le titre contînt, entre autres significations, l'injonction à tous les Finnegan du monde de se réveiller.) Nora percevait sûrement que le titre portait aussi la marque de l'hôtel Finn, qui l'avait en quelque sorte accordée à James Joyce.

Nora connaissait la joyeuse ballade irlandaise sur Finnegan et sa hotte, qui se tuait en tombant de son échelle mais se réveillait, pendant sa veillée mortuaire, en sentant une bouffée de whisky. Mais elle n'était assurément pas préparée pour ce que Joyce cette fois écrivait. En avril 1924, les premiers extraits parurent dans *transatlantic review* (la suppression des majuscules faisait rage) sous le titre : « Œuvre en cours » (« Work in Progress »). Il s'agissait d'oiseaux de mer :

« Cris des mouettes au-dessus de Howth. Qui entonnent la chanson des cygnes de la mer. Ailées. Pygargue, goéland, courlis et pluvier, crécerelle et grand tétras. Tous les oiseaux de la mer se sont envolés hardiment lorsqu'ils eurent goûté du baiser de Trustan et Usolde[44]. »

Pendant qu'il y travaillait, en 1924, il semble qu'à cause de l'état de ses yeux il ait sollicité l'aide de Nora. Il existe des notes pour *Finnegans Wake* concernant *La Divine Comédie* qui sont de la main de Nora, unique preuve de la part active qu'elle prit à son œuvre littéraire. De sa main aussi, ce commentaire ajouté aux notes : « Aujourd'hui 16 juin 1924 vingt ans après. Quelqu'un se souviendra-t-il de cette date. » Nora en reconnaissait donc aussi l'importance[45].

Même si elle avait saisi que Joyce écrivait un nouvel hommage secret à l'oie sauvage de sa vie, Nora n'en aurait pas davantage aimé le livre. Elle parlait de « ce chop-suey que tu écris ». « Pourquoi, gémissait-elle, n'écris-tu pas des livres raisonnables que les gens puissent comprendre[46] ? »

Elle n'était pas seule à se sentir déconcertée. Stanislaus le trouva insupportablement ennuyeux. Ezra Pound (plus tard) écrivit que seul « un nouveau traitement pour la vérole peut valoir toute cette périphérisation circum-ambiante ». Miss Weaver garda une retenue pleine de tact tandis que Valery Larbaud, dont l'enthousiasme pour la littérature expérimentale ne connaissait pas de limite et qui adora les soixante premières pages, déclarait qu'il n'y comprenait rien[47].

S'il fallait encore une preuve de la loyauté de Nora envers Joyce, on peut relever qu'elle garda pour elle le titre *Finnegans Wake* pendant dix-sept ans. Le désespoir de Joyce, d'après Ellmann, montre bien le pouvoir magique qu'il attribuait aux noms[48]. Le seul être qui avait le droit d'employer son prénom était aussi le seul à qui l'on pût confier le code redoutable. Quelle que fût la colère de Nora devant l'alcoolisme de Joyce et sa prodigalité, tout inintelligible qu'elle trouvât le livre, jamais elle n'utilisa cette arme de vengeance qu'elle avait en permanence sous la main.

La *haute couture* fut pour Joyce l'une des façons de récompenser la loyauté de Nora. Il avait toujours pris ses préoccupations vestimentaires au sérieux, et lui avait très volontiers donné un exemplaire signé d'*Ulysse* pour sa modiste, Suzie, qui admirait beaucoup Joyce. Lui-même ne craignait pas d'innover en matière de style. Il arbora des nœuds papillon dans la journée bien avant que ce ne devînt la mode[49].

Dotée de leur nouvel argent, Nora découvrit les maisons de couture parisiennes. Helen Fleischman l'y encourageait, laissant entendre qu'une Mrs. James Joyce se devait d'être élégante. Pour Nora, qui avait adoré les vêtements toute sa vie, le conseil était tentateur, mais Helen avait raison. Nora n'avait pas évolué avec son temps, pour sa coiffure non plus que pour son style vestimentaire, et jamais elle n'avait osé affronter les sanctuaires secrets des couturiers. Tant qu'ils n'avaient pas vraiment eu de l'argent, elle n'en avait guère eu les moyens et, lors de son voyage de 1922 à Galway, c'était sa garde-robe de Zurich en temps de guerre qu'elle avait portée[50].

Le résultat de la conversion de Nora est fixé sur la photo la plus connue des archives de la famille Joyce : on y voit toute la famille Joyce, prise en 1924 par Wide World Photos, tels des grands d'Espagne, vêtus de la tête aux pieds d'habits tout neufs (et de dents neuves aussi pour Nora et Joyce), achetés avec l'argent d'Harriet Weaver.

Nora porte une tenue en velours gaufré à impression chinoise en noir et blanc, sans doute de la collection de 1923 ou 1924 de Lucien Lelong, et Lucia est vêtue dans le même style — visiblement achetée par Nora, c'est une robe-manteau beaucoup trop âgée pour une fille de dix-sept ans, toute droite et qu'il faut retenir sans ceinture en travers du corps. Les deux femmes arborent des bords de fourrure au col et aux manches, suivant la mode. Joyce laisse voir ses manchettes et porte un de ses nœuds papillon, tandis que Giorgio est le fils même du gentleman, raide et pompeux avec son col cassé et sa taille cintrée.

Ce sont toutefois les chaussures qui volent la vedette. Lucia en porte de fort élégantes, à barrettes, mais celles de Nora sont encore plus spectaculaires, avec une boucle en strass en travers du pied, à la byzantine. Giorgio, quant à lui, arbore des guêtres.

Cette photo illustre bien la situation de la famille Joyce en 1924. La misère est finie ; de même que les corsets édouardiens et la soumission. Trois membres de la famille paraissent préoccupés, les yeux perdus dans le vague, Joyce le paterfamilias, Giorgio crispé dans son rôle de fils et d'héritier, Lucia inexpressive, perdue dans un monde à elle. Seule Nora, confiante, triomphante, regarde l'appareil bien en face. Ces quelques mots de Molly Bloom pourraient servir de légende :

> « ... pour sûr qu'on ne peut arriver à rien en ce monde sans toilette tout va à la nourriture et au loyer quand j'en aurai je le ferai valser dans les grandes largeurs je ne vous dis que ça... [51]. »

Mais cette splendide démonstration d'unité familiale était illusoire. Giorgio était tombé éperdument amoureux d'Helen Fleischman et cette séduction virait à la liaison, ce qui n'avait rien de nouveau pour Helen. Elle avait eu beaucoup d'aventures, dont une avec Laurence Vail, le bel écrivain franco-américain surnommé le Roi de Bohême. Léon Fleischman avait encouragé leur liaison. Peggy Guggenheim, qui épousa Vail en 1922, se targua de « le lui avoir sans doute pris ». Peggy avait commencé par s'éprendre de Léon Fleischman, mais c'était entre amies une petite histoire sans importance. « Helen n'y voyait pas d'inconvénient, précisa Peggy. Ils étaient si libres [52]. »

Nora et Joyce étaient atterrés. Ils n'étaient pas aussi libres. Leur fils avait vingt ans, Helen trente et un, et elle était de surcroît mariée, et mère d'un petit garçon. Oubliant l'orgueil qu'eux-mêmes avaient tiré de leur précocité sexuelle, ils s'étaient aveuglément attendus à voir leurs enfants rester des enfants. Ils étaient totalement surpris de voir leur fils succomber à l'atmosphère qui l'entourait, et briser plusieurs tabous à la fois. Pour Nora, perdre Giorgio au profit d'Helen était une double perte. « Mais c'était *mon* amie », gémissait-elle [53].

CHAPITRE 14

Square Robiac

En mars 1925, Nora parvint à persuader Joyce de faire quelque chose qu'ils n'avaient plus fait depuis Trieste — prendre un appartement vide et le meubler eux-mêmes. Elle avait des idées très précises sur leurs besoins : trois chambres, un bureau pour Joyce, et une salle à manger pour les dîners mondains. La crasse de la bohème n'était pas pour elle. Après avoir visité un atelier où travaillait un ami, elle prononça une de ces phrases qui enchantaient Joyce : « On ne pourrait pas y laver un rat[1]. »

A force de recherches, Nora finit par dénicher un appartement ensoleillé au troisième étage du square Robiac, paisible cul-de-sac donnant sur le côté nord de l'active rue de Grenelle[2]. Comme tous leurs domiciles des trois dernières années, l'appartement était niché au cœur du septième arrondissement si bourgeois, pratique pour leurs amis, et proche des Trianons, qui demeurait leur restaurant favori, ainsi que du Café Francis. Joyce signa le bail en mars, s'engageant à payer vingt mille francs par an, plus cinq mille de charges. Ils eurent tôt fait de s'installer, avec leurs portraits de famille, leur chat, un piano, et du papier à lettres gris de trois formats, portant leur nouvelle adresse et leur numéro de téléphone (Ségur 95-20). Ils avaient investi dans deux armoires, une table de salle à manger et des chaises, un service de table, une soupière, et de ces stores de toile qui sont indispensables aux balcons d'un appartement parisien. Sur l'invitation de leur ami Léon-Paul Fargue, ils visitèrent sa verrerie et choisirent des *coupes,* sans doute à champagne. Ils firent retapisser les murs, couvrir les sols de moquette, et draper de brocart six fenêtres et trois portes. Ils payèrent la concierge, la compagnie d'assurances, et l'électricien. « La maison est bien jusqu'à maintenant, écrivit Joyce l'homme d'intérieur à Miss Weaver, mais cela semble avoir coûté beaucoup d'argent. » Il lui transmettait une facture de quinze mille francs. Le total atteignait cent vingt-cinq mille francs — l'équivalent d'une année entière du revenu de Joyce. Miss Weaver se consola peut-être en apprenant que les Joyce avaient décoré trois pièces à « ses » couleurs, le bleu et le jaune[3].

Leurs amis vinrent tous voir la nouvelle maison, et entre eux la trouvèrent épouvantable. Le verdict le plus généreux fut celui du peintre Myron Nutting : « Confortable et non dépourvu de goût. » Helen Fleischman déplora que ce fût si navrant, et Miss Weaver elle-même, ayant enfin surmonté l'épreuve de la traversée de la Manche pour venir inspecter le nouvel environnement de travail qu'elle avait voulu offrir à Joyce, trouva cela bien nu. Elle confia à Sylvia Beach qu'elle espérait que les Joyce se meubleraient plus complètement (bien qu'elle sût aux dépens de qui cela se ferait)[4].

Tous ces gens étaient des esthètes sophistiqués, qui attendaient de Joyce, en tant qu'écrivain majeur d'avant-garde, qu'il fût aussi aventureux dans son cadre personnel. Arthur Power, qui était alors critique d'art au *Paris Herald*, avait tenté d'intéresser Joyce aux Braque et aux Modigliani qu'on voyait aux vitrines de galeries de la rive gauche, mais sans succès. Joyce préférait ses portraits de famille (des femmes en amples bonnets et des hommes en tenue de chasse rouge) et sa reproduction d'une vue de Delft par Vermeer[5].

L'indifférence des Joyce au raffinement du décor surprenait d'autant plus leurs amis que Nora et son mari s'intéressaient à la musique moderne. La passion de Nora pour Wagner ne se démentait pas, quand bien même elle devait aller seule à l'Opéra, et ils faisaient ce qu'ils pouvaient pour encourager l'œuvre de leur ami, le jeune compositeur américain George Antheil. Ils firent tous quatre à Antheil l'honneur de leur présence pour la première représentation de son *Ballet mécanique*, avec sa partition pour neuf pianos à queue, scies, marteaux et hélice d'avion. (Lorsque Nora, Joyce et leurs deux enfants entrèrent dans leur loge du Théâtre des Champs-Élysées, qui était bourré de célébrités, Sylvia Beach observa méchamment qu'on eût cru voir entrer la Famille royale. « On s'attendait à entendre l'hymne national irlandais[6]. »)

Ce que ne comprenait aucun de leurs amis parisiens, c'était à quel point Nora et Joyce chérissaient leur idéal de vie de famille bourgeoise. Cela faisait partie de leur vision enfouie de la vie qu'ils auraient menée s'ils étaient restés en Irlande. Dans ses notes pour *Les Exilés*, Joyce représente Berthe comme « Mrs. Richard Hand...

commandant des tapis à Grafton Street »[7]. En vérité, leur maison du square Robiac était précisément meublée comme ils le souhaitaient, et ils l'adoraient. « Enfin j'ai une maison maintenant », écrivit Joyce à Stanislaus, et il s'offrit à payer le voyage de son frère de Trieste à Paris pour qu'il pût la voir[8].

Une fois l'installation faite, et Joyce ayant la vue « bizarre mais pas mauvaise », les Joyce, en bons Parisiens, quittèrent Paris dès après le 14 juillet. Leur nouveau style de vie comportait des vacances de deux mois chaque été ; ils rentraient rarement avant la mi-septembre. Joyce utilisait ces voyages pour étudier des lieux dont il tissait les noms et associations dans *Finnegans Wake,* et, en dépit de sa vue très faible, il aimait tous les détails minutieux des guides et des horaires de trains ; il se plaisait à dire qu'il avait l'esprit d'un commis épicier. Nora et lui recherchaient des hôtels de première classe, généralement face à la mer, où ils demeuraient des semaines d'affilée. Les noms de leurs établissements préférés pendant leurs années parisiennes s'égrènent comme une sélection des meilleures adresses du Baedeker entre les deux guerres.

Pendant l'été 1925, par exemple, comme ils longeaient la côte atlantique, ils commencèrent par le Grand Hôtel des Bains et de Londres à Fécamp (où ils célébrèrent les dix-huit ans de Lucia, et les vingt ans de Giorgio), de là passèrent au Grand Hôtel de la Poste à Rouen, puis au Grand Hôtel du Raisin de Bourgogne à Niort, à l'Hôtel de Bayonne à Bordeaux, et enfin au Régina Palace Hotel et d'Angleterre à Arcachon. Au cours de ces voyages, Joyce payait toujours en espèces. Pour avoir les sommes nécessaires au voyage, l'un ou l'autre se rendait à la librairie Shakespeare & Company. Si l'on venait à manquer en route, Joyce télégraphiait à Sylvia Beach (jamais à Miss Weaver).

Comme Nora partageait désormais ses peurs paniques du tonnerre, Joyce complotait leurs itinéraires comme s'ils avaient vécu sous les tropiques et non dans l'Europe tempérée. Ils s'agrippaient à la certitude que les orages pouvaient s'éviter grâce à la prévoyance, et considéraient comme une extraordinaire malchance d'avoir à en essuyer un. En 1925, après leur départ pour la Normandie, Joyce écrivit à Miss Weaver qu'ils avaient reçu d'effroyables averses au bois de Boulogne, et n'avaient fui Paris que pour trouver en Normandie « pluie, grêle, tonnerre, éclairs, etc. ». Il espérait qu'elle était à l'abri des « sauvages intempéries » dans la région des lacs anglais. S'émerveillant de voir les Italiens si peu accessibles à la peur du tonnerre, Joyce attribuait la multiplication des orages autour de Londres et de Paris à celle de « toutes ces T.S.F. » (qui se répandaient alors)[9].

Leur cercle d'amis sophistiqués ne coupait nullement Nora et Joyce de leurs familles. De Trieste, Stanislaus écrivit qu'il s'était fiancé avec une jeune étudiante : Nelly Lichtensteiger avait l'âge de Lucia, et lui quarante ans. De Galway, Nora reçut la nouvelle de la mort de sa jeune sœur Annie, jumelle de Peg. Celle aussi de l'oncle Tommy, dont la lourde canne l'avait jetée dans les bras de Joyce. De Dublin encore, vint l'annonce du décès de tante Josephine Murray. La communication s'était interrompue entre elle et eux depuis le voyage de Nora en Irlande, en 1922, et aussi la publication d'*Ulysse*. Profondément scandalisée, tante Josephine avait décrété le livre impropre à la lecture. (A quoi Joyce avait rétorqué, s'adressant à la fille de Mrs. Murray, sa cousine, qui transmettait le jugement : « Dans ce cas la vie est impropre à être vécue. ») Heureusement, le frère Charlie de Joyce l'avait averti que tante Josephine mourait, et Joyce eut le temps de lui faire parvenir une très belle lettre de réconciliation :

> « Tu m'as attaché à toi dans ma jeunesse par tant d'actes de bonté, par tant d'aide et de conseils et de compassion, surtout après la mort de ma mère, qu'il me semble à présent que tes pensées pour moi sont empreintes de reproches... mais si je suis éloigné en cela je demeure attaché à toi par de nombreux liens de gratitude et d'affection et de respect aussi... [10] »

Comme dans toutes ses relations humaines, Joyce savait, par la puissance de ses mots, guérir les blessures infligées par ses actes ou, dans ce cas, par ceux de Nora.

Vers l'époque de leur installation au square Robiac, Nora et Joyce durent se résigner à voir Giorgio échapper à leur contrôle. Il continuait à suivre ses cours de chant et il prit même un emploi de comptable dans un bureau, mais sa principale activité consistait à tenir compagnie à Helen Fleischman. En 1925, les Joyce rencontrèrent quelques parents américains d'Helen, son frère aîné, Alfred Kastor, avec sa jeune épouse danoise, Ellen, qui voyageaient en Europe. Les Kastor étaient au courant de la liaison d'Helen avec Giorgio, car Léon Fleischman était rentré seul à New York, et ils voyaient l'affaire d'un tout autre point de vue que celui de Nora et James Joyce. Connaissant la prédilection d'Helen pour les artistes, ils supposaient que, n'ayant pu mettre la main sur le père, elle s'était rabattue sur le fils [11].

Ellen, qui divorça par la suite d'Alfred Kastor, n'aimait pas Helen.

« Ses frères l'adoraient, se souvint Ellen. Ils lui pardonnaient jusqu'au meurtre. Ils vénéraient le sol sur lequel elle marchait. Pour moi, elle était un vampire sexuel, une suçeuse de sang.

« Lors de notre rencontre, l'affaire était toute récente et camouflée. Quand nous étions ensemble, Helen était si jalouse — Giorgio avait juste mon âge — qu'elle ne nous laissait jamais seuls ensemble — alors que j'étais enceinte. J'étais navré pour Giorgio. Il n'avait pas l'ombre d'une chance. »

Nora pensait apparemment la même chose car, si bien qu'elle eût consenti à recevoir les Kastor, elle ne desserra pas les dents pendant la visite. Quant à Joyce, il fut à peine plus hospitalier, silencieux dans son fauteuil, et pelotonné dans un châle[12].

Il est peu probable que les Joyce aient jamais compris le prestige dont s'auréolait leur nom pour Helen Fleischman. Le cercle d'Helen, et en particulier sa génération, éprouvait des sentiments très ambigus quant à leur appartenance juive. Comme l'explique Stephen Birmingham dans *Our Crowd*, cette aristocratie juive allemande de New York jugeait éminemment souhaitable, contrairement aux juifs d'Europe centrale, de « s'assimiler » — c'est-à-dire d'entrer par le mariage dans des familles non juives[13].

Les filles de ces familles rencontraient des difficultés très particulières. Gâtées par leurs pères mais confiées par leurs mères trop occupées aux soins de nurses rigoureuses et froides, généralement allemandes ou irlandaises, elles se voyaient rarement accorder l'éducation de tout premier ordre que l'on estimait essentielle pour les fils. (Le jeune frère d'Helen, Robert, était diplômé de Phillips Andover Academy et de Harvard. Mais Helen n'avait pas même fréquenté le collège.) Étant donné ce mélange de complaisance, de négligence et d'oisiveté, les jeunes filles de ces familles devenaient souvent des révoltées sexuelles. Peggy Guggenheim, l'amie d'Helen, en était un exemple classique. Cependant Peggy — et, dans une moindre mesure, Helen — faisait également preuve d'un trait moins autodestructeur résultant de cette éducation, elle s'intéressait passionnément à l'art.

Le père d'Helen, émigrant venu d'Allemagne, avait fait fortune avec la Camillus Cutlery Company, à Camillus, dans l'État de New York. Ce n'était pas une fortune qui les plaçât en tête de la communauté juive allemande de New York, mais elle suffisait à fournir aux enfants Kastor des revenus indépendants, et valait à Adolph Kastor de figurer dans le *Who's Who in American Jewry*.

Helen était la seule des quatre enfants Kastor à avoir épousé un juif. La femme d'Alfred était danoise, tandis que Robert et leur sœur aînée, Edna, avaient épousé des Américains non juifs. (Lorsque Edna alla vivre à Washington et coupa tout contact avec sa famille, ils comprirent qu'elle ne voulait pas qu'on sût qu'elle était juive.) Helen avait épousé Léon Fleischman en 1915, lors d'une cérémonie qui s'était déroulée dans la maison familiale, au 14 de la Soixante-Dixième Rue Ouest, célébrée par un ministre protestant, et elle avait mis au monde un fils, David, en 1919. Après son mariage, Helen eut de nombreuses aventures, mais jamais ses frères ne le lui reprochèrent. Leur philosophie concernant la vie de leur sœur se résumait à ces mots : « Que Grandpa [Adolph Kastor] n'en sache rien[14]. »

L'une des raisons pour lesquelles Alfred et Robert Kastor hésitaient à retenir leur sœur, c'est que la vivacité d'Helen pouvait se muer en excitabilité maniaco-dépressive. L'ombre inquiétante de la maladie mentale courait dans la famille, de même que dans la plupart des familles de « Our Crowd ». Alfred lui-même était maniaco-dépressif, et leur mère, Minnie Danzer Kastor avait longtemps séjourné dans une institution située sur l'Hudson.

Helen, cependant, était plus heureuse à Paris qu'à New York. L'antisémitisme y était moins marqué, et puis le cadre était parfait pour sa beauté et son goût. Elle y avait un vaste cercle d'amis, y compris bien des New-Yorkais et des membres du milieu international de l'art. Elle savait recevoir, et avait l'argent nécessaire pour le faire. Sa belle-sœur s'émerveillait de voir les tenues d'Helen toujours parfaites jusque dans le moindre détail, et que le mouchoir sorti d'un tiroir fût imbibé de son parfum personnel. Helen s'habillait chez les couturiers les plus en vue, et en particulier chez Elsa Schiaparelli, qui était la plus audacieuse du moment.

Tout égocentrique qu'elle fût, Helen ne manquait pas de générosité. Elle distribuait ses vêtements aussi facilement qu'elle les achetait. « Servez-vous », disait-elle à ses amies en ouvrant des penderies. Elle donna des robes à Lucia Joyce, et offrit à Djuna Barnes la cape noire qui devint sa marque distinctive. Voyant un jour la belle Djuna qui tapait à la machine, vêtue de vieux sous-vêtements élimés, Helen suggéra à Peggy Guggenheim de lui donner un peu de toute cette lingerie qu'elle avait en abondance. Peggy, cependant, et contrairement à Helen, avait tendance à l'avarice, et elle donna à Djuna des choses ravaudées. Quand elle s'en aperçut, Helen se mit en colère. Et Djuna aussi, qui ne voulut jamais porter ces sous-vêtements[15].

Pour Joyce, l'initiation sexuelle de son fils par une beauté juive dut être profondément douloureuse. Depuis Trieste, les femmes de ses rêves, vraies ou littéraires, étaient toujours juives, ou d'apparence juive. En leur qualité de parents, Nora et Joyce craignaient qu'Helen ne fît que jouer avec Giorgio, en utilisant son nom pour s'introduire dans certains milieux, et ils n'appréciaient guère l'idée qu'elle s'en servît pour dissimuler son appartenance juive.

Leurs amis n'aimaient pas Helen. On ne peut exclure l'antisémitisme, qui fleurissait en France entre les deux guerres. Stuart Gilbert, par exemple, la jugeait « vulgaire ». D'autres la trouvaient nerveuse et agressive [16]. Quant à Nora, elle se serait méfiée de n'importe quelle femme venue rôder trop près de Giorgio qui, avec ses yeux bleu profond, presque violets, et ses longs cils noirs, lui appartenait si clairement. Mais le perdre au profit d'une ancienne amie, aussi proche de l'âge de Nora que de celui de Giorgio, c'était insupportable.

La fuite de Giorgio ne fit que renforcer l'emprise des Joyce sur Lucia. En novembre 1925, de vieux amis triestins, les Trevisani, invitèrent Lucia à venir passer quelque temps chez eux. Lucia mourait d'envie d'y aller. Elle aimait beaucoup les deux filles Trevisani, Letizia et Gioconda, et elle n'avait pas revu Trieste depuis leur départ en 1920. Joyce lui refusa sa permission. A Ettore Schmitz, qui avait transmis l'invitation, il expliqua qu'il devait subir en décembre sa septième opération ophtalmologique, puis qu'il devait aller à Londres pour la première représentation des *Exilés* ; Schmitz comprendrait sûrement que Lucia dût être avec lui pour ces deux événements. Il promit cependant que Lucia pourrait y aller l'année suivante.

Mais elle n'y alla pas en 1926, ni aucune autre année. Ce n'était jamais le bon moment, et jamais Lucia ne revit la ville où elle était née, ni l'Adriatique [17].

Lorsqu'ils partaient en vacances d'été, Nora et Joyce emmenaient toujours Lucia avec eux, ainsi que Giorgio, jusqu'au jour où il refusa de les accompagner.

A l'époque de l'installation au square Robiac, Giorgio et Lucia semblaient partis pour faire des carrières artistiques. Nora et Joyce tiraient fierté de leur succès ; Lucia, déjà brillante au piano, avait fait un bon début dans la danse moderne et se produisait avec les *Ballets de rythme et couleur,* sous la direction du danseur écossais Lois Hutton. La stature longue et anguleuse de Lucia se prêtait bien à cette chorégraphie, sœur de l'art moderne, et elle donna quelques représentations publiques (même si certaines ne furent que des spectacles d'élèves), auxquelles assistèrent ses parents. Lucia concevait elle-même ses costumes — puisant encore dans la bourse familiale.

Pourtant, les Joyce persistaient à la traiter en enfant. En 1928, quand Lucia, âgée de vingt et un ans, partit avec sa troupe de danse à l'école Isadora Duncan, près de Salzbourg, Nora et Joyce décidèrent de passer leurs vacances à Salzbourg. Cette manière de s'accrocher à elle contribua certainement à l'immaturité de Lucia, mais sans doute était-ce aussi une réaction à cette immaturité. Comme leurs amis avaient commencé à le remarquer, la fille de Joyce avait quelque chose de bizarre.

Leur installation dans leurs propres meubles attira leurs parents et connaissances les plus éloignés. Le défilé était ininterrompu. Au printemps 1926, Eileen vint de Trieste passer trois semaines, avec ses trois enfants. Stanislaus suivit, pour deux semaines, il se scandalisa de voir Joyce boire plus que jamais, et être entouré de flatteurs. De Galway, l'oncle Michael Healy rassembla son courage pour venir sur le Continent. Comme la plupart des Parisiens, les Joyce n'avaient pas de chambre d'amis dans leur appartement, et ils installaient leurs parents en visite dans des petits hôtels du quartier. Pour le très catholique Mr. Healy, Nora envoya Joyce et un ami irlandais enquêter dans le quartier et trouver un hôtel près d'une église catholique, afin que son oncle pût poursuivre son habitude de communier quotidiennement.

Alors qu'elle venait d'avoir de bonnes retrouvailles avec Eileen au printemps, Nora s'étonna, en novembre 1926, de recevoir une lettre d'elle postée non de Trieste mais de Oughterard, en Irlande. Pourquoi aurait-elle donc choisi d'aller directement de Trieste en Irlande en passant par la Belgique et non par Paris ? Nora ne comprenait rien au voyage d'Eileen [18]. Néanmoins, la lettre d'Eileen était enjouée ; son séjour était agréable, et elle donnerait toutes les nouvelles d'Irlande à Nora en revenant, car elle comptait s'arrêter à Paris. Quelques jours plus tard, Nora et Joyce eurent un choc en recevant un télégramme affolé d'Eileen, envoyé d'Irlande mais rédigé en italien par souci de garder le secret. « Frank *rovinato* [ruiné], disait le message, *salveci* [sauvez-nous] », suppliait Eileen. Joyce n'avait pas idée de la somme que voulait Eileen et, comme toujours, il était à court d'argent. Ils revenaient de Belgique et venaient de payer cinq mille francs de loyer, cinq mille d'impôts, dix mille de vêtements pour Nora et les enfants, et d'en envoyer six mille à Stanislaus. Au moment où il télégraphiait à Eileen qu'il n'avait pas d'argent disponible, il reçut une lettre d'une connaissance de Trieste, porteuse de terribles nouvelles.

Le lundi matin, juste après l'ouverture de sa banque, Frank Schaurek, le mari d'Eileen, s'était tué d'une balle[19]. Un télégramme de Stanislaus arriva aussi, confirmant l'affreuse nouvelle.

Joyce ne révéla pas un mot de tout cela à Nora. Frank, l'homme d'affaires modèle, père de famille et collectionneur d'antiquités, avait en vérité détourné soixante-quinze mille francs, et la banque lui avait donné un mois pour restituer au moins la moitié de cette somme. Dans l'impossibilité de faire face à ses obligations, il s'était suicidé. Et alors que Joyce cherchait le moyen d'annoncer la nouvelle à Nora, la situation devint presque absurde. Des télégrammes d'Eva, qui habitait Dublin, arrivèrent, annonçant l'arrivée imminente d'Eileen à Paris, sur le chemin de son retour à Trieste. « Y a-t-il un problème avec Frank ? » demandait Eva[20]. Eileen ne savait manifestement pas qu'elle était veuve.

Toute sa vie, Joyce fut incapable d'affronter les mauvaises nouvelles. Il prétendait habituellement, pour sa défense, qu'il protégeait des femmes nerveuses. En cette occasion particulière, il décida de ne pas révéler la mort de Frank à Nora, ni à Eileen non plus. Pendant presque trois jours entiers, il supporta donc la compagnie d'une Eileen très agitée et d'une Nora mystifiée sans souffler mot de la vérité. Au lieu de cela, voulant préparer Eileen à l'absence de Frank quand elle arriverait à la gare de Trieste, il lui raconta que Frank s'était refugié à Prague en attendant que l'affaire de la banque se calme[21]. Ce mensonge laissait à Stanislaus la tâche d'aller chercher sa sœur à la gare et de lui apprendre la mort de son mari. Ce fut sans doute le plus mauvais tour qu'infligea Joyce à Stannie.

Pour atténuer le coup, Stannie ôta son brassard et son chapeau noirs pour aller l'accueillir à la descente du train. Lorsque Eileen arriva à Trieste, l'enterrement avait déjà eu lieu, et le corps de Frank était enseveli. (C'était un collectionneur tellement passionné que les antiquaires de Trieste, en hommage, fermèrent boutique pour la journée.) Le choc fut tellement rude, quand elle vit ses enfants en noir et ses domestiques en larmes, qu'elle ne put croire à la nouvelle. Elle exigea que le corps de Frank fût exhumé, avant de perdre tout espoir que Joyce eût dit la vérité, et que Frank fût en fait à Prague. Elle en perdit la mémoire pendant plusieurs mois[22].

Pour Nora, Jim et Stanislaus, le suicide de Schaurek représentait un nouveau fardeau financier, car les deux frères durent contribuer à l'entretien d'Eileen et de ses enfants. Le mariage de Stanislaus dut encore être reporté de trois ans.

A l'époque, Nora et Joyce jouissaient d'un revenu annuel de deux mille livres sterling, provenant presque à parts égales de l'argent donné par Harriet Weaver et des royalties que versait Sylvia Beach pour *Ulysse*. Ils n'avaient pas de banque à Paris, mais utilisaient la librairie de Sylvia, prenant comme de l'argent de poche les avances sur droits d'auteur qu'*Ulysse* allait rapporter. Tantôt ils laissaient un petit mot dans la caisse, tantôt ils oubliaient. A l'occasion de la visite de Stanislaus, Nora elle-même vint prendre quatorze mille francs[23]. D'après l'étude qu'a faite l'auteur de cette biographie des registres de Shakespeare & Company, Sylvia ne fit aucun bénéfice sur *Ulysse*. Pour toute la famille, Shakespeare & Company était bien plus qu'une banque ou une tirelire où puiser. C'était une agence de voyages et de spectacles, un bureau de poste, un secrétariat, et un service de douane. Quand Joyce voulait que Harriet Weaver lui envoie de Londres des disques de gramophone, il lui disait de les envoyer à Miss Beach, qui savait tellement mieux que lui se dépêtrer de tous les formulaires administratifs. Le trafic entre la rue de l'Odéon et le square Robiac était tel que Sylvia Beach employait pour cela une messagère tout exprès (l'adorable sœur, retardée mentale, de son assistante au magasin, Myrsine Moschos).

Sylvia portait le poids non seulement de la considérable correspondance de Joyce avec les éditeurs, les agents, les traducteurs et les lecteurs, mais aussi de ses factures et de celles de Nora. Un jour, pendant ses vacances, Joyce lui télégraphia de payer la fleuriste, et de donner de l'argent à Giorgio pour qu'il règle l'électricien et la bonne. A un moment, il empruntait même aussi de l'argent à la mère de Sylvia[24].

Lui qui exploitait tout le monde autour de lui en se croyant persécuté avait néanmoins des raisons de se sentir persécuté. Son ophtalmologiste continuait de lui affirmer que la prochaine opération lui rendrait la vue. A la fin de 1925, il en avait déjà subi dix. Mais la souffrance de voir son œuvre piratée le taraudait encore davantage. L'éditeur d'une revue américaine, Samuel Roth, avait entrepris en 1925 de publier *Ulysse* en feuilleton, en prétendant que Joyce l'y avait autorisé. Joyce n'avait reçu ni paiement ni protection de copyright. A mesure que l'édition pirate continuait (et Roth changeait le nom de son magazine pour éviter d'être poursuivi pour obscénité), Joyce voyait avec désespoir disparaître le potentiel de ventes de son livre aux Américains, même sur le marché des touristes.

Pour beaucoup d'Américains, la halte à Shakespeare & Company pour acheter le livre interdit faisait partie du circuit de rigueur à Paris. Sylvia et Joyce se donnèrent tous deux beaucoup de mal pour tenter de mettre un terme au piratage d'*Ulysse* aux États-Unis[25].

Nora était désormais une Parisienne installée et pleine d'assurance. Son français n'atteignit jamais le niveau de son italien ou même de son allemand, langues dans lesquelles elle pouvait communiquer avec ses amis proches qui ne parlaient pas l'anglais. Mais elle maîtrisait toutefois assez le français pour se faire comprendre de ses voisins, de ses bonnes, de ses coiffeurs et de ses modistes. Un jour qu'elle était en taxi avec Arthur Power, le chauffeur se trouva incapable de dénicher l'adresse qu'elle lui avait donnée. « Vous ne savez aucune rue ! » lui déclara Nora[26].

Son esprit et son sang-froid n'étaient guère remarqués par les admirateurs littéraires de Joyce, et en particulier les Américains. A mesure que l'adulation se répandait, la certitude que sa femme ne le valait pas se répandait aussi. Au cours de l'été 1926, Thomas Wolfe se trouva dans le même car touristique que la famille Joyce, à Waterloo, en Belgique où ils passaient leurs vacances. Wolfe les observa en silence : Joyce avec son bandeau sur l'œil, sa bouche à la moue humoristique, et son nez tout couvert de boutons et de cicatrices ; Giorgio et Lucia, tels un étudiant américain et une gamine agitée ; et avec eux une femme « à l'apparence de mille petites bourgeoises françaises que j'ai connues — une grande gueule assez vulgaire ; l'air pas très intelligent »[27].

Voilà qui résume assez bien la vision qu'avaient de Nora tant d'écrivains et d'érudits transatlantiques, venus contempler Joyce. Joyce lui-même était en partie à blâmer, car jamais il ne se détendait en présence des adorateurs, mais restait un personnage silencieux et glaçant. Certains, cependant, voyaient clair dans son système de défense et celui de Nora. Margaret Anderson qui, en tant qu'éditeur de la *Little Review*, avec Jane Heap, avait été jugée coupable d'obscénité à cause de lui, observa après les avoir rencontrés :

« Je n'ai pas vu de commentaire contemporain qui rende justice à Mrs. Joyce. Elle est charmante. Elle est très amusante. Sa gouaille irlandaise et son attitude personnelle de défi procurent à Joyce une stimulation continue, nécessaire et distrayante. Elle le taquine et le tyrannise. On perçoit dans sa voix un contrepoint qui rend ses railleries tout à la fois exaspérantes, excitantes et tendres.

Il faut qu'elle soit à l'aise pour révéler ses qualités. Elle a devant les " intellectuels " un sentiment d'infériorité, bien qu'elle ne mâche pas ses mots pour exprimer le mépris qu'ils lui inspirent. Elle fut vite à l'aise avec Jane et moi, en voyant que nous l'appréciions. Norah Joyce est de ces femmes qu'un homme aime pour toujours et espère pouvoir un jour prendre à la gorge pour de bon. Elle a de l'esprit et de l'indépendance, qu'elle a voulu (mais non sans rébellion, cela se sent) soumettre à la dévotion d'un homme jugé remarquable en dépit de " son besoin d'écrire ces livres que personne ne peut comprendre "[28]. »

La réaction des Irlandais face à Nora était tout autre. Parmi leurs amis originaires d'Irlande, même les plus intellectuels, Nora était aimée : elle leur donnait volontiers accès à sa maison, et à Joyce lui-même. Un membre de l'équipe d'Irlande de rugby en visite à Paris, par exemple, fut un jour appelé au téléphone, et entendit à l'autre bout de la ligne James Joyce l'inviter à venir prendre le thé. Bien entendu, pour les hommes de lettres irlandais, Joyce était un monument obligatoire et, en arrivant, ils découvraient « un homme tranquille, ordinaire, vivant avec sa famille, et qui aimait retrouver ses amis au restaurant, le soir, en buvant du vin ».

Telle fut la description qu'en fit Thomas McGreevy, engagé comme *lecteur d'anglais* à l'École normale supérieure en 1926. A peine installé dans son bel appartement de la rue d'Ulm, il écrivit à Joyce pour se présenter. A neuf heures et demie le lendemain matin, Joyce lui téléphonait. McGreevy pouvait-il venir prendre le thé au square Robiac ? McGreevy sonna à la porte à l'heure convenue, et fut stupéfait de la voir s'ouvrir sur « une magnifique auréole de cheveux dorés » illuminés en contrejour.

« Miss Joyce ? » demanda-t-il. Mais c'était Nora, et elle éclata d'un grand rire. Ainsi commença entre eux une amitié qui, pour le spirituel célibataire, le brillant homme de salon qu'était McGreevy, devait être plus étroite qu'avec Joyce lui-même. Joyce n'avait nul besoin d'amis, dit McGreevy ; tout ce qui comptait pour lui, c'était l'aide qu'ils étaient disposés à lui fournir pour *L'Œuvre en cours*.

Nora était drôle. Peu après leur première rencontre, McGreevy se rendait un jour à la blanchisserie, près de la gare Montparnasse, avec son gros baluchon de linge sur l'épaule, en espérant ne rencontrer personne, quand soudain, quelqu'un cria son nom. C'était Nora Joyce, en taxi décapotable, qui riait et agitait le bras dans sa direction.

« C'était exactement mon genre d'Irlandaise », dit-il. Joyce admettait que sa femme et McGreevy en savaient plus que lui sur l'Irlande. « A cinquante kilomètres de Dublin, je suis perdu », avouait Joyce. Devant McGreevy, Nora raillait l'habitude qu'avait Joyce d'assigner des tâches à tous ceux qu'il avait sous la main. « Si Dieu lui-même descendait du ciel, ce type Lui trouverait quelque chose à faire. Tu devrais avoir honte, Jim. » McGreevy remarquait que les taquineries de Nora faisaient sourire Joyce, et qu'il se cachait à chaque fois derrière sa main. Il semblait régner entre eux une parfaite compréhension [29].

Une autre amie littéraire irlandaise, Mary Colum, fut d'abord rebutée par le manque d'instruction de Nora, mais elle finit par comprendre la dévotion de Joyce. Nora n'était pas seulement belle, mais vive et pleine d'humour, et Mary voyait bien que « sa personnalité était pour lui pleine d'intérêt ». Il aimait sa manière rapide de résumer les gens, et ses reparties. En outre, Nora avait des talents naturels, parmi lesquels un amour et une compréhension de la musique qui la rapprochaient beaucoup de Joyce [30]. Maria Jolas, qui connut bien la famille et le couple, défendit par la suite Nora contre ses détracteurs. « Nora était toujours vêtue avec recherche, soignée à l'extrême, et il était fier de sortir avec elle. Il est parfaitement oiseux de penser qu'elle n'était pas telle qu'il la voulait [31]. »

Square Robiac, on recevait beaucoup. Quant à savoir si les invités s'y plaisaient ou non, cela dépendait de leur gratitude pour avoir été invités. Ainsi, Helen Nutting voyait en Nora une hôtesse gracieuse et chaleureuse. Helen Fleischman était plus critique. Nora était plus douée pour nourrir les gens — il y avait toujours un buffet, avec une dinde ou un jambon — que pour les mettre à l'aise. Sylvia Beach trouvait ces soirées ternes. « Lui-même a chanté des chansons irlandaises accompagné par lui-même », écrivit-elle à son père [32].

Leur liste d'invités ne variait guère : les Nutting, le journaliste américain William Bird et sa femme Sally, Sylvia et Adrienne, McGreevy, et les enfants Joyce avec leurs amis. On ne voyait plus autant McAlmon, Kay Boyle ni les autres amis du début de leur séjour à Paris. McAlmon avait par-dessus la tête de « James Jesus Joyce », et Pound (également fatigué des exigences de Joyce) s'était installé en Italie.

Joyce rassemblait autour de lui un nouveau cercle. Stanislaus se méfiait de ces « sycophantes », et peut-être en étaient-ils effectivement. Mais c'étaient des sycophantes durs au travail, profondément engagés dans l'effort de l'aider à préparer et à publier ce nouveau livre difficile. Parmi les plus dévoués figuraient Maria Jolas et son mari Eugène, énergique couple américain, qui publiaient des extraits de *L'Œuvre en cours* dans leur magazine littéraire cosmopolite, *transition*. Une autre recrue fondamentale était Stuart Gilbert (dont Joyce prononçait le nom en trois syllabes : Gi-la-bert). C'était un avocat issu de l'université d'Oxford, qui avait été magistrat en Birmanie, et qui se consacrait à l'analyse et à la traduction d'*Ulysse*. L'épouse française de Gilbert, Moune, petite et vive, était fort active dans l'édition. Elle devint bientôt l'une des meilleures amies de Nora.

Les invités arrivaient à neuf heures. Nora les accueillait seule. Puis ils attendaient gauchement (sans rien à boire) jusqu'à l'entrée de leur hôte. Bien qu'il fût loin d'être complètement aveugle (« Joyce voyait aussi bien que n'importe qui quand il le voulait », pensait Sylvia), Nora le guidait parmi les gens en lui recommandant, comme à un enfant, de dire bonsoir à chaque invité, et elle lui en rappelait les noms au fur et à mesure. On pouvait alors commencer à boire et à chanter. Giorgio interprétait des arias, Lucia des chants populaires, et Joyce sa ballade favorite, « The Brown and Yellow Ale », dont les paroles auraient certainement frappé Nora si elle avait lu *L'Œuvre en cours*, et où le cabaretier, H. C. Earwicker, est obsédé par des pensées incestueuses concernant sa « fille-épouse » : « Il me demanda si la femme avec moi était ma fille... Et je dis qu'elle était mon épouse mariée. »

Sylvia et Adrienne partaient habituellement de bonne heure, ainsi que Miss Weaver quand elle se trouvait à Paris. On se mettait ensuite à danser, et le numéro en solo de Joyce était le clou de la soirée : ses longs membres maigres ondulaient et, toujours sur le point de basculer, tournoyant et pirouettant, il était perdu en lui-même[33]. Nora, qui buvait un peu de vin mais jamais beaucoup, s'en amusait un moment puis, quand il se faisait tard, commençait visiblement à s'impatienter de voir ses invités rester là. Si Jim entamait une nouvelle chanson, elle se bouchait les oreilles. « Le voilà qui recommence, disait-elle. Mais cet homme n'apprendra donc jamais ?[34] » C'était Nora qui mettait elle-même un terme au numéro déchaîné de Joyce. Elle ordonnait à Maria Jolas de quitter le piano et, rouge de colère (comme Bella Cohen dans *Ulysse*) poussait Joyce dans un fauteuil, où il prenait un air de satisfaction perverse à l'idée d'avoir prolongé la soirée aussi tard.

C'était au post-mortem qui avait lieu le lendemain à l'heure du thé que Nora se surpassait. Entourée de ses intimes — Giorgio et Lucia,

Joyce, peut-être aussi McGreevy —, elle passait en revue la liste des invités et, de même que Molly Bloom, critiquait toutes les femmes. Giorgio l'encourageait. Il aimait tout autant que sa mère les potins malveillants, et Joyce écoutait en silence, souriant, vautré dans son fauteuil.

Nora adorait l'heure du thé. Le rituel revêtait une grande importance pour toute la famille, c'était une cérémonie quotidienne qui reliait leurs vies française et irlandaise, avec Nora comme officiante. Elle était très attentive à la nourriture : les sandwiches étaient délicieux et taillés très finement ; il y avait toujours deux sortes de gâteaux, et habituellement des biscuits aussi ; et souvent quelque chose de chaud, comme des *scones*. Nora était fière du thé qu'elle faisait, très fort et servi brûlant. (Les références au thé dans l'œuvre de Joyce rempliraient une thèse de doctorat de bonne taille.) Les gens invités à prendre le thé chez les Joyce pouvaient vraiment se considérer comme des intimes. Elizabeth Curran, fille de l'ami dublinois de Joyce, Constantine Curran, y venait fréquemment. On y rencontrait des Irlandais en visite à Paris. Inutile de préciser que Nora, Joyce elle-même sinon joycienne, ne préparait jamais la nourriture si elle pouvait l'acheter, et qu'elle était une fidèle cliente de Richaud et de Rumpelmeyer, pâtissiers parisiens réputés et coûteux [35].

Lorsque Miss Weaver venait, le rituel se déroulait sur un plan supérieur. « La Terre sait de quel côté son pain est beurré », avait observé Joyce dans ses notes pour *Ulysse* (la « Terre » désignant Molly et, par extension, Nora). Nora aimait beaucoup Miss Weaver et, un jour, lui acheta un joli sac à main que Miss Weaver conserva toujours avec émotion. Mais Nora considérait néanmoins une visite de Miss Weaver comme une performance de commande, et elle était bien contente quand c'était fini. Miss Weaver arrivait à quatre heures tapantes. Le thé était servi avec une serviette en lin des plus fines, les meilleurs gâteaux, et les personnalités littéraires les plus distinguées qu'on ait pu trouver. Miss Weaver n'était guère à l'aise non plus lors de ces visites. Elle s'asseyait à l'extrême bord de son siège et ne répondait à « Mr. Joyce » que par « Oui, Mr. Joyce », ou « Non, Mr. Joyce » [36]. Ils ne l'invitèrent que fort rarement à dîner au restaurant avec eux, si même il leur arriva de le faire.

Ces années passées chez eux, de 1925 à 1931, donnèrent à Nora sa seule vraie chance de manifester ses talents d'hôtesse et de femme d'intérieur. Maria Jolas observa que leur maison était toujours tenue de manière irréprochable. De tous les compliments, le plus chaleureux vint de McGreevy, admiratif. En ce temps-là, dit-il, « les affaires du ménage allaient sur des roulettes pour lui », et Joyce était donc libre de se consacrer à l'œuvre qui l'obsédait.

L'une des raisons pour lesquelles Joyce tenait tant à plaire à Miss Weaver, c'était la manière dont elle avait réagi au nouveau livre. Elle lui avait écrit, poliment mais honnêtement, en février 1929 :

« Je n'ai guère de goût pour la production de votre Usine de Calembours en Gros ni pour l'obscurité et l'inintelligibilité de vos systèmes de langage délibérément embrouillés. Il me semble que vous gaspillez votre génie[37]. »

Timidement, la bonne dame ajoutait qu'elle avait sans doute tort. Elle ne voulait pas le décourager. Elle vint en personne à Paris pour l'assurer de son soutien sans réserves, quoi qu'il pût décider d'écrire. Miss Weaver n'avait pas idée du rôle émotionnel qu'elle occupait dans la vie de Joyce. Nora ne pouvait ni ne voulait servir de mère à ses écrits. Elle savait parfaitement bien ce que Joyce tentait de faire. *Finnegans Wake* était écrit dans un nouveau langage tellement obscur que Joyce avait envoyé un glossaire à Miss Weaver pour qu'elle pût simplement comprendre la première page. Nora demanda avec inquiétude à Sylvia Beach si Jim ne se compliquait pas la vie en écrivant comme il le faisait[38].

Joyce construisait le livre en écrivant sur des grandes cartes, sur une table. Il se penchait pour en prendre une sur la chaise à côté de lui, l'approchait de ses yeux, et écrivait. « Que fais-tu avec toutes ces cartes ? » demandait Nora, à quoi Joyce répondait : « J'essaie de créer un chef-d'œuvre[39]. »

En 1929, il publia l'une des parties les plus accessibles de *L'Œuvre en cours*, la fable du Fourmal et du Cigale. Le fourmal était une caricature de Wyndham Lewis, pour qui Joyce s'était pris d'antipathie. L'identité du Cigale qui « chantait et dansait tout le temps joyeux de sa joyeucité » n'était guère un mystère[40].

La joyeucité faisait franchement défaut, un jour, au square Robiac, lorsque Nora voulut sortir seule et que Joyce réclama qu'elle l'accompagne faire une course. Nora téléphona à McGreevy et lui demanda de la remplacer auprès de Joyce (à qui sa mauvaise vue ne permettait pas de circuler seul). Elle était invitée à une réception au Ritz, pour laquelle elle avait exprès acheté un chapeau. Elle n'allait pas sacrifier son après-midi pour faire plaisir à Joyce.

Dès l'arrivée de McGreevy, Nora tenta de filer, mais Joyce la rappelait sans cesse sous un prétexte ou un autre. Elle finit par s'exclamer : « Pour l'amour du ciel, Jim, laisse-moi aller à ma réception et occupe-toi de tes Fourmals et de tes Cigales en attendant que je revienne. » Et elle sortit, drapée dans ses plus beaux atours [41].

Malgré son affection pour Nora, Mary Colum désapprouvait toutes ces extravagances de vêtements coûteux, et surtout de chapeaux — indice, pensait Mary, de l'influence corruptrice de l'argent de Miss Weaver [42]. Nora dépensait avec exubérance. Elle n'admettait pas d'être en retard, fût-ce d'un an, sur la mode. Pour leurs vacances à Ostende et à Waterloo, par exemple, les maisons de couture ayant décrété quel serait le « style sport » pour la journée, Nora se vêtit de beige à la pointe de la mode, alors même qu'elle ne faisait rien de plus athlétique que de regarder Joyce lancer des cailloux sur la plage.

En 1928, Nora était totalement métamorphosée. Elle avait fait couper et onduler ses longs cheveux suivant la mode. Comme c'était la vogue des « ensembles », Nora acheta des jupes et des blouses-tuniques longues et droites pour elle-même et pour Lucia (à qui elle ne laissait jamais faire de courses seule). En 1927, la mode étant aux pois, Nora voulut une jupe à pois et une tunique assortie, avec lesquelles elle se fit photographier par Berenice Abbott, l'assistante de Man Ray, le dadaïste américain.

Miss Abbott trouva Nora superbe, et fut séduite par sa voix. Elle prit d'excellents portraits des trois : Lucia en long cardigan et chemisier à col Eton, et Joyce lui-même, posant comme une idole, en veste blanche et nœud papillon, les mains croisées sur un genou levé. Là encore, Nora était la plus réussie parce qu'elle s'offrait ouvertement à l'appareil de photo [43].

Satisfait de montrer qu'il entretenait sa femme et sa fille à la pointe de la mode, Joyce n'avait pas renoncé à sa nostalgie du type de vêtements que portait Nora au début de leur vie commune. Rencontrant le sculpteur Brancusi, il se découvrit avec lui des liens de sympathie car tous deux déploraient les modes féminines modernes [44].

L'intérêt que portait Joyce à l'importance symbolique des vêtements confinait à la superstition. Il avait commencé, raconta-t-il à Miss Weaver dans une lettre, par manière de plaisanterie, à s'habiller de façon à écarter la menace de la cécité. Autrement dit, il avait rassemblé dans sa tenue du gris, du noir et du vert, et il lui décrivit tout cela en grand détail. Du fait de sa mauvaise vue, il dictait à présent ses lettres à Miss Weaver, et cela l'amenait à les faire plus longues et plus familières. Lui qui se montrait si solennel avec elle en sa présence, il commençait à écrire comme un pensionnaire à sa famille, ou comme Nora en 1904 :

« Je me suis donc fait faire à Munich une veste dans une étoffe verte que j'avais achetée à Salzbourg et dès que je suis rentré à Paris j'ai acheté une paire de chaussures noir et gris et une chemise grise ; et j'avais un pantalon gris et j'ai trouvé une cravate noire et j'ai mis une annonce pour trouver des bretelles vertes et Lucia m'a donné un mouchoir de soie grise et la fille [la domestique] a trouvé un sombrero noir qui a complété le tableau [45]. »

Immortaliser ses ennemis n'est pas leur pardonner. Plus de vingt ans après sa dernière rencontre avec son vieux rival Vincent Cosgrave, et après lui avoir réglé son compte en le nommant « Lynch » dans le *Portrait* et dans *Ulysse*, Joyce dorlotait toujours sa rancune pour ce qui avait pu se produire entre Nora et Cosgrave en 1904. Il apprit sans déplaisir, peu après septembre 1926, que le corps de Cosgrave avait été repêché dans la Tamise. Parlant de « Lynch » dans *Ulysse*, Joyce faisait prédire à Stephen Dedalus qu'il se tuerait un jour, comme l'avait fait Judas avant lui [46].

Le seul ami au courant de l'irrémédiable coup porté par Cosgrave à la confiance de Joyce en Nora, J. F. Byrne, vint les voir square Robiac en novembre 1927. Il n'avait pas revu Joyce depuis le fameux entretien de 1909 au 7 d'Eccles Street, ni Nora depuis 1904, lorsqu'il avait encouragé Joyce à l'emmener avec lui. Nora et Joyce l'avaient invité à venir les voir à Paris ; ils allèrent l'accueillir au train, l'emmenèrent à l'Opéra et le présentèrent à leurs amis. Au cours de ce séjour, Joyce annonça à Byrne la nouvelle de la noyade de Cosgrave, et il prit bien soin, nota Byrne, de le faire en présence de Nora, et bien à portée de voix [47]. Byrne savait fort bien que Joyce voulait faire entendre à Nora le récit de la triste fin de son ancien admirateur, mais elle ne lui offrit pas la satisfaction d'une réaction.

Les Joyce persuadèrent Byrne de prolonger sa visite, et Joyce écrivit à la femme de Byrne comme si elle eût été sa mère, pour lui demander si Byrne pouvait rester quelques jours de plus.

Lorsqu'il repartit pour l'Irlande, les Joyce accablèrent Byrne de cadeaux et d'exemplaires du livre de Joyce, et lui confièrent même pour le père de Joyce un disque où étaient enregistrés le chapitre « Anna Livia Plurabelle » de *L'Œuvre en cours*, et aussi des extraits d'*Ulysse*, lus par Joyce. Ils l'accompagnèrent au train et exprimèrent le vœu de le voir revenir. Puis Joyce rentra écrire à Miss Weaver une lettre d'un tout autre esprit :

« Le dernier Irlandais à venir tirer ma sonnette est " Cranly " du *Portrait*, etc ! Le " Lynch " du *Portrait* et d'*Ulysse*, me dit-il, a été repêché dans la Tamise voici quelques mois. Il semble être venu exprès d'Irlande pour me voir, jamais venu sur le Continent, pas un mot de français, rien vu de Paris, il retourne en Irlande après trois jours ici [48]. »

Des années plus tard, après la mort de Joyce, Byrne blêmit de fureur quand cette lettre fut publiée. Il n'avait pas « tiré la sonnette » des Joyce, c'étaient eux-mêmes qui l'avaient invité, et qui s'étaient d'ailleurs montrés charmants. Joyce n'avait jamais pu s'empêcher, ajoutait-il, de faire le malin. Pour Byrne, l'insulte couronnant le tout était que, contrairement à l'affirmation de Joyce dans cette lettre, c'était lui-même, Joyce, qui avait annoncé à Byrne le décès de Cosgrave, et non le contraire [49].

En 1926, date de sa noyade, à l'âge de quarante-huit ans, il ne faisait aucun doute que Cosgrave était un raté. Ayant dissipé l'héritage de sa mère, il vivait dans une chambre meublée du quartier de Bloomsbury, à Londres. Il n'avait jamais obtenu son diplôme de médecin, et le certificat de décès le désignait pathétiquement comme « ancien étudiant en médecine ». Aucune preuve ne permettait cependant d'affirmer qu'il se fût suicidé. Son corps avait été retrouvé sur la rive à Bermondsey après de violents orages, en septembre 1926 ; il pouvait s'être suicidé, mais aussi être tombé, ou même avoir été poussé. Le coroner rendit un verdict sans conclusions [50].

Nora exploita à sa manière la visite de Byrne. Elle s'offrit à emmener Byrne faire des courses, pour lui épargner de se faire voler, lui dit-elle, mais pendant qu'ils étaient dehors, elle profita de ce qu'ils étaient seuls pour avouer : « Il n'y a qu'une mouche dans l'ambre de mon bonheur. » Byrne fit poliment mine de ne pas comprendre. Nora insista : « Ne voyez-vous donc pas ce que c'est ? »

Byrne fit une réponse oblique pour ne point l'offenser. En avait-elle déjà parlé à Jim ? Non, répondit Nora. (Le dialogue suivant, tiré des mémoires de Byrne, ne doit pas être pris littéralement. Les amis irlandais de Joyce étaient sur bien des points aussi inventifs que lui ; à mesure que croissait sa célébrité, l'importance de ce qu'ils pouvaient se rappeler lui avoir dit croissait de même.) Ainsi donc se souvint Byrne :

« Nora... quelle qu'ait pu être la situation il y a tant d'années, je suis sûr que Jim n'aurait maintenant plus la moindre objection à faire ce que vous souhaitez. Je lui poserai la question ce soir même [51]. »

Byrne raconta qu'il avait ensuite interrogé Joyce, lequel avait « chaleureusement acquiescé ». Joyce n'ôta toutefois pas la mouche de l'ambre de Nora avant quatre ans encore — et ce fut alors pour ses raisons à lui. Que Nora ne pût avouer à Joyce qu'elle voulait être une femme mariée, cela montre bien quelle délicate question c'était entre eux.

Quelles que fussent les objections de Joyce au mariage, elles n'avaient plus rien à voir avec son ancienne aversion pour l'Eglise catholique. En avril 1928, il accepta d'être parrain de la fille de Ford Madox Ford sur les fonts baptismaux. L'homme qui avait refusé de prier au chevet de sa mère mourante consentait à participer à l'expulsion du Démon d'une fille nouveau-née. Joyce affirma l'avoir fait « en geste d'amitié », tout en supposant qu'elle aurait pu l'expulser elle-même[52].

Après la cérémonie, Joyce et Nora se laissèrent prêter la maison des Ford, près de Toulon, pour y passer des vacances de printemps.

En 1928, Tom McGreevy introduisit un nouvel Irlandais dans le cercle des Joyce. C'était Samuel Beckett, âgé de vingt-trois ans, et fraîchement débarqué de Trinity College, à Dublin, pour suivre les cours de l'École normale. C'était un grand jeune homme maigre et taciturne, qui s'apprivoisa à la conversation spirituelle de McGreevy et se retrouva bientôt l'esclave de Joyce, comme traducteur et homme de toutes mains. Le biographe de Beckett, Deirdre Bair, soutient que Joyce était heureux d'employer un Irlandais de la bonne bourgeoisie protestante comme assistant non payé, et surtout celui-là, qui l'idolâtrait au point même de l'imiter[53]. Beckett vénérait en Joyce un mentor, un rebelle, et un compatriote irlandais qui explorait de nouveaux usages de la langue. Il réagissait aussi, d'une manière que les générations suivantes tendent à oublier, au grave handicap de Joyce. Presque aveugle et souffrant continuellement de démangeaisons, de brûlures et d'élancements dans l'œil, Joyce faisait peine à voir ; les gens avaient envie de l'aider à accomplir l'œuvre qu'il sentait en lui. Beckett se rendait chaque jour chez les Joyce, loyalement. Il ne nourrissait cependant aucune illusion quant à la réciprocité de cet attachement. A Beckett comme à McGreevy, Joyce avait confié : « Je n'aime personne que ma famille. »

De même que McGreevy, Beckett appréciait la compagnie de Nora, et aimait l'atmosphère irlandaise qu'elle avait recréée chez elle, ainsi que l'autorité avec laquelle elle gouvernait la famille. (Il est intéressant de voir, dans *Molly*, le roman de Beckett, la façon dont le mot « femme de chambre » flotte dans l'esprit du héros, associé à l'initiation sexuelle[54].)

Un nouvel élément de leur vie était à présent la mauvaise santé de Nora. Au printemps de 1928, pour la première fois depuis bien des années, Nora se plaignit de ne pas se sentir bien[55]. Joyce n'était guère brillant non plus ; il ne pesait plus que cinquante kilos, et s'efforçait de reprendre du poids en se bourrant de sucreries que Nora et lui adoraient — loukoums, caramels, bonbons fourrés. C'était l'été où Lucia partait pour Salzbourg et, emmenant les Gilbert avec eux, ils quittèrent Paris pour un marathon qui les mena à Francfort, à Munich, à Strasbourg, pour se retrouver finalement au Havre, sur la côte normande. Les Gilbert aimaient voyager avec les Joyce, mais jamais ils n'adoptèrent leur style de vie. Ils descendaient toujours dans des hôtels plus modestes, ne retrouvant Joyce et Nora dans leurs établissements luxueux que pour des repas et des excursions.

Ils passèrent tous six semaines à Salzbourg. Nora apporta à Lucia la partition des *Lieder* de Brahms. Mais Lucia s'inquiétait pour la santé de sa mère[56]. Ils retrouvèrent là Stanislaus et sa jeune épouse qui, après trois ans de fiançailles, s'étaient mariés le 13 août. Les retrouvailles furent typiques du grand écrivain retrouvant son frère cadet. Les deux couples ne se virent que deux fois pendant cette visite, et les deux fois pour des déjeuners auxquels étaient présents de nombreux convives. Lucia dansa un peu pour faire plaisir, et Nora et Joyce parlèrent avec Nelly, la nouvelle Mrs. Stanislaus Joyce[57]. L'expérience dut être amère pour lui. Ses années de sacrifices étaient si bien oubliées qu'il était obligé de commander ses propres exemplaires des livraisons successives du nouveau livre de Joyce à la librairie de Sylvia Beach, où il avait ouvert un compte. A l'insulte s'ajoutait le dégoût de Stanislaus devant ce qu'il lui était donné de lire. Il ne voyait aucun talent dans *L'Œuvre en cours*.

A cette réunion familiale de 1928, Giorgio se fit remarquer par son absence. Joyce avait pris soin de l'annoncer, écrivant par deux fois à Stanislaus que son fils se trouvait dans les Pyrénées — mais sans dire avec qui[58]. En effet, Giorgio séjournait avec Helen dans la villa de la famille Kastor à Cauterets, dans le sud-ouest de la France. Sa liaison avec la jeune femme ne donnait aucun signe d'affaiblissement. Et les deux jeunes gens paraissaient même fort épris. En novembre 1927, Helen et Léon Fleischman s'était officiellement séparés, obtenant de leur mairie locale une ordonnance de non-conciliation[59]. Les Joyce avaient tant de peine de cette liaison qu'ils avaient rompu toute relation avec Helen et ne la saluaient pas dans la rue[60].

Leurs inquiétudes prirent cependant une autre direction quand Nora, allant se faire examiner par un gynécologue, apprit qu'elle avait une tumeur. L'opération était urgente. Nora refusa purement et simplement. Rien de ce que pouvait dire Joyce ne put la faire changer d'avis. Désespéré, Joyce chercha autour de lui des amis susceptibles de l'influencer. Il fit même appel à Helen Fleischman.

Le diagnostic était le fait d'une jeune femme médecin à qui se fiaient entièrement Joyce et Nora, sur la recommandation de Sylvia Beach. Le Dr Thérèse Fontaine, âgée de trente et un ans, était une très belle femme, féministe, et issue d'une famille scientifique fort distinguée. (Le fait, pour Joyce, d'avoir si facilement accepté l'autorité du Dr Fontaine montre bien, là encore, le confort qu'il éprouvait à se remettre entre les mains de femmes fortes.) Pour Nora, le Dr Fontaine représentait un changement appréciable, par rapport au type de gynécologues masculins que Molly Bloom raille dans *Ulysse*.

La perspective de l'opération épouvantait toute la famille. Nora avait refusé pendant des mois de voir un médecin, en disant qu'il suffisait amplement d'un malade dans la famille. Ils se rendaient tous compte que ce pouvait être un cancer, mais le Dr Fontaine soutenait qu'il suffirait peut-être d'une opération bénigne (sans doute une dilatation accompagnée d'un curetage), suivie d'un traitement au radium. Nora se rendit docilement à une clinique de Neuilly, et Joyce l'y accompagna. Le jour même de l'admission, Joyce déjeuna avec H. G. Wells, le rendez-vous ayant été pris antérieurement. Wells venait d'envoyer à Joyce une lettre brillante, et d'ailleurs devenue célèbre depuis lors, sur son obsession des toilettes et des obscénités *. Joyce se faisait une joie de la conversation qui devait suivre ; il trouva Wells sympathique, mais lui-même ne fut pas à la hauteur, étant donné l'anxiété qui le rongeait[61].

Après l'opération, Joyce téléphona à Miss Weaver (c'était un

---

* Wells écrivit à Joyce le 23 novembre 1928 pour lui expliquer en quoi il voyait l'écriture expérimentale de Joyce comme une voie sans issue : « Vous avez commencé en tant que catholique, c'est-à-dire avec un système de valeurs en opposition absolue avec la réalité. Votre existence mentale est obsédée par un monstrueux système de contradictions. Vous croyez vraiment à la chasteté, à la pureté et en un Dieu personnel et c'est pourquoi vous explosez toujours en cris de con, de merde et d'enfer. Comme je ne crois pas en ces choses sauf en tant que valeurs très provisoires mon esprit n'a jamais été choqué outre mesure par l'existence des water-closets et des serviettes hygiéniques — et des malheurs immérités. Et tandis qu'on vous élevait dans l'illusion de la répression politique j'étais élevé dans l'illusion de la responsabilité politique. Il vous paraît excellent de défier et rompre. A moi pas du tout. »

intrépide usager des services téléphoniques internationaux, qui intimidaient pourtant beaucoup de gens). Il écrivit également une lettre pleine d'optimisme à Valery Larbaud et à la Signora Nebbia : « Nous rentrons dans un jour ou deux, après 15 jours de traitement d'auto-vaccination retour ici pour 4 jours supplémentaires de radium[62]. »

Sylvia Beach avait reçu des nouvelles très différentes par l'entremise de son amie le Dr Fontaine. Elle ramena en voiture Nora et Joyce chez eux, mais dès son retour à la librairie écrivit une lettre fort sombre à Miss Weaver. Il y avait de fortes chances que le mal reparaisse d'ici à quelques mois ou quelques années.

La vérité était donc que, si le cancer s'étendait, on ne pourrait pas sauver Nora — à moins bien sûr qu'on ne découvre entre-temps quelque nouveau traitement. Aucune des deux demoiselles ne pouvait imaginer comment pourrait survivre leur Mr. Joyce, et encore moins écrire, en l'absence de sa Nora. Elles se jurèrent l'une à l'autre de le protéger le plus longtemps possible de cette fatale éventualité. Dans l'une des nombreuses lettres qui circulèrent entre elles par-dessus la Manche au cours de ces semaines, Harriet Weaver promit à Sylvia :

« Je ne dirai certainement rien à Mr. Joyce d'une telle éventualité. Je suis sûre qu'il vaut beaucoup mieux qu'il n'en sache rien, mais qu'il croie au contraire que le mal est entièrement guéri, une fois pour toutes. Et si cela doit se produire, il vaudrait beaucoup mieux que la vérité ne lui soit révélée que progressivement, et pas un instant plus tôt qu'il ne sera nécessaire. Giorgio est-il au courant de l'éventualité ? J'espère que non[63]. »

L'empressement de Giorgio consolait un peu les deux femmes ; Miss Weaver reconnaissait qu'il était vraiment très gentil, même s'il était un peu trop gâté[64].

En janvier, Joyce écrivit à Miss Weaver pour lui annoncer de bonnes nouvelles. Trois médecins avaient déclaré Nora guérie ; le traitement au radium avait réussi, et la guérison de sa femme était l'une des plus rapides et les plus complètes de l'histoire de la maladie (dont jamais personne ne mentionnait le nom)[65].

Joyce se trompait totalement. Miss Weaver disposait déjà d'informations contradictoires par Sylvia Beach, qui les tenait du Dr Fontaine : il restait encore des cellules malignes. Nora allait devoir retourner à la clinique pour y subir une hystérectomie (ou, comme elles disaient pudiquement, « une opération beaucoup plus grave »).

Mais elles gardèrent le secret entre elles deux. Le Dr Fontaine n'en parla à Joyce qu'au bout de trois semaines. Puis tous deux s'unirent pour cacher la vérité à Nora. Giorgio, Miss Weaver, Sylvia, Stuart Gilbert — tous jurèrent le secret. Stanislaus lui-même, à Trieste, reçut l'ordre de ne pas mentionner le sujet dans ses lettres, pour le cas où Nora les lirait. Joyce, qui en tant que mari devait donner son consentement pour l'intervention, hésitait à le faire. Et même lorsqu'il se fut convaincu de le faire et qu'il eut annoncé la nouvelle à Nora, Joyce fit en sorte de retarder l'opération jusqu'après le 2 février, jour de son anniversaire (« pour réconforter sa femme », en conclut Miss Weaver). Miss Weaver elle-même vint à Paris pour être auprès de Joyce ; une mère n'aurait pas fait mieux. Elle pensait, écrivit-elle à Sylvia, que Mr. Joyce aurait davantage besoin d'elle après l'intervention qu'avant[66] :

> « Car après une aussi grave opération il y aura une longue période difficile à la clinique pendant que la blessure cicatrisera et Mr. Joyce n'aura rien à faire tandis que maintenant son inquiétude l'occupe[67]. »

Si Miss Weaver s'imaginait que Joyce s'ennuierait tout seul à la maison pendant que Nora serait à l'hôpital, à l'autre bout de Paris, elle se trompait bien. Joyce ne pouvait pas passer une nuit seul, sans Nora à son côté. Quand elle entra de nouveau à la clinique de Neuilly pour la seconde opération, le 5 février 1929, il y entra avec elle. L'une des conséquences de sa dépendance fut l'abandon, par Nora et lui, de leur attitude hostile à l'égard d'Helen Fleischman. Ils avaient besoin d'elle. Non seulement Giorgio mais aussi Lucia allèrent s'installer chez elle, rue Huysmans, pendant que leurs parents étaient en clinique. Là, on aurait juré que c'était Joyce le malade. Il s'installa dans une grande chambre voisine de celle de Nora, et, assis ou allongé sur un divan, il avait ses livres autour de lui et recevait chaque après-midi les visites de ses amis. Samuel Beckett lui apportait son courrier tous les jours. Joyce ne quittait la clinique que pour aller acheter des cigarettes et des journaux, et pour aller s'asseoir en silence dans la pénombre d'une église voisine[68].

Cette manifestation d'adoration et de dépendance absolues émut-elle Nora ? Pas le moins du monde. Chaque fois qu'il entrait dans sa chambre, elle le rabrouait. « Rentre à la maison ! Laisse-moi guérir tranquille ! » Il n'en faisait rien. Il restait, et passait de douloureuses nuits blanches à écouter « le grondement de l'ascenseur mêlé aux hurlements de la soufflerie et aux clameurs des arbres », sans parler des gémissements des malades et des « cris forcenés du personnel français »[69].

En l'espace de deux semaines, Nora était prête à rentrer chez elle. Elle avait bien meilleure mine, et avait perdu quelques kilos superflus. Lucia et Giorgio étaient bien soulagés. Ils avaient vraiment cru que leur mère mourrait. Helen organisa le genre d'accueil que Nora pouvait apprécier : une bonne à demeure pour l'entretien de l'appartement, des fleurs, et un nouveau service à thé en porcelaine, avec un motif de roses[70].

Même en 1929, on pouvait guérir un cancer : Nora se rétablit totalement. Mais, alors comme maintenant, l'éventualité d'une rechute n'était jamais bien éloignée des pensées de la famille ni de la patiente. Deux ans plus tard, Joyce écrivait à Miss Weaver : « Ma femme est allée voir le Dr Fontaine pour une de ces visites périodiques qui me rendent nerveux jusqu'à son retour. (Aucune allusion à cela, s'il vous plaît, quand vous écrirez.) » Dès le lendemain (ce qui montre l'étroit contact qu'il gardait avec sa bienfaitrice), il pouvait écrire : « Le rapport est bon, Dieu merci, tout va bien[71]. »

En février 1929, les Joyce commencèrent à admettre ouvertement Helen Fleischman au sein du cercle familial. Leurs relations avaient subi un changement significatif lorsque le divorce français avait été prononcé, et qu'on avait donc pu retrouver le monde des convenances[72]. Elle paraissait désormais en public avec eux, à des dîners ou des récitals de danse de Lucia. En juin, elle était déjà si bien intégrée au groupe familial qu'elle fut comprise par Sylvia et Adrienne dans l'invitation à déjeuner dans un restaurant de campagne pour célébrer la sortie de la traduction française d'*Ulysse* et le vingt-cinquième anniversaire de Bloomsday — la journée de Bloom dans *Ulysse*, le 16 juin 1904. Vêtue d'un tailleur gris clair tout neuf et tenant à la main un sac rouge, Helen passa une excellente journée. McGreevy et Beckett aussi — trop même au goût de Joyce et de Nora, car les deux célibataires, seuls Irlandais présents, burent tant et chantèrent si fort qu'ils se couvrirent de honte. Les photos du *Déjeuner Ulysse* (auquel étaient conviés les représentants de la presse anglophone à Paris) montrent une Nora qui souhaiterait être n'importe où, même à l'hôpital, plutôt qu'à l'Hôtel Léopold, entre le journaliste français Philippe Soupault et Édouard Dujardin, l'inventeur putatif de la technique du monologue intérieur. La personne la plus déplacée de l'ensemble, apparemment, est Lucia. Alors que tout le monde regarde le photographe, Lucia, comme toujours, a le regard fixé ailleurs.

Jamais Nora ne s'abstenait d'une réception sous prétexte qu'il n'y aurait là que des personnalités littéraires. S'ils se sentaient « coincés » avec elle, elle s'en moquait bien. S'ils étaient irlandais, elle parlait de l'Irlande. Si c'était des femmes, elle parlait de vêtements et d'appartements. S'ils étaient français, elle regardait droit devant elle sans desserrer les dents. C'était une épouse souvent silencieuse, mais jamais invisible ; Joyce devait parfois souhaiter qu'elle fût plus silencieuse encore. Un soir à L'Avenue, restaurant situé en face de la gare Montparnasse, où Joyce avait été convoqué pour rencontrer Ford Madox Ford, un silence embarrassé s'instaura entre les deux hommes de lettres. Nora morigéna son mari. « Jim, qu'est-ce que tu as donc à jacasser comme tu fais les soirs où l'on te ramène saoul à la maison pour que je m'occupe de toi ? Tu es barbant comme une huître ce soir, que Dieu me vienne en aide[73]. »

Dans ses taquineries, elle n'épargnait jamais son mari. Un soir qu'ils dînaient avec les Hemingway, Joyce fit compliment à son confrère de ses aventures africaines, et exprima le regret que ses livres à lui étaient peut-être trop banlieusards. « Ah, un peu de chasse au lion ne lui ferait pas de mal », déclara Nora à Hemingway. Cette seule pensée terrifia Joyce. Il protesta qu'il ne pourrait même pas voir le lion. « Hemingway te le décrirait, riposta-t-elle, et ensuite tu pourrais t'approcher pour le toucher et le sentir. Tu n'as besoin de rien de plus[74]. »

Cet été-là, Nora était sujette à des crises de larmes. En juillet, Joyce l'emmena en Angleterre, où elle se plaisait toujours. Ce fut un large groupe, qui comprenait Lucia, Giorgio et Helen, et Stuart et Moune Gilbert. Ils s'arrêtèrent d'abord à Londres, où ils passèrent plusieurs semaines à l'Euston Hotel, dînant dans les restaurants italiens de Soho et retrouvant leurs nombreux amis. Ils étaient heureux de revoir en particulier James Stephens, l'écrivain irlandais, et sa ravissante femme Cinthia, qui vivaient à Kingsbury, au nord-ouest de Londres. Les Joyce aimaient aller passer le dimanche chez eux, à bavarder et prendre le thé au jardin ; Lucia était amie avec le fils et la fille des Stephens, qui étaient comme elle âgés d'une vingtaine d'années. Au cours de ce même séjour, Joyce invita le dramaturge irlandais Sean O'Casey, qu'il n'avait jamais rencontré, à venir prendre un verre à l'Euston Hotel. Mais O'Casey avait un gros rhume, et ils durent se contenter d'une longue conversation passionnée au téléphone, certains de faire connaissance lors d'une prochaine occasion. Cela ne se produisit jamais[75].

Le groupe entier se déplaça vers le sud-ouest, pour s'établir dans le meilleur hôtel de Torquay, l'Imperial. Nora était enchantée, de même qu'Helen, qui adorait flâner dans la ville et chercher des trésors chez les antiquaires, tandis que Joyce, arborant un blazer, un pantalon blanc et un chapeau de paille, parcourait les collines autour de la ville. Tout le monde se retrouvait à l'hôtel pour le thé, puis chacun montait s'habiller, pour dîner ensuite ensemble à nouveau.

Miss Weaver vint les voir à Torquay, et Joyce eut la délicatesse de négocier avec la direction de l'Imperial une réduction de tarif pour elle, afin qu'elle n'eût pas à descendre, comme les Gilbert, dans un établissement modeste. Par tact, Helen et Giorgio repartirent pour la France avant son arrivée. L'après-midi, Stuart Gilbert rejoignait Joyce pour travailler avec lui à son étude sur *Ulysse*, qui allait devenir pour tant de gens le guide indispensable, bien que dénué d'humour, à la lecture de ce livre difficile.

Ces vacances remontèrent le moral de Nora, mais pas son retour à Paris. Sa bonne la quittait pour se marier. (Les lamentations sur le service domestique, chez les Joyce, avaient remplacé les anciennes lamentations sur les chaussures.) Et puis Nora s'attachait de plus en plus à Londres. Joyce parlait de « lotusland ». « Ma femme, écrivait-il à Miss Weaver, doit être retenue au corps d'agresser divers types de fonctionnaires civils et incivils et nous sommes obligés de sonner une cloche tous les quarts d'heure pour mettre fin à ses discours sur Londres[76]. »

Nora s'inquiétait plus sérieusement pour Lucia. A leur retour, Lucia avait décidé de renoncer à la danse. Elle n'était pas assez forte, expliquait-elle, mais elle sanglotait sans fin sur sa carrière perdue. Joyce parla à Miss Weaver du « mois de larmes » où Lucia avait contemplé les trois ou quatre années qu'elle abandonnait derrière elle[77]. Dès novembre, cependant, elle avait réduit son ambition à l'enseignement et espérait pouvoir se joindre à l'Anglaise Margaret Morris, danseuse de ballet moderne dont elle admirait le travail et qui venait à Paris.

Joyce affirma à Miss Weaver que la décision venait de Lucia, mais une amie de Lucia, Dominique Gillet, était convaincue que Nora et Joyce avaient décidé pour elle, et mis eux-mêmes un terme à sa carrière. Quelle que fût la vraie cause, le fait est qu'à la fin de 1929, les perspectives professionnelles de Giorgio, âgé de vingt-quatre ans, et de Lucia, vingt-deux ans, étaient pratiquement évanouies.

Joyce aimait vanter leurs talents, mais il bloquait toute issue pour eux. Il forçait tous ses amis, y compris Beckett, à écouter chanter Giorgio, mais Giorgio avait un trac paralysant doublé d'un tic nerveux, sans doute lié, consistant à s'éclaircir la gorge. Giorgio était également handicapé par Helen, qui ne souhaitait pas vraiment le voir réussir. Sa fortune, ajoutée à celle de Miss Weaver, sapait le besoin qu'il aurait pu avoir de travailler, et encourageait son dandysme. Et puis Giorgio avait de nombreux amis personnels, parmi lesquels McGreevy et Beckett, qui par l'âge étaient plus proches de lui que de son père, et il était heureux de passer du temps en leur compagnie.

Le problème de Lucia était tout autre. Elle négligeait son apparence. Ses vêtements n'étaient pas soignés, elle ne se brossait pas les cheveux. Nora expérimenta la seule tactique qu'elle connaissait. Elle grondait Lucia et la comparait défavorablement aux autres jeunes femmes de leur connaissance. Lucia répondait en haussant le ton. Elle était presque aussi grande que sa mère, avec une forte poitrine, et les épais sourcils, les yeux bleu nuit, et l'épaisse chevelure souple de Nora.

Comme si les tensions internes de la famille n'avaient pas suffi, Joyce, à la fin de 1929, avait rencontré par l'entremise de Stanislaus un ténor de l'Opéra de Paris, John Sullivan, qui était franco-irlandais. Son vrai nom était O'Sullivan, mais Joyce le persuada — ainsi que tout son entourage — d'utiliser plutôt Sullivan, « pour l'amour de la musique »[78]. Au début, Joyce fit passer sa passion obsessionnelle pour Sullivan pour un prolongement de son intérêt pour la voix de son fils. Il invita Sullivan à un petit concert que donnait Giorgio, et annonça à Miss Weaver que Sullivan, « qui m'admire beaucoup », allait aider à la carrière de Giorgio. Mais ce fut bientôt Joyce qui poussa Sullivan avec toute la force d'une adoration obsessive. Il identifiait Sullivan non plus avec Giorgio mais avec lui-même. Il croyait voir en Sullivan un autre génie méconnu, et ne tarda pas à proclamer que Sullivan était sans doute le ténor dramatique le plus puissant qui existât. Il se lança avec une bizarre passion dans une campagne de publicité pour Sullivan. Ses amis étaient traînés à tous ses spectacles ; Miss Weaver, après une visite à Paris, s'extasia poliment sur l'enchantement de ses visites au square Robiac, car il y avait toujours quelque chose de nouveau à apprendre sur les progrès de Sullivan. Nora ne voulait pas entendre parler de cette croisade. Comme McGreevy arrivait en visite chez eux, Nora lui chuchota de ne pas mentionner le nom de Sullivan, et de ne pas le relever si c'était Joyce qui en parlait.

On eût dit que Sullivan était devenu le fils dont rêvait Joyce — un merveilleux chanteur d'opéra qui ne lui causait aucun tourment de rivalité. Si Joyce avait seulement consacré à Giorgio une fraction de l'énergie qu'il déploya pour Sullivan pendant ces quelques années — la pleine force de sa réputation littéraire internationale servait à rallier tous les suffrages autour de Sullivan, courtiser les critiques, extorquer des engagements pour Sullivan, faire acheter des billets à tous ses amis —, Giorgio aurait au moins eu une petite part de vie professionnelle active. Il avait, aux dires de tous une voix splendide, plus riche que celle de son père. Mais Giorgio, succombant au désespoir que lui causait ce trac effroyable et ce toussotement (dont Arthur Power attribuait la responsabilité à ses deux parents) s'était engagé sur une voie plus terrible. Il se mit à boire — non point le vin blanc auquel se limitait son père alcoolique, mais du whisky et du cognac, infiniment plus corrosifs.

Lucia se trouvait prise dans un piège analogue. Ses parents la poussaient en avant tout en la retenant par-derrière. Ils semblaient l'encourager à danser. Ils assistaient à toutes les représentations. En mai 1929, quand Lucia échoua à un concours au Bal Bullier, Joyce se mit dans une grande colère. Il rapporta à Miss Weaver que la moitié de l'assistance avait protesté contre cette injustice, réclamant « *l'Irlandaise !* ». Stuart Gilbert, en courtisan, dit à Joyce qu'il était de son avis. Lucia aurait gagné, si la mode n'avait pas été à la « danse négroïde ». Ce fut la dernière fois que Lucia dansa en public, et la déception de Joyce fut l'un des éléments qui l'amenèrent à abandonner sa carrière.

Les représentations publiques causaient à Lucia de grandes angoisses. Elle manquait de maturité (Stuart Gilbert disait qu'elle avait « l'inexpérience de la moitié de son âge »)[79]. Nora et Joyce s'efforçaient peut-être de prévenir un effondrement. Pourtant, Joyce l'avait convaincue qu'il était malséant pour une femme de monter sur scène et d'agiter les bras. Il disait à sa fille : « Tant que tu sais entrer convenablement dans une pièce, c'est tout ce qui compte[80]. » (C'était un art où sa mère excellait.) En vérité, il tirait une paisible satisfaction de savoir que ses enfants n'avaient pas à travailler pour vivre, et pouvaient mener une vie oisive comme si leur père avait été un riche industriel — ce que, dans un sens, il était. En 1928, Joyce avait déjà écrit les deux tiers de ce qui allait être *Finnegans Wake*.

Nora eut bientôt de nouvelles raisons de s'alarmer au sujet de sa fille. Lucia commençait à manifester un intérêt incontrôlé pour les jeunes gens. La libération sexuelle l'assaillait de toutes parts et elle se voyait « sexuellement affamée »[81]. Son frère parcourait l'Europe avec sa maîtresse, et elle dînait presque tous les soirs avec ses parents. Nora s'efforçait de lui trouver des amies convenables, comme la fille de James Stephens, mais c'était difficile. Lucia n'avait pas fréquenté l'école assez longtemps, à Paris, pour parler couramment le français ou s'être fait des amies. Et puis la réputation de son père comme auteur de livres obscènes lui fermait bien des portes dans la bourgeoisie, plus encore en Angleterre même qu'en France [82].

Lucia manquait totalement d'expérience, sexuellement, mais contrairement à sa mère dans sa jeunesse, elle était aussi sans défense. Elle était, comme devait le dire plus tard une de ses cousines, « facile ». Ellmann évoque une aventure avec un écrivain américain, Alfred Hubbell, qui fut sexuellement consommée, mais il y en eut beaucoup d'autres [83]. Un jour, chez les Joyce, l'écrivain Liam O'Flaherty s'approcha d'Arthur Power avec une lueur de triomphe dans le regard. « Vous voyez cette fille, là-bas », déclara O'Flaherty, coureur de jupons qui se considérait comme une célébrité depuis le succès de son roman *The Informer.* « J'ai rendez-vous avec elle à la gare du Nord.

— Vous savez qui c'est ? s'exclama Power indigné. C'est la fille de Joyce [84] ! »

A mesure qu'elle perdait le contrôle d'elle-même, Lucia devenait l'objet de convoitises. Son père faisait mine de ne rien voir, mais pas Nora : elle la rabroua sérieusement pour son aventure avec le sculpteur américain Alexandre Calder [85]. Mais ce qui causa le plus de peine à Joyce et Nora fut la passion farouche et sans retour de leur fille pour Samuel Beckett.

Né en 1906, il avait un an de plus qu'elle et un de moins que Giorgio ; et en 1930, à l'âge de vingt-quatre ans, il n'avait pas conscience de l'effet dévastateur qu'il exerçait sur les femmes. Son charme différait fort de celui de James Joyce : il émanait de toute sa personne une présence sexuelle. Ses yeux vert pâle, ses hautes pommettes et son air d'intense rêverie excitaient les femmes, et sa timidité naturelle les incitait à prendre l'initiative. Peggy Guggenheim, qui parvint à l'entraîner au lit quelques années plus tard, raconta qu'il avait été amoureux d'elle pendant quelques jours, mais qu'elle ne s'en était remise qu'après plusieurs années. Lucia, qui voyait Beckett tous les jours quand il venait square Robiac travailler avec Joyce, tomba amoureuse de lui. Beckett sentait bien qu'elle se faisait des idées fausses, quand elle l'accompagnait chaque jour jusqu'au bureau de son père, mais il avait le sentiment de ne lui donner aucun encouragement. Il ne pouvait pas imaginer de cesser de voir Joyce.

L'Œuvre en cours enrichissait les idées de Beckett sur l'usage de la langue et l'écriture en dehors du cadre du temps. Beckett était l'un de ceux que Joyce avait recrutés pour écrire une série d'essais expliquant *L'Œuvre en cours* au monde effaré. A ceux qui protestaient que *L'Œuvre* n'était pas en anglais, Beckett répliquait :

> « Vous ne pouvez pas vous plaindre que ce n'est pas écrit en anglais. Ce n'est pas écrit du tout. Ce n'est pas fait pour être lu… c'est fait pour être regardé et écouté. Il n'écrit pas sur quelque chose. *C'est ce quelque chose-là*[86]. »

Beckett aidait également à traduire l'épisode « Anna Livia Plurabelle » du livre. Joyce termina cet épisode, que beaucoup considèrent comme la partie la plus acceptable de *Finnegans Wake,* au début de 1924. Il le décrivit à Miss Weaver comme « un dialogue bavard pardessus la rivière [Liffey] entre deux lavandières qui au tomber du jour deviennent un arbre et une pierre. La rivière s'appelle Anna Liffey »[87].

C'était un passage que Nora adorait entendre Joyce lire à voix haute. Il rendait la voix des lavandières lavant le linge sale de la vie, la Liffey, Anna Livia elle-même et parlant d'elle-même avec des cadences et des expressions qui pouvaient fort bien être celles de Nora :

> « Ô
>> Tellus, dis-moi tout sur
>> Anna Livia ! Je veux tout savoir d'Anna Livia !
>
> Mais connais-tu Anna Livia ? Oui, bien sûr, nous connaissons tous Anna Livia. Dis-moi tout. Dis-moi maintenant, c'est à mourir lorsque tu l'entendras. Non tu sais lorsque le vieux, et crac, fit ce que tu sais. Oui je sais, continue. Lave tranquillement et n'éclabousse pas partout. Relève tes manches et mets ton disque en route. Et me cogne pas — hein ! — lorsque tu te baisses. Ou quoi que ce fût que l'on essaya de découvrir qu'il ait bien pu faire à Fiendish Park. Il a une affreuse vieille réputation. Regarde sa chemise ! Regarde-moi cette saleté ! Il me salit mon eau tout plein de sa noirceur. Et ça trempe et ça étoupe depuis une semaine. Combien de temps ça fait-y je me le demande que j'y ai lavé ? Je connais par cœur les endroits qu'il aime à salir, ce vieux cochon ! Je m'écorche les mains et m'esquinte de famine pour que son linge privé soit présentable en public[88]. »

Anna Nora était-elle bien loin de là ? La langue de Joyce dans *Finnegans Wake* est si contournée et jonchée de références biographiques fragmentées qu'on peut aisément y trouver n'importe quoi. Les corrélations n'y sont pas du tout aussi évidentes qu'entre Molly Bloom et Nora. En tant que femme, Anna Livia est décrite comme toute petite, plus petite que son mari H. C. Earwicker, mais elle est aussi une rivière, et un oiseau. Non pas un oiseau de mer, mais une poule.

Et pourtant, de bien des façons, elle est davantage Nora que Molly ne pourrait l'être. Anna Livia a vécu toutes les étapes de la féminitude, parvenant jusqu'aux désillusions de la vieillesse, et elle s'est usée à s'occuper de sa famille. Certaines corrélations physiques avec Nora sont très proches. Anna Livia est à la fois belle et laide. Elle a ou a eu les cheveux roux ; elle les fait onduler.

La spécialiste de *Finnegans Wake*, Margot Morris, a souligné l'amour d'Anna pour les vêtements (« je suis si délicieusement ravie de la ravissante robe que j'ai »), et les chaussures neuves (Joyce, en 1904, appelait Nora Miss Mignonne-Chaussures-Brunes). Elle s'inquiète de grossir, comme une rivière s'emplissant de pierres, protège sa peau fragile du soleil, ou l'enduit de cosmétiques.

Anna, suivant l'interprétation féministe de Norris, souffre de la solitude et ne peut retrouver son orgueil qu'en étant sexuellement désirée par un homme. La sexualité a disparu de son mariage (en fait, Anna Livia a contraint Earwicker au mariage après des années de concubinage) mais elle est une femme forte, aimante et compétente auprès de son vieux mari invalide. Elle lui pardonne ses fautes passées, et ses bizarreries sexuelles, sa brutalité. Plus vigoureuse et plus mobile que lui, elle le tire vers la vie. « Lève-toi… tu as trop dormi. » Elle le mène par la main, lui rajuste ses habits, et lui parle comme à un enfant : « Tiens-toi droit ! Je veux que tu aies belle allure pour moi[89]. »

Beckett n'était pas exempt de responsabilités dans le problème de Lucia. Il voyait son avenir littéraire menacé par les encombrantes attentions de la fille de son idole. Il se laissait entraîner dans un groupe familial de six personnes : Helen et Giorgio, Nora et Joyce, et Lucia et lui-même. On le voyait en effet si souvent avec Lucia que la rumeur les fiançait. Ainsi, Beckett s'associa publiquement à la famille Joyce en deux grandes occasions : le premier récital de chant de Giorgio, le 25 avril 1929, et le concours de danse du mois de mai, que Lucia perdit de justesse. Tandis qu'elle frissonnait dans son costume de poisson argenté, elle avait le plaisir de savoir que le regard pâle et perçant de Beckett était fixé sur elle.

Beckett trouvait Lucia divertissante, elle était volubile et parlait de mille choses, mais il n'éprouvait pas la moindre attirance sexuelle pour elle. Sa biographie affirme qu'il était très en retard émotionnellement. C'est seulement à l'âge de vingt-trois ans qu'il commença à s'intéresser aux femmes ; et à l'époque où Lucia en était amoureuse, il était lui-même épris d'une de ses cousines, juive allemande. Il ne tarda cependant pas à soupçonner que la fille de Joyce devenait folle, et il s'en ouvrit à Kay Boyle[90].

En mai 1930, pendant que ses parents étaient en Suisse, Lucia invita Beckett à déjeuner dans un restaurant italien. Elle comptait sur un moment d'intimité magique, et peut-être espérait-elle une déclaration. Mais lui, insultant, amena un ami par mesure de protection. Lucia, vêtue avec recherche, se conduisit bizarrement. Elle mangea à peine puis soudain, sans un mot, se leva et quitta le restaurant avant la fin du repas. C'étaient là les symptômes de la schizophrénie et non d'une peine de cœur, mais Beckett considéra finalement qu'il lui fallait parler carrément. Il expliqua à Lucia en termes clairs qu'il n'avait pas pour elle d'intérêt sentimental, et que s'il venait chaque jour chez eux, c'était uniquement en tant qu'assistant de son père.

Lucia fut désespérée. A son retour de Suisse, Nora se mit en colère. Elle accusa Beckett d'avoir encouragé la jeune fille sur une fausse voie pour être bien vu de Joyce, puis elle persuada Joyce que Beckett s'était joué des sentiments de sa fille. Joyce (qui, absorbé par son livre, n'avait peut-être rien remarqué) accepta le rôle de père outragé. Il transmit le message : les visites de Beckett devaient cesser ; il devenait *persona non grata* au square Robiac.

McGreevy s'efforça de consoler Beckett. Un jour, lui dit-il, Joyce serait bien obligé de faire face au problème de l'instabilité de Lucia. Et ce jour-là, il reconnaîtrait que Beckett s'était conduit honorablement. McGreevy avait raison, et Joyce et Beckett finirent par se réconcilier. Mais Joyce ne vécut pas assez longtemps pour savoir que Beckett allait être l'un des amis les plus loyaux que pourrait compter Lucia, toute sa vie durant.

La rupture avec Beckett ne fut que l'une des secousses qui marquèrent la fin de leur seule période de vraie vie familiale. Les événements allaient les forcer à quitter le square Robiac. Décrivant ces événements à un ami suisse, Jacques Mercanton, Nora déclara pensivement, dans un français aussi imparfait que l'anglais d'Anna Livia : « *Nous étaient si gais*[91] ! »

CHAPITRE 15

Intérêts légitimes

Il y eut en un an deux mariages Joyce, l'un à Paris, et l'autre à Londres. Si le premier n'avait pas eu lieu — Giorgio avec Helen le 10 décembre 1930 —, le second — James et Nora le 4 juillet 1931 — n'aurait pas été nécessaire.

En mars 1930, Harriet Weaver apprit avec stupéfaction que Joyce envisageait de quitter son appartement parisien pour s'installer à Londres. La raison, disait-il, était économique. La livre ayant chuté, son argent ne lui permettait plus de vivre à Paris. D'ailleurs, ajoutait-il, multipliant les raisons comme il faisait toujours, il avait trop mal aux yeux pour continuer son travail. Ce n'était plus la peine de rester à Paris s'il ne pouvait pas écrire. Il allait donc quitter l'appartement du square Robiac quand le bail arriverait à terme en mai[1].

Joyce ne tarda cependant pas à révéler sa véritable intention. Il voulait épouser Nora, en Angleterre, suivant la loi anglaise, et il lui fallait pour cela un domicile en Angleterre. Le cabinet Monro Saw pouvait-il s'occuper des démarches ? D'après les biographes de Miss Weaver, la requête ébranla Fred Monro, qui s'était pourtant cru rodé à tous les chocs sur le front des Joyce[2]. Déférent, il entreprit néanmoins de s'informer sur les législations du mariage et de la nationalité en Angleterre, en France et en Autriche d'avant-guerre.

Pour ce mariage, la pression ne venait évidemment pas de Monro Saw. Non plus de Nora. Au cours des ans, Joyce avait résisté à son vœu de se marier — en 1904, en 1910 (quand les belles-sœurs de Nora avaient soulevé la question), et en 1927, quand Byrne était venu les voir[3]. Joyce n'avait même pas offert à Nora de l'épouser quand elle avait failli mourir du cancer. Manifestement, il jugeait superflue toute cérémonie ; il s'estimait lui-même aussi marié que n'importe qui.

Mais ce n'était pas l'avis d'Helen Fleischman. En 1930, après trois années de démarches administratives pour obtenir son divorce français, elle avait décidé d'épouser Giorgio et d'avoir un enfant. Mais elle ne voulait pas d'un homme qui fût illégitime, et n'avait pas même vraiment droit au nom qu'il portait. Helen exigea, peut-être sur le conseil de son frère cadet, Robert Kastor, que Nora et Joyce se marient pour qu'elle puisse avoir un enfant. Elle était intraitable sur ce point [4].

Jusqu'alors, l'irrégularité de la situation des Joyce ne l'avait guère troublée. Un jour, Giorgio était arrivé chez elle, où il vivait presque, en s'exclamant d'une voix désespérée : « Je viens d'apprendre une chose épouvantable ! Mes parents ne sont pas mariés ! » Helen trouva drôle que l'ironie de la situation lui eût échappé. (L'absence totale d'humour chez Giorgio — trait qu'il ne tenait assurément d'aucun de ses deux parents — s'expliquait peut-être par son déracinement originel [5].) En tout cas, l'illégitimité de Giorgio ne troublait guère Helen. A son âge, et ayant déjà un enfant, elle considérait, au début de sa liaison avec Giorgio, qu'elle avait déjà fait son temps de jeune mère.

Quand Giorgio et elle commencèrent à parler de mariage, cependant, il devint fort clair, à la manière dont Joyce sonda les intentions d'Helen, que ce dernier souhaitait vivement avoir une descendance qui continuât le nom. S'ils n'envisageaient pas de fonder une famille, disait-il, ils n'avaient aucune raison de se marier. Il avoua à Padraic et à Mary Colum, en leur annonçant le mariage de son fils, qu'il espérait en avoir bientôt un petit-fils [6].

Nora adopta la position contraire. Elle s'opposait farouchement à ce mariage. A un niveau primaire, elle était jalouse d'Helen, qui lui était supérieure en distinction et en élégance, et dont Joyce appréciait trop visiblement la compagnie. Il était toujours plus animé quand Helen se trouvait dans la pièce. Mais, avec sa clarté de jugement sur les caractères, Nora voyait aussi que le mariage ne durerait sans doute guère. Helen était instable ; elle était trop âgée pour Giorgio, et aussi trop riche. Maria Jolas déclara par la suite : « Il était pratiquement — je n'aime pas employer le mot " gigolo " — mais il était absolument soumis aux caprices de cette femme gâtée, riche et séduisante [7]. » Tous n'étaient pas aussi réticents ; Lucia, dans son anglais imparfait, appelait Helen la « gigolo ». Les réactions vis-à-vis d'Helen furent un peu, à une échelle moindre, les mêmes que celles qui accueillirent Wallis Simpson quelques années plus tard : c'était une divorcée américaine arriviste, qui étourdissait un Européen naïf par son élégance et sa gaieté. La différence, toutefois, était qu'Helen avait de l'argent — contrairement à Mrs. Simpson.

Mais, de même que Peachum dans *L'Opéra de quat' sous*, Joyce commençait à voir comment il pourrait tourner à son avantage ce mariage mal assorti. Depuis la mort de John Quinn, il n'avait plus vraiment eu de représentant solide sur la scène new-yorkaise, qui lui était parfaitement étrangère. Les relations financières de la famille Kastor pourraient peut-être se liguer pour lui procurer ce qu'il désirait le plus : une édition légale d'*Ulysse*, protégée par un copyright, dont il pourrait tirer un revenu digne de ses longues années de travail. Joyce n'était pas un snob, socialement. Il était sincère, quand il disait — et il le disait souvent — qu'il n'avait jamais rencontré personne qui fût ennuyeux. Le rang des gens ne l'impressionnait pas mais, dans toutes les villes où il vécut, il eut tôt fait d'observer comment l'argent et l'influence pourraient l'aider à atteindre ses objectifs, et il poursuivait sans aucune honte son propre intérêt dès l'instant où il avait déterminé quel était cet intérêt[8].

Joyce fit donc en sorte d'accéder aux vœux d'Helen. Tout au long de l'année 1930, les préparatifs de son propre mariage avancèrent en tandem avec ceux de son fils. Et il entreprit en même temps — peut-être n'avait-il pas même vraiment conscience de s'abandonner aussi totalement à l'étreinte protectrice d'Helen Fleischman et de Robert Kastor — de rompre les liens avec Sylvia Beach.

Dans la lettre même où il annonçait à Miss Weaver son projet d'aller vivre à Londres, il lui confiait qu'il avait des problèmes « avec la rue de l'Odéon » — c'est-à-dire avec Sylvia et Adrienne. Sylvia lui reprochait son obsession de Sullivan, mais aussi ses réclamations continuelles d'argent pour les éditions successives d'*Ulysse*. Mais comme il avait toujours eu ces exigences, rétorqua Joyce avec hauteur, la difficulté devait résider ailleurs[9]. C'était en effet le cas. Poussés par Padraic et Mary Colum, et sans doute aussi par Robert Kastor, Giorgio et Helen disaient à Nora et à Joyce que Shakespeare & Company n'était plus un éditeur pour James Joyce. Un auteur mondialement célèbre, lui disaient-ils, se devait de rompre avec cette Vieille-Fille-Américaine-A-l'Étranger, qui était minable et un peu toquée, et avec cette librairie poussiéreuse qui était davantage une poste restante qu'une vraie maison d'édition.

Ajoutons que la famille de Joyce avait longtemps cru, à tort, que Sylvia gagnait beaucoup d'argent grâce à *Ulysse*, sans donner son dû à Joyce[10]. Il existait encore une autre raison à la vulnérabilité de Joyce face à ces arguments : au printemps de 1930, il avait un nouvel esclave, infiniment plus capable que Sylvia. C'était Paul Léon, riche juif russe émigré ; avocat philosophe et sociologue, il s'était enfui à Paris en 1918. Léon et Lucie, sa femme, avaient connu Helen du temps de son mariage avec Léon Fleischman, et Joyce quand il avait voulu apprendre le russe. Les Léon habitaient rue Casimir-Périer, non loin de chez les Joyce. Léon travaillait chaque jour avec Joyce et tenait toute sa correspondance avec un soin méticuleux et dans un anglais dénué d'idiotismes. C'était un service très professionnel et qui prenait beaucoup de temps, qu'il effectuait à titre bénévole, et que Sylvia, coincée derrière sa caisse au 12, rue de l'Odéon, ne pouvait pas lui offrir. Elle ne pouvait pas non plus concurrencer le dévouement de Léon, doublé d'une infinie gratitude pour le simple privilège de pouvoir observer le fonctionnement du cerveau de Joyce.

Léon et sa femme Lucie, ainsi que l'historien d'architecture Sigfried Giedion et sa femme, la critique d'art Carola Giedion-Welcker, de Zurich, constituaient le nouveau cercle qui tout à la fois protégeait et isolait Joyce dans les années trente. Ils différaient de la bohème des années vingt par un mélange de réussite, de compétence pratique, et d'inépuisable dévotion. Et puis, à l'exception peut-être d'Eugène Jolas, ils buvaient moins.

Nora s'était adaptée à ce nouveau milieu. Leur intellectualisme ne la dérangeait pas. Elle allait souvent à l'Opéra avec Maria Jolas. Elle parlait mode avec Lucie Léon (qui devint par la suite chroniqueuse de mode au *New York Herald Tribune*), et Moune Gilbert était une amie très intime. Seule Carola Giedion-Welcker semblait un peu condescendante, expliquant ainsi à sa fille le phénomène Nora, « ce petit bout d'Irlande dont Joyce a toujours eu besoin à ses côtés »[11]. Bien qu'elle ne s'en rendît pas compte, Sylvia Beach était sur le point d'être exclue du cercle magique. En 1930 et 1931, Joyce comptait sur elle et sa boutique pour l'argent et l'aide pratique, mais il avait confié la publication de *L'Œuvre en cours* à la revue *transition* des Jolas, plutôt qu'à Shakespeare & Company.

Au printemps de 1930, Joyce ne révéla rien à Sylvia de ses projets de mariage, non plus que de son intention de partir vivre à Londres. Comme il l'expliqua à Miss Weaver, Sylvia « ne sait rien de mes raisons »[12]. Mais Miss Weaver, elle, savait ; il s'agissait de légitimer ses enfants dans le cadre de la loi anglaise. Nora et lui-même étaient toujours sujets britanniques, et devaient le rester jusqu'à la fin de leur vie.

Un nouvel English Legitimacy Act de 1926 avait aligné l'Angleterre sur le Continent, en permettant la légitimation des bâtards quand leurs parents se mariaient — pourvu que leur père fût domicilié en Angleterre ou au pays de Galles au moment du mariage. (L'Écosse avait, et a toujours, ses propres lois sur le mariage.) Pour fournir à Giorgio et à Lucia un statut légitime, Joyce devait donc prendre l'Angleterre pour lieu de résidence, ou bien faire semblant. A la naissance de ses enfants, il avait pu convaincre les autorités triestines de les déclarer légitimes, mais il lui manquait le certificat de mariage qui eût permis de confirmer sa déclaration. Par ailleurs, Monro Saw lui avait expliqué que Nora hériterait beaucoup plus facilement de ses biens s'il établissait son domicile en Angleterre et qu'il était marié aux termes de la loi anglaise. Un mariage anglais se révélait donc doublement souhaitable [13].

On ignore l'opinion de Nora sur la décision de Joyce de faire d'elle son épouse légitime. On sait par contre qu'elle ne souhaitait pas démanteler leur foyer du square Robiac. Heureusement pour elle, les nouveaux projets de Joyce à la fin du printemps de 1930 repoussèrent cette tâche déplaisante. Joyce changea d'avis pour Londres, et décida d'aller plutôt à Zurich, pour essayer un nouveau spécialiste des yeux. Harriet Weaver en éprouva un vif soulagement. Elle avait redouté de voir les Joyce débarquer directement à Londres pour se marier avant qu'on eût exploré toutes les ramifications juridiques. Comme l'ophtalmologue de Joyce à Paris, le Dr Borsch, était décédé, Miss Weaver était heureuse que les Giedion l'eussent dirigé vers le Dr Alfred Vogt, brillant spécialiste suisse dont la réputation permettait d'espérer qu'on verrait enfin le terme des afflictions continuelles de Joyce — cataractes, iritis et calcification.

C'était la première visite à Zurich de Nora avec de l'argent. Avec Joyce et Giorgio, elle s'installa au Saint-Gothard, l'un des meilleurs hôtels de la ville. Elle commença à prendre contact avec d'anciens amis, prévoyant de faire un long séjour. Giorgio écrivit à Helen de les rejoindre, car il allait devoir passer un certain temps à Zurich, pour être auprès de sa mère [14]. Lucia demeura à Paris, dans l'appartement d'Helen. (C'était l'époque de la crise avec Beckett.)

Helen prenait grand soin de plaire à sa future belle-mère. En mars, alors qu'elle traversait l'Atlantique sur l'*Aquitania*, elle lui avait envoyé un radiogramme de bons vœux pour son quarante-sixième anniversaire — noble geste qui enchanta Nora, d'autant plus que personne, à part Joyce, ne s'en était souvenu. Helen respectait beaucoup la langue acérée de Nora, même s'il lui arrivait d'en rire. Un jour qu'elles regardaient ensemble l'allure dénuée de charme des passants zurichois, Nora déclara qu'en créant la race humaine, Dieu avait dû faire les Suisses en premier, pour se faire la main [15].

Nora eut tôt fait d'embaucher Helen comme secrétaire. Le Dr Vogt avait opéré Joyce d'une cataracte tertiaire ; c'était la première de deux interventions prévues, par lesquelles il espérait (avec un optimisme qui se révéla justifié) lui rendre en partie la vue. Mais Joyce était désormais une telle célébrité que n'importe quelle opération chirurgicale constituait une nouvelle d'actualité. Dans la suite des Joyce à l'hôtel Saint-Gothard, le téléphone sonnait sans répit du fait de la presse, qui réclamait des nouvelles fraîches. Et puis Miss Weaver voulait des comptes rendus médicaux complets.

Nora se déchargeait de ces corvées sur Helen, lui faisant expliquer à Miss Weaver qu'elle-même n'avait pas pu lui envoyer les détails de l'opération parce que écrire des lettres n'était pas son fort, qu'elle était occupée à tenir compagnie à Joyce à la clinique, et que, entourée à Zurich de nombreux amis, elle avait beaucoup d'obligations mondaines [16]. Joyce ne manquait pas non plus de travail pour la maîtresse de son fils métamorphosée en secrétaire ; confiné pour un mois dans sa chambre d'hôtel, il était à l'apogée de son talent de manipulateur de femmes. Helen devait prendre sous la dictée de longs messages pour Sylvia Beach, envoyés par l'intermédiaire de Lucia, afin qu'elle organise une distribution de billets gratuits à la presse en vue d'un prochain récital de Sullivan à Paris (le représentant du *Times* devait avoir quatre places d'orchestre, et ainsi de suite). Elle dut également recopier la totalité du compte rendu opératoire du Dr Vogt pour Miss Weaver, et lui transmettre les instructions de Joyce : Miss Weaver devait acheter et lui envoyer un certain nombre de livres, parmi lesquels un guide du pays de Galles, et voir un film de John McCormack ; elle devait également découper tous les articles de presse et les lui faire parvenir à Zurich. Helen exécutait toutes ces consignes avec une bonne humeur zélée. De même que tant d'Américaines, quel que fût leur rang social, elle tapait très bien à la machine.

Mais quand Helen rentra à Paris avec Giorgio, toutes ces tâches retombèrent sur Nora, qui dut passer une après-midi entière à lire *Samson le Nazaréen*, de Vladimir Jabotinsky, à voix haute — Miss Weaver venait de l'envoyer, à la demande de Joyce. Et puis elle assumait le fardeau de la correspondance Weaver. Arrivée à ce stade de sa vie, Nora pouvait écrire une lettre correctement :

« Mon mari a quitté la clinique mercredi. Giorgio est rentré à Paris... Dieu merci cette chambre d'hôtel est vaste et il y a de nombreuses rues calmes où il peut se promener... Les gens sont gentils avec lui à la clinique, baissant le prix sans qu'on leur ait demandé et refusant tout pourboire et le Professeur Vogt lui-même a refusé tout paiement pour ses soins comme pour l'opération [17]. »

Nora rapporta également que le Dr Vogt avait prescrit des lunettes provisoires, pour que Joyce pût regagner Paris et ne plus dépenser son argent en frais d'hôtel à Zurich [18].

Enfin libres de quitter Zurich, ils partirent pour Londres — et arrivèrent après l'annulation de l'engagement de Sullivan pour le rôle de Roméo, à Covent Garden, le 20 juin — annulation inexpliquée, qui ne fit que renforcer la conviction de Joyce qu'il se tramait une conspiration contre le ténor irlandais, comme il croyait qu'il y en avait aussi une contre lui. (Cependant, lors de l'unique apparition de Sullivan à la Royal Opera House, son « début », en 1927, les critiques londoniens n'avaient guère partagé l'opinion de Joyce quant à la « plus belle voix du monde ».) Joyce alla se faire expliquer chez Monro Saw le détail de la procédure pour légitimer les enfants, puis, avec Nora, passa un mois au Grand Hôtel de Llandudno, sur la côte galloise. Ils invitèrent des amis à les rejoindre et passèrent d'excellentes vacances en dépit du mauvais temps. Nora acheta des cartes postales montrant des vagues qui s'abattaient sur la promenade, et écrivit au dos : « Il pleut des chats et des chiens gallois [19]. »

Ils regagnèrent Paris plus tôt qu'à l'accoutumée et, trouvant de leur point de vue la ville déserte, repartirent aussitôt. « Paris était intolérable et nous sommes venus ici », écrit Nora à Miss Weaver, d'Étretat [20]. Giorgio et Helen s'y trouvaient également, au Golf Hôtel, près du camp où le fils d'Helen, David, âgé de douze ans, passait les vacances. Robert Kastor était là aussi.

Kastor, courtier en Bourse, diplômé de Harvard, écouta d'une oreille incrédule le récit que lui fit Joyce de ses tentatives pour mettre un terme au piratage d'*Ulysse* aux États-Unis, et déclara qu'il en toucherait un mot à son ami Bennett Cerf, de la maison d'édition américaine Random House [21].

Revenant à Paris pour la seconde fois, Nora se remit aux soins du ménage, chercha une bonne et, de ses propres mains, servit chaque jour un thé reconstituant aux troupes bénévoles qui venaient aider Joyce à traduire « Anna Livia Plurabelle ». Mais Joyce ne voulait pas la laisser s'installer. Depuis son entretien avec Monro Saw, il était décidé à retourner à Londres et à se marier. Le 30 septembre, il informa son propriétaire qu'ils renonçaient à leur bail du square Robiac à partir d'avril suivant [22].

« Mon projet actuel, confia-t-il à Miss Weaver le 30 octobre 1930, prévoit le déroulement des cérémonies sur l'eau [23]. » Il ne précisa pas quand, ni même quelles cérémonies il avait en tête. Avant tout, le secret. Comme si elle n'en eût encore pas compris le besoin, Joyce spécifia bien à Miss Weaver qu'elle ne devait absolument rien montrer, concernant son mariage, au jeune écrivain américain, Herbert Gorman, qui préparait sa biographie autorisée. « Avez-vous gardé des lettres de moi ? » s'enquit-il avec une parfaite mauvaise foi. Dans ce cas, elle avait sa permission pour montrer toutes les autres à Gorman.

Joyce savait parfaitement, bien sûr, que Miss Weaver chérissait pieusement le moindre petit bout de lettre de lui et que, en lui fournissant une version aussi détaillée des événements de sa vie privée, il écrivait en fait sa propre biographie. Suivant le même calcul, et saisissant parfaitement, dès 1930, la durabilité des traces écrites laissées par un homme connu, il ne confiait jamais au papier les pensées qu'il souhaitait vraiment garder secrètes. Par deux fois, devant discuter les détails juridiques du mariage, il fit venir Miss Weaver à Paris pour éviter d'avoir à écrire.

Tandis que Joyce préparait ses manœuvres juridiques, Nora avait entamé une nouvelle campagne pour empêcher Giorgio et Helen de se marier. La bonne humeur de leur séjour à Zurich s'était évanouie à l'approche du mariage. La tension était telle dans la famille, et l'antagonisme entre les deux femmes si vif, que Joyce dut, à cinq reprises, annuler l'importante visite de contrôle du Dr Vogt, pour que celui-ci pût prendre sa décision au sujet de la seconde opération. Joyce se décrivit, pour le bénéfice de Miss Weaver, comme le centre de la tempête :

> « Pardonnez-moi de n'avoir pas écrit mais nous avons eu des soucis terribles tout ce dernier mois à cause du projet de mariage de mon fils, sur lequel ma femme est extrêmement pessimiste et au sujet duquel je dois avancer comme un très vieux rat marchant sur des tessons de bouteilles [24]. »

Lorsqu'ils retournèrent enfin à Zurich, à la fin de novembre, Nora put écrire à Miss Weaver : « Mon mari a vu le docteur qui dit que l'œil a fait des progrès [25]. » La bonne nouvelle était néanmoins suivie d'une lettre de Joyce annonçant que Giorgio était parti vivre chez Mrs. Fleischman et « ma femme et ma future belle-fille ne se parlent plus » [26].

Sylvia Beach n'imaginait guère à quel point le mariage allait transformer sa relation avec Joyce. Elle avait écrit à sa famille, avec bonne humeur :

« Giorgio épouse Mrs. Fleischman... une femme charmante, plus âgée que lui, et vieille amie de la famille, surtout de Giorgio... elle n'est pas beaucoup plus âgée que lui [27]. »

Le 9 décembre 1930, veille de la cérémonie, Joyce entra dans sa librairie avec un papier d'aspect officiel, agrémenté d'un sceau, et pria Sylvia de le signer. C'était, huit ans et onze éditions après la première publication d'*Ulysse*, un contrat établissant les conditions futures d'édition ; Joyce conserverait tous les droits. Sylvia, cependant, en tant qu'éditeur original de l'œuvre, aurait le droit de fixer le prix de sa renonciation au cas où un autre éditeur (américain, bien sûr) voudrait la reprendre.

Plus tard, en préparant ses Mémoires, Sylvia releva la juxtaposition des deux événements :

« Joyce et moi n'avions jamais eu la moindre bribe de contrat entre nous : il ne voulait pas en entendre parler et je n'insistai pas jusqu'au mariage de son fils — il me pria alors d'établir un contrat [28]. »

Joyce ne lui révéla pas ses raisons, dit-elle, mais elle les discerna à la longue : « Certains de ses amis à New York l'incitaient à rompre tous les liens idiots. »

Giorgio et Helen se marièrent le lendemain. Tom McGreevy était témoin, avec George Bodington, avocat anglais qui travaillait pour un cabinet franco-anglais très huppé. Nora mit de côté ses sentiments et, avec Joyce, assista à la cérémonie civile, à la mairie du sixième arrondissement. Mais les Joyce tinrent secrète leur identité, car l'acte de mariage faisait état du décès des parents des deux mariés [29].

Si l'on considère la haute qualité de leurs conseillers juridiques et la présence de leur avocat au mariage, les erreurs ne peuvent pas avoir été accidentelles. Peut-être était-ce la manière la plus simple d'esquiver les questions embarrassantes sur la légitimité de Giorgio. De surcroît, le certificat de mariage contenait une omission potentiellement grave, en ce qu'il ne mentionnait pas le contrat de mariage signé par les nouveaux époux (qui protégeait sans doute l'argent d'Helen en cas de divorce). Neuf rapides coups de plume corrigèrent cependant l'erreur, et Helen devint Mrs. George Joyce [30].

Miss Weaver ne tarda pas à recevoir un compte rendu circonstancié. Joyce déclarait le problème belle-mère/belle-fille résolu — « ma femme et ma belle-fille sont à présent dans les meilleurs termes » — et bien sûr « ma belle-fille » (jamais Helen) devint l'un des personnages coutumiers de sa correspondance[31].

Joyce s'attachait de plus en plus à Helen. Intelligente, énergique et dévouée, elle était un membre extrêmement actif de l'équipe de *L'Œuvre en cours*. Inlassablement, elle lisait de longs passages de l'*Encyclopaedia Britannica*, d'où Joyce tirait des noms de lieux et de rues pour les introduire dans son texte. « Ne suis-je pas la meilleure assistante que vous ayez jamais eue, Babbo ? » interrogeait-elle[32].

Joyce devait à présent accomplir sa part du marché en épousant Nora. Il discuta en détail de sa situation avec Helen, qui lui affirma qu'aux États-Unis, sa relation avec Nora serait reconnue comme un mariage de la loi commune, exactement comme Joyce comprenait que cela se passait en Écosse. Même en Irlande, dit-il, on reconnaissait le mariage « par habitude et réputation »[33]. De 1927 à 1929, il avait suivi les efforts d'Helen pour obtenir le divorce français de son mariage américain datant de 1916, puis il avait commencé à vouloir se dégager, ainsi que Nora, de l'ambiguïté de leur propre situation. Un livre trouvé dans sa bibliothèque parisienne montre bien l'intensité et le suivi de ses efforts : il s'agit d'un volume de quatre cents pages, reproduisant les quatre cent quatre-vingt-dix-sept décisions prises par les tribunaux ecclésiastiques sur les questions de mariage, de divorce et d'inceste. Ce livre était de loin le plus usagé de tous ceux de sa collection. Joyce avait souligné de nombreux cas où la congrégation du Saint-Office de Rome s'était interrogée sur le droit des juges catholiques à dissoudre les liens du mariage des couples unis sous le régime de la « loi commune »[34].

Ces années de recherche et d'anxiété ne furent pas perdues. Elles trouvèrent leur place dans la mosaïque de *Finnegans Wake*, l'histoire de la famille universelle. Richard Brown, dans *Joyce et la sexualité*, a observé que le couple marié de *Finnegans Wake* n'était pas clairement marié au sens strict du terme. Le nom que Humphrey Chimpden Earwicker (HCE) donne à sa femme quand il défend la légitimité de leur relation n'est pas le sien propre mais une variante d'Anna Livia Plurabelle (ALP), souligne Brown, « nous alertant sur le fait que, bien qu'apparemment mariés HCE et ALP ne partagent pas de nom de famille ». Earwicker admet qu'il l'a « prise dans son lit quand elle était femme seule » — terme juridique anglais pour désigner une femme non mariée, impliquant qu'elle commet une imposture. (Nora — tout comme Joyce — avait conscience depuis le 8 octobre 1904, jusqu'à son mariage en 1931, de se rendre coupable d'imposture en prétendant faussement être mariée [35].)

L'une des phrases les plus connues de *Finnegans Wake* — « gagne-moi, courtise-moi, épouse-moi, ah ! épuise-moi ! » a été interprétée comme un cri de désenchantement, peut-être de Joyce, ou bien de Nora, concernant le rituel amoureux. Ces mots, cependant, pris dans leur contexte, contiennent une trace du thème de l'inceste qui parcourt le livre, ainsi que d'une autre préoccupation de Joyce à cette époque — le vœu d'un père de voir sa fille si belle échapper à toute cette sordide affaire :

> « ... si belle, vrai, ses yeux de sylphide sauvage et sa chevelure primerose, tranquillement, son sevrage évanoui dans la sauge, en mauves de mousse et daphnilles, étendue si paisible dessous l'aubépine, comme branche gourmande, telle la vie joyeuse éperdue que l'on effeuille, la fleur au vent qui s'épanche, aussi belle qu'elle pourrait l'être tantôt, qui sera pour bientôt, gagne-moi, courtise-moi, épouse-moi, ah ! épuise-moi ! [36] ».

En fait, le langage embrouillé du livre suggère non seulement un auteur cherchant à façonner une langue nouvelle, mais un père s'efforçant désespérément de créer un monde où les pensées éclatées de sa fille sembleraient normales.

Les idées de mariage de Nora se concentraient sur Lucia, et Lucia partageait son anxiété. Âgée de vingt-trois ans en 1930, elle commençait à désespérer de trouver un mari. Ses parents formaient un couple, Giorgio avait Helen. Elle attribuait son échec aux défauts de sa beauté, et en particulier à son strabisme, dont la maladie de son père était l'écho fatal et dominait leur vie. Nora n'avait jamais prétendu que ce strabisme fût sans importance. McAlmon gardait le souvenir d'une soirée entière consacrée à ce sujet, chez les Joyce. Nora disait : « Cela se voit deux fois plus quand elle est nerveuse [37]. »

Joyce l'encourageait à se faire soigner, et il écrivit à un spécialiste réputé, à Barcelone. Lucia décida finalement de se faire opérer à Paris par le successeur du Dr Borsch. Joyce se déclara satisfait par le résultat. L'imperfection qui avait tourmenté Lucia toute sa vie avait pu être corrigée en vingt minutes, écrivit-il à Miss Weaver : « Elle est rentrée en taxi et, en huit jours, elle avait les deux yeux bien droits [38]. » Là encore, c'était un exemple de son aptitude à prendre ses désirs pour des réalités. Qu'elle eût fait un tel effort pour transformer son apparence, voilà qui rendait plus décourageant encore son échec avec Beckett.

Quand Nora disait qu'il fallait trouver un bon mari pour Lucia, ce n'était pas à Beckett qu'elle pensait. Chez tous les hommes qui se présentaient, elle avait tôt fait de déceler les fautes. Beckett n'appartenait manifestement pas, à l'époque, à l'espèce dont on faisait les maris ; McGreevy était l'archétype du célibataire irlandais pieux. McAlmon, lui, demanda Lucia en mariage (après son divorce d'avec Bryher, riche héritière anglaise), mais il était homosexuel [39]. Calder, que Lucia avait beaucoup aimé, était fiancé à une petite-nièce d'Henry James. Et Alfred Hubbel, successeur de Calder à l'automne 1930, était un homme marié [40].

Mary Colum donna son avis à Joyce. (Il admirait son sens des affaires, même si, derrière son dos, il se moquait du fait qu'elle gagnait plus que son mari — surtout, disait-il, en acceptant des avances d'éditeurs pour des livres qu'elle n'écrivait pas [41].) Mary suggéra à Joyce d'arranger un mariage avec une dot, suivant la tradition française, afin d'empêcher Lucia de courir après des jeunes gens impossibles. Tandis qu'ils parlaient ainsi de Lucia, Nora s'offusqua du détachement qu'elle décelait dans la voix de Joyce. « Tu n'as jamais vraiment connu ta fille », lança-t-elle. « Permets-moi de dire que j'étais présent à sa conception », riposta Joyce, comme si cela eût contrebalancé tout le temps que Nora avait passé à élever cette enfant difficile [42].

Au cours de ces deux années, la fragile personnalité de Lucia eut à subir une succession de chocs. Elle se débattait pour trouver une orientation. Elle avait renoncé à la danse et s'efforçait de développer un autre talent, le dessin. Beckett l'avait repoussée. Elle avait perdu son frère adoré, unique lien continu avec son enfance. A tout cela vint s'ajouter la désastreuse découverte de son illégitimité. Elle en fut infiniment plus ébranlée que Giorgio. On peut imaginer comme ils avaient été trompés par tout le rituel que célébraient chaque année Joyce et Nora. Pour le vingt-cinquième anniversaire du 8 octobre 1904, Sylvia Beach avait même donné une grande fête. Pour Lucia, la nouvelle était incroyable et déshonorante.

La langue acérée de Nora ne faisait pas grâce à sa fille. S'emportant contre elle, un jour, elle lui cria : « Espèce de bâtarde [43] ! » « A qui la faute ? » répliqua Lucia du même ton, et pendant plusieurs jours elle refusa de parler à sa mère. Ce fut donc son père qui porta la pleine charge de sa fureur. « Si je suis une bâtarde, de qui est-ce donc la faute ? » répétait-elle sans relâche. Cette rage renforça encore la détermination de Joyce à épouser Nora [44].

Quand on vit de l'autre côté de la révolution sexuelle, on pourrait aisément sous-estimer le désarroi de Lucia — et d'Helen — à l'idée d'illégitimité. Le statut légal des enfants illégitimes était alors très inférieur à celui des enfants légitimes. Les stigmates sociaux étaient considérables, et les difficultés pratiques non négligeables. Ainsi, Giorgio risquait d'être enrôlé dans l'armée française s'il ne pouvait prouver sa citoyenneté britannique. L'armée italienne avait déjà tenté de le récupérer.

Vivre dans le péché — selon les critères en vigueur en Angleterre et en Amérique — était une chose scandaleuse. C'était précisément pour échapper aux regards indiscrets et aux langues malveillantes des gens bien-pensants que les libres penseurs américains avaient afflué à Paris.

Jusqu'en 1931, Nora et Joyce demeurèrent convaincus d'avoir bien caché leur non-mariage. De Trieste à Londres, tout le monde les croyait mariés. En février 1931, quand Giorgio et Helen revinrent de leur lune de miel en Allemagne, où ils étaient allés voir des cousins d'Helen, Nora et Joyce n'étaient pas encore mariés, mais ils n'avaient aucune raison de penser que le cadavre serait tiré de l'armoire familiale.

Ils avaient compté sans Dublin. Leur fuite hors mariage, en 1904, était entrée dans la légende des milieux littéraires dès l'instant où le bateau avait quitté le North Wall, et le scandale d'*Ulysse* dans les années vingt, à l'époque où naissait une nouvelle nation catholique particulièrement puritaine, l'avait haussée dans la mythologie populaire.

En mars 1931, les lecteurs américains de la revue mensuelle *Catholic World* eurent le privilège d'une dénonciation impitoyable de l'immoralité de Joyce. L'auteur, Michael Lennon, était un juge de Dublin dont Joyce avait beaucoup apprécié la compagnie, un soir, à Paris. Les deux hommes s'étaient attardés à discuter jusqu'à l'aube. En partant, Lennon avait sollicité et reçu un exemplaire signé d'*Ulysse* ; il écrivit ensuite pour savoir si sa femme pourrait venir en visite chez les Joyce, lors d'un passage à Paris. Mais le plaisir de la rencontre n'adoucit aucunement l'âpreté de sa plume.

Pour ses lecteurs catholiques américains, en grande partie d'origine irlandaise, et qui s'effarouchaient facilement, Lennon raconta comme le jeune James Joyce, amer, et déçu par Dublin, était parti enseigner à Trieste, en 1904,

« ... emmenant avec lui une jeune fille de l'Ouest de l'Irlande, serveuse dans un restaurant de Dublin. Il ne lui accorda point la protection même d'un mariage civil, proclamant à l'époque qu'il ne voulait pas de cérémonie religieuse ni d'histoires de prêtres pour son alliance, mais qu'il traiterait bien la jeune fille, promesse qu'il a tenue. Elle devait être bien éprise de lui, pour accepter un tel arrangement. Elle lui a donné une fille et un fils, âgés de plus de vingt ans à présent. Depuis leur arrivée à tous en France, on me dit que Joyce a contracté un mariage civil, sans doute dans l'intérêt des enfants, car les lois testamentaires françaises n'accordent à la maîtresse et aux enfants illégitimes aucune sécurité[45]. ».

Les renseignements de Lennon sur le mariage civil étaient anticipés de quatre mois, mais justes — si justes, en vérité, qu'il avait vraisemblablement questionné Joyce pendant le dîner sur sa situation de famille, et en avait tiré quelques données qu'il avait alors décidé d'utiliser. La condamnation de Joyce par le *Catholic World* était si virulente que les Colum firent en sorte de cacher l'article à Joyce pendant plusieurs mois, mais il devinait bien qu'on l'avait lu en Amérique, et peut-être même dans la famille Kastor, dont l'opinion lui importait beaucoup.

En mars 1931, quand l'article parut, Nora venait de commencer à emballer les portraits de famille du square Robiac pour les mettre au garde-meuble, avec les fauteuils bleus et les rideaux de brocart. Toute l'affaire lui déplaisait. Elle aimait Londres et leurs amis qui y vivaient, certes, et une visite annuelle, ou même un pied-à-terre là-bas, lui aurait beaucoup plu. Mais elle répugnait à démanteler leur foyer parisien et leur rythme de vie. Elle ne pensait pas que l'humidité de Londres fût très recommandée pour la santé de Joyce, non plus que la fatigue d'un déménagement. Et puis elle ne devait pas songer sans inquiétude à la réaction de Lucia. Lucia ne souhaitait pas partir non plus. Ses professeurs de dessin appréciaient ses progrès ; elle avait entrepris d'écrire un roman et — dans ses nombreux moments d'entente avec sa mère — elle aimait aller dans les maisons de couture et chez les parfumeurs de la rue Saint-Honoré[46].

Mais plus rien ne pouvait désormais arrêter Joyce. De même que Lucia, il était profondément ébranlé par le mariage de Giorgio. Il souffrait de terribles insomnies[47]. Tel un enfant renversant tout le jeu parce qu'il va perdre, Joyce prenait un plaisir sauvage à briser son foyer. Il se repaissait de l'instabilité qu'il s'imposait à lui-même ; il racontait comment il triait ses possessions pour les distribuer à ses amis et partir vivre dans un tonneau. Adressant à Miss Weaver les premiers brouillons de *L'Œuvre en cours,* il les décrivait comme « des ordures trouvées dans un sac, dans la maison acquittée par Joyce » [48]. Les *lares* et *pénates* des Joyce — les portraits, le piano et les canapés — allèrent à Giorgio et Helen. A leur tour d'être le centre de la famille.

Et, à bien des égards, ils l'étaient. Le bébé tant espéré était déjà en route, pour naître au début de 1932. Et puis, dans les milieux parisiens, Helen et Giorgio étaient tout à fait devenus « Mr. et Mrs. George Joyce ». (Elle tenait à ce que leurs amis l'appellent de son nom anglais, George, tellement moins exotique, mais elle-même ne l'appelait jamais autrement que Giorgio.) Man Ray les photographia, et l'on peut voir sur la photo Helen en vraie gamine, tandis que Giorgio, du haut de sa grande taille, prend un air grave. La différence d'âge ne se décèle guère.

Déprimé, Joyce était plus dépensier que jamais et, au grand effroi de Monro Saw, il écorna encore de cent francs son capital, ce qui amenait sa dépense à deux mille francs, sur le total de douze mille que lui avait donné Miss Weaver. Fred Monro écrivit à Joyce pour lui conseiller de se contenter du revenu pour vivre [49].

Mais le niveau de vie de Nora s'était amélioré, maintenant que Giorgio était entré dans la folle épopée d'un riche mariage. Elle commença à parcourir Paris en automobile, pour la première fois. Adolph Kastor avait offert aux jeunes mariés une Buick pour leur mariage, et Giorgio apprit à conduire. Il emmenait ses parents se promener à la campagne, et Helen prêtait son chauffeur à Nora, pour aller faire ses courses en ville [50].

En avril 1931, Joyce et Nora arrivèrent à Londres avec leur fille dans leurs bagages. Harriet Weaver considérait ce projet de mariage comme une folie ; Joyce aurait bien mieux fait de retourner se faire examiner les yeux à Zurich, par le Dr Vogt. Les yeux comptaient plus que le statut social, pensait-elle. Mais elle ne tarda pas à devoir mettre la main à la pâte, pour les aider à s'installer dans un petit appartement que, à son instigation, l'agence Marsh & Parsons de Kensington leur avait trouvé au 28[b] de Campden Grove, à Campden Hill, Kensington.

L'appartement, non meublé, était l'un des plus sinistres que les Joyce eussent jamais eu. Ils commencèrent à le meubler mais, comme chaque fois, n'achetèrent pas assez de choses. L'appartement faisait partie d'une série de maisons jumelles en brique de l'époque victorienne sans aucun charme, qui n'avaient pas été conçues pour être découpées en appartements. Les grandes fenêtres, qui laissaient passer les courants d'air, donnaient sur une section du Circle Line du métro de Londres, là où les trains reparaissent brièvement en surface, entre Kensington High Street et Notting Hill Gate.

Cependant, bien des aspects de la vie londonienne enchantaient Nora. Elle avait toujours aimé que son univers fût entièrement accessible à pied. Elle raffolait du rayon alimentaire de Barker's, à tel point que Joyce surnomma l'appartement « Poulet de chez Barker's ». Mais la cuisine était petite. Ils eurent tôt fait de trouver un restaurant à leur goût dans le voisinage, Slater's, dans Kensington High Street. Joyce aimait se promener dans les jardins de Kensington. Pour Nora s'ajoutait aussi la paisible satisfaction de parler sa langue maternelle et de se sentir un peu chez elle. Elle et Joyce étaient très britanniques en bien des choses, après tout, et, mis à part leurs amis, ils s'opposaient à bien des choses irlandaises. Leur revenu se déclinait en livres sterling, et ils comptaient sur le sens absolu du devoir, tout britannique, de leur bienfaitrice, ainsi que sur la droiture indiscutable de ses hommes de loi, Monro Saw, pour maintenir l'ordre dans leur existence chaotique.

C'était surtout à cause du caractère très anglais de Miss Weaver que Joyce espérait qu'elle aimerait son nouveau livre. Stuart Gilbert était le seul Anglais de l'entourage littéraire de Joyce à Paris, et il avait remarqué que, en travaillant à cette nouvelle œuvre obscure, Joyce s'était entouré de collaborateurs — russe, français, irlandais et américain — qui se réjouissaient de démanteler la langue anglaise. Mais Miss Weaver était en quelque sorte la gardienne de la langue maternelle, et il était essentiel pour Joyce qu'elle reconnût le bien-fondé de ses expérimentations.

En vérité, Miss Weaver commençait à aimer le décryptage des puzzles verbaux qu'il lui adressait. Mais il n'imaginait pas avec quelle anxiété maternelle elle y scrutait les signes de détresse et de mélancolie.

Joyce fixa la date du mariage : 4 juillet, anniversaire de son père. Nora et lui-même n'informèrent personne à l'avance, pas même Padraic Colum, à qui Joyce écrivit deux jours plus tôt. Ils ne firent exception que pour Robert et Sylvia Lynd, amis littéraires irlandais qui vivaient à Hampstead. Joyce les connaissait depuis l'époque où il s'efforçait de faire publier *Gens de Dublin*. Robert Lynd était aussi un ardent nationaliste irlandais — il avait été très lié avec Roger Casement et, au milieu de la Première Guerre mondiale, il avait écrit un pamphlet disant que, si les Anglais perdaient la guerre et devaient désormais parler l'allemand, ils ne feraient jamais que subir là le sort des Irlandais[51]. Un ou deux jours avant le mariage, Nora et Joyce allèrent en taxi dîner à Hampstead chez les Lynd.

Avec des amis aussi sûrs, Joyce et Nora pouvaient librement parler de leur désir de garder le secret sur la cérémonie. Joyce avait pris la précaution de se marier par licence — procédure permettant de ne publier les bans que vingt-quatre heures à l'avance — dans l'espoir d'échapper à l'attention de la presse. Comme il l'avait écrit fort éloquemment à Harriet Weaver :

> « Si, voici vingt-six ans, je n'ai pas voulu d'employé avec un crayon sur l'oreille ni de prêtre en chemise de nuit qui s'ingère dans mon matrimonium, je ne veux certes pas d'une foule de journalistes le crayon à la main s'imposant là où l'on ne veut pas d'eux... [52] »

Si Joyce avait choisi de se marier dans une petite ville d'Angleterre (comme allait le faire Beckett, des années plus tard, pour les mêmes raisons) peut-être son stratagème aurait-il marché. Mais à Londres, les journalistes surveillaient régulièrement les registres des mariages et, le 3 juillet, ils virent tout de suite qu'ils tenaient là un bon sujet

En se levant, le jour de leur mariage (un samedi), les Joyce découvrirent que, sous le titre « Écrivain à marier », et le sous-titre « Mr. James Joyce, auteur d'*Ulysse* », le *Daily Mirror* avait dévoilé leur projet :

> « On annonce dans un bureau d'état civil de Londres le prochain mariage de Mr. James Augustine Aloysius Joyce, âgé de quarante-neuf ans, de Campden-Grove, W.
>
> La mariée est désignée comme Nora Joseph Barnacle, âgée de quarante-sept ans, à la même adresse.
>
> Mr. Joyce est l'auteur d'*Ulysse*. D'après le " *Who's Who* ", il a épousé en 1904 Miss Barnacle, de Galway.
>
> L'avocat de Mr. Joyce a déclaré hier : " Pour des raisons testamentaires il a été jugé préférable que le mariage ait lieu suivant les lois d'Angleterre. " »

L'expression « raisons testamentaires » — vague et sérieuse — avait été choisie par Joyce lui-même, afin d'éviter les enquêtes[53]. Il ne restait plus rien d'autre à faire qu'exécuter la cérémonie.

Pour son mariage, bien qu'elle sût au fond de son cœur catholique

que ce n'était pas vraiment cela, Nora arborait la dernière mode, qui avait écarté les femmes du style agressif et garçonnier des années vingt, pour celui, plus féminin et alangui, des années trente. Elle portait un manteau étroit, sombre, drapé sur les hanches, par-dessus une jupe évasée lui descendant aux genoux. Elle avait son renard préféré, des chaussures vernies à talons hauts, et un chapeau cloche tellement enfoncé que Lionel Monro, fils de Fred Monro, qui était entré dans la firme familiale et accompagnait son père à la cérémonie, ne vit rien d'autre que « des sourcils très sombres »[54]. Les Joyce pénétrèrent avec leurs avocats dans le Register Office de Kensington, à Marloes Road.

Cette petite formalité, qui prend d'habitude un quart d'heure, fut prolongée lorsque Joyce, en dépit des soigneuses préparations légales de Monro Saw, fit une dernière tentative, désespérée, pour prétendre qu'ils s'étaient déjà mariés à Trieste. Sa femme, dit-il, avait donné un faux nom.

Même sous la pression de l'événement, Joyce n'inventait pas de noms à la légère. Celui que Nora était censée avoir donné, c'était Gretta Greene — jeu de mots sur la ville-frontière de l'Écosse, où s'enfuyaient les jeunes amoureux anglais pour se marier sans le consentement de leurs parents. Mais c'était un double jeu de mots : Gretta était le nom que Joyce avait attribué à Nora dans *Les Morts*; quant à Greene, il évoquait plaisamment l'Irlande. (Jusqu'à sa mort, Joyce s'obstina à indiquer dans le *Who's Who* qu'il s'était marié en 1904, mais aucune preuve ne vient étayer cette affirmation[55].)

Cette déclaration faillit gâcher la journée. S'ils étaient déjà mariés, observa l'officiant avec une logique exaspérante, il ne pouvait pas les marier. Il leur faudrait d'abord divorcer. Cependant, Fred Monro avait bien préparé son dossier; il produisit les pièces juridiques permettant d'établir que, quel que fût le mariage auquel se référait Joyce, il n'avait aucune validité en regard de la loi anglaise[56]. Le fonctionnaire maria donc James Joyce, célibataire, et Nora Barnacle, demoiselle, vivant à la même adresse. Fred Monro dut se renfrogner en voyant que Joyce indiquait comme profession, non pas « écrivain », mais « rentier ». Mr. Monro avait bataillé en vain contre Miss Weaver pour la dissuader de donner à Joyce cette position.

En quittant la salle, quand elle vit la presse qui les attendait, Nora fit sèchement observer à Jim : « Tout Londres sait que tu es ici. » Cet après-midi-là, le *London Evening Standard* publia la photographie qui servit de portrait de mariage officiel aux Joyce : Nora cramponnée à son chapeau et se cachant le visage, mais l'air assez satisfait, Joyce, l'air épouvanté, et Mr. Lionel Monro, exaspéré. Joyce apprit que l'un des journalistes concernés était irlandais. « Je m'en doutais », répliqua-t-il aigrement[57].

L'épreuve infligée par la presse ne faisait que commencer. Comme il fallait remplir les journaux du dimanche, une meute de *paparazzi* de Fleet Street vint camper devant le 28, Campden Grove, dont l'unique issue était la porte sur rue. Assiégé, Joyce téléphona éperdument au bureau de Monro Saw, mais Fred Monro était déjà parti à la campagne pour le week-end. Il se sentait abandonné et trahi. Miss Weaver elle-même était à Guildford. Il lui écrivit une lettre furieuse :

> « Vous avez dû voir les journaux et ce n'est plus la peine d'écrire. Pendant deux jours entiers la rue a été envahie par des îliens indiscrets, dont l'un est même resté jusqu'à minuit. Ma femme voulait partir aujourd'hui mais je n'avais pas les moyens de le faire. Vous étiez partie et Miss Beach parcourt la France dans tous les sens. Je n'avais personne vers qui me tourner pour savoir comment faire face car Mr. Monro avait quitté la ville tout vendredi puis tout samedi après l'événement. De même que son associé. Finalement je l'ai trouvé chez lui vers 8 h 1/2 du soir et comme vous le savez il a téléphoné à l'association de la presse. Veuillez ne parler de cela à personne avant que je vous aie vue. La rue devant la maison était occupée par une armée de photographes...[58] »

Joyce exagérait. Ils n'étaient pas prisonniers. Nora et lui parvinrent fort bien à sortir pour dîner chez Slater's, où Arthur Power, qui se trouvait à Londres, réussit à les rejoindre. Power lança d'une voix amusée : « C'est une histoire bien intéressante, que j'ai lue dans les journaux. » Nora se mit à rire. « Je me suis sentie bête », dit-elle. Mais Joyce le foudroya du regard et lui suggéra froidement, s'il voulait des détails, de s'adresser à ses avocats.

Tout en se plaignant de l'attention de la presse, Joyce se démenait pour collectionner tous les comptes rendus de presse qu'il avait pu manquer. Il aurait même pu se plaindre des articles qui ne furent pas écrits. Les journaux sérieux de Londres n'en firent pas mention : rien ne parut dans *The Times* ni le *Daily Telegraph*. Le *New York Times* eut cependant la courtoisie de le mentionner dans son carnet mondain, sous le titre « Remarié avec sa Femme pour Raisons Testamentaires ». En l'entendant parler de l'affaire quelques mois plus tard, Sylvia Beach sentit que Joyce était ravi de toute cette agitation. Adrienne et elle-même, qui n'avaient pas été prévenues du mariage, n'avaient pas vraiment « parcouru la France en tous sens » : elles passaient l'été dans leur petite maison de Savoie, près de la ferme des parents d'Adrienne.

Les nouvelles de Londres eurent tôt fait de traverser la mer d'Irlande. A Galway, les voisins d'Annie Barnacle à Bowling Green lui mirent sous le nez l'histoire scandaleuse de Nora et Jim. Furieuse, Annie Barnacle menaça de poursuivre en justice quiconque oserait insinuer que sa fille n'avait pas été mariée dès 1904. Le certificat de mariage, affirmait-elle, avait brûlé pendant la guerre à Trieste. Mais ses voisins crurent plus volontiers les journaux de Londres, et Mrs. Barnacle déversa sa colère dans des lettres à Nora, à Londres [59].

Pour Nora, le mariage civil était déjà quelque chose. Même si cela ne faisait aucune différence vis-à-vis de l'Église, elle avait toujours eu conscience de l'irrégularité de sa situation, et cette reconnaissance légale l'apaisait [60]. Le tapage de la presse n'amena d'ailleurs en rien les Joyce à s'enfermer chez eux. Le 15 juillet, ils retournèrent passer la soirée dans le jardin des Lynd, pour fêter la nouvelle lune avec une foule de politiciens et d'écrivains, parmi lesquels Goronwy Rees et Douglas Jay. Joyce fut la principale attraction, lorsqu'il se mit au piano et chanta magnifiquement.

Moira, l'une des filles des Lynd, eut pitié de Joyce, « car il voyait à peine ce qu'il mangeait, malgré ses deux paires de lunettes ». Mais plus encore des « deux enfants adultes muets, dont Joyce avait sans doute voulu protéger la sensibilité et s'enveloppant de mystère » [61].

C'est là le seul témoignage qui nous montre Giorgio à Londres pour le mariage de ses parents. Il est certain qu'Helen, au second mois d'une grossesse qui s'annonçait difficile, ne l'avait pas accompagné.

Au cours du même mois, Nora et James Joyce furent invités à une réception littéraire offerte par le président des éditions Putnam. Ce fut l'occasion d'une description fort vivante du contraste physique entre les deux époux Joyce tel qu'il apparaissait l'été de leur mariage, car Harold Nicolson, époux de Vita Sackville-West et qui tenait son journal avec brio, était également invité. Nicolson se retrouva dans un salon avec les autres invités, à attendre nerveusement l'arrivée du grand homme. On entendit un bruit dans l'escalier. Tout le monde se leva :

« Mrs. Joyce entra, suivie de son mari. Femme encore jeune avec des restes de beauté et un accent irlandais si marqué qu'elle aurait pu être belge. Bien habillée en jeune bourgeoise française : une broche art nouveau. Joyce lui-même, distant et aveugle, la suit. Ma première impression est d'une vieille fille un peu barbue ; ma seconde, de Willie King [expert en porcelaines] déguisé en Philippe II ; ma troisième, d'un petit oiseau menu, aux aguets, tendu, réservé, violent et timide. Petites mains griffues. Tellement aveugle qu'il a le regard fixe et tangent, comme une chouette maigre. »

Joyce était un invité maladroit. Il contredit aigrement une dame, près de lui, qui lui parlait en italien d'Italo Svevo. Nicolson tenta d'engager la conversation avec Joyce en évoquant un fait divers. « Vous intéressez-vous aux meurtres ? lui demanda-t-il.

— Non, répliqua Joyce avec un geste de gouvernante refermant le piano, pas le moins du monde. »

Joyce ne parut s'intéresser que quand Nicolson l'informa qu'il allait faire à la BBC une causerie sur lui. Le verdict de Nicolson fut : « Il n'est pas grossier ; Joyce parvient à dissimuler son antipathie pour les Anglais en général et les hommes de lettres anglais en particulier. Mais c'est un homme d'abord difficile[62]. »

Après le mariage, Joyce annonça la nouvelle à Stanislaus et aux Colum, à qui il ajouta cette petite plaisanterie guindée que, puisqu'il avait signé la Loi Marie-Ta-Tante (surnom populaire d'une nouvelle loi supprimant un certain nombre de catégories interdites dans les mariages entre consanguins), le roi allait maintenant devoir « signer une Loi Marie-Ta-Femme ». Le mariage anglais, expliqua Joyce à son frère, était nécessaire pour « assurer l'héritage par testament », mais même pour son frère il maintint la fiction du mariage antérieur à Trieste (tout en évitant de l'affirmer comme un fait) :

« Étant parti avec ma femme actuelle en 1904 avec mon plein accord elle a donné le nom de Miss Gretta Greene qui était bien assez bon pour le Cav. Fabbri qui nous a mariés et pour le dernier gentilhomme d'Europe le comte Dandino qui a établi les certificats de légitimité pour les enfants...[63] »

Joyce ne perdit pas une minute pour signer le testament qui devait assurer l'avenir de ses héritiers à venir. Le 5 août 1931, il légua le revenu de ses droits d'auteur en usufruit à Nora, puis à ses enfants et leurs descendants. Il légua à Harriet Weaver tous ses manuscrits — reconnaissant les services rendus — et fit d'elle son exécuteur testamentaire. Il léguait toutes ses possessions matérielles à son fils, mais rien à Lucia, ni livres ni tableaux : omission qui montre bien, même s'il ne reconnut formellement la maladie mentale de sa fille qu'un an plus tard, qu'il ne lui voyait guère d'avenir indépendant. Nora ne fit pas de testament.

« Violentes colères de ma belle-famille à Galway », rapportait-il à Miss Weaver, mais cela n'empêcha nullement Kathleen, la plus jeune sœur de Nora, de revenir les voir à Londres. Kathleen comprenait moins que jamais ce que Nora et Joyce pouvaient bien avoir en commun : « Nora tout mouvement et Jim tout bloqué. » Pendant son séjour, Kathleen entendit Nora s'exprimer sans équivoque sur sa vie sexuelle. « J'ai horreur de ça », déclara Nora[64]. Kathleen ne pouvait guère imaginer tout ce qu'il y avait derrière cette plainte classique (à l'époque) d'une femme mariée à sa sœur.

Il se peut que Nora ait elle-même mis fin à leurs relations, si elles existaient encore, après son hystérectomie. Lucia Joyce se souvint par la suite que sa mère était « moins sensible » après ses opérations. Maria et Eugène Jolas, devenus des amis intimes des Joyce depuis la parution en 1927 de la première livraison de *L'Œuvre en cours* dans *transition*, supposaient aussi que, dans les années trente, le mariage des Joyce n'avait plus rien de sexuel. Nora avait confié à Maria : « Mon mari est un saint » — ce qui, d'après Eugène Jolas, ne pouvait avoir qu'un seul sens[65].

Ils étaient, avec Kathleen, quatre personnes à vivre dans ce petit appartement. Lucia, déjà mortifiée par le retentissement du mariage, devint jalouse de cette tante enthousiaste que Joyce emmenait voir toutes les attractions touristiques, car lui-même ne s'en lassait pas. Pour le bénéfice de Kathleen, Joyce se mit à distribuer des pourboires plus extravagants que jamais. Comme ils allaient au théâtre, Nora recommanda en entrant : « Et ne donne pas de pourboire à l'ouvreuse. » (Contrairement à ce qui se faisait sur le Continent, on ne donnait jamais rien aux ouvreuses en Angleterre.) Joyce lui donna tout de même dix shillings pour les avoir accompagnés à leur place. Nora fit demi-tour et s'en alla. Ce fut sa seule sanction, mais Joyce en fut blessé, même si cela ne changea rien à son comportement. A un dîner chez Kettner's où Miss Weaver était leur invitée, Kathleen vit Joyce donner cinq livres au garçon. C'était le montant exact de deux semaines du loyer des Joyce. Kathleen n'en croyait pas ses yeux. Nora, hélas, y était habituée. « Oh, il fait toujours ce genre de choses », disait-elle[66].

Miss Weaver ne désespérait pas de réussir là où Nora avait échoué, et de réformer Joyce. Deux bouteilles de vin au dîner, estimait-elle, c'était vraiment trop. Elle conseilla poliment à Joyce de boire un verre d'eau au début de chaque repas, et d'intercaler un verre d'eau entre chaque verre de vin. Mais Nora aurait pu lui conseiller d'économiser sa salive[67].

Au mois d'août, Nora et Joyce ne tenaient déjà plus en place. Ils décidèrent d'aller passer l'hiver à Paris, et de revenir au printemps vivre à Kensington. Dans un accès d'impatience, Lucia partit la première, escortée, pour traverser la Manche, par un ami hôtelier de Douvres (pour l'aider à passer la douane, déclara Joyce, comme si elle n'avait pas déjà vingt-quatre ans[68]). Lucia imposa alors sa présence, qui n'était guère bienvenue, à Giorgio et Helen. La grossesse d'Helen présentait de graves complications. Elle avait une tumeur à l'ovaire (peut-être un jumeau manqué) qui grossissait en même temps que l'enfant et, pour éviter une fausse couche, elle devait rester alitée[69].

Joyce était d'humeur désespérée. Il n'avait nulle part où installer fille et femme à Paris. Il se sentait persécuté de toutes parts, surtout à la pensée de son appartement vide de Kensington, avec cinq ans à courir de bail et d'assurance contre l'incendie[70].

Pour un homme aussi extravagant, il se rendait malade d'angoisse pour de petites sommes ; faute d'un sous-locataire, il allait payer deux livres et dix shillings par semaine, et cette perte sèche lui rongeait les nerfs. Jetant à tout vent ses calembours pour blesser ses tourmenteurs londoniens, il surnomma Campden Grove « Campden Grave »*, et l'agence Marsh Parsons « Mashed Parsnips »**. Le Premier ministre britannique Ramsay MacDonald devint (pour avoir dévalué la livre) « Ramshead McDullard », et Covent Garden (pour n'avoir pas fait à Sullivan l'accueil qu'il méritait) le « Kitchen Garden Opera »[71]. Il se plaignit à Stanislaus d'être volé de six mois de loyer pour l'appartement. Et il était persuadé d'avoir été escroqué par un journal de Francfort, qui avait par erreur attribué une nouvelle à James Joyce au lieu d'un certain Michael Joyce. (Pour cette affaire, Joyce envoya trente-six lettres et dix télégrammes, et menaça d'entamer des poursuites pour faux et usage de faux, jusqu'au jour où Monro Saw lui expliqua qu'il n'y avait pas matière à poursuite[72].) Nora s'efforçait de faire face à sa paranoïa. Un soir qu'ils dînaient, à Londres, avec Padraic Colum, elle lui rappela : « Voyons, Jim, c'est un ami. » Joyce reconnut qu'elle avait raison, et se détendit[73].

Rentrée à Paris, Nora était plus occupée que jamais. Elle allait voir Helen chaque jour ; l'hostilité fondait sous la pression des circonstances (et elle était soulagée de savoir qu'Helen refusait la suggestion

---

* *Grove* : bosquet ; *grave* : tombe (N.d.T.).
** *Mashed Parsnips* : purée de panais (N.d.T.).

de ses frères, de revenir à New York pour consulter un gynécologue américain). Helen lui prêta son chauffeur pour sa chasse à l'appartement, mais il tomba malade et Nora dut continuer en taxi. Elle finit par se rendre à l'avis de Joyce, qui lui suggérait de prendre un appartement meublé à Passy car, comme il l'écrivit à Miss Weaver, sa femme était épuisée « à force de vouloir satisfaire tout le monde »[74]. Joyce inondait Miss Weaver de lettres, lui écrivant plusieurs fois par semaine, parfois tous les jours, faisant preuve, là encore, d'une intimité dans leur correspondance qui contrastait avec la froide réserve de leurs relations face à face.

Pour Joyce, le mariage fut bientôt suivi d'un divorce professionnel avec Sylvia Beach. L'antagonisme entre Joyce et le principal éditeur d'*Ulysse* s'était aggravé en mai, lorsque Adrienne avait écrit à Joyce une lettre cinglante, à laquelle elle songeait depuis déjà longtemps. Elle accusait Joyce de feindre l'indifférence au succès et à l'argent, alors qu'il en était obsédé. Elle lui reprochait en outre d'exploiter Sylvia sans vergogne pour entretenir sa famille dans le luxe, tandis qu'elle-même et Sylvia n'arrivaient à joindre les deux bouts qu'à force de parcimonie.

Joyce fut blessé, et furieux. Il nia qu'il y eût la moindre part de vérité dans ces accusations, et amena Miss Weaver à prendre parti pour lui — creusant un gouffre entre les deux femmes, qui étaient devenues amies. Harriet Weaver n'était pas lesbienne. Elle était franchement asexuelle, mais trouvait un réconfort dans la chaleur rassurante des relations exclusivement féminines. Jusqu'en 1931, Sylvia avait été sa meilleure amie sur ce territoire étranger qu'était Paris, une amie à qui elle accordait le rare privilège d'employer son petit nom, Josephine. Mais Miss Weaver estimait que Joyce et son œuvre devaient passer avant toute autre considération et, quand il fallut choisir, ce fut son génie et non son amie qu'elle choisit.

En regagnant Paris en septembre 1931, Joyce était plus déterminé que jamais à faire publier *Ulysse* aux États-Unis. Un certain nombre d'offres commençaient à se présenter. Mary Colum lui déclara qu'une édition américaine lui garantirait le prix Nobel. Pis encore, il avait appris que Samuel Roth ne rencontrait aucun problème avec son édition pirate, à tel point qu'il venait même de réimprimer dix mille exemplaires. Si l'on ne bloquait pas Roth, il ne resterait bientôt plus un acheteur potentiel aux États-Unis.

L'obstacle était Sylvia. Depuis le mois de décembre précédent, elle détenait un contrat lui donnant le droit d'établir son prix pour l'abandon de ses droits, et elle n'avait aucune envie d'y renoncer. Elle gagnait environ mille livres par an grâce à la vente d'*Ulysse* à des touristes américains. S'ils pouvaient acheter le livre chez eux, elle expliqua à Joyce qu'elle serait forcée — Sylvia n'était jamais à court d'expressions du terroir américain — de « lâcher ma boutique pour élever des poulets »[75].

Sylvia fixa donc un prix qu'elle-même estimait important, mais justifié, pour renoncer à ses droits : vingt-cinq mille dollars, une fortune en ce temps-là. L'ampleur de sa demande amena l'éditeur américain qui négociait à retirer son offre. Sylvia commença alors à recevoir les visites presque quotidiennes de Padraic Colum, qui voulait la convaincre de baisser son prix. Elle était devenue, chez les Joyce et leurs proches, un sujet de plaisanterie, ce qui ne fut jamais le cas de Miss Weaver. Nora revint un jour de la librairie en disant : « Et voilà que Miss Beach soignait une migraine, elle avait l'air d'une Électre sauvage[76] ! »

Nora faisait allusion aux migraines chroniques de Sylvia, qui contribuaient aux doutes de Joyce sur son intelligence ou sa compétence pour s'occuper de ses affaires américaines. Il reculait devant les problèmes de Sylvia, qu'il exposa franchement dans une lettre à Miss Weaver. Il s'y permettait pour la première fois d'évoquer clairement l'homosexualité de Sylvia, et ajoutait que, selon ses canons, le suicide, la maladie mentale et la migraine étaient infiniment plus honteux que l'homosexualité. Dans ses rapports avec Miss Beach, disait-il, il devait prendre en considération que :

« En dépit de ses nombreuses bontés à mon égard et de ses nombreuses qualités charmantes, elle est devenue ces dernières années un automate sous l'influence de son associée plus intelligente (à bien des égards une femme également remarquable et charmante), mais que toutes deux sont anormales (ce qui importe peu) mais surtout que Miss Beach est fille d'une suicidée, que sa sœur a séjourné dans un asile et qu'elle-même souffre périodiquement de migraines fort étranges[77]. »

Les visites quotidiennes de Colum à Sylvia se poursuivaient. Il la pressait de baisser son prix. Soutenue par Adrienne, Sylvia refusait. Elle avait son contrat. Ce contrat, lui annonça brusquement Colum, n'avait aucune valeur. Elle n'avait aucun droit d'exiger quoi que ce fût. Insistant avec vigueur, Colum accusa Sylvia d'égoïsme. Elle se souvint de ses derniers mots : « Vous encombrez la route de Joyce[78] ! »

Saisie, Sylvia prit son téléphone. Ce fut Joyce qui répondit. Il pouvait avoir *Ulysse,* lui dit-elle. Elle renonçait à tous ses droits, sans contrepartie.

Mais à la fin de 1931, les problèmes familiaux devinrent aigus. Comme Joyce et Nora se refusaient à voir en face les stigmates de la maladie mentale, ils n'avaient jamais montré Lucia à un psychiatre. Ils refoulaient depuis des années leur angoisse au sujet de leur fille. En fait, le poème si tendre de Joyce, « Une Fleur Offerte à Ma Fille », écrit à Trieste quand Lucia avait six ans, paraît presque prophétique dans sa perception de « la sauvage merveille » dans les yeux de l'enfant. Le talent artistique de Lucia était indéniable. Quand elle commençait à s'agiter, Nora lui suggérait d'aller dessiner[79]. Puis, pour lui soutenir le moral, Joyce la persuada de créer des initiales très élaborées pour les poèmes de son recueil de 1927, *Pomes Penyeach.* Lucia accepta et dessina des lettres que Joyce trouva très belles. Il fit alors en sorte qu'elle fût payée mille francs, et ostensiblement, par un éditeur.

Nora, ne pouvant arrêter Joyce dans cette folie, dut bientôt l'aider à traverser une nouvelle crise. Le père de Joyce, John Joyce, mourut le 29 décembre 1931 dans une chambre remplie de photos et de coupures de presse consacrées au fils qu'il n'avait plus revu depuis 1912. Joyce fut accablé de honte. Le vieillard l'avait supplié de venir le voir une dernière fois avant sa mort, mais Joyce n'avait jamais voulu s'avouer la vérité, à savoir qu'il avait beaucoup trop peur pour oser retourner en Irlande. Depuis l'attaque de Lennon dans *Catholic World,* il redoutait plus encore d'être assassiné par un fanatique religieux ou, comme Parnell, de recevoir de la chaux vive dans les yeux. Il avait cependant continué à duper son père en lui faisant croire qu'il reviendrait le voir. « Je savais qu'il était vieux. Mais je pensais qu'il vivrait plus longtemps. Ce n'est pas tant sa mort qui m'a accablé, que le sentiment de ma culpabilité », confia-t-il à Harriet Weaver, lui ouvrant son cœur.

Éperdu de chagrin, Joyce expliqua à Miss Weaver pourquoi il s'obstinait si vigoureusement à jeter l'argent par les fenêtres : ce trait de caractère était lié à sa créativité, qualités qu'il avait toutes deux héritées de son père. « J'ai reçu de lui ses portraits, un gilet, une bonne voix de ténor, et une disposition à l'extravagance et la licence (d'où jaillit d'ailleurs la plus grande part du talent que je puis avoir) [80]... »

Il en éprouvait un si grand remords qu'il dut ressusciter, dans une lettre à T. S. Eliot, la vieille histoire de Nora et ses enfants recevant des coups de feu dans un wagon de chemin de fer, comme prétexte au fait qu'il ne fût jamais retourné voir son père [81]. Ses amis firent tout ce qu'ils purent pour le consoler. De Galway, l'oncle Michael Healy de Nora se rendit à Dublin pour les obsèques, et Harriet Weaver envoya cent livres sterling pour les frais de maladie et d'enterrement [82]. Le vieux John Joyce avait bien rendu à son fils l'affection que celui-ci lui vouait. Il ne légua rien de ses six cent soixante livres d'économies à aucun de ses autres enfants — ni à Eileen qui était veuve, ni à Eva et Florrie restées tristement célibataires, non plus qu'à ceux qui, mariés, vivaient difficilement —, Stanislaus, Charlie, et Mary ; il laissa tout à son fils préféré, l'écrivain.

Lorsque Sylvia renonça à tous ses droits sur *Ulysse*, elle n'imaginait certes pas que, selon les mots d'un membre de la famille Kastor, « Robert Kastor et Bennett Cerf avaient tout mijoté entre eux » [83]. Ils étaient convenus d'une savante tactique leur permettant d'être hardis là où d'autres craignaient de poser le pied. Cerf (ou Serf, comme l'écrivait Joyce au début), de la maison d'édition Random House à New York, avait décidé de courir le risque d'un procès coûteux contre l'obscénité du livre. L'éditeur précédent de Joyce, B. W. Huebsch, avait renoncé à cause des frais. Huebsch avait déjà acheté, en 1931, les droits de cette *Œuvre en cours* encore dépourvue de titre.

Cerf s'y intéressait parce qu'il avait connu Léon Fleischman au temps où celui-ci travaillait pour Boni & Liveright, et parce que Cerf lui-même avait déjà publié le *Portrait* et *Gens de Dublin* dans la collection Modern Library. A peine Sylvia eut-elle abandonné ses droits, en décembre 1931, que Cerf écrivit à l'avocat Morris Ernst, fort réputé, pour lui proposer d'attaquer l'interdiction d'*Ulysse* sur la base suivante, courante aux États-Unis : rien s'il perdait, dix pour cent sur les ventes s'il gagnait [84]. Ernst accepta.

Au début de 1932, les deux résultats tant attendus de la filière Kastor étaient atteints. A la fin de janvier, Robert Kastor débarquait à Marseille avec un contrat de Random House en poche pour *Ulysse*. Et, le 15 février, Helen mettait au monde un fils, Stephen James Joyce.

Cinq jours plus tard, Cerf arrivait en personne à Paris. Il

commença par offrir une malheureuse avance de deux cents dollars pour _Ulysse_. Faisant office d'agent littéraire de Joyce, Robert Kastor lui fit honte et l'amena à quintupler son offre, en y ajoutant un substantiel droit d'auteur de quinze pour cent. Joyce ne put se retenir d'aller s'en vanter auprès de Sylvia et d'Adrienne ; Robert Kastor était désormais admis dans le cercle étroit que Joyce considérait comme sa famille.

Sylvia en conçut une vive amertume. Elle censura sa colère dans les nombreuses épures de ses Mémoires irrépressiblement optimistes, mais elle s'estimait lésée du fruit de douze années d'efforts. Bien qu'elle eût bénéficié d'un surcroît de revenus grâce aux onze éditions d'_Ulysse_ qu'elle avait publiées, elle ne pouvait pas oublier les « avances » réclamées par la famille Joyce pour l'édition suivante, ni leur détermination à lui faire payer tout, même leurs frais médicaux. C'était Sylvia qui avait réglé tous les frais de l'hystérectomie de Nora [85].

Des années plus tard, reprenant le flambeau au nom de sa famille, Stephen Joyce trouva que Sylvia protestait trop. Qui aurait jamais entendu parler de Shakespeare & Company si Sylvia n'avait pas eu la chance de s'accrocher à James Joyce [86] ? A l'époque du contrat avec Random House, la Dépression était très avancée et Sylvia, de toute façon, ne gagnait pratiquement plus rien sur ce livre. Qui plus est, seuls Kastor et Cerf avaient eu l'astuce de prévoir une stratégie pour disputer en justice l'interdiction d'_Ulysse_ aux États-Unis. Le climat moral changeait complètement. La prohibition était en train de disparaître. Les souffrances de la Dépression ouvraient la voie à un nouveau réalisme, pour remplacer l'austérité naïve et xénophobique des années qui avaient suivi la Première Guerre mondiale.

Au début de 1932, cependant, Joyce n'avait que l'avance de Random House et l'espoir que la firme gagnerait la bataille judiciaire. Nora et lui-même se préoccupaient davantage de la naissance de leur petit-fils. L'événement leur procurait les plus grandes joies de leur maturité, et Joyce écrivit l'un de ses poèmes les plus émouvants, « Ecce Puer », rattachant la perte de son père à la joie et l'espoir d'un nouveau Joyce. Il ouvrit même la première ligne de _L'Œuvre en cours_ pour y glisser une référence cachée au nouveau membre de la famille. (Hugh Kenner, joycien réputé, a observé qu'en introduisant « past Eve and Adam's [pass'Evant notre Eve]... » Joyce parvenait à insérer « st Eve an » — Stephen. Kenner souligne également que si « past Eve and Adam's » contient « pa » en plus de « Stephen », nous avons bien là le thème d' « Ecce Puer » : père mourant, petit-fils naissant [87].

Par chance, le petit-fils Joyce était, et demeura, d'une extraordinaire beauté. Des inconnus s'arrêtaient pour s'extasier quand on le promenait dans son landau.

A New York, Adolph Kastor dota son petit-fils d'une somme confortable, tandis qu'Helen, en liseuse de dentelle et de satin, posait avec son bébé pour le photographe d'un journal parisien bilingue :

« Mrs. George Joyce, belle-fille du célèbre écrivain irlandais et ex-Miss Kastor de New York, avec son fils Stephen James Joyce[88]. »

La légende de la photographie ne mentionnait guère le père de l'enfant, non plus que son autre grand-père, Adolph Kastor. Helen, en tout cas, était fermement décidée à faire en sorte que son fils fût catholique, et elle le fit baptiser avec Padraic et Mary Colum comme parrain et marraine[89]. Les Colum conspirèrent avec Giorgio et Helen pour garder le secret, persuadés que Joyce haïssait l'Église catholique, et ignorant qu'il avait accepté de tenir l'enfant de Ford Madox Ford sur les fonts baptismaux.

Joyce, de son côté, était ravi de l'héritage de son petit-fils — mêlé de juif et d'irlandais comme celui de Leopold Bloom — et il disait en plaisantant qu'on ne savait pas trop s'il fallait circoncire ou baptiser l'enfant. Il ignorait évidemment la portée de sa plaisanterie. On lui cacha (et à Nora aussi, sans doute) la cérémonie clandestine pendant plusieurs années, mais Nora dut être ravie en l'apprenant. Avec l'âge, elle se donna beaucoup de mal pour continuer à faire pratiquer sa religion au garçon.

Pour Lucia, la tension de la paternité imminente de son frère fut le dernier coup. Le 2 février 1932, jour des cinquante ans de Joyce, l'effondrement fut spectaculaire : elle s'empara d'une chaise et la jeta sur Nora. L'émoi de Joyce fut tel qu'il déversa toute sa peine dans une lettre à Miss Weaver, qui la détruisit, tellement c'était douloureux[90]. Quand la nouvelle s'en répandit, on estima généralement que Lucia tenait rigueur à sa mère d'avoir brisé sa relation avec Beckett. Mais, pour qui connaissait bien Lucia, la vraie cause en était le mariage de Giorgio, qui avait été, en l'éloignant définitivement d'elle, une tragédie intime. Il avait toujours été très dur avec elle car elle l'adorait et, comme l'observa Maria Jolas, « cela lui donnait le sentiment de compter fort peu dans la famille, et que seul son frère était important ». Iris Stephen, fille de James Stephens, et qui connaissait bien Lucia, estimait pour sa part que c'était le traumatisme de son illégitimité qui avait fait sombrer Lucia[91].

Quelles que fussent les causes complexes de l'incident, Giorgio perdit patience. Il jugeait sa sœur folle. Et il fit ce que Joyce ne pouvait se résoudre à faire ; ne fût-ce que pour protéger sa mère, il conduisit Lucia dans une clinique pour malades mentaux, laissant à Nora le soin d'accompagner Joyce désemparé à la fête d'anniversaire que les Jolas avaient organisée en son honneur.

Nora aussi craignait que Lucia ne fût folle. Mais elle pouvait faire face s'il le fallait. Son expression favorite était : « Il faudra bien s'y faire[92]. » Joyce, par contre, ne pouvait accepter cette possibilité. Il était si désespéré qu'il ne réagit pas au premier des cadeaux d'anniversaire de Miss Weaver : l'annulation de son énorme dette envers elle. Et le second — l'offre de lui trouver un sous-locataire pour l'appartement de Campden Grove — fut refusé si froidement que Miss Weaver, une fois de plus, se reprocha de s'être montrée envahissante et indiscrète. (Elle se rendit à Paris exprès pour présenter à Joyce ses excuses pour ce manque de tact.)

Lucia ne séjourna que très peu de temps à la clinique. Joyce ne voulait pas l'y laisser et, comme elle avait plus de vingt et un ans, elle pouvait s'en aller quand elle le voulait. Elle rentra donc à la maison, mais fut désormais calme dans l'ensemble. Nora était néanmoins terrorisée, et le demeura.

A l'approche du printemps, Joyce et Nora s'efforcèrent de maintenir leur projet de retour à Londres. Nora regrettait son appartement de Kensington, disait Joyce. Ils n'avaient pas d'autre choix que d'emmener Lucia avec eux. Elle était trop nerveuse pour rester seule à l'hôtel ou tenter de vivre chez des amis ; elle ne pouvait pas s'installer chez Giorgio et Helen, car ils avaient maintenant le fils aîné d'Helen, David, avec eux, ainsi que le bébé et la nurse. Au début d'avril 1932, ils firent leurs adieux à Sylvia Beach, et partirent pour le train-bateau avec leurs malles, leurs valises, leurs caisses et leurs cartons à chapeaux.

La scène — Joyce et Nora détestaient les scènes — se produisit à la gare du Nord. Tous les bagages étaient dans le train et les porteurs les rangeaient dans les compartiments réservés aux Joyce quand Lucia eut soudain une crise d'hystérie. Elle ne voulait pas quitter Paris. Elle détestait l'Angleterre, sanglotait-elle. Et non contente de sangloter, elle hurlait de plus en plus fort. Sa voix puissante résonnait dans la gare tout entière. Ils restèrent là, paralysés d'impuissance avec leurs porteurs, pendant quarante-cinq minutes où il fut impossible de calmer Lucia ou de la faire bouger[93].

Bloqués là tandis que le train allait partir, Nora et Joyce étaient en proie à une panique épouvantable. Ils se trouvaient confrontés à la preuve incontournable de la folie de leur fille. Ils redoutaient que la presse n'ait vent d'un nouveau scandale Joyce. Pis encore, ils risquaient, en ne regagnant pas l'Angleterre, de perdre leur droit à la domiciliation en Angleterre.

Finalement, les porteurs eux-mêmes s'en mêlant, Nora comprit qu'on ne pourrait ni mettre sa fille de force dans le train ni la laisser là dans l'état où elle était. On redescendit les bagages sur le quai. Elle et Joyce s'installèrent dans un hôtel et Lucia, à sa propre demande, alla chez les Léon (où elle passa neuf jours au lit).

Il n'était plus question d'aller résider à Londres, même si le fait de rester à Paris devait invalider la légitimité des enfants Joyce — seul but, écrivit Joyce à ses avocats dans une lettre désespérée, de son mariage avec leur mère selon la loi anglaise[94].

Il priait les avocats d'ajouter un codicille à son testament, stipulant que, si la légitimité de ses enfants devait un jour être invalidée, ils héritent tout de même de lui à la condition (il s'excusait presque en insistant sur ce point) qu'ils reprennent son nom[95].

Cependant, Fred Monro considérait que l'exigence concernant le nom patronymique aurait pu être ajoutée en codicille au testament, même s'il n'y avait pas eu mariage[96]. La lettre de l'homme de loi donnait l'impression que peut-être toute cette navrante affaire de mariage avait été inutile. Lorsque la procédure du codicille lui fut expliquée, Joyce se contenta de ce bref commentaire : « Dommage que je ne l'aie pas su deux ans plus tôt[97]. »

Mais il fit remonter à « l'aventure de Londres » la source de tous ses malheurs ultérieurs. Stanislaus lui avait déjà écrit pour le houspiller à ce sujet. Passant en revue toutes les catastrophes qui avaient suivi son mariage, Joyce assurait à Miss Weaver qu'il n'avait agi que dans les meilleurs intentions. Mais tout ce qu'il était parvenu à faire, concluait-il sombrement, c'était d'accumuler les malheurs sur la tête de ceux qu'il aimait[98].

Ce n'était pas entièrement vrai. Il avait fait de Nora Mrs. James Joyce, et il allait bientôt voir une édition autorisée d'*Ulysse* publiée aux États-Unis.

IV
ANNA LIVIA

« J'ai fait de mon mieux lorsque je le pouvais. Avec
toujours la pensée que si je m'en vais tout s'en va. »

Finnegans Wake

CHAPITRE 16

Progression de la folie I

La maladie de Lucia fit craquer Nora. Elle reprochait à Joyce de leur avoir imposé à toutes deux une vie intolérable. Elle ne pouvait plus supporter cette obsession sans fin de Sullivan, ces pourboires absurdes, ces saouleries quotidiennes[1], et surtout cette errance sans aucun espoir d'un toit bien à eux. Un après-midi de mai 1932, elle lui annonça qu'elle le quittait.

Cet après-midi là, ils avaient prévu d'aller en matinée à la Comédie-Française. Mais voilà qu'à l'heure du déjeuner, tout rouge et désemparé, Joyce débarquait chez Stuart Gilbert et le priait de venir avec lui au théâtre. Là, il annonça à Gilbert que sa femme menaçait de le quitter. Il parvint néanmoins à prendre plaisir au spectacle, exprimant à voix haute le regret que Nora ne fût pas là, car la pièce se situait en Italie.

Après la représentation, redoutant de rentrer à l'hôtel, Joyce commença par téléphoner. Nora venait de sortir. Pour le calmer, Stuart Gilbert l'emmena prendre le thé, puis le raccompagna à l'hôtel. On les informa que Mme Joyce était rentrée. Joyce monta seul, et Gilbert fut appelé presque aussitôt après. Il trouva Nora seule, le visage enflammé mais l'œil sec, qui faisait ses bagages d'un air décidé. « C'est fini, déclara-t-elle à Gilbert. Je ne veux plus vivre avec lui. »

Le problème, d'après ce que comprit Gilbert, avait commencé la veille au soir, quand Joyce avait accusé Nora d'avoir gardé la monnaie des 1 000 francs après avoir payé la note du restaurant. Gilbert l'écouta et, songeant au vide de l'existence des Joyce, l'aida à faire ses bagages.

Joyce reparut. Il se pelotonna dans un fauteuil, les yeux fixés sur Nora, tellement bouleversé qu'il renonça à son habituelle réserve et, devant Gilbert, avoua à Nora qu'il ne pourrait pas s'en tirer seul ; il avait besoin d'elle. Changerait-elle d'avis s'il prenait un appartement avec un bail d'un an ? Souhaitait-elle faire un voyage avec lui ? La réponse de Nora fut succincte. « Je voudrais que tu ailles te noyer[2]. »

Personne d'autre ne parlait ainsi à Joyce. La brusquerie de Nora la lui rendait plus indispensable encore, de même que la précision du sarcasme. Elle savait que Joyce savait que la mort par noyade avait été le destin de son pire ennemi, Vincent Cosgrave.

Mais le soubresaut de Nora pour se libérer était condamné. Elle n'avait aucun moyen de subsistance. Plus tard, quand Gilbert téléphona pour savoir ce qui se passait, ce fut Nora qui répondit. « J'ai encore cédé », dit-elle. Elle avait déjà essayé, et chaque fois elle avait échoué. Eugène Jolas et Paul Léon avaient également entendu cette exclamation désolée. « Je voudrais n'avoir jamais rencontré personne du nom de James Joyce[3]. »

A la date du 6 mai 1932, le journal intime de Gilbert révèle que cette scène s'était déroulée quelques jours seulement avant que Nora eût un nouveau sujet de colère contre son mari. C'était précisément le mois où Joyce avait fait l'imprudent effort d'encourager sa fille à trouver un fiancé. Nora y était formellement opposée. Depuis la sombre affaire de la gare du Nord, le mois d'avant, Lucia avait eu trois nouvelles crises d'hystérie.

Nora perdit cette bataille-là aussi. Comme pour prouver sa dévotion absolue à Joyce, Paul Léon convainquit le frère de sa femme, Alex Ponisovsky, de demander Lucia en mariage. Ponisovsky avait parfois accompagné Lucia au théâtre ou à un dîner. Léon estimait que cela avait pu l'amener à croire que Ponisovsky avait des intentions sérieuses. Ponisovsky s'inclina, en partie peut-être parce qu'il était un jeune homme passif et bien élevé, et un admirateur de Joyce, à qui il avait enseigné le russe. Lucia accepta sa demande. Joyce donna son consentement parce qu'il était sûr de pouvoir guérir Lucia en découvrant ce qu'elle désirait et en le lui procurant. Et ce qu'elle voulait, disait-il, c'était se marier avant l'âge fatidique de vingt-cinq ans — qu'elle allait atteindre en juillet suivant. Sinon, elle était persuadée que jamais elle ne se marierait.

Giorgio prit le parti de sa mère. Il quitta précipitamment le Midi pour accourir et dire à son père que Lucia n'était pas en état de prendre une telle décision. Lucia elle-même vacillait. Elle se fiança un mardi, rompit le samedi, et se re-fiança le dimanche. Elle passait des heures au téléphone. Elle tempêtait qu'elle détestait les juifs : Ponisovsky était juif[4]. Joyce s'inquiétait davantage du fait que le fiancé était russe ; tous les Russes, affirmait-il, lui donnaient la chair de poule. Tout ce que pouvait dire Nora en faveur de cette union, c'est que Ponisovsky était au moins assez bon pour Lucia, contrairement à certains (sous-entendus : Beckett et Calder) dont elle s'était entichée[5].

Pour célébrer, ou peut-être cimenter, les fiançailles, Joyce offrit au jeune couple une réception au Restaurant Drouant, près de l'Opéra. Mais l'humeur de fête ne dura que le temps de la soirée. A peine était-ce terminé que Lucia retourna chez les Léon, se coucha sur un canapé, et y demeura dans un état de stupeur catatonique[6].

Ces fiançailles étaient d'autant plus irréalistes que le médecin avait ordonné à Lucia de passer ses journées allongée près d'une fenêtre ouverte, et de ne se lever que pour les repas. Elle était bourrée de calmants, et en particulier de Véronal et de phosphate de chaux[7]. Dans sa copieuse correspondance avec Miss Weaver, Joyce ne clarifia jamais comment il imaginait la transition entre la quasi-détention de Lucia et sa vie de femme mariée.

Chacun dans l'entourage des Joyce criait ses conseils sur ce qu'il croyait souhaitable pour Lucia : repos, religion, travail. Accablée par le poids du problème, Nora se laissait consoler par une succession de visiteurs qui lui racontaient des cas analogues, sinon pires[8]. Il est peu probable qu'elle se soit aveuglée comme Joyce, dans son angoisse, sur le contenu sexuel de l'étrange comportement de Lucia.

Devant cet effondrement de la personnalité de Lucia, Joyce broda sur la promiscuité sexuelle de la jeune fille. Peut-être, écrivit-il à Miss Weaver, Lucia avait-elle fait certaines des choses qu'on lui attribuait, et peut-être certains de ces jeunes gens l'avaient-ils, selon l'expression de Joyce, « énervée » ; lui-même s'en moquait bien, et tous ces jeunes gens, à l'exception de Ponisovsky, ne valaient rien du tout[9]. Lorsque Lucia accusa tous les hommes autour d'elle de l'avoir séduite, il réagit en les chassant tous de chez lui, même le pieux McGreevy.

Et lorsque, en cet été troublé de 1932, un professeur américain engagea Lucia pour faire un peu de traduction et de travail de bureau, comme certains amis pensaient que l'effet en serait thérapeutique, Joyce en colère s'imagina que le malheureux avait présumé de l'innocence de Lucia en lui dictant des histoires pleines de vilains mots et de sous-entendus sexuels — toutes choses, insistait-il, qu'elle ne pouvait tolérer[10].

Ce n'est assurément pas la protestation qu'on eût attendue de l'auteur du « Fourmal et du Cigale ». Joyce avait terminé la fable, dans le cadre de *L'Œuvre en cours*, en 1929, à l'époque même où Lucia commençait sa propre danse de la séduction. Elle est modelée sur « A Frog He Would A-Wooing Go » et, comme Joyce se plaignait de Wagner, elle empeste le sexe — et, dans ce cas, l'inceste (ou insectes). Le Cigale

> « il faisait sans cesse des ouvertures malgracieuses à Floh, Luse, Bienie et Vespatilla pour jouer à pupa-pupa poli-poli, longuette, et push-pudding et commettre l'insexte avec lui, les trois bouches de son orefice et gambilles en l'air à ce procédé, même en caste, même écoutant effrontément autour du pot. Bien évidemment et mélissieu-sement, comme le lui avaient appris ses ancêtres, avec ses antennes de devant, flexeurs, contracteurs, dépresseurs et extenseurs, maladroite-ment il te m'imitait, me mariait, m'enterrait, m'attachait, jusqu'à ce qu'elle ne fût plus qu'une fesse honteuse... [11] ».

Mais auteur et père portaient des masques différents.

La charade des fiançailles s'acheva lorsque Lucia, partie de chez les Léon pour aller chez les Colum, tomba dans un état bien pire. Persuadée de pouvoir guérir Lucia, Mary Colum, qui était une femme énergique, dormait dans le même lit que la jeune fille et allait même jusqu'à épingler ensemble leurs chemises de nuit pour l'empêcher de s'enfuir. Mais elle s'enfuyait dans la journée. Elle était forte, adroite, et capable de disparaître à la vitesse de l'éclair. Elle ne pouvait manifestement pas rester en liberté. Giorgio, une fois de plus, fut l'agent de son internement. Avec l'aide de Mary Colum (et l'accord de Joyce), il parvint à convaincre Lucia d'entrer dans un taxi sous un faux prétexte et la conduisit dans une maison de repos à L'Haÿ-les-Roses, en proche banlieue parisienne. Là, les médecins recommandèrent un repos complet — bannissant tout appel télépho-nique et tout contact avec les parents.

Cette fois encore, Lucia signa sa décharge et s'en alla, comme elle avait encore le droit de le faire, n'ayant pas été légalement certifiée irresponsable. Comme elle eut plusieurs crises dès sa sortie, dont une au milieu d'une rue, elle dut toutefois y retourner. Les diagnostics des médecins portaient diverses étiquettes de l'époque, dont la plupart se traduisent aujourd'hui par le terme : schizophrénie. La forme spécifique du mal était l'hébéphrénie — des réactions violentes, accélérées, et une incohérence de pensée. Les médecins de la clinique, d'accord avec le Dr Fontaine, médecin de la famille Joyce, suggérèrent que Lucia soit placée en réclusion solitaire, et qu'on l'observe par un judas. C'en fut trop pour Joyce. Abandonner Lucia sans même une infirmière pour lui tenir compagnie ? Il décida de révoquer les médecins et de prendre lui-même en main le traitement de sa fille : il fit appel à Maria Jolas pour l'aider. Mrs. Jolas était bien clairement la nouvelle femme forte de la vie de Joyce. Plus encore que Sylvia Beach et Harriet Weaver, elle l'idolâtrait. Mais, contrairement à elles, jamais elle ne commit l'erreur de le contredire. Cette apparence de total assentiment, jumelée avec un fort tempérament d'organisatrice, lui permettait mieux qu'à personne de l'influencer.

Les Jolas avaient prévu d'emmener leurs enfants en vacances à Feldkirch, petite station estivale des Alpes autrichiennes. Sur l'ordre de Joyce, Mrs. Jolas engagea une infirmière expérimentée du nom de Mathilde, et fit croire à Lucia que la jeune femme, désireuse de passer ses vacances en Autriche, payait son voyage avec ses économies. Patiente et infirmière n'allaient pas habiter l'hôtel avec les Jolas, mais un chalet à proximité, avec leur propre cuisinière. Joyce espérait voir l'état de sa fille progresser dans cette atmosphère non médicale, et aussi grâce à diverses activités artistiques, en particulier la poursuite de ses créations de lettres, qu'il lui suggérait. Nora et lui-même suivraient la situation de quelque distance — c'est-à-dire qu'ils séjourneraient à Zurich, à deux heures et demie de Feldkirch. Mrs. Jolas accepta le programme, malgré l'importante intrusion que cela représentait dans ses vacances familiales[12]. Elle était cependant convaincue, en son for intérieur, que Lucia aurait dû rester en clinique.

Nora aussi. Helen et Giorgio aussi. Et bien entendu tous les médecins. Lucia elle-même (car ses conversations étaient le plus souvent rationnelles) disait que son père la bousculait. Aucune de ces objections n'avait le moindre poids dans l'esprit de Joyce.

L'atmosphère de drame et de crise entretenait dans la famille un ton très échauffé. Helen et Nora recommencèrent à se disputer. Les Joyce se brouillèrent avec les Léon, et Lucie Léon avec son mari — elle estimait qu'il avait tenté de pousser son frère dans un mariage désastreux[13]. Giorgio se querella avec Ponisovsky.

Joyce décida de sortir sa fille de la clinique et, avec la nouvelle infirmière, de la mettre dans le train pour l'Autriche. Son angoisse au sujet de Lucia avait encore aggravé sa propension à boire. Il continuait à s'abstenir dans la journée mais, quand venait le soir, il engloutissait une bouteille de vin blanc après l'autre, jusqu'à perdre conscience et oublier même la cigarette qui lui brûlait les doigts. Bien souvent, Eugène Jolas le ramenait chez lui et l'aidait à se coucher, lui ôtant des doigts les cendres et le papier noircis[14].

Le dernier soir avant leur départ pour Zurich, Joyce et Nora dînèrent dans un restaurant du bois de Boulogne avec William Bird. L'éternelle discussion commença. S'il commandait encore une bouteille de vin, l'avertit Nora, elle partirait. Il la commanda tout de même, et Nora partit[15].

Ils arrivèrent néanmoins à Zurich. « On dirait que je finis toujours par revenir ici », observa Joyce. Ils descendirent au Carlton Elite, ne faisant toujours aucune économie dans leur mode de vie, alors qu'il leur en avait coûté dix mille francs pour sortir Lucia de sa clinique française, et encore quatre mille pour l'installer avec son infirmière à Feldkirch. Les nouvelles de Londres étaient bonnes : le mandataire détenait encore cinq mille livres de capital non dépensé au nom de Joyce, officiellement pour l'éducation de ses enfants. Il y avait aussi des mauvaises nouvelles du Dr Vogt. En retardant sa visite de contrôle pendant deux ans, Joyce avait laissé son œil droit se calcifier au-delà de toute possibilité de le sauver. Et quant à son œil gauche (le seul qui lui restait vraiment, plaisantait Joyce : *left* signifiant à la fois gauche, et resté), il allait sans doute falloir procéder à deux opérations pour pouvoir le sauver[16].

La perspective d'une éventuelle intervention sur son père provoqua chez Lucia de violentes crises de larmes. Elle voulait rejoindre sa mère à Zurich, ce qui amena Nora à faire une démarche sans précédent : elle quitta Joyce pour rejoindre sa fille[17]. Les autres fois où elle avait dû choisir entre son mari et ses enfants, Nora avait choisi Jim (ou s'était laissé retenir). Cette fois, c'était différent. Lucia l'avait réclamée. Et puis l'état de Lucia allait déterminer ce que ferait ensuite Nora. Comme l'expliqua Joyce à sa bienfaitrice :

> « Ma femme est allée voir si l'on peut faire des projets. Elle ne pense pas que Lucia veuille nous quitter définitivement encore et pense que nous devrions préparer un vrai foyer à Paris. Je vous en dirai plus à son retour[18]. »

Il y avait également le souci de voir Lucia séjourner dans une Autriche politiquement turbulente. En Allemagne, les nazis étaient sortis des élections de 1932 comme le plus grand parti, et Nora n'aimait pas savoir sa fille hors des frontières paisibles de la Suisse. Néanmoins, tous deux souhaitaient fortement empêcher Lucia de venir à Zurich. Nora s'était littéralement enfuie quand Lucia avait commencé ce que Joyce appelait ses « scènes du roi Lear ».

Resté seul à Zurich, Joyce se sentit abandonné, surtout la nuit, et il se fit changer de chambre pour être au rez-de-chaussée, tout près de la cour. Nora lui téléphona, mais elle ne pouvait pas parler librement car Lucia était à côté d'elle et l'écoutait. Il surmontait un peu sa nervosité en écrivant, chaque jour, de longues lettres émotionnelles à

Miss Weaver. Sa fille, écrivait-il plaintivement, avait dit qu'il ne fallait pas le laisser seul, et qu'elle voulait le voir aussi[19]. A Stanislaus, toutefois, Joyce annonça prétentieusement que Lucia passait l'été à Feldkirch.

Joyce aurait bien volontiers accompagné Nora, s'il n'avait eu à affronter un problème embarrassant : il ne pouvait pas quitter l'hôtel sans payer la note et, pour ce faire, il lui fallait recevoir l'argent de Londres. Comme il devait soixante-neuf livres à ses hommes de loi, Monro Saw, il craignait que la firme ne lui retienne son chèque mensuel — or il souhaitait beaucoup plus d'argent que cela : il voulait vendre pour mille livres d'actions[20]. Pour une fois, Miss Weaver tapa du pied. Le paiement mensuel aurait lieu mais, pressée par Monro Saw, elle refusa son accord pour vendre. Elle alla même jusqu'à gronder Joyce pour le gaspillage de son argent ainsi que pour sa négligence concernant ses yeux.

En dernier recours, pour condamner ce gaspillage de son (leur) argent, elle employa l'expression « comme un matelot ivre ». Joyce répliqua par la liste de tous ses malheurs et ce qu'ils lui coûtaient, et lui rappela que le Dr Vogt avait dit qu'il lui fallait la paix pour sauvegarder ses yeux. Une fois de plus, Miss Weaver, comme Nora, céda. Elle s'accabla de reproches, approuva le déblocage de l'argent pour qu'il pût rejoindre femme et fille, et se jura de ne plus jamais contrarier ses vœux[21].

En arrivant à Feldkirch, Joyce éprouva un tel soulagement en voyant que Lucia avait continué ses lettres, qu'il put reprendre son *Œuvre en cours*, dont les Jolas attendaient la livraison suivante pour la publier. Lucia fut également soulagée de le voir. Comme elle l'écrivit à Miss Weaver (dans une lettre lucide et charmante qui montre bien comment ses parents pouvaient se cramponner à l'espoir de son rétablissement), elle et Giorgio pensaient que les médecins pratiquaient sur leur père trop d'interventions chirurgicales. Tous deux l'aimaient bien tendrement, même s'il était parfois difficile de s'entendre avec lui[22].

Pendant ces quelques semaines, Lucia travailla avec ardeur à ces illustrations de lettres. Certaines furent publiées deux mois plus tard dans une édition des *Pomes Penyeach* et, deux ans plus tard, en accompagnement d'un extrait de *L'Œuvre en cours* connu sous le titre de « Le Mime de Mick Nick et les Maggies ». Elle eut aussi le bon sens, à la même époque, de rompre officiellement ses fiançailles. Elle passait des heures devant le miroir à essayer une robe que lui avait donnée Helen. Son père pensait que c'était bon signe.

Il se trompait. Maria Jolas pensait avec le Dr Fontaine et Miss Weaver que Lucia était atteinte d'une grave maladie mentale. Nora en était également convaincue, désormais, même s'il lui était impossible de le dire ouvertement sans fâcher son mari. Joyce essayait frénétiquement d'insuffler un peu de vie dans la carrière de Lucia comme dessinatrice de lettrines. Il prétendait qu'elle était comme lui une artiste méconnue dont le cerveau s'enflammait. Il pressait tous ses amis d'admirer puis d'acheter l'ABC de Chaucer qu'elle avait illustré. Lorsqu'ils hésitaient ou refusaient, il rompait avec eux. Comme l'éditeur (payé par lui) tardait à lui faire parvenir les épreuves, Joyce fulminait qu'il avait manqué le marché de Noël pour le livre[23]. Il se ruinait la santé à force de s'inquiéter, de perdre le sommeil et de maigrir.

De Feldkirch, Nora et lui emmenèrent Lucia et l'infirmière à Vence, dans le Midi. Puis ils s'installèrent tous deux à Nice — cette fois encore assez près, mais pas trop. Puis ils regagnèrent Paris, d'abord un hôtel, puis un autre appartement meublé rue Galilée, près des Champs-Élysées. Le soin de s'occuper de Lucia retombait maintenant sur Nora. La jeune fille avait le caractère obsessif d'une psychotique. A tout instant elle pouvait frapper, lancer quelque chose, ou courir dehors et disparaître. Rien ne peut être plus épuisant. Joyce s'enfermait dans son bureau, travaillant sept heures par jour pour terminer la seconde partie de *L'Œuvre en cours*.

Pourtant, Nora avait bien besoin de temps libre pour chercher l'appartement que Miss Weaver — autant qu'elle-même — souhaitait qu'ils eussent. Il était essentiel pour Joyce d'avoir ses livres et ses papiers autour de lui. Nora eut l'illumination d'engager Myrsine Moschos, que Sylvia Beach avait licenciée après une querelle, et qui connaissait bien la famille Joyce. Avec Miss Moschos le matin et une infirmière pendant trois heures l'après-midi, Nora pouvait disposer de six heures par jour loin de Lucia.

Joyce, avec son esprit de famille, trouvait que Giorgio aurait bien pu les aider aussi. Il le persuada de prendre Lucia huit jours chez lui pour soulager Nora, mais il avait compté sans Helen : elle refusa, ce qui n'avait rien de bien étonnant. Surveiller Lucia était une activité à plein temps nuit et jour, déclara Helen, et elle n'en voulait pas[24]. La tension générale se compliquait de discussions avec les médecins. Joyce était blessé de voir que les médecins lui en voulaient. Cela n'avait rien de surprenant, lui fit observer Nora, étant donné qu'il leur avait ôté l'affaire des mains. Leur vie était également assombrie par l'hostilité nouvelle de Sylvia Beach, furieuse d'apprendre qu'ils avaient engagé Miss Moschos. Elle estimait que les Joyce avaient recueilli chez eux une employée discréditée qu'Adrienne et elle-même ne voulaient plus jamais voir de leur vie, et dont elles ne voulaient même plus jamais entendre parler[25]. La malheureuse Lucia n'était pas inaccessible au chagrin. Elle souffrit d'apprendre que le fils d'Helen, David, avait le droit de tenir le petit Stephen dans ses bras, et pas elle[26].

Joyce s'effarait de voir l'aptitude de Lucia non seulement à s'attirer l'antipathie des femmes autour d'elle, mais aussi à les dresser l'une contre l'autre : Nora contre Helen, Helen contre les infirmières. Il se considérait lui-même comme extérieur à ces imbroglios. Il annonça pour plaisanter à Miss Weaver qu'elle aurait sûrement grand-peur en apprenant que Lucia voulait aller lui rendre visite à Londres.

Les forces de Nora étaient mises à rude épreuve. Tandis que l'état de Lucia se détériorait, la santé de Joyce aussi. Et cependant que Lucia se tenait bien la plupart du temps, accompagnant Miss Moschos dans les musées l'après-midi et dînant le soir avec ses parents dans un silence maussade, Joyce devint sujet à des crises de colite, de sanglots nerveux, et d'hypocondrie aiguë, comme si, jaloux de l'attention que prodiguait Nora à Lucia, il avait voulu renforcer son emprise sur elle. En janvier 1933, Joyce montra à Nora comme il était incapable de se débrouiller sans elle.

Nora avait promis de l'accompagner à Rouen et d'y passer la nuit, afin d'écouter chanter Sullivan. Le moment venu, il lui parut impensable d'abandonner Lucia. A sa suggestion, Joyce trouva un autre compagnon de voyage, un prince indochinois qui étudiait la médecine. Le lendemain matin de la représentation, comme Sullivan raccompagnait les deux hommes à la gare de Rouen, Joyce commença à se sentir mal et, après une heure et quart de voyage, il eut une de ses « syncopes ». Il était sûr d'être victime d'une épidémie de grippe, pour être resté assis dans la « loge toussante du théâtre », alors même que son compagnon lui affirmait qu'il n'avait ni fièvre ni symptômes de grippe[27].

Deux nuits plus tard, il eut une crise autrement plus forte. Il ne voulait pas dormir, ce soir-là, parce que Nora était allée écouter *La Traviata* avec Maria Jolas. Elle ne revint qu'à une heure et demie du matin. Il avala alors son habituelle dose de six comprimés pour dormir, et sombra dans un sommeil agité. Nora (la lettre de Joyce à Miss Weaver le révèle) faisait chambre à part. Il passa une nuit d'horreur et d'hallucinations, à entendre des bruits menaçants derrière sa porte et, au petit matin, il attrapa son manteau et courut dehors dans les rues enneigées, pour aller prévenir les Léon qu'il était en danger[28].

Que lui était-il arrivé ? Le diagnostic du médecin des Léon (en l'absence du Dr Fontaine) fut un « abus de somnifères ». Lorsqu'il rentra chez lui, Nora attribua ces bruits à Miss Moschos, qui disait qu'elle était venue plusieurs fois dans le couloir sur la pointe des pieds parce qu'elle avait cru entendre Joyce appeler au secours. Nora déclara à Joyce d'un ton sarcastique : « Si tu prends quelque chose pour dormir, elle, elle prend apparemment quelque chose pour rester éveillée. » Mais la conclusion de Joyce fut que le bon côté de sa syncope avait été de rendre cette personne « subtile et barbare », sa fille, pleine de sollicitude à l'égard de son père. Lucia se préoccupait très sincèrement de la santé de Joyce, et elle eut, à son propos, une nouvelle frayeur quand il alla trouver le Dr Fontaine, en proie à d'intenses douleurs internes ; mais le Dr Fontaine le décréta en meilleure santé que jamais et attribua la douleur à ses nerfs.

Toutes ces alarmes eurent pour effet, entre autres choses, que Joyce donna de l'argent à la mère et à la fille pour s'acheter des vêtements : quatre mille francs à Lucia pour un manteau de fourrure, dont il disait qu'il lui ferait plus de bien qu'un psychanalyste, et deux mille à Nora. Devant ces largesses, Myrsine Moschos éprouva une forte réprobation. Elle voyait bien qu'il voulait donner à ses enfants tout ce qu'ils désiraient pour que jamais ils ne manquent de quoi que ce soit comme lui-même en avait souffert, mais chaque fois qu'il donnait de l'argent à Lucia, elle le dépensait aussitôt en dépit du bon sens. Ce spectacle de gâchis n'empêcha cependant pas Paul Léon d'écrire à Miss Weaver, de la part de Joyce, que ce dernier commençait à voir le fond de la caisse[29].

Joyce était en effet tellement épuisé par ces incidents qu'il se déchargeait sur Paul Léon de la tâche d'écrire à Miss Weaver. Cruellement, il la pria, par l'intermédiaire de Léon, de cesser de lui écrire. Fidèle à elle-même, Miss Weaver accourut aussitôt à Paris pour lui assurer qu'il pouvait compter sur son aide pour régler les factures concernant Lucia. Pourtant, sa visite fut un échec. Elle ne permit pas de rétablir leur ancienne intimité, en partie parce qu'elle alla voir sa vieille amie Sylvia Beach, ce qui la plaçait aussi sur les tablettes noires de Joyce, et en partie parce qu'il sentait sa conviction, bien que muette, que Lucia était incurable. Leur amitié était brisée. L'année suivante, Miss Weaver était à Paris le 2 février, et il ne l'invita pas même à sa fête d'anniversaire[30].

Au printemps 1933, Nora fut à nouveau déchirée entre ses deux patients. Joyce devait retourner se faire examiner les yeux à Zurich. Comme l'expliqua méticuleusement Léon à Miss Weaver :

« Je pense vraiment que, matériellement et moralement, il a besoin que Mrs. Joyce l'accompagne et le problème se limite alors à ce qu'il convient de faire de Miss Joyce pendant les huit ou quinze jours de l'absence de ses parents [31]. »

Ils finirent par résoudre le conflit en emmenant Lucia, et firent de même en juillet. Mais, la seconde fois, ils le regrettèrent. Carola Giedion-Welcker encourageait les espérances des Joyce en leur présentant des jeunes gens pour Lucia, mais Lucia elle-même les décourageait. Elle fit une nouvelle scène dans une gare. Il ne restait plus d'autre choix que de la placer dans une institution. Joyce choisit donc la meilleure.

Les Rives de Prangins, à Nyon, près de Genève, était le plus élégant sanatorium d'Europe, pour les malades mentaux de familles riches. Les patients y étaient traités comme des clients de grand hôtel ; ils se promenaient librement sur les centaines d'hectares du parc. Ils s'habillaient le soir pour dîner. F. Scott Fitzgerald a décrit l'atmosphère de Prangins dans *Tendre est la nuit* ; sa femme, Zelda, y avait séjourné en 1931. Lucia entra à Prangins en juillet 1933. Cependant, Joyce ne permit pas à Lucia d'en goûter bien longtemps les plaisirs. En l'espace de huit jours il l'avait reprise.

Nora, cette fois encore, avait plaidé : « Laisse-la là-bas », mais Joyce tint bon contre elle et Helen et Giorgio, et il ramena Lucia à Paris, avec une infirmière/dame de compagnie. Chaque jour apportait une nouvelle explication à sa maladie, écrivait Paul Léon : « La seule chose qui ne varie jamais est le fait qu'il est le coupable [32]. »

A mesure que la nouvelle de la maladie de Lucia commençait à se répandre, les gens se mirent, selon l'expression d'Arthur Power, « à dire beaucoup de choses qui ne se répètent pas » — autrement dit, des rumeurs d'inceste. Il ne paraissait pas impossible que l'auteur d'un livre aussi corrompu qu'*Ulysse* eût corrompu sa propre fille. Et le livre restait aux yeux du monde un livre très sale. En 1932, un jeune professeur de l'université de Cambridge qui avait mis *Ulysse* sur la liste des lectures de ses étudiants, se découvrit l'objet d'une enquête du procureur.

Joyce n'oubliait guère les fantasmes incestueux introduits dans *Ulysse* et dans *L'Œuvre en cours*, et alors même que la maladie de Lucia atteignait un stade où elle ne risquait guère d'attirer qui que ce fût, Joyce restait jaloux de ses soupirants imaginaires. Sa fille était, pour lui, « mignonesque », et il ne voyait pas d'inconvénient à apparaître comme un « vieillard » face aux « jouvenceaux ». Mais sa faute en tant que parent, pour autant qu'on puisse en juger sur les preuves, était l'égocentrisme méchant — qui ruina la vie de Nora et força ses enfants à soumettre leur vie à la sienne — plutôt qu'une chose aussi brutale, aussi criminelle et aussi peu caractéristique qu'un viol d'enfant. Par son intensité, l'attention qu'il fixa sur sa fille pendant la puberté pouvait suffire à la déséquilibrer. Ellmann, le biographe de Joyce, a souvent été questionné sur la possibilité d'inceste entre Joyce et sa fille : il estimait que Joyce n'était pas « si actif sexuellement », et qu'il n'aurait pas franchi le pas entre la pensée et l'action[33].

Joyce fut plus ébranlé par les accusations ouvertes que lui jetèrent à la tête Nora et Stanislaus, que la vie déracinée qu'il avait imposée à sa famille avait perturbé Lucia. Il savait que sa femme et son frère ne faisaient que répéter ce que disaient les autres dans son dos, et que le mouvement constant d'un pays à l'autre, d'une langue à l'autre, et la rupture continue des liens avec amis et parents créaient des conditions typiques propres à provoquer des troubles d'identité. Leur mode de vie avait frappé Lucia le plus durement. Joyce et Nora s'emmitouflaient l'un dans l'autre. Giorgio, qui se faisait toujours des amis sans effort, avait très tôt été cueilli par Helen. Rien ne venait aisément, pour Lucia : ni les amis, ni un métier, ni les amants.

Joyce avait une autre raison de nier la schizophrénie de Lucia. Les causes de la maladie sont, encore à ce jour, cachées dans un mélange d'inné et d'acquis, mais les drogues tranquillisantes d'aujourd'hui permettent à bien des schizophrènes de mener une vie semi-normale. Dans les années trente, un diagnostic de démence était une sentence d'exclusion de la société. Il condamnait la victime à une vie de fenêtres à barreaux, de surveillance et de camisoles de force. Depuis l'enfance de Lucia, quand Joyce avait commencé à plaisanter sur sa « distraction », et peut-être même avant — un rapport fait remonter les premiers symptômes à 1914, quand elle n'avait que sept ans —, il luttait contre la terrible pensée que sa fille passerait sa vie en institution. Quand cette perspective se précisa et qu'elle commença à être internée pour de brèves périodes, Joyce décrivait toujours ces institutions par de jolis euphémismes, maison de santé ou maison de repos.

Un homme englué de honte ne veut pas la partager. Tandis qu'il se reprochait l'état de sa fille, il ne semble pas qu'il ait même envisagé que Nora ait pu être responsable. La possibilité ne paraît pas avoir effleuré Nora non plus. Elle était totalement libre de tout sentiment de culpabilité — l'une de ses plus grandes séductions aux yeux de Joyce.

En grandissant, peut-être Lucia avait-elle été privée d'affection maternelle. Nora, qui se sentait elle-même volée d'amour maternel, était entièrement occupée de son mari et de son fils, et peut-être ne sut-elle pas établir ce lien qui transmet l'expérience et les intuitions d'une mère à sa fille.

Il y avait aussi, bien que jamais Joyce ne l'ait évoqué dans ses lettres, le problème de la maladie mentale dans la famille de Nora. Nora recevait de Galway une nombreuse correspondance, comme l'établit celle de Joyce, et l'un des événements qui troublèrent le plus Annie Barnacle pendant les années vingt fut l'effondrement nerveux de sa fille Dilly, la sœur de Nora dont Joyce utilisa le nom dans *Ulysse*. En 1925, elle était admise « dans un état très perturbé », disent les rapports médicaux, à l'asile de fous tant redouté de Ballinasloe, où elle demeura dix-huit mois. Elle ne fut jamais complètement rétablie. Gardant en tête l'exemple de Dilly, Annie Barnacle et son frère Michael Healy recommandaient sans cesse à Nora : « Pas de médecins, pas de sanatorium, pas d'examens de sang[34]. »

Reste encore le triste fait, que Joyce ne souhaitait apparemment pas prendre en considération, du taux très élevé de schizophrénie en Irlande — trois à cinq fois plus élevé que dans la plupart des autres pays occidentaux, l'ouest rural de l'Irlande en comptant davantage encore que l'est[35]. Que Lucia en eût été atteinte faisait simplement partie de la malchance des Irlandais. Nora savait ce qu'était la maladie mentale. Sa résignation au destin de Lucia ne signifiait pas plus l'indifférence que le refus obstiné de Joyce ne signifiait l'amour, et sa réaction avait au moins la vertu du réalisme.

De retour à Paris, simulant bravement le retour à une vie normale, Nora, Joyce et Lucia allèrent un soir au théâtre avec les Jolas, pour voir un comédien. Mais la soirée fut gâchée pour Nora quand, en prenant place, elle apprit que le nouveau psychiatre de Lucia, le Dr Coudet, qu'elle n'avait jamais rencontré, était assis juste derrière eux. Nora se retourna, et se trouva face au visage le plus laid qu'elle eût jamais vu. L'idée que cet ogre pût traiter sa fille la bouleversa tant qu'elle dut quitter le théâtre. Joyce et Lucia restèrent jusqu'à la fin de la représentation. Ce que Nora put dire à leur retour chez eux nous est transmis grâce à une lettre à Miss Weaver : « Je regrette qu'il ne soit pas plus beau mais ce n'est pas ma faute[36]. »

Dans leur rôle de parents, les Joyce se donnaient beaucoup de mal pour trouver des amis à Lucia. Ils enrôlèrent la fille de Louis Gillet,

Dominique, pour les accompagner au théâtre. Ils invitèrent Elizabeth Curran, fille de Constantine Curran, à venir passer huit jours chez eux pour mieux connaître Lucia. Elizabeth fut très excitée à l'idée de se voir offrir ce rare privilège de séjourner chez les Joyce à Paris, mais, arrivée rue Galilée, elle trouva Lucia, qui était un peu plus âgée qu'elle, désinvolte, maussade, et entièrement occupée d'elle-même. Les Joyce emmenèrent plusieurs fois Elizabeth dîner dehors et elle commençait à se plaire chez eux quand une lettre arriva de Londres, disant que Curran était légèrement souffrant. Joyce en conclut aussitôt qu'Elizabeth allait faire ses bagages et partir. « Votre père est malade, dit-il. Vous voudrez être auprès de lui, bien sûr. » Elizabeth n'avait nulle intention de courir au chevet de son père, et Nora le sentit. « Oh, laisse-la décider elle-même. » Rien à faire. Joyce chassa presque Elizabeth de chez lui pour qu'elle pût aller accomplir son devoir filial.

La femme de Curran, qui venait souvent à Paris, était fort liée avec Nora. Elle avait été actrice, et c'était elle qui avait créé le rôle de Maurya dans la mise en scène d'origine de *A cheval vers la mer*. Nora adorait parler théâtre avec elle. Elle lui confiait aussi, sans jamais toutefois tomber dans les détails, qu'elle n'avait aucune influence sur Jim quand il s'agissait de Lucia. « Je ne peux pas lui faire entendre raison », disait-elle. Elle aurait voulu qu'il cesse de faire constamment changer les traitements. « Je lui dis toujours que Miss Weaver le sait mieux que lui. » Mrs. Curran acquiesçait. Mais Nora acceptait sa défaite. « Nora n'était pas du genre à se plaindre et gémir, se souvint Elizabeth. C'était une personnalité optimiste, qui ne regardait jamais en arrière. C'est d'ailleurs exactement pour cela qu'elle a pu partir avec lui au commencement [37]. »

Leur vie en ces années tourmentées n'était tout de même pas la tragédie ininterrompue que Joyce et Paul Léon décrivaient à Harriet Weaver. Les lettres lugubres qui partaient pour Londres visaient le portefeuille de Miss Weaver tout autant que son cœur. En vérité, Nora et Joyce menaient une vie sociale active. Ils allaient régulièrement à l'Opéra, toujours en tenue de soirée — Joyce en cape doublée de soie, chapeau de soie et canne à bout ferré —, ils dînaient dehors, voyaient des amis. Nora adorait visiter des appartements dans les beaux quartiers, parfois en compagnie de leur ami le comte Edgardo Carducci, compositeur et musicien italien. Ils se trouvaient à nouveau dans l'obligation de chercher un nouvel appartement, car le bail de celui de la rue Galilée arrivait à terme à l'été 1934.

Le grand sujet d'épanchement de Nora restait cependant l'habillement. Elle emmenait avec elle Mrs. Curran et Elizabeth aux présentations de mode de Lelong, 16, avenue Matignon, et aux essayages quand elle se faisait confectionner quelque chose. Elle pouvait être très cruelle, observèrent ses deux amies, sur ce que portaient les autres femmes. Elles estimaient à part elles que Nora était certes toujours élégante, mais qu'elle forçait un peu sur les couleurs sombres et l'austérité.

Nora n'avait pas perdu son sens de l'humour. Bennett Cerf, à Paris, dîna un soir avec Joyce et nota que son auteur était de plus en plus fortement éméché. En rentrant ensuite à l'appartement, Joyce, d'après Cerf, « décida qu'il chanterait des ballades irlandaises, et Mrs. Joyce décida qu'il ne chanterait *pas* de ballades irlandaises ». Inébranlable, Joyce s'approcha du piano, et Nora empoigna alors un bout du banc. Joyce prit l'autre, et ils tirèrent chacun de son côté jusqu'au moment où Nora lâcha brusquement prise et où Joyce bascula à la renverse.

Cerf décida de se retirer. Nora descendit avec lui et le mit dans un taxi, s'excusant pour cette scène domestique et riant de bon cœur. « Un jour, c'est moi qui vais écrire un livre, dit-elle. Et je l'appellerai " Vingt ans avec un Génie — soi-disant " [38]. »

Nora et Joyce aimaient beaucoup se rendre en taxi jusqu'à Enghien, pour voir leurs amis Kathleen et René Bailly. Les Bailly n'avaient rien à voir avec le monde littéraire. Pour Nora, Kathleen — mince, blonde, un peu trop élégante — était l'amie idéale ; c'était une femme de Galway, mariée à un Français. Les deux femmes percevaient l'absurdité du destin qui les avait conduites à mener la grande vie de la capitale française. Kathleen prenait plaisir à parader aux réceptions de l'ambassade d'Irlande, mais aussi, comme Nora, elle appréciait la plaisanterie.

René Bailly était un homme d'affaires, assez riche pour avoir une imposante villa entourée d'un parc à la sortie d'Enghien. Kathleen avait des chèvres qui broutaient l'herbe et, un jour, elle décida de leur faire peindre en doré les cornes et les sabots. Nora éclata de rire en les voyant.

Les Joyce venaient si souvent que Joyce avait même un bureau chez eux, au rez-de-chaussée, donnant sur les jardins. Pour de fidèles amis comme les Bailly, l'effort de traiter Lucia comme une jeune femme normale, pour faire plaisir aux Joyce, représentait une grande tension. Lucia était une invitée encombrante. Elle prenait place auprès de son père et monopolisait son attention. Tout le monde fulminait en voyant Joyce se pencher pour saisir le moindre mot et lui passer le moindre caprice. La nuit, elle devait coucher dans la chambre de ses parents (comme elle avait été obligée de le faire à l'adolescence). Giorgio, comme pour compenser, était toujours très attentionné avec sa mère. Il s'asseyait sur le bras de son fauteuil et lui murmurait des questions pleines de sollicitude : voulait-elle son chandail ? Souhaitait-elle faire un tour de jardin ?

Quand elle arrivait chez les Bailly, Nora se détendait. Elle courait à la cuisine, et disait : « Montrez-moi ce que vous faites, Kathleen. » Elles adoraient toutes deux cuisiner, bien que Kathleen eût du personnel. Nora mettait parfois la main à la pâte, et préparait sa recette de poulet préférée, ou une tarte à la rhubarbe meringuée. Elle faisait admirablement les pommes au four roulées dans une pâte.

Dans le domaine de la mode, toutefois, Nora ne pouvait pas davantage suivre Kathleen qu'Helen. Elle errait dans le vestiaire de Kathleen tout tendu de miroirs, entre la chambre des Bailly et celle des Joyce, dans l'aile, et admirait les profusions de vêtements. Nora aurait adoré avoir une garde-robe pareille mais, même si Joyce ne lui reprochait jamais ses dépenses vestimentaires — une tenue de Lelong coûtait sept cent cinquante à mille quatre cent cinquante francs — elle n'avait pas de tels moyens [39].

C'était Nora, bien sûr, qui incitait Joyce à tirer le meilleur parti de son élégance naturelle. Il n'y voyait pas assez pour acheter ses vêtements lui-même. James Stern, ami irlandais de Robert McAlmon, que ce dernier amena rue Galilée en 1934, fut frappé par le contraste entre l'homme et ses habits. Joyce avait une main de reclus, dit Stern — osseuse, et pourtant douce au toucher — et une voix lasse et chuchotante, il tenait la tête en arrière comme un aveugle, le menton relevé, et portait « une veste de velours bleu canard presque incongrue, avec un pantalon sombre ».

D'après les souvenirs de Stern (il fut, comme tant d'autres, frappé par la morne impersonnalité des pièces, sans se rendre compte qu'il s'agissait d'un appartement meublé), il entreprit de raconter à Joyce une anecdote sur un homme de Cork qui avait la passion de la chasse. « Il m'arrive une chose affreuse, interrompit Joyce, je dois faire un essayage. » Sa femme, expliqua-t-il, tenait absolument à lui faire faire un nouveau complet. Il lançait sans cesse des coups d'œil vers la porte. Puis « une femme de haute taille, grise de cheveux et fort digne, parut dans l'encadrement de la porte. " Allons, Jim. Il est là. " » Joyce gémit. Stern tenta de poursuivre. « " Jim, coupa Nora, tu entends ce que je viens de te dire ? Le tailleur est là. Encore huit jours, et tu ne pourras plus sortir dans la rue ! " Comme Joyce s'efforçait de saisir le reste de l'histoire, Nora s'exclama : " Ah, ça suffit ! " et elle l'entraîna hors de la pièce. Joyce reparut un peu plus tard et la conversation continua, jusqu'à ce que Nora revienne annoncer qu'il était " l'heure ". Joyce fit d'abord mine de n'avoir pas entendu. Puis il releva lentement la tête vers elle et ses lèvres minces s'entrouvrirent sous l'effet de l'effarement, de la contrariété, de l'anxiété — ou des trois —, je me souviens comme tout son comportement me frappa par son côté infantile[40]. »

En décembre 1933, la famille célébra Noël comme à l'accoutumée, Nora fit quatre plum-puddings, et Lucia dessina les cartes de Noël ; elle dépensait l'argent à une vitesse qui stupéfiait même Joyce. Cependant, elle était de plus en plus difficile à manier ; elle avait attaqué les personnes qui s'occupaient d'elle, et les traitements bizarres que lui prescrivaient ses divers docteurs (des injections d'eau de mer, entre autres) n'avaient aucun effet.

Ils avaient, cette année-là, quelque chose à célébrer. Le 6 décembre, John M. Woolsey, juge à la cour fédérale du district de New York, après avoir entendu l'affaire *Ulysse* et lu attentivement le livre, déclara que l'œuvre incriminée pouvait être « quelque peu émétique », mais que nulle part elle « ne tendait à être aphrodisiaque ». Ce livre était à son avis une expérience sérieuse pour créer une nouvelle méthode littéraire visant à décrire l'humanité. En tant que tel, il pouvait être publié aux États-Unis en toute légalité. Random House se hâta d'en publier cent exemplaires pour garantir le copyrigth ; et *Time* célébra l'événement en consacrant sa couverture à Joyce. Le magazine (toujours favorable à Joyce) posait la fameuse question : « Est-ce un livre sale ? » et répondait par un seul mot : « Oui. » Mais c'était aussi « l'une des plus monumentales œuvres de l'intelligence humaine ». *Time* ne pouvait bien sûr manquer de décrire la vie de l'auteur :

> « Vers l'âge de vingt ans il quitta l'Irlande et l'Église pour de bon, et partit avec sa grande épouse blonde de Galway, Nora Barnacle, vers l'Italie… Voici quelque trois ans, il fit la une de la presse en ré-épousant sa femme au London Registry Office, sans la moindre explication. »

Time déclarait que Joyce, âgé de cinquante et un ans, était un citoyen timide et fier, doté d'une réputation mondiale, et atteint de quasi-cécité. La postérité déciderait, concluait l'article, si Joyce resterait comme un revigorateur et un inventeur de langage, ou bien comme l'homme qui fit tomber en désuétude le mot « impubliable » [41].

Time ne mentionnait pas la fille. Les Joyce en furent sans doute bien contents. Éviter que Lucia ne soit citée dans la presse était un souci constant. La scène de la gare du Nord, en avril 1932, n'était pas passée inaperçue, finalement. Un journal parisien en avait fait état, mais en interprétant clairement la souffrance de Joyce ce jour-là, lorsque ses bagages avaient été entassés dans le train, puis redescendus sur le quai, comme un refus de partir, « car le grand poète aime Paris » [42].

En janvier 1934, Lucia fit une fugue de trois jours et fut ramenée par la police. Joyce ne savait plus que faire. Il aurait bien voulu envoyer Lucia en visite chez Stanislaus et Nelly à Trieste. Mais les événements lui ôtèrent toute possibilité de décision. Le 2 février, comme le téléphone ne cessait de sonner pour les vœux d'anniversaire et les félicitations pour la victoire aux États-Unis, Lucia, furieuse d'être reléguée au second plan — « c'est moi qui est l'artiste », répétait-elle —, coupa les fils téléphoniques à deux reprises. Puis, comme deux ans plus tôt, elle marqua la journée en frappant Nora [43].

Lucia retourna donc à Genève, à Prangins, pour un séjour prolongé et turbulent. Et pour la première fois depuis trois ans, Nora, qui fêta ses cinquante ans en mars, se retrouva enfin libre de respirer.

Joyce et elle acceptèrent avec grand plaisir l'invitation des Bailly à faire un voyage en voiture, commençant par le Midi de la France et Monte-Carlo, et s'achevant à Zurich. Une voiture bien pleine n'affolait jamais Nora ni Joyce. Les deux nièces des Bailly faisaient également partie de la troupe, et elles notèrent avec amusement que Joyce était trop guindé pour faire pipi sur le bord de la route, suivant la tradition française. Il exigeait de s'arrêter à un hôtel quand le besoin s'en faisait sentir. De même que tous les amis riches des Joyce, les Bailly payaient toujours tout quand ils étaient ensemble, et Evelyne Shapero, l'une des nièces, comprit que le compte de Joyce au Fouquet's était également à la charge d'un admirateur. Son oncle, cependant, payait sa propre part et celle de sa femme quand ils y dînaient avec les Joyce [44].

Le voyage fut assombri par la nouvelle du décès d'un vieil ami, George Borach, de Zurich, tué dans un accident de voiture. Borach avait été un élève et un ami bien avant l'époque des English Players, pendant la Grande Guerre. Cette fois encore, Joyce cacha la

Portrait de Nora réalisé à Trieste par Tullio Silvestri, qui déclara qu'elle était la plus belle femme qu'il eût jamais vue.

Portrait de Nora par Frank Budgen à Zurich en 1919.

Portrait de Nora exécuté à Paris au début des années vingt par Myron Nutting, dont la femme Helen, écrivain, était une amie intime de Nora.

Les Joyce se faisaient photographier chez les meilleurs artistes. Berenice Abbott, Américaine à Paris dans les années vingt, était apprentie chez Man Ray. Pour poser, Nora choisit de porter un ensemble suivant la nouvelle mode : un tricot aux manches étroites, coordonné avec une jupe à pois, sans doute en crêpe, et des perles semi-précieuses. Elle avait les cheveux coupés et ondulés à la dernière mode.

Lucia, photographiée par Berenice Abbott, est aussi à la pointe de la mode, en long cardigan, chemisier à col Eton et cheveux courts.

Son père posa pour Miss Abbott sans ses habituelles lunettes mais avec un nœud papillon - audacieuse tenue d'après-midi, au début des années vingt.

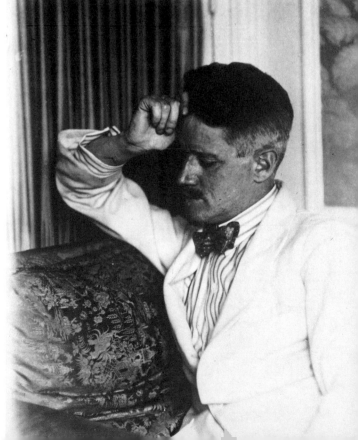

En haut à gauche : la famille Joyce en 1924, suivant la publication d'*Ulysse* et le cadeau de douze mille livres par Harriet Shaw Weaver. En haut à droite : square Robiac, à Paris, la maison où les Joyce furent le plus heureux.

En bas à gauche : mère et fils vers 1926. Nora porte des vêtements sport à la mode, de couleur claire, et fume en public, sans doute une de ses cigarettes égyptiennes préférées, à bout doré.
En bas à droite : Kathleen (Mme René) Bailly, la meilleure amie de Nora à Paris. En 1934, les Bailly, fort aisés, emmenèrent les Joyce pour leur premier long voyage en voiture, dans le Midi de la France et à Zurich.

Adolph Kastor, patriarche de la famille Kastor à New York avec sa fille adorée, Helen Kastor Fleischman, le fils de celle-ci, David Fleischman, et ses belles-filles ; à gauche : Mrs. Alfred Kastor, à droite : Mrs. Robert Kastor. La photo semble avoir été prise quand Helen avait une trentaine d'années, à l'époque où elle s'éprit de Giorgio Joyce.

Helen et Giorgio Joyce en France, sans doute dans la propriété des Kastor à Cauterets dans les Pyrénées, en 1928.

Jour du mariage à Kensington, le 4 juillet 1931. Nora est moins déconcertée par les photographes que son mari et leur avocat.

Helen Joyce et son fils Stephen, dans la rubrique mondaine d'un journal français.

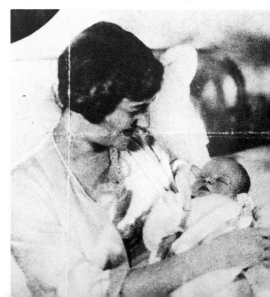

Nora en décolleté profond et fourrure de renard, très hollywoodienne. Photo apparemment prise à la demande de Giorgio. Joyce écrivit à son fils : «Quand je verrai une femme contente de sa photo, j'enverrai un bouquet au pape.» (5 juin 1935, *Lettres III.*)

A gauche : même devenu grand-père, James Joyce préférait les chaussures de tennis.

En bas : Harriet Shaw Weaver avec Lucia à Reigate, en 1935, laisse paraître sa tension alors qu'elle aide la jeune fille à guérir de sa dépression nerveuse en Irlande.

En 1935, Joyce pose un regard approbateur et rayonnant sur Nora, en présence de Carola Giedion-Welcker, lors d'une visite à Lucerne. Le béret basque, rendu populaire par Marlene Dietrich, était l'un des succès de la modiste de Nora, Agnès.

Nora à Zurich en 1948.

Nora et Giorgio, à Zurich en 1948, posent pour une photo prise par la fille de Robert Kastor.

Stephen Joyce en 1946.

Lucia Joyce à l'âge de soixante et onze ans, en 1979, à l'hôpital St. Andrew's, Northampton, Angleterre.

mauvaise nouvelle à Nora pendant plusieurs jours — cela peut se comprendre. Quand Nora l'apprit, elle en fut si bouleversée que son séjour à Zurich en fut gâché. Elle trouvait la ville hantée, disait-elle, par le souvenir de Borach. La vue des parents en deuil de Borach, qui était resté célibataire, la toucha — mais pas au point qu'elle ne pût évoquer le souvenir de la vieille Frau Borach, pourtant riche, apportant de chez elle des brisures de biscuits dans son sac, quand elle allait prendre le thé au café avec Nora[45].

Ils étaient de retour rue Galilée en avril. Joyce se vantait qu'ils avaient parcouru deux mille cinq cents kilomètres, « mon premier voyage automobile ». Il avait également pris le pli d'écrire à Lucia des lettres frivoles et amusantes, et lui transmettait le conseil de Nora de grossir un peu si elle le pouvait. Il écrivait aussi :

> « Maman bavarde au téléphone avec la dame du dessus qui danse si bien le one-step et qui a repêché mon billet de mille lires dans l'ascenseur. Le sujet de conversation entre elles est la dame du cinquième qui élève des chiens... Elles en ont fini avec les chiens, maintenant, et elles parlent de moi[46]. »

La dame en question, qui avait en effet retrouvé un billet perdu par Joyce, devint leur amie quand Joyce, reconnaissant, lui fit porter une énorme gerbe de roses. Elle les invita à prendre le thé. Joyce était aveugle au point de devoir tâtonner avant de trouver où s'asseoir, Nora lui versait son lait et son sucre et lui disait ce qu'il avait sur son assiette[47].

Au lieu de pouvoir se détendre, toutefois, Nora reçut un nouveau coup : Helen emmenait Giorgio et Stephen à New York. Ce serait utile pour la carrière de Giorgio, expliqua Helen. Cela ne consolait guère Nora et Joyce. Tous deux redoutaient l'Amérique, elle parce que c'était un endroit d'où l'on ne revenait pas, et lui parce qu'il avait peur d'une aussi grande traversée. (« Nous avons failli le convaincre une fois, dit Bennett Cerf, mais il avait peur des bateaux. A la dernière minute, il cala[48]. » Si Joyce avait voulu partir pour l'Amérique, comme l'avaient fait ses amis Gogarty, Byrne, James Stephens et les Colum, il aurait pu résoudre ses problèmes financiers. Comme l'observait Gogarty, « l'Amérique aurait été heureuse de constituer son terrain d'exploitation »[49]. Mais Joyce dédaignait de rien faire d'autre qu'écrire pour gagner de l'argent.

Cependant, sa peur n'était pas simplement limitée à la distance. Il semblait que la famille Joyce dût avoir un second cas de folie sur les bras. Helen donnait des signes de nervosité et d'agitation. Elle et

Giorgio menacèrent un moment d'emballer la galerie des portraits de
famille (dont un d'elle, exécuté par Marchand) et d'aller vivre à
Vienne. Puis elle eut l'idée de retourner plutôt en Amérique. Giorgio
y entrerait dans le cadre du quota préférentiel accordé aux conjoints
de citoyens américains, procédure qui l'obligeait à faire rechercher
par Stanislaus une copie de son certificat de naissance à Trieste.
Lorsque Helen tapa à la machine la lettre de Giorgio, où il s'excusait
d'ennuyer son oncle, elle ajouta un post-scriptum furtif : Stannie
voulait-il bien lui pardonner la lettre incendiaire qu'elle lui avait
précédemment adressée ? C'était une lettre sans importance, disait-
elle, écrite sous le coup de l'émotion. Giorgio ne savait même pas
qu'elle avait fait cela[50].

Helen était encore belle. Une photo prise sur la plage du Touquet,
avec Bennett Cerf et une autre jeune femme, nous montre Helen en
maillot de bain, riant, avec ses longs cheveux noirs rejetés en arrière.
(Dans ses Mémoires, Cerf affirma par la suite que Joyce lui avait
offert Helen et Giorgio comme chaperons parce qu'il voulait
emmener une adorable petite fille issue d'une famille très riche et très
respectable de Westchester au Touquet pour le week-end[51].)

Rien n'aurait pu arrêter leur départ. Helen et Giorgio vendirent
leur voiture (une Rolls Royce), et partirent le 19 mai. Pour la
première fois depuis près de trente ans, Nora et Joyce se retrouvèrent
seuls sans enfants. Comme ils avaient toujours partagé leurs enfants
suivant la ligne œdipienne, Nora et Giorgio contre Joyce et Lucia, ils
souffraient tous les deux.

L'absence des enfants donnait à Joyce une nouvelle excuse pour
écrire des lettres. Le ton délibérément léger qu'il y prend contraste
vivement avec les lettres de Paul Léon à Miss Weaver, traçant le
portrait d'un homme isolé par la cécité, le manque d'argent et
« l'exclusion de la rue de l'Odéon », des milieux mondains et
littéraires de France et d'Angleterre[52].

Miss Weaver eût eu une vision plus équilibrée des choses si elle
avait pu lire la version de Nora de la vie chez les Joyce. Un jour de
juin 1934, au retour du champ de course, Nora écrivit à Giorgio et
Helen :

« On dirait que nous avons pris votre place ici pour ce qui est de se
coucher tard nous sommes allés voir tant de choses... Je passe
l'essentiel de mon temps à chercher un appartement. Carducci m'a
emmené à Neuilly pour en voir de très beaux mais ils étaient tous
pris. Mrs. Dyer nous a invités à une soirée je dois dire que c'était
très élégant elle avait un buffet splendide tout ce qui était sur la

table venait des colonies il faut que je vous raconte le plus drôle quand j'ai enfilé ma nouvelle robe du soir Jim l'a trouvée un peu trop décolletée dans le dos et il a voulu recoudre le dos pouvez-vous imaginer le résultat ? bien entendu il l'a cousue tout de travers et j'ai dû redéfaire les points j'ai décidé qu'il valait mieux avoir le dos nu j'aurais voulu que vous puissiez le voir cousant ma peau et ma colonne vertébrale ensemble [53]. »

L'intérêt persistant de Joyce, malgré sa vue brouillée, pour le détail des vêtements de femmes ne se limitait pas à ceux de Nora. La romancière Jean Rhys trouvait James Joyce fort sympathique parce qu'un soir à Paris, lors d'une réception, il avait suggéré à Nora d'aller, avec beaucoup de tact, remonter la fermeture Éclair de la robe noire toute neuve de Jean — geste délicat auquel elle ne se serait guère attendue de la part d'un auteur auguste et célèbre (et pratiquement aveugle) [54].

Nora n'avait pas perdu non plus son coup d'œil perçant à la Molly pour déceler les imperfections d'aspect de son sexe. Elle rapporta à Helen et Giorgio que l'ancienne nourrice de Stephen paraissait malheureuse dans son nouvel emploi :

« Je lui ai trouvé l'air pas trop bien en effet quand elle est arrivée sur le seuil elle paraissait échevelée ses cheveux pendaient partout elle avait un bouquet de fleurs sur son chapeau et un autre à la ceinture et si je ne me trompe pas elle avait aussi un bouquet à la poitrine... [55] »

Nora ajoutait que son petit-fils lui manquait. Quand elle voyait courir des petits garçons, elle pensait à Stephen.

Ce mois-là, Nora avait trouvé deux appartements possibles, l'un près du parc Monceau, et l'autre, un peu moins cher, au 7 de la rue Edmond-Valentin, dans leur ancien quartier du septième arrondissement. Ils choisirent ce dernier, qui avait cinq pièces au quatrième étage — beaucoup plus élégant que le square Robiac, estimait Joyce. Nora était ravie. Ils firent venir menuisiers et décorateurs, se félicitèrent d'être enfin installés pour la première fois depuis quarante mois, et partirent avec les Gilbert en Belgique, afin que Nora pût soigner ses nerfs par une cure thermale.

Lucia n'était jamais bien éloignée de leurs pensées. Joyce lui cachait le départ de Giorgio — pour préserver sa sensibilité, disait-il.

Il éprouva une vive inquiétude quand Beckett publia son livre, *More Pricks Than Kicks,* car l'un des personnages se nommait Lucie. Cependant, écrivit-il à Helen, « c'est très différent. Elle est infirme ou je ne sais quoi. Il a du talent, je crois »[56].

Les nouvelles de Prangins n'étaient guère encourageantes :

> « Lucia semble s'être entichée d'un petit monsieur indésirable au magasin de Nyon, qui vit soit à Dublin soit à Londres. On les sépare et il s'en va. Cela l'a bouleversée pour le moment, mais ils disent que cela passera vite. Je ne vois là rien de fou, les femmes étant ce qu'elles sont[57]. »

Lucia griffonna également une lettre de huit pages au crayon, dont Nora ne put déchiffrer que des lambeaux mais elle fut peinée de comprendre que Lucia semblait passer ses journées assise à la fenêtre. Ils décidèrent, après la Belgique, d'aller en Suisse. Le médecin de Lucia avait dit qu'ils pourraient tenter une visite — mais il ne fallait surtout pas qu'ils débarquent directement chez leur fille, ils devaient d'abord venir à sa villa privée.

Mais comme Nora et Joyce s'engageaient dans l'allée menant à la villa, ils aperçurent Lucia qui les attendait. « Vite ! s'écria Nora. Entrons avant qu'elle ne nous voie. » Elle se faufila. Mais pas assez vite. Lucia les avait vus et, poussant de grands cris, « Babbo ! Mama ! », elle se jeta sur eux en pleurant et en les couvrant de baisers. Quelqu'un du service l'avait avertie de leur visite et elle avait deviné par où ils arriveraient. Elle manifesta beaucoup d'affection à Nora. Soulagé, Joyce écrivit aussitôt à Giorgio pour lui raconter toute l'affaire en détail, dès qu'ils eurent regagné leur hôtel[58].

Son optimisme était prématuré. Les médecins ne savaient que faire ni que dire. « La seule prise qu'elle semble avoir sur la vie est son affection pour nous », écrivit Joyce à Carola Giedion-Welcker. Et c'était une bien mauvaise prise. Enfermée dans une chambre avec des barreaux aux fenêtres, Lucia mit le feu à sa chambre à quatre endroits différents. Elle n'était pas folle, insistait Joyce. Il l'emmena chez un spécialiste du sang, pour voir si l'on ne découvrirait pas une cause physique à sa maladie.

> « La pauvre enfant n'est qu'une pauvre fille qui voulait faire trop, comprendre trop. Sa dépendance à mon égard est désormais absolue et toute l'affection qu'elle a réprimée pendant des années se déverse sur nous deux. Que Minerve me guide[59]. »

La décision suivante de Joyce — là encore, contre l'avis de Giorgio — consista à conduire Lucia à Burghölzi, hôpital psychiatrique situé près de Zurich. Joyce voyait là l'équivalent de Bedlam, mais l'avait choisi pour un certain spécialiste du sang à qui il souhaitait faire examiner Lucia. Mais quand le psychiatre la déclara incurable, Joyce l'emmena dès la semaine suivante pour la conduire dans un sanatorium privé à Küsnacht, également près de Zurich, où la vedette de l'équipe médicale était ce même C. G. Jung qu'il avait si bien réussi à éviter en 1919. Cette fois, Jung lui plut, surtout lorsqu'il hésitait à psychanalyser une schizophrène[60]. Quant à Jung, il avait déjà reconnu la grandeur d'*Ulysse* et souhaitait aider Joyce dans ce terrible drame.

Comme il eut la possibilité d'examiner le père et la fille d'assez près cette année-là, Jung put par la suite donner la réponse définitive à la question que l'on pose encore souvent : Joyce n'était-il pas lui-même schizophrène ? Le langage de *Finnegans Wake* est très curieux. On pourrait presque parler d'une « salade de mots » — terme utilisé pour les mots nouveaux et la langue personnelle souvent façonnés par les schizophrènes. La réponse de Jung était : non. Joyce et sa fille, disait Jung, étaient comme deux personnes s'enfonçant dans l'eau d'une rivière — l'une coulant, et l'autre plongeant. Lucia elle-même restait indifférente à la sensibilité de Jung. Elle le ridiculisait, l'appelant ce « gros Suisse matérialiste qui cherche à s'emparer de mon âme ».

Quant à Nora, elle était prise avec Joyce dans le pire triangle de sa vie. Comme elle portait le fardeau d'avoir à s'occuper de Lucia, c'était toujours à elle qu'incombait l'ingrate tâche d'annoncer les mauvaises nouvelles. Joyce se fâcha un jour quand Nora, en rentrant, lui dit que Lucia s'était peint le visage à l'encre noire. Lors d'une autre visite, Nora trouva sa fille en grande tenue de soirée à onze heures du matin. Rapportant les faits à Joyce, elle ajouta qu'une seule conclusion s'imposait : Lucia était folle. Joyce n'était pas d'accord[61].

Il préférait ignorer que le dérèglement de la perception du temps est l'une des principales caractéristiques de la schizophrénie. Lucia présentait d'ailleurs bien d'autres symptômes. Elle se préoccupait obsessivement de deux problèmes physiques : la petite cicatrice de son menton, et des pertes vaginales. Elle gardait une forte tendance pyromaniaque (ou « incendiaire », comme disait Joyce plus élégamment). Elle envoyait des télégrammes par dizaines aux gens qu'elle admirait (et qui n'étaient pas tous en vie) et, en écho à son enfance triestine où l'on avait fréquemment évoqué le *malocchio*, elle marmonnait que Harriet Weaver lui avait jeté le mauvais œil.

Un jour, comme elle avait ce fantasme paranoïaque classique que les gens de l'hôpital lui volaient ses affaires, elle se plaignit à son père de la disparition d'un stylo qu'il lui avait offert. Il trouva aussitôt une motivation au coupable : la jalousie envers lui. Nora pensait plutôt que Lucia avait pu jeter le stylo dans le lac[62].

Lucia avait ses théories propres. La générosité de son père envers elle-même et Nora faisait des envieux[63]. Joyce se persuadait que Küsnacht faisait du bien à sa fille. Elle paraissait plus enjouée, elle jouait au billard, participait à des excursions en voiture, entièrement libérée des contraintes que le sanatorium de Prangins, normalement très permissif, avait estimé nécessaire de lui imposer. Mais Jung ne coûtait pas rien : trois mille six cents francs par moi, en plus de la note de la clinique, qui s'élevait à sept mille francs. Joyce écrivait à Helen et Giorgio des appels d'argent à peine déguisés. Giorgio devait accélérer sa carrière, car son père souhaitait emprunter un million de dollars. Ils devaient informer tous leurs amis fortunés de l'approche de l'anniversaire de Joyce; il était fatigué des cols empesés, et souhaitait plutôt un collier de diamants[64].

Il suppliait également Helen de demander « à tous les juifs d'Amérique d'ouvrir une souscription pour moi car je compte entrer à l'hospice le jour de la Saint-Patrick », et il leur rappelait encore, souligné huit fois, que son anniversaire ARRIVAIT[65].

Joyce n'était nullement antisémite, mais il avait une conscience aiguë de tout ce qui était juif. Nora sans doute aussi, et il semble peu probable qu'elle ait retenu sa langue sur le sujet. Les juifs étaient une curiosité, dans l'Irlande où ils avaient vécu, *Ulysse* l'illustre amplement. Et Joyce au moins (on ignore le point de vue de Nora sur cette question) associait sans vergogne le fait juif à l'argent. Autre trait curieux de la correspondance matoise qu'il entretenait avec sa très riche belle-fille, cette curieuse caricature du parler américain qu'il affectait. Après que Helen l'avait apparemment grondé pour une faute, ajoutant quelques mots de louange sur Roosevelt, Joyce répondit (attribuant la responsabilité de l'erreur à Paul Léon) :

« Le Hon très brave gars mais pas connaître grammatick englisch comme vous et moi, missus. Aussi pourquoi vous faire à moi grand sermon sur Frankee Doodles ?... Mais, dites, vous voilà orateur fantastique, missus, moi dire au monde entier[66]. »

La faconde servait en partie à camoufler l'échec de Giorgio à New York. Joyce pensait que c'était dû au curieux accent de son fils. Les gens s'attendaient à entendre un George Joyce à l'accent irlandais. Or Giorgio s'exprimait avec un accent européen, mais les problèmes s'entrecroisaient. Quand il chantait en italien, il plaçait un *h* aspiré devant les voyelles, de telle sorte, racontait Joyce, qu'un mot comme *cuore* devenait « cuo-h-ore »[67]. La famille d'Helen, en observant le jeune couple, pensait à part soi que le problème résidait ailleurs. Helen ne semblait pas souhaiter le succès de Giorgio. Elle préférait le garder comme une marionnette pour le montrer à ses amis. Elle voulait qu'il l'accompagne partout ; elle le gardait même auprès d'elle pour se faire épiler les jambes[68]. Et Giorgio était paresseux.

Quoi qu'il en soit, Giorgio ne pouvait guère espérer développer sa carrière en passant tout l'été dans la propriété des Kastor à Long Branch, dans le New Jersey. Long Branch était sur cette partie de la côte qu'on surnommait « Jewish Newport ». Pour Peggy Guggenheim, c'était « l'endroit le plus laid au monde » — un univers stérile d'hortensias, de rosiers grimpants, de demeures victoriennes à tourelles et de nurses aux vêtements amidonnés — une nurse particulière pour chaque enfant[69].

Quant à Giorgio, il craignait, en recevant ces nouvelles d'Europe, que tout l'argent provenant d'*Ulysse* ne soit dépensé dans ces coûteuses institutions psychiatriques pour sa sœur. Or il risquait fort d'avoir besoin de cet argent. Il avait des problèmes conjugaux — comme le savaient Joyce et Nora, à en juger par leurs prudentes expressions quand ils écrivaient à New York — et les Kastor s'inquiétaient au sujet d'Helen. Le poids de la maladie maniaco-dépressive qui, pensaient-ils, accablait leur famille, avait déjà brisé le mariage du frère aîné d'Helen, Alfred, avec sa femme danoise.

A Zurich comme à Paris, et en dépit de leurs soucis au sujet de Lucia, les Joyce n'étaient pas pantouflards. Ils fréquentaient assidûment l'Opéra ; cet été-là, ils entendirent *Les Maîtres chanteurs*, ainsi qu'une nouvelle œuvre de Respighi. Ils dînaient souvent avec les Giedion et passèrent une journée entière à l'Université pour assister à une conférence et déjeuner et dîner avec le recteur.

Ils restèrent quatre mois à Zurich pour être près de Lucia. Chaque fois qu'ils évoquaient l'éventualité de leur retour à Paris, où les attendait leur nouvel appartement désert, Lucia était prise de panique. Ils savaient pourtant bien que leurs visites ne lui faisaient pas de bien. Ils s'en abstinrent même pendant un mois entier.

S'encourageant l'un l'autre, ils décidèrent que leur fille avait un don de voyance ; ils se régalaient tous deux de superstition, et s'enchantèrent de découvrir que Lucia avait su, sans qu'ils le lui eussent dit, qu'Eileen Schaurek, la sœur de Joyce qui vivait à Dublin, était partie s'établir à Bray. (Lucia le savait vraisemblablement par Eileen.)

A Noël, ils étaient encore à Zurich — et pour la première fois sans famille ni amis. Ils étaient « comme deux malheureux bohémiens au bord de la route », écrivit-il à Budgen (comptant que Budgen prendrait le Carlton Elite de Zurich pour l'équivalent d'un campement) [70]. Joyce fit également part à Miss Weaver de ses humeurs sombres :

> « Nous n'aurons pas une âme pour se joindre à nous. Réjouissant au bout de trente ans. Et nous apprenons d'Amérique que Giorgio et Helen ne viendront pas avant l'été ou même avant etc. Et pour couronner le tout j'ai commencé hier et aujourd'hui une crise de colite. Et pourtant ce que j'essaie d'écrire est la chose la plus absurdement comique de tout le livre [71]... »

Lucia vint dîner avec eux pour Noël. Puis, en janvier, elle quitta la clinique et s'installa dans une annexe de l'hôtel avec une infirmière. Jung approuva l'initiative. Il n'arrivait à rien avec le traitement. Comme Nora et Joyce se demandaient avec effroi ce qu'il convenait maintenant de faire, Lucia prit la situation en main. Elle décida que sa tante Eileen (dont elle gardait un excellent souvenir depuis l'époque de Trieste) devrait venir vivre à Paris. « Eileen est un peu loufoque, mais moi aussi, paraît-il, expliqua Lucia à son père. Je crois que cela me ferait du bien, d'être avec elle. »

A ce stade de leur vie, ce que voulait Lucia, elle l'obtenait. Joyce pensait qu'elle profitait de son indulgence. Bien qu'elle eût un emploi et trois enfants à charge en Irlande, Eileen se retrouva bientôt installée à Paris dans le nouvel appartement, avec Lucia et ses parents.

Ce nouveau développement dérouta Miss Weaver. Elle pensait que tous les médecins avaient eu raison de dire que Lucia devait être séparée de ses parents. En outre, avec Lucia sur les bras, Mr. Joyce n'allait sans doute guère pouvoir travailler — ce qui était pourtant, croyait-elle, la principale raison de l'installation dans le nouvel appartement. Mais Lucia n'allait pas si facilement se calmer. Elle eut tôt fait de décréter que Paris la rendait nerveuse, et Miss Weaver prit alors son courage à deux mains pour faire la dernière chose au monde qu'elle eût imaginée en 1922 (lorsqu'elle hésitait même à se laisser informer sur la vie privée de Mr. Joyce). Elle invita Lucia et Eileen à venir séjourner chez elle [72].

Nora ne tenta point de retenir sa fille. Elle ne pouvait plus supporter l'idée d'avoir encore à s'en occuper elle-même. Faisant comme si sa fille allait partir pour une croisière de grand luxe, Nora se lança dans une étourdissante frénésie d'achats, et envoya Lucia à Londres avec deux malles bourrées de vêtements magnifiques, y compris même une nouvelle cape d'opéra bordée de fourrure[73].

Progression de la folie II

Raisonner avec la folie n'a jamais rien donné, mais il y a toujours des gens désireux d'essayer. Eileen Schaurek — veuve de quarante-six ans avec une langue bien aiguisée et un penchant pour le tarot — pensait pouvoir tenir Lucia bien en main. Joyce lui versait deux livres par semaine. Le jour où Lucia, après leur arrivée à Londres, réclama un pistolet, Eileen lui proposa d'en acheter deux, pour le cas où le premier ne partirait pas. Harriet Weaver trouvait à Eileen un esprit très vif. Quant à elle, sous l'effet de l'appréhension que lui causait la venue de Lucia, elle eut un accès de zona. Elle avait courageusement installé Lucia dans la chambre inoccupée de son petit appartement de Gloucester Place, et Eileen dans un petit hôtel du voisinage. La jeune femme devait prendre deux bains chauds par jour — sur le conseil d'un spécialiste parisien du système glandulaire, que Joyce avait consulté dans l'espoir que les problèmes de Lucia se révéleraient d'origine glandulaire. Et, d'après les instructions de Paul Léon, tous ses faits et gestes devaient être rapportés à son père.

Plus facile à dire qu'à faire. Lucia commença par se montrer très maniable, et Miss Weaver écrivit à Paris que c'était une erreur de la juger folle. Cette affirmation ne tarda guère à sonner creux. Eileen annonça brusquement qu'elle devait retourner quelques jours en Irlande où vivaient ses enfants. Miss Weaver resta donc seule avec sa patiente qui s'alita. Comme Miss Weaver l'avait emmenée chez un médecin, un jour, et qu'elle parlait trop longuement avec lui en tête à tête, Lucia s'en irrita et partit — pour visiter Piccadilly, déclara-t-elle. Elle ne reparut que le lendemain matin. Elle était adulte, proclama-t-elle, et n'avait nul besoin d'être surveillée[1]. Miss Weaver rapporta docilement l'incident à Paris et se fit rabrouer par Joyce ; loin d'atténuer le fossé entre eux, elle ne faisait par ses efforts que l'élargir.

Lucia avait des amis à Londres. Beckett l'invita plusieurs fois à dîner. Il y avait là divers cousins (les enfants de Charlie Joyce), la fille de James Stephens, et la nièce de Paul Léon, qui était actrice[2]. Lucia pouvait être allée chez n'importe laquelle de ces personnes, lors de sa fugue, mais elle affirma (et Miss Weaver la crut) qu'elle avait passé la nuit à la belle étoile, à Gloucester Place même.

Elle n'était pas facile à garder. Un jour, après le retour d'Eileen, elles marchaient dans la rue quand Lucia s'élança soudain à bord d'un bus à destination de Windsor. Eileen la rejoignit d'un bond et téléphona du Star & Garter Hotel de Windsor pour prier Miss Weaver de leur apporter des vêtements de rechange. Et Miss Weaver, bien sûr, obtempéra. Elle fut remerciée par un petit mot de Lucia, tracé d'une écriture complètement incohérente, se demandant si peut-être Miss Weaver n'était pas d'une bonté excessive. Lucia s'aventurait aussi à formuler l'espoir que Miss Weaver ne la jugeait pas trop révoltante ; son problème, concluait-elle, était peut-être d'être irlandaise[3].

Lucia passait par une phase messianique. Elle décida de réconcilier son père avec Miss Weaver et — plus ambitieusement — avec sa terre natale[4]. A la mi-mars 1935, elle était bien partie pour les lui faire haïr toutes deux à jamais.

On comprend mal le contraste entre la grande intelligence de Miss Weaver et son aveuglement face à la situation qu'elle affrontait. N'ayant aucune expérience des enfants ni de la maladie mentale, elle ne pouvait en aucun cas espérer regagner l'affection de Joyce en soignant sa fille. Et si elle voulait se convaincre que la jeune femme n'était pas sérieusement atteinte, les événements la détrompèrent. Lorsqu'elle avoua la vérité à Joyce, comme elle l'avait fait pour l'escapade de Piccadilly, il se montra cruel et sarcastique. Il l'accusa dans une lettre de s'être vantée de pouvoir tenir Lucia bien en main — ce qui était bien la dernière chose qu'eût jamais prétendue Miss Weaver. Il l'accusa de conspirer avec Eileen et — bien pis — de ne pas aimer Lucia.

Joyce ne croyait que Lucia. Il prenait son incohérence pour une sorte de sagesse de l'imaginaire, apparentée à la sienne. Il s'émerveillait de l'entendre énoncer des inepties comme celle-ci, dans un restaurant : « Comme c'est étrange de penser que nous sommes tous assis et que dans quelques heures nous nous coucherons tous. » Joyce papotait tranquillement avec elle sur ses amis et ceux de

Nora : Kathleen Bailly était écervelée, disait-il, et Carola Giedion-Welcker un peu hystérique. Et, de même, il acceptait sa version des choses. Quand elle lui rapporta, dans une lettre, que Miss Weaver avait volé une bouteille de cognac, Joyce fit ce commentaire à Eileen : « Peut-être qu'elle s'est mise à boire sous l'effet de la tension [5]. »

Ayant saccagé la relation de son père avec la femme qui lui avait offert la vie de luxe qu'elle menait, Lucia partit pour l'Irlande. Nora admettait qu'elle voulût y aller, mais surtout pas à Galway. Comme l'expliqua Joyce à Eileen :

« Elle [Nora] n'a pas grande envie que Lucia aille à Galway car elle prévoit des difficultés quand sa famille s'apercevra qu'elle ne va pas à la sainte messe, la sainte confession, la sainte communion et le saint frusquin. Mais elle pense que l'air lui fera du bien. Et puis les œufs irlandais sont réputés dans le monde entier [6]. »

Nora avait certainement d'autres raisons de vouloir tenir sa fille à l'écart des ragots de Galway.

Joyce voyait un avantage à l'éloignement accru de sa fille. Dans une allusion voilée à la vulnérabilité sexuelle de Lucia, il confia à Miss Weaver qu'il serait heureux de savoir Lucia hors de Londres, ville maudite où un homme sur deux était un criminel. L'Irlande puritaine, par conséquent, était donc plus sûre [7].

Pour Nora, l'absence de Lucia était un merveilleux soulagement. Cela lui donnait, en février 1935, la sérénité de s'installer à son goût dans l'appartement de la rue Edmond-Valentin, dont ils détenaient le bail depuis septembre précédent. Avec ses grandes pièces à haut plafond, c'était un appartement plus fastueux que celui du square Robiac, de même que tout l'immeuble, avec ses miroirs sur chaque palier. Nora bavardait gaiement avec les ouvriers dans son français approximatif, et s'efforçait de ne pas entendre le vacarme des enfants à l'étage au-dessus. Joyce, pour sa part, n'était pas dérangé par ce genre de bruit [8]. Elle fit poser six grands miroirs, et cinq petits. Elle accrocha tous les rideaux bleus qui avaient été placés au garde-meuble, et réclama les portraits de famille, qui avaient été confiés à Giorgio et Helen. Elle commanda à Budgen une fresque de la Tamise pour le salon. Quand elle avait fait tout ce qu'elle avait à faire, elle s'installait dans un fauteuil et lisait le *Irish Times*.

Nora vivait dans l'attente des nouvelles de Giorgio. Elle espérait une lettre à chaque arrivée de transatlantique au Havre. En mai, elle se rendit à la descente du train-bateau venant du *Bremen,* pour avoir des nouvelles de première main par John McCormack qui était allé voir Giorgio à New York, mais McCormack avait quitté la gare avant qu'elle pût le trouver, et elle rentra chez elle fort déçue [9].

Elle manquait fort aussi à Giorgio, et il lui demanda d'envoyer une photo d'elle. Nora fouilla la maison, décida qu'elles étaient toutes mauvaises (« Quand je trouverai une dame contente de sa photo, disait Joyce, j'enverrai un bouquet au Pape »), et partit aussitôt se faire photographier. Elle expliqua à Joyce qu'elle voulait que Giorgio la trouvât « resplendissante » (« *blooming* » : Joyce adora le choix de ce mot) [10]. Le résultat fut stupéfiant : Nora en Marlene. Elle l'envoya par le premier bateau. Avec sa touche hollywoodienne — le renard blanc drapé sur une épaule, les cheveux ondulés, le corps présenté de profil —, cette photo montre une dame entre deux âges contente d'elle-même et de son physique, fière de s'exhiber à son fils. Ce n'est pas le portrait d'une femme vaincue.

Nora prenait également un vif plaisir à organiser leur vie. Joyce disait : « Je continue à écrire cinq mots par jour tandis que Mamma court partout comme un lièvre. » Elle alla voir une exposition d'œuvres textiles de la sœur d'Adrienne Monnier, tisserande, qui leur fit un tapis représentant la Liffey pour leur salon. Et elle trouva, provisoirement, un petit compagnon pour la maison. Sortant du Café Francis un soir, elle repéra un beau chat noir — le symbole, pour elle, de la chance — et le rapporta à la maison [11]. Mais l'animal avait d'autres idées, et il s'en alla bientôt.

L'Opéra constituait un plaisir inépuisable. Un soir aux Trianons, Nora dit à leur ami : « Hier soir, Mr. Sullivan, vous avez chanté comme un dieu. » A quoi il rétorqua galamment : « Madame, comparé à votre mari, je ne suis qu'un insecte ! [12] » Maria Jolas s'émerveillait de la richesse des connaissances que Nora avait acquises sur l'opéra pendant ses années triestines :

« C'était extraordinaire, le nombre d'opéras et de paroles — des paroles italiennes, bien sûr — qu'elle se rappelait... des opéras dont plus personne ne se rappelait les noms. Nora chantait, je lui demandais : " D'où est-ce tiré ? " et elle me donnait un nom que je n'avais jamais entendu [13]. »

Nora persistait à espérer le retour de Giorgio, d'autant plus qu'il avait été souffrant, mais elle faisait en cela comme son mari. Le plus grand chagrin de Joyce, observa Paul Léon en juin 1935 (et sans doute à juste titre), n'était point tant les problèmes de ses enfants que leur absence. « Ils étaient tous deux, écrivit-il à Constantine Curran, une part tellement importante de sa vie que leur séparation l'a laissé plus seul et désolé qu'on ne peut l'imaginer [14]. »

Pourtant, Helen ne voulait pas revenir. Elle emmena Giorgio et Stephen passer un second été au bord de la mer chez ses parents. Une photo de famille prise à Long Branch montre un Giorgio renfrogné derrière un Adolph Kastor très fier, Helen rayonnante et Stephen très vivant. Giorgio semble s'ennuyer, et, dans ses somptueux habits, il ressemble à l'homme entretenu et maussade que bien des gens croyaient voir en lui.

Dans ses lettres, Joyce s'efforçait de respecter leur droit à mener une vie séparée. Il remarquait que son petit-fils était plus beau que jamais en grandissant, et disait son émotion de voir son fils exprimer la même fierté paternelle que lui-même et son père avant lui avaient éprouvée. Cependant, il renforçait la pression pour les faire revenir à Paris. Il manifesta de la froideur à Helen quand elle lui expliqua que son père malade avait besoin d'eux à New York [15]. Joyce était déconcerté. En Amérique, Giorgio n'était pas heureux du tout ; sa santé et ses perspectives de carrière étaient au plus bas, il obéissait à Helen comme un petit chien ; il semblait néanmoins vouloir rester là-bas.

Que s'était-il donc passé ? « Quelque étrange maladie, écrivit-il à Miss Weaver, hante mes deux enfants [16]. » Pourtant, il niait toute responsabilité. Les médecins, affirmait-il, associaient les problèmes des deux jeunes gens à l'exil zurichois, pendant la guerre. Il écrivait à Giorgio de rester en Amérique, bien que lui-même ne sût rien de ce pays « qui peut sembler très beau à tant de gens », et aussi de garder son indépendance d'esprit, tardif avertissement à l'encontre d'Helen. Parallèlement, il demanda à Philippe Soupault, qui passait l'été en Amérique, d'aller voir Helen et Giorgio dans le New Jersey, pour leur conseiller de rentrer à Paris. Faute de quoi, ajouta Soupault, Mr. Joyce qui souffrait déjà de graves troubles gastriques et ne pouvait plus manger ni dormir quand ses enfants étaient si loin, Mr. Joyce risquait de tomber gravement malade. La campagne fut reprise en chœur par Maria et Eugène Jolas, et Thomas McGreevy [17].

La visite de Lucia en Irlande fait aujourd'hui encore l'objet de commentaires stupéfaits de la part de ceux qui en furent témoins. Elle arriva le jour de la Saint-Patrick, en 1935, et se fit conduire à Bray, charmante station de bord de mer à vingt kilomètres au sud de Dublin, où les deux filles adolescentes d'Eileen, Bozena et Eleanora, vivaient dans un bungalow. Enfant, Joyce avait vécu à Bray, dans la maison où il devait plus tard décrire le fameux dîner de Noël du *Portrait*.

Nora et Joyce ne semblent pas avoir compris (ou voulu comprendre), en lui faisant ainsi quitter ses propres enfants pendant plusieurs mois, qu'Eileen était une irresponsable écervelée. Elle-même ne vivait pas du tout à Bray. Elle avait un appartement à Dublin, à Mountjoy Square, où elle habitait avec son fils cadet, Patrick, et elle travaillait à l'Office irlandais du *sweepstake*. De temps en temps, elle se rendait à Bray pour entasser des provisions dans le garde-manger, puis elle oubliait ses filles pendant plusieurs semaines d'affilée. Les malheureuses étaient parfois bien près de mourir de faim et, quand leur mère partit pour Paris, elles durent mettre l'argenterie en gage pour acheter de quoi se nourrir[18].

Les sœurs Schaurek étaient deux belles jeunes filles de seize et dix-huit ans, aux traits slaves très marqués. Elles connaissaient Lucia par quelques visites à Paris (et elle-même se souvenait tendrement des deux petites filles à Trieste), mais elles n'étaient évidemment pas à même de pouvoir surveiller leur cousine plus âgée, plus forte, plus riche, plus au fait des choses de la vie, et surtout totalement imprévisible.

A l'époque, l'hostilité régnait ouvertement entre Nora et Lucia. Joyce s'efforça d'apaiser les choses en recommandant à Lucia d'écrire gentiment à sa mère pour la rassurer. Tout au contraire, Lucia lui adressa une lettre qui, aux dires de Joyce, la rendit à moitié folle. « Tu l'as sûrement fait exprès », écrivit-il à sa fille, lui faisant là l'un des rares reproches de sa vie, et la grondant pour avoir oublié l'anniversaire de sa mère. Nora écrivit elle-même une lettre, qui n'a pas été conservée, mais qui amena aussitôt Lucia à répondre en s'adressant à ses deux parents. « Mama et moi pensons à toi sans cesse, lui écrivit-il, ajoutant un peu tristement, il semble que dans certains cas l'absence soit la forme de présence la plus élevée[19]. »

Pour Joyce, l'état d'épuisement de Nora justifiait la folie d'abandonner Lucia dans une maison dont personne n'assumait la responsabilité. Joyce était forcé de l'apaiser comme Lucia, et elle avait besoin de se décharger de sa fille. Comme l'expliqua Joyce à Miss Weaver :

« Au lieu de courir d'une souillon à l'autre (ce n'est pas de vous que je parle, bien sûr) elle [Lucia] devrait être ici dans cette maison installée pour elle. Mais vous pouvez imaginer dans quel état sont les nerfs de ma femme après quatre ans de cette vie. Et c'est là le problème, tout le problème, rien que le problème... [20] »

L'exportation de la schizophrénie est une pratique fort courante. Les familles qui ont en leur sein un jeune schizophrène, n'aspirant qu'à un peu de répit, se persuadent très facilement qu'un voyage à l'étranger ou un changement d'air chassera les symptômes. Nora et Joyce envisageaient à moitié de rejoindre Lucia à Londres, mais finalement n'en firent jamais rien. Nora considéra également la possibilité d'aller seule en Irlande ; elle voulait voir sa mère. Joyce reconnut que c'était bien normal, étant donné qu'Annie Barnacle avait plus de soixante-dix ans, mais il ressortit ses vieux avertissements usagés, en lui rappelant qu'en 1922 elle était repartie couchée par terre dans le train pour échapper aux balles, et cette fois encore il parvint à l'empêcher de le quitter [21].

Joyce donnait la préférence à Nora sur ses enfants, et il en était fort conscient. Dans une lettre à Miss Weaver, ce printemps-là, il évoqua sa « femme [qui] personnellement vaut probablement ses deux enfants roulés ensemble et multipliés par trois » [22]. Dans la mesure où Nora était d'une résistance et d'une sagacité extraordinaire, il avait raison. Mais la vérité, c'est qu'il avait besoin d'elle plus que d'eux, et que, même s'il ne se séparait d'eux qu'à grand-peine, il ne pouvait pas se séparer d'elle du tout.

A Bray, les filles Schaurek occupaient la moitié d'un bungalow conçu pour deux familles, à Meath Road. Elles louèrent pour Lucia un appartement dans l'autre partie. Le soir de l'arrivée de Lucia, leurs amis accoururent pour faire connaissance avec la fille de Joyce. « Faites-les entrer ! Faites-les entrer ! » criait Lucia. Allongée par terre devant le fourneau à gaz, elle portait un kimono sans rien dessous.

Pour de jeunes yeux irlandais, Lucia était un personnage exotique et fascinant. Elle ne se déplaçait jamais qu'en taxi, et téléphonait de façon obsessionnelle aux gens qu'elle admirait ; Maude Gonne MacBride en faisait partie. Elle ressemblait à son père pour l'extravagance, mais elle avait l'allure de sa mère. Patrick Collins, peintre irlandais, qui la rencontra au début de son séjour, fut fasciné par sa démarche, vêtue d'un manteau en poil de chameau, et tenant une canne à la main, « comme si le monde entier lui avait appartenu ». Il la jugeait bizarre, mais très amusante. Il la rencontra un jour qu'elle tenait une bouteille de champagne à la main, et elle lui offrit d'en boire. Elle avait une voix exquise, qui « bouillonnait comme au sortir d'un puits profond à la campagne. Elle avait grande allure »[23].

Ses cousines la trouvaient très jolie ; sa coquetterie à l'œil la faisait ressembler à Norma Shearer, d'après elles. Elle avait beaucoup d'argent de poche ; Joyce lui envoyait des mandats d'environ quatre livres par semaine — le double du salaire hebdomadaire d'Eileen. Il envoyait aussi des médicaments (du Véronal pour la calmer) et des livres (soigneusement choisis pour ne pas la déprimer — Tolstoï, mais pas Dostoïevski). Lucia dépensait son argent en champagne et en fruits, qu'elle achetait dans la meilleure boutique de Bray. Elle mangeait beaucoup d'autres choses aussi. Comme elle allait faire ses courses et qu'elle mangeait quand l'envie l'en prenait, elle ne tarda pas à grossir fortement.

Tout ce que faisait Lucia faisait rire ses cousines. Un jour, en faisant du ragoût, elle y versa du porridge. Elle essayait de confectionner des sandwiches avec de la viande crue, et elle mangeait les saucisses sans les faire cuire. Jamais malade, elle était forte comme un cheval et dormait parfois sur un banc, dehors. Le bungalow d'à côté avait un bassin pour faire joli. Lucia alla y pêcher les poissons rouges avec une épingle.

Les jeunes filles n'interprétaient pas ces actes comme des signes de folie. « Je pensais qu'elle voulait juste être provocante », admit Bozena. Et elles regardaient avec envie ses vêtements — qui eussent mieux convenu à Baden-Baden qu'à Bray, surtout certaines robes de cocktail toutes en rubans de taffetas bleu et blanc.

Son comportement avec les jeunes gens les embarrassait. En tant que jeunes filles catholiques élevées chez les sœurs, et à un âge où elles s'efforçaient de maintenir leurs amis garçons à distance, les sœurs Schaurek étaient épouvantées par le manque total de retenue de leur cousine. « Elle était très facile, dit Bozena. Nous n'osions pas la laisser seule avec nos flirts ; elle s'asseyait sur leurs genoux et essayait de déboutonner leurs pantalons. » Elle ne portait jamais de sous-vêtements, et se baignait nue dans la mer. Elle chantait à pleine voix des chansons en quatre langues, quelle que fût l'heure du jour ou de la nuit. Sa chanson préférée était « You're the Cream in My Coffee ».

Une nuit, quelqu'un s'introduisit dans le bungalow. Les détails sont flous, mais il était clair que Lucia avait laissé ouvertes les portes des deux maisons. Eileen et ses deux filles s'émurent, et Lucia rapporta l'incident à son père, par lettre.

Joyce prit cependant l'affaire à la légère, occultant une fois de plus l'élément sexuel de son comportement. Peut-être, lui écrivit-il, les brigands qui étaient entrés chez elle avaient-ils voulu s'emparer de tous les trésors artistiques et des coffres pleins de pièces d'or qui s'y trouvaient[24].

Pendant les mois qu'elle passa à Bray, le comportement de Lucia passa du bizarre au dangereux. Ses cousines se contentaient de faire face aux événements à mesure qu'ils se présentaient. Lucia peignit sa chambre en noir, colla une rangée de disques noirs sur la tringle à rideaux, et acheta pour les chaises des housses noir et or. Elles jugèrent l'effet très joli. Elle avait une nette prédilection pour les robinets du gaz qu'elle ouvrait souvent ; elles ouvraient les fenêtres. Elle avala tout un flacon d'aspirine ; elles lui donnèrent à boire un verre d'eau à la moutarde pour la faire vomir. Lucia alluma un feu au milieu de sa chambre ; les jeunes filles décidèrent que la propriétaire, à qui elle avait déjà téléphoné, l'avait encouragée pour pouvoir réclamer un tapis neuf à Joyce.

Pendant que tout cela se poursuivait, Joyce se plaignait que personne ne leur écrivait plus, à Nora et à lui. Ce n'était pas vrai. Eileen lui avait signifié sa frayeur par télégramme, mais Joyce répliqua dédaigneusement : « Les scènes qui vous ont fait peur à Miss Weaver et toi ne méritent pas qu'on en parle. Sa mère a supporté quatre années de choses bien pires[25]. » Il pria néanmoins Constantine Curran, avec sa femme et sa fille, d'aller voir un peu ce qui se passait à Bray. Il ne leur fallut pas longtemps pour voir que Lucia vivait dans un désordre indescriptible, et qu'elle était bien incapable de prendre soin d'elle-même. Mrs. Curran et Elizabeth trièrent les beaux vêtements de Lucia, qui formaient un tas épouvantable. Et alors même que Lucia, qui fumait beaucoup, les regardait faire, sa veste en tweed prit feu, à cause d'une boîte d'allumettes qu'elle avait dans sa poche[26].

Alarmé par ce qu'ils avaient découvert, Curran écrivit longuement à Nora plutôt qu'à Joyce. Il lui conseilla de conduire Lucia chez un médecin psychanalyste de Dublin qui avait une formation américaine. Contrarié que Curran eût écrit à Nora plutôt qu'à lui directement, et se méfiant des psychanalystes, Joyce câbla immédiatement qu'aucun rendez-vous de ce genre ne devait être pris. Joyce était déterminé à poursuivre sa stratégie de totale liberté pour Lucia, puisque toutes les expériences médicales avaient échoué. La seule chose que Lucia détestait vraiment, il le savait, c'était d'être surveillée.

Malheureusement, Lucia n'était pas surveillée. Elle passa une annonce dans un journal local pour des « leçons de chinois » et peu après disparut. On la retrouva dans un fossé à Kilmancanogue, village tout proche du sommet du Grand Pain de Sucre, près de Bray. Elle était droguée, expliqua-t-on à ses cousines, sans qu'on pût discerner avec quoi. Peut-être l'annonce constituait-elle un code pour se procurer de la drogue. Au lieu de rentrer avec elles, Lucia disparut à nouveau. Cette fois, on ne la retrouva pas.

Bozena écrivit à son oncle Jim pour lui expliquer la situation. Lucia avait quitté le bungalow et, ajouta-t-elle, était devenue très grosse. Bozena mentionna qu'elle-même toussait et crachait du sang. Joyce entra dans une grande colère. Sa fille en compagnie d'une tuberculeuse [27] !

Joyce commença dès lors à mobiliser ses bataillons. Il expédia Kathleen Bailly, qui était en Irlande, enquêter à Bray. Il demanda aussi à l'oncle de Nora, Michael Healy, alors âgé de soixante-quinze ans, de quitter Galway. Le rapport que fit Joyce au vieux Mr. Healy ne dut guère le rassurer, non plus que la mère de Nora, qui devait sûrement lire par-dessus l'épaule de son frère.

> « Dans le genre de maladie mentale ou nerveuse à laquelle elle est sujette, c'est-à-dire la schizophrénie, le vrai problème n'est pas la violence ou l'incendiarisme ou l'hystérie ou les fausses tentatives de suicide... le vrai danger est la torpeur [28]. »

Joyce donna une dernière consigne à son équipe de Galway : ne pas dire à Constantine Curran qu'il versait à Lucia quatre livres par semaine. (Curran était alors l'avocat de Joyce en Irlande.)

En arrivant à Bray, Healy se rendit compte que nul ne savait où se trouvait Lucia. Il passa six jours à essayer de la retrouver, et alors seulement informa Nora et Joyce qu'elle errait seule dans Dublin. Il reçut pour sa peine une réponse glaciale de Joyce : qu'y avait-il là de si regrettable ? Lucia était une femme adulte : la marche était un bon exercice. Mr. Healy, ajoutait Joyce, avait vu sa petite-nièce sous un mauvais jour ; mais elle avait de fort bons côtés. Et Joyce récompensait son ancien bienfaiteur par un congédiement glacial [29]. Il accepta toutefois la véracité de la lettre de Healy, et la transmit en Amérique pour montrer à Helen et Giorgio comme tout allait mal — et comme il avait eu tort de leur affirmer que Lucia allait mieux.

Nora avait son idée sur la question — et n'en fit pas mystère à son mari. Ce qui la préoccupait le plus, lui dit-elle, c'était ce que le comportement de Lucia risquait de provoquer sur sa réputation à lui, en Irlande. Joyce répliqua qu'elle se trompait — « pour autant que je sache ». Mais il n'avait pas à s'inquiéter. Curran, en gardien zélé de l'honneur de Joyce, s'était entretenu avec la police irlandaise pour s'assurer que, quoi qu'elle eût fait, rien ne transpire dans la presse quand ils remettraient la main sur Lucia.

Lucia aurait fort bien pu figurer à la une des journaux. Pendant sa fugue, elle courut de grands risques. Patrick Collins, qui l'avait rencontrée à Bray, se trouva nez à nez avec elle à Dublin. Elle était sale et affamée, et il l'emmena dans un café « pour lui faire manger quelque chose » ; il remarqua alors un homme au sinistre visage lunaire qui la contemplait, et qui marmonna, empestant le Jameson's : " Je suis cette fille depuis des heures. " »

Depuis la dernière fois qu'il l'avait vue à Bray, Lucia avait sombré plus profondément dans un monde intérieur. « Regardez le nom de cette maison ! » s'écria-t-elle en montrant une maison très ordinaire de Dublin, au nom fort banal. Cependant, ce nom portait pour elle un sens oppressant, et elle entra dans un état d'extrême agitation.

Impossible de l'interner. Elle reprit son errance dans Dublin, entrant un jour à Trinity College — tout au moins l'écrivit-elle à Nora — pour offrir en cadeau les lettres de Joyce. Elle dormait dans le parc de l'université. La police l'arrêta quand elle reprit son errance dans les rues, et ses tantes célibataires, Eva et Florrie Joyce, durent aller la chercher au poste de police — ces mêmes sœurs paisibles qui, pendant des années, avaient voulu faire comme si ce James Joyce là n'était pas de leur famille. (Joyce envoyait cependant de l'argent à Eva tous les mois). Finalement, Lucia en eut assez. A sa propre requête, Constantine Curran lui trouva une maison de repos. Soulagée d'être enfin prise en main, Lucia se calma et écrivit une lettre aimante à sa mère. Pour la première fois depuis des mois, elle semblait sereine et en bonne santé.

De Paris accourut Maria Jolas, l'émissaire personnelle de Joyce. Elle saisit la situation d'un seul coup d'œil. Elle ne comprenait pas comment Eileen avait pu prendre ainsi la responsabilité de sa nièce si gravement malade[30]. Maria pensait qu'Eileen avait dû communiquer à Paris des faux-fuyants rassurants. « Ce n'était ni gentil ni amical de cacher la vérité sur les mouvements de Lucia et sur son état à ses parents — aucun des deux parents, déclara Mrs. Jolas à Curran, ne se laisse prendre à de tels documents. » Leur seule incertitude, conclut-elle, concernait la suite à donner aux événements.

Pourquoi ne pas la laisser où elle est ? disait Nora. Mais Joyce lui imposa sa volonté : il fallait sortir Lucia d'Irlande au plus tôt. Maria Jolas déplorait cette décision ; elle pensait que Lucia paraissait heureuse à Dublin. Elle donna à Constantine sa théorie personnelle sur l'effondrement mental de Lucia — le mariage de Giorgio, qui lui avait « donné le sentiment de ne guère avoir d'importance dans la famille, et que seul avait compté son frère » [31].

Si Joyce avait accepté les conseils de Nora et de Maria Jolas, toute la vie future de Lucia aurait pu être différente. Elle aurait même pu passer les années de la Seconde Guerre mondiale dans la paix de l'Irlande. Mais Joyce ne supportait pas de la savoir parmi ses ennemis. De plus, il avait entendu parler d'un nouveau traitement. Mrs. Jolas, sur le bateau qui la ramenait en France, avait entendu parler des résultats miraculeux d'un certain sérum bovin appliqué à des malades mentaux par un médecin londonien, le Dr. W. G. Macdonald. Par l'intermédiaire de Paul Léon, Joyce suggéra à Miss Weaver de réinviter Lucia chez elle à Londres, et cette fois encore le désir de Joyce fut un ordre pour Miss Weaver [32].

A la mi-juillet, le projet d'arracher Lucia à l'Irlande et de la ramener de l'autre côté du détroit fut établi avec une précision militaire. Au jour dit, les Curran devaient escorter Lucia à Holyhead. Ce même jour à quatre heures de l'après-midi, Miss Weaver devait quitter son appartement de Gloucester Place et monter à bord du bateau-train irlandais arrivant à onze heures et demie à Holyhead. Là, elle retrouverait Lucia à la gare, l'attendant avec les Curran. Miss Weaver repartirait alors aussitôt pour Euston, en wagon-lit avec Lucia.

Miss Weaver, avec son esprit méthodique, adressa même aux Curran un second projet sur lequel se rabattre :

« Si vous n'arrivez pas j'en déduirai que Lucia a finalement refusé de voyager et je passerai la nuit à Holyhead puis vous téléphonerai de là-bas dimanche matin. »

Si tout se passait bien, comme elle l'espérait, elle préviendrait les Curran dès qu'elle serait arrivée à bon port chez elle avec Lucia, où l'une de ses amies qui était infirmière (Miss Edith Walker) les attendait déjà [33].

En fin de compte, Lucia ne fit aucune difficulté. Elle traversa docilement la mer d'Irlande et accompagna Miss Weaver à Glouces-ter Place. Mais, loin de reprendre le cours de ses vacances anglaises, Lucia se trouva prisonnière. Miss Weaver et Miss Walker avaient transformé le petit appartement en maison de santé, clouant les fenêtres pour empêcher qu'on puisse les ouvrir en entier. Dès le lendemain, le Dr Macdonald arriva avec son sérum de vache pour lui administrer la première d'une longue série de piqûres. Lucia se débattit, mais perdit. L'injection n'était pas la partie la plus pénible du traitement. Bien que ce fût le plein été, le Dr Macdonald lui prescrivit sept semaines d'alitement. Lucia passait le temps en chantant à pleine voix dans toutes les langues qu'elle connaissait, et en jetant des livres par les fenêtres partiellement ouvertes. Lorsqu'un livre atteignit un passant, Harriet Weaver donna à Lucia sa propre chambre, qui donnait à l'arrière sur les impasses des anciennes écuries. En quelques semaines, Lucia était devenue toutefois si violente qu'il fallait deux infirmières pour la calmer dans la journée, et une la nuit. De Paris, Joyce l'exhortait à la patience. Il gardait l'espoir que le Dr Macdonald ferait pour elle ce que le Dr Vogt avait fait pour lui — qu'il réussirait là où les autres avaient échoué :

« Le traitement est bref et paraît sûr. Il se divise en deux périodes d'environ 4 et 3 semaines. 25 piqûres en tout, réparties en 15 et 10. Entre les deux, je suppose que tu iras à la campagne [34]. »

Une fois ce régime bien mis au point, Nora et Joyce partirent en vacances pour se calmer les nerfs. Hésitant entre Londres et Copenhague, ils optèrent pour Fontainebleau. Herbert Gorman, le biographe de Joyce, et sa femme les y accompagnèrent. Des photos de vacances révèlent que les trois décennies d'efforts de Nora avaient été inutiles ; Joyce portait toujours ses chaussures de tennis blanches.

Il semblait qu'il n'y eût point de limites aux sacrifices de Miss Weaver pour Mr. Joyce. Quand le Dr Macdonald déclara Lucia prête à aller se reposer à la campagne, Miss Weaver loua un cottage meublé, avec un jardin, et portant le nom ironique de Lovelands, dans le Surrey, près de Reigate. Elle engagea une solide infirmière écossaise, Mrs. Middlemost, ainsi qu'une cuisinière.

Joyce écrivit à sa fille une lettre poignante, gardant toujours l'espoir : « *Ora si tratta semplicemente di cambiare ambiente ed aria... eppoi di lasciare tempo al tempo* [A présent il s'agit simplement d'un changement d'air... et puis de laisser le temps au temps [35].] »

Jamais Nora ne se berça de faux espoirs. Jamais non plus elle ne se crut persécutée par le destin. Le fils de Kathleen Bailly était mort tragiquement pour avoir pris des drogues. Le scandale avait ébranlé le mariage des Bailly, ce qui expliquait le départ de Kathleen, poursuivie par son mari, en Irlande. Pour Nora, la vie était ainsi.

Lorsque Joyce envoya à Lucia un appareil photo, des photos furent prises dans le jardin de Reigate, et la plus jolie envoyée à Paris. On y voit une jeune femme maussade mais séduisante, qui lit un livre dans un hamac. Joyce écrivit gaiement à Lucia, souhaitant que tous les habitants du monde eussent l'air aussi paisible. Mais d'autres photos prises le même jour montrent une Miss Walker très sombre, une Miss Weaver sans l'ombre d'un sourire (visiblement très tendue *in loco parentis*) et une jeune femme à l'air très malheureux sous une masse de cheveux bouclés.

Miss Weaver avait détesté le Dr Macdonald au premier coup d'œil. Il avait commencé le traitement sans examiner sa patiente et, étant elle-même fille de médecin, elle savait que ce n'était pas la façon de faire. Mais en interdisant les sédatifs, le Dr Macdonald avait rendu leur tâche beaucoup plus difficile. Lucia était d'une grande vigueur, et elle pouvait être violente et prise d'impulsions suicidaires. Miss Walker, en tant qu'infirmière responsable des soins quotidiens de Lucia, devait chaque soir cacher tous les couteaux et fermer le gaz au robinet central. Le matin, elle découvrait que Lucia avait ouvert le gaz d'éclairage dans sa chambre dans l'espoir de mourir pendant la nuit. D'humeur plus folâtre, elle jeta sur Miss Weaver une cuve pleine d'eau. Aucun de ces détails ne fut communiqué à Paris. Joyce recevait du Dr Macdonald les nouvelles qu'il souhaitait entendre — que les progrès de sa fille étaient encourageants.

Lucia n'avait pas perdu la vivacité de sa langue. Comme Miss Walker et l'infirmière écossaise organisaient leur tour de jours de congé, Lucia déclara que son tour allait venir d'avoir « deux jours loin de vous deux ». Comme Miss Walker répliquait vivement que peut-être Miss Weaver aussi avait besoin d'un répit, Lucia décréta : « Comme elle ne fait rien, elle n'a pas besoin de congé. »

La filleule de Miss Weaver a décrit de manière fort vivante la façon dont les deux femmes tentaient de faire face :

> « Quand Lucia faisait la grève de la faim, Edith faisait chanter à Mrs. Middlemost une chanson écossaise en dansant la gigue des Highlands, et elle flanquait une cuillerée de nourriture dans la bouche de Lucia quand celle-ci, amusée, oubliait un instant sa détermination à ne pas manger[36]. »

Lorsqu'elles n'y arrivaient pas à deux, elles faisaient appel aux gens du cru.

Traiter une femme dérangée de vingt-huit ans comme un enfant de deux ans était une sainte entreprise, mais vouée à l'échec et à l'ingratitude. Comme le comportement de Lucia n'évoluait pas, le Dr Macdonald, toujours plein de ressources, proposa d'envoyer Lucia dans une clinique psychiatrique privée, St Andrew's, à Northampton, à cent soixante kilomètres au nord de Londres. Joyce accepta.

Cependant, comme elles attendaient Lucia dans le bureau du médecin, Miss Weaver et Miss Walker virent le dossier médical de Lucia posé sur une table. Elles cédèrent, comme tout un chacun, à la tentation de le lire. Elles en furent aussitôt punies en voyant le mot « carcimone » tant redouté, accompagné d'un point d'interrogation. Miss Walker s'était déjà inquiétée à l'idée que les pertes vaginales de Lucia puissent être le symptôme d'un cancer. Miss Weaver n'écouta donc que sa conscience. Qu'arriverait-il au livre inachevé de Mr. Joyce si une tragédie pire encore venait à frapper sa fille bien-aimée ? Elle estima devoir faire part de ce risque à quelqu'un — et choisit Maria Jolas. N'écoutant, elle aussi, que sa conscience, Mrs. Jolas transmit le renseignement directement à Joyce.

Le résultat fut une tempête. Le Dr Macdonald en personne dut se rendre à Paris pour informer Joyce que le soupçon s'était révélé sans fondement, et il ajouta à la culpabilité éperdue de Miss Weaver en lui interdisant toute visite à Lucia. Quant à Joyce, il écrivit une lettre à Miss Weaver — l'une des rares qu'elle décida de ne pas léguer à la postérité.

Ses obligations envers lui et sa fille n'étaient cependant nullement terminées. Il lui suggéra de consoler Lucia avec un manteau de fourrure, mais l'ordre en fut modifié dans une lettre de Nora à Lucia :

> « Et pour tes cheveux brosse-les bien et j'espère que tu pourras trouver un manteau chaud à Reigate car apparemment un manteau de tweed te sera plus utile pour le moment d'après Miss Weaver et je pense comme elle [37]. »

En décembre de cette année turbulente, avec Lucia toujours pensionnaire à Northampton, Joyce fit changer les cadres des portraits de « Messieurs mes ancêtres ». Ces dignes gens, écrivit-il à un ami de son père, avaient vu une bonne partie de l'Europe, et se dévisageaient entre eux comme pour dire : et maintenant, où ?

Il est aussi bien que ni lui ni eux n'aient su comme ils allaient vite devoir refaire leurs valises, pour n'émerger enfin qu'après sa mort à lui, et la fin de la guerre.

En ce même mois, d'autres mauvaises nouvelles arrivèrent. Michael Healy était mort à Galway d'une crise cardiaque ; il s'était effondré un matin pendant la messe. L'épuisante poursuite à travers l'Irlande pour retrouver sa petite-nièce avait-elle abrégé sa vie ? L'idée ne semble pas avoir effleuré l'esprit de Joyce. Il déclara que Healy, en pieux catholique, n'aurait pu souhaiter meilleure mort.

Les dernières traces de l'expédition irlandaise de Lucia demeuraient. Joyce se plaignit furieusement qu'on ne retrouvait pas les deux malles de Lucia, sans parler de sa cape d'opéra ; il donnait à entendre que les ignobles indigènes irlandais les avaient chapardés. Il dut également faire face aux dommages que Lucia avaient commis dans son bungalow. En août, il reçut une lettre mécontente de Mrs. E. Nicoll de Meath Road, Bray [38]. Mrs. Nicoll exigeait réparation des dégâts — tapis, couvertures et couvre-pieds brûlés, bris de chaise, de brûleurs de gaz d'éclairage, de tubes de lampe. La liste des dommages témoigne silencieusement de la violence à laquelle Nora et Miss Weaver avaient toutes deux été confrontées de très près, pour avoir voulu aider Joyce à nier la réalité de son expérience.

En février 1936, il dut à son tour se résigner à la vérité. Lucia dut quitter St Andrew's parce que Nora et Joyce ne voulaient pas signer le certificat de démence qui lui aurait imposé l'internement de force. Elle ne pouvait pourtant pas rentrer à la maison, à cause du danger qu'elle aurait fait peser sur Nora. Maria Jolas alla chercher Lucia à Northampton et la ramena à Paris — chez elle. Le résultat était inévitable. Trois semaines plus tard, c'était la camisole de force. Lucia fut transportée hors de chez les Jolas, et les portes d'une institution psychiatrique se refermèrent sur elle pour toujours. Il ne semble pas que Nora ait jamais revu sa fille.

L'amitié entre Joyce et Miss Weaver se révéla également irréparablement brisée. Il la revit une dernière fois et lui écrivit encore de temps en temps, mais sans rien de son ancienne spontanéité filiale. Sa faute, aux yeux de Joyce, n'était point tant l'incident du cancer que sa conviction que Lucia était incurable, et qu'il gaspillait son talent avec *L'Œuvre en cours*. Cette dernière accusation était injuste. Miss Weaver en était venue à admirer l'expérience d'écriture. Mais elle ne perdit pas de temps en vains regrets. Elle avait déjà trouvé un nouveau prétendant, plus insatiable encore à sa dévotion et à son argent : le parti communiste.

Progression de la folie III

L<small>E</small> printemps de 1936 dissipa toute illusion sur le respect par Hitler du traité de Versailles — lorsqu'il fit entrer l'armée allemande dans la zone démilitarisée de la rive occidentale du Rhin. Cette menace pour la sécurité de la France fit envisager à de nombreux expatriés de regagner leur pays mais les Joyce étaient ancrés à Paris par leur fille internée dans une institution. Du fait de ses explosions de violence physique, Lucia avait été transférée dans la maison de santé du Dr Achille Delmas, une nouvelle clinique située à Ivry, dans la proche banlieue, dont le personnel serait plus à même de s'occuper d'elle.

Le monde personnel de Nora était donc calme pour le moment. Les nuages de la guerre étaient visibles, mais encore lointains. *L'Œuvre en cours* progressait à tel point que les éditeurs Viking et Faber & Faber commençait à mentionner des dates de publication (quoique ignorant encore le vrai titre du livre). Joyce et elle recevaient de nombreux visiteurs irlandais. Brian Coffey, poète et Vieux Clongowesien, leur apporta deux fois du pain irlandais fait à la maison, à la requête de Curran. Kenneth Reddin, juge de district irlandais, leur apporta un « pudding noir » de chez Olhausen's, célèbre charcutier de Dublin[1]. Des Irlandais détenteurs d'une introduction téléphonaient anxieusement, et s'entendaient inviter par le grand Joyce en personne à venir le voir rue Edmond-Valentin : il leur indiquait le chemin à prendre, en leur recommandant bien de sortir du métro à Latour-Maubourg. Une fois arrivés, ils regardaient très attentivement autour d'eux. Brian Coffey trouva l'une des meilleures descriptions de la fameuse tête : « En forme de haricot. »

Eileen O'Faolain et Nancy McCarthy, respectivement femme et amie des nouvellistes Sean O'Faolain et Frank O'Connor, furent intriguées par les oiseaux en cage de Joyce. Les deux jeunes femmes se sentirent honorées d'être invitées à prendre le thé, mais aussi très embarrassées par le sentiment aigu de « connaître toute l'histoire » — que Nora et Joyce avaient vécu de nombreuses années ensemble sans être mariés, et que Nora avait vécu des moments épouvantables avec Lucia parce que Joyce refusait de la faire interner. Eileen et Nancy furent donc agréablement surprises par l'accueil chaleureux et charmant de Nora, mais, comme tous les visiteurs irlandais chez les Joyce, furent déconcertées par l'inquisition minutieuse que leur fit subir Joyce sur le moindre détail de la vie irlandaise, depuis les alignements de magasins des rues de Dublin jusqu'au prix du beurre. Elles ne s'étaient guère attendues non plus à être examinées d'aussi près. « On ne peut pas se tromper sur l'endroit d'où vous venez, Miss McCarhy », déclara Joyce en décelant son accent de Cork. Et dévisageant fixement Eileen, il lui demanda : « Dites-moi, Mrs. Faolain, seriez-vous juive, par hasard ? » Eileen ignorait évidemment le compliment qu'était cette question, dans la bouche de Joyce[2].

L'Irlande occupait beaucoup les pensées de Nora. Sa mère et sa sœur Kathleen la suppliaient de venir les aider à trier les affaires de Michael Healy. Avec une insouciance surprenante quand on considère son tempérament de fonctionnaire, le vieil homme était mort sans laisser de testament. La rumeur locale voulait que, au cours d'une existence pieuse et frugale, l'oncle de Nora eût amassé une fortune de huit mille livres. Mrs. Barnacle se tourna vers son gendre, le célèbre écrivain, pour lui demander conseil. Joyce transmis le problème dans son entier au malheureux Constantine Curran :

> « Je préférerais rester en dehors de cette affaire car ma belle-mère (qui m'a toujours adoré et me prend pour un faiseur de miracles) veut maintenant donner tout l'argent à ma femme. Dans une lettre précédente, elle disait qu'elle voulait tout garder pour avoir des belles funérailles, quelque chose qui rivalise avec feu la reine Victoria.
> Avez-vous jamais entendu parler d'un héritage aussi drôle[3]. »

Le total des biens s'élevait en fin de compte à mille six cent soixante-deux livres — une petite fortune tout de même, pour le Galway de l'époque. Mrs. Barnacle n'avait aucunement l'intention de « tout donner » à Nora ni à personne d'autre ; elle en avait bien besoin pour survivre, avec Dilly.

A la fin de l'été 1936, tandis qu'ils attendaient impatiemment le retour de Giorgio, Nora et Joyce firent le voyage tant désiré à Copenhague. Suivant leur habitude, ils descendirent dans un bon hôtel et y restèrent plusieurs semaines, ils visitèrent toutes les attractions touristiques — au Danemark, c'était Elseneur, les ballets et les soldats en uniforme rouge — et ils envoyèrent une profusion de cartes postales à tous leurs amis. Joyce ne devait pourtant pas voir grand-chose. Sa vue avait tellement baissé que, quand ils firent escale à Bonn pour voir les cousins allemands d'Helen, Wilhelm et Grete Herz, ceux-ci observèrent que Nora devait couper la viande de Joyce et approcher l'assiette de son visage pour qu'il pût manger [4].

Nora, comme elle faisait toujours avec les gens qu'elle ne connaissait pas, gardait le silence. Notant la sombre élégance de ses vêtements, les Herz songèrent : « Helen lui a beaucoup appris. » Et ils décidèrent, résumant peut-être le sentiment du clan Kastor : « Helen a beaucoup fait pour James Joyce. »

Helen allait en faire bien davantage. Regagnant Paris en septembre 1936, Giorgio et elle s'installèrent avec Stephen au 17, villa Scheffer, petite rue du seizième arrondissement qui donnait sur l'avenue Henri-Martin ; c'était un appartement charmant et spacieux, avec des portes-fenêtres ouvrant sur un jardin. Leur chauffeur fut immédiatement mis à la disposition de Nora et de Joyce, Helen devenant leur hôtesse officielle. Giorgio avait recouvré la voix après une opération de la gorge, et Joyce nourrissait toujours l'espoir que son fils, à l'âge de trente et un ans, était au seuil d'une carrière de chanteur.

Nora reprit son rôle de belle-mère. Elle alla voir la cuisinière d'Helen qui était à l'hôpital, et chercha un vétérinaire pour le chien. Et, comme avant, elle se fit de nouveaux amis fortunés par l'intermédiaire d'Helen, comme Mrs. Victor Sax. Mais la vieille hostilité n'était pas éteinte. Helen trouvait Nora moins bonne grand-mère que Joyce n'était bon grand-père : il racontait des histoires à Stephen, et en écrivit même une spécialement pour lui. Nul ne pouvait imaginer que Nora allait bientôt devoir remplacer Helen dans la vie de l'enfant [5].

Les Joyce trouvaient très mauvaise mine à Helen, même si, par politesse, Joyce parlait simplement de fatigue. La tension était visible. Helen prit une maison à la campagne pour se reposer. Elle devenait soupçonneuse dès que les Joyce employaient l'italien pour écrire ou parler à Giorgio ; elle s'imaginait qu'ils voulaient lui cacher quelque chose. La différence d'âge entre elle et Giorgio se voyait davantage qu'autrefois. Helen avait un tic nerveux au visage, et elle s'inquiétait terriblement de voir l'œil de Giorgio se fixer sur les femmes plus jeunes. Les gens qui ne l'avaient jamais aimée l'aimaient encore moins maintenant[6].

Dans le monde troublé des années trente, il fallait faire d'irrévocables choix personnels, face aux incertitudes. Peu après la visite des Joyce, les Herz décidèrent de ne pas rester en Allemagne hitlérienne, et allèrent vivre à Saint-Gall, en Suisse, à l'est de Zurich. C'est donc vers eux que se tourna Joyce pour venir en aide à Stanislaus, qui était victime du fascisme en Italie. Stanislaus avait été chassé de son poste à l'université de Trieste, et menacé d'expulsion de l'Italie — ironique tournure des événements, quand on pense qu'il avait payé sa loyauté à l'Italie de quatre ans de prison en Autriche pendant la Première Guerre mondiale. Stanislaus souhaitait trouver un poste d'enseignant en Suisse. La dureté de la vie à son égard l'avait aigri. Il confia à Joyce que Nelly et lui-même étaient restés longtemps endettés après le suicide de Schaurek. Finalement, le poste qu'on lui offrit en Suisse était pour lui de si peu d'intérêt qu'il retourna en Italie. Nelly et lui, avec leur fils unique, James, qui naquit en 1942, allaient passer toute la durée de la guerre à Florence, dans des conditions difficiles.

Nora et Joyce n'envisageaient pas de quitter Paris, en partie parce qu'ils souhaitaient rester près de Lucia, mais aussi parce qu'ils n'étaient pas doués pour les projets, même dans les plus petites choses. Joyce l'expliqua très clairement, au printemps 1937, à Mrs. Sisley Huddleston, la femme d'un critique anglais qui avait été l'un des premiers à dire qu'*Ulysse* était un chef-d'œuvre. Elle avait invité Nora et Joyce à passer la journée à la campagne. « Nous sommes le genre de gens qui décident tout à la dernière minute, de sorte que nous pourrions toujours vous téléphoner le matin pour savoir si vous êtes sur place, répondit-il. Je pense que c'est le meilleur plan[7]. »

Lucia quittait rarement les pensées de Nora. Comme elle avait éveillé les réactions schizophréniques les plus violentes de sa fille, Nora n'était pas autorisée à accompagner Joyce à Ivry, pour sa visite rituelle du dimanche après-midi. Non seulement cela l'excluait de tout contact avec sa fille, mais l'obligeait aussi à passer une bonne partie de chaque semaine à prévoir qui accompagnerait Joyce, car il ne sortait pas seul. Il arrivait que des amis de la famille rendent visite à Lucia, comme Mrs. John Sullivan. Helen n'y allait jamais, et Giorgio rarement. Nora gardait le contact par des cadeaux, et s'inquiétait si Lucia ne lui écrivait pas[8]. Ces visites étaient douloureuses, pour Joyce. Il s'efforçait d'égayer Lucia en lui apportant des gâteaux italiens ou en lui enseignant le latin. Ils jouaient parfois du piano ou chantaient ensemble, mais il restait toujours une infirmière vigoureuse à proximité[9].

Joyce aimait à se présenter comme étant à l'abri de la violence de Lucia, comme s'il avait été le seul autre habitant autorisé de son univers intime. Pourtant, un jour que Giorgio l'avait accompagné, Lucia s'écria : « *Che bello! che bello!* » en les voyant, puis elle s'élança pour essayer de les étrangler[10].

A son retour d'Ivry, Joyce était complètement épuisé. Nora et lui dînaient le dimanche soir chez les Jolas, mais ceux-ci n'arrivaient pas à le sortir de son humeur taciturne. « Et je suis censé écrire un livre drôle », disait-il. Quant à Nora, elle gardait ses sentiments pour elle. « Vous ne lui demandiez pas de nouvelles », observa Elizabeth Curran. « Elle ne souhaitait pas en parler. C'était sa façon de le supporter. »

A la fin des années trente, la relation entre Joyce et Nora était tendue à cause de l'alcoolisme de Joyce et de la vie désastreuse de leur enfant, mais elle reposait néanmoins sur un fond de confiance et de satisfaction pour ce qu'ils avaient construit. Ils avaient souvent l'air de s'ennuyer ensemble. Nora se plaignit à un de leurs amis : « Voilà un homme qui ne m'a pas dit un mot de toute la journée », à quoi Joyce rétorqua : « Que reste-t-il à dire, quand on a été mariés trente ans[11] ? » L'ennui était réel, mais ce n'était pas l'unique mesure de leur mariage. Nora et Joyce trouvaient chacun à la compagnie de l'autre un plaisir qui, même après trente ans, marquait un amour perceptible même par une génération plus jeune. Un soir, à Paris, Arthur Power quitta un restaurant juste derrière les Joyce, qui ignoraient qu'il fût là. Tandis que le bruit de la foule s'estompait et qu'ils se retrouvaient seuls dans la rue sombre, Nora et Joyce se tournèrent l'un vers l'autre et sourirent. « Une expression d'immense affection passa entre eux, rapporta Power. Nora ne faisait pas semblant. Elle n'en était pas capable[12]. »

Au fil des ans, Joyce avait cessé de s'irriter de la foi religieuse de Nora, et en était même venu à l'accepter. En visite à Lausanne, Nora alla chaque dimanche à la messe avec Jacques Mercanton, jeune homme de lettres suisse, qui était fervent catholique. Elle vivait sa pratique religieuse ouvertement, sans anxiété. Il était simplement entendu qu'elle y allait, et pas lui. Il ne fut jamais violemment anticatholique comme Stanislaus ; il n'aurait d'ailleurs pas pu rester ami avec Constantine Curran s'il en avait été autrement. Nora, pour sa part, n'imagina jamais de le tourmenter pour son manque de religion. En ce temps-là, elle n'était guère la plus zélée des catholiques, et elle n'allait pas tous les dimanches à la messe. Quand elle accompagnait Mercanton, elle ne communiait pas.

De bien des manières, Nora était plus anti-irlandaise que Joyce lui-même. Joyce, semblait-il à Mercanton, idéalisait de façon romanesque l'endroit sur lequel il avait construit son art, mais Nora ne voulait pas en entendre parler : « Un sale pays, affreux et dégoûtant, où ils mangent du chou, des pommes de terre et du lard toute l'année, où les femmes passent leurs journées à l'église et les hommes au pub. » Mais, protestait Joyce, Dublin était la septième ville de la Chrétienté, et puis la Liffey... « Sale petit ruisseau boueux », coupait Nora[13].

Mercanton, de même que Power, était touché de leur dévotion réciproque. Nora parlait « avec une incroyable tendresse de Jim exclusivement ». Tous les Irlandais étaient difficiles, expliqua-t-elle à Mercanton. Mais même dans ces conditions, Mercanton voyait bien pourquoi Nora supportait tant de traits difficiles chez Joyce. Avec elle, il était d'une extrême douceur et (pour les petits détails) très attentif à son moindre désir. Mercanton se souvenait d'une discussion sur ce qu'on allait faire l'après-midi : « " Que veux-tu faire, Nora ? " demanda-t-il. " Je veux aller jusqu'à Vevey ", dit Nora. Nous partîmes donc à pied en direction de Vevey. Arrivé au quart du trajet, Joyce était fatigué. " Dites à Nora que nous sommes à Vevey ", implora-t-il[14]. »

Joyce était heureux quand Nora était heureuse. « Ma femme est tombée amoureuse de votre campagne ! Regardez-la ! » disait Joyce à Mercanton. Et quant à elle, malgré ses taquineries, elle le traitait comme un objet sacré, fragile. Cet été-là, Joyce ressemblait plus que jamais à un écolier désemparé, avec sa veste d'étoffe suisse luisante, son pantalon de flanelle trop court, ses chaussures blanches et son chapeau de paille jauni qu'il repoussait à l'arrière de sa tête.

Souriante et détendue à cause des vacances et à l'idée de la fin imminente de *L'Œuvre en cours*, Nora partit seule un après-midi pour faire une course, et recommanda à Mercanton : « Surveillez-le. Je vous le confie. Il ne faut pas le laisser seul une minute. » Un instant plus tard, Mercanton dut l'empoigner par le bras pour l'empêcher de se faire renverser par une voiture[15].

Pendant ce voyage en Suisse, et comme l'avait prédit Nora avant le départ, Joyce souffrit de fortes douleurs gastriques. On lui prescrivit des rayons, mais il refusa.

Nora aimait son rôle d'intercesseur auprès de la divinité. Elle était très bien accueillie chez les Giedion, à Zurich. Elle embrassait les parents, et offrait des cadeaux aux enfants. « On éprouvait une merveilleuse sensation de chaleur humaine quand elle entrait dans le jardin, se souvint la fille des Giedion, Verena. Nous courions lui montrer nos nouveaux petits chats. Mais nous restions à l'écart de *lui*, avec ses lunettes noires [16]. »

Nora (bien qu'elle l'eût comparé à un *chop-suey*) tolérait mieux *L'Œuvre en cours* qu'elle n'avait toléré *Ulysse*, et elle en appréciait la musicalité, surtout lue à voix haute. Le livre lui plaisait aussi parce qu'il amusait Joyce. « Je ne peux plus dormir, je ne peux plus dormir », confia-t-elle à Mrs. Giedion-Welcker, qui lui demanda pourquoi. « Eh bien, Jim est là à écrire son livre. Je me mets au lit, et cet homme s'installe dans la pièce à côté et continue à rire de ce qu'il écrit. Alors je frappe à la porte et je lui dis : "Allons, Jim, arrête d'écrire ou arrête de rire." [17] »

Nora n'était encore pas sûre qu'il fût bien le génie que tout le monde prétendait. « Mais je suis sûre d'une chose, dit-elle à Mrs. Giedion-Welcker, c'est qu'il n'y en a pas un autre comme lui [18]. »

Elle et Joyce voyageaient encore constamment, et Nora était devenue experte dans l'art des bagages et de l'installation dans les chambres d'hôtel. Joyce devait fréquemment se rendre à Zurich pour consulter le Dr Vogt (qui lui trouvait une meilleure vue) mais leurs voyages étaient compliqués par la nécessité de mentir à Lucia pour lui faire croire qu'ils étaient là où elle les imaginait. A l'été 1938, par exemple, ils quittèrent Lausanne pour aller respirer un peu l'air de la mer à Dieppe, mais ils laissèrent à Mercanton des lettres à poster de Suisse.

Ces mensonges n'étaient pas seulement dus au sentiment de culpabilité. Joyce aimait infiniment sa fille, et rêvait toujours qu'on pourrait la guérir un jour. Pour son vingt-neuvième anniversaire, il lui mit entre les mains un exemplaire relié de son livre à elle, le poème de l'alphabet illustré de Chaucer. La publication lui coûta quinze mille francs, dit-il à Miss Weaver, mais il voulait combattre chez Lucia le sentiment de ne rien valoir et la convaincre que sa vie n'avait pas été un échec. En outre, il entendait poursuivre tout espoir de traitement possible, si déraisonnable et si coûteux qu'il pût être. Il serait sûrement moins cher, ajoutait-il avec une éloquence amère, de confiner Lucia dans une « prison mentale économique ».

« Je n'en ferai rien aussi longtemps que je verrai la moindre chance d'espérer sa guérison, et je ne la blâmerai ni ne la punirai pour le grand crime qu'elle a commis en étant victime d'une des maladies les plus insaisissables, connues des hommes et inconnues de la médecine [19]. »

Le sarcasme s'adressait non seulement à Miss Weaver (qui répondit en couvrant la moitié des frais de publication du livre), mais aussi à Giorgio, qui tenait rigueur à son père de cette extravagance-là. En fait, la clinique d'Ivry n'était pas aussi coûteuse que celles de Suisse, et le directeur, le Dr Achille Delmas, disait que Lucia n'était pas atteinte de *dementia praecox* (comme on appelait souvent la schizophrénie), et qu'on « pouvait espérer sauver quelque chose ». Mais, même ainsi, Joyce ne laissa pas la situation en rester là. Il écrivit à Wilhelm Herz, à Saint-Gall, pour le prier de se renseigner sur le sanatorium où Nijinsky, lui avait-on dit, avait été miraculeusement transformé par un traitement à l'insuline. Il est fort peu probable que Nora ait partagé ses espoirs de miracle.

A la fin de 1936, Joyce avait dépensé les trois quarts de la portion de capital mise à sa libre disposition par Miss Weaver. Une certaine froideur demeurait entre eux, cependant, depuis la désastreuse visite de Lucia. Paul Léon suggéra à Miss Weaver de se rendre à Paris pour redresser, face à face, certaines petites choses qui n'auraient pas dû être grossies. Elle brava une fois de plus l'épreuve de la traversée, qu'elle détestait largement autant que Nora et Joyce, et ils se retrouvèrent à la fin de novembre. « Pas un mot, pas une syllabe n'a subsisté pour éclairer cet entretien », disent les biographes de Miss Weaver. Elle promit à Joyce l'argent dont il avait besoin pour terminer son livre et l'assura de sa foi en lui. Comme toujours, il accepta froidement son aide comme un dû. Ils n'allaient plus jamais se revoir [20].

Nora avait une vision plus réaliste de Giorgio, ainsi que de Lucia. Elle adorait son fils, mais il l'exaspérait souvent. L'alcoolisme de Giorgio devenait un handicap, ce qui n'avait jamais été le cas pour son père. Pourtant, Joyce ne voyait pas davantage les défauts de Giorgio que ceux de Lucia. Si Giorgio n'était pas parvenu à faire une carrière avec cette belle voix de basse, la faute devait s'en trouver ailleurs, estimait Joyce. Il alla jusqu'à attribuer à l'attaque de Michael Lennon contre lui, dans *Catholic World*, la ruine des projets d'avenir de Giorgio à New York. Et il entra dans une vive colère quand la BBC refusa d'engager Giorgio après une audition, avec ce verdict : « Inférieur au niveau de la Grande-Bretagne dans l'art du chant [21]. » Son fils, disait-il, était trop enclin à accepter les critiques.

Il était inévitable, quand le mariage de Giorgio commença à vaciller, que Joyce prît le parti de son fils. Malheureusement, Paul Léon prit celui d'Helen, persuadé que Giorgio se désintéressait des problèmes de sa femme. La dispute acheva d'aigrir les relations de

Léon avec Joyce, qui ne s'étaient jamais vraiment rétablies après le fiasco des fiançailles avec Ponisovsky. Léon continua néanmoins à servir de scribe, et à écrire à Miss Weaver des lettres décrivant Joyce comme apathique, abattu, ne voyant à peu près personne. Léon reconnaissait toutefois qu'il ne voyait Mr. Joyce que très rarement [22].

Tout déprimé que Joyce ait pu être, Nora et lui se maintenaient à leur rang. Ils dînaient toujours aussi régulièrement au Fouquet's, où Joyce était fort apprécié des serveurs à qui il distribuait des « pourboires de millionnaire », et dont il sollicitait l'avis non seulement sur le menu, mais aussi sur leur préférence pour Corneille ou Racine, par exemple. Nora appréciait bien plus que lui le plaisir de manger, lorsqu'ils sortaient ainsi. Il aimait la nourriture simple, les champignons, les huîtres, le homard, tandis que Nora raffolait des desserts compliqués comme l'omelette norvégienne. Elle-même était une présence avec laquelle il fallait compter. Nancy Cunard, invitée à dîner avec eux au Fouquet's, ne les vit pas derrière l'habituel fouillis de coquilles, de homards et de bouteilles. Tout en faisant le tour des tablées bruyantes et en se demandant pourquoi les Joyce aimaient tant cet endroit couru par le milieu des courses et la société élégante, Nancy s'inquiétait que « Mrs. Joyce soit furieuse à cause de son retard » [23]. Nora gardait un œil vigilant sur les autres clients, comme elle faisait toujours au restaurant. Un soir, elle fut ravie de reconnaître Marlene Dietrich (qui s'habillait aussi chez Lelong). Nora poussa du coude son mari, qui présenta alors ses compliments à l'actrice, et lui dit qu'il l'avait admirée dans *L'Ange bleu*. « Alors, monsieur, répondit Dietrich, vous m'avez vue à mon apogée [24]. »

Ils dînaient cependant chez eux, un soir de la fin de 1937, lorsque Beckett téléphona, pour leur annoncer qu'il était revenu vivre à Paris, après plusieurs années à Londres et Dublin. Beckett redoutait de se faire éconduire par Joyce, et il avait retardé le moment de l'appeler jusqu'au soir où, enhardi par un bon dîner bien arrosé avec des amis, il avait pu rassembler son courage. Il fut bien soulagé d'entendre au téléphone la voix de Nora, et non celle de Joyce. Elle eut tôt fait de le mettre à l'aise en lui parlant d'amis communs et de Dublin, pendant que Jim finissait de dîner, lui dit-elle. Quand Joyce prit le récepteur, il fut d'abord assez distant, puis s'anima au souvenir d'un petit service que Beckett pouvait lui rendre [25].

Ce petit service occupa Beckett pendant trois jours chez Giorgio. Beckett et Giorgio étaient restés bons amis. Ils travaillèrent ensemble sur les difficiles épreuves de *L'Œuvre en cours* (les nombreuses critiques formulées contre Giorgio qui n'avait jamais travaillé de sa vie devraient être modérées par le souvenir des années de travail non rétribué qu'il consacra à son père). Beckett se satisfaisait fort bien de ne point être rémunéré. Et ce fut seulement par politesse qu'il accepta le pourboire condescendant que lui donna Joyce : deux cent cinquante francs, un vieux manteau, et cinq cravates usagées[26].

A nouveau accepté par la famille, Beckett soutint les efforts de Giorgio pour sauver son foyer malgré la désintégration d'Helen. Lui-même avait décidé de ne plus écrire comme le réclamait Joyce, et sûrement pas la nouvelle explication de *L'Œuvre en cours* que Joyce voulait avoir avant la publication du livre. S'il doit y avoir une nouvelle rupture, déclara Beckett à McGreevy, « au moins, cette fois ce ne sera pas à propos de la fille ». La seule chose qui déplaisait à Beckett, en regagnant le cercle magique, était l'encombrante autorité de Maria Jolas dans les affaires des Joyce — rancœur que partageait Nora. Beckett surnommait Mrs. Jolas « Jolases-Molases »[27].

Maria Jolas dominait Nora aussi bien que Joyce. Nora était forte, mais n'avait rien d'une organisatrice. De même que son mari, elle s'appuyait toujours passivement et lourdement sur les talents d'organisation de la protectrice du moment. A la fin des années trente, ils suivaient tout ce que décidait Mrs. Jolas, et le jeune Stephen ne tarda pas à se retrouver à l'École bilingue de Neuilly. Mais jamais Mrs. Jolas n'intervenait entre Nora et Joyce ; elle s'émerveillait, comme tout le monde, de voir que jamais Joyce ne disait un seul mot de mécontentement à Nora.

Un soir, Nora et Joyce emmenèrent dîner Helen, Giorgio, Beckett et l'amie d'Helen, Peggy Guggenheim, après quoi ils retournèrent tous à la villa Scheffer. Beckett, qui n'avait pas quitté Peggy des yeux, s'offrit à la reconduire chez elle. Chez elle, raconta Peggy par la suite, ce fut le canapé puis « nous nous sommes bientôt retrouvés au lit, où nous sommes restés jusqu'au lendemain soir ». Peggy ne s'en arracha que parce qu'elle avait un rendez-vous pour le dîner. Quant à Beckett, il la remercia et dit : « C'était bien tant que ça a duré[28]. »

A la fin de 1937, Nora reçut un nouveau coup. Helen avait convaincu Giorgio de retourner à New York, parce que son père était malade. Elle avait pris les billets pour le 8 janvier. Nora en fut si blessée et si fâchée qu'elle refusa d'aller au réveillon de nouvel an d'Helen et Giorgio. Venu les chercher, Beckett trouva Joyce qui suppliait Nora de venir. Elle maintint son refus. Comme il ne voulait pas quitter Nora, Joyce envoya Beckett chez Helen et Giorgio, et les deux couples Joyce passèrent la soirée séparés, et plongés dans la même morosité[29].

Comme Nora n'avait pas de Paul Léon pour noter ses états d'âme, on ne peut qu'imaginer ses anxiétés. Elle avait cru son fils et son petit-fils installés à Paris, et voilà qu'on les lui arrachait. Avec ces histoires de guerre, toute séparation risquait d'être longue. Et puis il y avait la question de l'équilibre d'Helen. Nora et Joyce avaient vu venir le problème depuis bien longtemps[30]. S'il arrivait quelque chose à Helen en Amérique, Nora ne pourrait rien faire pour aider Giorgio ou Stephen. Les Kastor étaient alors une famille très éprouvée. En août 1937, le frère aîné d'Helen, Alfred, avait tenté de se suicider. Joyce écrivit au vieil Adolph Kastor une lettre de condoléances aimable mais circonspecte, dans laquelle il laissait entendre, sans entrer dans les détails, que

« la défiguration physique pourrait être bien pire après un accident de train ou de machine et peut-être n'est-ce là que le tribut qu'il devait payer pour se défaire d'une possession démoniaque »[31].

Les crises privées continuaient à copier les traumatismes publics, comme pour souligner le message du nouveau livre de Joyce : que l'histoire d'une famille est l'histoire du monde. La nuit précédant le départ d'Helen et Giorgio, en rentrant d'un café de la rive gauche avec deux amis, Beckett reçut un coup de couteau d'un souteneur dont il avait brusquement repoussé les avances importunes. Le couteau toucha le cœur, et Beckett faillit y perdre la vie.

Joyce fut parmi les premiers à apprendre la nouvelle ; il cherchait à joindre Beckett à son hôtel pour le voir. Dès lors, en leur qualité d'amis les plus proches et les plus importants, les Joyce le prirent en charge. Joyce le fit transférer à ses frais dans une chambre particulière. Leur médecin, le Dr Fontaine, fut appelé. Chez eux, Nora répondait au téléphone, qui sonnait constamment « comme à la Bourse », rapporta Joyce dans une lettre à Helen et Giorgio, de retour en Amérique[32]. Peggy elle-même téléphona pour prendre des nouvelles de Sam. Nora fit un pudding à la crème et le fit porter à Beckett, pour que le goût de la cuisine familiale irlandaise l'aide à guérir.

Beckett commençait à se rétablir quand le climat politique s'assombrit sérieusement. En mars 1938, Hitler annexa l'Autriche par l'Anschluss, première étape hors de ses frontières. Le jour même, le gouvernement français tombait. On prit le thé à cinq heures chez les Joyce, comme toujours. Mais on se serait cru à une veillée mortuaire. Joyce était dans un état de profonde dépression. Il voyait l'approche de la guerre comme une terrible tragédie personnelle : personne n'allait lire son livre. Ce jour-là, le groupe comprenait Beckett et Elizabeth Curran. Personne ne parlait. Il régnait un silence épouvantable. Nora déclara soudain : « Nous n'y pouvons rien. » Et ce calme fataliste les tira de leur torpeur, ils se remirent à parler, le cours de la vie ordinaire avait repris.

Les interventions de Nora frappaient Elizabeth comme étant très irlandaises. Il lui semblait que Maria Jolas et le petit monde littéraire parisien (à l'exception de Beckett et McGreevy) ne comprenaient absolument pas ce côté irlandais. Ils donnaient toujours « cette impression de venir voir le Maître ». Ils aimaient bien Nora, mais ne voyaient vraiment pas le *plaisir* que pouvait prendre Joyce à se faire houspiller par elle. « Elle savait le sortir de sa dépression en le faisant rire avec son humour simple et terre à terre, dit Elizabeth. Il ne la faisait jamais taire, n'y songeait même pas. Les autres le mettaient sur un piédestal. Nora n'avait que faire d'un piédestal. Ils venaient pour adorer. Mais les gens de là-bas percevaient l'intimité de leur relation. Il entamait une conversation avec Nora, excluant intentionnellement tous les autres. Ils entretenaient entre eux une sorte de badinage continu à un niveau très intime. Pour lui, elle représentait un soulagement et un épanchoir. Cela donnait une merveilleuse impression — cette compréhension totale entre deux personnes [33]. »

L'une des taquineries dont disposait Nora à l'égard de Joyce consistait à menacer de révéler les mots du vrai titre de *L'Œuvre en cours*. De même que Rumpelstiltskin, Joyce aimait mettre ses amis au défi de deviner ce que c'était. Nora entra dans le jeu, un soir, en fredonnant malicieusement l'air d'une ballade irlandaise sur un Mr. Flannigan et un Mr. Shannigan. Ellmann recréa ainsi la scène :

> « Joyce, surpris, la pria de cesser. Puis voyant qu'aucun mal n'était advenu, il remua très distinctement les lèvres, comme font les chanteurs, comme pour prononcer F et W. Maria Jolas lança : " Fairy's Wake. " Joyce parut stupéfait, et déclara : " Brava ! Mais il manque quelque chose. " »

Eugène Jolas y passa la nuit entière (après tout, il en avait publié de nombreux extraits) à résoudre la charade, et, le lendemain soir au Fouquet's, donna la réponse : « Finnegans Wake. » « Ah, Jolas ! s'exclama Joyce. Vous avez sorti quelque chose de moi. » Mais il lui donna la récompense promise — dans un sac de piécettes — le lendemain matin[34].

Beckett, dont le premier roman, *Murphy*, venait d'être publié, vénérait toujours Joyce. Lorsqu'il fut rétabli, il parut fort heureux de suivre partout Joyce comme une sorte de remplaçant de Giorgio. Et il fut déçu de n'être pas invité, comme il l'avait espéré, à accompagner les Joyce à Zurich, à sa sortie de l'hôpital. Il était convaincu de n'être pas entièrement pardonné pour la passion sans espoir qu'il avait inspirée à leur fille. Aussi, quand Joyce entreprit de confier à Beckett sa dernière théorie sur Lucia — que tous ses troubles mentaux avaient pu provenir d'une infection dentaire — Beckett l'écouta patiemment, éperdu de gratitude pour cette confidence. Et son affection pour Nora, qui avait toujours été forte, ne fit que s'accroître quand elle lui donna quelques gros meubles dont elle ne voulait plus, pour son nouvel appartement. (Contrairement aux Joyce, Beckett préférait les quartiers ouvriers et un style de vie simple.)

Leur vie sociale demeurait fort active. Joyce refusa un jour une invitation à dîner parce que l'heure en était fixée à sept heures et demie, et qu'il persistait à trouver cette heure-là indigne pour dîner. Nora alla assister aux funérailles de Chaliapine, chanteur à la célèbre voix de basse, à l'église russe orthodoxe[35]. Puis, en avril, leur vie s'ensoleilla quand, en dépit de tous les pressentiments de Nora, Giorgio et Helen revinrent.

En mai 1938, Nora et Joyce allèrent passer trois jours à la villa Scheffer, pour les photos de promotion de *Finnegans Wake*. Le livre était presque terminé, mais n'allait néanmoins pas pouvoir sortir à temps pour le 4 juillet — anniversaire de son père — comme Joyce l'avait espéré. Les photos prises à l'époque par Gisèle Freund (qui avait remplacé Sylvia Beach dans la vie d'Adrienne Monnier) sont parmi les plus heureuses, les plus détendues qui aient jamais été prises de Joyce. On le voit souriant, même à proximité d'un chien pourtant redouté. Helen, Giorgio (souriant, chose rare) et Stephen apparaissent aussi sur ces photos. Mais on n'y trouve pas une seule fois Nora. Elle, qui aimait tant se faire photographier, refusait absolument de se joindre aux autres, prétendant en vraie grand-mère que personne n'avait envie de la regarder. Peut-être se sentait-elle un peu écrasée par sa belle-fille. Sur presque tous ces clichés, Helen semble rayonner de bonheur.

Deux mois plus tard, Helen était en maison de santé à Montreux, en pleine dépression nerveuse. Comme si, écrivit Joyce à son ami, l'académicien français Louis Gillet, la tragédie similaire de sa fille ne suffisait pas[36]. Nora avait la triste satisfaction de voir malheureusement confirmé son pessimisme de 1930 concernant ce mariage. La maladie d'Helen déchira la famille comme l'avait fait celle de Lucia. Ni Nora ni Giorgio ne pouvaient se faire d'illusions sur les chances de guérison d'Helen. Mais Joyce professait l'optimisme. Il aimait beaucoup Helen. Le 4 juillet, il lui envoya des fleurs en lui recommandant : « Rétablissez-vous pour l'amour de Giorgio[37]. »

En ces derniers mois de 1938, ayant perdu sa fille et sa belle-fille, et dans cette Europe au seuil de la guerre, Joyce termina *Finnegans Wake*. Après les dernières pages, il se sentit tellement vidé qu'il dut s'asseoir longuement sur un banc, dans la rue, incapable de bouger mais, chose rare chez lui, satisfait. C'étaient là les dernières pages qu'il devait écrire, et elles étaient parmi les plus belles. Quelle que fût l'obscurité du reste du livre, ces pages justifiaient l'insistance de Joyce. « Si l'on ne comprend pas un passage, il suffit qu'on le lise à voix haute[38]. »

La dernière partie de *Finnegans Wake*, comme celle d'*Ulysse*, est dite par une voix de femme — une Irlandaise. C'est Anna Livia Plurabelle, principal personnage féminin du livre, et mère universelle. Mais dans le raccourci symbolique de *Finnegans Wake*, la femme est aussi une rivière, la Liffey, et elle parle comme elle coule jusqu'à l'extinction dans les bras glacés de la baie de Dublin.

La rêverie d'Anna Livia montre une femme à la fin de sa vie, de même que le monologue de Molly à la fin d'*Ulysse* montre une femme à la fin de sa journée. En revoyant les longues années écoulées depuis la beauté de sa jeunesse jusqu'à l'âge de l'épuisement, *Anna Livia* accepte sereinement la futilité de toutes les peines vécues à élever une famille et consacrer sa vie à un homme impossible :

« J'ai fait de mon mieux lorsque je le pouvais. Avec toujours la pensée que si je m'en vais tout s'en va. Des centaines de soucis et une dîme d'ennuis mais en est-il un qui me comprenne ? Un seul dans un millier d'années d'ennuités ? Toute ma vie je l'ai vécue parmi eux mais maintenant ils me sont devenus d'égoût. Et j'haine leurs petits tours où ils s'échauffent. Et leurs douces mesquineries. Et toutes leurs avides invites, morceaux évidés de leurs âmes. Et tous les paresseux pertuis plongeant partout leurs cuivrasses de corps. Comme tout ça est petit[39] ! »

La famille que Nora et Joyce avaient créée était la famille de *Finnegans Wake* — une famille sortie de tout contexte culturel, comme l'avait découvert le pauvre Giorgio, avec son accent bâtard. Aujourd'hui, les joyciens de tendance marxiste observent que, dans *Finnegans Wake*, Joyce extirpe l'anglais de son passé colonial ; ils remarquent aussi que les deux plus grands prosateurs irlandais du XXe siècle ont choisi d'échapper à la langue du conquérant, Joyce en inventant son propre langage, Beckett en écrivant en français.

Pourtant, la langue universelle que Joyce a créée est en réalité l'anglais, avec des touches étrangères et un fort accent irlandais. C'est ainsi que parlait Nora. Toute sa vie elle conserva les rythmes de l'Irlande : « Je prie Dieu, je prie Dieu chaque nuit pour la pluie[40]. » Si la langue polyglotte de *Finnegans Wake* est la réponse triomphale de Joyce à la plainte de Stephen Dedalus contre l'anglais que parle son doyen d'études dans le *Portrait* — « la langue que nous parlons est sienne avant d'être mienne » —, il est également vrai que les paroles de Molly Bloom et d'Anna Livia Plurabelle étaient de Nora avant d'être de Joyce. En prenant la voix d'une femme pour exprimer la vérité universelle — que toute chose meurt et renaît —, Joyce faisait du langage des femmes la langue universelle.

Mais c'était surtout dans la personnalité de Nora — la soumission moqueuse mais calme à ce que lui envoyait la vie : amour, passion irraisonnée et parfois obscène, alcoolisme, déception, folie, luxe et misère — que Joyce avait puisé l'épilogue de *Finnegans Wake*, grand hymne final à l'acceptation de la mort à cause de la permanence de la vie.

Comme Anna Livia approche de « ces fourches terribles » de la baie de Dublin et de son extinction dans le père immense, l'océan, elle gémit :

« Je m'éteins. Ô fin amère ! Je vais m'esquiver avant qu'ils soient levés. Ils ne verront jamais. Ni ne sauront. Ni me regretteront. Et c'est vieux et vieux et triste et vieux et c'est triste et lasse que je m'en retourne vers toi mon père froid mon père froid et fou mon père froid et furieux jusqu'à ce que la simple vue de sa simple taille, tous ses crilomètres et ses crilomètres ses sangloalanglots me malvasent et me selcœurent, et je me presse mon unique dans tes bras[41]. »

Tout frais encore dans la mémoire d'Anna Livia, les débuts de son amour, ses enfants tout petits, son propre père, sa soumission à l'homme écrasant qui l'a effacée. Elle disparaît à l'aube dans un remous :

« Il est si doux notre matin. Oui. Emporte-moi papa comme tu l'as fait à travers la foire aux jouets ! Si je le voyais maintenant se pencher sur moi sous ses ailes blanches déployées comme s'il débarquait d'Archanglais je dépense que je tomberai morte à ses pieds, humblement simplement comme pour me laver. Oui c'est vrai. Nous y voici. Au début. Nous traversons le gazon dessous le buichut et. Pfuit ! Une mouette. Père appelle. J'arrive Père. Ci la fin. Comme avant. Finn renaît ! Prends. Hâte-toi, emmemémore-moi ! Jusqu'à ce que mille fois tes. Lèvres. Clefs de. Données ! Au large vire et tiens bon lof pour lof la barque au l'onde de l'[42] »

Toutes choses viennent à passer mais la vie se perpétue. Les fins sont les commencements. La rivière devient la mer qui devient nuage qui devient pluie qui tombe dans la rivière qui coule à la mer. Tout tourne de même que la dernière phrase incomplète de *Finnegans Wake* tourne pour rejoindre le début du livre :

« erre revie, pass'Evant notre Adame, d'erre rive en rêvière, nous recourante via Vico par chaise percée de recirculation vers Howth Castle et Environs[43]. »

Le 2 février 1939, un exemplaire relié de *Finnegans Wake* était prêt, mais le livre n'allait être publié qu'en mai. L'événement appelait d'autant plus à la célébration qu'Helen, sortie de sa dépression et de sa clinique, était revenue à Paris en bonne forme, charmante et animée. Elle organisa un banquet auquel Joyce convia tous ses amis, en l'honneur de son anniversaire et de son livre. Helen mit à profit tous ses talents. Elle assembla pour décorer la table des symboles de l'œuvre et de la vie de Joyce ; du papier d'argent représentait la Liffey et la Seine, un plateau en miroir, la Manche ; elle s'était procuré une bouteille ayant la forme de la colonne de Nelson à Dublin, et une carafe en tour Eiffel. Elle avait également commandé un gâteau représentant tous les livres de Joyce alignés, de *Gens de Dublin* jusqu'à *Finnegans Wake*. D'aucuns auraient trouvé l'étalage embarrassant, mais Joyce fut enchanté[44].

Il prenait grand plaisir à sa propre célébration symbolique. Il offrit à Nora une bague ornée d'une grosse aigue-marine, symbole de la Liffey et d'elle-même : la rivière de la vie. Nora arbora fièrement le bijou au dîner. « Jim, déclara-t-elle devant tous les convives, je n'ai lu aucun de tes livres mais je suppose que je vais être obligée de voir comme ils se vendent bien. » Personne ne rit. Chacun sentait le poids des années de faim, de pauvreté et de maladie que les deux Joyce avaient traversées ensemble[45].

Réconcilié grâce à sa belle-fille avec l'accent américain, Joyce pria Helen de lire les dernières pages de *Finnegans Wake*. Tandis que tous l'écoutaient, seule Nora, parmi tous ceux présents dans la pièce, savait que la Liffey coulait jusqu'à la mer en passant par Ringsend, où elle et Jim s'étaient promenés la première fois, et que Jim avait terminé le livre par les propres mots qu'il avait employés pour lui demander de partir avec elle, en 1904 : « Y a-t-il quelqu'un qui me comprenne ? » On ne s'étonnera pas que, dans les années suivantes, Nora ait toujours dit : « Pourquoi tout ce bruit pour *Ulysse* ? *Finnegans Wake*. Voilà le livre qui compte[46]. »

Ô fin amère. Cette fête devait être la dernière représentation de Helen en Mrs. George Joyce. Dès avril, leur vie de famille à Paris était à nouveau brisée. Helen avait fait une rechute et était retournée à Montreux. Le bail arrivait à son terme rue Edmond-Valentin, et leurs amis quittaient presque tous Paris. Hitler occupait la Tchécoslovaquie, et l'on parlait d'invasion. Le Dr Delmas s'apprêtait à évacuer sa clinique et ses patients à La Baule. Pourtant, Nora et Joyce ne faisaient toujours aucun projet de départ ; ils s'installèrent au contraire dans un petit appartement au 34, rue des Vignes, non loin de chez Giorgio, dans le XVIe arrondissement. En préparant le déménagement, Joyce remit à Paul Léon huit jeux d'épreuves de *Finnegans Wake* à envoyer à Miss Weaver, à Londres. Nora, de son côté, s'efforçait de mettre de l'ordre dans ses papiers. « Je viens de passer une journée affreuse, dit-elle à Maria Jolas, à déchirer les lettres que Jim m'avait écrites. Elles ne regardent personne. De toute façon, il n'y en avait pas beaucoup — nous n'avons jamais été séparés[47]. » Cette remarque n'était pas entièrement juste, comme la réapparition de la correspondance de 1904, 1909 et 1917 laissée à Trieste devait le révéler par la suite. Ce que Nora elle-même décida de censurer par la destruction demeure son secret.

Les considérations politiques de Nora sur la guerre étaient moins ambiguës que celles de son mari. De même qu'elle ne fut jamais antibritannique, Nora ne fut jamais neutre. Joyce la taquinait volontiers pour l'affection qu'elle portait au « Roi Giorgio », et Nora faisait rire Maria Jolas quand elle disait, en contemplant les deux petites Jolas : « Tina et Betsy me font toujours penser à Elizabeth et Margaret Rose[48]. »

Bien qu'il ne fût pas aussi ouvertement pro-allemand que pendant la Première Guerre, Joyce n'a jamais dénoncé Hitler dans les termes fracassants qu'auraient souhaités beaucoup de ses admirateurs ultérieurs. Il sympathisait intensément avec les souffrances des juifs, et fit usage de toute son influence pour en aider un certain nombre à fuir l'Allemagne. Il lui arrivait cependant de dire des choses qui sonnent mal à l'oreille de l'après-guerre. D'Hitler, il déclara un jour avec mépris : « Donnez-lui l'Europe[49] ! » Avec un manque total de sensibilité, il observa un soir, chez les Léon, que l'immense force d'Hitler et son talent de chef l'impressionnaient. C'en fut trop pour Nora. Elle empoigna son couteau et bondit de sa chaise en disant : « Jim, encore un mot favorable à ce démon, et je te tue ! » Sa réaction était un tel mélange de colère réelle et de théâtre, que Mrs. Giedion-Welcker pensa à Charlotte Corday : « Je fus soudain prise de l'envie de voir cette ardente Irlandaise, dressée au bout de la table avec son couteau à la main, faire face à Hitler, et non pas à Joyce. » Elle nota également que Joyce acceptait l'explosion de Nora avec admiration, fasciné comme toujours quand elle s'exprimait spontanément sur des questions auxquelles il avait lui-même réfléchi longuement et mûrement[50].

En 1939, Joyce, qui avait pratiquement cessé toute communication avec Harriet Weaver, lui écrivit pour lui décrire le mal d'Helen. La vie de son fils était ruinée, disait-il. Miss Weaver répondit avec compassion mais, comme toujours, ne trouva pas les mots qu'il eût fallu. Joyce répliqua en l'accusant de curiosité malsaine dans ses affaires de famille[51]. Miss Weaver détruisit sa lettre ainsi que la précédente concernant Helen, et ce fut sans doute le dernier service qu'elle rendit à l'homme Joyce. La lettre qu'il lui avait écrite ne le grandissait sûrement pas.

Pendant qu'Helen passait presque tout l'été de 1939 à la clinique de Montreux, Stephen était en colonie de vacances à Étretat. Nora et Joyce lui faisaient des visites. Helen reparut à Paris en septembre — ce n'était guère un moment propice à la paix de l'âme. La guerre commençait. Dans les premiers jours de septembre, la Pologne fut envahie et l'Angleterre et la France déclarèrent la guerre à l'Allemagne. On s'attendait à tout moment à voir l'Allemagne envahir la

France. Eugène Jolas avait regagné l'Amérique, tandis que Maria évacuait son école vers un village des environs de Vichy, promettant à son mari de quitter l'Europe avec ses filles si la situation s'aggravait. Quelques personnes restaient à Paris : Sylvia Beach et, pendant quelque temps, Gertrude Stein et Alice B. Toklas. Helen n'était pas en état de supporter la tension qui augmentait de jour en jour. Ayant repris son fils, Helen envoya une carte postale aux Joyce à la Baule. C'était une photo de Stephen où il avait l'air d'un ange pensif et, au dos, il y avait un message griffonné si précipitamment qu'ils durent comprendre, l'expérience aidant, que Helen avait à nouveau perdu la tête.

C'était hélas bien cela. Les Curran supposaient que cet effondrement était « dû à la ménopause » (Helen avait quarante-quatre ans en 1939). La tragédie, pour eux tous, fut que cela prit la forme d'une explosion extrêmement bizarre, qui la fit tomber entre les mains de la police. Peggy Guggenheim décrivit l'incident dans ses Mémoires sans le moindre sentiment, en ouvrant un chapitre intitulé « Ma vie pendant la guerre » par une description des dernières heures de liberté d'Helen à Paris :

« Giorgio Joyce avait de graves problèmes. Sa femme Helen était devenue folle et courait tout Paris avec deux chats persans bleus qu'elle emmenait partout pour se faire remarquer. Elle avait une liaison avec un peintre en bâtiment à la campagne, et tentait aussi de séduire tous les hommes qu'elle rencontrait. Giorgio s'était retiré à Paris et vivait avec notre ami Ponisovsky. Il vint vers moi dans l'espoir que je le consolerais et que je le conseillerais.

Il s'inquiétait beaucoup pour son enfant, qu'il voulait éloigner de sa femme. Un soir que nous étions au restaurant, sa femme entra avec l'infirmière qui était censée la garder. Elle fit une scène épouvantable, et je quittai immédiatement la salle. Toute l'affaire était très pénible, et Ponisovsky et moi étions terrifiés à l'idée que Giorgio allait la faire enfermer. Nous ne savions pas à quel point elle était malade et nous nous efforcions de convaincre Giorgio de la laisser en liberté. Elle divaguait à propos de dettes chez tous les couturiers, car elle avait la folie des grandeurs. Elle alla ensuite trouver la police pour dénoncer comme espions ses amis Elsa Schiaparelli, James Joyce, et divers autres. Elle devenait réellement dangereuse, mais je détestais l'idée qu'elle soit enfermée[52]. »

Tandis que l'exode s'intensifiait en septembre 1939, Nora et Joyce étaient à La Baule et attendaient le transfert de Lucia. Elle arriva à la clinique vers le 15. Ils restèrent là-bas pour être près d'elle. Giorgio, qui n'habitait plus villa Scheffer, était quelque part à Paris. Il voulait renvoyer Helen à New York. Joyce pria Paul Léon d'écrire à Robert Kastor, pour lui transmettre la demande de Giorgio. Léon refusa. Joyce coupa alors brutalement les ponts avec l'homme qui, pendant dix ans, l'avait le plus aidé[53].

Inquiet pour Stephen, Giorgio décida de passer à l'action. Il se fit accompagner d'un ami chez Helen, dans la proche banlieue, pour qu'il soit témoin du fait qu'Helen ne lui permettait pas l'accès de sa maison. Comme ils approchaient de la villa (qu'Helen avait baptisée Shillelagh), elle apparut et leur ordonna de s'arrêter. Puis elle se pencha et commença à leur lancer des cailloux, de l'allée, jusqu'à ce qu'ils battent en retraite.

La séparation finale prit la forme d'un véritable combat pour Stephen. En plein jour, Giorgio kidnappa littéralement son fils et, tandis qu'Helen s'agrippait à l'enfant, il parvint à le fourrer dans un taxi et à l'emmener. Puis il appela ses parents à La Baule. Ils convinrent de rentrer aussitôt à Paris pour l'aider. Joyce promit à Lucia de revenir bientôt, mais il n'allait pas pouvoir tenir parole. Une femme folle les arracha l'un à l'autre. Il ne devait jamais revoir sa fille.

Nora se retrouva confrontée à la tâche d'organiser pour quatre l'appartement de la rue des Vignes, qui avait été prévu pour deux. Un froid vif s'instaura dès le mois d'octobre, et l'immeuble n'était pas chauffé. Ils décidèrent d'aller s'installer tous ensemble à l'Hôtel Lutétia, sur le boulevard Raspail. Cependant l'état d'Helen s'aggravait. Après le départ forcé de Stephen, elle tomba dans la crise aiguë de dépenses qu'a décrite Peggy, et fit un demi-million de dettes. Ce qui arriva ensuite fut décrit par Joyce avec beaucoup de peine et de dignité dans une lettre à Mercanton, le 9 janvier 1940 : « Ma malheureuse belle-fille, après avoir répandu autour d'elle une incroyable ruine à la fois matérielle et morale, a été internée par les autorités françaises, comme étant dangereuse pour elle-même et pour les autres[54]. »

Helen fut en effet internée à la maison de santé de Suresnes, dans la proche banlieue de Paris, où se trouvaient de nombreux patients d'excellentes familles. Robert Kastor arriva par avion au début de novembre et tenta de ramener à New York sa sœur chérie, naguère si élégante, mais Helen était trop agitée pour pouvoir être mise dans un avion. Il dut donc provisoirement la laisser à Suresnes et rentrer seul en Amérique[55].

Nora et Joyce décidèrent d'envoyer Stephen à l'école de Maria Jolas, là où elle avait été évacuée. Après avoir erré d'une nurse à l'autre et d'une école à un camp de vacances presque depuis sa naissance, Stephen, qui venait d'avoir sept ans, partit en novembre pour l'école, à Saint-Gérand-le-Puy. Il était dans un état d'extrême nervosité, et on lui donna une chambre individuelle pour le protéger du bruit d'un dortoir. Certains membres du personnel, pris de compassion, lui donnaient des douceurs en cachette, en espérant que Mme Jolas n'en saurait rien[56].

Peut-être l'exil solitaire de son petit-fils rappela-t-il à Joyce la tristesse lugubre d'un petit garçon qui avait été mis en pension à Clongowes Wood à l'âge de six ans, en Irlande, en 1888. Il promit à Stephen que, pour Noël, Nonna (comme il appelait Nora) et lui-même viendraient le voir. Quant à Joyce, resté dans l'atmosphère irréelle de Paris, avec le couvre-feu et la menace quotidienne des bombardements, il eut une sorte de crise et se mit à boire et à jeter l'argent par les fenêtres plus follement que jamais. Il était dépendant de Beckett comme un enfant, et il l'emmena chercher des affaires dans l'appartement de la rue des Vignes. Tout était encore là, même le piano. Joyce s'y assit et chanta une demi-heure, la voix et les mains tremblantes. « A quoi sert cette guerre ? » demanda-t-il à Beckett[57]. Pour sa part, étant plus jeune et francophile confirmé, Beckett voyait dans cette guerre contre Hitler bien autre chose qu'une simple intrusion personnelle, et il fut par la suite actif dans la Résistance.

Deux jours avant Noël, Beckett mit Nora et Joyce dans le train pour Saint-Germain-des-Fossés, la gare la plus proche de Saint-Gérand-le-Puy. A l'exception de leurs vêtements, ils laissaient toutes leurs possessions dans leur appartement. Giorgio y allait aussi, mais il prévoyait de revenir aussitôt après les fêtes. Nora et Joyce ne semblaient pas savoir où ils iraient ensuite, ni même s'en soucier. Joyce était frêle et épuisé, Nora souffrait d'un début d'arthrite. Lorsqu'ils quittèrent ainsi Paris, déracinés une nouvelle fois, ils avaient besoin de leur petit-fils tout autant que lui-même avait besoin d'eux.

C'était la fin d'une époque et, bien que Joyce ne dût pas vivre assez longtemps pour la voir, le début d'une ère nouvelle. Alors même que la guerre allait engloutir l'Europe entière, Joseph Prescott, professeur du département d'anglais de l'université du Connecticut, publiait une annonce dans un journal du Continent sollicitant des manuscrits et autres documents relatifs à James Joyce.

CHAPITRE 17

En fuite vers Zurich

Saint-Gérand-le-Puy est un petit village, à trois cents kilomètres au sud-est de Paris. Son réseau de rues grises aux volets fermés se trouve entre les fermes dorées de l'Allier et la grand-route qu'empruntent les camions entre Clermont-Ferrand et Paris. En arrivant juste avant Noël 1939, les Joyce découvrirent que l'Hôtel de la Paix, où Maria Jolas leur avait retenu une chambre, n'était guère plus qu'un café, avec des chambres donnant sur la place et la bruyante grand-route.

Nora persuada Joyce d'y rester jusqu'à ce que la situation se dessine mieux. Ils détestaient tous deux la vie morne du village, mais il eût été stupide de rentrer à Paris. A Saint-Gérand, au moins, ils ne vivaient pas dans l'attente épuisante du prochain bombardement. Et aussi, Stephen pouvait venir les voir tous les dimanches. Puisqu'ils étaient coupés de leurs biens, de leur appartement et de leurs amis, peu importait où ils se trouvaient. Le gros souci de Nora était Giorgio. Il était rentré à Paris après Noël et n'avait même pas écrit pour leur donner son adresse. (En fait, il était retourné au Lutétia, et commençait une liaison avec Peggy Guggenheim[1].)

Nora s'adaptait mieux à la vie de village que Joyce ne cherchait à le faire. Il apparaissait comme un être muet et solitaire quand il parcourait le village avec des cailloux plein les poches pour chasser les chiens qui lui jappaient aux talons. On le voyait parfois se glisser dans l'église, où il s'asseyait en silence, sur un banc du fond. Nora, au contraire, en fut bientôt à saluer tout le monde par son nom et à se faire des amies parmi les épouses. On savait qu'elle était la femme d'un écrivain célèbre, et l'on voyait en elle « une dame distinguée, agréable et calme », avec un maintien superbe et un somptueux manteau d'astrakan[2].

Leur vie était paralysée. Ils étaient infiniment plus gâtés que la plupart des gens, dans l'Europe de 1940, mais ils voyaient l'avenir bouché. Nora n'avait jamais vu Joyce d'une humeur plus noire. En 1912, il lui avait écrit qu'il était comme un homme au regard plongé dans un bassin d'eau sombre, mais aucune des frustrations de ses débuts ne pouvait se comparer à l'abîme qui s'ouvrait devant lui en 1940. Son univers personnel avait volé en éclats, et le livre auquel il avait consacré dix-sept années de sa vie n'avait rien créé qui eût l'impact d'*Ulysse*. Pire encore, pour la première fois de sa vie, il n'avait aucune œuvre en cours. De même qu'Othello, son occupation avait cessé.

Ce qu'il y a de remarquable, quand on considère les désordres de la guerre, c'est de voir à quel point les premières critiques de *Finnegans Wake* surent comprendre le livre et les intentions de Joyce. Edmund Wilson, critique américain, avait déjà donné une clé essentielle à ses lecteurs bien longtemps avant que le livre fût achevé. Bien qu'aujourd'hui certains critiques contestent la théorie de Wilson selon laquelle le livre serait le récit d'un rêve et l'action se déroulerait dans l'esprit endormi de H. C. Earwicker, Wilson expliqua, aussi bien que Joyce eût pu le souhaiter, le mécanisme du nouveau langage de Joyce. Une seule phrase de Joyce, disait Wilson, conjuguait deux ou trois sens différents. Un simple mot pouvait en avoir deux ou trois :

« ... sans les complications de son vocabulaire, Joyce ne pourrait sans doute jamais nous dépeindre d'une main aussi sûre et aussi fine la vie trouble de ce demi-monde mental où l'inconscient se mélange avec le conscient — de même que, sans ses mécanismes d'histoire et de mythe, il ne pourrait donner à son sujet aucune liberté poétique ayant le moindre poids au-delà du cadre réaliste qui le maintient en place. Il faut voir en H. C. Earwicker M. Tout-le-Monde (il imagine que ses initiales représentent Here Comes Everybody [Voici M. Tout-le-Monde]). Nous allons découvrir dans son rêve toutes les possibilités humaines... Et que d'humour, que d'imagination, que de poésie, que de sagesse psychologique Joyce a mis dans le rêve d'Earwicker[3] ! »

Time accorda une fois de plus sa couverture à Joyce, avec un grand article de fond accompagné d'un autre modèle de critique littéraire populaire, expliquant les sens superposés du titre :

« Tout en rappelant au lecteur qu'il doit s'attendre à une soirée irlandaise, son titre peut être pris comme une simple phrase déclarative signifiant que les Finnegans se réveillent. D'où l'implication : les gens ordinaires (tels que son héros) ne se réveillent pas ; l'existence cauchemardesque de M. Tout-le-Monde s'achève simplement dans un sommeil plus profond[4]. »

Une fois de plus, *Time* fit une courtoisie à Nora. Ils publièrent d'elle une photo majestueuse, avec cette légende : « A Galway, elle était une Barnacle », et citèrent le souvenir qu'elle avait de la pauvreté et du logement étriqué de Zurich, où « il y avait plus de souris que d'ustensiles de cuisine ».

Dans le *Picture Post* britannique, Geoffrey Grigson décrivait l'intrigue comme « les aventures de l'homme primal et la femme primale, H. C. Earwicker (ou Haveth Childers Everywhere, [Ayez des Enfants/Innocents Partout]) et Anne [*sic*] Livia Plurabella [*sic*], qui est Ève et toutes les rivières du monde, de même que H. C. Earwicker est toutes les montagnes du monde ». Le livre, d'après Grigson, était « un ragoût irlandais avec des passages d'une vraie beauté », et son « nouveau » langage essentiellement anglais, mais « avec de tout mélangé, de l'irlandais à l'islandais ».

Comme pour justifier la complaisance de Joyce dans son invention d'un langage nouveau, Grigson ajoutait que Joyce était devenu un roi à Paris, vénéré par les écrivains comme Picasso l'était par les peintres. Grigson donnait à entendre que l'adulation n'avait guère fait de bien à Joyce[5].

L'adulation n'était pas frappante, pour un artiste transplanté dans un village auvergnat. Contrairement à son mari, toutefois, Nora était plus occupée que jamais. Elle œuvrait à le distraire, à lui trouver des amis, à créer un semblant de routine. Elle lui trouva un barbier, chez qui il allait se faire raser chaque matin en apportant son rasoir, et pour elle-même une coiffeuse, chez qui elle allait chaque semaine faire laver et coiffer en chignon son épaisse chevelure devenue grise. Un beau jour, Joyce décida que Mme Bouboule, la coiffeuse de Nora, devrait bien lui couper les cheveux aussi. Choquée, Mme Bouboule refusa. Elle ne coupait les cheveux qu'aux dames, protesta t-elle. Mais Joyce, aussi dédaigneux des frontières sexuelles dans le domaine de la coiffure que dans celui du langage, s'entêta et refusa de quitter la boutique jusqu'à ce qu'elle finisse par céder[6].

Accablé d'ennui et de frustration, Joyce passait beaucoup de temps à boire, au café de l'Hôtel de la Paix. Dans un si petit village, il devait se donner plus de mal que jamais pour échapper à l'œil attentif de Nora. Il prit l'habitude de se faufiler au café par la porte de derrière pour avaler plusieurs verres de Pernod avant le dîner, de sorte qu'il s'enivrait très vite à table. « Regardez-le, s'exclamait Nora, il ne supporte pas un verre de vin ! » Ou : « Il est complètement givré[7] ! » Il ne supportait plus la nourriture non plus, et Nora n'arrivait guère à tenter son appétit, sauf avec les pâtisseries de l'heure du thé.

Nora et Joyce demeuraient des nomades jusque dans le minuscule village de Saint-Gérand. Ils déménagèrent quatre fois en un an. (En 1982, lorsque le village décida d'apposer une plaque pour commémorer l'année que Joyce y passa, il fut bien difficile de déterminer sur quelle maison elle serait posée.) Ils restèrent à l'Hôtel de la Paix jusqu'à Pâques. Puis ils allèrent s'installer dans l'école de Maria Jolas, une agréable maison de campagne située aux abords du village, sur un très beau terrain boisé. Au retour des élèves, après les vacances de Pâques, Nora et Joyce se décidèrent pour Vichy, non loin de là, qui était plus sophistiqué. Ils y passèrent huit semaines à l'Hôtel du Beaujolais, profitant des sources thermales, des parcs et des fontaines. Nora était heureuse de retrouver là sa chère Maria Nebbia, avec Valery Larbaud, désormais complètement paralysé par la sclérose. Mais tout semblant de vie normale s'évanouit alors, avec l'attaque allemande sur le front occidental.

En avril 1940, l'armée allemande envahit le Danemark. La Norvège tomba, emportant dans sa chute le gouvernement de Chamberlain, en Angleterre, qui avait escompté d'y garder un pied. La Hollande et la Belgique tombèrent en mai. Winston Churchill devint Premier ministre et, avec l'évacuation de Dunkerque, les derniers soldats britanniques eurent quitté le Continent le 3 juin. Et ce fut le tour de Paris.

Helen Joyce était toujours internée à Suresnes. Au dernier moment, juste avant l'arrivée des Allemands, Robert Kastor, de New York, parvint à faire libérer sa sœur. Il la fit droguer et, avec une escorte de deux médecins et deux infirmières, la fit conduire à Gênes, où on l'embarqua à bord d'un transatlantique à destination des États-Unis. Savoir Helen en sécurité (elle passa la durée de la guerre dans un sanatorium du Connecticut) réconforta quelque peu Joyce, qui songeait à elle avec une tristesse attendrie, se souvenant du merveilleux banquet qu'elle lui avait offert pour son anniversaire en 1939, de l'émouvante lecture qu'elle avait faite de l'épilogue de *Finnegans Wake*, et de son attention qui ne se démentait jamais. Pendant qu'il écrivait, dit-il à Constantine Curran, le petit porte-bonheur en or qu'elle lui avait offert tintait à l'extrémité de son stylo[8].

L'arrivée à Vichy du gouvernement collaborationniste força Nora et Joyce à quitter l'Hôtel du Beaujolais. Comme le Parlement français se rassemblait au Grand Casino et que la Gestapo s'installait à l'Hôtel du Portugal, Vichy ne tarda pas à voir ses quinze mille chambres d'hôtel s'emplir de politiciens, de diplomates et de membres de la police secrète, et à devenir le symbole universel de la défaite, de l'intrigue et de la trahison. L'un des premiers actes du Parlement consista à voter les pleins pouvoirs au maréchal Pétain, âgé de quatre-vingt-quatre ans, dont le gouvernement sauva le peuple français de l'écrasement total par les forces allemandes, mais au prix de l'honneur de la France, estimaient bien des gens[9].

Les Joyce reprirent le chemin de Saint-Gérand. Le village n'était qu'à quelques kilomètres au sud de la ligne de démarcation entre zone occupée et zone libre, et s'était métamorphosé en un lieu d'allégeances confuses. C'est ainsi que, pendant la Seconde Guerre mondiale aussi bien que pendant la Première, Joyce se retrouva dans un environnement déchiré entre factions pro- et anti-allemandes, et l'on remarqua à Saint-Gérand qu'il se gardait bien d'afficher ses opinions[10].

Ils s'établirent provisoirement dans un appartement, et Nora engagea une réfugiée pour l'aider aux soins du ménage. Ils allèrent ensuite à l'Hôtel du Commerce, puis retournèrent à l'école de Maria Jolas, où ils occupaient un pavillon adjacent au bâtiment principal.

Ils n'étaient désormais plus seuls. La chute de Paris avait envoyé quelques amis les rejoindre. Paul et Lucie Léon arrivèrent, et Joyce fit une paix de convenance avec son ancien ami. Au grand soulagement de Nora, Giorgio arriva aussi. Nora lui installa un lit dans la salle à manger, comme elle l'avait si souvent fait pendant son adolescence. Cette fois, il n'était plus question qu'il reparte. Pour tenter d'échapper à la conscription dans l'armée française, il se faisait remarquer le moins possible. Il n'alla pas, comme il aurait dû, se faire enregistrer à la mairie. Mais s'il était officiellement non existant, Giorgio ne tarda toutefois pas à être connu dans la région comme amateur de cognac et de filles[11].

La tâche d'égayer les journées incombait à Nora. Comme toujours, elle recevait. Elle ne manquait aucune occasion de célébrer quoi que ce fût, et Joyce renchérissait en achetant toutes sortes de nourritures spéciales qui avaient pour lui une valeur sentimentale ou symbolique. Un soir, où ils avaient des amis avec eux à table, Nora avait préparé un bon dîner, composé de deux poulets rôtis. On sonna à la porte, et un garçon livra un plat que Joyce avait commandé. Nora l'ajouta au menu. On sonna encore. Nouveau plat surprise. Nora n'était pas contrariée. Elle connaissait trop bien Jim. « Mais regardez cet homme ! dit-elle. Regardez-le donc ! » Joyce était fier de ce talent d'adaptation. « En Irlande, proclamait-il volontiers, ma femme faisait la cuisine en plein air sur un feu de tourbe [12]. »

Ils gardaient toujours à l'esprit leur appartement parisien abandonné. Tous leurs biens s'y trouvaient, et le loyer n'était plus payé, puisque leur principale source de revenus, le capital de Miss Weaver, était bloqué — l'Angleterre avait rompu ses relations diplomatiques avec la France depuis le début de l'occupation. Comme les Léon retournaient à Paris, Paul Léon décida de faire ce qu'il pourrait pour soulager l'anxiété des Joyce.

Léon se rendit rue des Vignes et, n'ayant pas de clé, trouva qu'il pouvait pénétrer dans l'appartement par une fenêtre. Achetant le silence du concierge, il passa deux jours à trier les papiers et documents personnels de Joyce. Il les rangea dans deux enveloppes et les fit rapporter chez lui. Mais il savait comme son propre avenir était incertain. Les Allemands avaient commencé à arrêter les juifs à Paris. « Que faites-vous ici ? » s'exclama Beckett en le voyant. Léon eut alors l'idée de faire parvenir les papiers de Joyce à la légation d'Irlande, place Vendôme. Comme l'Irlande restait neutre, ses locaux ne risquaient pas d'être attaqués. Il confia les papiers au consul d'Irlande, le comte Gerald O'Kelly, en stipulant deux conditions. S'il mourait, les papiers devaient être remis à Joyce. S'ils mouraient tous les deux, les papiers iraient à la Bibliothèque nationale d'Irlande mais ne pourraient être ouverts (du fait de leur « caractère intime ») que cinquante ans après la mort de Joyce [13].

Le problème des autres biens restés dans l'appartement ne fut pas résolu aussi simplement. Furieux de ne plus percevoir le loyer, le propriétaire vendit illégalement aux enchères quelques-uns des tableaux et des meubles des Joyce. Les Léon rachetèrent tout ce qu'ils purent au nom de Nora et Joyce. Puis Léon décida que le moment était venu de quitter Paris. Mais comme son fils Alex devait passer le baccalauréat, Léon repoussa son départ au lendemain de l'examen. Ce geste paternel lui coûta la vie. La Gestapo vint l'arrêter chez lui. Il fut conduit dans un camp près de Compiègne, puis envoyé en Silésie. En 1942, sans doute le 4 avril, alors qu'il marchait dans une file de prisonniers, il reçut l'ordre de sortir du rang et fut abattu d'une balle dans la tête par un gardien [14].

En août 1940, Nora et Joyce comprirent qu'il fallait partir. Maria Jolas, pilier de leur existence à Saint-Gérand, retournait en Amérique avec ses filles. Pour les Joyce aussi, l'Amérique aurait été le salut. Ils avaient beaucoup d'amis là-bas, comme Padraic et Mary Colum ; Joyce y avait de nombreux admirateurs, et Stephen aurait retrouvé toute sa famille maternelle, qui aurait été ravie de s'en occuper aussi. Mais Nora, terrifiée à l'idée de franchir l'océan, se méfiait encore de l'Amérique, et Joyce aussi. Et puis Lucia représentait un facteur déterminant. Sa clinique de La Baule se trouvait en zone occupée, et ses parents ne pouvaient pas imaginer de mettre un océan entre elle et eux.

Une fois de plus, la Suisse semblait le refuge approprié. Ils y avaient passé le temps d'une guerre ; ils pouvaient bien essayer encore. La difficulté résidait dans le fait que les autorités helvétiques, inondées de réfugiés arrivant de toutes parts, limitaient l'immigration en exigeant le dépôt d'une somme importante comme garantie financière.

Malheureusement, les forces allemandes bloquaient l'accès de l'argent des Joyce. A Saint-Gérand, Nora et Joyce vivaient sur une pension payée par l'entremise de l'ambassade Américaine à Vichy, provenant du gouvernement anglais et destinée aux sujets britanniques bloqués en France. Le revenu de Joyce, même s'il avait pu le percevoir, était modeste ; il provenait de quatre sources : de Harriet Weaver ; de ses trois éditeurs anglais, Faber and Faber, John Lane et Jonathan Cape ; de deux éditeurs américains, Viking et Random House, et du père d'Helen, Adolph Kastor, qui envoyait de l'argent pour l'entretien de Stephen, mais en quantité bien supérieure au coût de la pension. Le total s'élevait à environ mille soixante-quinze livres sterling par an, ce qui leur permettait de vivre en Suisse, mais était bien loin des vingt mille francs suisses (soit mille huit cent soixante-quinze livres) exigés en dépôt avant qu'ils puissent franchir la frontière [15].

En plus de l'effort d'avoir à chercher le moyen de réunir la somme requise, Joyce était confronté à la tâche cauchemardesque d'avoir à obtenir les permissions des Allemands, du gouvernement de Vichy et des Helvétiques, ainsi que d'avoir à se procurer des passeports britanniques portant les cachets de sortie et d'entrée nécessaires. Giorgio faisait à vélo la navette avec Vichy pour cette quête apparemment éternelle. Au moment où Joyce pensait avoir enfin rassemblé tous les documents nécessaires, deux nouveaux obstacles surgirent. L'un était la note considérable des frais d'hospitalisation de Lucia, que Joyce n'avait absolument pas les moyens de régler. Le second était le rejet de sa demande par les Suisses, sous le prétexte qu'il était juif [16].

Joyce fut outragé. « Que sera-ce ensuite ? Voleurs, lépreux [17] ? » Quand les autorités helvétiques verraient ses relevés bancaires, dit-il à ses amis, ils pourraient constater à quel point il n'était pas juif.

Comme toujours quand il était persécuté, Joyce perdait toute notion réaliste. Les autorités helvétiques avaient sans doute connaissance des parents juifs des Joyce à Saint-Gall. Ils devaient penser que quiconque épouse une juive doit être lui-même juif. Joyce aurait pu faire davantage pour reconnaître sa dette envers le généreux père d'Helen, comme quand il promit à Carola Giedion-Welcker de rembourser toute contribution qu'elle et son mari pourraient faire pour son dépôt de garantie : « Si mon fils et moi vous proposons de payer pour mettre l'enfant dans une école à Vaud et ma fille dans une maison de santé, je suppose que nous ne pouvons pas être entièrement démunis de moyens d'existence [18]. »

Les Giedion et les Brauchbar, autres vieux amis zurichois, fournirent personnellement les vingt mille francs requis, qu'ils déposèrent au nom de Joyce dans une banque suisse. Pour le règlement de la note de la clinique de Lucia, Joyce fit appel à un autre ami fiable de Zurich : Gustav Zumsteg, le patron du restaurant Kronenhalle [19].

Il semblait qu'il n'y eût pas de fin aux mauvaises nouvelles. En novembre 1940, Nora apprit la mort de sa mère, sans autre information sur la cause du décès ou les arrangements pris pour les funérailles. Stephen Joyce se rappela l'événement, car son grand-père fondit en larmes et sanglota comme un bébé [20].

Presque simultanément, les autorités zurichoises décidèrent d'autoriser les Joyce à passer en Suisse, et les autorités allemandes annulèrent l'autorisation de sortie de Lucia. Cela facilitait la décision : ils partiraient sans elle. Nora avait préparé les malles depuis des semaines, et Joyce se disait que, de Suisse, avec l'aide de la Croix-Rouge et par l'intermédiaire du comte O'Kelly à Paris, il pourrait plus facilement organiser le départ de Lucia pour les rejoindre. Le danger le plus immédiat concernait Giorgio. S'il restait en France, l'armée allait sûrement le mobiliser et, qui plus est, leurs propres visas d'entrée en Suisse, déjà prolongés une fois, allaient expirer.

Le 16 décembre 1940, les Joyce quittèrent la France, cramponnés à leurs papiers, leurs valises, et la bicyclette de Stephen. Le seul train pour Genève s'arrêtait à la gare d'une bourgade voisine à trois heures du matin. Lorsqu'ils parcoururent ainsi les rues endormies de Saint-Gérand, comme des voleurs, avec leurs biens empilés tant bien que mal, ils étaient presque comme les Joyce de Dublin trente-six ans plus tôt, s'enfuyant au clair de lune vers une nouvelle adresse plus pauvre encore.

A trois reprises déjà, Nora avait connu des changements radicaux dans sa vie en débarquant à la gare centrale de Zurich. Cette fois, elle boitait à cause de l'arthrite, et Joyce, émacié, était plié en deux sous l'effet d'une douleur à l'estomac. Comme en 1915, ils avaient avec eux deux protégés, Giorgio, presque aussi dépendant que dans son enfance, et leur petit-fils, qui faisait paisiblement confiance aux grands-parents qui lui tenaient lieu désormais de parents. Stephen arrivait sans sa bicyclette ; les douaniers suisses l'avaient confisquée à la frontière parce que Joyce ne pouvait pas payer les droits.

Il n'était pas question de Carlton Elite ou de Saint-Gothard, pour ce séjour-là. Mrs. Giedion les accompagna tout droit à la modeste pension du Dauphin, où elle leur avait réservé des chambres. Les Giedion et les Brauchbar n'avaient pas les moyens de faire des largesses comme Harriet Weaver ; et ils comptaient bien être remboursés dès que Joyce retrouverait la libre disposition de son argent à Londres. Pour la première fois peut-être dans sa longue histoire de mécénat accepté, Joyce était mal à l'aise de se sentir endetté auprès d'amis. Quant à Nora, cela lui était odieux[21].

Moins d'un mois plus tard, Nora était veuve. Joyce mourut le 13 janvier 1941 d'un ulcère perforé, quelques jours avant son cinquante-neuvième anniversaire. Depuis sept ans qu'il avait cet ulcère, Joyce, pourtant si réfractaire aux théories freudiennes dans la plupart des cas, avait accepté les affirmations de Maria Jolas et du Dr Fontaine que ses douleurs étaient psychosomatiques, causées par les « nerfs », et il ne s'était jamais fait soigner. « Si Joyce avait écouté

Nora plutôt que Maria Jolas, déclara Arthur Power par la suite, il ne serait pas mort si jeune[22]. »

La dernière soirée qu'il passa avec Nora se déroula au Kronenhalle, le 9 janvier. Nora était mécontente de devoir sortir au restaurant par une nuit venteuse. Comme elle glissait dans l'escalier en sortant, elle rabroua Joyce en italien : « *Perchè m'hai fatta uscire una sera così ?* [Pourquoi m'as-tu fait sortir par une soirée pareille ?] » Au milieu de la nuit, Joyce fut éveillé par de violentes douleurs abdominales. Il fut transporté en civière à l'hôpital Roten Kreuz, et on lui administra de la morphine.

Le lendemain, Grete Herz arriva de Saint-Gall pour voir Stephen, et apprit de Nora et Giorgio qu'on allait opérer Joyce. Il était terrifié. Ce devait être la première fois (indépendamment de ses innombrables opérations des yeux) qu'il subirait une anesthésie générale. A son réveil, il annonça d'un air soulagé à Nora : « J'ai cru que je n'y survivrais pas[23]. » Et, à Giorgio, il avoua la crainte qui l'avait empêché de se faire examiner : « Est-ce un cancer ? » Giorgio répondit que non, mais Joyce refusa de le croire. Il était faible, mais semblait se rétablir. « Jim est costaud », disait Nora[24].

Le dimanche 12 janvier au soir, Joyce demanda à Nora de passer la nuit auprès de lui, comme il l'avait fait pour elle quand elle était allée à l'hôpital. Mais les médecins la persuadèrent de rentrer se reposer à sa pension. La péritonite se déclara au milieu de la nuit. Quand ils téléphonèrent, Nora et Giorgio furent priés de venir au plus vite, mais ils arrivèrent trop tard. A sa grande douleur, Nora apprit que Joyce s'était réveillé et les avait demandés. Il était mort seul[25].

Il fallait s'occuper de Stephen. Nora et Giorgio firent venir Klara Heyland, leur serveuse préférée au Kronenhalle, qui emmena Stephen au terrain de jeux. Puis Grete Herz revint le chercher pour qu'il passe quelques jours avec ses cousins. Ils ne purent pas le garder bien longtemps. Quelques jours seulement avant le décès de son grand-père, Stephen avait été inscrit dans une nouvelle école à Zurich, et il devait y retourner. Les Herz firent tout ce qu'ils purent pour le consoler. Ils le trouvèrent fort et intelligent, moins nerveux que naguère, leur sembla-t-il, mais encore agité. Ils étaient bouleversés à l'idée de ce qu'il avait déjà souffert, âgé d'à peine neuf ans. « Nonno ! Nonno ! » sanglotait-il. Il parlait fréquemment de sa mère, aussi, qu'il avait déjà perdue[26].

Nora supporta ce coup totalement inattendu avec force et sérénité.

Sa première tâche fut d'organiser les obsèques. Le nouveau professeur d'anglais de l'université de Zurich, Heinrich Straumann, devait prendre la parole, et elle lui procura tous les renseignements biographiques qu'il souhaitait ; il fut impressionné par sa maîtrise de la situation[27]. Puis se posa la question du caractère de la cérémonie. Un prêtre vint lui demander si Joyce ne devrait pas avoir des funérailles catholiques. « Je ne peux pas lui faire ça », répondit Nora sans hésiter[28].

La décision de Nora a soulevé la question de sa foi religieuse. Pour les non-catholiques, c'est une preuve de son intégrité. Elle avait promis à Joyce qu'elle le comprenait, et savait qu'il refusait de servir son Église ; elle ne voulait pas d'une subversion posthume. Quant aux catholiques, ils y voient le signe que sa foi n'avait guère de signification pour elle[29]. Pourtant, Nora ne vit sans doute pas ces contradictions ; elle était à la fois catholique et pragmatique. Comme Joyce était mort non repentant et sans les rites de l'Église, elle avait dû se dire, comme elle faisait pour les règles de ponctuation : « Quelle différence cela fait-il ? »

Elle prit cependant grand soin de toutes les autres formalités funéraires. Le lendemain du décès, le *Neue Zürcher Zeitung* publia une annonce bordée de noir, qui disait :

> « Ce matin à deux heures à l'Hôpital de la Croix-Rouge est décédé avec une soudaineté inattendue notre bien-aimé père et grand-père. Profondément affligés Nora Joyce George Joyce Lucia Joyce Stephen Joyce. »

Nora autorisa également Mrs. Giedion-Welcker à faire prendre par un sculpteur deux masques mortuaires du visage de Joyce. Ces masques révèlent un visage de bonté et d'humour, un menton irlandais décidé, un front bulbeux, incurvé, et une implantation de cheveux large et droite. L'existence de ces masques, dont la propriété a été fort controversée, a permis de faire du visage de Joyce une véritable icône, l'une des figures les plus connues du xxᵉ siècle, une image reconnue par bien plus de gens que simplement ceux qui ont déjà tourné une page d'un livre de Joyce.

Joyce avait toujours accordé beaucoup d'importance aux couronnes mortuaires. Nora lui choisit une couronne de feuillage vert en forme de harpe. « *Ho fatto questa forma*, confia-t-elle à leur ami Paul Ruggiero, *per il mio Jim che amava tanto la musica* [j'ai choisi cette forme pour mon Jim qui aimait tant la musique][30]. » La musique était l'art qui les avait unis.

Il faisait froid et il neigeait, en ce 15 janvier où la petite congrégation se rassembla pour le service funèbre à la chapelle du cimetière Fluntern. Les paroles prononcées sont hélas bien souvent mal choisies, mais Joyce eut de la chance quant à ce qui fut dit à son enterrement. La brève allocution du professeur Straumann fut suivie d'un éloquent hommage de lord Derwent, le représentant britannique à Berne. « De toutes les injustices que l'Angleterre a accumulées sur l'Irlande, dit-il, l'Irlande continuera à jouir de la vengeance durable d'avoir produit des chefs-d'œuvre de littérature anglaise[31]. »

Nora ajouta la perfection de son propre adieu. Haute et droite, l'œil sec, elle regarda le cercueil descendre dans la tombe. Comme elle contemplait une dernière fois le visage osseux visible au travers de la petite vitrine du couvercle du cercueil, elle s'écria de sa voix grave : « Jim, que tu es beau[32] ! » Elle avait toujours admiré son physique.

Après l'enterrement, Nora retourna au Dauphin. Les Giedion avaient prévu une petite réception, mais elle n'y alla pas. Elle avait l'avenir à préparer. Elle avait un fils sans métier, sans femme, sans aucune capacité de décision ; elle avait un petit-fils dont la mère était en institution psychiatrique, à cinq mille kilomètres ; elle avait une fille dans une autre institution, en zone occupée par les Allemands. Sa mère était morte. Elle n'avait pas d'argent. Elle était isolée, par une guerre d'une violence sans précédent, des ressources et des conseils qui, de Londres, avaient soutenu son mari. Toute la maîtrise d'elle-même qu'il lui avait fallu pendant ces années de vie avec Joyce n'était rien en comparaison de la force qu'elle allait devoir trouver sans lui.

CHAPITRE 18

Nora reste à Zurich

Harriet Weaver apprit le décès de Joyce par les informations de huit heures à la BBC, quelques heures seulement après l'événement, le 13 janvier 1941. Du salon, les mots lui parvinrent à demi pendant qu'elle faisait son lit. « Est-ce qu'il n'a pas dit que Mr. Joyce était mort ? » demanda-t-elle à Edith Walker qui séjournait chez elle. Elle savait qu'il était parvenu sain et sauf à Zurich juste avant Noël, à cause de son télégramme de Noël sollicitant l'envoi de trois cents livres pour couvrir les dettes familiales, mais elle n'avait pas idée qu'il fût malade. Bien que stupéfaite, elle pensa immédiatement à Nora. Comme le paiement des intérêts trimestriels de son capital placé approchait, pour un montant de deux cent cinquante livres, elle fit câbler l'argent au plus vite et reçut bientôt un télégramme de Nora : « Argent reçu merci beaucoup votre aide magnifique dans notre immense peine meilleurs sentiments Nora Joyce. » Nora paya les trois cents francs suisses de la note d'hôpital à la fin du mois[1].

De même que la plupart des veuves, Nora n'eut guère le temps de penser à son chagrin, car toutes les décisions qu'elle avait eu coutume de laisser à son mari lui incombaient désormais. La plupart concernaient l'argent. Épouse prodigue, Nora devenue veuve adopta totalement une attitude différente face à ses dettes. Elle n'en voulait pas, et espérait pouvoir tout régler rapidement afin de savoir où elle en était. Dans cette première crise de son veuvage, Miss Weaver lui était apparue comme un ange gardien éternellement vigilant.

Mais il y avait des limites au pouvoir de Miss Weaver. Nora était bloquée à Zurich. Devenue veuve, elle était beaucoup plus pauvre qu'elle ne l'avait été un mois auparavant en tant qu'épouse, car même si les envois réguliers d'Adolph Kastor prenaient en charge l'entretien de Stephen, tout le reste des ressources de Joyce, et jusqu'aux droits provenant de ses livres en Amérique, allait s'entasser dans la succession de Joyce à Londres, où l'on ne pouvait pas y toucher avant l'homologation du testament[2]. Un processus fort long en mettant les choses au mieux, étant donné les ralentissements dus à la distance et à une guerre mondiale en cours. Les communications entre Londres et Zurich étaient si malmenées qu'une lettre par avion pouvait prendre un mois entier d'une ville à l'autre. Nora n'avait toujours aucun renseignement sur ce qui se passait chez elle — à Paris — et elle était d'autant plus désorientée, à essayer de vivre sans l'homme aux côtés duquel elle avait vécu trente-sept ans, que ses deux enfants vivaient des situations effroyables.

Lucia était toujours à la clinique du Dr Delmas, à Pornichet, en France occupée. Nora apprit que Lucia avait lu dans les journaux la nouvelle de la mort de son père. Nora n'était pas sûre que Lucia pût rester à Pornichet si les factures n'étaient pas réglées ; elle n'aurait même pas su dire à combien pouvait se monter la note. Ses cauchemars maternels étaient alimentés par des questions sans réponses : où irait Lucia si la clinique n'en voulait plus ? Que feraient les autorités allemandes d'une malade mentale ayant un passeport d'un pays ennemi ? Nora souhaitait vivement exaucer le souhait de Joyce : faire entrer Lucia dans un sanatorium de Suisse francophone, mais même si elle avait pu lui faire obtenir un nouveau permis de sortie, elle ne voyait aucune possibilité de payer le coûteux voyage de Lucia et d'une escorte, sans parler des soins en Suisse, qui étaient nettement plus chers qu'en France[3].

Quant au sort de Giorgio, il était presque pire. Il se révélait inemployable, *de facto* et *de jure*. Tout ce qu'il pouvait faire pour gagner de l'argent, c'était chanter, mais les limites de son talent n'avaient guère d'importance, car les Suisses refusaient les permis de travail à tous les réfugiés. S'il mettait le pied hors des frontières suisses, il risquait d'être enrôlé dans une armée ou une autre. Il était également sans le sou, depuis qu'Helen avait cessé de l'entretenir en regagnant l'Amérique, et il n'avait aucun contact avec sa famille là-bas[4].

A peine Joyce était-il dans la tombe que Nora reçut un autre coup, classique pour les veuves : la défection des amis. Carola Giedion-Welcker, qui avait dansé son petit ballet autour des Joyce pendant plus de dix ans, n'éprouvait pas le moindre intérêt ni même la moindre sympathie pour Nora seule. Joyce n'était pas mort depuis un mois qu'elle réclama à Nora le remboursement des quinze mille sept cents francs suisses avancés par les Giedion pour la garantie financière ouvrant aux Joyce les portes de la Suisse. Mrs. Giedion-Welcker aurait tout aussi bien pu réclamer les joyaux de la Couronne. Il n'était pas question que Nora pût sortir son argent d'Angleterre avant que la succession fût débloquée — comme Mrs. Giedion-Welcker aurait pu s'en douter. La dette pesait lourdement dans l'esprit de Nora, et l'aigreur s'installa entre les deux familles quand Mrs. Giedion-Welcker fit suivre sa demande de remboursement d'un refus de laisser à Nora et Giorgio aucun des deux masques funèbres de Joyce. Elle avait payé pour les faire faire, et ne les lâcherait pas tant que les Joyce lui devraient de l'argent[5].

Nora était profondément embarrassée et, même si elle ne s'en rendait pas compte, affaiblie. Réfugiée à Zurich, pratiquement sans rien d'autre que les habits qu'elle avait sur le dos, elle aurait bien eu besoin du soutien d'une famille influente de Zurich pour l'aider à sortir des problèmes d'argent, de santé et de logement où elle se trouvait coincée.

Giorgio s'efforçait de seconder sa mère. Il écrivit à Miss Weaver pour lui demander sur quel revenu ils pouvaient compter, afin de pouvoir organiser leur existence[6]. La question se révéla fort difficile à résoudre pour Miss Weaver.

La première idée de Nora, quand elle commença à envisager l'avenir, fut de recréer un foyer pour ceux qui lui restaient. Dès la première semaine de février, Giorgio, Stephen et elle-même quittaient la pension du Dauphin pour s'installer dans un appartement meublé, au 30, Dufourstrasse[7]. Mais le rêve ne tarda guère à s'évanouir. L'arthrite empêchait Nora de faire tout ce qu'il y avait à faire. Elle trouvait son petit-fils extrêmement nerveux, très difficile à vivre en dépit de l'amour qu'elle lui portait, et, se sentant responsable de son éducation religieuse, elle poussait les hauts cris quand il n'allait pas à la messe. Il avait toutefois un grand respect pour son caractère[8]. Avec ses goûts dispendieux, Giorgio lui causait davantage de soucis. Et, au cours de l'été 1941, quand les Allemands ouvrirent un deuxième front contre l'Union soviétique et que la nouvelle se répandit que le gouvernement de Vichy ordonnait à tous les sujets britanniques de quitter le territoire français, Nora n'avait pas la moindre idée de ce qui allait advenir de Lucia. Ses nerfs lâchèrent, et elle eut ce qu'elle appela « un genre de dépression nerveuse » qui dura deux semaines[9]. En décembre 1941, Giorgio était allé s'installer dans une autre pension de famille, se séparant de sa mère, et Stephen était en pension à Zug.

L'avenir continuait à s'assombrir. En décembre aussi, le dernier lien avec la branche européenne des Kastor se brisa lorsque les cousins d'Helen, Wilhelm et Grete Herz finirent par suivre le conseil de Robert Kastor, et quitter Saint-Gall pour New York. Giorgio écrivit à Miss Weaver que sa mère menait une vie désolante à voir. Elle passait le plus clair de son temps au cimetière[10]. Nora ne se plaignait jamais d'avoir perdu tout le luxe de son existence. Sa nouvelle vie à Zurich se déroulait dans une succession de petites chambres, dans des pensions austères à l'éclairage parcimonieux, où flottait une odeur de savon et où régnait l'œil inquisiteur de la patronne. Même demeurée seule, Nora déménageait fréquemment. De Dufourstrasse, elle passa à Irisstrasse puis, en 1943, à la Pension Fontana, à Gloriastrasse. Un hiver, grâce à la générosité d'un admirateur américain de Joyce, elle put passer huit mois dans un hôtel bien chauffé, et son état s'en trouva amélioré[11].

Le règlement de la succession de Joyce était compliqué par bien autre chose que la guerre. Exactement comme il l'avait craint en 1932, quand Lucia avait refusé de monter dans le train à la gare du Nord, l'ambiguïté de sa domiciliation allait venir hanter sa famille. Avant de décider si elle avait autorité pour administrer l'héritage dans le cadre de la loi anglaise, la Haute Cour de Londres devait régler une fois pour toutes le point suivant : James Joyce pouvait-il vraiment être considéré comme résident en Angleterre, pour y avoir vécu de mai à août 1931 ? L'affaire entra dans le processus judiciaire, et la perspective active d'un règlement s'évanouit[12].

Harriet Weaver n'avait plus été aussi proche des Joyce depuis l'époque où elle s'était occupée de Lucia, en 1935. Nora, désignée comme exécuteur testamentaire, ne pouvait agir de Zurich. En outre, le curateur de Londres conjointement désigné déclina la responsabilité. Miss Weaver devint donc l'administrateur de la succession personnelle de Joyce en même temps qu'exécuteur de sa succession littéraire[13]. Cette reprise de responsabilités quasiment maternelles aida à effacer l'amertume de la rupture avec Joyce, mais Miss Weaver ne put le faire qu'au prix de grandes complications. En 1941, elle vivait à Oxford. Elle avait quitté Londres pour échapper au blitz non par lâcheté — elle avait été chef d'îlot à Marylebone —, mais parce que l'immeuble de Gloucester Place où elle habitait avait brûlé dans un bombardement. A Oxford, elle était très active au sein du parti communiste. Elle livrait le *Daily Worker* de porte en porte et travaillait à la librairie du Parti. Pour pouvoir s'occuper de la très complexe affaire Joyce, il lui fallait aller à Londres par des trains totalement plongés dans l'obscurité à cause du black-out, et qui s'arrêtaient à des gares également plongées dans une totale obscurité[14].

Le plus gros problème consistait à faire parvenir l'argent à Nora. Les autorités britanniques n'aimaient pas du tout l'idée d'envoyer de l'argent à l'étranger. Miss Weaver alla trouver le contrôleur du commerce avec l'ennemi au ministère du Commerce, pour lui exposer l'extrême particularité des circonstances, mais il fut intraitable. Que la Suisse fût neutre ne faisait pour lui aucune différence. Les réserves de monnaie helvétique étaient basses, et les sommes disponibles pour une famille rigoureusement limitées. L'affaire Joyce se compliquait en outre de la nécessité d'envoyer l'argent à deux endroits différents, en Suisse et en France. Comment les autorités britanniques pouvaient-elles être sûres que l'argent destiné à la clinique de Lucia ne tomberait pas entre les mains des Allemands ? Miss Weaver remplissait interminablement des formulaires et attendait, et Nora attendait aussi, sans jamais savoir quand arriverait l'argent[15].

Comme il n'y avait pas « d'argent Joyce » à envoyer tant que la succession ne serait pas réglée, Miss Weaver, comme si souvent naguère, « bouchait les trous » avec son argent à elle, en vendant des actions. Cela ne faisait que lui causer des problèmes supplémentaires, car il était interdit d'envoyer en cadeau de l'argent à l'étranger.

En dépit de la grande distance qui les séparait, Miss Weaver s'efforçait aussi d'aider Nora de ses conseils. Elle lui suggéra de demander à Carola Giedion-Welcker de se contenter du remboursement des intérêts de son prêt, jusqu'à ce que la succession fût réglée. Elle rassura aussi Nora (ignorant tout de l'impatience du propriétaire), lui recommandant de ne pas s'inquiéter pour son appartement parisien, car l'ambassade américaine protégeait les biens des citoyens britanniques à Paris. (Les États-Unis n'étaient pas encore entrés en guerre[16].)

Miss Weaver n'était pas seule à se tourmenter pour les problèmes financiers de Nora. En février 1941, Mary et Padraic Colum adressèrent une lettre, également signée de Bennett Cerf, B. W. Huebsch, Robert Kastor, Eugène Jolas, Maria Jolas, J. J. Sweeney, Thornton Wilder et Edmund Wilson, aux admirateurs américains de Joyce :

> « Pouvez-vous contribuer au soutien financier de la famille de Joyce ? Et sinon, voudrez-vous vous adresser à quiconque vous

paraîtra disposé à le faire ? Aucune somme n'est trop humble. Nous avons reçu de nombreux billets de 1 dollar envoyés par des étudiants ; nous sommes certains que Joyce lui-même aurait apprécié ces offres spontanées. »

La mort de Joyce et la maladie de Lucia avaient occasionné de nombreux frais, expliquait cette lettre. « Il reste sa femme, à Zurich, qu'il faut aider à vivre, et par la suite à regagner l'Irlande ou l'Amérique[17]. »

Lorsque les gens envisageaient l'avenir de Nora, ils pensaient à l'Irlande. Comme si près de quarante années vécues sur le Continent pouvaient disparaître sans laisser de traces, et que Nora eût souhaité, ou pu, revenir à la vie irlandaise qu'elle avait quittée en 1904. Ils se trompaient complètement. L'Amérique et l'Irlande étaient pratiquement les deux pays où Nora n'envisageait pas de se rendre. Elle se méfiait comme naguère de l'Amérique et, quant à l'Irlande, Nora répliquait quand on lui en parlait : « Ils ont brûlé les livres de mon mari et je n'y retournerai jamais[18]. » Il n'y avait plus rien là-bas qui pût l'attirer. La seule personne qui eût compté pour elle était morte. Et l'ignorance où elle était des circonstances du décès de sa mère ne faisait, en 1941, qu'aggraver son angoisse[19].

Nora reçut bientôt de Galway des nouvelles dont elle se fût volontiers passée, et sur un sujet qu'elle connaissait déjà trop bien. Personne à Galway ne pouvait retrouver le testament d'Annie Barnacle.

Elle était morte à l'âge de quatre-vingt-deux ans, laissant le souvenir d'un personnage assez singulier. Le cheveu blanc et la stature altière, mesurant près d'un mètre quatre-vingts, Annie Barnacle passait ses journées sur une chaise à dossier rigide devant sa maison, enveloppée dans une longue veste noire, et elle prisait. Comme tant d'autres vieillards, elle aimait à parler de son testament, et comme on savait dans son entourage qu'elle avait hérité une jolie somme de son défunt frère, Michael Healy, le fonctionnaire des douanes, elle ne manquait pas d'auditeurs. Il y avait là en particulier la plus jeune sœur de Nora, Kathleen, mariée à un cireur de meubles, John Griffin. Kathleen avait compté recevoir l'argent de sa mère, qui le lui avait promis parce qu'elle, seule de toute la famille, était restée à Galway pour s'occuper d'elle et de sa sœur invalide, Dilly (qui était portée sur l'alcool)[20]. « Kathleen, disait Mrs. Barnacle, l'argent est à la banque et Mr. Concannon [son notaire] a le testament et tous les papiers, tout est noir sur blanc pour toi et tu n'auras pas de problèmes [21]. » Mais Mr. Concannon n'avait pas le testament, et il se rappelait pourquoi. Mrs. Barnacle était venue le voir un jour à son étude. Elle lui avait dit que sa fille, Mrs. Nora Joyce, qui vivait à Paris, et son mari, Mr. James Joyce, avaient toujours été si gentils pour elle qu'elle voulait leur envoyer son testament pour leur montrer avec quelle générosité ils en seraient récompensés à sa mort. Elle reprit donc son testament, d'après Mr. Concannon, et promit de le lui rapporter. Mais elle ne l'avait jamais fait [22]. Le testament de leur mère pouvait-il donc se trouver à Paris, parmi les papiers de Joyce ? Kathleen écrivit à Nora pour poser la question, et Nora répondit par télégramme qu'elle n'en savait rien. Kathleen, non convaincue, fut désespérée. L'extrême vivacité que Joyce avait tant admirée en elle avait viré, dans la force de l'âge, à l'agressivité la plus farouche. Et Kathleen, tout comme son frère Tom et ses autres sœurs, était convaincue que Nora « s'était bien débrouillée » et que, dans le grand confort où elle vivait sur le Continent, elle ignorait tout de la pauvreté du reste de sa famille [23]. Kathleen écrivit donc sur-le-champ à l'amie influente de Nora, Miss Weaver, pour solliciter son aide.

Miss Weaver répondait toujours méticuleusement aux lettres, dans les vingt-quatre heures. Elle informa tristement Kathleen que, si l'original du testament de Mrs. Barnacle était dans les papiers de Joyce à Paris, il y serait irrécupérable, car elle venait d'apprendre par Giorgio l'affreuse nouvelle de l'arrestation de Paul Léon. Or Mr. Léon était seul à savoir où se trouvait chaque chose [24]. Naturellement, elle écrivit également à Nora pour lui faire part de la requête de Kathleen.

Nora explosa. Avec toute la rage d'une femme qui s'est fait des amis très au-dessus de la condition de sa sœur, elle fit une fois de plus la démonstration du fait que, quand ses passions s'éveillaient, elle pouvait s'exprimer par écrit en termes parfaitement clairs. Sur le papier à lettres de son ancien hôtel de luxe, le Carlton Elite, elle écrivit sans ambages à Kathleen :

« 8 4 1942
Chère Kathleen, je viens de recevoir une lettre de Miss Weaver et suis très contrariée que tu l'aies ennuyée avec l'histoire du testament de Mère de toute façon elle n'en sait rien et je t'ai télégraphié il y a plusieurs mois que moi non plus. Si un jour Jim a reçu un exemplaire du testament de Mère je n'en sais absolument rien mais il me semble que le notaire de Mère devrait l'avoir en sa

possession je veux dire l'original du testament j'espère qu'une bonne fois pour toutes tu pourras clarifier cette affaire et je t'en prie sous aucun prétexte n'écris à Miss Weaver.

Puis-je te rappeler que j'ai moi-même beaucoup de soucis la mort de Jim a été un choc terrible pour moi Lucia est en France je n'ai aucune nouvelle j'espère que tu vas bien

Nora[25]. »

On ne retrouva jamais le testament. L'avocat de Kathleen à Galway suggéra que Mr. Concannon avait en vérité perdu le document et inventé l'histoire afin de se protéger. Mr. Concannon attaqua alors en justice l'avocat de Kathleen parce qu'il n'avait pas été payé pour son travail de rédaction du testament, et la bataille juridique fit rage, avec une férocité que la modicité de la somme en cause n'atténuait en rien — un peu moins de quatre livres sterling[26].

Le règlement de la succession d'Annie Barnacle fut en fin de compte autorisé vers la fin de 1943, sur la base de ce que s'en rappelait Mr. Concannon. A l'exception de Kathleen, ce fut Nora qui reçut la plus grosse somme : cent livres. Dilly et Tom en reçurent trente chacun, Mary et Peg vingt. Ce fut sans doute pour Nora la preuve tardive mais bienvenue qu'elle était la préférée de tous les enfants émigrés. Quant au reste, légué à Kathleen, il s'élevait à la rondelette somme de mille quatre cent soixante-sept livres, qui valait bien qu'on se fût battu pour l'avoir, et qui montre bien que la famille de Nora n'était absolument pas aussi pauvre qu'on l'a généralement cru. En fait, Mrs. Barnacle, dont le cadre de vie à l'époque de sa mort fut officiellement décrit comme, « vivant dans un logement d'artisan et... uniquement meublé des objets les plus nécessaires », Mrs. Barnacle, donc, laissa une succession mieux pourvue que son gendre préféré, l'écrivain mondialement réputé[27].

Quant à l'héritage de Joyce, réglé en 1945, il se montait tout juste à mille deux cent douze livres brut, soit neuf cent quatre-vingts net. La difficile question juridique de son domicile légal fut résolue en 1943 en faveur de Joyce, mais non sans donner une fois de plus à la presse l'occasion de présenter la saga de la vie de Joyce, émaillée de petites plaisanteries à ses dépens. De l'audience, l'*Evening Herald* de Dublin rapporta l'échange suivant :

« Juge Bennett — Quel genre de livres écrivait-il ?

— Mr. Vanneck (pour les exécuteurs testamentaires) — Je crois que son livre le plus connu s'appelait *Ulysse*.

— Juge Bennett — Voilà qui sonne grec à mon oreille. (rires) [28] »

Les retards s'expliquent aussi par la réticence de Nora et Giorgio à répondre aux lettres. Les autorités anglaises ne comprenaient pas pourquoi Nora ne pouvait pas retourner dans le pays du domicile légal de son mari. Ni pourquoi les Joyce de Zurich avaient besoin de tant d'argent, ni non plus pourquoi Mr. George Joyce, sain de corps et d'esprit à l'approche de la quarantaine, ne pouvait pas gagner sa vie. En 1943, Nora apporta ses propres réponses dans une lettre à Miss Weaver, lettre qui semble rédigée sur le conseil de son homme de loi londonien. Elle se permet d'y défendre Giorgio, dont elle savait qu'on critiquait de toutes parts le caractère :

« Il nous est impossible de tenir avec l'argent que vous avez la bonté de nous prêter, car il est très coûteux de vivre ici. Je suis depuis deux ans aux mains des médecins, car je souffre de rhumatismes aigus. Giorgio est également aux mains des médecins car il souffre de violentes migraines. Malgré tout cela il travaille farouchement sa musique et a obtenu de la police l'autorisation de donner ici dix concerts l'an dernier. Inutile de dire que ces concerts ne rapportent rien du tout. J'espère qu'un moyen sera trouvé pour faciliter cette situation très difficile [29]. »

Les migraines dont parlait Nora étaient peut-être dues à une opération d'un goître, datant des années trente, et que le föhn, ce désagréable vent des Alpes, ne faisait qu'exacerber.

Dans une lettre à Fred Monro, Miss Weaver ajoutait son sentiment sur ce qui n'allait pas chez Giorgio :

« La fortune s'est acharnée contre lui. Il n'a guère eu d'instruction, mis à part le chant que Mr. Joyce avait espéré lui voir exercer professionnellement. Ce projet fut interrompu par son mariage à un âge fort tendre contre l'avis de ses parents avec (ou plutôt par) une riche Américaine [30]. »

Les dettes en suspens (y compris celle de Mrs. Giedion-Welcker, qui répondit à une annonce de journal recherchant les créanciers de la succession Joyce) retardèrent encore l'exécution du testament de sorte que, à la fin de 1943, les royalties des livres de Joyce continuaient encore d'être versées à la succession et y restaient bloquées, à Londres. « Ce doit être épouvantable pour vous », reconnut Miss Weaver dans son message de Noël à Nora. « Il semble inconvenant de vous souhaiter un bon Noël. J'espère que 1944 vous réserve de meilleures choses[31]. » (Quant aux vœux de Nora, transmis par son mode de communication préféré, à savoir le télégramme international, ils parvinrent sous leur forme dénaturée habituelle à « Harriet MRaver, de la part de Jora Joyce[32] ».

Nora était profondément reconnaissante à Miss Weaver de sa constante générosité, et Giorgio lui-même paraissait touché. Comme il l'écrivit à Miss Weaver un an après la mort de son père :

« Nous avons reçu voici quelques jours une lettre de Mr. Monro par laquelle il nous informe que vous avez très gentiment avancé l'argent qu'il nous envoie depuis la mort de mon père. Inutile d'essayer de vous dire comme ma mère et moi vous suis reconnaissants [*sic*] pour tout ce que vous faites pour nous — j'imagine avec horreur la situation où nous serions sans votre secours[33]. »

Peu de temps après la fin de la guerre, le plus grand changement dans leur vie survint quand Stephen, âgé de quatorze ans, décida de quitter Zurich pour les États-Unis. Giorgio ne voulait pas se séparer de son fils, mais il n'y avait pas moyen de retenir le garçon. Stephen n'avait pas revu sa mère depuis le début de la guerre, et Helen, guérie de sa dépression et sortie de l'hôpital psychiatrique, voulait l'avoir auprès d'elle. Et puis Stephen avait hâte de commencer ses études au Phillips Andover Academy, dans le Massachusetts, où il était inscrit. La nouvelle provoqua un élan d'anti-américanisme chez Miss Weaver ; elle trouvait la décision mauvaise — à son avis, Stephen allait être trop gâté en Amérique[34].

Pendant l'été 1946, l'autre fils d'Helen, David Fleischman, qui faisait partie de l'armée américaine d'occupation en Allemagne, alla voir les Joyce à Zurich et écrivit à sa mère que le fils qu'elle n'avait pas revu depuis si longtemps était solide et en bonne santé, qu'il parlait anglais avec un léger accent, et qu'il voulait devenir ingénieur[35]. Le 17 décembre 1946, Stephen prit l'avion pour les États-Unis. Ce fut un déchirement pour Nora, qui s'était habituée au coup de frein sec du vélo de son petit-fils à côté d'elle, à Seefeldstrasse. Elle allait lui manquer aussi, elle qui lui avait tenu lieu de mère pendant tant d'années. Ils se parlaient franchement l'un à l'autre, se disant des choses qu'ils ne confiaient à personne d'autre. Comme s'en souvint Stephen par la suite, « nous nous installions et elle me disait ce qu'elle avait en tête, et je lui disais ce que j'avais en tête. Nonna était une femme très directe ».

La fin de la guerre ne fit que renforcer l'austérité en Grande-Bretagne, aggravant du même coup les pressions de la Banque d'Angleterre sur Nora. Imposant d'implacables contrôles sur les transferts d'argent anglais à l'étranger, la banque fit parvenir un ultimatum à Nora par l'entremise de son homme de loi, Fred Monro : Mrs. Joyce devait regagner l'Angleterre, ou bien obtenir un certificat médical expliquant pourquoi elle ne le pouvait pas. Les autorités priaient Mr. Monro de rappeler à Mrs. Joyce qu'elles l'avaient déjà avertie deux mois plus tôt.

Nora était dès lors en position de déléguer une partie importante de sa correspondance à sa vieille amie, Evelyn Cotton. L'actrice, qui avait joué dans *L'important c'est d'être constant* sous la direction de Joyce, était devenue une amie fort proche de Nora au fil des années de guerre. Elle entreprit désormais d'être pour elle ce qu'avait été Paul Léon pour Joyce. De même que Léon, Miss Cotton ajoutait sa touche propre à ce qu'elle écrivait : comme il était pathétique de voir Mrs. Joyce, de plus en plus handicapée, s'efforcer de monter et descendre l'escalier de la petite chambre mansardée qu'elle habitait, et comme elle aurait dû vivre dans une pension équipée d'un ascenseur. Mais il n'était pas question que Mrs. Joyce envisage de quitter Zurich. « Ayant perdu son foyer, écrivait Miss Cotton, elle préférerait de beaucoup rester ici où elle compte quelques amis. Il paraît bien cruel de ne pas laisser les personnes âgées vivre en paix là où elles le souhaitent [36]. » TS Eliot renchérit de sa voix influente. De nombreux sujets britanniques retournaient vivre sur le Continent, maintenant que la guerre était finie. Il lui semblait nécessaire d'étendre à Mrs. Joyce une sorte de dispense, disait-il, étant donné qu'elle n'avait jamais vécu en Angleterre [37].

Quant au médecin zurichois de Nora, le Dr. W. Behrens, il défendit son cas de manière convaincante. Il fournit le certificat requis en juin 1946, et traça un portrait navrant de Nora arrivée à l'âge de soixante ans. (Elle avait en vérité soixante-deux ans ; mais même à son médecin, Nora cacha apparemment le fait qu'elle était née en 1884, et non en 1886.) Il expliqua que ses articulations — genoux, jointures et chevilles, hanches, épaules — étaient déformées par l'arthrite. Elle avait trop de tension. Elle était d'humeur dépressive, dit-il, ajoutant bien clairement : « L'incertitude de l'avenir et les difficultés rencontrées pour les transferts d'argent ne font qu'aggraver la situation[38]. » Nora se troublait aisément, c'est vrai. Elle ne pouvait supporter d'évoquer Lucia. Une fois la guerre terminée, le Dr. Delmas se mit à envoyer de temps en temps des rapports, et aussi les notes accumulées : trois cent mille francs français restaient dus.

A la requête obstinée de Behrens, Nora se fit hospitaliser en juin pour s'efforcer de soulager un peu son arthrite[39]. Elle demeura six semaines à l'hôpital, dont trois d'alitement complet. Cela lui fit du bien, mais elle trouva l'endroit calme et lugubre. Dès qu'elle le put, elle s'installa dans une nouvelle pension, le Neptune, au 15 de Seefeldstrasse. Il y avait là le chauffage central, et l'emplacement était idéal, à deux pas de son restaurant végétarien préféré, le Gleich. C'était également tout près du parc, au bord du lac, où elle allait s'asseoir au soleil de l'après-midi. Elle s'y fit des amis, et ne déménagea jamais plus, vivant là plus longtemps qu'elle n'avait jamais vécu ailleurs depuis le square Robiac[40].

Une fois passé le choc de la mort de Joyce, cependant, Nora ne sombra pas dans la dépression. Il n'était pas dans sa nature d'avoir le moral bas — ce que n'ont pas compris les joyciens américains qui, retrouvant l'Europe après la guerre, se faisaient un devoir de rendre visite à la veuve. Tous pratiquement sans exception rapportèrent l'image d'une femme triste et isolée, vivant à la limite de la pauvreté. Léon Edel, par exemple, qui observa le charme et la cordialité de Nora (et aussi ses grandes mains osseuses) lui trouva le visage « marqué et triste », et une telle « fierté de maintien » qu'il lui fut impossible de demander si elle avait besoin d'argent[41].

Mais cette vision poignante était surtout dans l'œil de l'observateur, ou de ceux qui cherchaient à recueillir de l'argent pour aider Nora. Les lettres de Giorgio à Miss Weaver pendant les années quarante rappellent beaucoup celles de son père dans les années vingt et trente, écrites dans le même esprit. Lorsque Miss Weaver répondit à Kathleen en 1942, elle évoqua les sollicitations peu subtiles de Giorgio :

« Mrs. Joyce paraît en mauvaise posture — ne se sentant pas bien du tout, souffrant de rhumatismes, et très seule, d'après ce que m'en dit Georgio [sic] dans sa lettre du 29 décembre... J'espère qu'elle parviendra à s'organiser pour faire la cure que, d'après Giorgio, elle devrait absolument faire au printemps[42]. »

Aux yeux de ses amis suisses, qui étaient nombreux, Nora n'avait rien de sombre. Ils la voyaient sous un jour totalement différent, presque comme l'avaient vue ses visiteurs irlandais, dix ans plus tôt, à Paris. Bertha Ruggiero adorait la rejoindre pour le thé. Klara Heyland, la serveuse, riait avec Nora des clients du Kronenhalle. Le professeur Heinrich Straumann, qui la voyait souvent au Gleich, disait qu'elle avait toujours l'air de bonne humeur. Elle ne se plaignait jamais. Elle acceptait ses conditions d'existence avec sérénité et bavardait toujours chaleureusement avec lui[43]. Bien qu'elle fût gravement touchée par l'arthrite, comme l'observa un auteur irlandais venu la voir, « cela n'a pas affecté sa sérénité, son maintien impeccable, et son apparence quasiment royale »[44].

Et il y avait Giorgio. Nora jouissait de ses attentions et de ses réconforts constants. Il était bien rare qu'un jour passât sans qu'elle le vît, même s'il l'exaspérait par mille choses. Elle détestait sa manière de se racler la gorge et de cracher. Elle se promenait un jour avec Stephen et lui, à Zurich, et chaque fois que le père s'arrêtait pour cracher, le petit garçon faisait de même. Nora s'arrêta en pleine rue et déclara : « Je ne ferai plus un seul pas tant que vous n'aurez pas tous les deux cessé de cracher[45]. » Mais, malgré cela, Giorgio lui restait précieux, unique compagnon à qui elle pût se fier entièrement, comme il l'avait été à Rome dans sa petite enfance. L'attachement de Nora envers lui ne fit que croître car il se mit à ressembler de plus en plus à James Joyce, avec le même front haut, la même implantation de cheveux, et la même façon de les coiffer en arrière. Nora entra un jour dans sa chambre et, trouvant Giorgio assis là en robe de chambre en soie avec le chat sur les genoux, elle crut voir un fantôme tant il ressemblait à son père[46].

Le désaccord avec la Banque d'Angleterre durait encore en 1947. Nora ne savait jamais quand — ni si — sa pension censément mensuelle lui parviendrait. Elle décrivit sans complaisance le problème dans une affectueuse lettre aux Colum, à New York :

« Chers Padraic et Molly,
Je ne sais vraiment pas comment vous remercier vous et vos amis pour l'extrême bonté de m'avoir envoyé deux versements de 50 et 40 dollars. Vous ne pouvez pas imaginer l'aide que cela représente pour moi de recevoir un secours financier car je n'ai pas reçu d'argent d'Angleterre depuis sept mois sauf 20 livres. Heureusement mon notaire a pu me faire parvenir quelques

royalties directement d'Amérique. C'est très difficile pour moi car je dois entretenir Giorgio qui n'a absolument pas un sou à lui et ne peut pas travailler ici. Je suis si contente que vous ayez vu Stephen et l'ayez trouvé en pleine forme. Giorgio a fait tout ce qu'il pouvait pour lui quand il était ici.

Je crains bien de devoir tôt ou tard vendre mon exemplaire de *Musique de chambre* écrit à Dublin en 1909 et qui m'est dédié ; il est écrit sur parchemin et relié en cuir couleur crème avec l'emblème de Joyce d'un côté de la couverture et nos initiales de l'autre côté. Si vous connaissez quelqu'un qui puisse être intéressé soyez gentils de me le faire savoir.

Veuillez transmettre mes meilleurs remerciements aussi à Mr. Sweeny et Mr. Healy pour leur aide financière très bienvenue.

Avec mes remerciements les plus chaleureux pour vous et Molly et mes amitiés,

Bien à vous,
Nora Joyce[47]. »

Peu après, pressée par le besoin d'argent, elle adressa son exemplaire de *Musique de chambre* à Robert Kastor en le priant de le vendre. Presque au même moment, sans avertissement ni explication, la Banque d'Angleterre capitula : elle informa Monro Saw qu'elle considérait désormais Mrs. Joyce comme une résidente en Suisse et approuverait donc le transfert de tout revenu qui lui serait dû. « Je ne comprends pas comment cela s'est fait », avoua Lionel Monro à Harriet Weaver[48].

Cette volte-face de la banque introduisait cependant un nouveau dilemme. Lionel Monro, qui après son père, Fred, avait repris en main les affaires de la famille Joyce, expliqua la situation à Miss Weaver (qui lui était apparentée). Il n'y avait désormais plus d'obstacle à ce que Nora tirât tout l'argent qui s'était accumulé sur son compte de royalties. Si elle se rendait compte de l'importance des sommes en cause — près de deux mille livres — elle risquait de vouloir tout retirer ou, ce qui était plus vraisemblable, Giorgio la convaincrait de le faire. Lionel Monro se proposait donc de ne pas révéler à Nora que la somme totale était à son entière disposition, et de lui verser plutôt une pension de cinquante livres par mois, plus les droits d'auteur provenant d'Amérique[49].

« C'est trop », répondit Miss Weaver. Trente-cinq ou quarante livres suffiraient, dit-elle, ajoutant qu'il fallait envoyer les droits d'auteur américains à Londres, et non à Nora. Miss Weaver redoutait, elle aussi, Giorgio qui, sentait-elle, exerçait sur sa mère une influence excessive.

On ne peut faire fi de ces craintes comme étant une preuve de condescendance ou d'excessive protection. Miss Weaver était trop circonspecte pour jamais évoquer, dans sa volumineuse correspondance consacrée aux questions joyciennes avec les nombreux amis et relations de la famille, le fait que Giorgio était alcoolique. D'autres toutefois étaient plus directs, comme John Slocum, fonctionnaire du State Department [Affaires étrangères] américain, et qui devint après la guerre l'un des premiers collectionneurs de manuscrits et souvenirs de Joyce. Après avoir rencontré Giorgio à Zurich, Slocum le décrivit comme un « tragique dipsomane qui vit dans l'ombre de son père et qui a perdu une bonne voix de chanteur en refusant de chanter »[50].

Evelyn Cotton, dans la rédaction de la correspondance de Nora, se limitait à dire que la situation de Nora eût été plus facile si elle n'avait pas eu à entretenir son fils, « qui n'aide pas du tout »[51]. Pour être fidèle, l'image de la pauvreté de Nora dans les années d'après-guerre doit prendre en compte le problème toujours présent, mais jamais évoqué, de l'alcoolisme de Giorgio. Une grande partie de l'argent de Miss Weaver disparaissait dans son gosier. Le fait est que, dès les premières années de guerre, elle était parvenue à expédier à Zurich d'importantes sommes d'argent, si l'on considère les critères britanniques de l'époque, et que rien de tout cela n'allait à Lucia, dont les frais d'hospitalisation étaient réglés directement de Londres. (Nora avait mandaté Monro Saw.) Entre 1941 et 1943, Miss Weaver fit parvenir à Nora environ mille deux cents livres[52].

En outre, dès 1948, avec le développement soudain de l'intérêt pour l'œuvre de Joyce, l'argent commença à affluer et les soucis financiers de Nora prirent fin. En août 1948, son compte de droits d'auteur chez Monro Saw s'élevait à mille neuf cent trente-sept livres. Les frais de séjour de Lucia en coûtaient la moitié, mais il restait à Nora neuf cent trente livres par an quand un professeur anglais n'en gagnait que quatre cents, et un ouvrier d'usine trois cent cinquante. De plus, Nora jouissait, en tant que veuve, d'une partie des avantages qui avaient permis à Joyce, de son vivant, de mener grand train. Elle pouvait dîner au Kronenhalle sans payer, par exemple. Les Zumsteg se contentaient d'inscrire la note sur un registre et, quand le registre était plein, ils le déchiraient[53].

Mais cet avantage n'était pas accordé à Giorgio au bar. Il devait régler ses consommations, mais il faisait tellement partie du décor qu'on donna son nom à sa boisson favorite, composée de cognac et d'eau. Ses copains du Kronenhalle s'amusaient à crier : « Cognac Joyce ! Cognac Joyce[54] ! » comme faisait Giorgio lui-même. Mais l'alcoolisme pesait lourd sur leurs revenus, et expliquait leurs difficultés tout autant que les restrictions monétaires de la Banque d'Angleterre, et Nora savait de longue expérience qu'il n'y avait rien à y faire.

Nora et Giorgio n'avaient pas le raffinement suffisant pour voir que leurs protecteurs londoniens limitaient délibérément leurs allocations d'argent, pour leur bien et celui de Lucia. En 1948, toutefois, mère et fils avaient compris que les plus mauvais jours étaient passés. Nora pria Robert Kastor de lui renvoyer son exemplaire de *Musique de chambre* ; il n'était plus besoin de le vendre[55].

CHAPITRE 19

Le rugissement des lions

En jouant le rôle de la veuve Joyce, Nora commença enfin à croire au génie de son mari. Elle s'intéressait aux nouvelles littéraires et prenait plaisir à voir le nombre d'ouvrages qui paraissaient sur l'œuvre de Joyce. Elle demanda trois exemplaires du *Portable James Joyce* pour les offrir et, pour elle-même, un exemplaire de *L'ABC de* Chaucer illustré par Lucia[1].

Elle parait également fort bien aux coups de ses inquisiteurs littéraires. La femme d'Ignazio Silone voulut connaître son avis sur André Gide, et l'obtint. « Évidemment, quand on a été marié avec le plus grand écrivain du monde, rétorqua Nora, on ne se rappelle pas tous les petits bonshommes. » A John Slocum, qui parcourait l'Europe en quête de papiers et de souvenirs de Joyce, et préparait une bibliographie définitive de tous les écrits publiés de Joyce, Nora déclara : « Il valait bien mieux que mon mari n'ait pas une femme littéraire. Il fallait que quelqu'un fasse la cuisine et la vaisselle. » Il lui arrivait d'idéaliser son mariage, et de dire que Joyce et elle avaient vécu dans un bonheur séraphique. L'entendant parler ainsi, Giorgio lança un jour : « Je me demande ce qu'aurait dit mon père là-dessus. » Le plus souvent, elle gardait son habituelle humeur déflationniste : « Ils me disent tous que mon mari était l'un des immortels. J'aimerais mieux recevoir des droits d'auteur sur ses livres qu'être la veuve d'un immortel[2]. »

Depuis la haute époque triestine, les admirateurs de Joyce observaient Nora dans l'espoir de déceler ce qu'il avait vu en elle. Des peintres comme Silvestri avaient saisi son intensité vibrante dans les portraits mais personne, à part Joyce, n'avait sérieusement tenté de capturer la qualité de sa voix et de son expression. Heureusement pour la postérité, un jeune journaliste américain du nom de Sandy Campbell fit un détour par Zurich, en 1948, alors qu'il se rendait en train de Paris à Rome, pour tenter de retrouver Mrs. James Joyce. C'est à la meilleure pâtisserie de la ville qu'il apprit l'adresse de Mrs. Joyce, Pension Neptune, près du lac, à Seefeldstrasse[3]. Comme c'était le soir, il téléphona pour laisser un message sollicitant un rendez-vous avec Mrs. Joyce pour le lendemain. Mais l'employé ne comprit que le nom, Joyce, et passa sur-le-champ la communication à Nora, qui répondit elle-même de sa voix grave. Oui, elle serait enchantée de le voir, mais elle était une vieille dame et c'était l'heure pour elle de se coucher. S'il voulait venir le lendemain, qu'il choisisse son heure. Rendez-vous fut fixé à midi.

Campbell arriva de bonne heure. Nora l'attendait au salon, une petite pièce encombrée de meubles bon marché. Comme Nora se levait pour le saluer, il fut frappé par « la sérénité de son intonation et la beauté de sa voix irlandaise — si différente des accents irlandais si durs des actrices auxquelles je m'étais accoutumé à New York ».

Nora commanda deux dubonnet, et dit qu'elle espérait que Giorgio se joindrait à eux. Son fils avait une belle voix de chanteur, comme son père, ajouta-t-elle, mais il ne pouvait rien faire en Suisse parce qu'on lui refusait un permis de travail. Si seulement il pouvait aller à Hollywood, dit-elle, elle était sûre qu'il y trouverait du travail. « Mais il n'a pas une grande envie de changer, reprit-elle, se confiant intimement à un total inconnu. Il a un problème. C'est peut-être difficile pour lui d'être le fils de Joyce. »

Campbell l'invita à déjeuner. Nora accepta à la condition qu'ils iraient au Gleich, car c'était là que Giorgio la chercherait. Elle n'était pas végétarienne, expliqua-t-elle, mais elle avait découvert que les restaurants qui ne servaient pas de viande étaient moins chers. Quant à Campbell, les fromages, les légumes et les fruits lui paraissaient si délicieux qu'il n'y vit guère d'inconvénient. Tandis qu'ils déjeunaient en conversant, Nora déclara : « Oh, Mr. Campbell, que je suis heureuse. J'avais peur, en vous parlant au téléphone, que vous ne soyez de ces gens qui viennent me voir pour me demander ce que signifie tel ou tel passage d'*Ulysse* ou de *Finnegans Wake*, et je ne peux pas répondre, bien sûr ; je n'en sais rien. »

Avec ce jeune journaliste, elle était à l'aise et parlait volontiers. Elle lui confia qu'elle n'aimait pas vraiment Zurich, mais aurait préféré être à Paris, avec tous les livres de Joyce autour d'elle. Il avait adoré lire, ajouta-t-elle.

Quels auteurs ? Campbell voulait des renseignements littéraires.

Nora sourit. « Eh bien, en vérité, il consacrait beaucoup de temps à se lire lui-même. » Cette candide déclaration confirme l'hypothèse que les innombrables références de Joyce à des œuvres rares et spécialisées donnent une trompeuse impression quant à l'ampleur et à la profondeur de ses lectures. Dans toute la dernière partie de sa vie, où sa vue avait tant baissé, il ne pouvait certainement pas être un grand lecteur [4]. Nora affirmait qu'il s'en remettait souvent à elle : « Quand sa vue est devenue vraiment mauvaise, je lui faisais la lecture ; de toutes sortes de livres. Nous avions tellement de livres, à Paris. Je devrais retourner à Paris. J'irai peut-être quand même y faire un séjour. J'ai des amis là-bas, je n'aurais pas besoin de retourner à l'appartement. »

Nora lui confia que ses soucis d'argent venaient juste d'être réglés. Jusqu'en 1948, dit-elle, elle n'avait reçu que trente livres par mois, sur lesquelles elle devait aussi entretenir Giorgio, « et la sœur de Giorgio qui est dans une institution en France ». Sa vie était fort différente de celle qu'elle avait menée du vivant de son mari. « Nous fréquentions les meilleurs restaurants et il adorait recevoir ses amis. »

Tout à coup, Giorgio arriva — nerveux, car il avait un instant pris Campbell pour Stephen, dont ils attendaient précisément le retour d'Amérique. Campbell reconnut aussitôt le fils de Joyce, et lui trouva la voix aussi agréable que celle de sa mère. Nora s'efforça en vain de convaincre tour à tour les deux hommes de manger des fraises. « Ma mère n'arrive pas à comprendre que je n'aime pas trop manger », expliqua Giorgio.

Après le repas, Nora ramena Campbell chez elle, avec Giorgio, pour lui montrer l'unique livre de Joyce en sa possession : l'exemplaire de *Musique de chambre* qu'il avait lui-même copié pour elle sur du parchemin, en 1909, lorsqu'elle était à Trieste, et lui à Dublin. « J'en avais d'autres, dit-elle, mais je les ai donnés, ou bien les gens les ont empruntés et jamais rendus. Mais je ne me séparerai pas de *Musique de chambre*, parce que Joyce l'avait copié pour moi de sa propre main. Un jour que j'avais terriblement besoin d'argent, je l'ai envoyé en Amérique pour qu'il soit vendu, mais je l'ai tellement regretté que j'ai écrit pour qu'on me le renvoie, je ne m'en séparerais pour rien au monde. »

La chambre de Nora, vue par Campbell, était très petite, très propre, et très nue. Il y avait une grande fenêtre, et la salle de bains se trouvait au bout du couloir. « Ce n'était pas le genre de pièce où l'on serait resté longtemps même avec des gens, observa Campbell, et tout seul, pas du tout. » Tout en sortant son volume de poèmes des mouchoirs en papier dans lesquels il était rangé, elle citait certains vers qu'elle trouvait beaux, et semblait connaître tous les poèmes par cœur. Avec cette plaisante coutume irlandaise de souvent répéter le nom de l'interlocuteur, elle lui dit : « Vous comprenez, Mr. Campbell, pourquoi je ne pouvais pas le vendre. »

Nora repoussa l'idée qu'elle eût pu faire la sieste. Elle proposa plutôt d'aller voir la tombe de Joyce. Lorsque Campbell proposa d'y aller en taxi, elle fut horrifiée à l'idée d'une telle extravagance. (Aujourd'hui encore, le prix des taxis helvétiques est extrêmement élevé.) Comme il insistait, elle demanda fièrement à l'employé de la réception d'en commander un. Giorgio prit congé, en promettant de la voir le lendemain. Pendant le trajet, elle raconta des anecdotes décousues sur Joyce : comme il trouvait que Garbo marchait en canard, et comment il traversait la rue pour éviter une bonne sœur (« ce que je trouvais personnellement inutile, Mr. Campbell », précisa-t-elle). Il détestait les chiens et adorait les chats — tous.

Puis, en approchant de Fluntern, Nora observa : « Je me dis souvent qu'il doit aimer le cimetière où il est. C'est tout près du zoo, et l'on entend rugir les lions. »

Cette image révèle bien la puissance de l'imagination de Nora. Cette femme que le souvenir d'un défunt bien-aimé dans un cimetière solitaire menait à l'un des plus beaux passages de la littérature anglaise évoquait sans façon pour un inconnu la vision de son mari gisant dans la tombe, et se réjouissait d'entendre rugir les lions, s'en amusant peut-être. On peut même se demander si Nora n'avait pas inspiré à Joyce la scène finale des « Morts » où la neige descend sur la tombe de Michael Furey.

Que les morts sont très proches — observant, écoutant et jugeant les vivants — tel est le message des « Morts ». C'est aussi celui de l'Irlande, dont l'image principale sur les écrans de télévision du monde entier est une procession jusqu'à la tombe, derrière des cercueils portés par des hommes qui, comme Gabriel Conroy, sont écrasés par la présence d'êtres appartenant au passé.

La conviction que les morts ne sont pas vraiment morts transparaissait dans la réponse de Nora à la question de Campbell : Pourquoi ne retournait-elle pas en Irlande ? « Sans doute parce qu'il est ici, dit-elle. On veut me faire vivre en Angleterre pour que je puisse toucher l'argent qui est là-bas, mais je n'y ai jamais vécu, et je n'ai pas de passion pour les Anglais, je n'irai donc pas. J'aimerais avoir un cottage en Irlande, mais les Irlandais n'aiment pas Joyce, alors voilà. »

Comme ils quittaient la tombe de Joyce, Nora attira l'attention de

Campbell sur une plante au feuillage bien vert. Joyce n'avait jamais aimé les fleurs, dit-elle. Et elle invita Campbell à cueillir quelques feuilles en souvenir. « C'est un joli endroit, non ? Je suis heureuse que nous y soyons venus. Merci de m'avoir emmenée avec vous, Mr. Campbell. »

Nora demeura en exil pour l'amour de Joyce. Elle ne pouvait pas l'abandonner — c'est-à-dire son corps. Son hostilité à l'égard de l'Irlande n'était pas plus forte — ni moins — que celle de l'Irlande envers Joyce. Cette année-là, un événement vint renforcer sa certitude que les Irlandais n'aimaient pas James Joyce. En 1948, le gouvernement irlandais rapatria la dépouille de W. B. Yeats, qui était mort dans le midi de la France en 1939. Yeats avait exprimé le souhait d'être enseveli dans le cimetière de Drumcliff, dans son Sligo bien-aimé, et il y avait fait l'acquisition d'une concession pour lui-même et pour sa famille. En 1948, le corps fut donc rapatrié, et enterré solennellement. Le cercueil fit son entrée dans la baie de Galway sur un vaisseau de la marine irlandaise ; la veuve et ses enfants, ainsi que le frère du poète, furent menés à bord. Puis une procession funèbre les escorta de Galway à Sligo, où Yeats eut les honneurs d'une garde militaire et d'une représentation du gouvernement irlandais[5].

Pourquoi ne pas en faire autant pour Joyce ? Nora, soutenue par Giorgio, estimait que le gouvernement irlandais aurait dû accorder le même traitement à son plus grand prosateur et à son plus grand poète. Il fallait en tout cas au corps de Joyce une sépulture plus permanente que la tombe qu'on lui avait accordée à Zurich, du fait de son décès inattendu. La politique helvétique en la matière, peu accueillante aux immigrants vivants ou morts, encourageait le rapatriement des corps des visiteurs étrangers. Toutefois, ni Nora ni Giorgio n'avaient la force d'entreprendre la campagne qu'il aurait fallu pour mettre en branle une demande officielle de rapatriement de la dépouille mortelle de Joyce en Irlande. De plus, un tel arrangement était pratiquement impossible du point de vue politique. La domination protestante du temps de la jeunesse de Nora avait été remplacée par une domination catholique, et par un gouvernement puritain et théocratique qui maintenait une censure fort stricte sur les livres et les journaux.

Les livres de Joyce n'ont jamais été bannis en Irlande parce que, comme le dit Mr. Deasy à propos des Juifs, dans *Ulysse*, l'Irlande ne les y a jamais laissés entrer. Les douaniers se contentaient de confisquer ceux qu'ils trouvaient à l'entrée du pays. Mais l'homme Joyce était tout aussi inacceptable que l'écrivain Joyce. Contrairement à Yeats, qui avait été sénateur dans l'État libre d'Irlande (il s'était lui-même qualifié d' « homme public souriant »[6]), Joyce restait, dans l'esprit irlandais des années d'après-guerre, scandaleux, blasphémateur et arrogant. Son ancienne pension de Clongowes Wood ne reconnaissait pas l'existence de son œuvre, à l'exception de cette rumeur parmi les élèves qu'un ancien clongownien avait déshonoré l'école en écrivant un livre sur un homme qui passait vingt-quatre heures dans des latrines publiques[7]. Et quand le frère de Joyce, Charles, mourut huit jours après lui, l'école secondaire du Belvédère qu'avaient fréquentée les deux frères n'accorda de notice nécrologique qu'à l'un des deux — et ce n'était pas James. Il était considéré comme ayant « mal tourné »[8].

Nora persuada néanmoins Miss Weaver de mettre à contribution toute son influence, et Miss Weaver approcha donc le comte O'Kelly et Constantine Curran, pour savoir si le gouvernement irlandais ou l'Académie royale d'Irlande accepteraient d'envisager le retour du corps de Joyce. (Si le corps de Joyce quittait la Suisse, Miss Weaver était certaine que Nora et Giorgio partiraient aussi.) Maria Jolas apporta son soutien ; elle écrivit à O'Kelly une lettre passionnée, affirmant que Joyce avait été sans aucun doute un bon catholique, et que son corps devait être ramené non seulement pour répondre aux vœux de la veuve, mais parce que Joyce était une figure dominante de la littérature irlandaise[9].

Il échut au comte O'Kelly de prendre ses renseignements, puis de communiquer à Maria Jolas la triste nouvelle qu'une telle proposition ne recevrait guère de soutien populaire. L'Irlande n'avait pas pardonné à James Joyce. Le monde universitaire catholique était aussi implacable dans sa résistance que le gouvernement et, faut-il le dire, que l'Église[10].

En 1948, Giorgio avait commencé à opérer certains changements dans son existence. N'ayant pas encore divorcé d'Helen, il avait cependant trouvé de nouvelles amours en la personne d'Asta Jahnke-Osterwalder, ophtalmologiste allemande qui était séparée de son mari et avait deux enfants, un fils et une fille handicapée. Nora n'était pas contente de cette liaison, mais la tolérait. En visite à Zurich, Jacques Mercanton chercha l'adresse de Giorgio et le trouva installé avec Asta dans une agréable villa. Lorsqu'il vint sonner à la porte, il y avait là non seulement Giorgio, mais aussi Nora. « Tu ne devineras jamais qui est là ! » cria Giorgio à sa mère, et, quand elle vit leur vieil ami, elle lui prit les mains et éclata en sanglots torrentiels. Mercanton s'affligea de la voir dans cet état d'arthrite avancé car, par ailleurs, elle lui parut encore jeune [11].

Au cours de l'été 1948, Nora et Giorgio reçurent plusieurs visites d'Amérique : la femme de Robert Kastor, Margaret, et sa fille adolescente, Enid. Margaret Kastor était une femme chaleureuse qui avait beaucoup fait pour que Stephen se sentît chez lui en Amérique. Enid, du même âge que Stephen, visitait l'Europe pour la première fois, et elle nota dans son journal toutes ses impressions de voyage et de la famille Joyce.

Margaret et Enid dînèrent deux fois avec Nora, Giorgio, Stephen et Asta au Kronenhalle, qui rappela à Enid les restaurants germano-américains de New York, avec ses hauts plafonds et ses boiseries sombres. Coûteuse, la nourriture était toutefois simple, et elle observa que les gens moins fortunés venaient après dîner pour bavarder devant des chopes de bière en fumant des Players, la marque de cigarettes anglaises la plus populaire à l'époque.

Rencontrant Nora pour la première fois, Enid vit « une brave Irlandaise aux joues roses et aux cheveux très blancs, avec une jolie peau et des traits parfaitement ordinaires » [12]. Il était « impossible d'imaginer qu'elle eût été la maîtresse puis, juste avant la naissance de Stephen, l'épouse d'un homme tel que James Joyce ». Nora ne semblait pas considérer son mari comme un grand écrivain, s'étonna Enid. « Pour elle, il reste un homme ayant les défauts et les qualités de n'importe quel autre homme. »

Enid releva l'accent irlandais de Nora, ainsi que sa façon caractéristique de s'exprimer. Nora avait honte de s'être enivrée (« *soused* ») au champagne le soir du retour d'Amérique de Stephen pour les grandes vacances, quand ils avaient célébré l'événement au Kronenhalle avec munificence. Lors des deux dîners avec les Kastor, Nora fit des manières quand on lui offrit du vin, ne voulant pas recommencer « comme l'autre soir ». Elle lançait ses remarques avec la plus tranquille franchise, disant à Margaret Kastor : « Je ne sais pas si je devrais le dire, mais Enid est vraiment magnifique, comme là-bas à Hollywood. » Enid décida que Nora était heureuse à Zurich, « mangeant, dormant, dorlotant son arthrite et laissant le passé derrière elle ».

Enid n'avait pas revu Giorgio depuis l'époque où il vivait avec Helen à Manhattan. A l'âge de quarante-trois ans, il paraissait plus vieux, et aussi moins beau — « c'est-à-dire, confia-t-elle à son journal, si on le trouve beau, ce qui n'a jamais été mon cas ». Il avait les cheveux longs, d'un gris métallique, et de longues mains aux ongles manucurés ; il brisait nerveusement ses longs silences par de petits fragments musicaux, fredonnés de sa voix basse. Il parlait l'anglais avec un accent et prêtait un soin excessif à sa prononciation. Ayant renoncé à chanter, il passait le temps à boire, fumer, manger fort peu, et faire le clown avec sa compagne, une robuste Allemande beaucoup plus jeune que lui, qui s'amusait à donner des petits coups de pied à Stephen sous la table. Ses camarades du Kronenhalle parurent à Enid « comme lui... des exclus de la vie ».

Enid trouva Asta « romantiquement éprise » de Giorgio, mais elle était sûre que « jouer la mère tentatrice auprès de lui était un moyen de se détendre après une dure journée au service d'ophtalmologie, et non un prélude au mariage ». Une femme aussi fondamentalement raisonnable et saine n'aurait jamais pris le risque d'un tel mariage, sa mère et elle en étaient certaines.

Mais les Kastor sous-estimaient la séduction, pour l'hypocondria-que dépendant qu'était Giorgio, d'une femme forte et professionnel-lement active, spécialiste précisément de l'organe dont son père avait souffert et qui avait brisé sa vie ; Giorgio et Asta restèrent ensemble, et se marièrent en 1954. Giorgio, à l'époque, souffrait encore de violentes migraines, qui lui empourpraient le visage. « Frau Dok-tor », comme tout le monde l'appelait, le distrayait, s'efforçait de le faire manger, et parvenait parfois à réduire la migraine avant qu'elle ne devienne épouvantable.

Nora était accoutumée à entendre Giorgio se plaindre de ses migraines. Comme il revenait à la charge devant Margaret et Enid, elle s'aventura à dire que peut-être la psychanalyse lui ferait du bien. « C'est idiot, répliqua Giorgio. Si je veux ce genre de boniment, je peux toujours me confesser à un prêtre. C'est la même chose. »

Les relations entre ex-belles familles étaient délicates. Giorgio savait que Stephen avait aimé l'atmosphère familiale qui régnait chez les Kastor à New York et, observant son fils et Enid ensemble, il demanda à Stephen s'il était en aussi bons termes avec tous ses cousins. Enid fit un effort tout spécial avec Giorgio : « J'essayai vraiment d'être très gentille car je connaissais l'antipathie viscérale qu'éprouvait Giorgio à l'égard de toute ma famille et je voulais l'atténuer un peu. »

Avant de repartir, Margaret et Enid prirent quelques photos, qui confirment bien les divers échos sur la sérénité et l'équilibre de Nora pendant ces dernières années. A soixante-quatre ans, Nora a le même regard droit, face à l'appareil, que toujours depuis son enfance, avec des yeux qui voient tout, à l'aise avec elle-même et la curiosité du monde à son égard. Elle est majestueuse mais forte, droite, les épaules carrées. Son grand feutre noir, son tailleur à motif géométrique et son chemisier à col cravate proclament qu'elle n'a pas perdu son intérêt pour les vêtements, ni son air carrément androgyne. A ses côtés, dans cette rue de Zurich, se tient Giorgio, *roué* vieillissant, dont la seule chose gentille qu'on pût trouver à dire de lui, arrivé à l'âge mûr, était qu'il aimait sa mère.

A la fin de 1948 et en 1949, Nora quitta Zurich à deux reprises pour se rendre à Paris. Son aide était nécessaire pour trier les affaires récupérées dans l'appartement par Paul Léon, et pour jouer un petit rôle dans l'organisation de l'exposition et la vente des manuscrits, livres et tableaux de Joyce. Cela devait se passer à La Hune, nouvelle librairie-galerie de la rive gauche, et l'argent ainsi obtenu était destiné à Nora et Giorgio.

Parmi les objets en vente figuraient les portraits de famille, y compris ceux de Nora exécutés par Silvestri et Budgen. Pour l'exposition, mais non pour la vente, Nora prêta son exemplaire de *Musique de chambre*. Giorgio avait hâte de faire rentrer le plus d'argent possible, jaloux comme toujours à l'idée que les sommes provenant de la vente des livres de son père dussent servir à payer les lourdes charges de l'entretien de Lucia.

Lorsque les enchères commencèrent, la dissension éclata dans la salle entre érudits joyciens et collectionneurs. John Slocum, les yeux fixés sur la collection rassemblée à La Hune, espérait pouvoir tout acheter pour l'offrir à son *alma mater*, l'université de Harvard. Il fut extrêmement déçu de s'apercevoir que l'université de Buffalo l'avait déjoué, faisant accepter son enchère de dix mille dollars, supérieure à celle de Slocum. Dans ce qui n'était encore que le début d'une âpre lutte qui allait disperser le patrimoine joycien dans tout l'archipel universitaire américain, Slocum chercha un coupable et reprocha à Maria Jolas d'avoir sans le vouloir permis qu'il fût évincé. Elle l'accusa tout aussi farouchement de se préoccuper davantage de Harvard et de Yale que de procurer le plus d'argent possible à Mrs. Joyce. A ceux qui l'écoutaient, elle dénonça John Slocum comme « s.o.b. » [13] *.

* S.o.b. : *son of a bitch* = salaud (N.d.T).

Carola Giedion-Welcker profita également de l'occasion pour exprimer ses sujets de rancœur à l'égard de Nora et Giorgio. Prêtant l'un des masques mortuaires controversés, elle se plaignit à Sylvia Beach que Nora avait braqué Maria Jolas contre elle, et que Giorgio avait raconté dans tout Zurich comment les Giedion avaient exploité les Joyce[14]. Elle-même n'avait fait faire ces masques que dans l'intention de les offrir à un musée ou une bibliothèque, déclarat-elle, et elle attendait des nouvelles de l'Irlande pour savoir si les frais d'expédition, d'emballage et d'assurance seraient pris en charge, au cas où elle leur enverrait un masque.

Profitant de ce que Nora était à Paris, Harriet Weaver traversa la Manche pour la voir, ainsi que l'exposition. En tant qu'exécuteur littéraire, Miss Weaver avait le pouvoir de prendre toute décision concernant la publication et la concession des papiers de Joyce, mais elle souhaitait respecter les vœux de Nora. Deux manuscrits tourmentaient particulièrement Miss Weaver. L'un était un carnet pour *Les Exilés,* qui était apparu parmi les papiers sortis des cartons en dépôt. Les notes liées à la pièce devaient manifestement être d'un grand intérêt pour les joyciens, mais certains commentaires étaient des références extrêmement personnelles et soulignaient la nature autobiographique de la pièce. (Les notes, il faut s'en souvenir, évoquaient l'attachement de Prezioso envers Nora, ainsi que les souvenirs d'enfance de Nora, et elles contenaient des commentaires aussi précis que, « au couvent, on l'appelait le bourreau des hommes ».) L'autre carnet était une disposition concernant les manuscrits de *Finnegans Wake.* Miss Weaver espérait en faire don à la Bibliothèque nationale d'Irlande ; elle avait en effet promis au conservateur que l'Irlande les aurait.

Nora accepta de bonne grâce la publication des *Exilés,* notes comprises. Mais elle surprit Miss Weaver par son implacable hostilité à l'idée de laisser partir les manuscrits de *Finnegans Wake* en Irlande. Si l'Irlande ne voulait pas du corps de son mari, disait Nora, elle ne devait pas avoir les manuscrits non plus. Le British Museum convenait mieux[15].

En fait, Nora avait eu beaucoup de peine, deux ans plus tôt, en apprenant par une coupure de presse envoyée par Kathleen que le comte O'Kelly avait remis des enveloppes contenant plusieurs milliers de lettres de la famille Joyce, ou les concernant, à la Bibliothèque nationale d'Irlande. Léon aurait bien dû la consulter, estimait Nora, ainsi que Giorgio, avant de les confier ainsi. Elle pria donc Miss Weaver d'essayer de les récupérer. Mais il n'y avait rien que Miss Weaver pût faire. Les papiers étaient sous scellés, suivant les instructions précises de Constantine Curran, obéissant en cela à Paul Léon, et ne pourraient être ouverts qu'en 1991, cinquante ans après la mort de Joyce, et ni sa veuve ni son fils n'avaient le pouvoir d'annuler les termes du legs[16].

Miss Weaver laissa l'affaire reposer mais regagna l'Angleterre tout ébranlée d'avoir trouvé Nora « sans un seul mot en faveur des Irlandais »[17]. Elle-même n'avait pas un seul mot à dire en faveur des Américains, pas même des bibliothèques pleines de bonne volonté et prêtes à acheter tout ce qui concernait Joyce. A ses yeux, l'Amérique était « devenue insupportablement agressive depuis la navrante mort de Mr. Roosevelt », et elle ne se donnait guère de mal pour cacher où allaient ses sympathies politiques. A la femme de John Slocum qui l'interrogeait poliment sur ses opinions, Miss Weaver répondit : « Ma chère, je suis plus rouge que votre robe[18]. »

A Paris, Nora eut, pour la première fois depuis la guerre, la possibilité d'aller voir Lucia. La visite n'eut jamais lieu — Giorgio et Maria Jolas l'empêchèrent. Giorgio, quant à lui, se rendit à Ivry et passa une heure avec sa sœur dans le jardin de la clinique Delmas ; il fut tellement affligé de la voir dans cet état (confia-t-il à Maria Jolas) qu'il décida d'empêcher absolument sa mère d'y aller. Il convint avec Maria Jolas, comme elle l'écrivit à Harriet Weaver, qu' « il y a si longtemps que [Nora] ne l'a vue, que cela ne semble plus guère nécessaire à présent ». Elle s'étendit sur cette question dans le compte rendu qu'elle adressa à Miss Weaver, et entreprit au contraire de parler longuement de Lucia avec Nora. « Je n'avais jamais su, dit-elle, comme sa détresse maternelle était, et est encore, profonde[19]. »

Il est impossible de savoir, puisque les opinions de Nora n'ont pas été conservées, si elle fut déçue ou soulagée de se voir épargner la tension d'une rencontre avec sa fille folle.

Lucia avait passé toute la durée de la guerre à Pornichet, en Bretagne occupée. L'isolement total par rapport à sa famille ou ses amis n'avait pu que renforcer son aliénation. Quand la vie eut repris son cours à Paris, quelques anciens amis de Joyce allèrent la voir, mais c'était la curiosité, autant que la sympathie, qui les motivait. Comme le raconta allégrement Gogarty à un ami, en septembre 1949 :

« J'ai rencontré Colum la semaine dernière. Il revenait d'une visite à l'asile où est internée la fille de Joyce. Il m'a dit qu'elle avait les cheveux gris et une barbiche. Elle parle de se marier et suggère McGreevy parce qu'ils aiment tous les deux manger. Triste ; mais cela tend à prouver ce que Slocum n'aimait pas entendre, à savoir que c'est le père qui a transmis la folie[20]. »

Le rapport était exact en ce qui concernait les poils au menton de Lucia. Cette particularité (peut-être due à des traitements hormonaux), qui dura jusqu'à sa mort en 1982, ne pouvait qu'aggraver encore son obsession des défauts physiques et son sentiment d'être mal aimée.

L'une des raisons pour lesquelles Mrs. Jolas avait voulu éviter à Nora une visite à Ivry était l'aspect déprimant du cadre de vie. Les dégâts causés par les bombardements allemands n'avaient pas été réparés. Une autre raison en était la violence de Lucia. A la mort du Dr Delmas, quand Mrs. Jolas alla s'entretenir avec ses successeurs du cas de Lucia, elle apprit que cette dernière venait de briser six fenêtres et d'attaquer deux malades, et qu'on avait dû lui passer la camisole de force. Lors de cette visite, Mrs. Jolas n'osa pas prendre le risque d'entrer dans la chambre de Lucia[21]. Dans son compte rendu à Miss Weaver, qui s'inquiétait de savoir si la clinique — maintenant que le Dr Delmas était mort — ne gardait pas Lucia uniquement pour l'argent, Mrs. Jolas lui révéla que, bien au contraire, le personnel n'aurait vu aucun inconvénient à ce que Miss Joyce fût transférée dans un autre établissement. Ils étaient extrêmement pessimistes quant aux possibilités d'évolution. Ils ne voyaient aucun espoir d'amélioration de son comportement jusqu'à la « cessation de certaines fonctions physiologiques », et Lucia avait alors quarante et un ans.

Maria Jolas, qui avait un mot aimable sur tous, sauf pour ceux en qui elle voyait des gardiens rivaux de la mémoire de Joyce (et notamment Sylvia Beach), trouvait Giorgio « d'excellent conseil », et elle avait confiance dans le fait qu'il deviendrait, avec le temps, de plus en plus utile à sa mère[22].

Elle tenta d'aider Nora en la mettant au régime pour soulager son arthrite. Nora ne voulut rien savoir. « Je peux manger comme tout le monde. » Arthur Power, qui se trouvait à Paris, tenta de réconforter Nora en l'emmenant dîner. « Où aimeriez-vous aller ? » Elle n'hésita pas : Café Francis. Mais la soirée fut un peu ratée. Les anciens souvenirs se bousculaient, et son arthrite ralentissait son allure jusqu'à une immobilité quasi totale. Comme elle s'avançait douloureusement vers le taxi, Power l'entendit grommeler d'une voix lasse : « Cette chair trop, trop solide...[23] » Elle fut heureuse de retourner à Zurich, une ville parfaite pour les vieilles dames.

A cette époque-là, les joyciens étaient devenus partie intégrante de la famille Joyce élargie et servaient souvent d'intermédiaires. John Slocum se rendit à Galway et obtint de Kathleen des lettres échangées entre Joyce et Michael Healy. Ce fut à Slocum, plus tard, que Kathleen se plaignit rageusement, par écrit, que Nora l'avait abandonnée, refusait de répondre à ses lettres, et ne faisait rien pour aider à régler les problèmes de leur sœur Dilly. Quand Nora et James Joyce avaient eu besoin d'aide financière de Galway, ils avaient toujours reçu tout ce dont ils avaient besoin, concluait aigrement Kathleen[24].

Non seulement John Slocum collectionnait les lettres pour des bibliothèques américaines, mais il y avait d'autres limiers sur la piste, et Miss Weaver elle-même tentait de rassembler ce qu'elle pouvait pour publier un volume de correspondance de Joyce, sous la direction de Stuart Gilbert. « Mrs. Joyce a-t-elle l'adresse de Mr. Stanislaus Joyce ? » s'enquit Miss Weaver auprès d'Evelyn Cotton. « Il pourrait bien avoir quelques lettres à fournir pour le livre[25]. » Miss Weaver ne savait apparemment pas que Slocum était en contact avec Stanislaus à Trieste, et qu'il lui avait acheté des manuscrits de Joyce. L'idée que les papiers de Joyce restés à Trieste pussent appartenir à Nora, ou que le produit de la vente dût lui revenir, n'effleura jamais l'esprit de Stanislaus, ni même qu'il dût informer Miss Weaver, exécuteur testamentaire de l'œuvre, de leur vente.

Nora, dont la santé faiblissait, concentrait son énergie sur ses problèmes immédiats. Elle donna son accord pour que soient rassemblées et publiées en volume les lettres de Joyce, stipulant uniquement qu'elle serait autorisée à revoir en premier la sélection, afin de pouvoir en ôter ce qui serait trop personnel. Elle souhaitait qu'on ne mentionnât pas trop les difficultés financières, qui avaient déjà été traitées très en détail dans la biographie d'Herbert Gorman, mais elle n'était pas d'une sensibilité très exacerbée quant à l'invasion de sa vie privée. Quand Mary Colum publia son livre *Life and the Dream* [*La Vie et le Rêve*], en 1947, il s'agissait surtout de l'amitié des Colum avec les Joyce, avec quelques passages sur la maladie de Lucia ; Nora haussa les épaules et déclara qu'elle ne voyait là qu'une bonne plaisanterie[26]. Nora découragea toutefois un jeune joycien américain, Richard Kain, qui envisageait de rassembler une collection de souvenirs sur Joyce. Elle décréta fermement qu'elle ne voulait pas « voir publier toutes sortes d'histoires idiotes ». Miss Weaver approuva ce jugement[27].

Une décision discutable se prenait pendant ce temps derrière le dos de Nora, concernant une publication. A la mort de Joyce en 1941, Marthe Fleischmann, qui vivait toujours à Zurich, lut les articles concernant les obsèques et prit contact avec le professeur Heinrich Straumann, pour lui montrer quatre lettres que Joyce lui avait écrites. Elle avait également un exemplaire signé de *Musique de chambre*. Straumann vit au premier coup d'œil que le contenu ne ferait pas plaisir à Nora : c'étaient des lettres d'amour, bien que de nature visiblement innocente. Il conseilla vivement à Fraulein Fleischmann — elle ne s'était jamais mariée — d'attendre la fin de la guerre pour trouver de riches acheteurs. Il lui promit que, quand elle déciderait de vendre ses lettres, il lui offrirait plus que le meilleur prix qu'elle aurait trouvé. Astucieusement, Marthe refusa de les lui laisser recopier et s'en alla.

En 1948, Straumann tenta de retrouver la trace des lettres. Il découvrit que Marthe Fleischmann vivait dans un hôpital pour vieillards invalides, mais que sa sœur détenait presque tout ce qu'il avait eu l'occasion de voir — c'est-à-dire tout, sauf une carte postale — et qu'elle était disposée à vendre pour sa sœur. Straumann acheta les lettres et les montra à Giorgio, qui nia leur authenticité. Son père ne faisait pas de *e* grecs, dit-il. N'étant pas un grand lecteur de l'œuvre de son père, il semblait ignorer le fait que, dans *Ulysse*, Leopold Bloom entretient une correspondance clandestine similaire, en faisant des *e* grecs pour tenter maladroitement de dissimuler son écriture. Avec la même myopie, Giorgio écarta l'éventualité de la liaison ; il en aurait entendu parler, dit-il, car sa mère s'en serait sûrement rendu compte et aurait tempêté[28]. Stuart Gilbert approuva par la suite l'opinion de Giorgio, qu'il ne fallait pas publier ces lettres.

A Zurich, Nora continuait à voir ses amies — Frau Zumsteg, Bertha Ruggiero et Klara du Kronenhalle. Il y avait aussi un marchand de tapis orientaux avec qui elle aimait converser. Ses journées s'écoulaient suivant une routine bien établie. Du fait de la raideur de ses articulations, elle mettait longtemps à s'habiller (« une vraie représentation », riait-elle), puis elle sortait avec sa canne et s'asseyait au soleil. Elle assistait régulièrement à la messe à l'église Saint-Antoine, à quelques rues de chez elle, où elle avait son confesseur, qui devint un excellent ami. Le soir elle disait son chapelet, qui restait toujours sur la table de nuit. Son état de santé s'aggravait, mais jamais, même à ses bonnes amies, elle ne s'en plaignit[29].

Stephen Joyce, quand il revenait d'Amérique pour voir sa grand-mère, et qu'il l'observait d'un regard plus mûr et plus lucide, admirait son courage. Il voyait bien les problèmes qu'elle avait avec Giorgio, et comme elle l'aimait malgré tout. Lui-même s'éloignait de son père alcoolique, mais il voyait que, quel que fût le fond du problème de Giorgio, Nora ne pensait pas que ce fût sa faute à elle[30].

John Slocum était également un visiteur régulier venant d'Amérique. Il décida qu'elle n'était pas soignée convenablement et lui fit la surprise d'un cadeau d'Irlande, la drogue miracle d'alors : la cortisone. Quand elle commença à en prendre, Nora fut euphorique. Elle crut son arthrite disparue pour de bon. Mais le soulagement était éphémère, et le traitement coûteux. Harriet Weaver lui envoya trois cents livres sur ses fonds personnels (avec l'aval de la Banque d'Angleterre) pour l'aider en attendant que lui parviennent les dix mille dollars de la vente de la collection de La Hune à l'université de Buffalo[31].

Pendant l'été 1950, à la demande de Harriet Weaver, Maria Jolas alla trouver Nora pour soulever une nouvelle fois la question de l'envoi des manuscrits de *Finnegans Wake* en Irlande. Sean Mac-Bride, alors ministre des Affaires étrangères d'Irlande, avait écrit à Nora pour suggérer que l'œuvre fût confiée à la Bibliothèque nationale, et lui dire que le gouvernement irlandais était fier de revendiquer James Joyce, « l'un des plus grands Européens de son temps », comme fils de l'Irlande. Ce n'étaient point là les paroles officielles que Nora attendait. La conversation de Maria Jolas avec Nora et Giorgio dura plusieurs heures, et Nora finit par dire en haussant les épaules que Miss Weaver n'avait qu'à faire comme elle voudrait[32].

A l'automne 1950, l'état de Nora s'aggrava brusquement. Giorgio ne la quittait plus. Il en résulta qu'il prit en main la correspondance avec Miss Weaver, et qu'il eut tôt fait de mettre fin à l'espoir que Nora donnerait son accord à la donation des manuscrits de *Finnegans Wake* à Dublin. Que ce fût en son nom propre ou en celui de sa mère, Giorgio déclara que sa mère et lui-même étaient « extrêmement hostiles à Dublin ». Ils préféraient le Bristish Museum[33].

A la fin de 1950, les articulations de Nora se bloquèrent au point qu'elle ne pouvait plus marcher. Elle entra à la clinique Paracelsus, dominant le lac, au parc du Belvédère, que dirigeaient des religieuses. (La clinique a déménagé depuis lors en banlieue.) C'était l'un des meilleurs établissements hospitaliers de Zurich, et l'on peut en déduire que les Joyce avaient désormais retrouvé une certaine aisance. A l'aube de la nouvelle année, Giorgio écrivit à Miss Weaver que sa mère était gravement malade. Il n'y avait plus aucun espoir, disait-il sans ambages [34]. Il accusait la cortisone, administrée si libéralement que, loin de l'aider, elle n'avait fait qu'accélérer le déclin.

Giorgio était chaque jour à son chevet. Bouleversé par les souffrances de sa mère, il cessa même de boire. Stuart Gilbert, en le voyant, crut Giorgio métamorphosé, et peut-être le fut-il un temps. On ne pouvait s'empêcher d'être ému en voyant l'intimité du lien entre la mère et le fils qui avaient vécu ensemble l'essentiel de leur vie, agrippés l'un à l'autre dans le sillage de James Joyce [35].

En avril 1951, Giorgio vit que Nora se mourait. Il appela Frau Zumsteg, au Kronenhalle, pour qu'elle vienne lui dire adieu. Le confesseur de Nora vint lui donner les derniers sacrements de l'Église [36]. Les dernières semaines, elle bascula dans l'inconscience. Elle avait de l'urémie ; le cœur faiblissait. Le 10 avril, avec Giorgio à ses côtés, Nora ouvrit soudain les yeux. Dans un sursaut d'énergie, elle tendit la main et caressa la joue de son fils. Ce fut le dernier geste de sa vie. Le long voyage depuis Galway était terminé. Giorgio télégraphia à Miss Weaver : « Mère morte ce matin [37]. »

Nora eut des funérailles modestes, auxquelles assistèrent une quarantaine de personnes, surtout ses amis suisses et quelques vieilles dames de sa pension. Le professeur Straumann se fit un devoir d'y venir, faisant le lien avec les obsèques de Joyce. Maria Jolas et Stuart Gilbert vinrent exprès de Paris. Tous furent consternés de voir qu'il n'y avait pas de place pour elle dans la tombe où reposait Joyce ; il fallut enterrer Nora à cinquante mètres de là. Le prêtre officiant, Fr. Johann von Rotz, n'était pas le confesseur de Nora mais l'homme de garde ce jour-là, et il prononça un discours de circonstance. Stuart Gilbert trouva navrant que le prêtre évoque davantage le grand _Dichter_ que Nora, et que « seuls ses amis intimes aient su comme elle était charmante, et quelle épouse dévouée elle avait été » [38].

Aux côtés de Gilbert, Maria Jolas s'efforçait de comprendre et de traduire, et elle saisit les mots « _grosse Sünderin_ ». Le prêtre avait-il qualifié Nora de grande pécheresse ? Qu'il était donc injuste d'exposer ainsi le honteux secret de Nora — qu'elle avait vécu vingt-sept ans de sa vie en concubinage ! Mrs. Jolas jugea que sa propre religion épiscopale était infiniment plus clémente que l'impitoyable Église catholique romaine [39].

Dans les domaines de l'histoire et de la biographie, ce sont ceux qui vivent le plus longtemps qui laissent leur témoignage. Maria Jolas vécut plus longtemps que les autres membres du cercle Joyce : pendant de nombreuses années, jusqu'à sa mort en 1987, elle régna sans partage sur l'interprétation des événements de la vie des Joyce. Par la simple force de sa personnalité, elle imposa sa version des choses par-dessus les témoignages flous ou contradictoires, et ce fut donc elle qui introduisit l'épithète « *grosse Sünderin* » dans la légende de Nora.

Ni Stuart Gilbert ni le professeur Straumann n'avaient entendu quoi que ce fût de semblable dans l'allocution du prêtre. Mrs. Jolas était cependant convaincue que le confesseur de Nora avait trouvé un prétexte pour ne pas officier, embarrassé qu'il était par le passé scandaleux, et qu'il avait préféré laisser faire un collègue un peu rustaud. Plus tard, après réflexion, elle admit que les paroles entendues aux funérailles « appartenaient sans doute à la rhétorique classique, mais je fus choquée » [40]. Et elle tenta de consoler Giorgio après la cérémonie, en lui rappelant la vieille plaisanterie irlandaise de Joyce sur un enterrement où étaient venus bien peu de gens : « S'il [le défunt] avait été là, cela aurait été différent. »

Si Joyce avait été là, sans doute aurait-il en effet entendu autre chose. Le prêtre bucolique et simple aurait moins volontiers jeté les péchés de Nora sur sa tombe qu'il n'aurait cité la phrase bien connues du *Faust* de Goethe — les citations de Goethe étant monnaie aussi courante en allemand que celles de Shakespeare en anglais. La phrase est extraite de la prière à la Vierge :

> Die du grossen Sünderinnen
> deine Nähe nicht verweigerst
> und ein büssendes Gewinnen
> in die Ewigkeiten steigerst,
> gönn auch dieser guten Seele,
> die sich einmal nur vergessen,
> die nicht ahnte, dass sie fehle,
> dein Verzeihen angemessen * !

---

* « Toi qui ne refuses pas ta présence / Aux grandes pécheresses / Et les élève jusqu'à l'éternité / Par la bienfaisante pénitence, / Daigne aussi à cette âme pure, / Qui s'oublia une seule fois, / Ne sachant pas qu'elle faillissait, / Accorder un pardon adéquat ! » (Goethe, *Faust II*, vers 12061 et s., trad. Henri Lichtenberger, Aubier.)

Bien qu'une lecture littérale de la traduction puisse en effet suggérer que le père von Rotz avait été informé du passé illégitime de Nora quand il avait choisi de prononcer des phrases sur les grandes pécheresses et la bonne âme, il nia lui-même vigoureusement cette possibilité. « Pour moi, c'était absolument un enterrement de routine[41] », déclara-t-il. De toute façon, il eût été erroné, d'un point de vue théologique, de reprocher à Nora des péchés absous ces dernières années où elle recevait régulièrement les sacrements.

Cette bévue imaginaire à ses funérailles fut le dernier coup asséné à Nora par le monde littéraire. La femme qui avait offert à Joyce sa loyauté, sa force et son esprit passa dans l'histoire littéraire non seulement comme un fardeau n'ayant rien apporté à son œuvre, mais comme une vieille maîtresse épousée sur le tard et traitée de grande pécheresse à son enterrement. « Peu d'épithètes auraient pu être moins justes », conclut Ellmann charitablement[42].

Si les mots étaient tirés de *Faust*, toutefois, peu d'épithètes auraient pu être plus appropriées. De même que Gretchen, Nora était une âme simple et honorable, qui aimait un homme à l'orgueil méphisto-phélique. Et Joyce lui-même la vénérait, pour l'avoir sauvé du destin de Faust[43]. Il était également approprié que fussent accordées à Nora des paroles d'un des chefs-d'œuvre de la littérature européenne. Elle était à sa mort, comme Joyce, une véritable Européenne, fière habitante d'une jolie ville qui lui avait par trois fois accordé refuge.

Lors de ses nombreuses visites au cimetière, Nora avait certaine-ment observé qu'il n'y avait pas de place pour elle auprès de Joyce, et elle l'acceptait. Mais les nombreux amis de Joyce ne l'acceptèrent pas. En 1966, en grande cérémonie et sans qu'il soit plus question de rapatriement en Irlande, les corps de Nora et Joyce entrèrent définitivement dans le sein de Zurich, réensevelis ensemble dans un tombeau définitif au Fluntern, dominant toute la ville. Les admira-teurs de Joyce y viennent chaque année par milliers et, s'ils se souviennent des remarques de Nora, ils sont heureux de constater que pour arriver au cimetière Fluntern, il faut prendre jusqu'au bout de la ligne le tram qui mène au Zoo.

CHAPITRE 20

C'est Nora qui parle

« Où que tu sois sera Erin pour moi »

James Joyce, Carnet
alphabétique, à la rubrique « Nora »[1]

« L'IRLANDE doit être importante, dit Stephen Dedalus à Bloom, car elle m'appartient. » Nora est importante, car elle appartenait à Joyce, et en même temps ne lui appartint jamais. Elle était la plus forte des deux, indépendante d'esprit, et eut plus d'influence sur lui qu'il n'en eut sur elle.

Pendant longtemps, on ne lui accorda pour tout crédit que d'avoir été l'Irlande portative de Joyce. Pour saisir la voix authentique de l'Irlande, J. M. Synge devait se coucher sur le sol de la ferme que sa mère avait louée pour l'été, et écouter le bavardage des bonnes à la cuisine, en bas. Yeats et lady Gregory, dans la belle demeure de cette dernière, à Coole Park, évoquaient la riche expérience de la paysannerie. Mais Joyce épousa son Irlande. Le caractère irrépressiblement irlandais de Nora fut pour lui un réconfort et une inspiration de chaque instant. A la mort de Joyce, Kenneth Reddin écrivit dans l'*Irish Times* : « Je me rappelle la belle voix de Galway de Mrs. Joyce, son hospitalité et son éternelle bonne humeur... et le sentiment constant d'un Dublin transplanté à l'étranger[2]. »

Nora n'en attendit jamais davantage. Les paroles d'Anna Livia mourante auraient pu être siennes : « Je vais m'esquiver avant qu'ils soient levés. Ils ne verront jamais. Ni ne sauront. Ni me regretteront. » Sa propre mort fut néanmoins remarquée par la presse

mondiale : le *New York Times,* le *Herald Tribune,* le *Times* de
Londres et, bien sûr, *Time,* lui donnant soixante-cinq ans au lieu
des soixante-sept qu'elle avait vraiment. Généreusement, mais avec
un peu d'inexactitude, *Time* accorda à Nora dans son numéro du
23 avril 1951 une part dans la réussite de son mari (chose rarissime) :

« Décédée : Mrs. James Joyce (Nora Barnacle), 65 ans, confi-
dente de toujours et accoucheuse littéraire de son célèbre mari
écrivain ; d'une crise cardiaque ; à Zurich, Suisse, où Joyce était
mort voici dix ans. Femme de bon sens, elle l'aida à s'établir et
faire son travail, et soupira après avoir lu *Ulysse :* " Je suppose
que c'est un génie, mais qu'il a l'esprit sale, vraiment ! " Après
le succès puis la mort de son mari, elle souffrit longtemps de la
pauvreté, se refusant à vivre en Angleterre, et ne pouvant se
faire payer à l'étranger qu'une fraction des royalties qui lui
étaient dues. »

Ceux qui connaissaient bien Nora ne doutaient guère de sa
contribution. Elizabeth Curran considérait que, par ses efforts,
Nora avait sauvé Joyce de l'alcoolisme. Sans ses rappels constants,
« Jim, tu as assez bu », estimait la fille de Curran, l'habitude aurait
englouti sa capacité de travail. Pour Maria Jolas, l'insistance de
Nora à vouloir que Joyce eût pour écrire de bonnes conditions
dément complètement sa prétendue indifférence à l'œuvre de
Joyce : Nora avait de la considération pour son travail parce qu'il
en avait lui-même — vision que renforce l'enthousiasme de Nora
pour *Finnegans Wake* [3].
Dans les souvenirs de leurs amis, Nora apparaît comme une
puissance avec laquelle on doit compter et, si ses aspects comiques
sont soulignés par certaines personnalités plus littéraires, il y en
avait d'autres, comme les Colum ou J. F. Byrne, qui riaient avec
elle. Le ménage Joyce, malgré ses tensions et mystères internes,
paraissait exceptionnellement solide à leurs proches. Sylvia Beach
voyait en eux le couple le plus heureux qu'elle eût connu. Stuart
Gilbert refusa par la suite de publier les lettres de Marthe Fleischmann lorsqu'elles lui furent montrées, tant il voyait en Joyce un
mari dévoué [4]. Quant à Stanislaus, en choisissant d'être bref dans
ses commentaires sur le mariage de son frère, il en révéla beaucoup :

« Je dirai simplement qu'il a épousé sa femme civilement voici quelques années, et que jusqu'à sa mort... il n'a été séparé d'elle que fort peu de semaines, et à contrecœur [5]. »

Quelques années plus tard, Arthur Power rendit un éloquent hommage à Nora :

« Je puis dire en toute sincérité que je ne crois pas que Joyce eût pu faire face aux difficultés de la vie quotidienne s'il n'y avait pas eu la dévotion et le courage gigantesques de sa femme Nora. Ce fut entre eux une solidarité constante fondée sur l'amour et la compréhension fondamentale. Quiconque connaissait Mr. et Mrs. Joyce se rendait compte qu'aucune décision importante ne serait prise l'un sans l'autre. A moins de les avoir vus ensemble, on ne peut pas imaginer à quel point James Joyce dépendait de sa femme Nora. Dans tous les coups que le destin a portés à Joyce et à sa famille, au travers des épreuves et des tribulations, ils sont restés solidaires. »

C'était Nora, affirma Power, qui maintenait l'unité de la famille, « avec son courage, et son bon sens solide comme le roc » :

« Il est vrai qu'elle n'était aucunement intellectuelle ; et pourquoi aurait-elle dû l'être ?... C'était une femme sincère et vaillante, sa valeureuse compagne — Ce souffle de Galway dans la serre intellectuelle de Paris [6]. »

Le plus beau de tous les hommages fut sans doute celui de son petit-fils. « Nonna était très forte, a dit Stephen Joyce. Elle était un roc. Je crois pouvoir dire que, sans elle, il n'aurait rien fait, n'aurait écrit aucun de ses livres [7]. »

Nora aurait été surprise d'apprendre que la postérité allait la rejeter comme une souillon illettrée, incapable même de faire la cuisine. Certains spécialistes de Joyce ont trouvé dure à avaler l'incongruité de la femme de chambre et de l'artiste. Au cours des ans, les anecdotes se sont multipliées : « Elle n'a jamais pu apprendre les langues des pays où ils habitaient. » « Sa femme illettrée et sans éducation (elle était femme de chambre quand il l'a connue)... refusait de lire *Ulysse* ou quoi que ce fût de son mari. » « Nora était incapable de procurer un minimum de tranquillité, d'ordre ou d'organisation dans leur maison. » « Comme Molly Bloom, elle avait une maison sale[8]. » Nora aurait écarté d'un haussement d'épaules ces jugements malveillants. Elle n'avait jamais été à l'aise avec le genre de personnes qui auraient pu préserver sa réputation, et ne se donnait pas la peine de les séduire. Ceux qui lui tenaient à cœur, ses amis et sa famille, savaient que dans l'accomplissement de son devoir tel qu'elle le voyait — s'occuper de James Joyce — elle était irréprochable.

Il n'y a cependant pas de doute que Nora refusa en effet de lire *Ulysse*; c'est sa faute la plus connue, bien qu'elle la partage avec la plus grande partie de l'humanité. Son principal accusateur était James Joyce. Il se plaignait, non seulement à Frank Budgen mais à bien des gens, que Nora refusât de considérer *Ulysse* comme une lecture légère, humoristique. Tout le monde ne prenait pas le parti de Joyce, même à l'époque, quand il se moquait ainsi de sa femme. « *Ulysse* amusant à lire ? » se récria C. R. W. Nevison, écrivain anglais qui, avec sa femme, entendit Joyce faire cette remarque alors qu'ils dînaient ensemble, un soir, aux Trianons. Nevison n'en croyait pas ses oreilles. « Un livre qui avait scandalisé le monde entier ! J'en suis resté éberlué[9]. »

En cette fin de xxᵉ siècle où Joyce est considéré comme un auteur difficile, et même non lu (surtout en Grande-Bretagne où le critique de Cambridge, F. R. Lewis, l'a classé en dehors de la Grande Tradition), le péché d'omission de Nora paraît moins ignorant qu'autoprotecteur. Pour Nora, *Ulysse* présentait une difficulté particulière, en partie à cause du langage, mais aussi à cause de ses efforts pour garder ses distances avec le personnage de Molly, et de sa conviction que Joyce aurait dû gagner plus d'argent pour nourrir sa famille. Le fait qu'elle ne méprisait néanmoins pas l'œuvre de Joyce dans sa totalité est prouvé par la tendresse avec laquelle elle citait ses poèmes, et par son enthousiasme pour *Finnegans Wake*.

La durée et l'attachement du ménage Joyce resteront toujours un mystère pour ceux qui tiennent à le considérer comme l'union de deux intellects incompatibles. Il existe des forces de cohésion plus puissantes, et en particulier l'assurance sans complications de Nora contre l'incertitude persistante de Joyce sur tout excepté sur son génie. Il y avait aussi dans leur relation un indéniable élément androgyne. Que cet entrelacs de qualités associées au sexe opposé ait fait partie du lien qui les unissait, cela apparaît clairement dans leur correspondance, dans les commentaires de leurs amis, et dans l'œuvre de Joyce.

Leur amour l'un pour l'autre était moins visible, et trop souvent tenu pour négligeable. Ils aimaient chacun la compagnie de l'autre, et cela se voit sur les photos, comme celle que prit à Lucerne Carola Giedion-Welcker, en 1935 : Joyce fixe un regard rayonnant sur Nora, et Nora fait preuve d'une joyeuse confiance en elle-même et en son compagnon.

Il est à noter que bien des gens ne connaissent aujourd'hui Joyce que par la notoriété d'*Ulysse*, et le prennent pour un homme à femmes. Cela n'a rien à voir avec la réalité. Dans une autre de ses mornes phrases, Stanislaus déclara que son frère, comme tant d'autres Irlandais, s'était marié de bonne heure comme pour en finir, et avait ensuite été un mari fidèle[10]. En fait, si l'on en juge par les documents disponibles, rien ne permet d'affirmer que, exception faite des prostituées de Dublin qu'il a pu rencontrer avant de connaître Nora, et peut-être aussi de quelques-unes à Trieste, Joyce ait jamais eu de vraie relation sexuelle avec une autre femme que Nora. Ce qui renforçait la loyauté de Nora et Joyce l'un envers l'autre, c'était leur profonde dépendance. Ils se donnaient l'un à l'autre, en ayant tous deux été privés, « *amor matris...* la seule vraie chose de la vie ».

A la vraie Nora s'en ajoute une autre, la Nora Barnacle qui caracole dans l'imagination des Irlandais et de ceux qui connaissent la vie de Joyce : l'insouciante rouquine qui osait dire oui en un temps où les jeunes filles convenables disaient non. Comme l'écrivit John Slocum, après être allé à Howth Head en 1948 : « Je regrettais seulement à certains moment que Constantine Curran n'ait pas été une jeune serveuse accorte, originaire de Galway, pour que l'évocation de ces dernières pages d'*Ulysse* soit vraiment complète[11]. »

Nora Barnacle appartient tout autant à la mythologie irlandaise que la reine Maeve. Les hommes avouent qu'elle leur inspire des fantasmes. Une comédie musicale intitulée *Nora Barnacle* se joua à Phoenix Park en 1977, avec des chansons inspirées du passé imaginé de Nora : « Parc Monceau » (où Joyce l'abandonna brièvement en 1904), et « A Home My Own [Une maison à moi] ». Sean O'Faolain écrivit une nouvelle sur un raseur littéraire de Dublin qui prétendait avoir un portrait authentique de Nora Barnacle, le portrait d'une jeune beauté rousse irlandaise. O'Faolain lui-même avait rêvé à son personnage :

« C'était une fille de Galway, ville animale et rustre. Ses manières spontanées et animales l'attirèrent énormément. Une parfaite compagne pour ce pseudo-intellectuel. Joyce était un peu idiot, mais pas elle. Elle était le bon sens pour lui qui n'avait pas de sens, mais attention, elle n'aurait pas fait l'affaire de n'importe qui [12]. »

Un homme qui jamais n'oublia Nora fut « son protestant », Willie Mulvagh, le comptable de l'usine d'eau minérale Joe Young. Deux fois veuf, Willie vécut jusque dans les années cinquante et, les dernières années, il alla habiter l'Angleterre avec sa fille. C'était un homme taciturne qui ne parlait jamais du passé, ne lisait jamais de livres, et n'avait pas la moindre idée qu'il pût figurer dans *Ulysse*. Sa fille en fut d'autant plus surprise le jour où, levant les yeux de son journal où quelque chose avait dû réveiller un souvenir, il lui demanda : « James Joyce ? Ce n'est pas lui qui avait épousé une fille de Galway qui s'appelait Barnacle ? [13] »

Les fantasmes autour de Nora cèdent le pas à la reconnaissance. Alors qu'on préparait le centenaire de sa naissance, l'*Irish Times* proclama qu'elle « devenait presque aussi célèbre que le mari dont elle ne pouvait pas comprendre l'œuvre. Dans sa ville natale, où son nom était naguère cité d'un ton réprobateur, Nora a reçu l'ultime accolade : un pub porte désormais son nom » [14]. Le Bureau du tourisme irlandais, ajoutait l'auteur de l'article, avait également apposé une plaque sur la maison de la mère de Nora, à Bowling Green, avec une profusion de renseignements erronés [15]. Il existe un autre pub portant son nom à Dun Laoghaire, non loin de la tour Martello, à Sandycove, désormais connue sous le nom de tour Joyce.

Dans un registre plus sérieux, Nora est à présent considérée comme le symbole de l'éternel malheur des jeunes Irlandaises : passionnées, enthousiastes, sans formation, prises dans un conflit entre la famille et la misère, entre la religion et le sexe. L'écrivain irlandais Edna O'Brien, qui a introduit en littérature l'expérience de ces jeunes femmes, estime qu'elle parle du « monde des Nora Barnacle », toutes ces filles « dans des situations d'isolement, de désespoir et souvent d'humiliation, très souvent les souffre-douleur des hommes, et presque toujours en quête d'une catharsis émotionnelle qui ne vient pas » [16].

Cette quête d'une catharsis décrit bien les soirées solitaires de Nora à l'opéra de Paris. Seule, elle se gorgeait de la mort d'amour de l'infidèle Isolde, elle se repliait sur elle-même, dans cette nostalgie d'un passé romantique qui semble posséder les Irlandais plus que toute autre race.

Dans quelle mesure Nora trouvait-elle une satisfaction à connaître son rôle dans la littérature de Joyce, on ne le saura jamais car elle ne disait pas grand-chose, à l'exception de ses allusions brutales à Molly Bloom. Elle surprit Eugene et Maria Jolas, un soir qu'ils dînaient tous les quatre ensemble, et que la conversation glissait vers le sujet des premières amours. Nora, qui d'habitude laissait parler Joyce, prit soudain la parole :

« Il n'y a rien de pareil au monde. Je me rappelle quand j'étais jeune et qu'un jeune homme était amoureux de moi. Il est venu chanter sous la pluie sous un pommier devant ma fenêtre, il a attrapé la tuberculose et il est mort. »

Nora fit ce récit simplement — non point tant, se souvint Mrs. Jolas, comme si elle n'avait jamais lu « Les Morts », mais plutôt « comme si *nous* ne l'avions pas lu »[17].

Quoi qu'elle puisse révéler d'autre, cette anecdote montre bien que, sans l'aide de Joyce, Nora savait rendre romanesque son propre passé.

L'intérêt des chercheurs commence à se fixer sur Nora. Maintenant qu'on découvre une valeur aux femmes qui ne sont « qu'épouses », Nora est reconnue comme le modèle de tous les principaux personnages féminins de l'œuvre de Joyce, et cela de plus en plus. Sa sensibilité — ce qu'elle jugeait important, drôle, ou ennuyeux — pesait sur ce que Joyce choisissait d'écrire, de même que sa syntaxe relâchée, sa structure de phrase et son indifférence à la ponctuation se nichèrent en lui, pour reparaître et modifier le cours de la littérature, dans les audaces d'*Ulysse* et de *Finnegans Wake*. Plus important encore, il reprit sa vision de la vie. Point n'est besoin d'un grand effort pour reconnaître le calme stoïcisme de Nora dans l'acceptation de la mort par Anna Livia, ou sa tolérance sans honte de la sexualité sous toutes ses formes dans l'affirmation de Molly que « ça ne m'a pas fait rougir et pourquoi donc c'est la nature »[18]. Nora, catholique, était une vraie protestante. Elle ne croyait pas que Dieu la punirait davantage pour avoir aimé Jim que pour avoir refusé de lui infliger un enterrement catholique.

Il y a encore bien davantage à apprendre sur Nora, dans l'œuvre de Joyce, mais ce ne peut être que spéculatif. La distinction doit demeurer entre fiction et biographie. Si tentant qu'il soit, par exemple, d'entendre Nora dans *Les Exilés*, quand Berthe refuse rageusement d'être humiliée par les amis raffinés de son amant, les mots restent ceux de Berthe :

« M'humilier ! Je suis fière de moi, si vous voulez le savoir ! Qu'ont-ils jamais fait pour lui ? Moi, j'ai fait de lui un homme [19] ! »

Nora savait, parce que Joyce le lui avait dit, qu'il croyait qu'elle avait fait de lui un homme. Elle confia à sa sœur qu'elle n'avait pas suffisamment fait de lui un homme [20]. Elle savait qu'elle l'avait sauvé de la honte sexuelle culpabilisante et corrosive que crée la fréquentation des prostituées, et qu'elle lui avait écrit les lettres qu'il réclamait pour le maintenir à l'abri de leurs griffes.

Les hommages à Nora constellent toute l'œuvre de Joyce — un fil lumineux qui se poursuit, de Lily la serveuse à Gretta, à Berthe, à Molly, à Anna Livia : la Femme, de la folle jeunesse à la vieillesse fanée.

Les archéologues littéraires travailleront pendant des générations à débusquer les références cachées à Nora : la « fée de chambre » de Finnegans Wake, dont le titre même englobe l'hôtel Finn's ; l'horloge Connemara en marbre de Bloom, qui s'est arrêtée le 21 mars 1896 (jour anniversaire des douze ans de Nora, si l'on retient la date du 21). On ne les trouvera jamais toutes, car seul Joyce savait où il les semait.

L'hommage au nom de famille de Nora, et par extension aux oies et aux oiseaux de mer, se retrouve à travers toute l'œuvre. Il y a seize oies dans *Ulysse*, celle du buffet de Noël dans « Les Morts », et des oiseaux de mer sous d'innombrables formes tout au long de *Finnegans Wake* [21]. De toutes les références de Joyce à l'oie sauvage — son symbole de Nora, de la métamorphose et de la résurrection —, la plus explicite est peut-être celle que l'on trouve dans l'une des phrases les plus obscures d'*Ulysse*. Elle se forme dans son esprit, presque comme une équation mathématique : « Dieu devient homme devient poisson devient oie devient montagne en lit de plumes. »

Entre les mains de traducteurs expérimentés, ce code peut être ainsi déchiffré : Dieu descend sur terre, devient l'homme qui mange un type de poisson qui se transforme en viande ou en oiseau plumé pour remplir un édredon, lequel recouvre le lit conjugal de la félicité domestique, qui permet à l'artiste de s'élever à des hauteurs de création divine. Interprétée différemment, cette phrase affirme que, de même que Dieu s'est fait homme par l'Incarnation et que le Christ est devenu poisson (symbole qui le représentait pour les premiers chrétiens), Joyce est devenu homme aux mains de la femme qui l'a ancré dans le lit de plumes de la réalité de l'amour conjugal, et qui lui ouvrit les yeux à une nouvelle vision artistique : que la chose la plus importante de la vie est l'amour — par opposition à « la force, la haine, l'histoire et tout ça »[22].

Que Joyce ait voulu élever Nora au statut de déesse personnelle, cela n'a rien de bien surprenant. Que l'ordinaire soit extraordinaire, c'est le postulat de Joyce. Nora était ordinaire. C'est-à-dire qu'elle acceptait la vie, avec sa folie, son ivrognerie, sa misère ; sa musique, sa comédie, et ses impératifs sexuels. Sa tragédie fut que jamais Joyce ne parut s'apercevoir que leur vie de famille et l'appétit sexuel de Nora qu'il admirait tant étaient sacrifiés sur l'autel de son art.

Dans tous ses livres à l'exception du *Portrait*, c'est une femme qui prononce les dernières paroles : le personnage de Nora. Dans « Les Morts », c'est Gretta qui parle : « Oh, le jour où j'ai appris qu'il était mort ! » Dans *Les Exilés*, Berthe : « Vous, Dick, vous. Ô mon étrange et farouche amant, revenez-moi ! » Dans *Ulysse* et *Finnegans Wake*, les monologues entiers de la fin sont dits par une voix de femme. Molly Bloom et Anna Livia Plurabelle, d'après Adaline Glasheen, parlent comme « des vaisseaux du secret cosmique... hors des barèmes moraux et théologiques que l'homme érige pour son tourment »[23].

Ce passage au féminin est une curieuse manifestation, de la part d'un jeune Irlandais dont la décision de partir en exil, comme il l'exprimait à la fin du *Portrait*, se justifiait par la volonté de « façonner dans la forge de mon âme la conscience incréée de ma race ». Le *Portrait (Dedalus)* est le seul livre de Joyce à s'achever sur une voix masculine. Pourquoi fallait-il que la conscience irlandaise créée par Joyce en exil eût une voix féminine ?

Le critique Colin McCabe a proposé une réponse intéressante. Il a observé que Joyce rejetait les structures masculines — la langue aussi bien que les institutions — qui elles-mêmes rejetaient le désir féminin. D'après McCabe,

« Si le jeune Joyce était hostile à l'idéologie nationale que sa génération se donnait tant de mal à promouvoir, ce n'était pas tant pour les exigences spécifiques du gaélique... mais pour leur notion de pureté irlandaise qui rattachait une fausse notion du gaélique à la notion tout aussi fausse de l'irlandais racialement et sexuelle-ment pur — plus spécifiquement, de la pure Irlandaise... [24] »

Ce combat irlandais pour maintenir la foi en une féminité irlandaise d'une pureté exceptionnelle, et pour demeurer plus austère que les autres pays occidentaux sur les questions de moralité sexuelle, ce combat dure encore, et montre bien comme cette idéologie reste forte. De même, notons-le, que la violence irlandaise.

Joyce liait la répression des femmes à la brutalité des hommes, dans *Finnegans Wake*, lorsqu'il parlait d'être « en mal de libido féminine... forcer et mettre à mâle le sexe en incisions » [25].

Nora, vue sous cet angle, était bien plus que l'Irlande de Joyce ; elle était la Femme irlandaise telle qu'il estimait qu'elle dût être. De même que *Finnegans Wake* crée sur le papier une nation irlandaise dont l'histoire n'a jamais permis l'existence, Nora joignait le caractère irlandais à la libido féminine, deux qualités que la société irlandaise s'efforce encore de tenir séparées. Joyce l'a choisie pour être sa compagne dans une vie de silence, d'exil et de ruse parce qu'elle personnifiait l'idée de la solide femme celte qui se fie à son intuition et à ses passions, fière de se dire « pire que les hommes ». De même que la paysanne du *Portrait*, elle était droite et hardie, et elle s'offrit dans l'obscurité à un inconnu timide. Avec infiniment plus de légèreté que son amant tourmenté de honte, elle enjamba les contraintes sociales faites pour la retenir.

Sa rencontre avec Nora marqua assurément le jour le plus précieux de la vie de Joyce. Dès leur première promenade au Ringsend, elle changea sa vision du monde et des forces qui le régissaient. Quand Joyce fit évoquer à Leopold Bloom la supplication de Molly : « Si qu'on se bécotait, Poldy ? Bon Dieu ! j'en meurs d'envie », il donna à son pays, à son siècle, la voix du désir féminin. C'était la voix de Nora.

APPENDICE

Homme de lettres

« Take. Bussoftlhee, mememortee ! Till thousen-
dthee *. »

Finnegans Wake.

Nora ne tenait pas de journal. Si l'on peut reconstruire sa personnalité, c'est en grande partie grâce à son beau-frère, Stanislaus Joyce. Ce fut lui qui sauva, et sa veuve qui vendit à l'université de Cornell la grande collection de lettres personnelles qui dévoilent presque tout ce qu'on sait de l'histoire familiale de Nora, de sa jeunesse amoureuse et de sa relation avec James Joyce.

Les forces du marché ont également joué leur rôle dans la révélation au monde de Nora. Après la Seconde Guerre mondiale, le moment était venu pour les papiers de Joyce de partir vers l'Ouest. Une farouche compétition entre les universités américaines fit sortir des malles et des caisses tout ce qui pouvait avoir trait à Joyce dans l'Europe entière, pour l'attirer dans la sécurité bien climatisée des salles de collections spéciales de leurs bibliothèques. Le plus grand collectionneur de l'immédiat après-guerre fut John Slocum. Quand la nouvelle se répandit que ce jeune et riche admirateur de Joyce, qui travaillait pour le State Department des États-Unis, avait payé à la sœur de Nora, Kathleen, quarante-cinq livres sterling pour quelques lettres de Michael Healy et quelques photos, Slocum fut inondé de lettres de toute l'Irlande, accom-

---

* « Prends. Boursefolie, moimoicormoi. Jusqu'à millentoi. » (N.d.T.)

pagnées d'exemplaires usagés des œuvres de Joyce, à vendre[1].

Si ces papiers n'avaient pas pris la route des universités américaines, on ne connaîtrait de Nora que quelques anecdotes et les images réfractées de Gretta, Berthe, Molly et Anna Livia. Elle serait restée un mystère, un personnage rude et flou à la compagnie duquel Joyce aurait bizarrement été accroché. En 1957, Stuart Gilbert publia ses *Lettres de James Joyce,* qu'il avait rassemblées à Paris. On n'y trouve aucune trace de l'amour de Joyce et Nora, aucune lettre de Nora, sauf un petit mot à Miss Weaver, datant de 1917, après la première opération des yeux de Joyce à Zurich, ni aucune lettre de Joyce à Nora. Gilbert expliquait cette absence avec l'assurance d'un vieil ami très proche :

« Aucune lettre de Joyce à sa femme ne subsiste, pour autant que je puisse savoir, et cela n'a rien d'étonnant. Tous deux étaient littéralement inséparables : pendant toutes les années que je l'ai connu, jamais Joyce n'a passé une nuit ou une journée entière séparé de sa femme[2]. »

Gilbert censura même des lettres importantes de Joyce, dont il avait connaissance — les lettres d'amour de 1919 à Marthe Fleischmann. D'abord ami, et ensuite chercheur, Gilbert s'effrayait à l'idée qu'on pût imprimer des choses qui auraient jeté le doute sur « le fort sentiment familial, l'amour profond pour sa femme, et un rare sentiment de la dignité » de Joyce[3]. Il fondait également son jugement sur ce que Joyce aurait sans doute souhaité : pas de publication. Giorgio Joyce et Stephen, alors étudiant à Harvard, approuvaient de tout cœur. Décevant amèrement Miss Weaver et T. S. Eliot, les *Lettres de James Joyce* parurent comme si elles représentaient la partie la plus intéressante de la correspondance connue de Joyce[4].

Joyce y faisait donc figure d'homme froid et terne, ne se souciant que de l'impression et de la publication de son œuvre. De nombreux critiques en conclurent que Joyce se réduisait au personnage qu'il présentait au monde dans les années trente : un génie desséché, et obsédé par lui-même. « C'est seulement avec sa fille — et encore, quand elle est au bord de la folie — qu'il a quelque intimité », écrivit Stephen Spender dans le *New York Times Book Review*[5].

Richard Ellmann lui-même, qui écrivait à l'époque sa grande biographie de Joyce, publiée deux ans plus tard, adopta l'idée que Joyce était un correspondant particulièrement retenu et prudent. « Joyce prit dès le début une attitude spéciale pour sa correspondance, écrivit Ellmann dans sa critique du livre de Gilbert pour *The Commonweal*, en 1957. Le bouillonnement auquel il donnait libre cours dans sa conversation avec des intimes ne se retrouve nullement dans ses lettres[6]. » Ellmann cachait qu'au même moment il travaillait sur la masse énorme des lettres inédites, parvenues entretemps à Cornell, et qui révélaient un Joyce auteur de lettres particulièrement intimiste et émotionnel.

Slocum se mit en chasse environ un an avant la vente aux enchères de La Hune en 1949, où il fut battu d'une longueur par l'université de Buffalo. Avec Herbert Cahoon, de la Pierpont Morgan Library, il s'était lancé dans la préparation d'une bibliographie de Joyce — liste méticuleusement documentée de toute l'œuvre publiée de Joyce, de ses premières critiques à la publication posthume de *Stephen le Héros*. Les deux hommes souhaitaient acheter des documents et les cataloguer et, en 1948, ils entreprirent de parcourir l'Europe pour rassembler tout ce qu'ils pourraient trouver. « Pour l'amour du ciel, écrivit Slocum à Cahoon, n'oubliez pas Trieste dans votre itinéraire[7]. »

Slocum et sa femme Eileen se rendirent à Trieste et, aux bureaux du *Piccolo,* s'enquirent du « Signor Joyce ». Quel Joyce cherchaient-ils ? Slocum expliqua que *il grande* était décédé, et que c'était le plus jeune qu'ils cherchaient[8].

Stanislaus ne fut pas difficile à retrouver. En 1948, à l'âge de soixante-quatre ans, il jouissait du statut de professeur à l'Université commerciale de Trieste, ancienne École commerciale. Après la guerre, quand il était revenu de Florence en compagnie de sa femme, Nelly, et de leur petit garçon, il avait servi d'interprète au gouvernement militaire allié de Trieste, dans l'interminable dispute où l'Italie et la Yougoslavie revendiquaient chacune la possession de la ville[9]. Slocum trouva Stanislaus peu disposé à répondre aux questions, probablement, pensa Slocum, parce que lui-même écrivait une biographie de son frère. Stanislaus fut cependant ravi d'entamer des négociations pour la vente des manuscrits en sa possession.

Slocum avait les moyens, la mobilité et le zèle nécessaires pour réaliser son rêve de rassembler sous un seul toit tous les papiers de Joyce. En 1948, il acheta entre autres choses à Stanislaus le manuscrit de « Un pénible incident », avec la liste de blanchissage de Nora au dos. A mesure que Stanislaus lui offrait des choses à vendre, le taquinant, peu à peu, Slocum commença à se rendre compte qu'il avait des rivaux. Il apprenait à ses dépens une vérité énoncée par Sylvia Beach, alors qu'elle-même était en butte aux

chasseurs d'originaux de Joyce : « Eh bien ce sont de vrais despéra-
dos, certains de ces savants hommes d'affaires[10]. »

L'année suivante, avant d'avoir vu détruire ses rêves par l'université de Buffalo, Slocum écrivait à Stanislaus, pour le remercier du
matériel reçu et promettre le paiement au plus tôt :

> « Quant à la vente éventuelle des manuscrits ou autres originaux
> de livres dont vous pourriez envisager de vous défaire, sans doute
> avez-vous entendu parler d'un " Dr. " Jacob Schwartz, sympathi-
> que fripouille s'il en fut jamais, mais fripouille quand même
> comme je l'ai appris à mes dépens il y a quelques années. Pourvu
> que vous ne lui communiquiez ni mon nom ni les conditions,
> j'augmenterai de vingt-cinq pour cent toute offre qu'il vous fera,
> pour tout matériel. Il a récemment mis la main sur une quantité de
> documents dans toute la France et l'Angleterre pour les disperser
> dans le monde entier, tandis que j'essaie au contraire de tout
> réunir, cataloguer, puis déposer à la bibliothèque de l'Université
> de Harvard, où ce sera pour toujours à la disposition des
> chercheurs. Si jamais vous souhaitez vous défaire d'une quantité
> appréciable de textes de vous-même et de votre frère, je serai
> heureux de les regrouper au sein de la Bibliothèque sous la
> désignation de " collection Stanislaus Joyce "[11]. »

A l'automne 1950, Slocum avait compris que Stanislaus avait un
caractère épineux, sur qui « j'en sais de moins en moins à mesure de
notre correspondance »[12]. Trois ans plus tard, Slocum se félicitait
d'avoir deviné que Stanislaus gardait des documents par-devers lui.
Lorsque sa femme et lui se rendirent à Trieste chez Stanislaus, en
1953, ils le trouvèrent

> « dans une curieuse humeur, et il me montra un énorme paquet de
> manuscrits, surtout des bouts et des morceaux, dont il ne sera
> disposé à se séparer que quand il aura fini d'incorporer dans ses
> livres ce dont il a besoin. J'ai lu plusieurs chapitres de son livre, et
> c'est un fort curieux document, alliant des éléments biographiques
> fascinants à de complètes absurdités... Il a été charmant et sa
> femme et son fils aussi. Eileen et moi avons passé la plus grande
> partie de la journée avec eux et je suis sincèrement navré pour lui,
> car il vit toujours dans l'ombre de l'ombre [sic] de son frère. Je
> suppose que nous finirons par obtenir de lui tout le reste du
> matériel, mais j'ai le sentiment que nous avons écrémé le meilleur
> de sa bibliothèque, à moins qu'il ne retrouve dans ses papiers,

dans un moment de besoin financier pressant, quelque manuscrit d'un grand intérêt [13]. »

L'intuition de Slocum était plus aiguë encore qu'il ne l'imaginait. Il restait effectivement à Stanislaus des papiers d'un extrême intérêt dans sa collection. Il couvait un trésor de papiers personnels de Joyce, datant de l'époque où son frère allait encore à l'école, et dont il avait caché l'existence à Herbert Gorman, à Stuart Gilbert, et aux exécuteurs de la succession Joyce. Il y avait environ mille documents en tout, dont trois cents de Joyce lui-même, vingt-deux de Nora, et une grande quantité du reste de la famille Joyce. Personne, à l'exception peut-être de Nora, à Zurich, n'avait connaissance du secret de Stanislaus, et certainement pas Stuart Gilbert, qui avait pris contact avec lui pour son volume de correspondance et s'était entendu répondre que toutes les lettres présentant le moindre intérêt avaient été données à Herbert Gorman, le biographe de Joyce, des années auparavant [14].

Stanislaus voulait garder tout pour lui, en attendant d'avoir terminé son livre sur James Joyce. Mais il se faisait vieux et son livre, comme Slocum put s'en rendre compte, se révélait bien difficile à écrire.

En 1953, Stanislaus rencontra l'homme qui allait résoudre ses problèmes : Richard Ellmann. Spécialiste de littérature anglo-irlandaise, Ellmann était alors âgé de trente-cinq ans, et professeur à l'université Northwestern. Il avait passé plusieurs années à Dublin avec sa famille, après la guerre, et écrit d'excellentes études sur Yeats. Il était maintenant lancé dans une biographie de Joyce. Dans le cadre de ses recherches, il se rendit à Trieste et, devant cet Américain érudit, Stanislaus dévoila enfin ses réserves secrètes.

Pour Ellmann, ce fut comme d'être conduit au cœur du tombeau de Toutankhamon sans avoir eu à creuser. Stanislaus possédait le compte rendu presque jour par jour des premières années de Joyce, avec ses pensées les plus intimes ; y compris les lettres que Joyce écrivait à sa mère, à vingt et un ans, lorsqu'il crevait la faim à Paris, et même la chronique des amours de Joyce et Nora, en 1904. Stanislaus avait également ses propres carnets, inestimables, le premier couvrant les années jusqu'à son départ de Dublin pour Trieste, en 1905, et le second couvrant les années turbulentes de la vie à Trieste, jusqu'à la séparation des deux frères par la Première Guerre mondiale. Doté de cette riche moisson, et sans même parler de son propre talent d'écrivain et de critique, Ellmann était assuré que sa biographie de Joyce serait extraordinaire. Elle allait éclipser totalement celle de

Gorman, publiée en 1939, qui se révélerait alors pour ce qu'elle était, un croquis morne et obséquieux de l'homme qui l'avait autorisée.

Pour Stanislaus, presque septuagénaire, l'occasion était irrésistible. Il pouvait remettre entre les mains d'un brillant érudit doublé d'un homme de cœur sa propre version de la vie de son frère, en mettant l'accent sur sa contribution personnelle. Par l'entremise d'Ellmann, il pouvait revendiquer le fait d'avoir sauvé Nora et les enfants de la famine, et sauvé Joyce pour la littérature mondiale. Il pouvait même révéler comment il avait, en 1909, sauvé le mariage de son frère (en défendant Nora contre les accusations de Cosgrave)[15].

Stanislaus percevait aussi la manière dont Ellmann pourrait l'aider à accoucher de son propre manuscrit. A Trieste, vivant si loin de la scène littéraire anglaise, Stanislaus s'était débattu dans de grandes difficultés pour laisser son empreinte comme écrivain. L'échec talonnait toutes ses tentatives, ravivant d'anciennes humiliations. Ainsi, à l'invitation de la BBC, il enregistra fièrement en 1948 une causerie sur son frère, pour s'apercevoir ensuite que la retransmission avait été retardée à cause de sa sœur Eileen qui, de Dublin, avait pris contact avec la BBC pour enregistrer elle aussi une causerie. La BBC décida que les deux interviews formeraient un tout, et retarda donc celle de Stanislaus. Il en éprouva une grande fureur. Eileen était à peine capable d'écrire une lettre, vociférait-il, alors comment envisager une causerie pour le programme le plus intellectuel de la BBC[16] ! Qui plus est, ce sans-gêne d'Eileen lui avait coûté de l'argent, rageait-il. Sa causerie devait être publiée dans *The Listener,* ce qui aurait doublé la rétribution — trois guinées — qu'on lui donnait pour l'enregistrement de son texte dans les studios de Radio Trieste[17].

Sous-jacente à tout cela, on sentait l'amertume de Stanislaus. Il se voyait (avec quelque justice) comme l'un des frères les plus mal traités de l'histoire des génies. Le fait qu'il eût sacrifié son propre bonheur pour se voir jugé avec « une indifférence désinvolte »[18], constituait l'un des thèmes majeurs de son livre. Son frère, voulait proclamer Stanislaus à la face du monde, était d'une outrageuse indifférence aux besoins de qui n'était pas lui-même. Ce dont il avait besoin, il le prenait. « Il lisait mon journal intime sans ma permission, racontait Stanislaus, évoquant leur jeunesse, et il s'en moquait ouvertement. » Du fait du rapide déclin de la famille Joyce dans les années quatre-vingt-dix, l'éducation de Stanislaus avait été inférieure à celle de Jim, bien qu'il eût aussi de considérables possibilités intellectuelles. Pas de Clongowes Wood College pour lui, « la meilleure éducation que le pays pût offrir à un garçon de sa classe et de sa religion »[19]. Non plus que d'University College à Dublin.

Seulement le Belvédère, cet externat de jésuites que Jim et Charlie avaient également fréquenté, et ensuite une école de comptabilité.

Dans ses écrits aussi, Joyce avait accumulé les humiliations sur Stanislaus. Il n'avait pas tenu sa promesse de lui dédier *Gens de Dublin*. Puis, quand il avait transformé *Stephen le Héros* en *Dedalus*, Joyce avait supprimé le personnage de Maurice, le frère sensible de l'artiste, pour mieux montrer l'artiste « seul et sans amis ». Pis encore que les omissions, il y avait certaines phrases de l'œuvre de Joyce : « Un frère s'oublie aussi facilement qu'un parapluie [20]. » « My gold fashioned bother » * [21]. » Dans *Gens de Dublin*, la nouvelle « Une rencontre » part d'un incident de leur enfance, où Joyce et Stanislaus avaient fait l'école buissonnière ensemble. Le garçon narrateur y dit, de son compagnon : « Tout au fond de mon cœur, je l'avais toujours un peu méprisé. » Dans *Finnegans Wake*, Joyce a créé deux frères, Shem et Shaun ; Shem (James) est la Plume, l'artiste créatif ; et Shaun (Stan) est la Poste, le tâcheron qui préfère la nourriture à la boisson. C'étaient là des piques destinées à blesser, et elles blessaient.

Ces frustrations et ces affronts (et surtout les douloureuses années passées ensemble à Trieste) avaient conduit Stanislaus à décider — bien avant sa rencontre avec Ellmann — de tirer le maximum de ses souvenirs et des papiers de son frère [22].

La montagne de lettres a survécu parce que les deux frères étaient du genre à tout garder. Stanislaus avait commencé sa collection dès l'époque où il s'était rendu compte que son frère aîné n'était point un mortel ordinaire. C'était lui qui, partant pour Trieste en 1905, avait emporté les archives de jeunesse de Joyce ainsi que les lettres envoyées par Jim à Dublin, de Pola et de Trieste. Il sauva même les lettres que Joyce avait écrites en 1905 à tante Josephine, lui confiant sa déception au sujet de Nora [23]. A Trieste, Stanislaus entassait sur son trésor toutes les lettres familiales qui affluaient de Dublin, et aussi de Rome. Plus tard, dans son camp de prisonniers en Autriche, il conserva les lettres de Joyce et Nora qui habitaient Zurich.

Joyce était également un écureuil. Il ne jetait rien — lettres de toutes ses sœurs, de Charlie, de son père et de tante Jo, de tous les éditeurs et les avocats. Nora était très différente, elle n'avait rien

---

* Jeu de mots intraduisible littéralement, sur : frère/contrariété, et démodé/cousu d'or. (N.d.T.)

d'une archiviste prévoyant la gloire future. Ses correspondants étaient surtout des femmes. Elle jetait leurs lettres après les avoir lues, et elles les siennes (jusqu'aux années parisiennes, où Helen Nutting, Lillian Wallace et Helen Joyce jugèrent celles de Nora dignes d'être conservées). Aucune lettre de Nora à sa mère n'a survécu, par exemple. Le fait que quelques-unes, écrites par sa mère à demi illettrée, et envoyées à Zurich, aient trouvé le chemin du trésor de Stanislaus, donne à supposer que Joyce les avait chipées dans un but littéraire, et emportées quand la famille était retournée à Trieste en 1919.

L'indifférence de Nora à ces questions rend d'autant plus extraordinaire le fait qu'elle ait conservé la correspondance tellement embarrassante de 1909. Quand Joyce lui disait : « Garde mes lettres pour toi, ma chérie. Elles sont écrites pour toi », elle comprit le message dans les deux sens : non seulement les garder secrètes, mais les garder tout court.

D'une manière ou d'une autre, les lettres obscènes trouvèrent leur place dans la collection de papiers qui voyageait à travers Trieste chaque fois que les Joyce changeaient de domicile, et qui survécut à deux guerres mondiales.

En 1920, quant ils quittèrent Trieste pour Paris avec l'intention de revenir, Joyce et Nora laissèrent tous leurs papiers chez Eileen et Frank Schaurek. C'est seulement deux ans plus tard que Joyce manifesta les premiers signes d'appréhension. A peine *Ulysse* l'avait-il catapulté sur la scène mondiale qu'il commença à payer le prix de la gloire — il fut profondément blessé par la malveillante conférence de Francini, « Joyce mis à nu sur la Piazza », donnée à Trieste au début de 1922 — et il écrivit à Stanislaus qu'il venait « dans ta ville hospitalière pour ramasser quelques petites choses : pardon, pour faire un paquet de diverses choses que je n'ai pas pu mettre dans ma malle lors de mon départ de Trieste »[24]. Il n'y retourna jamais, mais avait sans doute l'intention de le faire après la guerre. Il n'avait pas prévu de mourir en 1941.

Dès 1921, il avait pris la précaution de se faire apporter certaines choses confidentielles de Trieste à Paris, par Ettore Schmitz. Cela comprenait peut-être les lettres pornographiques écrites en 1909 par Nora, pour qu'il pût s'en servir dans le monologue de Molly Bloom. La spirituelle grossièreté de l'argot triestin qu'il employa pour indiquer à Schmitz où trouver les documents montre bien qu'avec ce qu'il appelait son « esprit de commis-épicier », il se rappelait fort bien où chaque chose était entreposée à Trieste :

« Il y a à Trieste dans l'appartement de mon beau-frère... dans la chambre présentement occupée par mon frère... une sacoche en toile cirée fermée par un élastique de la couleur d'un ventre de nonne, et mesurant approximativement 95 cm sur 70 cm. Dans cette sacoche j'ai rangé les symboles écrits des languides étincelles qui parcouraient parfois mon âme [25]. »

Joyce recommandait à Schmitz de placer la sacoche dans une valise, fermée à clé pour que nul ne pût l'ouvrir — lui disant où acheter la valise et ajoutant, trait caractéristique, que son frère, le professeur, paierait. Joyce déclara à l'époque qu'il avait besoin de cette correspondance pour terminer *Ulysse*.

Il se peut que Joyce ait voulu protéger au moins Nora. On peut aussi imaginer que, entre l'époque où il les reçut à Dublin, à la fin de 1909, et celle où il quitta Paris avec Nora, en 1939, ces lettres ne sortirent jamais de sa possession. Qu'est-il advenu des lettres de Nora ? Peut-être étaient-ce celles que Maria Jolas vit Nora déchirer en 1939. La rumeur persiste cependant qu'elles se trouvaient parmi les papiers sauvés par Paul Léon et confiées à la Bibliothèque nationale de l'Irlande, pour être ouvertes en 1991.

Joyce considérait-il que Stanislaus avait dû lire toutes les lettres laissées derrière lui ? En 1922, quand Stanislaus écrivit méchamment : « Tout ce qui est sale semble exercer sur toi la même irrésistible attraction que les bouses de vaches sur les mouches », il pouvait faire allusion aux lettres intimes de son frère aussi bien qu'à *Ulysse* [26].

Il est clair que Joyce ne chercha pas à tenir Stanislaus à l'écart des papiers laissés à Trieste. Loin de là ; il lui imposa la tâche d'être son administrateur triestin, de fouiller pour retrouver des certificats et des lettres traitant de sujets littéraires. En 1931, après avoir autorisé Gorman à écrire sa biographie, Joyce pria Stanislaus de parcourir « cette fichue correspondance barbante » [27].

Stanislaus s'exécuta, et grommela à Gorman :

« Je joins une petite liasse de lettres représentant, pour autant que je puisse en juger, un dixième environ des lettres à copier. Le travail avance très lentement. Je ne dactylographie pas et n'ai pas moi-même de machine à écrire, mais un ami à moi, qui connaît assez bien l'anglais, m'a aimablement aidé jusqu'à présent. Comme il a du mal à déchiffrer l'écriture de mon frère, je dicte et il tape à la machine. De cette manière, une assez longue lettre de 6-700 mots prend une heure et demie, dix longues cartes postales prennent trois heures. J'ai consacré pratiquement tout mon temps libre à ce travail, et à celui infiniment moins agréable de trier les lettres d'un gros tas dans une vieille valise moisie[28]. »

Les lettres se classaient en trois catégories, expliqua Stanislaus à Gorman : « Concernant Rome, concernant Pola, concernant Trieste. » Ce n'était pas l'entière vérité. Il y avait une quatrième catégorie : concernant Dublin. Parmi ces lettres se trouvaient les premières que Joyce eût écrites à Nora, depuis : « Peut-être suis-je aveugle. J'ai longtemps regardé certaine chevelure brun-roux... » jusqu'aux lettres désespérées de 1912, quand il lui écrivait à Galway, de Dublin : « Pensant au livre que j'ai écrit, à l'enfant que j'ai porté pendant des années et des années dans le ventre de mon imagination comme tu as porté dans ton ventre les enfants que tu aimes... »

En faisant pour Gorman une sélection, cependant, Stanislaus ne cherchait pas à flatter son frère. Certaines lettres, observa-t-il en les donnant à Gorman, montraient « l'incapacité de mon frère à s'adapter aux conditions économiques moyennes, il était, et l'est encore, je pense, incorrigible »[29]. Il joignait au paquet destiné au biographe de Joyce certaines choses étonnamment personnelles, comme les lettres concernant le suicide de Schaurek, par exemple. Il proposa également à Gorman des extraits de ses propres carnets de Trieste, pour rendre sa « vie » plus vraie. Il semble bien qu'en 1931 Stanislaus ait déjà été en quête d'un exutoire pour faire valoir sa version de la vie de son frère.

Stanislaus donna libre cours à son amertume pour le bénéfice de Gorman, comme il le fit plus tard avec Ellmann. Il était allé à Trieste en 1905, disait-il, parce que son frère « souhaitait avoir quelqu'un à qui parler », et jamais il n'avait trouvé le moyen de revoir l'Irlande. En 1909, confia Stanislaus à Gorman, il avait prévu de retourner là-bas en visite, en emmenant son neveu, Giorgio, mais

« au dernier moment mon frère a voulu y aller, comme j'avais toujours soupçonné intérieurement qu'il le ferait. Il fut accueilli à la gare de Westland Row, à Dublin, par tout un groupe familial qui lui demanda : " Où es Stannie ? " C'est une question que je me suis moi-même souvent posée. Sincèrement vôtre,

Stanislaus Joyce[30] ».

En 1954, près d'un demi-siècle après son départ de Dublin, Stanislaus retraversa la Manche. Il faisait le voyage en tant que responsable d'un groupe d'étudiants triestins, mais il n'alla que jusqu'à Londres. Il refusa une invitation à se rendre à Dublin ; il était trop hostile à la République d'Irlande et à l'attitude de celle-ci envers son frère. Pendant son séjour à Londres, il rencontra Harriet Weaver pour la première fois, et revit aussi Richard Ellmann. Ellmann observa que Stanislaus était fatigué, et qu'il n'allait pas bien[31].

A son retour à Trieste, Stanislaus reprit ses cours d'anglais et continua jusqu'en 1955, mais sa santé se détériorait. A la mi-juin, il fut pris de terribles douleurs dans la poitrine et, après trois jours d'agonie, il mourut. Il avait soixante et onze ans. Sa mort eut lieu le 16 juin — Bloomsday, le jour d'*Ulysse*. Aux funérailles, le fils adolescent de Stanislaus, Jimmy, sanglota douloureusement. Le recteur de l'université prononça une allocution.

Cependant, l'université ne pouvait rien faire de plus pour aider la veuve et le fils de Stanislaus. Etant étranger, il n'avait droit à aucune retraite. Nelly se trouvait donc dans une situation financière désespérée. Comme elle avait acquis la nationalité britannique, elle était étrangère, elle aussi, et ne trouvait pas facilement de travail[32]. Totalement démunie, elle n'avait qu'une seule solution : vendre les papiers du beau-frère qu'elle avait à peine connu à la plus offrante des bibliothèques américaines.

Le 5 décembre 1956, William Mennen, président de la société de lotion après-rasage du même nom à Morristown, dans le New Jersey, trouva dans son courrier du matin une invitation surprenante. La bibliothèque de sa chère *alma mater*, l'université Cornell à Ithaca, dans l'État de New York, cherchait des donateurs pour pouvoir acquérir une collection de lettres de James Joyce — la plus grande collection de papiers joyciens qui fût entre des mains privées, la plus riche source documentaire au monde sur la vie de Joyce jusqu'en 1920. La collection contenait également des manuscrits, les dissertations scolaires de Joyce, beaucoup de correspondance familiale, des photographies et divers autres documents. C'était, apprit Mennen, « discrètement offert » par la veuve du frère de Joyce, et Cornell avait pris une option dessus. Le prix de la « collection de base », disait le bibliothécaire Stephen A. McCarthy, s'élevait à trente mille dollars. Il y avait aussi la possibilité qu'un paquet de lettres supplémentaires devienne disponible, auquel cas le prix augmenterait de six mille dollars[33].

Cornell ne savait pas, ou ne s'en souciait guère, que Harvard avait détruit le rêve de Slocum en refusant pour des raisons administratives d'acheter les papiers de Joyce, ou que Yale, qui avait acheté les papiers de Slocum et les avait baptisés « Collection Joyce de John et Eileen Slocum », avait refusé la nouvelle proposition à cause du prix trop élevé. Cornell s'intéressait davantage à damer le pion à l'université toute proche de Buffalo, qui avait déjà une collection Joyce non négligeable, mais que le prix demandé décourageait. Le doyen du collège des Arts et Sciences de Cornell était décidé à acquérir le matériel joycien de Trieste. « Cette collection, disait-il, est au département d'anglais ce qu'est un cyclotron au département de physique [34]. »

Cornell prépara son acquisition avec un sens du secret quasiment militaire. On ne soulignerait jamais assez le caractère confidentiel de l'affaire (« presque personne ne sait que la collection est sur le marché ») non plus que la nécessité d'agir vite. La bibliothèque se tournait donc « discrètement » vers plusieurs amis dans l'espoir qu'ils voudraient chacun donner mille dollars pour l'achat, et s'il se trouvait un donateur unique pour le faire seul, « ce serait magnifique ».

Le 11 janvier 1957, Stephen McCarthy reçut la lettre qu'il espérait. Du bureau du président de la compagnie Mennen, avec l'en-tête gravé à l'emblème de Mennen, arrivaient les paroles tant attendues : « Je suis votre type, car je suis disposé à relever votre proposition d'offrir la collection Joyce à l'université. » Mennen précisait qu'il répartirait ses paiements sur une période de trois ans, qu'il partait trois mois en Amérique du Sud, et que Cornell devait « se remuer pour dénicher un autre père Noël » pour trouver d'autre argent [35].

D'autres donateurs se présentèrent bientôt, et l'affaire fut conclue. Il y avait finalement plusieurs paquets de correspondances supplémentaires, dont la plus importante se révéla être celle entre James et Nora. Elle était enveloppée séparément. Un prix de sept mille dollars fut fixé pour cette « collection secondaire » et payé par Victor Emmanuel et C. Waller Barrett. Dans ses négociations avec Cornell, Nelly Joyce bénéficiait de l'assistance de deux intermédiaires ; l'un était Richard Ellmann, désireux de l'aider par compassion et par gratitude envers Stanislaus, qui lui avait été d'un grand secours pour sa biographie. Ellmann aurait préféré voir les lettres aller à Yale, son *alma mater,* mais il savait que la première urgence était de subvenir aux besoins de la famille Joyce. Quant à l'autre, il n'aurait pas pu être plus approprié, ou plus compétent : c'était l'ancien ami triestin de Joyce à Zurich, Ottocaro Weiss.

Dans les années cinquante, Weiss vivait à New York. C'était un homme d'affaires florissant et prospère, avec des intérêts à Wall Street et à Buffalo, dans l'État de New York, où il était président du conseil d'administration d'une grande compagnie d'assurances italienne, Assicurazioni Generali di Trieste e Venezia, qui opérait en Europe et aux États-Unis, et aussi président du conseil d'administration de la Buffalo Insurance Company, que les Assicurazioni Generali avaient rachetée, et qui opérait aussi en Europe et aux États-Unis. De même que c'était lui qui avait averti l'université de Buffalo de la vente de la collection de La Hune en 1949 à Paris, il connaissait l'existence de la collection de Trieste et son importance [36], et ce fut lui encore qui attira les deux plus importantes collections de papiers de Joyce dans les terres intérieures de l'État de New York. Weiss gardait-il une amertume de la rupture avec Joyce en 1919 ? On l'ignore. Le passage du temps affectait différemment les divers anciens amis de Joyce. Beaucoup l'avaient perdu de vue dans leur jeunesse à cause d'un désaccord quelconque, mais la plupart, à mesure que croissait la réputation de Joyce, pardonnèrent tout pour le plaisir de baigner dans le reflet de sa gloire.

Le fait est que, quels que fussent ses motifs et son ignorance du contenu de la collection, Weiss avait aidé à conclure une vente qui révéla au monde les fantasmes sexuels, les secrets de Joyce, et la description des recoins et des odeurs les plus secrètes du corps de la femme de Joyce.

Le 21 mai 1957, tous les papiers de Trieste étaient arrivés à Ithaca, et il ne fallut pas longtemps à Cornell pour réaliser qu'on n'avait pas acheté là un cyclotron mais une bombe.

Décrivant ses acquisitions, l'université se hâta d'annoncer que certaines parties en seraient d'un accès limité, et en particulier certaines correspondances relatives à des personnes encore en vie. Seule la majeure partie serait cataloguée et accessible aux chercheurs [37].

Pourtant, les événements tournèrent différemment. La collection entière fut cataloguée. Un étudiant en quête d'un sujet de thèse, Robert Scholes, se vit affecter cette tâche. Les lettres étaient déjà plus ou moins classées par ordre alphabétique. Scholes s'installa dans la salle des manuscrits, alors au deuxième sous-sol, apprit à déchiffrer les écritures — celles de tante Josephine et de Mrs. Barnacle étaient pratiquement illisibles — et disposa les lettres et autres documents en ordre parfaitement clair, et les classa de 1 à 1 450. Pour identifier les lettres individuelles, il suivit la formule la plus simple, qui consistait à prendre l'adresse et la phrase d'ouverture de la première ligne. La lettre du 9 décembre 1909 commençait par : « Ma gentille polissonne, mon petit gibier de foutoir » ; Scholes reprit la citation exacte. Le catalogue Scholes parut en 1961, avec une introduction qui évoquait « une correspondance intime et révélatrice entre James Joyce et sa femme Nora ».

La nouvelle ne fut pas longue à se répandre à l'étranger, parmi les joyciens, que Joyce avait écrit à sa femme des lettres qui faisaient pâlir *Ulysse*. Ceux qui avaient fait le voyage à Cornell le racontaient à ceux qui ne l'avaient pas fait.

Quant au lecteur ordinaire, toutefois, qui se contentait de la biographie d'Ellmann, il ne pouvait guère imaginer la quantité ni la qualité de la correspondance en question. Ellmann, qui avait eu accès à la totalité de la correspondance avant la vente à Cornell, citait les images les plus lyriques de Joyce concernant Nora : « Son âme ! Son nom ! Ses yeux ! Je les vois pareils à de splendides et étranges fleurs sauvages bleues poussant dans l'enchevêtrement de quelque haie inondée de pluie », mais il ne touchait guère au langage grossier des lettres, et moins encore à ce qu'elles révélaient des pratiques sexuelles de Joyce et de Nora. « Le style est de Verlaine, mais la voix de Masoch », disait-il pour évoquer le sens de ces lignes de Joyce, « te sentir fouetter, fouetter, fouetter vicieusement ma chair nue et frémissante !!! ». Et il résumait toute cette extraordinaire correspondance par la modeste affirmation que Joyce et Nora « échangeaient des lettres beaucoup plus franches que celles de Bloom et Martha Clifford »[38].

C'est là, dans une biographie de presque neuf cents pages, le seul extrait direct des lettres obscènes qui révèlent tant de choses sur la relation de Joyce avec Nora, sur l'imagerie anale et la culpabilité sexuelle qui hantent *Ulysse* et *Finnegans Wake*, et surtout sur la personnalité de Nora. Les lecteurs de la biographie d'Ellmann n'avaient donc aucun moyen d'apprécier l'intensité et le caractère cru des exigences que Joyce imposait à Nora, non plus que la complaisance délibérée de Nora. Même en admettant que les biographies intellectuelles des années cinquante ne fussent pas censées se préoccuper de la vie sexuelle de leurs sujets, cette discrétion était néanmoins une forme de distorsion — aussi trompeuse pour le lecteur que l'omission par sir Roy Harrod de toute allusion à l'homosexualité de John Maynard Keynes dans sa biographie autorisée, en 1951[39].

Ellmann n'acceptait pourtant cette autocensure qu'à son corps défendant. Elle lui était imposée par la Société des auteurs, qui représentait les curateurs littéraires de Joyce. Il travaillait avec la bénédiction des exécuteurs testamentaires de Joyce, qui cherchaient à minimiser le tapage fait autour de ces lettres. Les restrictions troublaient autant Ellmann, en tant que chercheur, que la bibliothèque de Cornell. Il obtint l'autorisation de publier une vaste sélection de la correspondance dans le cadre de la nouvelle édition des lettres de Joyce qu'il préparait, mais fut prié de ne point trop insister dessus dans la biographie.

Quand sa biographie parut en 1959, elle fut justement acclamée comme l'une des meilleures biographies littéraires de l'époque, l'étude définitive sur Joyce, et une œuvre d'art en soi. Elle n'était pourtant pas sans défauts. Avant même la publication, J. F. Byrne avait mis en garde Ellmann contre sa trop grande confiance dans la version des événements présentée par Stanislaus, qui était « un homme aigri, frustré, confus et inexact »[40]. Le critique William Empson qualifia la biographie d'Ellmann de « portrait de Caïn par Abel ». Le fait que le livre fût « faussé dès le départ » par son parti pris de confiance envers Stanislaus l'empêchait absolument, selon Hugh Kenner, d'être « définitif »[41].

On a cependant pu observer que, quand il révisa sa biographie pour la nouvelle édition qui parut en 1982, dans un climat moral totalement différent de celui qui régnait en 1959, Ellmann choisit cette fois encore de rester discret sur les lettres obscènes. Il n'offrit aux lecteurs qu'une citation fort limitée du tas de polissonneries scabreuses : « Ma bite est encore chaude, raide, tremblante de la dernière poussée brutale qu'elle t'a donnée, que l'on entend une hymne légère monter des sombres cloîtres de mon cœur[42]. »

Néanmoins, les lettres devinrent en partie accessibles au public en 1966, quand les volumes II et III des lettres de Joyce furent publiés, présentés par Ellmann. Ils incorporaient le cœur de la collection Cornell, améliorant considérablement l'édition de Stuart Gilbert, qui fut réimprimée avec des corrections et désignée comme volume I. Le volume II d'Ellmann comprenait les lettres pornographiques de 1909, bien qu'avec d'importantes coupures. Dans son introduction, Ellmann défendait l'inclusion de ce qu'il avait à contrecœur dû censurer de sa biographie de Joyce, en disant que les considérations littéraires primaient tout : ces lettres constituaient un extraordinaire dossier sur le sentiment de Joyce quant à la sexualité. « L'éditeur a tenté, écrivit-il, de publier toutes les lettres dans leur intégralité, car une nouvelle génération ne justifie plus le caractère privé de la vie conjugale d'un auteur décédé[43]. » Puis, en 1975, dans *Choix de lettres de James Joyce*, Ellmann publia intégralement la correspondance de 1909, sans la moindre omission. Tous les mots sales y figurent.

Les curateurs de la succession Joyce (qui ne comprenaient plus Miss Weaver, décédée en 1961) avaient fini par consentir à la publication afin de mettre fin au piratage des lettres, qui étaient souvent citées à tort et à travers. Beaucoup de gens les avaient lues. Une chercheuse française, Hélène Berger (également connue sous le nom de Cixous), les avait recopiées à la main et publiées en France[44]. Elles avaient fait l'objet de débats dans des publications académiques (dont une analyse particulièrement intéressante de Mary T. Reynolds de Yale, en 1964[45]).

Mais avait-on eu raison de les publier ? Peu de controverses sont aussi clairement justifiées des deux côtés. L'ancien éditeur de Joyce, B. W. Huebsch, passé chez Viking, considérait que, puisqu'elles avaient survécu — quelle qu'en fût la raison — il aurait été criminel de détruire ces lettres, et que, puisqu'elles existaient, il aurait été absurde d'en priver les gens qui étudiaient l'œuvre de Joyce. Qui plus est, puisque le génie de Joyce avait libéré la littérature moderne en mettant noir sur blanc les pensées ordinaires ou tabous de l'imagination humaine, ses lettres intimes ne pouvaient donc atteindre sa réputation[46].

A quoi d'autres ont rétorqué que, si même il avait souhaité que les lettres survivent, Joyce n'aurait pas imaginé qu'elles puissent être imprimées un jour. (Ironiquement, ses propres paroles ne pouvaient être protégées par les conventions qu'il avait démolies.) De nombreux amis intimes des Joyce, comme Samuel Beckett ou Kay Boyle, furent profondément blessés[47]. Arthur Power aussi. La publication de ces lettres, déclara-t-il peu avant sa mort, en 1984, était « vraiment une sale chose à faire ».

Les sensibilités familiales furent prises en considération, puis écartées. Giorgio Joyce était encore en vie quand parut le *Choix de lettres,* mais trop malade et trop alcoolique pour pouvoir lutter contre la décision des curateurs. Quant à Stephen Joyce, bien qu'absolument furieux, il ne put rien faire. Il était certain que jamais Miss Weaver n'aurait toléré cela.

Il est vrai que Miss Weaver avait détruit certaines lettres traitant de sujets familiaux qu'elle estimait sensibles. En confiant à la British Library une volumineuse correspondance, elle précisa candidement qu'elle avait détruit certaines lettres « de mes propres mains ».

L'une de ces lettres était la longue missive du 6 février 1932, après que Lucia avait lancé une chaise à la tête de Nora. Dans sa préface au *Choix de lettres,* Ellmann dit : « On doit accepter sa conviction que trois ou quatre lettres, sur les centaines qu'il lui

écrivit, dont beaucoup dans des contextes personnels douloureux, étaient intolérables. »

Si Miss Weaver trouvait ces lettres intolérables, estimait le
petit-fils de Nora, Stephen Joyce, qu'aurait-elle dit des lettres
obscènes ? Par ailleurs, Jane Lidderdale, filleule et biographe de
Miss Weaver, considère que sa marraine aurait soutenu la publication parce qu'elle était opposée à toute censure et au piratage
que provoquait la suppression. Miss Weaver, malgré son apparence, ne se choquait guère, et elle savait faire une distinction
claire. Les lettres sur la relation de Joyce avec sa femme étaient
liées à l'œuvre de Joyce ; les lettres sur le comportement de
Lucia ne l'étaient pas. Il faut tout de même noter qu'elle s'était
déclarée favorable à la publication des lettres de Marthe Fleischmann [48].

La question demeure, pourquoi Joyce ne demanda-t-il pas à
Stanislaus de lui réexpédier les lettres pornographiques ? D'après
Moune Gilbert, amie intime de Nora, Joyce le lui avait précisément demandé. « Il suppliait qu'on les lui renvoie ! » rapporta
Mme Gilbert avec véhémence, lors d'une interview [49]. Francis
Evers, ami de Beckett, affirma aussi (sur la base de conversations avec Maria Jolas) que « le couple Joyce laissa les lettres
derrière lui dans Trieste en guerre, et tenta par la suite de les
récupérer, sans doute avec l'intention de les détruire », mais que
« ces lettres ne lui furent jamais restituées non plus qu'à sa
femme par ceux qui avaient mis la main dessus à Trieste [50] ».

Peut-être Joyce avait-il effectivement écrit à Stanislaus pour
demander le renvoi de la correspondance en question. Un trait
frappant de la collection de Trieste à Cornell, c'est qu'on n'y
trouve rien qui montre Stanislaus sous un mauvais jour. Pendant
les longues années d'amertume à Trieste, quand il voyait croître
la réputation mondiale de son frère et que lui-même devait
commander les livres de Joyce à la librairie de Sylvia Beach,
quand il n'obtenait que railleries parce qu'il demandait le remboursement d'un prêt de dix livres, dans la lettre même où
Joyce se vantait du nouveau cadeau de huit mille cinq cents
livres que lui faisait Miss Weaver [51], Stanislaus eut amplement le
temps de censurer les papiers à son propre avantage. Des trous
voyants dans la collection suggèrent que c'est ce qu'il fit. On ne
retrouve aucune trace de la lettre angoissée que Helen disait
avoir envoyée à Stannie, à l'insu de Giorgio. Ni de la lettre
instruisant Stanislaus d'avoir à communiquer les lettres pour la
biographie de Gorman. Le fait qu'aucune lettre n'ait survécu

pour arriver jusqu'à Cornell et montrer que Joyce avait réclamé le renvoi de sa correspondance ne prouve nullement que Joyce ne l'ait pas écrite.

La controverse n'est pas finie.

Stephen Joyce a poursuivi avec passion la lutte contre la violation de ce qui reste de l'intimité de ses grands-parents (qu'il appelle par les noms que lui seul a qualité pour employer, Nonno et Nonna). Il estime qu'il n'y a rien d'autre à dire que le conseil même de Joyce à Nora, de garder ses lettres pour elle-même[52]. Au neuvième symposium international sur James Joyce, en juin 1984, à Francfort, il déclara en regardant bien en face Ellmann et divers autres spécialistes de Joyce :

« Des lettres personnelles d'ordre très intime, qui n'avaient jamais été destinées aux regards du public, ont été vendues, piratées et publiées. Je condamne et déplore cette invasion intolérable et éhontée de la vie privée, comme l'auraient fait mes grands-parents s'ils se trouvaient aujourd'hui à mes côtés. »

Dans une lettre à l'*International Herald Tribune*, Stephen développa son point de vue :

« Ma désapprobation est dirigée contre tous ceux qui ont contribué à la publication de ces lettres : la personne qui a vendu les lettres sans leur assurer une protection adéquate, en fait la femme de Stanislaus Joyce, Nelly ; la journaliste française et écrivain qui les a piratées de la bibliothèque de l'université Cornell et la revue périodique française qui les a publiées en premier ; et bien sûr l'éditeur ainsi que le responsable de l'édition du *Choix de lettres*, le professeur Ellmann[53]. »

Stephen a démontré la contradiction entre le traitement réservé aux lettres de son grand-père et la manière dont on avait empêché la publication du journal de Stanislaus, auquel Ellmann avait accès, et qui contient des passages explicites sur la vie sexuelle de Stanislaus. Il était malheureux, déclara Stephen, que la même délicatesse n'eût pas été accordée aux lettres de son grand-père adressées à sa grand-mère[54].

La publication *in extenso* de la correspondance prouve qu'il n'y avait pas d'embargo possible, quoi qu'on ait pu promettre au moment de la vente à Cornell.

Nelly Joyce, sur qui retombait la responsabilité d'avoir révélé la correspondance intime au monde, a nié avoir eu la moindre connaissance du contenu de ce qu'elle vendait. Beaucoup plus âgé qu'elle, son mari passait ses soirées enfermé avec ses livres et, pour autant qu'elle sût, ne s'intéressait qu'à « la politique, la politique, toujours la politique ». Elle demeurait néanmoins fort reconnaissante d'avoir pu vendre les lettres. Dans sa vieillesse, elle se contenta de dire tout simplement, dans une interview : « C'était ma fortune [55]. » L'argent de Cornell lui permit de s'installer en Angleterre, de donner à son fils une éducation et d'acheter une maison.

Une chose reste claire, c'est que si Joyce n'avait pas voulu que survivent les lettres, il les aurait détruites à son retour à Trieste, au début de 1910. Il ne fit jamais mystère du fait que sa littérature était sa propre vie et que, comme Shem, il écrivait sur « chaque pied carré du seul papier quadrillé que l'on pouvait acheter, c'est-à-dire son propre corps » [56].

Nora n'aurait certainement pas voulu que ses lettres soient publiées. Cependant, puisqu'on en sait tant sur leur contenu, les admirateurs de Nora regrettent vivement que sa part de la fameuse correspondance ne soit pas arrivée à Cornell. Comme l'écrivit Peter Costello, biographe irlandais de Joyce, à l'*Irish Times*, la destruction — ou dissimulation — des lettres de Nora « signifie qu'une vision très unilatérale du ménage Joyce a prévalu et que la personnalité de Nora Joyce a été noyée dans l'ombre de son mari » [57].

L'initiative de Nora, qui écrivit ce que Joyce n'osait faire en premier, révélait un courage, une imagination érotique et une loyauté tout à fait exceptionnels, pour lesquels elle n'a reçu d'hommage que de Joyce. Lorsqu'il écrivait : « Ta lettre est pire que la mienne », c'était une louange.

Bien qu'à titre posthume, Stanislaus réalisa son rêve d'être reconnu comme homme de lettres. Son livre sur James Joyce, *Le Gardien de mon frère*, fut publié en 1958 par Faber & Faber, avec une préface de T. S. Eliot, qui disait,

« Possédé comme il l'était par le sujet de sa mémoire, Stanislaus Joyce, sous l'exaspération de cette épine dans sa chair, devint lui-même écrivain, et l'auteur de cet unique livre qui mérite d'occuper une place définitive sur l'étagère à côté des œuvres de son frère[58]. »

Il est également indiscutable que Stanislaus obtint sa récompense et sa vengeance par-delà la tombe. Les cinquante mille dollars environ que reçut sa veuve, en tout, pour l'ensemble des ventes, étaient plus que n'en reçut jamais Nora comme droits d'auteur sur les livres de Joyce pendant son veuvage. Avec la vente des lettres à Cornell, Shaun le Postier avait effectué sa tournée.

En mars 1951, juste avant la mort de Nora, Lucia fut transférée de la clinique Delmas à Ivry, à l'hôpital St. Andrew's de Northampton, en Angleterre, où elle avait séjourné en 1935-1936. Ce déplacement la rapprochait de sa tutrice, Harriet Weaver.

Lucia demeura à St. Andrews jusqu'à sa mort, en 1982. Elle y reçut de nombreuses visites, tant d'anciens amis que de joyciens. Après la mort de Miss Weaver en 1961, ce fut sa filleule qui devint tutrice légale de Lucia. Miss Jane Lidderdale était une femme chaleureuse, vigoureuse et intelligente, qui avait été membre du British Civil Service à titre provisoire. Elle venait régulièrement voir Lucia et protégea ses intérêts jusqu'à la fin.

Giorgio Joyce, qui s'était établi en Allemagne avec sa seconde femme, put aller voir sa sœur en 1967, lorsque, avec Frank Budgen, il fut invité d'honneur au premier symposium international sur James Joyce, à Dublin. Sa santé se détériora ensuite et, après une crise cardiaque, il mourut en 1976 à Constance, en République fédérale, à l'âge de soixante et onze ans. Il fut enterré à Fluntern, auprès de ses parents.

Quant à Lucia, de son propre choix, elle fut ensevelie à Northampton. Mais sa place l'attend toujours à Fluntern. L'inscription sur la pierre tombale de la famille s'arrête presque comme la dernière page de *Finnegans Wake* : « James Joyce, Nora Joyce, Giorgio Joyce... » — avec un espace laissé en blanc pour un dernier nom. « L'équipe celtique », comme les voyait Hemingway, demeure incomplète.

Giorgio laissa ses biens à sa femme. La valeur nette de la succession de Lucia, quand elle put être réglée, en janvier 1985, était estimée à 176 105 livres sterling. Son testament nommait comme légataires son frère (ou sa veuve), ainsi que sa tante par alliance, Nelly Joyce. A la mort de ces deux femmes, l'héritage devait aller à son neveu Stephen Joyce, et au fils de Nelly, Jimmy Joyce[59]. Nelly Joyce, qui s'était installée à Londres avec son fils, avait entretenu des relations régulières avec Lucia à St. Andrew's.

Une large part des revenus de l'œuvre de James Joyce revint donc à la femme et au fils de Stanislaus, donnant à ce dernier une récompense posthume supplémentaire pour avoir été le gardien de son frère pendant des années.

Et Stephen Joyce, qui ne voyait plus guère son père, avait parfaitement raison de dire à l'*Irish Times*, en 1982, que, contrairement à la rumeur d'après laquelle il vivait des livres de son grand-père, il n'avait jamais vu « un centime de droits d'auteur »[60]. Il avait cependant été l'un des principaux héritiers de sa mère, Helen Kastor Joyce, morte en 1963[61].

Stephen est le seul descendant direct de James et Nora Joyce. A Paris, où il vit avec sa femme Solange, il occupe un poste important à l'Organisation de coopération et de développement économiques, et s'intéresse de plus en plus à la gestion de la succession Joyce.

Stephen reste beau, irascible et cependant sympathique, solennel comme son père, époux attentif comme son grand-père, et l'objet d'une attention survoltée dans les réunions autour de Joyce, car il ressemble tant à son grand-père qu'il raconte : « Des gens s'approchent de moi dans la rue pour me dire qui je suis[62]. »

Remerciements

DE nombreuses personnes ont contribué à ce livre, et surtout deux : ma fille Bronwen, qui m'a encouragée à l'écrire ; et Bernard McGinley, dont la générosité et la connaissance encyclopédique de Joyce et de tout ce qui le concerne, de la bibliographie et des bibliothèques, m'ont été une source constante de conseils et d'inspiration. Personne ne m'a autant aidée.

Je suis également reconnaissante à Canon Padraic O Laoi, biographe de Nora à Galway, et à Miss Jane Lidderdale, OBE, filleule de Harriet Weaver et tutrice de Lucia Joyce, qui me donna d'inestimables perpectives sur les deux femmes les plus importantes de la vie adulte de Nora. La chance me fit également connaître l'historienne d'art, Miss Jane Mulvagh, qui examina d'un œil d'archéologue les photographies des vêtements de Nora. Par pure coïncidence, Miss Mulvagh, auteur de *Vogue History of Twentieth Century Fashion* [Histoire de la mode du XXᵉ siècle de *Vogue*], se trouve être apparentée au défunt Willie Mulvagh de Galway, ce flirt de Nora Barnacle dont Joyce fut le plus jaloux.

Un soutien et des encouragements constants m'ont aussi été prodigués par les agents littéraires, Hilary Rubinstein de A. P. Watt à Londres, et George et Anne Borchardt, de George Borchardt, Inc., à New York ; par Christopher Sinclair-Stevenson et James Woodall, responsables éditoriaux chez Hamish Hamilton, et Robie Macauley et Sara Flynn chez Houghton Mifflin ; et par mon mari, John Maddox. Leur enthousiasme pour Nora ne s'est jamais relâché.

Pour leurs conversations et leur hospitalité inestimables, je suis reconnaissante à bien des gens, y compris Richard Ellmann, maintenant disparu, et Mrs. Ellmann, Mr. et Mrs. Ken Monaghan, Mrs. Patricia Barnacle Hutton, Ira B. Nadel, Mr. et Mrs. John Slocum, Mr. et Mrs. Daithi O Ceallaigh, Stelio Crise, Fritz Senn et A. Walton Litz. Je tiens à remercier tout particulièrement Stan Gbler Davies et Bernard McGinley pour le prêt de leurs collections personnelles d'ouvrages sur Joyce, et Vivien Igoe qui partagea généreusement sa grande connaissance des photographies de Joyce.

Des brouillons partiels du manuscrit ont été lus par Shari et Bernard Benstock, Ruth Bauerle, Eilis Dillon, James Card, Noel Riley Fitch, Ira Nadel, Arnold Goldman, Dr J. B. Lyons et Bernard McGinley. Ils ont formulé des critiques et des suggestions sur la perspective, le style et les interprétations. Les erreurs qui pourraient rester ne sont imputables qu'à moi.

Je dois également des remerciements à la succession Harriet Weaver, pour m'avoir permis de citer des lettres inédites, ainsi qu'à Frederick Dennis pour la permission de citer les écrits de Sylvia Beach.

Parmi les autres qui ont eu la gentillesse d'autoriser l'utilisation de documents inédits, figurent Bozena Schaurek Delimata, Moune A. Gilbert, Patricia Barnacle Hutton, Frederick Joyce, Mrs. Nelly Joyce, Ken Monaghan, Betsy et Tina Jolas, Oliver D. Gogarty, Roderick Power, Enid Kastor Rubin, John Slocum et Arthur J. Wall.

Tous les efforts ont été faits pour retrouver les détenteurs de copyright, et je saurais gré à ceux qui auraient échappé à mon attention de me le signaler.

Les archives Joyce sont fort éparpillées. Je tiens à remercier les bibliothécaires et personnels des bibliothèques et musées suivants pour m'avoir donné accès et, dans certains cas, permis de reproduire leurs collections et photographies : the Poetry/Rare Books Collection of the University Libraries (la Collection de poésie et de livres rares des bibliothèques universitaires) de l'université de l'État de New York à Buffalo ; la Salle des manuscrits de la British Library (papiers de Harriett Shaw Weaver) ; la bibliothèque Butler de l'université de Columbia (papiers de Bennett Cerf) ; le Département des livres rares de l'université de Cornell (Collection Joyce) ;la bibliothèque Houghton de l'université d'Harvard ; la Bibliothèque nationale d'Irlande ; la Collection Berg et la Division juive de la Bibliothèque publique de New York ; la Bibliothèque publique de Camillus, dans l'État de New York ; le Musée Joyce ; le Département des collections spéciales de la bibliothèque de l'université Northwestern (carnets d'Helen Nutting et correspondance de Nora Joyce) ; la Collection Firestone et la Division des manuscrits de la bibliothèque de Princeton (papiers de Sylvia Beach) ; la Salle des collections spéciales de la bibliothèque Morris à l'université de Southern Illinois (Dr Harley K. Crossmann et Collections Charles A. Feinberg ; ainsi que les papiers d'Herbert Gorman) ; les Collections spéciales des bibliothèques de l'université de Stanford ; les Civici Musei di Storia ed Arte, à Trieste ; la bibliothèque Beinecke des livres rares et des manuscrits à l'université de Yale (Collection John et Eileen Slocum) ; la Salle des manuscrits de la bibliothèque de Trinity College, à l'université de Dublin (papiers de Patricia Hutchins et Thomas McGreevy) ; Humanities Research Center de l'université du Texas à Austin (papiers d'Helen Kastor Joyce, de Lucia Joyce et de .J. F. Byrne) ; l'University College de Dublin (papiers de Constantine Curran) ; la bibliothèque James Hardiman, à l'University College de Galway ; la Salle des manuscrits de l'University College, à Londres (legs de Lucia Joyce et Collection James Joyce) ; le Département des collections spéciales, Bibliothèque de recherche universitaire, université de Californie, Los Angeles (Histoire orale de Myron Nutting) ; et la Bibliothèque centrale de Zurich (papiers de Paul Ruggiero).

Je suis reconnaissante aux éditeurs de Joyce de m'avoir autorisée à citer son œuvre publiée, et tout particulièrement à Gallimard pour des extraits de *Gens de Dublin*, *Dedalus*, *Les Exilés*, *Ulysse*, *Finnegans Wake*, et *Choix de lettres de James Joyce*.

Je tiens à remercier aussi de nombreuses personnes pour les entretiens, lettres et autres secours personnels. En Grande-Bretagne : Diana Athill, Derek Attridge, Brian Behan, Mary Breasted, Richard Brown, Mrs. M. Burbridge, Mrs. Henry Carr, Dr Anthony Clare, Ronald Dworkin, Moira Gaster, Patricia Barnacle Hutton, Nelly Joyce, Colin MacCabe, Dermot B. Mulvagh, Richard Ryan, Graham Smith, Ted Smyth, Susan Swift et Thérèse Wright.

En France : Georges Belmont, Iphrène Benoist-Méchin, Odette Bernard, M. et Mme Marcel Bouboule, Evelyne Shapiro Chardonnet et Leo Chardonnet, Nino Frank, Moune A. Gilbert, feu Maria Jolas, Kathy Knorr, Jean Lambert, feu Dominique Gillet Maroger et Anne-Marie Pacquet.

En Irlande : Maureen Charlton, Mr. et Mrs. Patrick Collins, Peter Costello, Noreen Craughwell, Bozena Delimata, la Rév. Mère Mary Doyle, Mr. et Mrs. Desmond Fisher, Patrick Friel, Oliver D. Gogarty, Dr Patrick Henchy, Patrick Hennessy, Norma R. Jessop, John Kelleher, Mary Rose Kelly, Jim Kemmy, Son Excellence Eamon Kennedy, Maureen et Thomas Kenny, Nancy McCarthy, Christopher Murphy, K. A. Murray, Robert Nicholson, sénateur

David Norris, Ulick O'Connor, Riana O'Dwyer, Sean O'Faolain, Joe O'Halleran, Donald O Luanaigh, Sean O Mordha, D. B. O'Neill, feu Arthur Power, Roderick Power, feu E. G. Quin, John Ryan, Nuala Silk, Gerard Treanor et Arthur J. Wall.

En Italie : Aldo Bernadini, Dr Grazia Brava, Stelio Crise, Evelyn Mulvagh Odierna et Lorenzo Quaglietti.

En Suisse : Pfarrer Hans Canoni, Rainer Diedrichs, Thomas Fleiner, Dr Senta Frauchiger, Klara Heyland, Rita Jotterand, Jacques Mercanton, Mme Paul Ruggiero, Fritz Senn, Dr Heinrich Straumann, Père Johann von Rotz, Mme Maria Zöbeli-Gerhardt, feu Mme Hulda Zumsteg et Gustav Zumsteg.

Aux États-Unis : Berenice Abbott, Floyd Abrams, Deirdre Bair, feu Maurice Beebe, Mrs. Ellen Bentley, David Binder, feu Alan M. Cohn, Robert A. Day, Wilson Dizard, Walter Engel, Noel Riley Fitch, Mrs. Grete Hartley, Judith Hayes, Cathy Henderson, Eleanor Herrick, Maureen Howard, Jean Kimball, David Koch, Nita Krevans, A. Walton Litz, James Longenbach, Jane Marcus, Jonathan Miller, Sigrid P. Perry, Mrs. Raymond Porter, Mary T. Reynolds, Edda Ritson, Enid Kastor Rubin, Elizabeth Curran Solterer, Bonnie Kime Scott, John et Eileen Slocum, et feu Norman E. Zinberg, M. D.

Ailleurs : Elfi Bettinger, Francis Evers, Hans Walter Gabler et Ira B. Nadel.

Je tiens également à remercier les institutions suivantes pour leur aide : Librairies et Galeries d'art de Kennys, à Galway ; Gotham Book Mart, à New York ; les archives sonores de la B.B.C. ; le Superintendant Registrar's Office du Western Health Board d'Irlande ; la section consulaire de l'Ambassade britannique à Paris ; l'Office diocésain de la cathédrale, à Galway ; le service de presse de l'ambassade d'Irlande à Londres ; l'Office du tourisme de Locarno ; la Société d'histoire familiale de Galway ; la Mairie du 6ᵉ arrondissement à Paris ; l'Union française des arts du costume ; l'office du Stadtpräsident à Zurich ; les archives des Douanes et Contributions de Sa Majesté ; le bureau des commissaires du Trésor public, en Irlande ; le bureau des Archives des chemins de fer irlandais ; les Archives nationales irlandaises ; le bureau du Tourisme irlandais ; les Archives d'Angleterre et du pays de Galles ; et l'hôpital St. Bridget's à Ballinasloe, Galway.

Notes

Pour éviter les répétitions, les références citées dans les notes ont été abrégées. Les références complètes sont données dans la bibliographie. J'ai utilisé des abréviations pour les titres des livres et des publications, les noms des bibliothèques et des personnes le plus souvent cités. Les bibliothèques universitaires et les collections spéciales sont citées sous le nom de l'université, sauf celles qui ont une abréviation spécifique. On trouvera de plus amples informations sur les lieux de dépôt des collections particulières dans les remerciements. Les informations sujettes à caution sont entre parenthèses et les dates incertaines suivies d'un point d'interrogation. L'absence de date est indiquée par s.d.

Lettres de James Joyce, Volumes *I, II, III et IV* sont abrégés en *I, II, III et IV*. Le volume I des œuvres complètes de La Pléiade est désigné par *P.I. Selected Letters of James Joyce*, qui n'est pas encore traduit en français, est indiqué par *SL*. La nouvelle édition revue et corrigée de la biographie de Richard Ellmann *James Joyce* est désignée par Ellmann et l'édition originale par Ellmann-I. La biographie d'Herbert Gorman *James Joyce* est désignée par Gorman ; *Nora Barnacle Joyce* par Padraic O Laoi est abrégé en O Laoi ; *Le Gardien de mon frère* par Stanislaus Joyce en *GMF* ; *Dear Miss Weaver* de Jane Lidderdale et Mary Nicholson en Lidderdale ; *Shakespeare and Company* de Sylvia Beach en Beach ; *Sylvia Beach and the Lost Generation* de Noel Riley Fitch en Fitch ; le *James Joyce Quarterly* en JJQ.

Les correspondants les plus fréquents sont désignés dans les notes par leurs initiales : NB pour Nora Barnacle Joyce, GJ pour Giorgio Joyce, LJ pour Lucia Joyce, HKJ pour Helen Kastor Joyce, JJ pour James Joyce, SJ pour Stanislaus Joyce, MH pour Michael Healy, HSW pour Harriet Shaw Weaver, SB pour Sylvia Beach, CC pour Constantine Curran, MJ pour Maria Jolas, JL pour Jane Lidderdale, PL pour Paul Léon et BM pour Brenda Maddox.

Les bibliothèques universitaires et les collections spéciales sont mentionnées sous le nom de l'université. Font exception : Texas, pour le Humanities Research Center de l'université du Texas ; Berg, pour la collection Berg de la New York Public Library. BL est l'abréviation de la British Library ; SIU celle de l'Université de Southern Illinois ; TCD celle de Trinity College, Dublin ; UCD celle de l'University College, Dublin ; UCL celle de l'University College, Londres ; et UCLA celle de l'université de Californie, Los Angeles. Les papiers et les documents de la collection Joyce à Cornell sont cités avec leur numéro de catalogue Scholes.

Les références aux œuvres de Joyce sont celles des traductions françaises publiées par les éditions Gallimard (voir bibliographie), à l'exception de certaines variantes qui renvoient à l'édition critique et synoptique d'*Ulysse* parue à New York, Garland 1984.

Chapitre 1

1. Alessandro Francini-Bruni décrit le costume dans lequel Nora quitte Dublin et arrive à Pola dans « Joyce Intimo Spogliato nella Piazza », texte traduit dans Willard Potts ed., *Portraits of the Artist in Exile*, Seattle, University of Washington Press, 1979.
2. JJ à NB, 19 septembre 1904, *P.I*, p. 1138.
3. O Laoi, *Nora Barnacle Joyce* et archives de Galway.
4. JJ, « Le Saint-Office ».
5. JJ à NB, 19 septembre 1904, *P.I*, p. 1138. Patricia Hutchins décrit la famille rassemblée sur le quai dans *James Joyce's World*.
6. JJ, « L'Irlande, île des saints et des sages », *Essais critiques* in *P.I*, p. 1023.
7. Ellmann décrit le départ de Nora, *T. I*, p. 218.
8. JJ à SJ, 19 novembre 1904, *P.I*, p. 1143.
9. Arthur Power dans les brouillons inédits du livre *Entretiens avec James Joyce* mentionne les remarques de Nora sur l'allure qu'avait Joyce lorsqu'il venait au bar de l'hôtel Finn, et parle des doutes qu'elle avait éprouvés à l'idée de s'en remettre à lui.
10. Nora a dit ce qu'elle pensait du métier de Joyce à Sylvia Beach (*Shakespeare and Company*, p. 42) et à sa sœur Kathleen (Ellmann, *T. II*, p. 190.).
11. JJ à NB, 19 septembre 1904, *P.I*, p. 1138.
12. JJ à NB, 16 septembre 1904, *P.I*, p. 1137.
13. J. F. Byrne à Ellmann, 23 janvier 1958, Texas. Joyce a également écrit de nombreuses lettres à Nora dans lesquelles il la soupçonne de ne pas lui avoir dit toute la vérité sur son passé.
14. JJ, « Eveline », *The Irish Homestead*, 10 septembre 1904 ; publié aussi dans *Gens de Dublin*.

Chapitre 2

1. Entretien avec Phyllis Moss Stein, 16 juin 1985.
2. Les références à l'histoire de Galway sont tirées du *Galway Year Book and Directory*, Galway, M'Dougall & Brown, 1902 et de « The Innocent Muse » d'Eilís Dillon, p. 33-37. Voir aussi Robert M. Adams, *Surface and Symbol* et *Ulysse*.
3. *The Galway Year Book and Directory*, 1902.
4. O Laoi, p. 10 et archives de Galway.
5. Ce détail et ceux qui suivent concernant les proches de Nora sont tirés de O Laoi, sauf indication contraire.
6. Maurice Beebe, « Barnacle Goose and Lawping », pp. 302-20, et Robert Adams Day, « Joyce, Stoom, King Mark », p. 244.
7. E. G. Quin du Dublin Institute for Advanced Studies à BM, 2 juillet 1986. Cf. aussi Edward MacLysaght, *A Guide to Irish Surnames*.

8. De nombreux chercheurs utilisent de manière interchangeable les termes « irlandais » et « gaélique ». Synge et la plupart des écrivains anglo-irlandais employaient le mot « gaélique », mais l'usage contemporain préfère le terme « irlandais » pour différencier cette langue de celle des Celtes d'Écosse.

9. Thomas E. Connolly, ed., *James Joyce's « Scribbledehobble »*, p. 14.

10. Graham Smith, bibliothécaire et archiviste, HM Customs and Excise, à BM, 8 octobre 1985 ; *The Galway Year Book* et lettre à BM du Irish Office of the Revenue Commissioners.

11. Ellmann, *T. I*, p. 194 et certificat de mariage de Thomas Healy et Bedelia Connor, registre de la cathédrale de Galway.

12. JJ, notes pour *Les Exilés*. Patricia Hutchins décrit le ressentiment tenace de Nora dans *James Joyce's World*, p. 65.

13. Dillon, « The Innocent Muse », p. 38.

14. Le dossier scolaire de Nora, qui figure dans les registres du Mercy Convent, est publié dans O Laoi. Les souvenirs que Nora avait de sa camarade de classe, Cissy Casey, ont peut-être été incorporés dans le personnage de Cissy Caffrey, l'amie de Gerty MacDowell, dans *Ulysse*.

15. JJ à SJ, 3 décembre 1904, *P.I*, pp. 1144-45 et O Laoi, p. 5.

16. Ellmann, *T. II*, p. 190.

17. JJ à SJ, 3 décembre 1904, *P.I*, pp. 1144-45.

18. *The Galway Year Book*, 1902, indique que les affaires de Simmons étaient si florissantes à Galway au tournant du siècle qu'il avait dû transformer son établissement principal sur l'île de Nun en annexe et installer son studio sur Market Street. Eilís Dillon, originaire de Galway, note dans une lettre à BM, 22 février 1986 : « Si Nora se faisait photographier par Simmons, cela signifie que les Healy n'étaient sans doute pas aussi pauvres qu'on est parfois porté à le croire. » Toutefois, elle ajoutait : « Simmons était unioniste et mes parents ne lui auraient jamais accordé leur clientèle. »

19. La photographie originale se trouve à Cornell.

20. Eilís Dillon à BM, 22 février 1986.

21. *Ulysse*, p. 34.

22. Harold Nicolson, *Diaries*, p. 83.

23. Entretien avec Patrick Henchy, octobre 1984, et Patrick Henchy à BM, 8 janvier 1986. Henchy, originaire de Galway, et ancien conservateur du département des imprimés de la National Library, avait appris par Kathleen, la sœur de Nora, l'aventure de Nora et de Feeney, ainsi que le chagrin qu'elle éprouva à sa mort.

24. Certificat de décès de Michael Feeney, registre de la cathédrale de Galway.

25. Certificat de décès de Catherine Mortimer Healy, registre de la cathédrale de Galway.

26. Recensement de l'Irlande, 1901.

27. Entretien d'Eilís Dillon avec Maria Jolas, « The Innocent Muse ».

28. Certificat de décès de Michael Bodkin, registre de la cathédrale de Galway.

29. Entretien avec la Révérende Mère Mary Doyle, 6 août 1984.

30. Dans sa lettre à SJ, 3 décembre 1904, *P.I*, p. 1144, Joyce écrit que Nora avait eu plusieurs soupirants dans sa jeunesse « et que l'un d'eux était mort ». Cependant, ses notes pour *Les Exilés*, prises vers 1913 après sa visite à Galway, parlent de plus d'un amant mort. Joyce ne semble pas avoir été à l'aise avec le choix du nom de Furey pour le garçon dans « Les Morts » car il l'orthographie Fury dans le manuscrit. Voir *The James Joyce Archive*, publié sous la direction de Michael Groden, « Dubliners Drafts and Manuscripts », vol. 4.

31. JJ à SJ, 3 décembre 1904, *P.I*, p. 1144.

32. Les commentaires sur le caractère d'Annie Barnacle sont tirés des entretiens avec Evelyne Chardonnet, John Slocum et Peter Heaney.

33. Ellmann, *T. I*, p. 194.

34. Leon O Broin, *Protestant Nationalists in Revolutionary Ireland.*

35. Ellmann, *T. I*, p. 194.

36. JJ à NB, 9 décembre 1909, *P.I*, p. 1281.

37. O Laoi, p. 42.

38. JJ à NB, 9 décembre 1909, *P.I*, p. 1281.

39. JJ à NB, 7 septembre 1909, *P.I*, pp. 1263-64.

40. Ellmann, *T. I*, p. 194.

41. La lettre de Joyce du 7 septembre 1909, *P.I*, p. 1265, où il demande à Nora de retirer la cendre de ses cheveux, est la seule note discordante dans les descriptions qu'il a faites d'elle. Notons cependant qu'elle fut écrite alors que Nora avait deux enfants en bas âge et qu'elle se débrouillait seule et sans argent.

42. Cette information concernant Willie Mulvagh provient de O Laoi et d'une lettre de sa fille, Eveline Mulvagh Odierna, à BM, 25 janvier 1985. Une autre de ses descendantes, Jane Mulvagh, qui a fait les recherches sur la mode pour ce livre, prononce le nom « Mulvah ».

43. Power, *Entretiens*, pp. 89-90 et O Laoi, p. 19.

44. *Ulysse*, p. 684.

45. Stanislaus Joyce, *Recollections of James Joyce.*

46. *Reports of the Commissioners for Ireland*, 1905, vol. 17, p. 571.

47. *Ulysse*, p. 685.

48. JJ à SJ, 3 décembre 1904, *P.I.*, pp. 1144-46, et Ellmann, *T. I*, p. 194.

49. Eveline Mulvagh Odierna à BM, 25 janvier 1985.

50. Voir note 10.

51. Eileen O'Connor à BM, 2 mai 1986.

52. Christophe Murray, notes sur *Bailengangaire* de Tom Murphy (production du Druid Lane Theatre de Galway, représentée à Londres, février 1986). Murphy parle de « la choquante promiscuité » des foyers pauvres de Mayo et de la brutalité persistante de cet environnement qui, même aujourd'hui, traumatisent les jeunes de la région avant qu'ils puissent s'en libérer.

Chapitre 3

1. Jacques Mercanton, « Heures avec James Joyce », dans Willard Potts, ed., *Portraits of the Artist in Exile*, p. 24.

2. *Stephen le Héros* dans *P.I*, chap. XXIII, p. 499.

3. Ellmann et *Stephen le Héros* contiennent les meilleures réflexions de Joyce sur Ibsen.

4. Nombreux sont ceux qui ont essayé de décrire la couleur des yeux de Joyce. Dans son passeport, daté du 3 mai 1926, ils sont définis comme gris et dans celui daté du 19 juin 1935 comme gris-bleu. Les passeports, délivrés par le consul général de Grande-Bretagne à Paris, se trouvent à Buffalo.

5. Ces détails biographiques sont tirés des lettres de Joyce, et aussi d'Ellmann, Gorman, *GMF*, et Patricia Hutchins, *James Joyce's Dublin.*

6. J. F. Byrne à Richard Ellmann, 29 janvier 1957, aussi 19 janvier 1957, Texas. Ulick O'Connor, dans « James Joyce at University College », *Time and Tide*, 21 janvier 1956, dit aussi que Cosgrave présenta Joyce à Nora.

7. Souvenirs de Nora dans *Ellmann, T. I*, pp. 193-94 ; Jacques Mercanton, p. 24 ; et Arthur Power, brouillons inédits des *Entretiens avec James Joyce*.

8. May Joyce à SJ, 2 février 1906, Cornell, Scholes 718.

9. NB à JJ, 26 septembre 1904, *II*, p. 149.

10. John Slocum à Herbert Cahoon, 16 janvier 1953, Yale.

11. Un grand nombre des lettres de Joyce écrites au cours de cet été 1904 font référence aux douleurs de Nora, par exemple, JJ à NB, 1ᵉʳ (?) septembre, *P.I*, p. 1135.

12. JJ à NB, 7 août 1909, *II*, pp. 393-94.

13. JJ à NB, 15 juin 1904, *II*, pp. 128-129.

14. Ellmann. Sidney Feshbach, dans « June 16, 1904 : Joyce's Date with Nora ? », *JJQ* 21:4 (été 1984) trouve que cette preuve est faible.

15. Les papiers d'Herbert Gorman, SIU.

16. Herbert Gorman, *James Joyce*, p. 118.

17. JJ à NB, 3 décembre 1909, *P.I*, p. 1277. Dans *Consciousness of Joyce*, p. 23, Ellmann admet que Nora et Joyce « se sont caressés » lors de leur première soirée à Ringsend. O Laoi accepte lui aussi cette interprétation.

18. JJ, « Les romans de Mr. Mason », dans *Essais critiques, P.I*, p. 989.

19. JJ à NB, 3 décembre 1909, *P.I*, pp. 1275-77.

20. Flann O'Brien, dans *At Swim-Two-Birds*, Londres, Penguin, 1967 ; écrit en 1930, première édition en 1939, parle de « Nassau Street, le quartier fréquenté par les prostituées ».

21. Entretien avec Joe O'Halleran, août 1984.

22. *Ulysse*, p. 51.

23. Ce que révèle le texte corrigé d'*Ulysse*. Voir Edwin McDowell, « New Edition Fixes 5,000 Errors in Ulysses », *New York Times*, 7 juin 1984.

24. JJ à NB, 23 juin 1904, *II*, p. 129.

25. JJ à NB, 29 août 1904, *II*, pp. 136-38 et *P.I*, pp. 1133-35.

26. *GMF*.

27. JJ à NB, 29 août 1904, *II*, pp. 136-38 et *P.I*, pp. 1133-35.

28. JJ à NB (1ᵉʳ septembre ?) 1904, *II*, pp. 139-141 et *P.I*, pp. 1135-36.

29. JJ à NB (12 juillet 1904), *II*, p. 130.

30. *Thom's Directory*, 1904, Dublin, Alex Thom & Co., 1905.

31. JJ à NB (1ᵉʳ septembre 1904 ?), *II*, pp. 139-141 et *P.I*, pp. 1135-36.

32. JJ à NB (12 juillet 1904), *II*, p. 130 et *P.I*, p. 1130.

33. JJ à NB (fin juillet 1904 ?), *II*, p. 131, et *P.I*, pp. 1131-32.

34. JJ à NB, 15 août 1904, *II*, p. 134 et *P.I*, p. 1133.

35. Eileen Vance, amie d'enfance, citée dans Ellmann, *T. I*, p. 42.

36. JB Lyons, *James Joyce and Medicine*, p. 60.

37. JJ à NB, 31 août 1909, *II*, p. 406 et *P.I*, pp. 1259-60 et *Stephen le Héros*.

38. *Un portrait*, p. 758.

39. *GMF*, p. 231.

40. Annie Barnacle à NB (1916-1919), Cornell, Scholes 412.

41. *GMF*, p. 74.

41. JJ à NB, 29 août 1904, *P.I*, pp. 1133-35.

43. Ellmann, *T. I*, p. 167.

44. Hutchins, *Joyce's Dublin*.

45. Ulick O'Connor, *Oliver St. John Gogarty*.

46. Oliver St. John Gogarty, *Tumbling in the Hay*.

47. Oliver St. John Gogarty, *It Isn't This Time of Year at All*, p. 73.

48. JJ à NB, 21 août 1909, *II*, pp. 399-400 et *P.I*, pp. 1255-56.

49. Hutchins, *Joyce's Dublin*, p. 73.

50. SJ, « James Joyce : A Memoir ».

51. George Healy, ed., *The Complete Dublin Diary of Stanislaus Joyce*, pp. 14-15.

52. *GMF*, p. 85.

53. JJ à NB, 2 septembre 1909, *II*, pp. 407-09 et *P.I*, pp. 1260-61.

54. Ellmann, *T. II*, p. 162.

55. JJ à SJ (9 octobre 1904), *II*. Voir aussi Bonnie Kime Scott, *Joyce and Feminism*, chap. 7, et Padraic Colum et Mary Colum, *Our Friend James Joyce*, pp. 12-13.

56. NB à JJ, 16 août 1904, *II*, p. 135.

57. J. F. Byrne à Richard Ellmann, 29 janvier 1957, Texas.

58. Ellmann, *T. I*, p. 205.

59. NB à JJ, 16 septembre 1904, *II*, p. 144 et *P.I*, pp. 1137-38.

60. Phillip F. Herring, « The Bedsteadfastness of Molly Bloom ».

61. Gogarty, *Tumbling*.

62. Gogarty, *It Isn't This Time of Year.*

63. De nombreuses sources confirment que Joyce chanta un grand nombre de chansons cette nuit-là. Constantine Curran raconte qu'il chanta notamment « Whom the Lord Chasteneth » et « Come Ye Children » de Sullivan (voir « Portrait of James Joyce », BBC).

64. JJ à NB (1ᵉʳ septembre 1904 ?), *II*, p. 139-41 et *P.I*, pp. 1135-36.

65. JJ à NB, 29 août 1904, *II*, pp. 136-39 et *P.I*, pp. 1133-35.

66. *GMF*.

67. Healy, ed., *The Complete Dublin Diary*, pp.50-68.

68. Scheper-Hughes, *Saints, Scholars and Schizophrenics*, p. 176.

69. Colm O Lochlainn, ed., *Irish Street Ballads*, cite une autre version : « So it's true that the women are worse than the men / For they went down to Hell and were threw out again » (Donc il est vrai que les femmes sont pires que les hommes / Car elles vont en enfer et en sont chassées encore).

70. Gogarty, *It Isn't This Time of Year.* J.B. Lyons, dans *Thrust Syphilis Down to Hell,* indique que la liaison de Joyce avait dû retarder son installation à la tour.

71. O Laoi, p. 54.

72. JJ à NB, 12 septembre 1904, *II*, p. 142.

73. Gorman, p. 125.

74. NB à JJ, 12 septembre 1904, *II*, p. 142.

75. JJ à NB, 19 septembre 1904, *II*, pp. 146-147. Voir aussi la préface d'*Ulysses : The Corrected Text,* dans laquelle Ellmann commente la distinction de Thomas d'Aquin entre *amor vero aliquid alicui bonum vult* (« l'amour qui souhaite le bien de l'autre ») et *ea quae concupiscimus* (« le désir sexuel entièrement tourné vers sa propre satisfaction »).

76. *Musique de chambre*, poème XXI.

77. « Le Saint-Office », poème inclus dans *Poèmes d'Api*.

78. JJ à NB, 16 septembre 1904, *II*, p. 144 et *P.I*, pp. 1137-38.

79. JF Byrne, *Silent Years*, p. 148.

80. Entretien avec Arthur Wall, le petit-fils de Mme Josephine Murray, août 1986.

81. JJ à NB (26 septembre 1904), *II*, p. 148 et *P.I*, p. 1139.

82. NB à JJ, 26 septembre 1904, *II*, p. 149.

83. Kathleen Behan, *Mother of All the Behans.*

84. *Emigration Statistics (Ireland) for the Year 1904*, vol. 98. BL.

85. Parmi les textes qui font référence à la difficulté de prononcer le nom des Joyce, citons notamment Maria Zöbeli-Gerhardt, « Lucia : die Tochter von Dichters », *Zürcher Tages-Anzeigen*, 24 décembre 1982 ; Bruno Chersicla, « E Tornato Joyce : Iconographia Triestina per Zois », dans *Il Ritorno di Joyce*, p. 19 ; et également de nombreux télégrammes.

Chapitre 4

Toutes les lettres citées sont extraites des *Lettres de James Joyce*, vol. II, sauf indication contraire.

1. JJ à SJ, 11 octobre 1904, *II*, pp. 162-63 et *P.I*, pp. 1140-41.
2. JJ à NB, 7 août 1909, *CL*. Richard Ellmann à BM, 1er janvier 1986, soutient que les taches de sang découvertes par Joyce sont la preuve de la virginité de Nora. Voir *Finnegans Wake*.
3. *Ulysse*, p. 695.
4. JJ à NB, 7 septembre 1909, *II*, pp. 415-17 et *P.I*, pp. 1263-64.
5. J.F. Byrne à Richard Ellmann, 29 janvier 1957, Texas.
6. JJ à SJ, 3 décembre 1904, *II*, pp. 169-72 et *P.I*, pp. 1144-46.
7. *Ibid.*, et LJ, « The Real Life of James Joyce by His Daughter », Texas.
8. JJ à Josephine Murray, 3 décembre 1904, *P.I*, pp. 1147-48.
9. Alessandro Francini-Bruni, « Joyce Stripped Naked in the Piazza », dans Potts, p. 11.
10. JJ à SJ, 3 décembre 1904, *II*, pp. 169-172 et *P.I*, pp. 144-46.
11. Healy, ed., *The Complete Dublin Diary*, p. 36.
12. JJ à SJ, 19 novembre 1904, *II*, p. 166 et *P.I*, pp. 143-44 et 7 février 1905, *II*, p. 179 et *P.I*, p. 1150.
13. Robert Scholes, « Further Observations on the Text of the *Dubliners* ». Aussi, Daniel Torchiana, *Backgrounds to* Dubliners, p. 71, suggère que « Derevaun Seraun » est une expression en dialecte de l'ouest de l'Irlande qui voudrait dire « Les vers sont la fin de tout ». William York Tindall, dans *A Reader's Guide to James Joyce*, cite Patrick Henchy pour qui cette phrase serait une déformation de l'irlandais signifiant : « La fin du plaisir c'est la douleur. »
14. JJ à NB (? décembre 1904), *II*, p. 173.
15. Clotilde Francini-Bruni à NB (s.d.), Cornell, Scholes 513.
16. JJ à NB, 2 (septembre) 1909, *II*, pp. 407-09 et *P.I*, pp. 1260-61, parle d'un « terme provocant » que Nora aurait utilisé. Sa lettre du 5 décembre 1909, *SL*, p. 182, est plus explicite. Le poème de Joyce, « Une prière », dans *Poèmes d'Api*, suggère aussi que « Viens ! » était une autre phrase provocante de Nora.
17. Ulick O'Connor, *Gogarty*, p. 89.
18. JJ à SJ, 7 février 1905, *II*, pp. 179-83 et *P.I*, pp. 1150-52.
19. Charles Joyce à SJ, 12 avril 1906, Cornell, Scholes 615.
20. JJ à SJ, 15 mars 1905, *II*, p. 188 et *P.I*, pp. 1154-56.
21. JJ à SJ (2 ou 3 mai 1905 ?), *II*, pp. 193-95 et *P.I*, pp. 1157-59.
22. Francini-Bruni, « Joyce Stripped Naked », p. 20.
23. Lina Galli, « James Joyce in Trieste ».
24. JJ à SJ, 12 juillet 1905, *II*, pp. 199-206 et *P.I*, pp. 1160-65.
25. *Ibid.*
26. JJ à SJ, 4 avril 1905, *II*, pp. 191-192 et *P.I*, pp. 1156-57.
27. JJ à SJ, 12 juillet 1905, *II*, pp. 199-206 et *P.I*, pp. 1160-65.

28. *Ibid*, p. 96.

29. Vincent Cosgrave à JJ (vers le 29 octobre 1905), *II*, pp. 244-45.

30. La liste de blanchissage de Nora apparaît au verso de la page 1 du manuscrit de « Un pénible incident » qui se trouve à Yale. Aussi dans *The James Joyce Archive*, Michael Groden, ed., « *Dubliners* Drafts and Manuscripts », vol. 4, p. 96. Voir *Finnegans Wake*.

31. Stelio Crise à BM, 14 avril 1987. Voir également l'entretien avec Zora Skerk Koren, l'amie d'Anny Schleimer, Trieste, 12 mars 1987.

32. JJ à Josephine Murray, 4 décembre 1905, *II*, pp. 247-48 et *P.I*, p. 1176.

33. « Un petit nuage », la huitième nouvelle de *Dublinois*, a été écrite en mars 1906, alors que Giorgio avait huit mois.

34. Certificats de naissance de Giorgio et Lucia Joyce, et la correspondance qui s'y rapporte, Cornell, Scholes 1377 et 1378.

35. Charles Joyce à SJ, 4 novembre 1905, Cornell, Scholes 611.

36. *Ibid*.

37. Josephine Murray à SJ, 22 janvier 1906, Cornell, Scholes 913.

38. *Ibid*.

39. NB à (? ; s.d.), Cornell, Scholes 742.

40. Ellmann, *T. I*, p. 322.

41. Josephine Murray à JJ, 24 juillet 1906, Cornell, Scholes 917.

42. *Ibid*.

43. Josephine Murray à NB, (8 ?) janvier 1906, Cornell, Scholes 912.

44. Francini-Bruni, « Joyce Stripped Naked », p. 11.

45. JJ à SJ, 6 février 1907, *II*, p. 360 et *P.I*, pp. 1239-40.

46. Margaret Joyce à SJ, 26 septembre 1906, Cornell, Scholes 707.

47. May Joyce à SJ, 25 février 1906, Cornell, Scholes 718.

48. JJ à Grant Richards, 15 octobre 1905, *II*, pp. 239-40 et *P.I*, p. 1174.

49. Josephine Murray à SJ, 6 juin 1906, *II*, pp. 262-63.

50. Ellmann, *T. I*, p. 374.

51. Charles Joyce à SJ, 24 mai 1906, Cornell, Scholes 616.

52. *Ibid*.

53. *Ibid*.

Chapitre 5

Les informations biographiques et les citations sont extraites, sauf indication contraire, des *Lettres de James Joyce*, vol. *II*, ou des lettres de la famille de Joyce qui se trouvent à Cornell.

1. Carla de Petris, « Exiles or Emigrants », dans Giorgio Melchiori, *Joyce in Rome*.

2. Lorenzo Quaglietti à BM, 13 mai 1985, et Leprohon, *Le Cinéma italien*.

3. Notes pour *Les Exilés*, *P.I*, p. 1776.

4. NB à SJ, 2 octobre 1906, Cornell, Scholes 743.

5. NB à SJ, lettre insérée dans celle de JJ, 9 octobre 1906, *II*, p. 308 et *P.I*, pp. 1207-10.

6. JJ à SJ (aux alentours du 12 août 1906), *II*, pp. 274-77 et *P.I*, pp. 1190-92.

7. JJ à SJ (9 octobre 1906), *II*, pp. 308-13 et *P.I*, pp. 1210-14.

8. JJ à SJ, 6 novembre 1906, *II*, pp. 326-32 et *P.I*, pp. 1220-23.

9. NB à SJ, 14 novembre 1906, *II*, p. 197.

10. JJ à SJ, 24 décembre 1906, *II*, p. 353.

11. John Joyce à SJ, 5 février 1907, Cornell, Scholes 667.

12. JJ à SJ, 10 janvier 1907, *II*, pp. 354-56 et *P.I*, pp. 1236-37.

13. NB à SJ, 10 janvier 1907, Cornell, Scholes 744.

14. *Les Exilés*, acte 3.

15. JJ à HSW, 17 janvier 1932, *I*, p. 386.

16. Richard Ellmann, *The Consciousness of Joyce*, p. 57.

17. JJ à SJ, 10 janvier 1907, *II*, pp. 354-56 et *P.I*, pp. 1236-37.

18. *Ibid.*

19. *Les Exilés*, acte 3.

20. *Les Exilés*, acte 2.

21. JJ à SJ, 20 novembre 1906, *II*, p. 340 et *P.I*, pp. 1228-30.

22. JJ à SJ, 13 novembre 1906, *II*, p. 332-38 et *P.I*, pp. 1223-27.

23. Josephine Murray à JJ, 4 juin 1907, Cornell, Scholes 921.

24. Josephine Murray à JJ, 29 juillet 1907, Cornell, Scholes 922.

25. Entretien avec Patricia Barnacle Hutton, Londres, 20 décembre 1983.

26. JJ à HSW, 18 mars 1930, *BL.*

27. Margaret (« Poppie ») Joyce à JJ, 10 octobre 1907, Cornell, Scholes 710.

28. Leon Edel, *Stuff of Sleep and Dreams.*

29. Entretien avec Edda Ritson, juillet 1987, qui a appris cette anecdote à Palo Alto en Californie de la bouche de Mme Ada Ohrstiel, originaire de Trieste.

30. Vitaliano Brancati, « Ricordo di Professor Joyce », *Nuova Stampa Sera*, 30-31 août 1948.

31. Ellmann, *T. I*, p. 323.

32. May Joyce à SJ, 24 février 1908, et 7 septembre (1907 ?), Cornell, Scholes 720 et 722.

33. John Joyce à JJ, 14 décembre 1908, Cornell, Scholes 672.

34. Josephine Murray à SJ, 21 juillet 1908, Cornell, Scholes 924.

35. Charles Joyce à JJ, 24 juillet 1908, Cornell, Scholes 626.

36. John Joyce à SJ, 11 août 1908, Cornell, Scholes 671.

37. Josephine Murray à NB (début 1909), Cornell, Scholes 925.

38. Cette photographie, qui fait partie de la collection Croessmann à l'université de Southern Illinois, est décrite par erreur dans le livre de Chester Anderson, *James Joyce and His World*, comme ayant été prise en 1912 à Galway. Giorgio avait sept ans en 1912 et le petit garçon sur la photo n'a pas plus de trois ans.

39. Le journal de Stanislaus n'a jamais été publié, sans doute parce qu'il y parle ouvertement de sa sexualité.

40. May Joyce à JJ, 3 juin 1909, Cornell, Scholes 724.

41. SJ à Herbert Gorman, 8 août 1931, SIU.

Chapitre 6

1. JJ à SJ, 4 août 1909, *II*, p. 390 et *P.I*, pp. 1250-51.

2. JJ à NB, 6 août 1909, *II*, p. 392 et *P.I*, p. 1252.

3. JJ à NB, 7 août 1909, *II*, p. 393 et *P.I*, p. 1253.

4. *Ibid.*, 159.

5. J. F. Byrne, *Silent Years*, p. 156.

6. Ellmann, *T. I*, p. 338.

7. Oliver St. Gogarty à JJ, 4 août 1909, *II*, p. 231.

8. Oliver St. John Gogarty à JJ, 2 août 1909, et Ulick O'Connor, *Gogarty*, p. 91.

9. JJ, « Le fénianisme », *Essais critiques*, *P.I*, p. 1040.

10. Voir chapitre 3.

11. JJ à SJ, 2 septembre 1909, *II*, p. 409.

12. J. F. Byrne à Ellmann, 29 janvier 1957, Texas.

13. Leon Edel, *Sleep and Dreams*, pp. 87-95.

14. Robert Adams Day, « Joyce, Stoom, King Mark ».

15. *Ulysse*, p. 39.

16. JJ à NB, 9 août 1909, *II*, pp. 296-97 et *P.I*, pp. 1254-55.

17. JJ à NB, 21 août 1909, *II*, p. 399.

18. JJ à NB, 21 août 1909, *II*, p. 399 et JJ à SJ, 21 août 1909, *II*, p. 400-02.

19. JJ à NB, 22 août 1909, *II*, p. 239.

20. *Ibid.*

21. Plusieurs lettres de Joyce permettent de reconstituer le contenu de la lettre de Nora : dans celle du 31 août 1909, *II*, p. 406 et *P.I*, pp. 1259-60, Joyce avoue qu'elle a compris son désir de lire des obscénités, bien qu'il n'aime pas les entendre prononcer ; dans la lettre du 2 septembre 1909, *II*, pp. 407-09 et *P.I*, pp. 1260-61, il se permet pour la première fois des références sexuelles explicites ; et dans celle du 3 décembre 1909, *II*, p. 444-46 et *P.I*, pp. 1275-77, il reconnaît que c'est Nora qui a initié leur correspondance érotique.

22. JJ à SJ, 28 août 1904, *II*, p. 405.

23. JJ à NB, 31 août 1909, *II*, p. 406 et *P.I*, pp. 1259-60.

24. JJ à NB, 2 septembre 1909, *II*, pp. 407-409 et *P.I*, pp. 1260-61.

25. *Ibid.*

26. JJ à NB, 5 septembre 1909, *II*, pp. 414-15 et *P.I*, pp. 1262-63.

27. JJ à NB, 7 septembre 1909, *II*, pp. 415-16 et *P.I*, pp. 1263-64.

28. *Ibid*, p. 252.

29. Ellmann, *T. I*, p. 360.

30. JJ à NB (25 octobre 1909 ?), *II*, pp. 422-24 et *P.I*, pp. 1266-67.

31. JJ à NB (27 octobre 1909), *II*, pp. 424-27 et *P.I*, pp. 1267-69.

32. JJ à NB (25 octobre 1909 ?), *II*, pp. 422-24 et *P.I*, pp. 1266-67.

33. NB à JJ, 2 novembre 1909, *II*, p. 430.

34. JJ à NB, 19 novembre 1909, *II*, pp. 439-40 et *P.I*, pp. 1272-73.

35. JJ à NB, 27 octobre 1909, *II*, pp. 422-24 et *P.I*, pp. 1267-69.

36. JJ à NB, 1er novembre 1909, *II*, pp. 428-30 et *P.I*, pp. 1270-71.

37. JJ à NB, 27 octobre 1909, *II*, pp. 422-24 et *P.I*, pp. 1267-69.

38. JJ à NB, 13 décembre 1909, *II*, pp. 444-46 et *P.I*, pp. 1275-77.

39. JJ à NB, 2 décembre 1909, *II*, p. 443 et *P.I*, pp. 1274-75.

40. JJ à NB, 13 décembre 1909, *II*, pp. 444-46 et *P.I*, pp. 1275-77.

41. *Ibid.*

42. JJ à NB, 6 décembre 1909, *II*, p. 446 et *P.I*, pp. 1277-78.

43. JJ à NB, 8 décembre 1909, *SL*, p. 384.

44. JJ à NB, 20 décembre 1909, *II*, pp. 454-55 et *P.I*, pp. 1285-86.

45. JJ à NB, 16 décembre 1909, *P.I*, pp. 1284-85.

46. *Ibid.*

47. *Ulysse*, p. 695.

48. *Ulysse*, p. 707.

49. Peter Gay, *Education of the Senses*, pp. 122-24.

Chapitre 7

1. Ellmann, *T. I*, p. 370.
2. Arthur Power, *Entretiens*, p. 90.
3. Entretien avec Bozena Schaurek Delimata, 20 janvier 1984.
4. JJ à NB, 7 septembre 1909, *II*, pp. 415-17.
5. Brenda Maddox, « Could Nora Cook ? », *New York Times Book Review*, 16 juin 1985.
6. Ellmann, *T. I*, pp. 372-73.
7. Voir chapitre 5, note 39.
8. Josephine Murray à SJ, 19 août 1912, Cornell, Scholes 929.
9. John Joyce à JJ, 23 août 1910, Cornell, Scholes 676.
10. Lina Galli, « Livia Veneziani Schmitz and James Joyce » ; E. L. Hughes, « The Mystery Lady of " Giacomo Joyce " » ; entretien avec Laetitia Svevo Fonda Savio, 11 mars 1987.
11. JJ à SJ, 29 mars 1932, *IV*, p. 9.
12. Thomas Staley, « James Joyce in Trieste », p. 447.
13. *Ibid.*, et LJ, « Autobiography », Texas, parle des maladies d'enfance de Lucia.
14. Mary Colum et Padraic Colum, *Our Friend James Joyce*, p. 227.
15. LJ à JL, 19 mars 1974, UCL.
16. JJ à Maria Kirn, 30 août 1911, *II*, p. 293.
17. NB à JJ (s.d.), Cornell, Scholes 752. Bien que cette lettre ne soit pas datée, il est clair qu'elle a été écrite lorsque Lucia et Giorgio étaient très jeunes puisque Nora utilise la forme anglaise de leurs noms, et non pas la forme italienne.
18. Staley, « James Joyce in Trieste », p. 449.
19. JJ, « William Blake », *Essais critiques, P.I*, p. 1078.
20. JJ à NB (21 août 1912), *II*, pp. 499-501 et *P.I*, pp. 1297-98.
21. Entretien avec Stelio Crise, 10 mars 1987, et une photographie de Prezioso adressée à Mayer avec la dédicace « *affectuosamente* » (amoureusement). Ellmann avait évoqué dans l'édition originale de sa biographie l'homosexualité latente de la relation Joyce-Prezioso mais ce passage fut retiré de la seconde édition après une plainte déposée par la famille Prezioso.
22. Roberto Prezioso à JJ et sa famille, 26 août 1913, 13 septembre et s.d., Cornell, Scholes 1081, 1082 et 1084.
23. Ellmann, *T. I*, p. 378.
24. Ellmann, *T. I*, pp. 378-497, note 75.
25. Ellmann, *T. II*, p. 61.
26. *Giacomo Joyce, P.I*, p. 795.
27. *Ibid*, pp. 800-01.
28. De Tuoni, « Ricordi ».
29. Florence Joyce à Eileen Joyce, 20 février 1912, Cornell, Scholes 731.
30. Eva Joyce à SJ, 12 mai 1912, Cornell, Scholes 653.
31. May Joyce à SJ, 25 juillet 1911, Cornell, Scholes 727.
32. Giorgio Joyce, bulletin scolaire de la Civica Scuola Popolare e Cittadini, Trieste, 15 juillet 1912, Cornell, Scholes 1379.
33. James Stephens, « The James Joyce I Knew », *The Listener 36* (24 octobre 1946).
34. De Tuoni, « Ricordi ».
35. NB à JJ, 11 juillet 1912, *II*, p. 483.

36. *Ibid.*
37. Le livret de Caisse d'épargne de JJ à Trieste, 1907-1912, Texas.
38. Entretien avec Laetitia Svevo Fonda Savio, 11 mars 1987.
39. JJ à NB (12 juillet 1912), *II*, pp. 484-85 et *P.I*, p. 1295.
40. NB à Eileen Joyce, 14 août 1912, *II*, pp. 491-92.
41. *Ibid.*
42. Nathan Halper, « The Grave of Michael Bodkin », *JJQ*, 12:3, 273-80.
43. JJ, « La Cité des tribus », *Essais critiques P.I*, p. 1098. Ellmann, *T. I*, pp. 387-88, et O Laoi, p. 88, montrent clairement que Nora est le compagnon anonyme auquel Joyce fait référence dans l'article sur son voyage aux îles d'Aran.
44. *Ibid.*
45. Louis Berrone, *James Joyce in Padua*, XXII.
46. NB à JJ, 17 août 1912, *II*, p. 493.
47. JJ à NB (21 août 1912), *II*, pp. 499-501 et *P.I*, pp. 1297-98.
48. *Ibid.*
49. JJ à NB (22 août 1912 ?), *II*, p. 503 et *P.I*, p. 1299, et 21 août 1912, *II*, pp. 499-501.
50. JJ à SJ (21 août 1912), *II*, p. 307.
51. Josephine Murray à SJ, 19 août 1912, Cornell, Scholes 929.
52. NB à Eileen Joyce, 14 août 1912, *II*, pp. 491-92.
53. Ellmann, *T.I*, pp. 398-99.
54. Entretien avec Arthur Wall, août 1985.
55. Charles Joyce à SJ, 24 septembre 1912, Cornell, Scholes 634.
56. Charles Joyce à SJ, 11 septembre 1912, *II*, pp. 514-15.
57. Italo Svevo, *James Joyce*, p. 5.
58. De Tuoni, « Ricordi ».
59. Ellmann, *T. I*, p. 378.
60. Alessandro Francini-Bruni, « Joyce Stripped Naked », p. 45.
61. Ezra Pound à JJ, 17-19 janvier 1914, *II*, p. 319.
62. Entretien avec Laetitia Svevo Fonda Savio, 11 mars 1987.
63. May Joyce à SJ, 19 octobre 1912, Cornell, Scholes 734.
64. Facture d'expédition, Texas.
65. *Les Exilés*, acte 1.
66. *Les Exilés*, acte 2.
67. *Les Exilés*, acte 3.
68. Robert M. Adams, « Light on Joyce's *Exiles* », pp. 83-105.
69. Ellmann, *T. II*, p. 58.
70. Padraic Colum, introduction à *Exiles* (Penguin), p. 10.
71. Rapport de l'English Stage Society, 11 juillet 1916, Yale.
72. May Joyce à SJ, 1er septembre 1911, Cornell, Scholes 729.
73. John Joyce à JJ, 5 mai 1914, Cornell, Scholes 685.
74. Bozena Schaurek Delimata à BM, 4 avril 1986.
75. Delimata, « Reminiscences of a Joyce Niece », p. 45.

Chapitre 8

1. Ellmann, *T. II*, p. 10.
2. JJ à HSW, 28 octobre 1919, BL.
3. MH à JJ, 29 juin 1915, Cornell, Scholes 570.
4. Archives de la ville de Zurich, 1915.

5. Lidderdale, p. 222, et registres de l'école de Mühlebach, 1915-16.

6. Maria Zöbeli-Gerhardt, « Lucia : Die Tochter von Dichters », *Zürcher Tages-Anzeiger*, 24 décembre 1982, et Walter Ackermann, *Bordbuch*.

7. Frank Budgen, *James Joyce et la création d'Ulysse*, p. 37.

8. Dr Senta Frauchiger à BM, 2 mars 1985, et Zöbeli-Gerhardt, « Lucia ».

9. MH à JJ, 24 octobre 1915, Cornell, Scholes 576.

10. O. Laoi, p. 112.

11. JJ à MH, 2 novembre 1915, dans Ellmann, *T. II*, p. 23.

12. *Ibid*, p. 24.

13. Otto Luening, *Odyssey of an American Composer*, p. 87.

14. Annie Barnacle à NB (1915 ?), Cornell, Scholes 412. Scholes suggère que cette lettre a été écrite entre 1916 et 1919, mais il y est fait mention de l'enrôlement du frère de Nora dans l'armée anglaise au début de la Première Guerre mondiale.

15. Annie Barnacle à NB, s.d., Cornell, Scholes 411.

16. SJ à JJ, 16 septembre 1915, Cornell, Scholes 777.

17. SJ à NB, 18 février 1915, Cornell, Scholes 772.

18. SJ à NB, 15 novembre 1915, Cornell, Scholes 782.

19. SJ à NB, 11 janvier 1916, Cornell, Scholes 785.

20. SJ à JJ, 16 janvier 1916, Cornell, Scholes 786.

21. Clotilde Francini-Bruni à NB, s.d., Cornell, Scholes 513.

22. Ellmann, *T. II*, p. 61.

23. *Ibid*.

24. Eileen Joyce Schaurek à NB, 26 septembre 1916, Cornell, Scholes 1219.

25. Eileen Joyce Schaurek à NB, 13 juin 1916, Cornell, Scholes 1217.

26. Eileen Joyce Schaurek à NB et JJ, 5 août 1916, Cornell, Scholes 1218. Eileen Joyce Schaurek à NB, 26 septembre 1916, Cornell, Scholes 1219.

27. John Joyce à JJ, 11 septembre 1916, Cornell, Scholes 656.

28. J. B. Lyons, *James Joyce and Medicine*, p. 206.

29. Felix Beran à Herbert Gorman, 12 février 1931, SIU.

30. Luening, *Odyssey*, p. 196.

31. Ellmann, *T. II*, p. 34.

32. August Suter, « Reminiscences », p. 194, et Ellmann, pp. 382 et 460.

33. Ellmann, *T. II*, p. 62.

34. Ellmann, *T. II*, p. 13.

35. La photographie de Weiss est reproduite dans Ellmann, planche 25.

36. Lidderdale, p. 38.

37. JJ à HSW, 6 décembre 1915, *I*, p. 90.

38. Ellmann, *T. II*, p. 96.

39. *Ibid*.

40. Lidderdale, p. 165.

41. Gorman, p. 232.

42. MH à JJ, 8 mars 1916, Cornell, Scholes 579.

43. William Blackmore à JJ, 9 février (ou septembre) 1916, Cornell, Scholes 428.

44. Annie Barnacle à NB, 20 juillet 1916, Cornell, Scholes 410.

45. Ruth Bauerle, « A Source for Dignam », *JJQ* 15 (automne 1987).

46. MH à JJ, 8 mars 1916, Cornell, Scholes 579.

47. NB à HSW, 28 août 1917, *I*, p. 115.

48. NB à John Quinn, 30 avril 1917, *Bulletin of Research in the Humanities* (New York Public Library) 81:2 (été 1978).

49. John Quinn à NB, 24 mai 1917, *Ibid*.

50. NB à John Quinn, 30 avril 1917, *II*.

51. John Quinn à NB, 24 mai 1917, *Bulletin of Research in the Humanities* (été 1978).
52. JJ à John Quinn (août 1917 ?), *Ibid.*
53. Mary T. Reynolds, « Joyce and Miss Weaver », *JJQ* 19:4 (été 1982).
54. JJ à HSW, 18 juillet 1917, *I*, p. 114. Voir aussi *Ulysse*, p. 154.
55. Ellmann, *T. II*, p. 61.
56. Paolo Brunetti, Office de tourisme de Locarno, à BM, 14 février 1986.
57. NB à JJ, 15 (août) 1917, Cornell, Scholes 761.
58. SB a souvent parlé de la façon dont Joyce prononçait le son *oo*.
59. NB à JJ, (11 août [?] 1917), Cornell, Scholes 754.
60. NB à JJ (aux alentours du 4 août 1917), *I*, p. 80.
61. NB à JJ (aux alentours du 13 août 1917), Cornell, Scholes 760.
62. NB à JJ, 11 août 1917, Cornell, Scholes 759.
63. Ellmann, *T. II*, p. 69. Ni Yale ni Cornell n'ont pu localiser la lettre « Cher Cocu », et Ellmann en 1986 était incertain de sa provenance, bien qu'il ait lu la lettre.
64. NB à JJ, 15 (août) 1917, *I*, p. 85.
65. NB à JJ, (11) août 1917, Cornell, Scholes 758.
66. NB à JJ, (10) août 1917, *III*, p. 62.
67. NB à JJ, (11) août 1917, Cornell, Scholes 758.
68. *Ulysse*, p. 54.
69. NB à JJ, 15 août 1917, Cornell, Scholes 761.
70. NB à Ezra Pound, 28 août 1917, *I*, p. 87.
71. Ellmann, *T. II*, p. 40.
72. Ellmann, *T. II*, p. 45.
73. NB à JJ, (12 ?) août 1917, *II*, et entretien avec Maria Jolas, 26 octobre 1983.
74. Ellmann, *T. II*, p. 41.
75. A. Walton Litz, *The Art of James Joyce*, et entretien avec BM, 2 avril 1985.
76. JJ à Claude Sykes, (23 ?) septembre 1917, dans Ellmann, *T. II*, pp. 43-44.
77. Ellmann, *T. II*, p. 44.

Chapitre 9

1. NB à JJ, 1ᵉʳ août 1917, *III*, pp. 79-80.
2. Otto Luening, *Odyssey of an American Composer*, p. 187.
3. Ellmann, *T. II*, p. 46.
4. Luening, *Odyssey*, p. 186.
5. Voir, par exemple, la courte biographie sur la demi-page de titre d'*Ulysses : The Corrected Text*, Penguin.
6. Litz, p. 143 ; Luening, *Odyssey*, pp. 186-87.
7. Arthur Power, *Entretiens*, p. 74.
8. Entretien avec Mme Henry Carr, juin 1985.
9. *Ulysse*, p. 520.
10. HKJ, « Portrait of the Artist by His Daughter-in-Law » (cité ci-dessous comme HKJ mémoires), Texas.
11. Claud Sykes à Herbert Gorman, « James Joyce and the English Players », mars 1931, SIU ; LJ « The Real Life », Texas.
12. Luening, *Odyssey*, p. 186, Sykes à Gorman, « The English Players », LJ, « The Real Life », Texas.
13. JJ à Forrest Reid, 1ᵉʳ août 1918, *I*, p. 128.
14. Notes pour *Les Exilés*.

15. Frank Budgen, *Myselves when Young*, p. 188.
16. August Suter, « Some Reminiscences of James Joyce », JJQ 7:3.
17. Frank Budgen, *James Joyce et la création d'*Ulysse, p. 21.
18. *Ibid*, p. 38.
19. *Ibid*.
20. *Ibid*, p. 184.
21. Budgen, *Myselves*, p. 191.
22. JJ à Marthe Fleischmann, (?) décembre 1918, *III*, p. 124.
23. Budgen, *Myselves*, p. 190.
24. JJ à Frank Budgen, 11 juin 1919, *SL*, pp. 238-39.
25. Budgen, *La Création d'*Ulysse, p. 37.
26. Sykes à Gorman, réponse au questionnaire, 31 mai 1931, SIU.
27. LJ, « My Life », Texas, Hayman, dans « Shadow of His Mind » note que Lucia mentionne la jalousie de son père à l'égard des attentions que Weiss prodiguait à Nora.
28. Ellmann, *T. II*, p. 77.
29. Ellmann, *T. II*, p. 87.
30. Budgen, *Myselves*, p. 198.
31. *Ulysse*, p. 331.
32. *Ibid*, p. 359.
33. Entretien avec Colin MacCabe, 21 avril 1985.
34. Lidderdale, p. 157 et fonds LJ, UCL.
35. NB à JJ, 8 mai 1919, Cornell, Scholes 763.
36. Lidderdale, p. 157.
37. HW Saw à HSW, 19 novembre 1918, BL.
38. Fred Monro à JJ, 24 juin 1919, *III*, p. 139.
39. HSW à JJ, 6 juillet 1919 ; Lidderdale, pp. 157-60.
40. Walter Ackermann, *Bordbuch*, pp. 98-99.
41. Mary Colum et Padraic Colum, *Our Friend James Joyce*, p. 71.
42. JJ à SJ, 8 septembre 1919, *III*, pp. 147-48.
43. Josephine Murray à JJ, 12 août 1919, Cornell, Scholes 933.
44. SJ à JJ, 25 mai 1919, *III*, p. 136.
45. JJ à SJ, 31 juillet 1919, *II*, pp. 140-41.
46. Edith McCormick à JJ, 12 octobre 1919, *II*, Buffalo.
47. Ellmann, *T. II*, p. 92 ; Sykes, réponse au questionnaire de Gorman, SIU.
48. LJ, « The Real Life », Texas.
49. Note d'honoraires du Dr Adalbert Panchaud, 1ᵉʳ juillet 1919, Texas. Il est inscrit sous le nom de Panchaud de Bottens dans l'annuaire de Zurich de 1919.
50. *Ulysse*, p. 667.

Chapitre 10

1. Ezra Pound à John Quinn, 19 juin 1920, *SL*, p. 153.
2. JJ à John Quinn, 17 novembre 1920, lettre citée dans « Quinnigan's Quake » de Myron Schwartzman, *Bulletin of Research in the Humanities* (été 1978) et JJ à Frank Budgen, 18 mai 1920, *III*, p. 167.
3. LJ, « The Real Life », Texas.
4. NB à Frank Budgen, 27 janvier 1920, *III*, p. 156.
5. Phillip Herring, « Joyce's Notes and Early Drafts for *Ulysses* », p. 204.
6. Arthur Power, *Entretiens*, *III*, pp. 90-91.

7. JJ à Frank Budgen, 18 mai 1920, *III*, pp. 167-68, et JJ à Ezra Pound, 5 juin 1910, *III*, pp. 170-72.

8. JJ à Ezra Pound, 5 juin 1920, *III*, p. 170-72.

9. John Joyce à JJ, 17 janvier 1920, *III*, p. 156.

10. Facture de Mr Giaconi, 25 Corso, Trieste, 12 juin 1920, Texas.

11. JJ à Josephine Murray, 17 juin 1920, *III*, p. 176 ; JJ à Frank Budgen, 18 mai 1920, *III*, p. 167.

12. Ludmila Bloch-Savitsky à Ezra Pound, 9 juillet 1920, Buffalo.

13. JJ à SJ, 12 juillet 1920, *III*, p. 185.

14. JJ à Claud Sykes, 29 juillet 1920, *III*, p. 189.

15. Ezra Pound à Jenny Serruys, 20 juillet 1920, *III*, pp. 186-87.

16. JJ à SJ, 25 juillet 1920, *III*, pp. 187-88.

17. JJ à SJ, 29 août 1930, *III*, p. 17.

18. Frank Budgen, *Myselves When Young*, p. 204.

19. Ezra Pound à John Quinn, *Selected Letters of Ezra Pound*, p. 251.

20. Beach, pp. 35-40, et notes inédites, Princeton.

21. Beach, p. 35.

22. Beach, p. 39 ; Fitch, p. 67.

23. JJ à John Quinn, 17 novembre 1920, « Quinnigan's Quake » (été 1978) ; Herring, Buffalo.

24. JJ à John Quinn, 17 novembre 1920, *op. cit.*

25. Myron Nutting, *An Artist's Life and Travels*, vol. 2, p. 435, UCLA.

26. Wyndham Lewis, *Blasting and Bombardiering*, pp. 272-74.

27. Entretiens avec Jane Mulvagh et Arthur Power.

28. JJ à John Rodker, 29 septembre 1920, *III*, p. 204.

29. JJ à HSW, 16 novembre 1920, BL, et *III*, p. 212.

30. Lidderdale, p. 174.

31. JJ à Jenny Serruys, 5 novembre 1920, *III*, p. 211.

32. NB à Lillian Wallace, 15 août 1922, *III*, p. 261.

33. JJ à John Quinn, in « Quinnigan's Quake », p. 255.

34. Ernest Hemingway à Sherwood Anderson, 9 mars 1922, et Jeffrey Meyers, *Hemingway*, p. 89.

35. Ernest Hemingway, *Paris est une fête*, p. 53.

36. August Suter, « Reminiscences », *JJQ* 7:3.

37. JJ à Frank Budgen, 10 décembre 1920, *I*, pp. 174-76.

38. Arthur Power, brouillons inédits des *Entretiens*.

39. Robert McAlmon, *Being Geniuses Together*.

40. Fitch, p. 40.

41. Meyers, *Hemingway*, p. 89.

42. Nutting, *An Artist's Life*, vol. 2, p. 458.

43. Fitch, p. 60.

44. Voir Mary T. Reynolds, « The Indispensable Countersign ».

45. McAlmon, *Geniuses*, p. 242.

46. Fitch, p. 171.

47. Power, *Entretiens*, p. 27.

48. Entretiens avec Elizabeth Curran Solterer, 29 novembre 1984, et Arthur Power, 19 janvier 1984.

49. Nutting, *An Artist's Life*, vol. 2, p. 451.

50. Lidderdale, p. 176.

51. Beach, p. 47.

52. Fitch, p. 78.

53. Jacqueline Bograd Weld, *Peggy : The Wayward Guggenheim*, p. 59 ; Meyers, *Hemingway*, pp. 64-65 ; Peter Ackroyd, *T. S. Eliot*, p. 122.

54. McAlmon, *Geniuses*, pp. 117-18.

55. Lidderdale, p. 184.

56. JJ à Frank Budgen (31 mai 1921), *III*, pp. 229-30 et Lidderdale, p. 185.

57. JJ à HSW, 24 juin 1921, *I*, pp. 192-95.

58. Fitch, p. 138.

59. SJ à JJ, 22 février 1922, *III*, p. 58.

60. Ellmann, *T. II*, p. 184.

61. LJ à Katherine Sargent (s.d. ; 1921 ?), Harvard ; aussi JJ à John McCormack, 17 décembre 1920, *III*, p. 219.

62. Power, *Entretiens*, p. 124.

63. McAlmon, *Geniuses*, pp. 32 et 118.

64. JJ à HSW, 9 septembre 1921, *III*, p. 237, et JJ à Valery Larbaud, 24 septembre 1921, *III*, p. 238.

65. McAlmon, *Geniuses*, pp. 276-77.

66. NB à Katherine Sargent (s.d. ; été 1921 ?), Harvard.

67. George Bernard Shaw à SB, 10 octobre 1921, *III*, p. 50.

68. Comptes de Sylvia Beach, Buffalo.

69. LJ à Katherine Sargent, 22 janvier 1922, Harvard. Aussi JJ à SJ, 20 mars 1922, *III*, pp. 254-56.

70. Ellmann, *T. II*, p. 157.

71. Beach, p. 85.

72. Ellmann, *T. II*, p. 158.

73. McAlmon, *Geniuses*, p. 168.

74. Ellmann, *T. II*, p. 158, et entretien avec Arthur Power, 19 janvier 1984.

75. JJ à Robert McAlmon (s.d.) mars 1922, SL, p. 289.

76. JJ à SJ, 20 mars 1922, *III*, pp. 254-56.

77. JJ à Robert McAlmon, 1er mars 1922, *I*, p. 213.

78. Power, *Entretiens*, p. 90.

79. O Laoi, p. 100.

Chapitre 11

1. LJ à SJ, 6 avril 1922, Cornell, Scholes 653.

2. SB, notes, Princeton.

3. Josephine Murray à JJ, 27 mars 1920, Cornell, Scholes 934.

4. *Galway Observer*, 22 avril, 6 mai 1922.

5. O Laoi, p. 99.

6. NB à Helen Nutting, 29 avril 1922, Northwestern.

7. McAlmon, *Geniuses*, p. 249.

8. JJ à NB (s.d. ; avril 1922 ?), *III*, p. 63.

9. JJ à Josephine Murray, 23 octobre 1922, *I*, pp. 225-26.

10. *Ibid.*

11. Entretien avec Joe O'Halleran, août 1984.

12. JJ à Josephine Murray, 10 novembre 1922, *I*, pp. 228-30.

13. Constantine Curran, *James Joyce Remembered*, p. 81.

14. JJ à Josephine Murray, 23 octobre 1922, *I*, pp. 225-26.

Chapitre 12

1. Ellmann, *T. II*, note p. 149, p. 177, p. 291, note p. 322, et p. 342 ; cf. également Gorman, note p. 123.

2. SB, notes, Princeton.

3. Robert M. Adams, *James Joyce : Common Sense*, p. 168.

4. Philip Herring, Ulysses *Notesheets*.

5. *Ulysse*, p. 710.

6. *Ulysse*, p. 663.

7. *Ulysse*, pp. 697-98.

8. *Ulysse*, p. 703.

9. Herring, dans Ulysses *Notesheets*, montre que Joyce associait la sonorité des voyelles *a* à l'honnêteté, *e* à ce que Joyce appelait « l'enclos », *i* à la faiblesse, *o* à l'audace et *u* à la misanthropie.

10. *Ulysse*, pp. 61, 79, 555, etc.

11. *Ulysse*, pp. 533 et 561.

12. *Ulysse*, p. 702.

13. Hugh Kenner, *Ulysses*, p. 145.

14. *Ulysse*, p. 697.

15. *Ulysse*, p. 703.

16. *Ulysse*, p. 652.

17. S.A. Henke, « Molly Bloom's Family Romance ».

18. *Ulysse*, pp. 496-97.

19. Peter Costello, « The Trieste Letters », *Irish Times*, 2 juillet 1976. JJ à Ettore Schmitz, 5 janvier 1921, *I*, pp. 176-77.

20. JJ à Frank Budgen, 21 août 1921, *I*, p. 198.

21. Ellmann, *T. II*, pp. 393.

22. Ira Nadel, « Joyce and the Jews », *Modern Judaism* 6:3 (1986) : 301-310.

23. Jane Ford, « Why is Milly in Mullingar ? », *JJQ* 14:4, 436-49.

24. Litz, *Art of James Joyce*.

25. *Ulysse*, et *James Joyce Archive*, Michael Groden, Notebook VIA, p. 51.

26. James Van Dyck Card, « Penelope » ; voir également, sa thèse non publiée, et une lettre à BM, 20 décembre 1985.

27. Nathan Halper, dans « The Grave of Michael Bodkin », établit le parallèle arc de triomphe espagnol/mur maure.

28. Phillip Herring, « Toward an Historical Molly Bloom », ELH 45 (1978), « The Bedsteadfastness of Molly Bloom » and Ulysses *Notesheets*.

29. Voir Richard M. Kain, *Fabulous Voyager*.

30. JJ à Frank Budgen, 16 août 1921, *I*, p. 198.

31. Arthur Power, *Entretiens*, p. 34.

32. Hayman, dans Henke et Unkeless, *Women in Joyce*, pp. 157-58 ; Kenner, *Ulysses* ; Colin MacCabe, *Revolution of the Word*, pp. 131-32 ; et Henke et Unkeless, *Women in Joyce*, p. 185. Aussi, Carol Shloss, « The End of Molly's Exile », conférence prononcée lors du Neuvième Colloque international James Joyce, Francfort, 1984.

33. *Un portrait*, chapitre V, *P.I*, p. 717.

34. C. G. Jung à JJ (?) août 1928, *III*, p. 253 ; et Ellmann (citant Beckett), p. 629.

35. *Ulysse*, p. 55.

36. Suzette Henke, « The Conventional Molly Bloom », dans Henke et Unkeless, *Women in Joyce*, p. 153.

37. *Ulysse*, p. 679.

38. *Ulysse*, p. 664.
39. *Ulysse*, p. 704.
40. Robert M. Adams, *Surface and Symbol*, pp. 255-56.
41. *Ulysse*, p. 677.

Chapitre 13

1. Entretien avec Maria Jolas, 26 octobre 1983.
2. Arthur Power, *Entretiens*, p. 89 ; Myron Nutting, *An Artist's Life and Travels*, vol. 2, p. 466.
3. JJ à Josephine Murray, 10 novembre 1927, *III*, p. 193.
4. JJ à NB (5 janvier 1924 ?), *III*, p. 290.
5. SB à HSW, 18 juin 1922, Princeton.
6. HSW à SB, 24 juin 1922, BL.
7. Lidderdale, p. 201.
8. JJ à Josephine Murray, 10 novembre 1922, *I*, pp. 228-30.
9. Entretien avec JL et Phyllis Herriot.
10. JJ à HSW, 8 novembre 1922, *I*, p. 228.
11. NB à Helen Nutting, 27 novembre 1922, Northwestern.
12. Journal d'Helen Nutting, 1923, Northwestern.
13. Fitch, p. 83.
14. Andrew Field, *Djuna Barnes;* et Jane Marcus, « Laughing at Levieticus : *Nightwood* as Woman's Circus Epic », p. 14.
15. Jacqueline Bograd Weld, *Peggy : The Wayward Guggenheim*, p. 52.
16. Peggy Guggenheim, *Ma vie et mes folies*.
17. Power, *Entretiens*, p. 90.
18. LJ à SJ, 16 décembre 1924, Cornell, Scholes 694.
19. SB, « Those Unfortunate Creatures », inédit, Princeton, et Beach, p. 42.
20. Ellmann, *T. II*, p. 170.
21. Papiers de Thomas McGreevy à TCD ; Augustus John, « Fragment of an Autobiography » p. 60 ; *Cowley*, p. 131.
22. Ellmann, *T. II*, p. 175.
23. HJK mémoires, Texas.
24. Stephen Birmingham, *Our Crowd : The Great Jewish Families of New York*, p. 383.
25. JJ à SB, 12 juillet 1923, *III*, pp. 278-80.
26. Entretien avec Peter Lennon, 22 décembre 1985.
27. O Laoi, p. 112, et entretien avec Patricia Barnacle Hutton, 20 décembre 1983.
28. Ellmann, *T. II*, p. 554.
29. *Ibid.*
30. *Ibid.*, et O Laoi, p. 105.
31. HSW et SB, 28 juillet 1923, Princeton.
32. Mary Colum, ed., *Life and the Dream*, 1948, et entretien avec JL.
33. JJ à TSE, 15 août 1923, *III*, p. 510.
34. Middleton Murry, *Le Journal de Katherine Mansfield*.
35. *Ibid.*, et JJ à HSW, 24 mai 1924, *I*, p. 257.
36. Ellmann, *T. II*, p. 198.
37. Nutting, *An Artist's Life*, vol. 2, p. 441 et Jeffrey Meyers, *Hemingway*, p. 83.
38. JJ à HSW, *III*, p. 320, et JJ à Valery Larbaud, 4 novembre 1924, *III*, pp. 320-21.

39. NB à HSW, 29 novembre 1924, BL.
40. Beach, pp. 71-72.
41. JJ à HSW, 7 mars 1925, *III*, p. 330.
42. Nutting, *An Artist's Life*, vol. 3, p. 1110.
43. Ellmann, *T. II*, p. 190.
44. *Finnegans Wake*, p. 407.
45. Thomas Connolly, « James Joyce Manuscripts at the University of Buffalo », conférence prononcée lors de la conférence James Joyce en 1985. La citation est extraite de Joyce's Buffalo Manuscript, VI, B.5, p. 39.
46. Ellmann, *T. II*, p. 230.
47. Ellmann, *T. II*, p. 188, 552 et 224.
48. Richard Ellmann, *the Consciousness of Joyce*, p. 12.
49. Ellmann note que Joyce méprisait D. H. Lawrence parce qu'il trouvait qu'il ne s'habillait pas convenablement.
50. Voir planche 36 dans Ellmann, qui montre Lucia et Nora à Galway en 1922.
51. *Ulysse*, p. 675.
52. Peggy Guggenheim, *Ma vie et mes folies ;* Weld, *Guggenheim*, p. 52.
53. Entretien avec Phyllis Moss Stein, 16 juin 1985.

Chapitre 14

1. Mary Colum et Padraic Colum, *Our Friend James Joyce*, p. 115.
2. Dans *The Joyce We Knew*, p. 110, Arthur Power réfute l'idée que ce serait l'incompétence de Nora qui aurait obligé Joyce, à moitié aveugle, à chercher lui-même un appartement, et de nombreuses lettres parisiennes de Joyce soutiennent cette interprétation.
3. On trouve des renseignements concernant leur appartement dans JJ à Léon-Paul Fargue, *III*, p. 339 ; JJ à HSW, 26 mai, 17 juin 1925, BL. La facture du piano se trouve à Buffalo ; voir également HKJ mémoires, Texas ; Myron Nutting, Mémoires, UCLA ; et Augustus John, « Fragment of an Autobiography », p. 56.
4. Myron Nutting, *An Artist's Life and Travels*, vol. 2, p. 444, HJK mémoires, Texas ; HSW à SB, 22 juin 1915, Princeton.
5. Power, *The Joyce We Knew*, p. 111.
6. SB, notes pour *Shakespeare and Company*, Princeton.
7. Notes pour *Les Exilés*, *P.I*, p. 1774.
8. JJ à SJ, 28 septembre 1925, *III*, p. 349.
9. JJ à HSW, 12 mai 1927, *I*, p. 307.
10. JJ à Josephine Murray, 2 novembre 1924, SL.
11. Entretiens avec Ellen Bentley (née Kastor), 16 juin 1985, et Enid Kastor Rubin, 17 juin 1985 ; aussi Jacqueline Bograd Weld, *Peggy : The Wayward Guggenheim*, pp. 49 et 52.
12. Entretien avec Ellen Bentley, 16 juin 1985.
13. Stephen Birmingham, *Our Crowd : The Great Jewish Families of New York*.
14. « Kastor-Fleischman », *New York Times*, 26 octobre 1915, et entretien avec Ellen Bentley. Voir aussi Weld, *Guggenheim*, p. 71, qui parle du désir qu'avait Peggy Guggenheim de cacher ses origines juives.
15. Guggenheim, *Ma vie et mes folies*. Stuart Gilbert à CC, 10 (?) mai 1951, UCD, et entretien avec Georges Belmont, 23 septembre 1984.
16. Stuart Gilbert à CC, 10 (?) mai 1951, UCD, et entretien avec Georges Belmont, 23 septembre 1984.

17. JJ à Ettore Schmitz, 21 novembre 1925, *III*, p. 357 et LJ, Texas.

18. JJ à SJ, 10 novembre 1926, SIU.

19. JJ à SJ, 17 novembre 1926, SIU.

20. Eva Joyce à SJ, 9 novembre 1926, SIU.

21. JJ à SJ, 17 novembre 1926, SIU.

22. Bozena Delimata, « Reminiscences of a Joyce Niece », et Ellmann, p. 585.

23. Fitch, pp. 130 et 230.

24. SB à Eleanor Beach, 19 février 1926, Princeton.

25. JJ à Bennett Cerf, 2 avril 1932, *IV*, p. 10 et JJ à HSW, 8 juin 1932, *III*, p. 246.

26. Entretiens avec Arthur Power, 19 janvier 1985, et Klara Heyland, 23 mai 1984.

27. Elizabeth Nowell, ed., *The Letters of Thomas Wolfe*, pp. 114-15.

28. Margaret Anderson, *My Thirty Years' War*, p. 246.

29. Papiers de Thomas McGreevy, TCD, et Ellmann, p. 699.

30. Colum et Colum, *Our Friend*, pp. 113-14.

31. Richard M. Kain, « Interview with Carola Giedion-Welcker et Maria Jolas », *JJO* 11:2, 94-122.

32. Journal d'Helen Nutting, Northwestern ; HJK mémoires, Texas ; et SB à Sylvester Beach, (s.d. ; 1923 ?), Princeton.

33. HJK mémoires et papiers de SB.

34. Ernest Kroll, « Mrs. James and Her Controversial Husband », p. 56.

35. Entretien avec Elizabeth Curran Solterer, 29 novembre 1984.

36. Entretien avec JL.

37. Ellmann, *T. II*, p. 230.

38. SB, notes, Princeton.

39. Myrsine Moschos à Noel Riley Fitch, discussion rapportée par Fitch dans un entretien avec BM, septembre 1987.

40. *Finnegans Wake*, p. 436.

41. Thomas McGreevy, « Paradise Lost », Mémoires inédits, TCD.

42. Mary Colum, *Life and the Dream*, p. 190.

43. Entretien téléphonique avec Berenice Abbott, juin 1985.

44. JJ à HSW, 27 mai 1929, *I*, pp. 344-45.

45. JJ à HSW, 20 septembre 1928, *I*, pp. 327-32.

46. Ellmann, *T. II*, p. 240.

47. J. F. Byrne à Richard Ellmann, 29 janvier 1957, Texas.

48. JJ à HSW, 9 novembre 1927, *I*, p. 320.

49. J. F. Byrne à Richard Ellmann, printemps 1958 (cette lettre n'a pas été envoyée), Texas.

50. Certificat de décès de Vincent Cosgrave, 7 septembre 1926, St. Catherine's House (Office of Population Censuses and Surveys), Londres.

51. J. F. Byrne, *Silent Years*, pp. 149-50.

52. JJ à HSW, 16 avril 1928, *III*, p. 418.

53. Deirdre Bair, *Samuel Beckett*, p. 86.

54. Samuel Beckett, *Molloy*, pp. 7 et 62.

55. JJ à HSW, 28 mars 1928, *IV*, p. 414.

56. LJ, « The Real Life », Texas.

57. Entretien avec Nelly Joyce, 13 février 1984.

58. JJ à SJ, 26 juin, 31 juillet 1928, *III*, pp. 421 et 424.

59. Bureau des actes de mariage, 6ᵉ arrondissement, Paris, 30 novembre 1927.

60. HKJ mémoires, Texas.

61. JJ à Valery Larbaud, 16 novembre 1928, *IV*, p. 429 et JJ à HSW, 2 décembre 1928, I, pp. 340-43 ; aussi SB, papiers, Princeton.

62. JJ à Valery Larbaud, 16 novembre 1928, *IV*, p. 429.

63. HSW à SB, 18 novembre 1928, Princeton. Aussi Lidderdale, p. 284.

64. HSW à SB, 25 novembre 1928, Princeton.

65. JJ à HSW, 10 janvier 1929, *IV*, p. 432.

66. JJ à SJ, 26 janvier 1929, *IV*, p. 433 ; aussi HSW à SB, 20 décembre 1928, Princeton.

67. HSW à SB, 21 janvier 1929, Princeton.

68. Kevin Sullivan, *Joyce Among the Jesuites*, p. 58.

69. JJ à HSW, 2 décembre 1928, *I*, p. 340.

70. LJ, « My Life », et HJK mémoires, Texas.

71. JJ à HSW, 26 octobre 1931, BL ; 27 octobre 1931, *III*, p. 498. La note 5, dans *III*, attribue par erreur les inquiétudes de Joyce à son propre état de santé.

72. Bureau des actes de mariage, 6ᵉ arrondissement, Paris.

73. Robert McAlmon, *Being Geniuses Together*, p. 222.

74. Carlos Baker, *Ernest Hemingway*, p. 671.

75. Entretien avec Iris Stephens Wise, avril 1986 ; aussi, Eileen O'Casey, *Sean*, pp. 93-94.

76. JJ à HSW, 22 novembre 1929, *I*, p. 352.

77. JJ à HSW, 19 octobre 1929, *I*, pp. 352-54.

78. Arnold Goldman, « Send Him Canorious », *The Listener*, 3 août 1972, pp. 142-43.

79. Stuart Gilbert, introduction à *I*, p. 34.

80. Entretien avec Arthur Power, 19 janvier 1984.

81. Ellmann, *T. II*, p. 299.

82. Louis Gillet, *Stèle pour James Joyce*.

83. Entretien avec JL.

84. Entretien avec Arthur Power, 19 janvier 1985.

85. MJ à May Joyce Monaghan, 13 septembre 1965, papiers de Ken Monaghan.

86. Samuel Beckett, *Our Exagmination Round His Factification for Incamination of Work in Progress*, p. 14.

87. JJ à HSW, 7 mars 1924, *I*, p. 255 ; Bair, *Beckett*, pp. 86-88.

88. *Finnegans Wake*, p. 209.

89. Margot Norris, « Anna Livia Plurabelle : The Dream Woman », dans Henke et Unkeless, *Women in Joyce*, pp. 197-213.

90. Bair, dans *Beckett*, décrit l'épisode Lucia-Beckett, cf. pp. 79, 83, 91-93.

91. Entretien avec Jacques Mercanton, 24 septembre 1984, et Potts, p. 232.

Chapitre 15

1. JJ à HSW, 30 mars 1930, *I*, pp. 357-61.

2. Lidderdale, p. 295.

3. Byrne, *Silent Years*, pp. 149-50.

4. Entretien avec JL, 2 août 1985.

5. Kevin O'Sullivan, « An Irishman's Diary », *Irish Times*, 22 juin 1972 ; HKJ papiers, Texas ; et entretien avec Gerard O'Flaherty, août 1984.

6. HKJ mémoires, Texas ; Mary Colum et Padraic Colum, *Our Friend James Joyce*, p. 190 ; et Ellmann, p. 638.

7. Stuart Gilbert à CC, 1ᵉʳ mai 1951, UCD ; Deirdre Bair, *Samuel Beckett*, p. 78 ;

Eilis Dillon, « The Innocent Muse », entretien avec MJ et Georges Belmont, 1984.

8. Voir *III*, p. 204, où Joyce parle des riches bienfaiteurs ; aussi Nancy Cunard, « On James Joyce » dans Oliphant et Zigal, *Joyce at Texas*, pp. 83-86.

9. JJ à HSW, 18 mars 1930, BL.

10. Fitch, p. 318.

11. Richard M. Kain, « Interview with Carola Giedion-Welcker and Maria Jolas » ; et entretien avec Verena Giedion Clay, mai 1984.

12. JJ à HSW, 11 avril 1931, *III*, p. 473.

13. JJ à Mr Monro, (s.d. ; 1932 ?), BL. Aussi, Law Commission, *Illegitimacy*, Rapport n° 118, HMSO House of Commons paper 98 et High Court of Justice Chancery Division, 8 septembre 1941, doc. 1942 J, n° 456, qui indique que Joyce consulta Monro Saw pour la première fois en juillet 1930 au sujet de la légitimation de ses enfants, et qu'on lui expliqua alors qu'il devait pour pouvoir les reconnaître résider en Angleterre ou en Irlande.

14. SB, papiers.

15. *Ibid.*

16. HKJ (Helen Fleischman) à HSW, 23 mai 1930, BL.

17. NB à HSW, 29 mai 1930, BL ; LJ à HSW, 22 juin 1930.

18. NB à HSW, 8, 15 juin 1930, BL et *III*, p. 449.

19. NB à Helen Nutting, (s. d.), Northwestern.

20. NB à HSW, 12 septembre 1930, BL.

21. Bennett Cerf, *At Random*, et JJ à HSW, 28 janvier 1932, BL.

22. High Court of Justice, doc. 1942 J, n° 456.

23. JJ à HSW, 3 et 28 octobre 1930, BL.

24. JJ à HSW, 22 novembre 1930, SL.

25. NB à HSW, 25 novembre 1930, BL.

26. JJ à HSW, 27 novembre 1930, BL.

27. SB à (Holly Beach ?), novembre 1930, et notes pour *Shakespeare and Company*, Princeton.

28. *Ibid.*

29. Certificat de mariage d'Helen Kastor Fleischman et George Joyce, Mairie du 6e arrondissement, Paris, 10 décembre 1930.

30. *Ibid.*

31. JJ à HSW, 21 décembre 1930, *III*, p. 466.

32. Ellmann, note p. 628, Colum and Colum, *Our Friend*, p. 199.

33. Ellmann, *T. II*, p. 284.

34. Thomas Connolly, *Personal Library of James Joyce*, pp. 25-28.

35. Richard Brown, *James Joyce and Sexuality*, pp. 35-49.

36. *Finnegans Wake*, p. 579.

37. Robert McAlmon, *Being Geniuses Together*, p. 296.

38. JJ à HSW, 18 mars 1930, *I*, pp. 357-61.

39. JJ à HSW, 24 avril 1934, BL et *I*, pp. 422-23.

40. JJ à HSW, 24 avril 1934, BL ; Ellmann, *T. II*, p. 256.

41. JJ à HSW, 11 mars 1931, BL (partie inédite d'une lettre publiée).

42. Ellmann, *T. II*, p. 317 ; Colum and Colum, *Our Friend*, pp. 232-33.

43. Lidderdale, p. 449. Nora avoua à Mlle Weaver qu'elle avait eu « un mot malheureux ».

44. Entretien avec Iris Stephens Wise, 21 avril 1985.

45. Lennon, *Catholic World*, mars 1931.

46. JJ à HSW, 11 mars 1931, *I*, pp. 374-76, et entretien avec Phyllis Moss Stein, 16 juin 1985.

47. Stuart Gilbert, à HSW, 26 janvier 1931.

48. Lidderdale, p. 30.

49. *Ibid.*

50. SB à Holly Beach, 4 avril 1931, Princeton ; JJ à HSW, 27 octobre 1931, *III*, p. 498.

51. JJ à Padraic Colum, 2 juillet 1931, National Library of Ireland ; Lidderdale, p. 300 ; et entretien avec Moira Lynd Gaster.

52. Ellmann, *T. II*, p. 284.

53. JL à BM, 30 décembre 1987.

54. Entretien avec Lionel Monro, juillet 1985.

55. Selon DDC Monro à BM, 22 février 1985, Monro Pennefather & Co, successeurs de Monro Saw & Co, ne possèdent aucun document prouvant un mariage à l'étranger de James et Nora Joyce.

56. Lidderdale, p. 304.

57. Colum et Colum, *Our Friend*, p. 206-207.

58. JJ à HSW, 5 juillet 1931, BL.

59. O Laoi, p. 17.

60. Entretien avec Elizabeth Curran Solterer, 29 novembre 1986.

61. Moira Lynd Gaster à BM (1er ?) août 1986, et entretien, 17 septembre 1986.

62. Harold Nicholson, *Diaries*, pp. 83-84.

63. JJ aux Colum, 18 juillet 1931, *III*, p. 482 ; JJ à SJ, 18 juillet 1931, *III*, p. 483.

64. Ellmann, *T. II*, pp. 554 et 286.

65. Entretien avec Maria Jolas, 23 avril 1985, et Kain, « Interview with Carola Giedion-Welcker and Maria Jolas ».

66. Lidderdale, p. 307.

67. *Ibid.*

68. JJ à HSW, 13 août 1931, BL ; Lidderdale, p. 307.

69. HKJ mémoires, Texas, et entretien avec Ellen Bentley, 16 juin 1985.

70. High Court doc. 1942 J, n° 456.

71. JJ à HSW, 7 décembre 1931, *I*, pp. 382-83, et 28 novembre 1931, *III*, p. 234.

72. F. R. D'O. Monro à JJ, 6 octobre 1931, *III*, p. 495.

73. Colum et Colum, *Our Friend*, p. 197.

74. JJ à HSW, 8 et 17 octobre 1931, BL.

75. JJ à HSW, 1er octobre 1931, *III*, pp. 493-94.

76. Colum et Colum, *Our Friend*, p. 115.

77. JJ à HSW, 22 décembre 1931, BL.

78. Fitch, p. 323.

79. Fonds LJ, UCL.

80. JJ à HSW, 17 janvier 1932, *I*, p. 312.

81. JJ à TS Eliot, 1er janvier 1932, *I*, pp. 386-87.

82. Lidderdale, p. 309.

83. Entretien avec Ellen Bentley, 16 juin 1985.

84. Bernard Crystal, Butler Library, Columbia, à BM, 29 juillet 1986.

85. Fitch, p. 330.

86. Entretien avec Stephen Joyce, 22 octobre 1984.

87. Hugh Kenner à BM, 27 avril 1987.

88. Coupure de presse tirée des archives de Mme Grace Hartley.

89. Colum et Colum, *Our Friend*, p. 204 et Stephen Joyce.

90. Note de HSW à la Collection BL, 5 juillet 1960 et Ellmann, p. 645.

91. Entretien avec Dominique Gillet Maroger, 26 janvier 1984, MJ à CC, 21 juillet 1935, UCD, et entretien avec Iris Stephens Wise, 21 avril 1986.

92. Entretien avec Evelyn Shapero Chardonnet, 23 avril 1985.
93. JJ à HSW, 17 avril 1932, BL.
94. JJ à Monro Saw (s.d. ; 1931 ?), BL.
95. *Ibid.*
96. JJ à HSW, 7 mai 1932, BL.
97. JJ à HSW, 25 juin 1932, BL.
98. *Ibid.*

Chapitre 16, I

1. Staley Thomas F. and Randolph Lewis Eds, « Selections from the Paris Diary of Stuart Gilbert 1929-1934 », *Joyce Studies Annual*, vol. I, été 1990, Austin, Texas, University of Texas Press.
2. *Ibid.*
3. Ellmann, *T. II*, pp. 344-45.
4. JJ à HSW, 27 mai 1932, BL. Dans sa biographie, Ellmann soutient, s'appuyant sur un entretien avec Lucie Léon, que Lucia se fiança avec Ponisovsky en mars 1932. Cependant, une lettre de Joyce à HSW du 27 mai 1932 situe ces fiançailles « le mardi précédent », c'est-à-dire le 17 mai.
5. LJ, « My Life », Texas.
6. Ellmann, *T. II*, p. 300.
7. JJ à HSW, 24 avril 1932, BL.
8. JJ à HSW, 25 juin 1932, BL.
9. *Ibid.*
10. *Ibid.*
11. *Finnegans Wake*, p. 436.
12. Entretien avec MJ, 29 avril 1985.
13. JJ à HSW, 25 juin 1932, BL.
14. Leon Edel, *Sleep and Dreams*, p. 88.
15. Ellmann, *T. II*, p. 308.
16. JJ à Ezra Pound, 9 février 1930, *III*, p. 415.
17. JJ à HSW, 23 juillet 1932, et plusieurs des lettres écrites ensuite en juillet et août décrivent cet été.
18. JJ à HSW, 6 août 1932, BL.
19. JJ à HSW, 21, 22, 23, 27, 29 juillet et 6 août 1932, BL.
20. JJ à Monro Saw, 21 juillet 1932 ; JJ à LJ, 12 août 1932, *III*, p. 255 ; Lidderdale, p. 317.
21. Lidderdale, p. 317.
22. LJ à HSW, 8 août 1932, BL.
23. JJ à HSW, 28 juillet 1932, BL.
24. Mary Colum et Padraic Colum, *Our Friend James Joyce*, p. 229.
25. JJ à HSW, 21 octobre 1932, BL.
26. LJ, « My Life », Texas.
27. JJ à HSW, 18 janvier 1933, *I*, pp. 411-413.
28. *Ibid.*, et parties inédites de JJ à HSW, 18 janvier 1933, BL.
29. PL à HSW, 4 janvier 1933, *IV*, pp. 49-51.
30. Lidderdale, p. 331.
31. PL à HSW, 23 mars 1933, *IV*, pp. 76-79.
32. PL à HSW, 23 septembre 1933, *III*, p. 287.
33. Entretien avec Richard Ellmann, 24 mars 1984.

34. O Laoi, p. 112 ; Bernard Haddigan, Hôpital St. Bridget, County Galway, à BM, 2 mars 1986 ; et JJ à GJ, 13 août 1935, *IV*, note p. 198.

35. Nancy Scheper-Hughes, *Saints, Scholars and Schizophrenics* ; Henry Murphy, « Comparative Incidences of Schizophrenia in Ireland », dans *Comparative Psychiatry*, pp. 65-70.

36. JJ à HSW, 11 novembre 1932, BL.

37. Entretien avec Elizabeth Curran Solterer, 9 novembre 1984.

38. Cerf, *At Random*, pp. 91-92.

39. Evelyn Shapero Chardonnet, 23 avril 1985.

40. James Stern, « James Joyce : A First Impression », *The Listener*, 28 septembre 1961.

41. *Time*, 29 janvier 1934.

42. « La lecture a fait de la fille du poète James Joyce une danseuse », coupure de presse non identifiée et non datée du fonds HSW, UCL.

43. Ellmann, *T. II*, p. 320.

44. Entretien avec Evelyne Chardonnet, 23 avril 1985.

45. JJ à HSW, 24 avril 1934, *I*, pp. 422-23.

46. JJ à LJ, 15 juin 1934, *I*, pp. 425-26.

47. Marcelle Ecclesine à John Slocum, 7 décembre 1949, Yale.

48. Cerf, *At Random*.

49. Oliver St. John Gogarty, *As I Was Going Down Sackville Street*, p. 288.

50. GJ à SJ, avec un post-scriptum de HKJ, 11 avril 1934, Cornell Scholes 662. La lettre originale d'Helen à Stanislaus n'a jamais été retrouvée.

51. Cerf, *At Random*, p. 96.

52. PL à HSW, 11 mars 1934, BL.

53. NB à GJ et HKJ, (15 ?) juin 1934, *IV*, pp. 109-11.

54. *Ibid.* Diana Athill à BM, 28 janvier 1985.

55. NB à GJ et HKJ, (15 ?) juin 1934, *IV*, pp. 109-11.

56. JJ à HKJ, 9 août 1934, *IV*, pp. 124-125.

57. *Ibid.*

58. JJ à GJ, 28 août 1934, *IV*, pp. 132-33.

59. JJ à HSW, 22 septembre 1934, *I*, pp. 431-32 — version censurée de la lettre originale qui se trouve à BL.

60. JJ à GJ, 29 octobre 1934, *IV*, pp. 139-40.

61. JJ à HSW, 21 décembre 1934, BL.

62. JJ à HSW, 10 octobre 1934, BL.

63. LJ à JJ (s.d.) octobre 1934, BL.

64. JJ à GJ et HKJ, 20 novembre 1934, *IV*, pp. 141-43.

65. JJ à HKJ, 18 janvier 1935, *IV*, p.158.

66. JJ à HKJ, 9 août 1934, *IV*, pp. 124-125.

67. JJ à GJ, 29 octobre 1934, *IV*, p. 139.

68. Entretien avec Ellen Bentley, 16 juin 1985.

69. Peggy Guggenheim, *Ma vie et mes folies*.

70. JJ à Frank Budgen, 18 décembre 1934, *IV*, pp. 147-48.

71. JJ à HSW, 17 décembre 1934, BL ; Lidderdale, pp. 338-39.

72. Lidderdale, p. 338.

73. JJ à CC, 10 août 1935, UCD.

Chapitre 16, II

1. Lidderdale, p. 342. La plupart des détails de la visite de Lucia à Londres sont tirés de la biographie de HSW.
2. LJ à HSW, 13 mars 1935, UCL, et Ellmann, *T. II*, note p. 367.
3. LJ à HSW, 13 mars 1935, UCL.
4. JJ à HSW, 1ᵉʳ mai 1935, *I*, p. 457.
5. Lidderdale, p. 343 ; JJ à HKJ, 25 juin 1935, *IV*, p. 188 ; et JJ à Eileen Schaurek, 13 mars 1935. Voir note 25, ci-dessous.
6. JJ à Eileen Schaurek, 13 mars 1935, *IV*, pp. 169-170.
7. JJ à HSW, 7 avril 1935, BL ; abrégée dans *I*, p. 365.
8. On trouve des informations concernant l'installation de l'appartement dans GJ et HKJ, 19 février 1935, *IV*, pp. 163-66 ; JJ à HKJ (?), mars 1935, *I*, pp. 448-49 ; et JJ à GJ, 23 juin 1935, *I*, pp. 463-64.
9. JJ à LJ, 15 mai 1935, *IV*, note, pp. 179-80.
10. JJ à GJ, 3 juin 1935, *IV*, pp. 181-84 et 25 juin 1935, *I*, pp. 463-64.
11. *Ibid.*, JJ à GJ et HKJ, 1ᵉʳ avril 1935, *I*, pp. 449-50 ; et JJ à LJ, (9 ? mai) 1935, *IV*, pp. 178-79.
12. JJ à GJ, 3 juin 1935, *IV*, note pp. 181-84.
13. Richard M. Kain, « Interview with Carola Giedion-Welcker and Maria Jolas ».
14. Il est question de la maladie de Giorgio dans *III*, pp. 358-60. Voir aussi PL à CC, 19 juin 1935, UCD.
15. JJ à HKJ, 17 juin 1935, *IV*, p. 187.
16. JJ à HSW, 9 juin 1936, *IV*, pp. 216-218.
17. JJ à GJ, 15 mai 1935, *I*, p. 370 et Ellmann, p. 683.
18. Le récit de la visite de Lucia à Bray s'appuie sur « Reminiscences of a Joyce Niece » de Bozena Delimata, sur ses lettres publiées et sur ses lettres inédites du fonds Constantine Curran à UCD ainsi que sur des entretiens réalisés en Irlande.
19. JJ à LJ, 28 mars 1935, *I*, pp. 447-48 ; JJ à HSW, 7 avril 1935, *I*, pp. 451-52 ; JJ à HSW, 1ᵉʳ mai 1935, *I*, pp. 456-59 ; et JJ à LJ, 29 mai 1935, *IV*, pp. 180-81.
20. JJ à HSW, 7 avril 1935, *I*, pp. 451-52.
21. *Ibid.*
22. JJ à HSW, 1ᵉʳ mai 1935, *I*, pp. 456-59.
23. Entretien avec Patrick Collins, 8 octobre 1984.
24. JJ à LJ, 27 avril 1935, *I*, pp. 454-56.
25. JJ à Eileen Schaurek, 30 mai 1935. Le texte de cette lettre non datée, provisoirement datée du 16 mars dans *IV*, pp. 171-72, montre clairement que Joyce l'écrivit le jour précédant l'anniversaire du fils d'Eileen Schaurek, Patrick, le 31 mai.
26. Entretien avec Elizabeth Curran Solterer, 29 novembre 1987.
27. JJ à MH (15 juin 1935 ?), *IV*, pp. 185-87.
28. *Ibid.*
29. JJ à MH, 28 juin 1935, *I*, pp. 464-65 et 1ᵉʳ juillet 1935, *I*, pp. 465-66.
30. MJ à CC, 21 juillet 1935, UCD.
31. *Ibid.* et MJ à CC (19 ?) juillet 1935.
32. Lidderdale, pp. 350-51.
33. HSW à CC, 26 juillet 1935, UCD.
34. JJ à LJ (?) juillet 1935, *I*, pp. 470-71.
35. JJ à LJ, 15 septembre 1935, *I*, pp. 476-77.

36. Lidderdale, p. 353.
37. NB à LJ, 24 octobre 1935, Lidderdale, note p. 354.
38. E. Nicoll à JJ, 6 août 1935, UCD.

Chapitre 16, III

1. Brian Coffey, « Joyce ! " What Now " », p. 28.
2. Entretien avec Nancy McCarthy, 19 octobre 1986.
3. JJ à CC, 4 octobre 1936, *I*. Les papiers de Patricia Hutchins, à Trinity College, Dublin, parlent d'un certain « Billy » de Galway qui estimait la fortune de Michael Healy à 8 000 livres sterling. Le registre des pensions, Michael Healy, Greffe principal, Bureau des Archives d'Irlande, le 17 avril 1936, indique que Healy, qui à sa mort ne possédait aucune propriété, laissait un héritage de 1,662/8/1 livres sterling.
4. Entretien avec Grete Hartley, 28 août 1986.
5. HKJ mémoires, Texas.
6. Entretien avec Georges Belmont, 22 octobre 1984, et Ellen Bentley, 16 juin 1985.
7. JJ à Mme Sisley Huddleston, 11 mai (1937 ?), Texas.
8. JJ à Mme John Sullivan, 24 septembre 1937, *IV*, pp. 252-53.
9. Entretien avec Georges Belmont, 22 octobre 1984.
10. Entretien avec Elizabeth Curran Solterer, 29 novembre 1984.
11. Ellmann, p. 730.
12. Entretien avec Arthur Power, 19 janvier 1984.
13. Jacques Mercanton, dans Potts, éd.
14. Entretien avec Jacques Mercanton, 24 septembre 1984.
15. Mercanton, dans Potts, éd, pp. 205-52.
16. Entretien avec Verena Clay, mai 1984.
17. Ellmann et Richard M. Kain, « Interview with Carola Giedion-Welcker and Maria Jolas ».
18. Ellmann, pp. 198 et n 377.
19. JJ à HSW, 9 juin 1936, *IV*, pp. 216-18.
20. Lidderdale, pp. 363-65.
21. JJ à George Rogers, 3 août 1939, *IV*, pp. 318-19.
22. Lidderdale, pp. 363, 372-73.
23. Nancy Cunard, « On James Joyce », dans Oliphant et Zigal, *Joyce at Texas*.
24. Mary Colum et Padraic Colum, *Our Friend James Joyce*, p. 149.
25. *Ibid.*
26. *Ibid.* et p. 223.
27. Deirdre Bair, *Samuel Beckett*, p. 241.
28. Peggy Guggenheim, *Ma vie et mes folies.*
29. Bair, *Beckett*, p. 233.
30. JJ à Louis Gillet, 8 septembre 1938, *I*, pp. 501-502.
31. JJ à Adolph Kastor, 30 août 1937, *IV*, pp. 249-50.
32. JJ à HKJ et GJ, 12 janvier 1938, *SL*, p. 390.
33. Entretien avec Elizabeth Curran Solterer, 29 novembre 1984.
34. Ellmann, *T. II*, p. 309.
35. JJ à HKJ, 20 avril 1938, *IV*, pp. 273-75.
36. JJ à Louis Gillet, 8 septembre 1938, *I*, pp. 500-02.
37. JJ à HKJ, 4 juillet 1938, *IV*, p. 281.

38. Ellmann, *T. II*, p. 231.
39. *Finnegans Wake*, p. 649.
40. Ellmann, *T. II*, p. 231.
41. *Finnegans Wake*, p. 650.
42. *Finnegans Wake*, p. 650.
43. *Finnegans Wake*, p. 9.
44. Ellmann et Vivian Mercier, « Joyce in Gotham », *Irish Times*, 11 mars 1953.
45. Entretien avec Georges Belmont, 22 octobre 1984.
46. Robert M. Adams, *James Joyce : Common Sense and Beyond.*
47. Ellmann, *T. II*, pp. 382-83.
48. Entretien avec MJ.
49. Ellmann, *T. II*, p. 372.
50. Carola Giedion-Welcker, « Nachtrag », appendice à Herbert Gorman, *James Joyce : Sein Leben und Sein Werke*, p. 362.
51. Lidderdale, p. 377.
52. Guggenheim, *Ma vie et mes folies.*
53. Ellmann, *T. II*, p. 391 et JJ à Jacques Mercanton, 8 septembre 1939, *IV*, p. 325.
54. JJ à Jacques Mercanton, 9 janvier 1940, *IV*, pp. 337-38.
55. Entretien avec Enid Kastor Rubin, 17 juin 1985.
56. Entretien avec Anne-Marie Pacquet, 8 août 1986.
57. Ellmann, *T. II*, p. 39.

Chapitre 17

1. Jacqueline Bograd Weld, *Peggy : The Wayward Guggenheim*, p. 191.
2. Entretien avec M. et Mme Marcel Bouboule, Anne-Marie Pacquet et Juliette Rouchon Bernard, 6 août 1986.
3. Brenda Maddox, « Wakers of the World Unite ! », *New York Times Book Review*, août 1987. Edmund Wilson, *Axel's Castle*, p. 188.
4. « The Finn Again Wakes », *Time*, 8 mai 1939.
5. Geoffrey Grigson, *Picture Post*, 13 mai 1939.
6. Entretien avec M. et Mme Marcel Bouboule, 6 août 1986.
7. Eilís Dillon, « The Innocent Muse », p. 57, et entretien avec Maria Jolas.
8. Entretien avec Enid Kastor Rubin, 17 juin 1985, et JJ à CC, 11 février 1940, *I*, p. 408.
9. David Marsh, « Wartime Ghosts Still Haunts the Streets of Vichy », *Financial Times*, 9 mai 1985.
10. Entretien avec M. et Mme Marcel Bouboule, 6 août 1986.
11. *Ibid.*
12. Entretien avec Maria Jolas, 23 avril 1985, et Patricia Hutchins, *James Joyce's World.*
13. La copie de CC des notes dactylographiées qui accompagnaient les boîtes, envoyées en 1940, contient les instructions de PL au comte O'Kelly. Quand James Joyce mourut, PL modifia ces instructions dans une lettre au comte O'Kelly, 17 janvier 1941, UCD.
14. Lucie Noël, *Story of a Friendship.*
15. Papiers de Paul Ruggiero, Zentralbibliothek, Zurich.
16. JJ à Carola Giedion-Welcker, 1ᵉʳ novembre 1940, *IV*, pp. 376-77.
17. *Ibid.*

18. *Ibid.*

19. JJ à Gustav Zumsteg, 22 novembre 1940, *IV*, note p. 382.

20. Ellmann, *T. II*, p. 401.

21. High Court doc. 1942 J, n° 456, qui examine les déboires de Nora à propos de la dette.

22. Entretien avec Arthur Power, 19 janvier 1984.

23. Ellmann, *T. II*, p. 405.

24. *Ibid.*

25. *Ibid.*

26. Wilhelm Herz à Robert Kastor, 14 janvier 1941 : cette lettre est partiellement publiée dans *III* note p. 507 ; le texte intégral se trouve dans les papiers Mme Grete Hartley.

27. Entretien avec Heinrich Straumann, septembre 1984.

28. Ellmann, *T. II*, p. 406.

29. Entretien avec Gerard O'Flaherty, août 1984.

30. Papiers de Ruggiero, Zentralbibliothek, Zurich.

31. Stephen Spender, « James Joyce : 1882-1941 », *The Listener,* 23 janvier 1941, pp. 124-25.

32. Carola Giedion-Welcker, « Les derniers mois de la vie de James Joyce ».

Chapitre 18

1. Lidderdale, pp. 379-80, et papiers de Ruggiero, Zentralbibliothek, Zurich.

2. HSW à NB, 7 décembre 1943, BL.

3. GJ à HSW, 8 février 1941, BL.

4. *Ibid.,* et HSW à Fred Monro, 23 juin 1946, BL.

5. HSW à GJ, 23 mars 1949 ; NB à HSW, 23 septembre 1943 ; et MJ à HSW, 18 octobre 1947, BL. Aussi, High Court doc. 1942 J, n° 456.

6. GJ à HSW, 8 février 1941, BL.

7. *Ibid.*

8. Entretien avec Stephen Joyce, 13 octobre 1983.

9. HSW à CC, 1er août 1941, UCD.

10. Entretiens avec Grete Hartley, 28 août 1986, et Stephen Joyce, 13 octobre 1983 ; aussi GJ à HSW, 17 décembre 1941, BL.

11. Evelyn Cotton à HSW, 24 mars 1946, BL.

12. High Court Document J 1942, n° 456.

13. Lidderdale, p. 389.

14. Lidderdale, pp. 386-92.

15. Lidderdale, et HSW à GJ, 23 mars, 13 avril 1941, BL.

16. HSW à GJ, 30 avril 1941, BL.

17. Mary Colum et alia (s.d.) février 1941, Berg.

18. Entretien avec Arthur Power, 19 janvier 1984.

19. GJ à HSW, 27 décembre 1941, BL.

20. Déclaration sous serment de William Concannon devant la Cour suprême d'Irlande, Homologation, janvier 1943, et Décret d'homologation au profit de Mme Annie Barnacle, UCD ; voir également Kathleen Barnacle Griffin à John Slocum, 24 septembre 1950, Yale.

21. Papiers de Kathleen Barnacle Griffin, UCG, et JJ à CC, 4 octobre 1936, *I.*

22. Voir note 20, ci-dessus.

23. Entretien avec Patricia Barnacle Hutton, 20 décembre 1983.

24. HSW à Kathleen Barnacle Griffin, 13 mars 1942, UCG.

25. NB à Kathleen Barnacle Griffin, 8 avril 1942, UCG.

26. Décret d'homologation au profit de Mme Annie Barnacle ; déclaration sous serment de Kathleen (Barnacle) Griffin devant la Cour suprême d'Irlande, 7 mai 1943, UCG, Ms. 76.

27. Le directeur de la banque Munster and Leister, Galway, à anon., 7 septembre 1943, UCG.

28. Coupure de presse non datée du *Dublin Evening Herald* parmi les coupures de presse de HSW dans le fonds LJ, UCL.

29. NB à HSW, 22 septembre 1943, BL.

30. HSW à Fred Monro, 23 juin 1946, BL.

31. HSW à NB, 7 décembre 1943, BL.

32. NB à HSW (?) décembre 1943, BL.

33. GJ à HSW, 17 décembre 1941, BL.

34. HSW à Evelyn Cotton, 19 mars 1946, BL.

35. David Fleischman à HKJ, 4 septembre 1946, entretien avec Enid Kastor Rubin, 17 juin 1985.

36. Evelyn Cotton à HSW, 25 mars 1946, BL.

37. TS Eliot à HSW, 20 mai 1946, BL.

38. Certificat médical du Dr Med. W. Behrens, 5 juin 1946, BL.

39. Evelyn Cotton à HSW, 22 août 1946, BL.

40. *Ibid.*

41. Leon Edel, *James Joyce : The Last Journey*, p. 85 ; *Stuff of Sleep and Dreams*, p. 87.

42. HSW à Kathleen Barnacle Griffin, 13 mars 1942, UCG.

43. Entretiens avec Bertha Ruggiero, 22 mai 1984 ; Heinrich Straumann, 21 mai 1984 ; et Klara Heyland, 23 mai 1984.

44. Kees Van Hoek, « I Met James Joyce's Wife », *Irish Times*, 17 février 1948.

45. Entretien avec Stephen Joyce, 13 octobre 1983.

46. Van Hoek, « I Met James Joyce's Wife ».

47. Mary Colum et Padraic Colum, *Our Friend James Joyce*, pp. 238-39.

48. Lionel Monro à HSW, 31 juillet 1947, BL.

49. *Ibid.*

50. John Slocum à Dr. H. K. Croessmann, 13 septembre 1950, Yale.

51. Evelyn Cotton à HSW, 15 mars 1946, BL.

52. High Court doc. 1942 J, n° 456, et testament de JJ, UK Principal Probate Registry.

53. Entretien avec Hulda Zumsteg, 22 mai 1984.

54. Entretien avec Klara Heyland, 23 mai 1984.

55. Lionel Monro à HSW, 31 juillet 1946, BL ; HSW à Lionel Monro, août 1947, BL ; et Sandy Campbell, « Mrs. Joyce in Zurich ».

Chapitre 19

1. Evelyn Cotton à HSW, 15 décembre 1946, BL.

2. Ellmann, *T. II*, p. 407 ; John Slocum, cité par David Dempsey (« In and Out of Books »), *New York Times Book Review*, 21 janvier 1951, p. 8, et Mary Bancroft, *Autobiography of a Spy*.

3. Voir Sandy Campbell, « Mrs. Joyce in Zurich », pour les références à cette excellente interview.

4. Ellmann, dans « Joyce as Correspondant », *Commonweal*, 14 juin 1957, pp. 280-81, mentionne que Joyce lisait difficilement durant les dernières années de sa vie.

5. Allan Wade, éd., *The Letters of W. B. Yeats*, p. 933.

6. W. B. Yeats, « Among School Children ».

7. Brian Coffey, « Joyce! " What Now ? " », p. 29.

8. Patricia Hutchins, *James Joyce's World*, p. 37, et Michael L. Sheil, SJ à BM, 12 janvier 1988.

9. HSW à CC, 31 octobre 1947, UCD.

10. MJ à HSW, 1ᵉʳ janvier 1948, BL.

11. Entretien avec Jacques Mercanton, 24 septembre 1984.

12. Ce détail et les suivants concernant la visite des Kastor m'ont été donnés par Enid Kastor Rubin qui s'appuyait sur les notes de son journal intime.

13. Entretiens avec MJ, 23 avril 1985, Bernard Gheerbrandt, janvier 1985, et John Slocum, 8 mars 1986 ; voir aussi Fitch.

14. SB à HSW, 2 novembre 1949, BL.

15. Lidderdale, pp. 410-13 et 421.

16. « Joyce Documents for National Library », *Irish Independent*, 21 août 1947, et Evelyn Cotton à HSW, 27 août 1947, BL.

17. Lidderdale, p. 413.

18. HSW à Evelyn Cotton, 29 août 1947, BL ; et entretien avec Eileen Slocum, 8 mars 1986.

19. MJ à HSW, 5 janvier 1949, BL.

20. Oliver St John Gogarty à J. S. Healy, 9 septembre 1945, Stanford.

21. MJ à HSW, 6 décembre 1948, BL.

22. MJ à HSW, 5 janvier 1949, BL.

23. MJ à CC, (s.d. ; 194?), UCD. Arthur Power, « The Joyce We Knew », p. 70.

24. Kathleen Griffin à John Slocum, 24 septembre 1950, Yale.

25. HSW à Evelyn Cotton, 29 août 1947, BL.

26. Evelyn Cotton à HSW, 1ᵉʳ janvier 1948.

27. Evelyn Cotton à HSW, 25 septembre 1947, et HSW à Evelyn Cotton, 28 septembre 1947, BL.

28. *II*, pp. 426-30, et entretien avec Heinrich Straumann, 21 mai 1984.

29. Entretien avec Heinrich Straumann, 21 mai 1984 ; Bertha Ruggiero et Hulda Zumsteg, 22 mai 1984 ; et Klara Heyland, 23 mai 1984.

30. Entretien avec Stephen Joyce, 22 octobre 1984.

31. Walter (?) à John Slocum, 7 novembre 1950, SIU ; Lidderdale, note p. 417.

32. Lidderdale, pp. 417-18.

33. Lidderdale, p. 421.

34. GJ à HSW, janvier 1951, BL.

35. Stuart Gilbert à CC, 1ᵉʳ mai 1951, UCD.

36. *Ibid.*

37. Entretiens avec Solange Joyce, 22 octobre 1984 ; Hulda Zumsted, 22 mai 1984 ; aussi, Lidderdale, p. 422.

38. Stuart Gilbert à CC, 1ᵉʳ mai 1951, UCD.

39. Entretien avec Maria Jolas, 26 octobre 1983.

40. Richard M. Kain, « Interview with Carola Giedion-Welcker and Maria Jolas ».

41. Johann von Rotz à BM, 16 septembre 1984.

42. Ellmann, *T. II*, p. 408.

43. *Faust*, partie I, Insel Goethe, 6 vol. éd. (1965), vol. 3, p. 43, l. 80.

Chapitre 20

1. Voir « Alphabetical Notebook » de JJ, dans *JJ Archive*, édité par Michael Groden, vol. 7, p. 144.

2. Kenneth Reddin, nécrologie de James Joyce dans le numéro de l'*Irish Times* du 14 janvier 1941, reproduit dans John Ryan, *A Bash in the Tunnel*.

3. Entretien avec MJ, avril 1985.

4. Beach p. 20 et Stuart Gilbert à CC, lettre du 1er mai 1951.

5. SJ, « James Joyce : A Memoir », p. 506.

6. Arthur Power, « The Joyce We Knew », pp. 121-22.

7. Entretien avec Stephen Joyce, 13 octobre 1983.

8. Cf. Fitch ; Tom Gallacher, *Mr. Joyce Is Leaving Paris;* Mary T. Reynolds, « The Indispensable Countersign » ; Mark Schechner, « A Psychoanalytic Inquiry into *Ulysses* ».

9. CRW Nevison, *Sunday Dispatch,* coupures de presse non datées se trouvant dans les papiers d'HSW, UCL.

10. SJ, « James Joyce : A Memoir », p. 509.

11. John Slocum à Oliver St. John Gogarty, lettre du 10 décembre 1948, Stanford.

12. Maureen Charlton, *Nora Barnacle,* 1977 ; Sean O'Faolain, « The Mole on Joyce's Breast » dans *London Review of Books,* paru le 20 novembre 1980 et l'interview que j'ai faite en janvier 1984.

13. Entretien avec Evelyn Mulvagh Odierna, août 1984.

14. Article de Michael Finlan, « An Irishman's Diary » paru dans l'*Irish Times,* 18 novembre 1984.

15. *Ibid.*

16. Philip Roth, « A Conversation with Edna O'Brien » paru dans le *New York Times Book Review,* 18 novembre 1984, 1, 39.

17. Eilís Dillon, « The Innocent Muse ». Transcription inédite d'un entretien qui est paru dans une version abrégée dans *JJQ,* 20:1 (hiver 1982), pp. 33-66.

18. *Ulysse,* p. 659.

19. *Les Exilés,* acte 3, *PI,* p. 879.

20. Ellmann, *T. II,* p. 190.

21. Robert Adams Day, « Joyce, Stoom, King Mark : Glorious Name of Barnacle Goose », pp. 211-50.

22. *Ulysse,* p. 327.

23. Adaline Glasheen, « *Finnegans Wake* and the Girls of Boston, Mass », p. 96.

24. Cf. la contribution de Colin Mc Cabe « James Joyce : Concept of Race and Nation » à l'occasion du dixième Symposium international James Joyce, à Copenhague en 1986.

25. *Finnegans Wake,* p. 133.

26. *Ulysse,* p. 87.

Appendice

1. John Slocum à Patricia Hutchins Graecen, lettre du 27 octobre 1950, Yale.
2. Stuart Gilbert, introduction au vol. I.
3. Lidderdale, p. 433.
4. Lidderdale, p. 433-34.
5. Stephen Spender dans *New York Times Book Review*, 26 mai 1957.
6. Richard Ellmann, « Joyce as Correspondent », dans *Commonweal*, 14 juin 1957.
7. John Slocum à Herbert Cahoon, 21 septembre 1948, Yale.
8. Entretien avec John Slocum, 8 mars 1986.
9. *Picture Post*, 2 février 1946.
10. SB à Oscar Silverman, 2 février 1946.
11. John Slocum à SJ, 25 mai 1949, Yale.
12. John Slocum au professeur H. K. Croessmann, 13 septembre 1950, Yale.
13. John Slocum à Herbert Cahoon, 22 juillet 1953, Yale.
14. Richard Ellmann à John Slocum. Dans cette lettre du 7 décembre 1953, Ellman reconnaît que Stanislaus Joyce conservait une masse de documents inédits essentiels à une biographie de Joyce, Yale.
15. Richard Ellmann à J. F. Byrne, 2 février 1957, Texas.
16. SJ à Eithe Monaghan, 3 octobre 1948, dans les papiers de Ken Monaghan.
17. *Ibid.*
18. SJ à JJ, 26 février 1922, *III*, pp. 250-52.
19. *GMF.*
20. *Ulysse*, p. 207.
21. *Finnegans Wake*, note p. 276.
22. John P. Wickser à Charles Abbott, 17 octobre 1951, Buffalo.
23. Charles Joyce à SJ, 4 novembre 1905, Cornell, Scholes 611 ; il y est question de la mise à l'abri des lettres et de l'envoi des papiers à Trieste.
24. JJ à SJ, 20 mars 1922, *III*, pp. 254-56.
25. JJ à Ettore Schmitz, 5 janvier 1921, *SL*, pp. 275-77.
26. SJ à JJ, 26 février 1922, *III*, pp. 250-52.
27. JJ à SJ, 22 août 1931, *III*, pp. 489-90.
28. SJ à Herbert Gorman, 8 août 1931, *III*, pp. 487-88.
29. *Ibid.*
30. *Ibid.*
31. Introduction d'Ellmann à *GMF.*
32. Stanislaus avait abandonné la citoyenneté irlandaise pendant la guerre pour éviter d'être traité comme un ennemi étranger mais cette tactique échoua. Nelly Joyce conserva sa citoyenneté britannique. Lettre de Nelly Joyce à May Joyce Monaghan, 6 décembre 1955.
33. G. Marvin Tatum, « The Joyce Collection at Cornell University ». Il cite la lettre de W. G. Mennen à Stephen McCarthy. La lettre se trouve à Cornell.
34. *Ibid.*
35. *Ibid.*
36. John P. Wickser à Charles Abbott, 17 octobre 1951, Buffalo.
37. Robert E. Scholes, préface à *The Cornell Joyce Collection* et l'entretien qu'il m'a accordé le 15 juin 1986.
38. *Ellmann-I*, p. 317.

39. Roy Harrod, *The Life of John Maynard Keynes,* Londres, Macmillan, 1951.

40. J. F. Byrne à Richard Ellmann, 26 mai 1958, Texas.

41. William Epson, « The Joyce Saga : Before Bloomsday and After », dans le *New Statesman,* pp. 585-86 daté du 31 octobre 1959.

42. Ellmann, p. 307.

43. Introduction d'Ellmann au vol. *II,* également *SL.*

44. Hélène Berger, « Portrait de sa femme par l'artiste », pp. 44-67.

45. Mary T. Reynolds, « Joyce and Nora : The Indispensable Countersign », également Darcy O'Brien, *The Conscience of Joyce,* Princeton, 1986.

46. Richard Ellmann dans « BWB Huebsch : A Memorial Volume ».

47. Kay Boyle à BM, lettre du 12 avril 1984.

48. Entretiens avec JL, 22 juin 1987 et 1er janvier 1988.

49. Entretien avec Moune Gilbert, 25 janvier 1984.

50. Francis Evers, « The Trieste Letters », *Irish Times,* 30 juin 1967, et entretien en 1985.

51. JJ à SJ, 20 mars 1922, *III,* pp. 254-56.

52. JJ à NB, (25 octobre 1909 ?), *II,* p. 254.

53. Lettre de Stephen Joyce à l'éditeur parue dans l'*International Herald Tribune,* 23 juillet 1984.

54. Partie inédite d'une lettre écrite à l'*International Herald Tribune,* 10 juillet 1984.

55. Entretien avec Nelly Joyce, 13 avril 1984.

56. *Finnegans Wake,* pp. 185-86.

57. Peter Costello, « The Trieste Letters », *Irish Times,* 2 juillet 1976.

58. T. S. Eliot, préface à *MBK.*

59. Certificat d'homologation n° 331 et testament de Lucia Anna Joyce, Family Division de la Cour suprême, Somerset House, Londres.

60. Cf. Fergus Linehan, « It's an Accident I'm His Grandson. I'm Proud of Him but He Wrote the Books, I Didn't », dans le supplément de l'*Irish Times,* 2 février 1982.

61. Helen Joyce a fait par testament un legs au département de psychiatrie de l'université de New York, le Bellevue Medical Center. Inventaire des biens d'Helen K. Joyce, New Milford, Conn. Tribunal d'homologation, vol. 116.

62. Entretien avec Stephen Joyce, 13 octobre 1983.

Bibliographie

Ackermann, Walter, *Bordbuch eines Verkehrsfliegers*, Zurich, Fretz & Wasmuth, s.d.

Ackroyd, Peter, *T. S. Eliot*, Londres, Hamish Hamilton, 1985.

Adams, Robert M., *James Joyce : Common Sense and Beyond*, New York, Random House, 1966.

—, « Light on Joyce's Exiles », *Studies in Bibliography* 17 (1964), pp. 83-105.

—, *Surface and Symbol : The Consistency of James Joyce's* Ulysses, New York, Oxford University Press, 1967.

Anderson, Chester G, *James Joyce and His World*, Londres, Thames and Hudson, 1967.

Anderson, Margaret, *My Thirty Year's War*, New York, Covici Friede, 1930.

Antheil, George, *Bad Boy of Music*, Garden City, New York, Doubleday, Doran, 1945.

Attridge, Derek, « Finnegans Awake, or the Dream of Interpretation », conférence sur *Finnegans Wake*, prononcée lors du Leeds University Symposium, juillet 1987.

Sous la direction d'Attridge, Derek, et Ferrer, Daniel, *Post-structuralist Joyce*, Cambridge, Cambridge University Press, 1985.

Bair, Deirdre, *Samuel Beckett*, New York, Harcourt Brace Jovanovich, 1978 ; *Samuel Beckett*, traduit de l'anglais par Léo Dilé, Paris, Fayard, 1979.

Baker, Carlos, *Ernest Hemingway : A Life Story*, New York, Scribner's, 1969 ; *Hemingway, histoire d'une vie*, traduit de l'anglais par Claude Noël et Andrée R. Picard, Paris, Laffont, 1971.

Bancroft, Mary, *Autobiography of a Spy*, Londres/New York, William Morrow, 1983.

Barnes, Djuna, « James Joyce », *Vanity Fair* 18, avril 1922.

—, *Nightwood*, London, Faber and Faber, 1936, New York ; *Le Bois de la nuit*, traduit de l'anglais par Pierre Leyris, Paris, Seuil, 1957.

Bauerle, Ruth, « Bertha's Role in *Exiles* », dans *Women in Joyce*, publié sous la direction de S. A. Hanke et Elaine Unkeless, Urbana, University of Illinois Press, 1982.

—, « Date Rape, Mate Rape, and the Death of May Joyce : A Reinterpretation of " The Dead " », dans *New Alliances in Joyce Studies*, publié sous la direction de Bonnie Kime Scott, Newark, Del, University of Delaware Press.

BBC, *Portrait of James Joyce*, retranscription inédite d'une émission sur la BBC's Third Programme, 17 mars 1950, établie par W. R. Rodgers pour la James Joyce Society, New York 1950.

Beach, Sylvia, *Shakespeare and Company*, New York, Harcourt, Brace, 1959 ; *Shakespeare and Company*, traduit de l'anglais par George Adam, Paris, Mercure de France, 1962.

Beckett, J. C., *The Making of Modern Ireland*, Londres, Faber and Faber, 1966.

Beckett, Samuel, *Molloy*, Paris, Olympia, 1955, Londres, John Calder, 1959.

—, et alia, *Our Exagmination Round His Factification for Incamination of Work in Progress*, Londres, Faber, 1972.

Beebe, Maurice, « James Joyce : Barnacle Goose and Lawping », PMLA 81, juin 1956, p. 302-20.

—, « Joyce and Stephen Dedalus : The Problem of Autobiography », dans *A James Joyce Miscellany, Second Series*, publié sous la direction de Marvin Magalaner, Carbondale, Illinois, Southern Illinois University Press, 1959.

Behan, Kathleen, *Mother of all the Behans*, Londres, Hutchinson, 1984.

Beja, Morris, « The Joyce of Sex : Sexual Relations in *Ulysses* », dans *Light Rays : James Joyce and Modernism*, publié sous la direction de Heyward Ehrlich, New York, New Horizon, 1984.

Benco, Silvio, « James Joyce in Trieste », dans *Portraits of the Artist in Exile*, sous la direction de Willard Potts, Seattle, University of Washington Press, 1979.

Benstock, Shari, « The Genuine Christine : Psychodynamics of Issy », dans *Women in Joyce*, publié sous la direction de S. A. Henke et Elaine Unkeless, Urbana, University of Illinois Press, 1983.

—, *Women of the Left Bank*, London, Virago, 1987 ; *Femmes de la Rive gauche*, Paris, Des Femmes, 1987.

—, et Bernard Benstock, *Who's He When He's at Home — A James Joyce Directory*, Urbana University of Illinois Press, 1980.

Berger, Hélène (ou Cixous), « Portrait de sa femme par l'artiste », *Lettres nouvelles*, mars-avril 1966, p. 44-67.

Berrone, Louis, *James Joyce in Padua*, New York, Random House, 1977.

Birmingham, Stephen, *Our Crowd : The Great Jewish Families of New York*, Londres, Longmans, Green, 1968.

Blamires, Harry, *The Bloomsday Book*, Londres et New York, Methuen, 1966.

Boone, Joseph Allen, « A New Approach to Bloom as " Womanly Man " : The Mixed Middling's Progress in *Ulysses* », *JJQ* 20:1, automne 1982.

Publié sous la direction de Bowen, Zack et James C. Carens, *A Companion to Joyce Studies* Westport, Connecticut, Greenwood Press, 1984.

—, « Annotated Bibliography », Colum Collection, State University of New York à Binghamton.

Boyle, Kay, « Letter from Joyce », *Triquarterly*, hiver 1967, pp. 195-197.

Brown, Richard, *James Joyce and Sexuality*, Cambridge University Press, 1985.

Bryher, *The Heart of Artemis : A Writer's Memoirs*, Londres, Collins, 1963.

Budgen, Frank, *James Joyce and the Making of Ulysses*, Bloomington, Indiana University Press, 1960 ; *James Joyce et la création d'*Ulysse, traduit de l'anglais par Édith Fournier, Paris, Denoël, 1975.

—, *Myselves When Young*, Londres, Oxford University Press, 1970.

Burgess, Anthony, *Here Comes Everybody*, Londres, Faber, 1964.

Byrne, J. F., *Silent Years*, New York, Farrar, Straus and Young, 1953.

Campbell, Joseph et Henry Morton Robinson, *A Skeleton Key to « Finnegans Wake »*, Londres, Faber and Faber, 1947.

Campbell, Sandy, « Mrs. Joyce of Zurich », *Harper's Bazaar*, octobre 1952.

Card, James Van Dyck, *An Anatomy of* Penelope, Londres et Toronto, Associated University Press, 1984.

—, « A Gibraltar Sourcebook for " Penelope " », *JJQ* 8:2 (hiver 1971), pp. 163-75.

Cerf, Bennett, *At Random*, Random House, 1977.

Chilsholm, Anne, *Nancy Cunard*, Londres, Sidgwick and Jackson, 1979 ; *Nancy Cunnard*, Paris, Olivier Orban, 1980.

Cixous, Hélène, *L'Exil de James Joyce ou l'art du remplacement*, Paris, Grasset, 1968.

Clarke, Austin, *Twice Around the Black Church*, Londres, Routledge and Keegan Paul, 1962.

Coffey, Brian, « Joyce ! " What Now ? " », *Irish University Review*, 1952.

Colum, Mary, *Life and the Dream*, Garden City, New York, Doubleday, 1947.

—, and Padraic Colum, *Our Friend James Joyce*, Londres, Gollancz, 1959.

Colum, Padraic, *Introduction à* Exiles, *de James Joyce*, New York, Viking, 1951.

Comitato per l'Anno Joyciano, *Il Ritorno di Joyce*, Trieste, 1982.

Connolly, Thomas E., « James Joyce's Manuscripts at the University of Buffalo », conférence prononcée lors de la James Joyce Conference, Philadelphie, 1985.

—, *James Joyce's « Scribbeldehobble »*, Evanston, Illinois, Northwestern University Press, 1961.

Sous la direction de Thomas E. Connolly, *The Personal Library of James Joyce*, University of Buffalo Monographs in English, n° 6, 1955.

Costello, Peter, *James Joyce*, Dublin, Gill and Macmillan, 1980.

—, *Leopold Bloom : A Biography*, Dublin, Gill and Macmillan, 1980.

Cowley, Malcolm, *Exile's Return*, Londres, Cape, 1935.

Crise, Stelio, — *And Trieste Ah Trieste*, Milan, All' Insegna del Pesce d'Oro, 1971.

—, *Epiphanies e Pedographs : James Joyce à Trieste*, Milan, All' Insegna del Pesce d'Oro, 1967.

Crosby, Caresse, *The Passionate Years,* Londres, Alvin Redman, 1955.
Cunard, Nancy, « On James Joyce — For Professor Ellmann », dans *Joyce at Texas,* publié sous la direction de Dave Oliphant et Thomas Zigal, Austin, University of Texas Humanities Research Center, 1983.
Curran, Constantine, *James Joyce Remembered,* New York, Oxford University Press, 1968.
Curtayne, A., « Portrait of the Artist as Brother : An Interview with James Joyce's Sister », *Critic* 21 (1963), pp. 43-47.

Davies, Stan Gebler, *James Joyce : A Portrait of the Artist,* New York, Stein and Day, 1975.
Davis, Isabel, « The People in Djuna Barne's *Nightwood* », mémoire de Ph. D., State University of New York, Stonybrook, 1978.
Day, Robert Adams, « Joyce, Stoom, King Mark : " Glorious Name of Barnacle Goose " », *JJQ* 12 (printemps 1975), pp. 211-50.
Delaney, Frank, *James Joyce's Odyssey,* Londres, Paladin, 1983.
Delimata, Bozena, « Reminiscences of a Joyce Niece », *JJQ* 19:1 (automne 1982), pp. 45-62.
Deming, Robert H., *A Bibliography of James Joyce Studies,* Boston, G. K. Hall, 1977.
De Tuoni, Dario, *Ricordi di James Joyce à Trieste,* Milan, All'Insegna del Pesce d'Oro, 1966.
Dillon, Eilīs, « The Innocent Muse : An Interview with Maria Jolas », *JJQ* 20:1 (automne 1982), pp. 33-66.
Dilworth, Thomas, « Sex and Politics in " The Dead " » *JJQ* 23:2 (hiver 1986), pp. 157-71.

Edel, Leon, *James Joyce : The Last Journey,* New York, Gotham Book Mart, 1947.
—, *Stuff of Sleep and Dreams,* Londres, Chatto and Windus, 1982.
Eglinton, John, *Irish Literary Portraits,* Londres, Macmillan, 1935.
Publié sous la direction d'Ehrlich, Heyward, *Light Rays : James Joyce and Modernism,* New York, New Horizon, 1984.
Ellmann, Richard, *The Consciousness of Joyce,* Londres, Faber, 1977.
—, *Four Dubliners,* Londres, Hamish Hamilton, 1987.
—, « The Grasshoper and the Ant », *The Reporter,* 1er décembre 1955.
—, *James Joyce,* Londres, Oxford University Press, 1959, éd. revue, 1982 ; *James Joyce,* traduit de l'anglais par André Cœuroy et Marie Tadié, éd. revue et augmentée, Paris, Gallimard, 1987.
—, « Joyce as Correspondant », *Commonweal,* 14 juin 1957.
—, « Joyce's Aunt Josephine », dans *Joyce at Texas,* publié sous la direction de Dave Oliphant et Thomas Zigal, Austin, University of Texas Humanities Research Center, 1983.
—, *Ulysses on the Liffey,* Londres, Faber, 1972.
Publié sous la direction d'Ellmann, Richard, *The Critical Writings of James Joyce,* Londres, Faber, 1959 ; *Essais critiques,* traduit de l'anglais par Élisabeth Janvier, Paris, Gallimard, 1966.
—, *Letters of James Joyce,* Vol. II et III, Londres, Faber, 1966 ; *Lettres II,* traduit de l'anglais par Marie Tadié, Paris, Gallimard, 1972 ; *Lettres III,* traduit de l'anglais par Marie Tadié, Paris, Gallimard, 1981.

—, *Selected Letters of James Joyce*, Londres, Faber, 1975.

Ellmann, Richard, introduction à *Ulysses : The Corrected Text*, publié sous la direction de Hans Walter Gabler, avec Wolfhard Steppe et Claus Melchior, New York, Garland, 1986.

—, contribution à « B. W. Huebsch : A Memorial Volume », 20 décembre 1956, Berg Collection.

Empson, William, « The Joyce Saga : Before Bloomsday and After », *New Statesman*, 31 octobre 1959, pp. 585-586.

—, « The Theme of *Ulysses* », *Kenyon Review* 18 (1956), pp. 26-52.

—, « The Ultimate Novel », *London Review of Books*, 2 septembre 1982, pp. 3-5, 15 septembre 1982, pp. 6-9.

Ernst, Morris L., *The Best is Yet*, New York, Harper, 1945.

—, *The Censor Marches On*, New York, 1940.

—, Préface à *Ulysses*, New York, Random House, 1934.

Federici, Fausto, *Quegli Anni Con Joyce*, 2 vol., Rome, Piovan Editore, 1986.

Feshbach, Sidney, « June 16, 1904 : Joyce's Date with Nora ? », *JJQ* 21:4 (été 1984), pp. 369-71.

Field, Andrew, *Djuna : The Formidable Miss Barnes*, Austin, University of Texas Press, 1985 ; *Djuna Barnes*, traduit de l'anglais par Sophie Mayoux, Marseille, Rivages, 1986.

Fifield, William, « Joyce's Brother, Lawrence's Wife, Wolfe's Mother, Twain's Daughter », *Texas Quarterly* (printemps 1967), pp. 49-71.

Finneran, Richard, *Anglo-Irish Literature : A Review of Research*, New York, Modern Language Association, 1976.

Fitch, Noel Riley, *Sylvia Beach and the Lost Generation*, New York, W. W. Norton, 1983.

Ford, Jane, « The Father, Daughter, Suitor Triangle in Shakespeare, Dickens, James, Conrad and Joyce », *Dissertation Abstracts International* 36:7 (1976).

—, « Why is Milly in Mullingar ? », *JJQ* 14:4 (été 1977), pp. 436-49.

Francini-Bruni, Alessandro, « Joyce Stripped Naked in the Piazza », dans *Portraits of the Artist in Exile*, publié sous la direction de Willard Potts, Seattle, University of Washington Press, 1979.

Frank, Nino, « Souvenirs sur James Joyce », *La Table Ronde*, 23 novembre 1949, pp. 1671-93.

French, Marilyn, *The Book as World*, Cambridge, Harvard University Press, 1976.

Freund, Gisèle, *Trois jours avec Joyce*, Paris, Denoël, 1982.

Gallacher, Tom, *Mr. Joyce is Leaving Paris*, Londres, Calder and Boyars, 1972.

Galli, Lina, « Livia Veniziani Svevo and James Joyce », *JJQ* 9:3 (printemps 1972), pp. 334-38.

Galway Yearbook and Directory, Galway, M'Dougall & Brown, 1902.

Garvin, John, *James Joyce's Disunited Kingdom, and the Irish Dimension*, Dublin, Gill and Macmillan, 1976.

Gay, Peter, *Education of the Senses : the Bourgeois Experience, Victoria to Freud*, New York, Oxford University Press, 1986.

Gheerbrandt, Bernard, *James Joyce, sa vie, son œuvre, son rayonnement*, Paris, La Hune, 1949.

Giedion-Welcker, Carola, « Les derniers mois de la vie de James Joyce », *Le Figaro littéraire*, 28 mai 1949.

—, « Meetings with James Joyce », dans *Portraits of the Artist in Exile*, publié sous la direction de William Potts, Seattle, University of Washington Press, 1979.

—, « Nachtrag » (Appendice) dans Herbert Gorman, *James Joyce : Sein Leben und Sein Werk*, Hamburg, Claasen Verlag, s.d.

Gifford, Don, *Joyce Annotated : Notes for Dubliners and Portrait of the Artist as a Young Man*, éd. rev., Berkeley, University of California Press, 1982.

—, avec Robert Seidman, *Notes for Joyce*, New York, E. P. Dutton, 1974.

Gilbert, Stuart, *James Joyce's* Ulysses, éd. rev., Londres, Faber, 1952.

—, « Souvenirs de voyage », *Mercure de France* 309 (mai-août 1950).

Publié sous la direction de Gilbert, Stuart, *Letters of James Joyce*, Vol I, Londres, Faber, 1957 ; *Lettres I*, traduit de l'anglais par Marie Tadié, Paris, Gallimard, 1961.

Gillet, Louis, *Stèle pour James Joyce*, Marseille, Sagittaire, 1941.

Glasheen, Adaline, « *Finnegans Wake* and the Girls from Boston, Mass. », *Hudson Review* 8 (printemps 1954), pp. 89-96.

Gogarty, Oliver St. John, *As I Was Going Down Sackville Street*, Londres, Rich and Cowan, 1937.

—, *It Isn't This Time of Year at All*, New York, Doubleday, 1954.

—, « They Think They Know Joyce », *Saturday Review of Literature* 23 (25 janvier 1941).

—, *Tumbling in the Hay*, Londres, Constable, 1939.

Golding, Louis, *James Joyce*, Londres, Thornton Butterworth, 1933.

Goldman, Arnold, « Send Him Canorious », *The Listener*, 3 août 1972.

—, « Stanislaus, James and the Politics of Family », dans *Atte del Third International James Symposium*, 1971, publié sous la direction de Nini Rocco-Bergera, Trieste, Universita degli Studi Faculta di magistero, 1974, pp. 60-75.

Goll, Claire, *La Poursuite du vent*, Paris, Olivier Orban, 1976.

Goll, Yvan et Claire Goll, *Briefe*, Mainz, Florian Kupferberg.

Gordon, John « In the Arms of Murphy », chapitre 7 de *James Joyce's Metamorphoses*, New York, Barnes and Nobles, 1981.

Gorman, Herbert, *James Joyce*, New York, Farrar and Rinehart, 1939.

—, *James Joyce : His First Forty Years*, New York, B. W. Huebsch, 1924. Publié sous la direction de Groden, Michael et al., *The James Joyce Archive*, 63 vols, New York, Garland, 1977-79.

—, *James Joyce's Manuscripts : An Index*, New York, Garland, 1980.

Grosskurth, Phyllis, « Search and Psyche : The Writing of Biography », *English Studies in Canada* 11:2 (juin 1985).

Guggenheim, Peggy, *Out of This Century*, New York, Doubleday, 1980 ; *Ma vie et mes folies*, Paris, Plon, 1987.

Halper, Nathan, « The Grave of Michael Bodkin », *JJQ* 12:3 (1975), pp. 273-280.

Publié sous la direction de Hart, Clive et David Hayman, *James Joyce's*

« *Ulysses* », Berkeley, University of California Press, 1974.

Hayman, David, « On Reading Ellmann's Edition : Notes on Joyce's Letters », *JJQ* 12:2 (hiver 1967), pp. 56-61.

—, « Shadow of His Mind : The Papers of Lucia Joyce », dans *Joyce in Texas*, publié sous la direction de Dave Oliphant et Thomas Zigal, Austin, University of Texas Humanities Research Center, 1983.

Hedberg, Johannes, « Jubilee Jingle and Nora Joyce », *Martello Magazine* (Dublin) 2 (été 1983).

Hemingway, Ernest, *A Moveable Feast*, Londres, Cape, 1964 ; *Paris est une fête*, traduit de l'anglais par Marc Saporta, Paris, Gallimard, 1964.

Henke, S.A., « Molly Bloom's Family Romance », conférence prononcée lors du Ninth International James Joyce Symposium, Francfort, juin 1984.

Publié sous la direction de Henke, S.A. et Elaine Unkeless, *Women in Joyce*, Urbana, University of Illinois Press, 1982.

Herring, Phillip F., « The Bedsteadfastness of Molly Bloom », *Modern Fiction Studies* (printemps 1969), pp. 49-61.

—, « Toward an Historical Molly Bloom », *ELH* 45 (1978).

Publié sous la direction de Herring, Phillip F., *Joyce's Notes and Early Drafts for* Ulysses, sélection de la collection de Buffalo, Charlottesville, University Press of Virginia, 1977.

—, *Joyce's* Ulysses *Notesheets in the British Museum*, Charlottesville, University Press of Virginia, 1972.

Hogan, Patrick, « The Joyce of Sex », conférence prononcée à la 1985 James Joyce Conference, Philadelphie.

Huddleston, Sisley, *Paris Salons, Cafes, Studios*, Philadelphie, Lippincott, 1928.

Hughes, Eileen Lanouette, « The Mystery Lady of " Giacomo Joyce " », *Life*, 19 février 1968, p. 54 sq.

Hutchins, Patricia, *James Joyce's Dublin*, Londres, Grey Walls Press, 1950.

—, *James Joyce's World*, Londres, Methuen, 1957.

Jolas, Maria, « The Joyce I Knew and the Women Around Him », *The Crane Bag* 4:1 (1980).

Publié sous la direction de Jolas, Maria, *A James Joyce Yearbook*, Transition, Press, 1949.

Joll, James, *Europe Since 1870*, Londres, Weidenfeld and Nicholson, 1973.

Joyce, Helen, « Portrait of the Artist by His Daughter-in-Law », inédit, Texas.

Joyce, James, *Chamber Music*, Londres, Jonathan Cape, 1960 ; *Poèmes*, traduit de l'anglais par Jacques Borel, Paris, Gallimard, 1967.

—, *The Critical Writings*, publié sous la direction de Richard Ellmann et Ellsworth Mason, Londres, Faber, 1959 ; *Essais critiques*, traduit de l'anglais par Elisabeth Janvier, Paris, Gallimard, 1966.

—, *Dubliners*, Londres, Grant Richards, 1914, *Gens de Dublin*, traduit par Yva Fernandez, Hélène Du Pasquier, Jacques-Paul Reynaud, préface de Valery Larbaud, Paris, Plon, 1926.

—, *Exiles*, Londres, Penguin, 1973 ; *Les Exilés*, traduit de l'anglais par J. S. Bradley, Paris, Gallimard, 1950.

—, *Finnegans Wake*, New York, Viking, 1957 ; fragments adaptés par

André Du Bouchet, introduction de Michel Butor, suivis de *Anna Livia Plurabelle*, traduit de l'anglais par Samuel Beckett, Alfred Péron, Yvan Goll, Eugène Jolas, Paul-L. Léon, Adrienne Monnier et Philippe Soupault, en collaboration avec l'auteur, Paris, Gallimard, 1962 ; traduit de l'anglais par Philippe Lavergne, Paris, Gallimard, 1982.

—, *Giacomo Joyce*, Londres, Faber, 1968 ; *Giacomo Joyce*, traduit de l'anglais par André Du Bouchet, introduction et notes de Richard Ellmann traduites par Yves Malartic, Paris, Gallimard, 1973.

—, *Pomes Penyeach*, Londres, Faber, 1968, *Poèmes*, traduit de l'anglais par Jacques Borel, Paris, Gallimard, 1967.

—, *A Portrait of the Artist as a Young Man*, Londres, Penguin, 1960 ; *Dedalus*, traduit de l'anglais par Ludmila Savitsky, La Sirène, Paris, 1924.

—, *Stephen Hero*, Londres, Panther, 1977 ; *Stephen le Héros*, traduit de l'anglais par Ludmila Savitsky, Paris, Gallimard, 1948.

—, *Œuvres complètes* I, sous la direction de Jacques Aubert, Paris Gallimard (La Pléiade), 1982.

—, *Ulysses : The Corrected Text*, publié sous la direction de Hans Walter Gabler, avec Wolfhard Steppe et Claus Melchior, New York, Garland, 1984 ; *Ulysse*, traduit de l'anglais par Auguste Morel, Stuart Gilbert et Valery Larbaud, Paris, Plon, 1926 ; Gallimard, 1970.

Joyce, Lucia, « Autobiography. My Life », inédit, Texas.

—, « My Dreams », inédit, Texas.

—, « The Real Life of James Joyce Told by Lucia Joyce », inédit, Texas.

Joyce, Stanislaus, *The Complete Dublin Diary*, publié sous la direction de George Healey, Ithaca, New York, Cornell University Press, 1971.

—, « Early Memories of James Joyce », *The Listener* 41 (26 mai 1949), p. 806.

—, « James Joyce : A Memoir », Hudson Review (1949-1950).

—, « The Joyces », *New Yorker*, 12 janvier 1935.

—, *My Brother's Keeper*, Londres, Faber, 1958 ; *Le Gardien de mon frère*, traduit de l'anglais par Anne Grieve, Paris, Gallimard, 1966.

—, *Recollections of James Joyce by His Brother*, New York, The James Joyce Society, 1950.

Kain, Richard M., *Fabulous Voyager : James Joyce's « Ulysses »*, Chicago, University of Chicago Press, 1947.

—, « An Interview with Carola Giedion-Welcker and Maria Jolas », *JJQ* 11:2 (hiver 1974), pp. 94-122.

« Kastor, Adolphe », *Who's Who in American Jewry 1926*, The Jewish Biographical Bureau Inc.

Kavanagh, James, *A Modern Priest Looks at His Outdated Church*, Londres, Hodder and Stoughton, 1968.

Kaye, Julian B., « A Portrait of the Artist as Blephen-Stoom », dans *A James Joyce Miscellany*, series 2, publié sous la direction de Marvin Malaganer, Carbondale, Illinois, Southern Illinois University Press, 1959.

Kelly's Directory of Ireland, 1900-1905, Londres, Kelly's Directories, 1905.

Kenner, Hugh, *A Colder Eye*, Londres, Penguin, 1983.

—, *Dublin's Joyce*, Londres, Chatto and Windus, 1955.

—, « The Impertinence of Being Definitive », *Times Literary Supplement*, 17 décembre 1982.

—, *Ulysses*, Londres, Allen and Unwin, 1980.

Publié sous la direction de Kiell, Norman, *Blood Brothers : Siblings as Writers*, New York, International University Press.

Kimball, Jean, « James and Stanislaus Joyce : A Jungian Speculation », dans *Blood Brothers*, publié sous la direction de Norman Kiell, New York, International University Press.

Publié sous la direction de Kroll, Ernest, « Mrs. James Joyce and Her Controversial Husband. Interview with Victor Llomas », *Cimarron Review* (janvier 1986).

Leavis, F. R., *The Great Tradition*, Londres, Pelican, 1972.

Lennon, Michael J., « James Joyce », *Catholic World* 132:792 (mars 1931), pp. 641-52.

Leprohon, Pierre, *Le Cinéma italien*, Paris, Éditions d'Aujourd'hui, 1978.

Levin, Harry, *James Joyce : A Critical Introduction*, New York, New Directions, 1960.

Levitt, Anette, « Mothering in Djuna Barnes, Jean Rhys and James Joyce », conférence prononcée lors de la James Joyce Conference, Philadelphie, 1985.

Lewis, R.W.B., *Edith Wharton*, New York, Harper and Row, 1975.

Lewis, Wyndham, *Blasting and Bombardiering*, Londres, Eyre & Spottis-woode, 1937.

—, *Time and Western Man*, Londres, 1927.

Lidderdale, Jane, et Mary Nicholson, *Dear Miss Weaver*, New York, Viking, 1970.

Liddy, James, *Esau, My Kingdom for a Drink*, Dublin, Dolmen Press, 1962.

Linehan, Fergus, « It's an Accident I'm His Grandson », *Irish Times* supplément spécial, 2 février 1982.

Lister, Raymond, *William Blake*, Londres, Bell, 1968.

Litz, A. Walton, *The Art of James Joyce*, New York, Oxford University Press, 1961.

Luening, Otto, *The Odyssey of an American Composer*, New York, Scribner's, 1980.

Lyons, F. S. L., *Culture and Anarchy in Ireland 1890-1939*, Londres, Oxford University Press, 1979.

Lyons, J. B., *The Enigma of Tom Kettle*, Dublin, Glendale Press, 1983.

—, *James Joyce and Medicine*, Dublin, Dolmen Press, 1973.

—, *Thrust Syphilis Down to Hell and other Rejoyceana*, Dublin, Glendale Press, 1988.

Mc Almon, Robert, *Being Geniuses Together*, Londres, Michael Joseph, 1970, éd. revue et augmentée, avec une nouvelle préface de Kay Boyle, Londres, Hogarth, 1984.

Mac Cabe, Colin, *James Joyce : New Perspectives*, Bloomington, Indiana University Press, 1982.

—, *James Joyce and the Revolution of the Word*, Londres, Macmillan, 1979.

—, « Joyce : Concepts of Race and Nation », conférence prononcée lors de l'International James Joyce Symposium, Copenhague, juin 1986.

Mc Carthy, Michael, *Priests and People in Ireland,* Dublin, Hodges, Figgis, 1902.

MacDonald's Irish Directory, de 1899-1900 jusqu'à 1903-1904, Dublin, Edimbourg et Londres, Wm. MacDonald.

M'Donough et Brown, *Galway Guide and Directory,* Galway, 1902, 1904.

Mc Dougall, Richard, *The Very Rich Hours of Adrienne Monnier,* Londres, Millington, 1976.

McGreevy, Thomas, « James Joyce », *The Times Literary Supplement,* 25 janvier 1941, pp. 43, 45.

—, « Paradise Lost », manuscrit inédit écrit après la mort de James Joyce, Trinity College, Dublin.

McHugh, Roland, *The Sigla of* Finnegans Wake, Londres, Edward Arnold, 1976.

MacLysaght, Edward, *Guide to Irish Surnames,* Dublin, Helicon, 1964.

MacNicholas, John, *James Joyce's* Exiles *: A Textual Companion,* New York et Londres, Garland, 1979.

Maddox, Brenda, « Could Nora Cook ? », *New York Times Book Review,* 16 juin 1985.

—, « Wakers of the World Unite », *New York Times Book Review,* 15 août 1987.

Publié sous la direction de Magalaner, Marvin, *A James Joyce Miscellany,* first series, New York, James Joyce Society, 1957 ; second series, Carbondale, Illinois, Southern Illinois University Press, 1959 ; third series, Carbondale, Illinois, Southern Illinois University Press, 1962.

Mahaffey, Vicki, « Giacomo Joyce », dans *A Companion to Joyce Studies,* publié sous la direction de Zack Bowen et James C. Carens, Westport, Connecticut, Greenwood Press, 1984.

Publié sous la direction de Marcus, David, *Irish Short Stories,* vol. 1 et 2, Londres, Bodley Head, 1980.

Marcus, Jane, « Laughing at Leviticus : *Nightwood* as Woman's Circus Epic », conférence prononcée lors du Tenth International James Joyce Symposium, Copenhague, 1986.

Martin, Augustine, « The Education of a Gentleman », *Irish Times* supplément spécial, pp. 1882-1928.

Mathews, James, *Voices : A Life of Frank O'Connor,* New York, Atheneum, 1983.

Melchiori, Giorgio, *Joyce in Rome,* Rome, Bulzoni, 1984.

Mercanton, Jacques, *Les Heures de James Joyce,* Lausanne, Éditions de l'Age d'Homme, 1967.

Mercier, Vivian, *Beckett / Beckett,* Londres, Oxford University Press, 1977.

Meyers, Jeffrey, *Hemingway,* New York, Harper and Row, 1985.

Publié sous la direction de Moscato, Michael, et Leslie Le Blanc, *The United States of America v. One Book Entitled* Ulysses *by James Joyce : Documents and Commentary — A 50 Year Retrospective,* Frederick, Md, University Publications of America, 1984.

Murphy, Henry, « Comparative Incidence of Schizophrenia in Rural Ireland », in *Comparative Psychiatry,* publié sous la direction de Henry Murphy, Springer Verlag.

Murry, John Middleton, *The Journal of Katherine Mansfield,* New York,

Knopf, 1927 ; introductions au *Journal* de Katherine Mansfield, Paris, Stock, 1932.

Nadel, Ira B., *Biography : Fiction, Fact & Form*, Londres, Macmillan, 1984.
—, « Joyce and the Jews », *Modern Judaism* 6:3 (1986), pp. 301-10.
Nicols, Ashton, « JOYCEZSEASIDEGIRLS : Gretta, Bertha, Molly and Nora — All from Gibralway ? », *Biography* 8:4 (automne 1985).
Nicolson, Harold, *Diaries and Letters 1930-1939*, Londres, Collins, 1966.
Noël, Lucie, *James Joyce and Paul L. Léon : The Story of a Friendship*, New York, Gotham Book Mart, 1950.
Norris, Margot, « Anna Livia Plurabelle : The Dream Woman », dans *Women In Joyce*, publié sous la direction de S. A. Henke et Elaine Unkeless, Urbana, University of Illinois Press, 1982.
—, *The Decentered Universe of* Finnegans Wake, Baltimore, John Hopkins University Press, 1976.
Publié sous la direction de Nowell, Elizabeth, *The Letters of Thomas Wolfe*, New York, Scribner's, 1956.
Nutting, Myron, « An Artist's Life and Travels », vol. 1-4, Oral History Program, University of California, Los Angeles, 1972.

O'Brien, Edna, *James and Nora : Portrait of Joyce's Marriage*, Northridge, Californie, Lord John Press, 1981.
O Broin, Leo, *Protestant Nationalists in Revolutionary Ireland*, Dublin, Gill and Macmillan, 1985.
O' Casey, Eileen, *Sean*, Londres, Macmillan, 1971.
O'Connor, Ulick, *Oliver St. John Gogarty*, Londres, Granada, 1981.
Publié sous la direction de O'Connor, Ulick, *The Joyce We Knew*, Cork, Mercier, 1967.
O'Faolain, Sean, « Nora Barnacle : Pictor Ignotus », *London Review of Books*, 20 novembre 1980.
O Laoi, Padraic, *Nora Barnacle Joyce : A Portrait*, Galway, Kennys Bookshops and Art Galleries, 1982.
Publié sous la direction d'Oliphant, Dave et Thomas Zigal, *Joyce at Texas*, Austin, University of Texas Humanities Research Center, 1983.
O Lochlainn, Colm, *Irish Street Ballads*, New York, Corinth, 1960.

Publié sous la direction de Paige, D.D., *Selected Letters of Ezra Pound, 1907-1941*, Londres, Faber and Faber, 1950.
Parrinder, Patrick, *James Joyce*, Cambridge, Angleterre, Cambridge University Press, 1984.
Paulin, Tom, « The British Presence in *Ulysses* », dans *Ireland and the English Crisis*, publié sous la direction de Tom Paulin, Newscastle upon Tyne, Bloodaxe Books, 1984.
Potts, Willard, « Joyce's Notes on the Gorman Biography », *Icarbs*, 4:2 (printemps-été 1981), pp. 83-99.
Publié sous la direction de Potts, Willard, *Portraits of the Artist in Exile*, Seattle, University of Washington Press, en association avec Wolfhound, Dublin, 1979.
Power, Arthur, *Conversations with James Joyce*, Londres, Millington,

1974 ; *Entretiens avec James Joyce,* traduit de l'anglais par Anne Villelaur, suivi de *Souvenirs de James Joyce* par Philippe Soupault, Paris, Belfond, 1979.

—, essai sans titre dans *The Joyce We Knew,* publié sous la direction d'Ulick O'Connor, Cork, Mercier, 1967.

Quick, Jonathan R., « The Homeric *Ulysses* and A.E.W. Mason's *Miranda of the Balcony* », *JJQ* 23:1 (automne 1985), pp. 31-43.

Quinn, John, « Shem's Progress : James Joyce and the Making of Finnegans Wake », retransmission de la BBC Radio 3, 1984.

Reynolds, Mary, « Joyce and Miss Weaver », *JJQ* 19:4 (été 1982), pp. 373-403.

—, « Joyce and Nora : The Indispensable Countersign », *Sewanee Review* (hiver 1964), pp. 29-64.

Rice, Thomas Jackson, *James Joyce. A Guide to Research,* New York, Garland, 1982.

Rodgers, W.R., *Ladies Bountiful,* New York, Harcourt Brace, 1968.

Ruggiero, Paul, « James Joyce's Last Days in Zurich », dans *Portraits of the Artist in Exile,* publié sous la direction de Willard Potts, Seattle, University of Washington Press en association avec Wolfhound, Dublin, 1979.

Publié sous la direction de Ryan, John, *A Bash in the Tunnel,* Brighton, Clifton Books, 1974.

Schechner, Mark, « A Psychoanalytic Inquiry into *Ulysses* », dans *Joyce in Nighttown,* Berkeley, University of California Press, 1974.

Scheper-Hughes, Nancy, *Saints, Scholars and Schizophrenics : Mental Illness in Rural Ireland,* Berkeley, University of California Press, 1979.

Scholes, Robert E., *The Cornell Joyce Collection,* Ithaca, New York, Cornell University Press, 1961.

—, « Further Observations of the Text of *Dubliners* », *Studies in Bibliography* 17 (1964), pp. 107-22.

—, « Some Observations of the Text of *Dubliners :* " The Dead " », *Studies in Bibliography* 15 (1962), pp. 191-205.

Schwartzman, Myron, « Quinnigan's Quake », *Bulletin of Research in the Humanities* 81:1 (été 1978), 83:1 (printemps 1980).

Scott, Bonnie Kime, *Joyce and Feminism,* Bloomington, University of Indiana Press, 1984.

Sheehy, Eugene, *May It Please the Court,* Dublin, C. J. Fallon, 1951.

Schloss, Carol, « The End of Molly's Exile », conférence prononcée lors du Ninth James Joyce Symposium, Francfort, 1984.

Slocum, John J., *New York Times Book Review,* 21 janvier 1951.

—, et Herbert Cahoon, *A Bibliography of James Joyce,* New Haven, Yale University Press, 1953.

—, « A Note on Joyce Biography », *Yale University Library Gazette* 28:1 (juillet 1953), pp. 44-50.

Soupault, Philippe, *Souvenirs de James Joyce,* Paris, Charlot, 1945.

Spender, Stephen, « The Daytime World of James Joyce », *New York Times Book Review,* 26 mai 1957

—, « James Joyce : 1882-1941 », *The Listener*, 23 janvier 1941, pp. 124-125.

Spielberg, Peter, *James Joyce's Manuscripts and Letters at the University of Buffalo : A Catalogue*, Buffalo, University of Buffalo, 1962.

Staley, Thomas, « James Joyce in Trieste », *The Georgia Review* (octobre 1962), pp. 446-49.

Steinberg, Erwin R., *The Stream of Conciousness and Beyond in* Ulysses, Pittsburgh, University of Pittsburgh Press, 1973.

Stern, James, « James Joyce : A First Impression », dans *A Joyce Miscellany*, Second Series, publié sous la direction de Marvin Malaganer, Carbondale, Illinois, Southern Illinois University, 1959.

« The Story of Adolph Kastor », dans *Camillus Cutlery Company*, Camillus, New York, 1951.

Sullivan, Kevin, *Joyce Among the Jesuits*, New York, Columbia University Press, 1958.

Suter, August, « Some Reminiscences of James Joyce », *JJQ* 7:3 (printemps 1970), pp. 191-198.

Svevo, Italo, *James Joyce*, New York, New Directions, 1950.

Tatum, G. Marvin, « The James Joyce Collection at Cornell University », *Gazette of the Grolier Club*, NS n° 33-44 (1981-1982), pp. 78-83.

Thom's Official Dublin Directory and Calendar, Dublin, Alex Thom & Co., 1900-1905.

Time, « Ulysses Land », 29 janvier 1934.

Time, « Night Thoughts », 8 mai 1939.

Time, « Milestones », 23 avril 1951.

Tindall, William York, « Joyce Chambermade Music », *Poetry* 80 (1952), pp. 105-116.

—, *A Reader's Guide to* Finnegans Wake, New York, Farrar, Straus & Giroux, 1969.

Torchiana, Donald, *Backgrounds to Dubliners*, Boston, Allen and Unwin, 1986.

Townsend, Kim, *Sherwood Anderson*, Boston, Houghton Mifflin, 1987.

United Kingdom Official Publications, *Reports from Commissioners for Ireland. Statistics on Emigration and Immigration for the year 1904, 1905*. Vol. XCVIII, pp. 88-92, *Statistics on Marriages, Births and Deaths*, 1905, Vol. XVII, p. 571.

Unkeless, Elaine, « The Conventional Molly Bloom », dans *Women In Joyce*, publié sous la direction S.A. Henke et Elaine Unkeless, Urbana, University of Illinois Press, 1982.

Van Hoek, Kees, « The Way of the World » (Interview avec Nora Joyce), *Irish Times*, 17 février 1948.

Publié sous la direction de Wade, Allan, *The Letters of W. B. Yeats*, Macmillan, 1955.

Watson, G. J., *Irish Identity and the Literary Revival*, New York, Harper and Row, 1979.

Weaver, Harriet Shaw, Papers and correspondence, vol. 1-8, British Library manuscripts 57345-52.

Weld, Jacqueline Bograd, *Peggy : The Wayward Guggenheim,* New York, Dutton, 1986.

Wilson, Edmund, *Axel's Castle,* New York, Scribner's, 1931.

Wilson, Mona, *The Life of William Blake,* Londres, Hart-Davis, 1948.

Liste des illustrations

1. Galway, vers 1895-1900. Sans doute Nora avec sa grand-mère ou sa mère (Avec l'aimable autorisation de Cornell University Libraries).
2. Marché aux poissons de Galway (Avec l'aimable autorisation du Board de Trinity College, Dublin).
3. Couvent de la Présentation à Galway (Avec l'aimable autorisation de Kennys Bookshops and Art Galleries, Galway).
4. Willie Mulvagh (Avec l'aimable autorisation de Dermot Mulvagh).
5. Publicité pour un corset, 1902, Galway (Avec l'aimable autorisation de la British Library).
6. Grafton Street, Dublin.
7. Eva et Lucia Joyce (Avec l'aimable autorisation de Cornell University Libraries).
8. Nora, Giorgio et Lucia à Zurich (Avec l'aimable autorisation de la Poetry/Rare Books Collection, University Libraries, the State University of New York at Buffalo).
9. Roberto Prezioso en 1913 (Avec l'aimable autorisation de la Fototeca Civici, Musei di Storia ed Arte, Trieste).
10. Nora en costume pour *A cheval vers la mer*.
11. James Joyce, 1904 (Avec l'aimable autorisation de la Poetry/Rare Books Collection, University Libraries, the State University of New York at Buffalo).
12. Stanislaus Joyce, à Trieste, vers 1905 (Avec l'aimable autorisation de Mme Nelly Joyce).
13. Ottocaro Weiss (Avec l'aimable autorisation de Oxford University Press).
14. Harriet Shaw Weaver (Avec l'aimable autorisation de la British Library).
15. James Joyce à Zurich (Avec l'aimable autorisation de OUP).
16. Lucia avec des camarades de classe de Zurich (Avec l'aimable autorisation de Maria Zöbeli-Gerhardt).
17. 30, Universitätstrasse à Zurich (Avec l'aimable autorisation de la Zentralbibliothek de Zurich).
18. Les Schaurek (Avec l'aimable autorisation de Mr. et Mrs. Ken Monaghan).
19. Michael Healy (Avec l'aimable autorisation de Cornell University Libraries).

20. Joyce à Trieste vers 1919-20 (Avec l'aimable autorisation du Joyce Museum, Sandycove, Irlande et Bord Failte).

21. Nora par Tullio Silvestri (Avec l'aimable autorisation de la Poetry/Rare Books Collection, University Libraries, the State University of New York at Buffalo).

22. Nora par Frank Budgen (*ibid.*).

23. Nora par Myron Nutting (Avec l'aimable autorisation de Northwestern University Library).

24. Nora (Avec l'aimable autorisation de Berenice Abbott et Commerce Graphics Ltd, Inc.).

25. Lucia (*ibid.*).

26. James Joyce (*ibid.*).

27. La famille Joyce en 1924 (Avec l'aimable autorisation de Wide World Photos).

28. Square Robiac, Paris 7e.

29. Nora et Giorgio, vers 1926 (Avec l'aimable autorisation de la Poetry/Rare Books Collection, University Libraries, the State University of New York at Buffalo).

30. Kathleen (Mme René) Bailly (Avec l'aimable autorisation d'Evelyne Shapero Chardonnet).

31. Adolph Kastor et sa famille en 1926 (Avec l'aimable autorisation d'Enid Kastor Rubin).

32. Helen Fleischman et Giorgio Joyce (*ibid.*).

33. Jour du mariage des Joyce (Avec l'aimable autorisation de la Poetry/Rare Books Collection, University Libraries, the State University of New York at Buffalo).

34. Helen Joyce et son fils nouveau-né (Avec l'aimable autorisation de Mrs. Grete Hartey).

35. Nora, 1935 (Avec l'aimable autorisation de la British Library).

36. James Joyce avec son petit-fils (Avec l'aimable autorisation de Mrs. Grete Hartley).

37. Lucia Joyce et Harriet Shaw Weaver (Avec l'aimable autorisation de Sylvia Fox et University College, à Londres).

38. Nora, Joyce et Carola Giedion-Welcker (Avec l'aimable autorisation de la BBC Hulton Picture Library).

39. Nora à Zurich, 1948 (Avec l'aimable autorisation d'Enid Kastor Rubin).

40. Nora et Giorgio, Zurich, 1948 (*ibid.*).

41. Stephen Joyce en 1946 (Avec l'aimable autorisation de Stephen Joyce).

42. Lucia Joyce à soixante et onze ans (Avec l'aimable autorisation de Colin Attwell et University College, Londres).

Index

Abbott, Berenice, 239, 306.
Adams, Robert M., 174, 256, 270.
Anderson, Margaret, 237, 300.
Anna Livia Plurabelle (personnage de
    Finnegans Wake), 255, 286, 307, 320,
    321, 322, 329, 332, 413, 414, 467, 473,
    474, 475, 478.
Antheil, George, 291.
« Après la course », 69.

Bailly, Kathleen, 13, 371, 372, 374, 386,
    393, 396, 397, 401.
Bailly, René, 371, 372, 374, 397.
Barnacle, Annie Healy (mère de NB),
    23, 24, 26, 29, 35, 39, 53, 54, 83, 86,
    102, 115, 144, 163, 183, 184, 192, 248,
    251, 283, 342, 369, 390, 401, 438, 439,
    440.
Barnacle, Bridget (« Délia » ou
    « Dilly » ; sœur de NB), 27, 42, 251,
    369, 401, 438, 440, 461.
Barnacle, Kathleen (sœur de NB, Mrs.
    John Griffith), 23, 29, 35, 192, 251,
    283, 287, 344, 438, 439, 440, 444, 458,
    461, 477.
Barnacle, Mary (sœur de NB, Mrs.
    William Blackmore), 23, 182, 184,
    188, 192, 440.
Barnacle, Nora (Mme James Joyce) :
    départ de Galway de, 18-20 ; nais-
    sance et famille, 23-26 ; enfance et
    jeunesse, 27-40 ; éducation, 28-29 ;
    photographies et portraits, 30, 149,
    170, 187, 212, 215, 306 ; convictions
    politiques, 30 ; admirateurs, 31-33,
    38-40, 155-56, 213-14, 262 ; influence
    sur *Gens de Dublin*, 32-33, 79-80 ; et
    Thomas Healy, 25, 32 ; convictions
    religieuses, 29, 61-62, 64, 79-80, 135-
    36, 192, 271, 349, 430-31, 462-63,
    465 ; et Annie Barnacle, 29, 35, 183,
    248, 251, 349 ; et Michael Healy, 31 ;
    première rencontre avec Joyce, 24-25,
    32-33, 42-70 ; lettres à Joyce, 48, 58-
    59, 64, 68, 137, 139-45, 160-62, 195-
    97, 199 ; et John Francis Byrne, 43,
    125-27 ; et Vincent Cosgrave, 50, 60,
    74, 124-127, 173 ; à Zurich, 73, 179-
    198, 201-20, 327-29, 429-31 ; à Paris,
    74, 223-248, 276-421, 459 ; à Trieste,
    71, 86-102, 114-123, 147-159, 169-
    176, 221-223 ; à Pola, 75-85 ; et Joyce,
    74-104 ; lectures de, 101, 113, 209 ; et
    Clotilde Francini-Bruni, 82, 185 ;
    amour de la cuisine, 82, 372 ; et ses
    enfants, 85-87, 90-93, 111, 114-115,
    118-119, 151 ; et le travail de Joyce,
    84, 271, 416, 470 ; et Oliver St. John
    Gogarty, 86 ; et Josephine Murray,
    97, 99, 167-68, 254 ; et Giorgio, 111-
    112, 151-52, 387, 407, 447, 463-64 ; et
    Stanislaus Joyce, 128, 184 ; absences
    de Joyce, 120-146, 248-254 ; lettres
    érotiques de, 133, 135-147, 262-263 ;
    amour des vêtements, 18, 137, 183,
    288, 306 ; et Eva Joyce, 148 ; et Eileen
    Joyce, 149, 185-186 ; et l'Irlande, 250,
    438, 459 ; à Rome, 104-114 ; et Lucia,
    151, 322, 334, 365, 379, 382-383, 460 ;
    voyages en Irlande, 158-168, 250-

254 ; et John Joyce, 160, 250 , maladies, 187, 196, 218, 444, 460, 462 ; à Locarno, 198-199 ; dans *A cheval vers la mer*, 205 ; et Frank Budgen, 208, 212, 222 ; et *Ulysse*, 206, 214, 246, 262-263, 268-269 ; et Ottocaro Weiss, 214-215 ; maîtrise des langues étrangères, 82, 89, 91, 96, 113, 151, 154, 182, 225, 230, 300-301, 322, 338 ; amour de la musique, 291, 301, 304, 387 ; et Arthur Power, 232-233, 246-247, 460 ; et Sylvia Beach, 234-235, 277-278 ; et Robert McAlmon, 246 ; et Kathleen Barnacle, 251, 283, 344, 458, 477 ; modèle pour Molly Bloom, 255-270, 476 ; à Londres 273-274 ; et Harriet Shaw Weaver, 273-274, 433 ; à Nice, 274-275 ; et Helen Fleischman, 288-289, 291, 293-294, 328, 402 ; en Angleterre, 282-283, 315-316, 337-346 ; et *Finnegans Wake*, 286-288 ; au Square Robiac, 290-322 ; critiques et éloges de, 301-302, 469-476 ; et Thomas Mc Greevy, 304-305, 308 ; et Mary Colum, 306 ; vie sociale et vie familiale à Paris, 302-305 ; hystérectomie et guérison du cancer, 310-314 ; et la carrière de danseuse de Lucia, 316-318 ; modèle pour Anna Livia Plurabelle, 286-288, 320-321, 413, 474, 476 ; mariage de, 323, 338-341 ; et Maria Jolas, 324, 409, 464-465 ; et la maladie de Lucia, 363-364, 383-386, 390-392 ; rue Edmond Valentin, 386-387 ; rue des Vignes, 416-420 ; et Carola Giedion-Welcker, 417 ; à Saint-Gérand-le-Puy, 422-428 ; et Stephen James Joyce, 430-431, 442, 463 ; à la Pension Neptune, 450-452 ; entretien avec Sandy Campbell, 450-453 ; mort de Joyce, 429-432, 444, 449-453, 463-464 ; dernière maladie, 464 ; mort et funérailles de, 464-466 ; chronique nécrologique dans le *Times*, 468.
Barnacle Peg (sœur de NB), 115, 283, 293, 440.
Barnacle, Thomas (frère de NB), 23, 148, 183, 184, 192, 283, 440.
Barnacle, Thomas (père de NB), 23, 24, 26, 29, 30, 52, 63, 248, 283.
Barnes, Djuna, 277, 278, 281, 295.
Barney, Nathalie, 278.
Barrett, C. Waller, 488.
Beach, Sylvia, 225, 226, 229, 234, 235, 236, 237, 238, 243, 244, 245, 246, 248,

249, 252, 256, 272, 273, 274, 275, 276, 277, 278, 279, 282, 284, 286, 291, 292, 299, 300, 302, 303, 305, 310, 311, 312, 313, 314, 325, 326, 328, 331, 334, 341, 346, 347, 348, 349, 350, 352, 361, 365, 366, 412, 418, 458, 460, 468, 479, 493, 500, 501.
Beauvoir, Simone de, 268.
Beckett, Samuel, 268, 309, 310, 313, 314, 316, 319, 320, 321, 322, 327, 334, 339, 351, 359, 378, 385, 408, 409, 410, 411, 412, 414, 420, 426, 492, 493.
Behan, Mme Kathleen, 69.
Behrens, Dr W., 443.
Bennett, A. Percy, 202, 204, 205, 441.
Beran, Felix, 187.
Berger, Hélène, 492.
Berthe (personnage des *Exilés*), 34, 112, 119, 171, 172, 173, 174, 206, 207, 214, 291, 474, 475, 478.
Birmingham, Steven, 294.
Blackmore, William, 182, 191.
Blake, Catherine, 153, 154.
Blake, William, 23, 153, 270.
Bloch-Savitsky, Ludmila, 223, 229.
Bloom, Léopold (personnage d'*Ulysse*), 42, 127, 192, 197, 203, 204, 206, 207, 211, 214, 222, 226, 237, 257, 259, 260, 261, 262, 263, 264, 265, 266, 267, 268, 269, 314, 351, 462, 467, 474, 476, 490.
Bloom, Milly (personnage d'*Ulysse*), 206, 222, 256, 257, 264.
Bloom, Molly (personnage d'*Ulysse*) : 38, 74 ; Nora comme modèle pour, 59, 145, 255-270 ; interprétations critiques de, 263-270 ; critique féministe de, 266-269.
Bodington, George, 331.
Bodkin, Michael, 23, 33, 34, 36, 40, 42, 44.
Borach, George, 374, 375.
Bottens, Dr Adalbert Panchaud de, 219.
Boyle, Kay, 236, 322, 492.
Brancusi, Constantin, 306.
Brauchbar, les, 428, 429.
Brown, Richard, 23, 332.
Budgen, Frank, 191, 207, 208, 209, 210, 211, 212, 213, 215, 222, 224, 232, 233, 241, 243, 244, 249, 262, 263, 266, 382, 386, 457, 470, 496.
Byrne, John Francis, 43, 58, 65, 66, 74, 125, 126, 127, 129, 130, 131, 173, 307, 308, 309, 323, 375, 468, 491, 501.

Cabot, Godfrey Lowell, 146.
Cahoon, Herbert, 479.

Calder, Alexander, 319, 334, 359.
Campbell, Sandy, 450, 451, 452, 453.
Canarutto, les, 91, 95.
Card, James, 265, 500.
Carducci, Comte Edgardo, 370, 376.
Carr, Harry, 203-206.
« Cendres », 79-80.
Cerf, Bennett, 329, 349, 350, 371, 375, 376, 437, 500.
Chevenix Trench, Samuel, 65.
Churchill, Winston, 244, 424.
« Cité des tribus, La », 164.
Coffey, Brian, 400.
Cohen, Bella (personnage d'*Ulysse*), 222, 256, 262, 303.
Collins, Patrick, 390, 394, 501.
Colum, Mary, 57, 217, 265, 266, 284, 302, 306, 324, 325, 334, 336, 343, 346, 351, 360, 375, 427, 437, 445, 461, 468.
Colum, Padraic, 174, 217, 324, 325, 336, 338, 343, 345, 347, 351, 360, 375, 427, 437, 445, 459, 461, 468.
Concannon, William, 439, 440.
Connell, Jim, 37.
Conroy, Gabriel (personnage dans « Les morts »), 32, 33, 164, 452.
Conroy, Gretta (personnage dans « Les morts »), 32, 33, 54, 119, 137, 474, 475, 478.
Cosgrave, Vincent, 43, 48, 49, 50, 60, 64, 65, 69, 74, 83, 84, 85, 91, 95, 116, 118, 124, 125, 126, 127, 129, 130, 131, 141, 173, 214, 262, 307, 308, 358, 482.
Costello, Peter, 495, 501.
Cotton, Evelyn, 205, 443, 447, 461.
Cunard, Nancy, 216, 278, 408.
Curran, Constantine, 13, 74, 128, 254, 304, 370, 392, 393, 394, 395, 400, 401, 404, 418, 425, 454, 459, 468, 501.
Curran, Mme Constantine et Elizabeth, 304, 370, 371, 392, 393, 395, 418, 471.

Deasy, Mr. (personnage d'*Ulysse*), 31, 453.
Dédalus, 51, 53, 170, 186, 190, 308, 475.
Dédalus, Stephen (personnage dans *Dédalus* et *Ulysse*), 48, 58, 99, 130, 131, 205, 206, 222, 226, 246, 255, 257, 260, 262, 265, 266, 267, 274, 307, 414, 467.
« De l'eau dans le gaz », 168.
Delmas, Dr Achille, 400, 407, 416, 434, 444, 460.
Derwent, Lord, 432.
« Deux galants, Les », 47, 88.
Devin, Tom, 250, 251.

Dietrich, Marlene, 408.
Dignam, Paddy (personnage d'*Ulysse*), 192, 203.
Dillon, Eilis, 28, 31, 500.
Duane, Martha, 106.
Dujardin, Édouard, 314.

Earwicker, Humphrey Chimpden (personnage dans *Finnegans Wake*), 303, 321, 332, 422, 423.
Edel, Léon, 130, 444.
Eliot, T. S., 227, 228, 229, 231, 284, 349, 443, 478, 495.
Ellerman, Winifred (Bryher), 234.
Ellmann, Mary, 12, 268, 500.
Ellmann, Richard, 11, 12, 13, 36, 46, 59, 105, 106, 111, 112, 198, 263, 288, 319, 368, 411, 478, 479, 481, 482, 483, 486, 487, 488, 490, 491, 492, 494, 499.
Ernst, Morris, 349.
« Eveline », 20, 30, 79.
Evers, Francis, 493.
Exilés, Les, 34, 105, 112, 120, 155, 171· 175, 194, 213, 458, 474.
Eyers, Mr., 76, 81, 83, 89.

Fargue, Léon-Paul, 290.
Faust, 466.
Feeney, Michael, 31, 33, 34, 40.
Finnegans Wake, 25, 255, 287, 305, 413, 423, 474.
Fitzgerald, F. Scott, 367.
Fitzgerald, Zelda, 367.
Fleiner, Fritz, 207.
Fleischman, David, 295, 329, 352, 365, 442.
Fleischman, Helen Kastor (Mme George Joyce), 281, 282, 288, 289, 291, 293, 294, 295, 296, 302, 310, 311, 313, 314, 315, 316, 321, 323, 324, 325, 326, 327, 328, 329, 330, 331, 332, 333, 335, 337, 342, 345, 346, 349, 351, 352, 361, 363, 364, 365, 367, 368, 372, 375, 376, 377, 378, 380, 381, 382, 386, 388, 393, 402, 403, 407, 409, 410, 412, 415, 416, 417, 418, 419, 424, 427, 428, 434, 436, 442, 454, 484, 493, 497, 501.
Fleischman, Leon, 281, 282, 289, 293, 295, 310, 326, 349.
Fleischmann, Marthe, 209, 210, 211, 212, 213, 214, 462, 468, 478, 493.
Fontaine, Dr Thérèse, 311, 312, 313, 314, 360, 364, 366, 410, 429.
Ford, Ford Maddox, 280, 309, 315, 351.
Francini-Bruni, Alessandro, 77, 82, 87, 89, 90, 98, 103, 164, 170, 185, 221, 484.

Francini-Bruni, Clotilde, 82, 87, 90, 98, 185, 221.
Freund, Gisèle, 412.
Furey, Michael (personnage dans « Les morts »), 33, 452.

Gallacher, Tom, 230.
Gay, Peter, 146.
Gens de Dublin, 30, 57, 90, 104.
Giacomo Joyce, 157.
Gide, André, 226, 449.
Giedion, Sigfried, 326.
Giedion-Welcker, Carola, 326, 367, 378, 381, 386, 405, 406, 417, 428, 429, 431, 432, 434, 435, 436, 441, 458, 471.
Gilbert, Moune, 13, 303, 310, 315, 316, 326, 377, 493, 500, 501.
Gilbert, Stuart, 296, 303, 310, 313, 315, 316, 318, 338, 357, 358, 377, 462, 464, 465, 468, 478, 479, 481, 491.
Gilford, E., 67, 68, 73.
Gillet, Dominique, 316, 370, 412, 501.
Gillet, Louis, 369.
Giraldus, Cambrensis, 24.
Globocnik, Amalija, 77, 83, 135.
Gogarty, Mme (mère d'Oliver St. John), 63.
Gogarty, Oliver St. John, 42, 43, 48, 52, 55, 60, 62, 63, 64, 65, 85, 86, 103, 106, 115, 116, 117, 126, 127, 128, 129, 263, 375, 459, 500, 501.
Gorman, Herbert, 37, 46, 212, 213, 330, 396, 461, 481, 482, 485, 486, 493, 501.
Gosse, Edmund, 182.
Gregory, Lady Augusta, 54, 65, 69, 467.
Grigson, Geoffrey, 423.
Guggenheim, Peggy, 239, 247, 278, 281, 289, 294-295, 319, 381, 409, 410, 418, 419, 421.

Hand, Robert (personnage dans *Les Exilés*), 112, 119, 172, 173, 174, 175, 206, 291.
Hayman, David, 266.
Healy, Bedelia (Mme Thomas), 35.
Healy, Catherine Mortimer (grand-mère de NB), 23, 27, 30, 32, 79, 88.
Healy, Michael (oncle de NB), 25, 27, 29, 30, 31, 35, 40, 53, 78, 159, 161, 163, 180, 182, 183, 184, 185, 191, 192, 250, 254, 297, 349, 369, 393, 399, 401, 438, 446, 461, 477.
Healy, Patrick (grand-père de NB), 23.
Healy, Thomas (oncle de), 19, 25, 32, 35, 38, 39, 40, 78, 293.

Heap, Jane, 237, 300, 301.
Hemingway, Ernest, 231, 234, 235, 236, 237, 239, 281, 285, 315, 496.
Henke, Suzette, 266, 268, 269.
Herring, Phillip, 59.
Herz, Grete, 402, 403, 430, 436.
Herz, Wilhelm, 402, 403, 407, 430, 436.
Heyland, Klara, 430, 445.
Hubbell, Alfred, 319, 334.
Huddleston, Mrs. Sisley, 403.
Huebsch, B. W., 349, 437, 492.

Ibsen, Henrik, 41, 42, 80, 266.

Jahnke-Osterwalder, Asta, 454, 455, 456.
Jay, Douglas, 342.
Jolas, Eugène, 303, 326, 344, 352, 358, 361, 369, 388, 404, 411, 418, 437, 473.
Jolas, Maria, 13, 302, 303, 304, 324, 344, 351, 352, 361, 363, 365, 369, 387, 388, 394, 395, 398, 399, 404, 409, 411, 416, 418, 419, 420, 421, 424, 425, 427, 429, 430, 437, 454, 457, 458, 459, 460, 463, 464, 465, 468, 473, 485, 493, 501.
Joyce, Baby (Mabel Josephine ; sœur de James Joyce), 42, 118, 157, 158.
Joyce, Charles (frère de James Joyce), 62, 86, 92, 95, 99, 100, 102, 103, 117, 118, 120, 138, 160, 161, 168, 169, 285, 349, 385, 454, 483.
Joyce, Eileen (Mme Frantisek Schaurek, sœur de James Joyce), 117, 118, 121, 144, 147, 148, 149, 150, 151, 153, 162, 163, 165, 167, 173, 175, 176, 181, 183, 185, 186, 189, 217, 218, 221, 259, 285, 297, 298, 349, 382, 384, 385, 386, 389, 391, 392, 394, 482, 484.
Joyce, Eva (sœur de James Joyce), 118, 133, 134, 135, 137, 146, 147, 148, 149, 150, 157, 158, 169, 217, 298, 349, 394.
Joyce, Florrie (sœur de James Joyce), 118, 168, 169, 217, 349, 394.
Joyce, Giorgio (George, fils de James Joyce) : naissance de, 91-92 ; et James Joyce, 92, 161, 227, 263-264, 284, 462 ; et Nora, 111, 151-152, 387, 407, 447, 463-464 ; apparence et vête- ments, 90, 227-228, 289, 456 ; et May Joyce, 128 ; en Irlande, 121-124, 168, 253 ; éducation, 158-159, 181, 198, 221, 227 ; carrière de chanteur, 219, 316-318, 380-381, 402, 406, 450 ; vie de famille avec Nora et Joyce, 230,

244 ; et Helen Fleischman, 289, 293, 323-324, 329, 331, 388, 409, 416 ; et Lucia, 351-352, 361, 404, 459 ; aux États-Unis, 375, 388 ; et Maria Jolas, 388 ; et Samuel Beckett, 388 ; et Peggy Guggenheim, 418, 421 ; alcoolisme de, 425, 447 ; à Zurich, 428-429, 433-435 ; et Asta Jahnke-Osterwalder, 453-454.

Joyce, James : première rencontre avec Nora, 41-42, 45-46 ; apparence et vêtements, 42, 77-78, 183, 228, 289, 310 ; éducation, 43, 54-55 ; lettres à Nora, 46, 48-49, 50, 59, 64, 68, 131-146, 252, 483-484 ; et Vincent Cosgrave, 49, 84-85 ; et Oliver St. John Gogarty, 52, 62, 85, 103, 115, 126-127, 129 ; attitude avec les femmes, 55, 210, 266 ; aptitude pour le chant, 60 ; quitte l'Irlande, 60-61, 66 ; et la religion, 61, 308 ; et John Francis Byrne, 65-66, 74 ; et Josephine Murray, 67, 77, 114 ; arrestation à Trieste, 75-76 ; et Stanislaus Joyce, 82, 84-85, 91, 107, 167, 186, 217-218 ; vues sur le mariage et la contraception, 87, 99, 113, 323 ; et la boisson, 90, 98-99, 116-117, 240-241, 285, 360-361, 424 ; et ses enfants, 93, 112, 134, 278, 318, 388 ; et Poppie Joyce, 99, 115 ; solitude à Rome, 106, 109 ; et Giorgio, 112, 161, 226-227, 264, 282 ; maladies, 113-114, 186, 366-367 ; problèmes oculaires, 193-194, 198, 243, 274, 282, 285, 309, 327 ; voyages en Irlande, 123-146, 162, 163-169 ; à Trieste, 153-156 ; et Lucia, 151, 296-297, 333-334, 360-365, 392-395, 403 ; et Michael Healy, 163, 185, 401 ; et Charles Joyce, 168-169 ; positions politiques, 182, 191, 417 ; procès, 204-205 ; et Frank Budgen, 207, 213, 224, 241 ; et Ezra Pound, 220-221, 223-225 ; et Ernest Hemingway, 236-237, 285, 315 ; et Robert McAlmon, 239-240, 246 ; revenu de, 238-239, 427-428 ; extravagances de, 239, 274, 284 ; et Sylvia Beach, 244-245, 279, 325-326 ; et Harriet Shaw Weaver, 247, 283-284, 316, 352-353, 366, 385, 389 ; peur de l'orage, 292-293 ; et Helen Fleischman, 331, 364, 415, 424-425 ; et Arthur Power, 232, 266, 275, 278, 291, 341, 430 ; testament, 343, 353 ; refus d'admettre la maladie de Lucia, 352-353, 360-361, 385 : et Stuart Gilbert, 358-359 ; et Maria Jolas, 275 ; dépendance envers Nora, 372-373, 404-405, 468-469 ; dans le *Times*, 373-374, 423 ; et Samuel-Beckett, 410, 413 ; mort et funérailles de, 429-432 ; règlement de la succession, 436-437, 440-441, 446-447.

Joyce, Jimmy (fils de Stanislaus Joyce), 403, 487, 496.

Joyce, John (père de James Joyce), 19, 57, 95, 102, 110, 111, 117, 118, 120, 121, 158, 160, 170, 175, 186, 223, 250, 280, 348, 349.

Joyce, Lucia : naissance de, 115 ; et James Joyce, 151, 296-297, 333-334, 360-365, 392-395, 403 ; et Nora, 151, 322, 334, 365, 379, 382-383, 460 ; éducation, 198, 221, 227 ; apparence et vêtements, 183, 194, 289, 316-318 ; modèle pour Milly Bloom, 206, 222, 257 ; vie de famille, 228, 244 ; maladie de, 245, 358-369, 373 ; carrière de danseuse, 296-297, 316-317 ; à Salzbourg, 310-311 ; et Stuart Gilbert, 315 ; et Samuel Beckett, 318-319, 321-322, 334, 385 ; et Robert Mac Almon, 384-385 ; et Thomas McGreevy, 385 ; et Mary Colum, 385, 362 ; réaction au mariage de Nora et Joyce, 334-335 ; et le dessin, 348 ; hostilité envers Nora et Joyce, 351, 373 ; dépression nerveuse, 351-352 ; et Giorgio, 351-352, 361, 404, 459 ; fiançailles de, 358-359 ; et Helen Fleischman, 365 ; et Carola Giedion-Welcker, 367 ; internement et traitement, 367, 373, 377-379, 395-398, 448 ; et Eileen Joyce, 384-385, 391, 394 ; et Harriet Shaw Weaver, 385-386, 395-398 ; en Irlande, 386-387, 389-396 ; et Constantine Curran, 392-393 ; et Eva Joyce, 394 ; et Dr W. G. MacDonald, 394-398, passim ; et Maria Jolas, 394, 398-399, 459 ; en Angleterre, 395-398 ; à Ivry, 400, 403-404, 444 ; à La Baule, 419 ; à Pornichet, 434 ; et Oliver St. John Gogarty, 459 ; à l'hôpital St. Andrews, 496-497.

Joyce, May (sœur de James Joyce, Mme Monaghan), 44, 99, 100, 118, 120, 121, 171, 175, 217.

Joyce, May Murray (Mme John Joyce ; mère de James Joyce), 53-54, 117, 158.

Joyce, Nelly (Mme Stanislaus), 310, 374,

403, 479, 487, 488, 494 495, 496, 500, 501.
Joyce, Poppie (Margaret Alice, sœur Mary Gertrude ; sœur de James Joyce), 19, 52, 62, 95, 99, 100, 115, 118, 121, 131, 147.
Joyce, Stanislaus (frère de James Joyce) : 19, 29, 30, 38, 48, 49, 52, 54, 56, 57, 58, 62, 73, 76, 77, 78, 79, 81, 82, 83, 84, 85, 87, 88, 89, 90, 91, 92, 93, 94, 95, 96, 97, 98, 99, 100, 101, 102, 103, 106, 107, 108, 109, 110, 111, 112, 113, 116, 117, 118, 120, 121, 122, 123, 124, 125, 126, 128, 130, 131, 133, 135, 137, 138, 146, 148, 149, 150, 152, 157, 158, 159, 162, 165, 166, 167, 168, 169, 171, 175, 176, 181, 183, 184, 185, 186, 187, 189, 193, 199, 200, 208, 217, 218, 219, 221, 223, 224, 226, 241, 242, 245, 247, 249, 263, 278, 285, 286, 287, 292, 293, 297, 298, 299, 302, 310, 313, 317, 343, 345, 349, 353, 363, 368, 374, 376, 403, 404, 461, 468, 471, 477, 479, 480, 481, 482, 483, 484, 485, 486, 487, 488, 491, 493, 494, 495, 496, 497.
Joyce, Stephen James (petit-fils de NB et James Joyce), 349, 350, 352, 365, 375, 377, 385, 388, 402, 409, 410, 412, 417, 418, 419, 420, 421, 427, 428, 429, 430, 434, 435, 442, 445, 446, 451, 455, 456, 463, 469, 478, 492, 493, 494, 496, 497.
Jung, Carl, 179, 189, 201, 218, 268, 379, 380, 382.

Kaempffer, Dr Gertrude, 199, 200.
Kain, Richard, 461.
Kastor, Adolph, 281, 294, 295, 310, 336, 337, 349, 351, 381, 388, 402, 410, 427, 434, 436.
Kastor, Alfred, 293, 294, 295, 410.
Kastor, Ellen (mariée Bentley), 13, 294.
Kastor, Enid (mariée Rubin), 455, 456, 500, 502.
Kastor, Margaret (Mme Robert), 455, 456.
Kastor, Minnie Danzer (Mme Adolph), 295.
Kastor, Robert, 294, 295, 324, 325, 329, 349, 350, 419, 424, 436, 437, 446, 448, 455, 456.
Kenner, Hugh, 260, 266, 350, 491.
Kettle, Thomas, 128, 191.
Kirn, Mary, 150, 151, 153.

Larbaud, Valery, 242, 244, 245, 276, 278, 286, 312, 424.
Leavis, F. R., 470.
Lelong, Lucien, 288, 372, 408.
Lennon, Michael, 335, 336, 348, 407.
Léon, Lucie, 326, 353, 360, 361, 366, 416, 417, 425, 426.
Léon, Paul, 326, 353, 358, 360, 361, 366, 367, 370, 376, 380, 384, 385, 388, 395, 407, 408, 410, 417, 419, 425, 426, 439, 443, 457, 458, 459, 485.
Lewis, Wyndham, 227, 228, 236, 240, 241, 305.
Lidderdale, Jane, 493, 496, 499.
Lily (personnage dans « Les morts »), 45, 57, 255, 474.
Litz, A. Walton, 200, 264, 500, 502.
Luening, Otto, 188, 205.
Lynch-Fitzstephen, James, 23, 84, 92, 127, 165.
Lynd, Robert et Sylvia, 338, 339, 342.
Lyons, Emily, 27, 32.

McAlmon, Robert, 233, 234, 235, 239, 240, 241, 243, 246, 248, 251, 302, 333, 334, 372.
MacBride, Maud Gonne, 390.
MacBride, Sean, 463.
MacCabe, Colin, 214, 266, 475, 501.
McCarthy, Nancy, 401, 501.
McCarthy, Stephen, 487, 488.
McCormack, John, 60, 233, 328, 387.
McCormick, Mme Edwards, 201, 216, 218.
MacDonald, Dr W.G. : et Lucia Joyce, 25, 345, 395, 396, 397, 398.
MacDowell, Gerty (personnage dans *Ulysse*), 214, 222.
McGreevy, Thomas : 301, 302, 304, 305, 308, 314, 317, 322, 330, 334, 359, 388, 409, 411, 460, 501.
Mansfield, Katherine, 284.
Maria (personnage de « Cendres »), 80.
Markiewicz, Comtesse (Constance Gore-Booth), 35.
Marsden, Dora, 250.
Marsh, Edward, 190.
Mayer, Aldo, 155.
Mennen, William, 487, 488.
Mercanton, Jacques, 322, 404, 405, 419, 454, 455, 502.
« Mon amour en légers atours », 50.
Monnier, Adrienne, 225, 234, 238, 242, 246, 276, 277, 278, 302, 303, 314, 325, 341, 342, 346, 347, 350, 387, 412.
Monro, Fred : et le mariage de Joyce et

Nora, 216, 323, 337, 340, 341, 353, 441, 442, 443, 446.
Monro, Lionel, 340, 446.
Moore, George, 54, 55, 65, 80.
Morris, Margaret, 23, 316.
« Morts, Les », 32, 39, 45, 54.
Moschos, Myrsine, 237, 299, 364, 365, 366.
Moss, Phyllis, 21.
Mulligan, Buck (personnage dans *Ulysse*), 263.
Mulvagh, William, 38, 39, 41, 129, 132, 166, 257, 259, 265, 472, 499.
Murnaghan, James, 74.
Murray, Josephine (Mme William, tante de James Joyce), 12, 19, 67, 77, 83, 89, 91, 93, 95, 96, 97, 98, 101, 114, 115, 117, 118, 120, 121, 149, 167, 168, 217, 254, 272, 274, 280, 293, 483, 489.
Murry, John Middleton, 284.
Musique de chambre, 100, 448.
Myles, Sir Thomas, 60.

Nebbia, Maria, 278, 286, 312, 424.
Nevison, C. R., 470.
Nicolson, Harold, 342, 343.
Norris, Margot, 321.
Nutting, Helen, 237, 242, 246, 251, 253, 276, 302, 484, 500.
Nutting, Myron, 235, 237, 246, 251, 277, 286, 291, 302, 501.

O'Brien, Edna, 472.
O'Casey, Sean, 251, 253, 315.
O'Faolain, Eileen, 401.
O'Faolain, Sean, 401, 471, 502.
O'Flaherty, Liam, 319.
O'Holleran, Mary, 35, 36, 37, 38, 80.
O'Kelly, Comte Gerald, 426, 428, 454, 458.
O Laoi, Canon Padraic, 29, 499.
Œuvre en cours (l'). Voir *Finnegans Wake*.

Parnell, Charles Stewart, 203, 348.
Pearse, Patrick, 25, 191.
Pomes Penyeach, 348, 363-364
Ponisovky, Alexander, 358, 359, 361, 408, 418.
Popper, Amalia, 156, 157, 199, 255.
Pound, Ezra, 170, 180, 189, 194, 198, 199, 220, 221, 222, 223, 224, 225, 227, 228, 229, 235, 276, 277, 287, 302.
Power, Arthur, 13, 232, 233, 237, 246, 247, 248, 266, 275, 278, 279, 280, 285,

291, 300, 318, 319, 341, 367, 404, 430, 460, 469, 492, 502.
Prezioso, Roberto, 153, 155, 156, 164, 173, 185, 214, 258, 262, 458.

Quin, John, 190, 193, 194, 197, 198, 216, 227 230, 237, 239, 246, 325.

Ralli, Baron Ambrogio, 93.
Ray, Man, 306, 337.
Reddin, Kenneth, 400, 467.
Rees, Goronwy, 342.
Reynolds, Mary, 492, 502.
Rhys, Jean, 377.
Richards, Grant, 94, 100, 123, 165, 170.
Roberts, George, 123, 153, 160, 161, 165, 166, 168.
Roth, Samuel, 299, 346.
Rowan, Richard (personnage dans *Les Exilés*), 171, 172, 173, 174, 206, 207, 214.
Ruggiero, Bertha, 445, 462.
Ruggiero, Paul, 190, 198, 211, 431, 501, 502.
Russell, George, 69.

« Saint-Office, Le », 65.
Sargent, Katherine, 244, 245, 249.
Schaurek, Bozena (Bertha), 221, 389, 390, 391, 393, 500, 501.
Schaurek, Eleanora, 221, 389, 390, 391.
Schaurek, Frantisek (Frank), 175, 176, 217, 218, 221, 222, 285, 297, 298, 403, 484, 486.
Schiaparelli, Elsa, 418.
Schleimer, Anny, 93, 156.
Schmitz, Ettore (pseudonyme : Italo Svevo), 150, 161, 169, 263, 296, 343, 484, 485.
Schmitz, Livia, 150, 171.
Scholes, Robert, 489.
Scott, Bonnie Kime, 266, 267, 268, 502.
Serruys, Jenny, 224, 230.
Shakespeare, Dorothy, 225, 226, 244.
Shaw, George Bernard, 244.
Sheehy, David, 55.
Sheehy, Hanna, 56, 57, 128, 191.
Sheehy, Mary, 55, 56, 128, 191.
Shloss, Carol, 267.
Silvestri, Tullio, 156, 169, 170, 171, 212, 449, 457.
Simmons, R. W., 30, 31.
Simpson, Wallis, 324, 325.
Skeffington, Francis Sheehy, 69, 91, 92, 128, 191.
Slocum, John, 447, 449, 457, 459, 460,

461, 463, 471, 477, 479, 480, 481, 487, 488, 500, 501, 502.
Soupault, Philippe, 314, 388.
Spender, Stephen, 478.
Spire, André, 225.
Stephen le Héros, 53, 104, 153, 483.
Stephens, Iris, 13, 352.
Stephens, James, 13, 159, 315, 319.
Stern, James, 372.
Stoppard, Tom, 204.
Straumann, Professeur Heinrich, 431, 432, 445, 462, 464, 465, 502.
Sullivan, John, 317, 318, 325, 328, 329, 345, 357, 365, 387, 403.
Suter, August, 207, 231, 232, 262.
Svevo, Italo. Voir *Schmitz*,
Sykes, Claude, 189, 199, 200, 202, 203, 205, 212, 213, 218, 233, 249.
Sykes, Daisy, 189, 200, 205, 233, 249.
Synge, J. M., 26, 65, 124, 164, 206, 467.

Toklas, Alice B., 277, 418.
Trevisani, Letizia et Giaconda, 296.

Ulysse, 28, 31, 37, 38, 39, 46, 48, 59, 155, 208, 304, 403.
« Une rencontre », 165.
Unkeless, Elaine, 266.
« Un pénible accident », 92.
« Un petit nuage », 94.

Vail, Laurence, 247, 289.
Vogt, Dr Alfred, 327, 328, 329, 330, 337, 362, 363, 396, 406.
Von Rotz, Fr. Johann, 464, 466, 502.

Walker, Edith, 395, 397, 398, 399, 433.
Wallace, Lillian, 230, 246, 255, 484.
Wallace, Richard, 230, 246.
Weaver, Harriet Shaw, 13, 175, 189, 190, 191, 193, 194, 198, 215, 216, 229, 232, 238, 239, 240, 241, 247, 248, 250, 272, 273, 274, 275, 276, 279, 281, 282, 283, 284, 286, 287, 288, 291, 292, 299, 303, 304, 305, 306, 307, 311, 312, 313, 314, 316, 317, 318, 320, 323, 325, 326, 327, 328, 329, 330, 332, 334, 337, 338, 339, 340, 341, 343, 344, 346, 347, 348, 349, 351, 352, 353, 359, 361, 363, 364, 365, 366, 369, 370, 376, 379, 382, 384, 385, 386, 388, 389, 390, 392, 395, 396, 397, 398, 399, 406, 407, 408, 416, 417, 426, 427, 429, 433, 435, 436, 437, 439, 440, 441, 442, 444, 446, 447, 454, 458, 459, 460, 461, 462, 463, 464, 478, 487, 492, 493, 496, 499, 500.
Weiss, Dr Edoardo, 189.
Weiss, Ottocaro, 188, 189, 212, 213, 214, 218, 258, 488, 489.
Wells, H. G., 139, 311.
West, Rebecca, 265.
Wilson, Edmund, 422, 437.
Wolfe, Thomas, 300.
Wood, Thelma, 278.
Woolf, Virginia, 265.
Woolsey, John, 373.

Yeats, W. B., 51, 54, 170, 180, 182, 202, 220, 233, 276, 453, 454, 467, 481.

Zumsteg, Gustav, 428, 447, 502.
Zumsteg, Hulda, 447, 462, 464, 502.

Table

Introduction   11

I. Lily

1. Départ de chez *Finn's*   17
2. Bourreau des hommes   21
3. L'été de 1904.   41

II. Berthe

4. Signora Joyce   73
5. La Madone et l'Enfant.   104
6. Seul au loin.   123
7. Une maisonnée de Joyce   147

III. Molly

8. Second exil.   179
9. Artistes et modèles   201
10. « Circé » va à Paris   220
11. Dans un État libre   249
12. Molly   255
13. La célébrité   271
14. Square Robiac.   290
15. Intérêts légitimes   323

IV. Anna Livia

16. Progression de la folie I   357
    Progression de la folie II   384
    Progression de la folie III   400
17. En fuite vers Zurich   421
18. Nora reste à Zurich.   433
19. Le rugissement des lions   449
20. C'est Nora qui parle   467

Appendice : Homme de lettres   477

Remerciements.   499
Notes.   503
Bibliographie   539
Liste des illustrations   553
Index   555

La composition de ce livre
a été effectuée par l'imprimerie Bussière,
l'impression et le brochage ont été effectués
sur presse CAMERON
dans les ateliers de la S.E.P.C. à Saint-Amand-Montrond (Cher)
pour les éditions Albin Michel

AM

Achevé d'imprimer en septembre 1990.
Nº d'édition : 11288. Nº d'impression : 2164-1869.
Dépôt légal : octobre 1990.